Beltz Taschenbuch 69

Über dieses Buch:
Wie reagieren Lehrerinnen und Lehrer auf Konfliktsituationen? Praktikantinnen, Referendarinnen und junge Lehrerinnen nehmen Konflikte im Schulalltag oft als persönliches Versagen wahr, sie neigen zu Selbstbezichtigungen
und verlieren schnell den Optimismus, mit dem sie begonnen haben. Aber
auch erfahrene Lehrerinnen lösen Konflikte selten so, daß professionelles
Handeln sichtbar wird und die Handlungsweisen einer kritisch-rationalen
Überprüfung standhalten: spontane Reaktionen, „bewährte Disziplinierungstechniken", Verschweigen der Probleme im Kollegium.
Mit seinem Studien-und Übungsbuch will Georg Becker Studentinnen, Referendarinnen und erfahrenen Lehrerinnen helfen, ihre Konfliktfähigkeit zu
erhöhen und die Konfliktlösungskompetenz zu verbessern.
In 300 Beispielen, geordnet in 25 Problemkreise, erfaßt Becker das breite
Konfliktspektrum aus Schule und Unterricht. Die Darstellung folgt immer
dem gleichen Schema: Konflikt auffassen – Betroffenheit einschätzen – Erstverhalten reflektieren – mit Kollegen kooperieren – Ursachen suchen – Perspektive wechseln – Zielsetzungen klären – Handlungsmöglichkeiten suchen
– Handlungsfolge konzipieren.
Das Spektrum der Konfliktsituationen reicht von Schulmüdigkeit, Lernschwierigkeiten, Sachbeschädigungen und Disziplinlosigkeit bis zu Angriffen
auf die Lehrerin und aggressivem Verhalten zwischen Schülern und umfaßt
auch Schwierigkeiten mit Kolleginnen, der Schulaufsicht und den Eltern.

Der Autor:
Dr. Georg E. Becker, Professor für Allgemeine Didaktik/Schulpädagogik an
der Pädagogischen Hochschule Schwäbisch-Gmünd.

Georg E. Becker

Lehrer lösen Konflikte

Ein Studien- und Übungsbuch

Besuchen Sie uns im Internet:
www.beltz.de

Beltz Taschenbuch 69
2000 Weinheim und Basel
Nachdruck der 8. Auflage 1997

© 1983 Beltz Verlag, Weinheim und Basel
Umschlaggestaltung: Federico Luci, Köln
Umschlagillustration: © Tony Stone Images, München
Satz: Filmsatz Unger und Sommer, Weinheim
Druck und Bindung: Druckhaus Beltz, Hemsbach
Printed in Germany

ISBN 3 407 22069 3

Den ehemaligen Studentinnen und Studenten gewidmet in der Hoffnung, zur Bewältigung der aktuellen Konflikte beitragen zu können.

Inhalt

1 Einleitung

1.1 Für wen ist dieses Buch geschieben

Der Beruf der Lehrerin – die Lehrer sind natürlich ebenfalls angesprochen – erscheint in besonderer Weise konfliktträchtig. In diesem Buch wird deshalb das schulische und unterrichtliche Konfliktpotential in 24 Problemkreisen vor der Leserin ausgebreitet. Ein 25., offener Problemkreis soll dazu anregen, weitere konfliktträchtige Ereignisse aufzuspüren und zu beschreiben.

In Verbindung mit jedem Problemkreis wird nach möglichen Ursachen gefragt, werden konfliktprophylaktische Maßnahmen benannt, wird ein Beispiel zur Konfliktanalyse gebracht und es werden zahlreiche Konfliktsituationen beschrieben. Auf diese Weise ist es der Leserin möglich, sich intensiv mit dem Problemkreis und den konfliktträchtigen Ereignissen zu befassen.

Der Titel des Buches – Lehrer lösen Konflikte – soll provozieren. Einmal wird der Beruf mehrheitlich von Lehrerinnen ausgeübt, was vor allem für die Grundschule zutrifft, und dann kommen sofort Zweifel auf, ob Lehrerinnen in der Lage sind, Konflikte zu *lösen* oder ob sie nicht vielmehr immer wieder Konflikte verursachen? Eine psychoanalytische Betrachtung der Problematik legt die Vermutung nahe, daß Konflikte wohl nur selten gelöst, statt dessen lediglich verarbeitet oder aufgearbeitet werden können. Denn bei den direkt oder indirekt beteiligten Personen bleibt doch fast immer eine Betroffenheit zurück, die sich später – oft erst nach langer Zeit – unvermutet in Träumen oder Alpträumen zeigt.

Das Buch wendet sich an alle Personengruppen, die mit Schule und Unterricht zu tun haben.

Studentinnen lernen das breite Spektrum schulischer und unterrichtlicher Konflikte kennen. Sie können sich im Anschluß an die Lektüre überlegen, ob sie diesen schwierigen Beruf auch wirklich ausüben möchten, ob sie bereit sind, in und mit Konflikten zu leben. Zur Entscheidungsfindung kann auch der Berufseignungstest für Lehramtsstudierende (*Rauin/Kohler/Becker* 1994) beitragen.

Wer als *Praktikantin* oder *Referendarin* erste Lehrversuche durchführt oder später Lehrproben abzugeben hat, kann die selbsterlebten Konflikte beschreiben, einordnen, sich in den betreffenden Problemkreis eindenken und beim nächsten Lehrversuch den Vorschlägen entsprechend konfliktprophylaktisch verfahren.

Die im Beruf stehenden *Lehrerinnen* können zu der tröstlichen Einsicht gelangen, daß ein konfliktfreies Unterrichten nur selten möglich ist, viele Konflikte von außen in die Schule hineingetragen werden, und nicht nur sie allein mit Auseinandersetzungen, Belastungen und Schwierigkeiten zu kämpfen haben, sondern daß es den Kolleginnen ganz ähnlich geht.

Seminarleiterinnen und *Dozentinnen* haben zahlreiche Möglichkeiten, das Buch in die Lehrveranstaltungen einzubringen. Sie können die Teilnehmerinnen auffordern, die selbst erlebten Konflikte zu beschreiben und zu analysieren. Sie können sich in der Gruppe gezielt mit bestimmten Problemkreisen befassen, Forschungsergebnisse heranziehen, und über mögliche Konfliktursachen oder die Leitlinien zur Konfliktvermeidung diskutieren.

Mit diesem Buch werden eine Reihe von *Zielsetzungen* verfolgt, die zwar umschrieben, nie aber ganz erreicht werden können. Zunächst einmal geht es darum, eine natürliche und realistische Einstellung und Haltung zu den zahlreichen konfliktträchtigen Ereignissen zu gewinnen. Sodann soll der Konfliktbegriff – als berufsfeldspezifische Auseinandersetzung, Belastung und/oder Schwierigkeit – dargestellt werden. Drittens kommt es darauf an, das Doppelgesicht der Konflikte in ihrer Dysfunktionalität und Funktionalität zu erkennen, sich also in der Konfliktbeilegungsfähigkeit – und wenn es sein muß, in der Konflikterzeugungsfähigkeit – zu schulen. Wenn sich die Leserin schließlich intensiv mit den einzelnen Problemkreisen befaßt, werden ihr Leitlinien zur Konfliktvermeidung und Intervention sowie Analysebeispiele geboten.

1.2 Was wird mit diesem Buch beabsichtigt?

Dieses Buch möchte Praktikanten und Referendaren den Übergang von der Hochschule in den Berufsalltag erleichtern. Denn die ersten Berufserfahrungen sind häufig negativ, wenn nicht sogar schockierend (vgl. Arbeitsgruppe Áumeister 1976). Die angesprochenen Personengruppen nehmen meist mit viel Engagement ihre Lehrtätigkeit auf und sehen sich plötzlich unvorbereitet zahlreichen Auseinandersetzungen, Belastungen und Schwierigkeiten gegenüber. Da diese jungen Lehrer das berufliche Konfliktspektrum noch nicht kennen, werden sie durch das Auftreten konfliktträchtiger Ereignisse besonders stark beeinträchtigt.

Viele Lehrer sehen schon zu Beginn ihrer beruflichen Tätigkeit in jedem Konflikt ein persönliches Versagen, neigen zu Selbstbezichtigungen, werden depressiv oder streben sogar einen Berufswechsel an.

Andere Lehrer orientieren sich an fragwürdigen Handlungsmustern „erfahrener" Kollegen, nehmen eine Abwehrhaltung ein und greifen im Umgang mit den Schülern auf jene Disziplinierungstechniken (Strafarbeiten, Klassenbucheinträge) zurück, die sie in der eigenen Schulzeit kennengelernt haben. Beiden Gruppen fehlt die erforderliche *Konfliktfähigkeit*, die Bereitschaft, mit und in Konflikten zu leben. Vor allem aber fehlt es ihnen an *Konfliktbeilegungsfähigkeit*, der Fähigkeit, von der konkreten Situation zu abstrahieren, die Betroffenheit der am Konflikt beteiligten Personen einzuschätzen, konfliktanalytisch zu arbeiten und Handlungsfolgen zu entwickeln, die der Konfliktlösung dienen können.

Konflikte werden aber auch von erfahrenen Lehrern selten so gelöst, daß ein professionelles Handeln sichtbar wird und die Handlungsweisen einer kritisch rationalen Überprüfung standhalten. So kommt es beim Auftreten eines Konflikts häufig zu einer verzerrten Konfliktwahrnehmung, allein schon deshalb, weil der Lehrer unter Handlungsdruck steht und mehrere Handlungsabläufe gleichzeitig verfolgen muß. Die Fehleinschätzung konfliktträchtiger Ereignisse, also deren Über- bzw. Unterbewertung durch den Lehrer, führt zu situationsunangemessenem Handeln, zu Überreaktionen oder unangebrachter Toleranz, die zu einer Konfliktverschärfung beitragen können. Nur in seltenen Fällen machen Lehrer von der Möglichkeit Gebrauch, sich Handlungsaufschub zu verschaffen, z. B. so lange mit den Schülern zu sprechen, bis eine angemessene Konfliktwahrnehmung und Konflikteinschätzung möglich sind. Weitaus häufiger wird erst einmal spontan reagiert, und die Fehlreaktionen werden anschließend bereut.

Da unter Lehrern – vor allem aber unter Schulleitern und Aufsichtsbeamten – immer noch die Meinung vorherrscht, daß derjenige Kollege besonders fähig sei, der vorgibt, keine Konflikte zu kennen, bei dem der Unterricht „reibungslos" abläuft, ist es verständlich, wenn viele Lehrer konfliktträchtige Ereignisse verschweigen. Diese höchst fragwürdige Beurteilung der Lehrkompetenz führt zu mangelnder Offenheit und macht innerhalb eines Kollegiums eine kooperative Konfliktlösung fast unmöglich. Haben einige Lehrer dennoch den Mut, über Auseinandersetzungen, Belastungen und Schwierigkeiten zu berichten, dann geschieht dies meist während der großen Pause im Lehrerzimmer zu einer ungünstigen Zeit an einem ungünstigen Ort. Die Kollegen reagieren auf eine solche Offenheit sehr unterschiedlich. Einige sind nicht bereit oder in der Lage zuzuhören, andere lächeln überlegen oder schadenfroh, während eine dritte Gruppe darüber nachdenkt, wie sich die betreffenden Schüler rasch und wirkungsvoll aburteilen lassen. Ein sorgfältiges Auffassen der Konfliktstruktur ist unter diesen Umständen nicht möglich, und nach den Ursachen des Konflikts wird aus Zeitmangel oft gar nicht erst gefragt. Statt dessen werden Vorurteile verfestigt, einzelne Schüler etikettiert, Erwartungshaltungen fortgeschrieben, einfach deshalb, weil die Zeit zu weiterführenden Überlegungen fehlt und es bequem ist, einmal vorhandenen Vorstellungen zu folgen.

Es ist zumindest verständlich, wenn Lehrer häufig darauf verzichten, durchaus zugängliche Informationen einzuholen und auch den Versuch unterlassen, sich in die Lage der Schüler zu versetzen. Das Bemühen um die Lösung eines Konflikts kann unter diesen Umständen auch nicht in einem größeren Rahmen gesehen werden, geht es doch zumeist nur darum, eine Störgröße oder ein dysfunktionales Verhalten kurzfristig zu eliminieren. Ein breites Spektrum an Handlungsmöglichkeiten kommt gar nicht erst in den Blick. Statt dessen herrschen abrufbare und „bewährte" Disziplinierungstechniken vor, die aus Zeitmangel ungeprüft eingesetzt werden.

Dieses Buch wurde in der Absicht geschrieben, das Problemlöseverhalten der Lehrer bei auftretenden Konflikten zu professionalisieren, die Betroffenheit der beteiligten Personen zu berücksichtigen und gleichzeitig ein systematisches Vorgehen zu sichern. Die dazu vorgeschlagene Methode der Konfliktanalyse schließt sich unmittelbar an die im Berufsfeld zu beobachtenden Handlungsdefizite an, so daß sich folgende Schritte ergeben: Konflikt auffassen, Betroffenheit einschätzen, Erstverhalten reflektieren, mit Kollegen kooperieren, die Ereignisse darstellen bzw. Kollegen befragen, Ursachen suchen, Informationen beschaffen, Perspektive wechseln, Zielsetzungen klären, Handlungsmöglichkeiten suchen, diese prüfen und eine Handlungsfolge konzipieren (vgl. „Handlungsmatrix zur Konfliktlösung").

Der Autor nimmt nicht für sich in Anspruch, alle Aspekte erfaßt zu haben, die für den Versuch einer Konfliktlösung relevant sein können. Im konkreten Fall können andere Gesichtspunkte bedeutsamer sein; doch bietet dieser methodische Ansatz eine Möglichkeit, in einer angemessenen Zeit zu akzeptablen Lösungen zu gelangen. Wem diese zwölf Schritte zur Entwicklung einer Handlungsfolge zu umfangreich erscheinen, der möge bedenken, daß die aufzuwendende Zeit in keinem Verhältnis zu den oft wochen- oder monatelangen Bemühungen steht, wenn ein Lehrer vergeblich versucht, für einen ihn betreffenden Konflikt eine angemessene Lösung zu finden.

1.3 Welche Ziele werden angestrebt?

Mit diesem Studien- und Übungsbuch werden vor allem zwei Ziele verfolgt:

– *Erhöhung der Konfliktfähigkeit,* der Konflikttoleranz oder der Fähigkeit, mit und in Konflikten zu leben (vgl. *Brezinka* 1979)
– *Verbesserung der Konfliktbeilegungsfähigkeit,* d. h. der Fähigkeit, Konflikte genauer wahrzunehmen, sie realistischer einzuschätzen, die Ursachen zu ergründen und Handlungsfolgen zu konzipieren, die einen Beitrag zur Konfliktlösung leisten können.

Das erstgenannte Ziel wird über ein Studium der Vorüberlegungen zu den einzelnen Problemkreisen und der Konfliktbeschreibungen angestrebt, indem der Leser die Auseinandersetzungen, Belastungen und Schwierigkeiten kennenlernt, die auf einen Lehrer zukommen. Die Kenntnis des berufsspezifischen Konfliktpotentials soll beim Leser die Angst vor einem nicht kalkulierbaren Risiko reduzieren (vgl. *Weidenmann* 1978). Wer allerdings vor den hier dargestellten Konflikten zurückschreckt und nicht gewillt ist, an deren Lösung mitzuarbeiten, der sollte ernsthaft prüfen, ob der Lehrerberuf für ihn der richtige ist; denn Lehrer sein bedeutet nun einmal, mit und in Konflikten zu leben.

Die im Beruf stehenden Lehrer werden aufgrund dieser Lektüre die Erkenntnis gewinnen oder bestätigt finden, daß

– Konflikte für das Berufsfeld eines Lehrers typisch sind,
– Kollegen mit gleichen oder ähnlichen Konflikten zu tun haben,
– zahlreiche Konflikte von außen in den Unterricht hineingetragen werden, deshalb einseitige Schuldzuschreibungen und Selbstbezichtigungen unangebracht sind und
– daß es durchaus Möglichkeiten gibt, trotz ungünstiger Rahmenbedingungen die auftretenden Auseinandersetzungen, Belastungen und Schwierigkeiten zu lösen.

Das zweite Ziel, eine Verbesserung der Konfliktbeilegungsfähigkeit, wird mit Hilfe der „Handlungsmatrix zur Konfliktlösung" angestrebt. Der Handlungsmatrix entsprechend, lassen sich folgende Feinziele ausgliedern:

13

Eine Verbesserung der
- *Konfliktwahrnehmungsfähigkeit,* um bedeutsame Elemente einer Konfliktstruktur besser zu erkennen und erwünschte und unerwünschte Konflikte zu
  unterscheiden.
- *Konflikteinschätzungsfähigkeit,* um auftretende Konflikte realistischer
  wahrzunehmen, sie möglichst weder zu über- noch zu unterschätzen.
- *Reaktionsfähigkeit,* um unmittelbar nach Auftreten eines Konflikts ein
  möglichst angemessenes Erstverhalten zu realisieren.
- *Kooperationsfähigkeit,* um mit anderen Personen über Auseinandersetzungen, Belastungen und Schwierigkeiten zu sprechen und mit ihnen nach einer
  Lösung zu suchen.
- *Kommunikationsfähigkeit,* um anderen Menschen zuzuhören und sie angemessen zu befragen.
- *Konflikterklärungsfähigkeit,* um mögliche Konfliktursachen in den Blick
  zu nehmen, sie gegeneinander abzuwägen und sich an einen Verursachungsschwerpunkt heranzutasten.
- *Informationsfähigkeit,* um nach Informationsquellen zu suchen, mit
  geeigneten Mitteln in kurzer Zeit möglichst relevante Informationen
  einzuholen und diese in angemessener Weise für die Konfliktanalyse zu
  nutzen.
- *Fähigkeit zu Empathie und Anteilnahme,* um sich mittels eines Perspekti-
  venwechsels in die Situation der direkt oder indirekt beteiligten Personen
  hineinzuversetzen und deren Betroffenheit und/oder Beeinträchtigung
  nachzuempfinden.
- *Fähigkeit, realistische Ziele zu setzen,* um die Interventionsmöglichkeiten
  kritisch abzuwägen und abzuschätzen, ob und in welchem Umfang eine
  Konfliktlösung überhaupt möglich ist.
  Feinziel beinhaltet die Fähigkeit zur divergenten Produktion, zur Freiset-
  zung des kreativen Potentials, die Fähigkeit, in kurzer Zeit möglichst viele
  angemessene, aber auch originelle Handlungsmöglichkeiten zu nennen, die
  der Konfliktlösung dienen können.
- *Fähigkeit, Einfälle zu überprüfen,* sie auf den besonderen Konflikt zu
  beziehen und sie an den Zielsetzungen zu messen.
- *Fähigkeit, Handlungsfolgen zu konzipieren,* indem man die als sinnvoll
  erkannten Handlungsmöglichkeiten miteinander kombiniert, aufeinander
  abstimmt und die Handlungsfolge mit den Zielen in Beziehung setzt.

Die Einübung und Verbesserung vorgenannter Fähigkeiten sollte
anfangs systematisch mit Hilfe der Handlungsmatrix erfolgen. Mit
zunehmender Sicherheit erscheint es jedoch erstrebenswert, die in der
Matrix vorgegebenen Schritte nicht schematisch auf jeden Konflikt zu
beziehen, sondern in Anlehnung an die zentralen Abfragen der Matrix
eine Methode zu wählen, die auf den spezifischen Konflikt zugeschnitten ist.

In welchem Umfang Sie Ihre Konfliktbeilegungsfähigkeit verbessern, hängt in erster Linie von der Zeit ab, die Sie in konfliktanaly-
tische Übungen investieren. Außerdem wird der Erfolg auch davon

abhängig sein, ob es Ihnen gelingt, Personen zu finden, die mit Ihnen zusammenarbeiten.

Als Endziel der konfliktanalytischen Übungen zur Verbesserung der Konfliktbeilegungsfähigkeit sind der Mut und die Fähigkeit zu nennen, *selbsterlebte Konflikte anzusprechen, sie zu beschreiben und kooperativ in einer angemessenen Zeit unter Einbeziehung der emotionalen Betroffenheit und Berücksichtigung eines systematischen Vorgehens Handlungsfolgen zu konzipieren, die zur Konfliktlösung beitragen können.*

1.4 Auseinandersetzung mit kritischen Stimmen

Dieses Buch wurde von der Fachwelt unterschiedlich aufgenommen, sehr zustimmend und auch kritisch.

Der Feststellung, die Konfliktprophylaxe sei noch wichtiger als die angemessene Intervention sowie die Fähigkeit zur Konfliktanalyse, ist voll zuzustimmen. – Wenn Lehrer den Unterricht fach- und methodengerecht planen, durchführen und auswerten und wenn sie sich außerdem um einen konstruktiven Umgang mit den Schülern bemühen, also eine förderliche Lernatmosphäre schaffen, dann haben sie einen wesentlichen Beitrag zur Konfliktvorbeugung geleistet. Deshalb konzentriert sich der Autor auch auf die Bereiche der „Planung von Unterricht" (1987), „Durchführung von Unterricht" (1988) und auf die „Auswertung und Beurteilung von Unterricht" (1988). Außerdem wird der wichtige Gedanke eines konfliktprophylaktischen Handelns in diesem Buch bei der Darstellung eines jeden Problemkreises berücksichtigt, indem Leitlinien zur Konfliktvorbeugung ausgewiesen werden (vgl. z. B. S. 62, S. 71 ff., S. 99 ff.).

Der von Schulpsychologen vorgebrachte Einwand, die Erziehungsproblematik und die pädagogische Diagnostik stelle sich komplexer dar, ist aus Expertensicht gerechtfertigt. Bei einem Problemschüler oder einer Problemklasse lassen sich die auftretenden Konflikte in der Regel nicht in einen einzigen Problemkreis einordnen und deutlich abgrenzen. Statt dessen kommt es zu einem gehäuften Auftreten unterschiedlicher Konflikte und zu Überschneidungen. Doch der Hinweis auf eine „Phänomenkombination" und auf eine „Verursachungskomplexion" ist für den Lehrer, der unter Zeit- und Handlungsdruck steht, wenig hilfreich. Er muß sich beim Auftreten eines jeden Konflikts um eine situationsangemessene Intervention bemühen, und deshalb benötigt er Entscheidungshilfen für die konkrete Konfliktsituation.

Bedenken hinsichtlich der Handlungsmatrix – dieselbe sei zu abstrakt, differenziert und nicht ohne weiteres handhabbar – können wohl nur auf Mißverständnissen beruhen. Die Matrix stellt schließlich ein Such- und Analysemodell für Konflikte mit hoher Relevanz dar, und sie verknüpft den Grad der emotionalen Betroffenheit mit einem möglichen Vorgehen. Doch um mit der Matrix umgehen zu können, genügt nicht ein einmaliges Durchlesen von Kapitel 6, vielmehr bedarf es hier der Einarbeitung und der mehrfachen Übung. Versuche, die hier vorliegende Konzeption in einen bestimmten Ansatz – z. B. den der Verhaltensmodifikation – einordnen zu wollen, erscheinen fragwürdig. Denn wer sich im Sinne dieses Buches um eine möglichst realistische Auffassung der konfliktträchtigen Ereignisse bemüht und um ein Nachempfinden der emotionalen Betroffenheit, wer nach den Ursachen fragt, sich in die Lage der Schüler versetzt, sich das breite Spektrum möglicher Handlungen bewußt macht und seine Entscheidungen begründet, der handelt wohl im Interesse aller Beteiligten und läßt sich nicht in eine Schublade einordnen.

Dem Vorwurf, das Buch wirke auf angehende Lehrer entmutigend, statt sie zu ermutigen, es wirke eher abschreckend, statt auf die positiven Seiten des Berufs aufmerksam zu machen, muß entgegnet werden, daß in der Tat beabsichtigt ist, einer wirklichkeitsfremden Sicht vom Lehrberuf entgegenzuwirken. Zweifelsohne macht das Unterrichten und der Umgang mit den Schülern viel Freude, doch darf nicht verschwiegen werden, daß das Berufsfeld eines Lehrers ausgesprochen konfliktträchtig ist.

Der Einwand, das Buch bringe dem betroffenen Lehrer zu wenig Verständnis entgegen, trägt nur partiell. So wurde die Publikation auf dem Hintergrund einer zehnjährigen Unterrichtspraxis erarbeitet, und schon deshalb wird jeder Lehrer seine Konflikte in vielen Problemkreisen und Beschreibungen wiedererkennen. Eine ganz persönliche und individuelle Zuwendung kann allerdings von keinem Buch geleistet werden.

Mißverständnisse treten auf, sofern das Buch nicht als Studien- und Übungsbuch, sondern als Lesebuch betrachtet wird. Es kommt darauf an, sich immer wieder mit der Handlungsmatrix und ihren zentralen Schritten zu befassen und sich in aktuelle und interessierende Problemkreise einzulesen und einzudenken. Wer also versucht, dieses Buch in einem Zug von der ersten bis zur letzten Seite durchzulesen, ist auch als versierter Rezensent völlig überfordert.

2 Was ist ein Konflikt?

2.1 Eine Auseinandersetzung, Belastung und Schwierigkeit

Als *Konflikt wird eine Auseinandersetzung, Belastung und/oder Schwierigkeit verstanden, die bei der beteiligten Person – oder den* beteiligten Personen *– eine emotionale Betroffenheit und Beeinträchtigung von unterschiedlicher Intensität hinterläßt.* Folgt man dieser Definition, so können Auseinandersetzungen zu Belastungen und letztere als Schwierigkeit erfahren werden oder eine Schwierigkeit kann allmählich zu einer Belastung und zu einer Auseinandersetzung führen. Der Konfliktbegriff ist also bewußt sehr weit gefaßt, wobei an einem intrapersonalen Konflikt nur eine Person, an einem interpersonalen Konflikt mehrere Personen beteiligt sind. Ein intrapersonaler Konflikt, der sich innerhalb einer Person abspielt, greift allerdings fast immer auf andere Personen über, wenn ein latent vorhandener Konflikt manifest wird.

Dieses Buch befaßt sich mit den Konflikten in der Schule und im Unterricht, also mit *berufsfeldspezifischen Auseinandersetzungen, Belastungen und Schwierigkeiten*, die es von den Beteiligten immer wieder zu bewältigen gilt. Gelingt die angemessene Aufarbeitung der berufsfeldtypischen Konflikte, dann hat dies auch positive Auswirkungen auf die innere Zufriedenheit und sicher auch auf den privaten Lebensbereich. Umgekehrt wird sich die Ausgeglichenheit im privaten Bereich auch positiv im Schulalltag und im Unterricht bemerkbar machen.

Hauptmerkmal eines Konflikts ist die *emotionale Betroffenheit*, die erfahrungsgemäß von unterschiedlicher Relevanz oder Intensität ist. Dementsprechend lassen sich Schein-, Rand-, Zentral- und Extremkonflikte unterscheiden.

Scheinkonflikte führen lediglich zu einer momentanen Betroffenheit und hinterlassen keine Beeinträchtigungen.

Randkonflikte sind durch eine kurzzeitige, geringe Betroffenheit und durch unerhebliche Beeinträchtigungen gekennzeichnet.

Zentralkonflikte führen zu einer länger andauernden, starken Betroffenheit und zu erheblichen Beeinträchtigungen und

Extremkonflikte zu einer dauerhaften, sehr starken Betroffenheit und Beeinträchtigung. Für letztere fehlen oftmals die Möglichkeiten einer Konfliktbewältigung, so daß die Beeinträchtigungen akzeptiert werden müssen.

Diese im Buch durchgehaltene Unterscheidung zwischen Schein-, Rand-, Zentral- und Extremkonflikt soll zunehmend dazu führen, Konflikte realistischer einzuschätzen, also die Über- oder Unterschätzung der konfliktträchtigen Ereignisse zu vermeiden, mit der den am Konflikt beteiligten Personen nicht gedient ist. Konfliktträchtige Ereignisse können zu *Beeinträchtigungen* in verschiedenen Bereichen führen. Zumeist sind es ja – der emotionalen Betroffenheit entsprechend – psychische Beeinträchtigungen wie Unsicherheit, gesteigerte Nervosität, Furcht, Angst, Niedergeschlagenheit, Unlustgefühle, Wut oder manchmal sogar Haß wie bei dem Extremkonflikt in Meißen, wo der Haß eines Schülers auf seine Lehrerin mit zur Ermordung derselben führte. Beeinträchtigungen zeichnen sich auch im kognitiven Bereich ab, wenn Schüler in Prüfungssituationen blockieren und nicht mehr in der Lage sind, sich den Fragen oder Aufgaben zu stellen. Wenn sich diese psychischen und kognitiven Beeinträchtigungen in Angstschweiß oder Übelkeit äußern, wird auch die physiologische Beeinträchtigung offenbar. Der Grad der emotionalen Betroffenheit korreliert also hoch mit dem Grad der Beeinträchtigung in den verschiedenen Bereichen.

Eine ganz andere Einteilung der berufsfeldspezifischen Konflikte ist möglich, wenn man die *Art der konfliktträchtigen Ereignisse* betrachtet, die alle ihre besonderen Ursachen haben und zumeist multikausal bedingt sind. So lassen sich z. B. – dem Inhaltsverzeichnis dieses Buches folgend – Provokationen und Regelüberschreitungen, Absprachen zwischen den Schülern, Angriffe auf die Lehrerin, aggressives Verhalten zwischen den Schülern, Sachbeschädigung und allgemeine Disziplinlosigkeit unterscheiden. Es besteht auch die Möglichkeit, Konflikte nach dem Ort und Anlaß entsprechend zusammenzustellen, die z. B. für die Pause und den Schulhof, für Wandertage, Schullandaufenthalte und für Feste und Feiern typisch sind. Weiterhin lassen sich Konfliktfelder ausweisen, die einerseits auf fragwürdige gesellschaftliche Entwicklungen, andererseits auf pubertäre Verhaltensweisen hindeuten, so die Problemkreise Drogen, Nikotin, Alkohol und Sexualität. Außerdem ist es möglich, typische Strukturkonflikte zusammenzufassen, Ereignisse, die häufig durch strukturelle Gewalt verursacht werden, wenn es zu Auseinandersetzungen zwischen den Kolleginnen, den Lehrerinnen und der Schulleiterin oder mit Vertreterinnen der Schulaufsicht kommt. Betrachtet man die Art der konfliktträchtigen Ereignisse in ihrer Mannigfaltigkeit und Häufigkeit, so darf wohl erneut die Feststellung getroffen werden, daß jede Lehrerin in einem besonders konfliktträchtigen Berufsfeld arbeitet.

Eine weitere Einteilung der konfliktträchtigen Ereignisse ist denkbar, wenn man die beteiligten Personen oder die *interaktionalen Konstellationen* betrachtet. So gibt es z.b. typische Konflikte, die sich zwischen der Lehrerin und den Schülern abspielen, Konflikte zwischen den Schülern, den Lehrerinnen untereinander, Konflikte mit der Schulleiterin, den Vertreterinnen der Schulaufsicht, Konflikte mit den Eltern und mit Dritten, die außerhalb der Schule stehen. Auch in diesem Zusammenhang ist eine systemtheoretische Betrachtung möglich, indem die konfliktträchtigen Ereignisse innerhalb einer Lerngruppe oder Schulklasse betrachtet werden, die Ereignisse zwischen verschiedenen Schulklassen, innerhalb des Systems Schule, zwischen verschiedenen Schulen etc. Doch wenn ein Extremkonflikt sichtbar wird, sind alle Personen, Bezugsgruppen und Systeme involviert, die von dem konfliktträchtigen Ereignis Kenntnis erhalten. So macht z.b. der Mord an einer Lehrerin die direkt und indirekt Beteiligten sehr stark und andauernd betroffen und läßt bei Expertinnen Hilflosigkeit zurück.

Zwar ist die Konzentration auf die berufsfeldspezifischen Konflikte beabsichtigt und im Rahmen einer solchen Publikation sicher auch gerechtfertigt, doch soll an dieser Stelle der Gedankengang über die systemimmanente Betrachtung hinaus weitergeführt werden. Konflikte sind nicht nur für Schulen und für das Schulsystem typisch, sondern sie lassen sich in allen sozialen Systemen erkennen, so in Betrieben, Behörden, in kirchlichen Organisationen, Arbeitgeber- und Arbeitnehmervereinigungen, innerhalb politischer Parteien, innerhalb einer Interessengruppe und zwischen den Interessengruppen. Und wir kennen Konflikte als kriegerische Auseinandersetzungen innerhalb eines Staates und im zwischenstaatlichen Bereich. Deshalb ergibt sich ein direkter Zusammenhang zwischen den Bemühungen und Vorschlägen einer Konfliktregelung in der Schule und im Unterricht und den Bestrebungen der *Friedenserziehung*, Konflikte gewaltfrei zu regeln.

2.2. Konflikte in ihrer Funktionalität und Dysfunktionalität

Konflikte – Auseinandersetzungen, Belastungen und Schwierigkeiten – werden in ganz unterschiedlicher Weise wirksam und sie haben anscheinend konträre Funktionen zu erfüllen. Zumeist wirken Konflikte *dysfunktional*, d.h. sie

- machen betroffen,
- führen zu Beeinträchtigungen,
- erzeugen negative Gefühle und Streß,
- verzögern oder verhindern die Lehr-Lern Prozesse im kognitiven Bereich,
- belasten das Lern- und Gruppenklima,
- vergiften die Schulatmosphäre,
- verhindern die konstruktive Kooperation und
- wirken im Extremfall zerstörerisch.

So betrachtet muß es das Ziel einer jeden Lehrerin sein, sich in der Konfliktbeilegungsfähigkeit auszubilden und zu schulen. Der Dysfunktionalität entsprechend kommt es also darauf an Auseinandersetzungen beizulegen, bei Belastungen nach Entlastungsmöglichkeiten zu suchen und Schwierigkeiten zu überwinden. Sicherlich ist jede Lehrerin froh, wenn ein Schultag weitgehend konfliktfrei verläuft, wenn es den am Unterricht Beteiligten gelingt, verständnisvoll miteinander umzugehen, der Unterricht Spaß macht und sich Lehr-Lern-Ergebnisse abzeichnen. Doch dies ist nur die eine Seite der Medaille, die andere muß mit *Dahrendorf* (1971) ebenfalls gesehen werden.

Konflikte wirken in einer ganz anderen Weise konstruktiv, und sie haben zahlreiche Aufgaben zu erfüllen:

Sie sind *funktional*, weil sie
- *existenzbedeutsam* sind. Eine konfliktfreie Existenz erscheint gar nicht möglich, weil sonst das Leben eintönig dahinfließen würde;
- *entwicklungspsychologisch* betrachtet unverzichtbar sind. Die seelisch gesunde Entwicklung eines Kindes oder Jugendlichen – man denke hier an das sogenannte Trotzalter oder die Pubertät – ist konfliktfrei nicht vorstellbar;
- zahlreiche Chancen zum *sozialen Lernen* bieten, wenn man z.B. an das Lernen in kleinen Gruppen denkt;
- die Einübung *demokratischer Spielregeln* und Umgangsformen ermöglichen, z.B. im Streit um verschiedene Zielsetzungen, der mit einer Abstimmung und Mehrheitsentscheidung beigelegt wird;

- den Schülern helfen, sich allmählich zu *emanzipieren*, d.h. von ungerechtfertigter Herrschaftsausübung durch die Lehrerin zu befreien, wenn diese z.b. monatelang die Klassenarbeit nicht korrigiert, und die Schüler die Korrektur anmahnen;
- geeignet sind, *überfällige Reformen* voranzutreiben, z.b. fragwürdige Rituale zu hinterfragen;
- zur *Aufklärung von strafbaren Handlungen* unverzichtbar sind, z.b. bei Mißhandlungen von Schülern, Trunkenheit im Unterricht;
- benötigt werden, um *gerechtfertigte Anforderungen* zu stellen und diese auch *durchzusetzen*, wenn es sich z.b. um Anforderungen einer Schulleiterin an ihre Lehrerinnen handelt.

Die vorstehenden Beispiele lassen deutlich werden, daß es nicht immer darauf ankommen kann, Konflikte beizulegen, sondern statt dessen auch der Mut zur *Konflikterzeugung* gefordert ist. In bestimmten Fällen muß die Auseinandersetzung gesucht werden, kommt es darauf an, sich oder Dritte zu belasten oder in Schwierigkeiten zu bringen. Wer Konflikte lediglich in ihrer Dysfunktionalität sieht, immer nur nach Ausgleich strebt und sich bei der Berufsausübung konfliktscheu zeigt, kann bedeutsame Aufgaben nicht erfüllen.

Überblickt man diese beiden zentralen Aufgabenbereiche der Konfliktbeilegung und der Konflikterzeugung, zeichnet sich bei der Vielzahl der konfliktträchtigen Ereignisse, denen sich eine Lehrerin im Berufsalltag gegenüber sieht, ein Schwerpunkt im Bemühen um Beilegung ab. Nur darf der andere Bereich nicht vernachlässigt werden, weil es hier auch um staatsbürgerliche Pflichten, um staatsbürgerliche Verantwortung und um den Mut zur Zivilcourage geht.

3 Erhebung des Konfliktpotentials

Das in den Studien- und Übungsunterlagen dargestellte schulische Konfliktpotential wurde zwischen 1962 und 1979 vom Autor erlebt, beobachtet, in Gesprächen erfragt, erhoben, gesichtet und zusammengestellt (vgl. *Becker/Dietrich/Kaier* 1978). Da eine einzige Methode wenig geeignet erscheint, das schulische Konfliktpotential zu erheben, wurden verschiedene Methoden gebündelt und als Quelle benutzt, so

- Erfahrungen des Autors aus der Schulpraxis an Grund-, Haupt- und Realschulen (1962-1969),
- Beobachtungen während der Betreuung von Studierenden in verschiedenen Praktika (1969-1979),
- Befragungen von Expertinnen, z. B. für Drogenberatung,
- Auswertung einer Brainstorming-Runde im Rahmen eines Forschungsprojekts, das von der Studiengruppe Lehrer-Dozenten an der pädagogischen Hochschule Heidelberg durchgeführt worden ist.

In dieser Runde beantworten 87 Lehrerinnen verschiedener Schularten u. a. die Frage, welche schulischen und unterrichtlichen Situationen beim Versuch einer angemessenen Bewältigung Schwierigkeiten bereiten (vgl. *Studiengruppe Lehrer-Dozenten* 1979).
- Auswertung von Konfliktbeschreibungen, die 111 angehende Lehrerinnen an Realschulen im Rahmen einer Lehrveranstaltung zum Thema „Konfliktbewältigung im Unterricht" erstellten. Diese Seminarteilnehmerinnen wurden gebeten, eine selbsterlebte Konfliktsituation zu schildern (WS 78/79).
- Auswertung der Fachliteratur (z.B. *Gehrig/Geppert* 1975, *Klink* 1974, *Lange-Garritsen* 1972).

Die Frage, ob das relativ breit erfaßte Konfliktpotential für das Berufsfeld des Lehrers „repräsentativ" ist, läßt sich nicht ohne weiteres beantworten. Mit Sicherheit kommen nicht alle dargestellten Auseinandersetzungen, Belastungen und Schwierigkeiten innerhalb eines bestimmten Zeitraums auf eine Lehrerin zu. Insofern wird die Berufswirklichkeit günstiger aussehen als sie in diesem Buch erscheinen mag. Doch geht es auch nicht darum, die Berufswirklichkeit einer Lehrerin oder einer Gruppe widerzuspiegeln, sondern einen problematischen Aspekt des Handlungsfeldes herauszuarbeiten. Sicher variiert das Konfliktspektrum auch zwischen einzelnen Schulstufen und Schularten. Außerdem wird die Größe der Schule sowie das Einzugsgebiet zur Ausprägung eines schulspezifischen Konfliktspektrums beitragen. Diese Unterschiede konnten im Rahmen dieses Vorgehens nicht berücksichtigt werden.

Die enger gestellte Frage, ob das hier ausgewiesene Konfliktpotential für Ihren Arbeitsplatz an Ihrer Schule typisch ist, sollten Sie selbst beantworten, indem Sie die einzelnen Konfliktbeschreibungen durchlesen und jene herausgreifen und analysieren, die Ihnen besonders relevant erscheinen. Bei diesem Vorgehen werden Sie sicher feststellen, daß viele der Konfliktbeschreibung auch für Ihre Arbeit typisch, andere hingegen atypisch sind, weil Sie z. B. auf einer anderen Schulstufe oder in einer anderen Schulart unterrichten. Sofern Sie sich auch mit den für Sie atypischen Konfliktbeschreibungen befassen, können Sie einen Einblick gewinnen in die Auseinandersetzungen und Schwierigkeiten, mit denen Ihre Kolleginnen zu tun haben, die unter anderen Bedingungen unterrichten.

Die kritische Frage, ob das in den 60er und 70er Jahren erhobene Konfliktpotential noch aktuell ist, kann eindeutig positiv beantwortet werden. Aggressives Verhalten zwischen den Schülern, Angriffe auf die Lehrerin, Konflikte in Verbindung mit der Leistungsbeurteilung, der Hausaufgabenproblematik, mit Lernschwierigkeiten, Schülerängsten oder Schulmüdigkeit sind gestern wie heute aktuell und belasten das Lern- und Schulklima. Und leider wird sich auch künftig das unterrichtliche und schulische Konfliktpotential nicht grundlegend verändern.

4 Entwicklung der Studien- und Übungsunterlagen

4.1 Zur Vorgehensweise

Bei dem Versuch, das schulische Konfliktpotential zu erheben, nannten die befragten Lehrer entweder nur eine Konstellation, also die interaktionale Beziehung mit dem konfliktträchtigen Ereignis, oder sie lieferten eine unvollständige Konfliktbeschreibung, die zwar weitere Elemente einer Konfliktstruktur enthielt, die aber in der vorliegenden Form noch nicht bearbeitet werden konnte. Deshalb wurden die unvollständigen Beschreibungen vom Autor stilistisch überarbeitet und vervollständigt.

Anschließend erfolgte die Ordnung der Konfliktbeschreibungen unter inhaltlichem Aspekt nach Problemkreisen oder Problemfeldern. Dabei ergaben sich zahlreiche Abgrenzungsschwierigkeiten, da es durchaus möglich ist, eine Beschreibung verschiedenen Problemkreisen zuzuordnen. Um deutlich zu machen, daß es sich nicht um ein System, sondern um eine *offene Systematik* handelt, wurde ein offener Problemkreis berücksichtigt. Die nun vorliegende Kategorisierung kann also umstrukturiert, ausdifferenziert oder ergänzt werden.

Im WS 78/79 wurden die so geordneten 303 Konfliktbeschreibungen 111 angehenden Lehrern an Realschulen in zwei Gruppen ($N = 54$, $N = 57$) vorgelegt, um

- die *Verständlichkeit* der Konfliktbeschreibungen zu überprüfen, insbesondere die Dimension der Vollständigkeit (vgl. *Langer/ Schulz v. Thun/Tausch* 1974, *Miltz* 1972),
- die *emotionale Betroffenheit* zu erfassen,
- *geeignet erscheinende Handlungsmöglichkeiten* auswählen zu lassen, bzw. die Vpn aufzufordern, selbst nach geeigneten Handlungsmöglichkeiten zu suchen.

Eine Überprüfung der Verständlichkeit erschien ratsam, weil die unvollständigen Konfliktbeschreibungen komplettiert werden mußten.

Die Erfassung der emotionalen Betroffenheit oder die Einschätzung der Konfliktrelevanz war deshalb so wichtig, weil Lehrer

24

Konflikte sehr unterschiedlich einschätzen (vgl. *Lindmayer* 1976) und weil nur dann, wenn sich Lehrer hinsichtlich der Relevanz einigen können, auch Aussicht besteht, daß sie sich auf bestimmte Analyseschritte einigen. Die Frage nach geeigneten Handlungsmöglichkeiten wurde im Hinblick auf vorherrschende Normen gestellt.

Versuchsgruppe A
Realschullehrer in der zweiten Ausbildungsphase
N = 54

Jahre	22	23	24	25	26	27		m	w
N	4	16	14	8	11	1		20	34

Versuchsgruppe B
Realschullehrer in der zweiten Ausbildungsphase
N = 57

Jahre	22	23	24	25	26	27	28	29	m	w
N	3	16	17	13	3	2	1	2	27	30

Jeder Gruppe wurden in 12 doppelstündigen Lehrveranstaltungen jeweils 13 Konfliktbeschreibungen vorgelegt. Die Beschreibungen wurden mittels Overheadprojektor dargeboten und außerdem vom Versuchsleiter vorgelesen. Anschließend hatten die Vpn Gelegenheit, Rückfragen zu stellen. Auf diese Weise wurden die Konfliktstrukturen vervollständigt.

Für die Bearbeitung einer Konfliktbeschreibung (Beschreibung auffassen, Relevanz einschätzen, Handlungsmöglichkeiten in den Blick nehmen, Entscheidung fällen) blieben nur 6 bis 7 Minuten Zeit. Da in der Realsituation die Lehrer oftmals innerhalb weniger Sekunden entscheiden müssen, wurde dieser Zeit- und Handlungsdruck von den Vpn toleriert.

4.2 Einschätzung der emotionalen Betroffenheit

Von den 303 Konfliktbeschreibungen, die den Vpn zur Einschätzung vorgelegt wurden, fielen 24 in den Bereich der Scheinkonflikte (0 auf der Schätzskala), 209 wurden als Rand-, 66 als Zentral- und 4 als Extremkonflikte (7 auf der Schätzskala) eingestuft. Die Verteilung auf der Konfliktskala sieht folgendermaßen aus:

Schein-		Rand-		Zentral-			Extremkonflikte
0	1	2	3	4	5	6	7
24	40	102	67	46	13	7	4

Betrachtet man die Schein- und Randkonflikte im Verhältnis zu den Zentral- und Extremkomflikten, dann ergibt sich ein Verhältnis von 233 zu 70, also etwa von 3 zu 1.

Es ist zu vermuten, daß die Gruppe der Reallehreranwärter insgesamt mit den Einschätzungswerten niedriger liegt als andere Gruppen, z. B. Schüler oder voll im Beruf stehende Lehrer. Diese Vermutung stützt sich auf vorliegende empirische Untersuchungen in diesem Bereich (vgl. *Becker/Kaier* 1977, *Kaier* 1978, *Lindmayer* 1976). Aus ihnen lassen sich folgende Trends entnehmen:
– Jüngere Schüler sind stärker emotional betroffen als ältere,
– Hauptschüler sind stärker betroffen als Realschüler,
– Realschüler stärker als Gymnasiasten,
– Studenten sind weniger stark betroffen als Schüler,
– Lehrer sind stärker betroffen als Studenten und
– es besteht eine enge Beziehung zwischen der Betroffenheit eines Lehrers und jenen Schülern, die er als Klassenlehrer betreut.
Die Situation im Hörsaal unterscheidet sich außerdem erheblich von der Klassenzimmersituation. Wenn ein angehender Reallehrer einer Beschreibung entnimmt, daß Schüler den Lehrer mit Papierkügelchen unter Beschuß nehmen, dann ist die emotionale Betroffenheit wahrscheinlich geringer als wenn er selbst im Klassenzimmer unter Beschuß genommen wird.
Wenn Sie also im Verlauf der Übungen zu anderen, meist höheren Werten kommen, weil Sie Lehrer sind und täglich mit Auseinandersetzungen, Belastungen und Schwierigkeiten zu tun haben, dann ist dies durchaus verständlich.
Überhaupt sind die folgenden mitgeteilten Daten zu den einzelnen Konfliktbeschreibungen (Mittelwert, Varianz und Standardabweichung der Relevanz-Schätzungen) lediglich als Orientierungshilfen zu verstehen. Sie sagen etwas aus über den Grad der emotionalen Betroffenheit dieser angehenden Reallehrer sowie über den Grad der Übereinstimmung in der Konflikteinschätzung.
Damit Sie die Einschätzdaten besser einordnen können, werden die jeweils niedrigsten und höchsten Werte mit den entsprechenden Konstellationen genannt:

Mittelwert X:
niedrigster Wert 0.05 Scheinkonflikt
– Sie betreten im Winter morgens das Klassenzimmer, es ist dunkel. Sie schalten das Licht an und bemerken, daß sich die Schüler unter den Tischen versteckt haben (7.1.2.1).
höchster Wert 6.54 Extremkonflikt
– Eine Schülerin nimmt Drogen und muß ins Krankenhaus eingeliefert werden (7.16.3.7).
Varianz, VAR/*Standardabweichung,* STA:
niedrigster Wert VAR 0.05/STA 0.23 = fast einheitliche Einschätzung (7.1.2.1, s.o.).
höchster Wert 6.54 Extremkonflikt
– Ein Berufsberater zweifelt daran, daß seine Entscheidung, einem Jungen aus einer spanischen Gastarbeiterfamilie eine Lehrstelle zu vermitteln, richtig ist (7.8.3.1).
Da die VAR nur bei 49 von 303 Konfliktbeschreibungen größer als 2.00 ist, kann für diese Untersuchung folgendes gelten:
Varianz 0.05 - 1.00 = leicht abweichende Beurteilung
Varianz 1.01 - 2.00 = abweichende Beurteilung
Varianz mehr als 2.00 = stark abweichende Beurteilung.

Insgesamt wurden die Konfliktbeschreibungen verhältnismäßig einheitlich eingeschätzt. Unterschiedliche Beurteilungen kommen u. a. zustande, wenn die Vpn in der Sache geteilter Meinung sind (wie im Falle des Berufsberaters), wenn unterschiedliche normative Setzungen involviert sind, oder wenn die Konfliktbeschreibung für viele Vpn unverständlich ist, so daß Mißverständnisse gehäuft auftreten können.

Der Frage, ob die Konfliktskala ausreichend differenziert, sollten Sie selbst nachgehen, indem Sie einzelne Konfliktbeschreibungen innerhalb eines Problemkreises vergleichen.

Nach den bisherigen Erfahrungen im Umgang mit der Konfliktskala kann diese Frage positiv beantwortet werden. Dazu ein Beispiel:

Problemkreis 7.13 – Schülerängste

Konflikt-beschreibung	MW	Ereignisse
7.13.3.1	R1 0.96	Nägelkauen; dazu die Bemerkung einer Vp: „Das tun wir heute noch, das ist doch ganz normal."
7.13.3.2	R2 1.74	Vielreden; stört zuweilen den Unterricht.
7.13.3.3	R3 3.19	Daumenlutschen; damit macht sich der Schüler vor seinen Mitschülern lächerlich.
7.13.3.6	Z4 3.83	Hyperaktivität; starke motorische Unruhe, der Unterricht wird laufend gestört.

Problemkreis 7.13 – Schülerängste

Konflikt-beschreibung	MW	Ereignisse
7.13.3.8	Z5 4.70	Angst vor dem Lehrer; Schlafstörungen, Lernhemmungen und Blockierungen.
7.13.2 Analysebeispiel	Z6 5.91	Selbstmorddrohung; Angst vor dem Vater, Angst, das Klassenziel nicht zu erreichen.

4.3 Auswahl der Handlungsmöglichkeiten

Zu jeder der 303 Konfliktbeschreibungen wurden sechs Handlungsmöglichkeiten formuliert, also insgesamt 1818. Dem Autor kam es nicht darauf an, nur angemessen erscheinende Möglichkeiten zu berücksichtigen, sondern sinnvolle und unsinnige, sozialintegrative und autokratische, vor allem aber auch humorvolle.

Diese Handlungsmöglichkeiten wurden den 111 Vpn mit der Bitte vorgelegt, diejenige auszuwählen, die am ehesten zur Konfliktlösung beitragen kann. Darüberhinaus war es erwünscht, eigene, angemessenere Handlungsmöglichkeiten zu nennen oder mehrere Handlungen zu einer Handlungsfolge zu kombinieren. Eigene Handlungsmöglichkeiten wurden bei der Auswertung unter der Kategorie „o" (oder) berücksichtigt, bei einer entwickelten Handlungsfolge wurde die erstgenannte Handlung einbezogen.

Die Ergebnisse zeigen, daß es weniger favorisierte, favorisierte und stark favorisierte Handlungsmöglichkeiten gibt. Erreicht die meistgewählte Handlungsmöglichkeit nicht mehr als 50%, dann wird sie im Rahmen dieser Untersuchung als „weniger favorisiert" bezeichnet (bei 188 Konfliktbeschreibungen). Handlungsmöglichkeiten, denen 51-66% der Vpn den Vorzug geben, gelten als „favorisiert" (bei 76 Konfliktbeschreibungen), mit über 66% als „stark favorisiert" (bei 39 Konfliktbeschreibungen). Diese favorisierten bzw. stark favorisierten Handlungsmöglichkeiten deuten auf vorherrschende bzw. stark vorherrschende Normen hin, d. h. die Vpn gaben mehrheitlich oder sogar mit einer Zweidrittelmehrheit an, daß sie im Hinblick auf einen bestimmten Konflikt einer spezifischen Handlung den Vorzug geben möchten, was jedoch nicht gleichzeitig bedeutet, daß sie in der Unterrichtssituation auch tatsächlich so handeln können. Letzteres gilt vor allem für die humorvollen und schlagfertigen Reaktionen, die zwar häufig als erwünscht bezeichnet werden, bei denen aber Zweifel aufkommen, ob es möglich ist, ein ähnliches Verhalten bei persönlicher Betroffenheit im Unterricht zu realisieren.

4.4 Aufbau der Studien- und Übungsunterlagen

Die Studien- und Übungsunterlagen gliedern sich in 25 *Problemkreise.* Damit sich die Benutzer des Buches mühelos orientieren können, sind die Unterlagen eines jeden Problemkreises, mit Ausnahme des ersten und des letzten, in gleicher Weise gegliedert, nämlich in
– Vorüberlegungen,
– Analysebeispiel,
– Konfliktbeschreibungen und
– Handlungsmöglichkeiten.

In den *Vorüberlegungen* wird eine Abgrenzung des betreffenden Problemkreises versucht und auf Querverbindungen zu anderen Problemkreisen aufmerksam gemacht. Durch die Aufzählung typischer Konfliktkonstellationen erfolgt eine phänomenologische Umschreibung des Problemkreises. Diese Konstellationen sollten durch den Leser mit schulpraktischer Erfahrung ergänzt werden. – Sodann schließt sich der Versuch an, auf einem mittleren Abstraktionsniveau Hypothesen zur Verursachung der Konflikte zu bilden. Die auf diese Weise dargestellten Ursachen verstehen sich als Erklärungsansätze, die durch heranzuziehende empirische Untersuchungen gestützt oder verworfen werden können. Im Rahmen dieser Publikation war es nicht möglich, die etwa 200 beschriebenen Konfliktursachen einer streng wissenschaftlichen Kontrolle zu unterziehen.

Im Anschluß an das aufgezeigte mögliche Verursachungsspektrum wird die Frage nach den Leitlinien pädagogischen Handelns gestellt, nach pädagogischen Maßnahmen, die das Auftreten dieser Konflikte reduzieren oder einen Beitrag zur Konfliktlösung leisten können. Diese Leitlinien sollen einmal Lehranfängern eine erste Orientierung bieten und Lehrern bei der Bewältigung ihrer Alltagsprobleme helfen. Zum anderen sollen sie aber auch nachdenklich stimmen, zur Diskussion anregen und Kritik herausfordern.

Den Vorüberlegungen folgt ein *Analysebeispiel,* wobei die einzelnen Schritte der Situationsanalyse der „Handlungsmatrix zur Konfliktlösung" entnommen sind. Mit diesem Analysebeispiel soll das systematische Vorgehen beim Versuch einer Konfliktlösung dokumentiert werden. Da niemand für sich in Anspruch nehmen kann, die bestmögliche Handlungsfolge konzipiert zu haben, schließt jedes Analysebeispiel mit der Frage: Oder würden Sie ganz anders handeln?

Die *Konfliktbeschreibungen* sind innerhalb eines Problemkreises mit zunehmender Relevanz angeordnet. Der Grad der emotionalen Betroffenheit verstärkt sich also von Beschreibung zu Beschreibung – sofern man den Einschätzungsergebnissen der angehenden Reallehrer folgt (vgl. Abschnitt 4.2).

Zuerst kommen also die Schein- und Randkonflikte, dann die Zentral- und Extremkonflikte. Zu jeder Beschreibung finden sich Angaben zur Stichprobengröße (N), zum Mittelwert (MW), zur Varianz (VAR) und zur Standardabweichung (STA).

Den Konfliktbeschreibungen folgt die Darstellung von jeweils sechs *Handlungsmöglichkeiten* zu jeder Beschreibung. Die Handlungsmöglichkeiten sind in der gleichen Reihenfolge wie die Konfliktbeschreibungen angeordnet und tragen die gleichen Kennziffern. Außerdem werden Angaben darüber gemacht, welchen Beitrag die einzelnen Handlungsmöglichkeiten nach Auffassung der angehenden Reallehrer zur Konfliktlösung leisten können. Die prozentualen Häufigkeiten geben die Meinung der betreffenden Stichprobe wieder. Bei den unter „o" (oder) angegebenen Häufigkeiten handelt es sich um eigene Vorschläge der Vpn zur Konfliktlösung (vgl. Abschnitt 4.3).

5 Vorschläge für den Umgang mit den Studien- und Übungsunterlagen

Nachstehend werden einige Überlegungen angestellt, wie Sie mit Hilfe der Studien- und Übungsunterlagen die übergeordneten Ziele – Erhöhung der Konfliktfähigkeit und Verbesserung der Konfliktbeilegungsfähigkeit – erreichen können. Die Vorschläge beziehen sich auf das Einzelstudium, auf Kleingruppenarbeit sowie auf den Einsatz der Studien- und Übungsunterlagen in Seminarveranstaltungen.

Einzelstudium

Sofern Sie alleine arbeiten möchten oder dazu genötigt sind, weil sich kein Partner findet oder weil sich eine Kleingruppe nicht bilden läßt, dann sollten Sie sich zuerst mit der „Handlungsmatrix zur Konfliktlösung" befassen. Diese Matrix enthält bedeutsame Schritte, die bei einer Konfliktanalyse zu berücksichtigen sind. Sie bildet das Kernstück des Buches. Ein sorgfältiges Studium der „Erläuterungen zur Handlungsmatrix" sowie ein Nachvollzug des „Analysebeispiels" erscheinen deshalb unbedingt notwendig.

Sodann können Sie sich jenem Problemkreis zuwenden, der Sie besonders interessiert, die „Vorüberlegungen" lesen, weitere Hypothesen über die Konfliktursachen bilden und die Leitlinien für das pädagogische Handeln durchdenken, in Frage stellen, umformulieren. Solange Sie noch nicht mit der Methode der Konfliktanalyse vertraut sind, wird es empfehlenswert sein, das „Analysebeispiel" durchzugehen. Vielleicht kommen Sie bei dieser Arbeit auch zu einem ganz anderen Ergebnis, zu einer Handlungsfolge, die Ihrer Persönlichkeit und Ihren Vorstellungen mehr entspricht. Später, wenn Sie in der Konfliktanalyse geübt sind und die einzelnen Schritte aus der Handlungsmatrix auf die jeweilige Konfliktbeschreibung variabel beziehen können, werden Sie das Analysebeispiel überspringen und sich gleich den Konfliktbeschreibungen zuwenden, um eine Beschreibung zu analysieren. Für die Auswahl des Konflikts bieten sich zwei Vorgehensweisen an: Entweder Sie lesen die Beschreibungen in rascher Folge durch und wählen jene aus, die Ihr besonderes Interesse findet, oder Sie treffen die Auswahl nach dem Grad der emotionalen Betroffenheit und der zur Verfügung stehenden Zeit. Möchten Sie sich nur mit einem Randkonflikt befassen, und steht Ihnen nur wenig Zeit für eine Konfliktanalyse zur Verfügung, dann sollten Sie eine der ersten Beschreibungen auswählen. Wollen Sie sich hingegen einem Zentralkonflikt zuwenden und über eine halbe Stunde Zeit investieren, dann können Sie die ersten Konfliktbeschreibungen beim Lesen überspringen. Da die einzelnen Beschreibungen mit zunehmender Relevanz angeordnet sind, wird Ihnen die Orientierung leichtfallen.

Haben Sie eine Konfliktbeschreibung zur Bearbeitung ausgewählt, dann sollten Sie Ihre eigene emotionale Betroffenheit noch einmal überprüfen, auf keinen Fall das Einschätzungsergebnis der angehenden Reallehrer kritiklos hinnehmen, sondern aufgrund der eigenen emotionalen Betroffenheit die Analyseschritte vorläufig festlegen. Wenn es keine zwingenden Gründe für den vorzeitigen Abbruch Ihrer nun folgenden analytischen Arbeit gibt, sollten Sie diese bis zu jenem Punkt durchführen, an dem Sie eine Handlungsfolge konzipiert haben. Beim Analyseschritt „Handlungsmöglichkeiten suchen" können Sie auf die ausgewiesenen Handlungsmöglichkeiten zurückgreifen oder aber, nach vollzogener Analyse, Ihr eigenes Ergebnis mit den Handlungsmöglichkeiten vergleichen. Am Ende der Arbeit sollte jedoch ein Arbeitsergebnis stehen und die Entscheidung für eine Handlungsfolge, ein Ergebnis, das mit dem Satz eingeleitet werden kann: Auf der Grundlage der mir zur Verfügung stehenden Informationen und nach vollzogener Konfliktanalyse gelange ich zu folgendem (vorläufigen) Ergebnis: . . . Wenn Sie nämlich den Prozeß der Analyse unterbrechen, und die Bearbeitung des Falles noch offenbleibt, ist zu vermuten, daß Sie mit sich selbst unzufrieden und weniger motiviert sind, einen anderen Problemkreis zu bearbeiten.

Wenn Sie als Lehrer täglich mit Auseinandersetzungen, Belastungen und Schwierigkeiten zu tun haben, können Sie auch von einem selbsterlebten Konflikt ausgehen, der sich in einen Problemkreis einordnen läßt. In diesem Fall lesen und durchdenken Sie die Studien- und Übungsunterlagen zu diesem Problemkreis und bemühen sich um eine möglichst präzise Beschreibung des selbsterlebten Konflikts. Überprüfen Sie Ihre eigene emotionale Betroffenheit, legen Sie die Analyseschritte fest, und erarbeiten Sie für Ihr eigenes Problem eine Handlungsfolge.

Die Schwierigkeit beim Einzelstudium und einer sich anschließenden Analyse des eigenen Konflikts besteht allerdings darin, daß Ihre Konfliktwahrnehmung (Selbstwahrnehmung) keine Korrektur erfährt, niemand da ist, der den Konflikt vielleicht ganz anders einschätzt und zu ganz anderen Ergebnissen gelangt (Fremdwahrnehmung). Vielleicht versuchen Sie, Ihre eigenen Handlungen zu rechtfertigen, oder Sie üben Selbstkritik und Selbstanklage in Fällen, in denen dies ungerechtfertigt ist. Deshalb sollten Sie versuchen, einen Partner oder mehrere Personen für die Mitarbeit in einer Partner- oder Kleingruppe zu gewinnen.

Partner- oder Kleingruppenarbeit

Sofern es Ihnen gelungen ist, eine oder mehrere Personen zur Mitarbeit zu gewinnen, empfiehlt sich folgendes Vorgehen: Die Mitglieder der Gruppe lesen in Einzelarbeit die einführenden Kapitel und insbesondere die Ausführungen über die „Handlungsmatrix zur Konfliktlösung". Die erste Sitzung kann dann sogleich der Methodendiskussion dienen, indem Sie sich gegenseitig die einzelnen Schritte der Handlungsmatrix erläutern. Ziel der Diskussion sollte die Bereitschaft aller Gruppenmitglieder sein, themenzentriert zu arbeiten, Konflikte darzustellen, sich die emotionale Betroffenheit mitzuteilen, um dann in der zur Verfügung stehenden Zeit unter Berücksichtigung der zentralen Fragen aus der Matrix eine Handlungsfolge zu konzipieren, von der die Gruppenmitglieder der Auffassung sind, daß sie den am Konflikt beteiligten Personen gerecht wird. Gegen Ende der Sitzung wird darüber entschieden, welcher Problemkreis Gegenstand des nächsten Treffens sein soll.

Die Vorbereitung auf die nächste Gruppensitzung erfolgt wiederum im Einzelstudium, indem jedes Mitglied die „Vorüberlegungen" studiert, weitere Hypothesen zur Verursachung bildet und die Leitlinien für das pädagogische Handeln durchdenkt und in Frage stellt. So kann die Gruppensitzung entweder der Diskussion des Gelesenen dienen oder der gemeinsamen Analyse einer Konfliktbeschreibung oder der Darstellung und Analyse eines selbstdurchlebten Konflikts. Bei Personen mit Schulerfahrung hat sich die schriftliche Darstellung des selbsterlebten Konflikts bewährt; denn auf diese Weise ist der Berichterstatter genötigt, die Darstellung zu präzisieren. Eine schriftliche Darstellung bietet auch bessere Möglichkeiten zum Nachfragen. Jedes Gruppenmitglied kann sich im Verlauf der Konfliktanalyse immer wieder auf die Konfliktbeschreibung beziehen.

Bemühen Sie sich im eigenen Interesse um die Einhaltung bestimmter Gesprächsregeln; denn nichts ist mißlicher als das Gefühl, kostbare Zeit vertan zu haben und nicht einmal zu einem vorläufigen Ergebnis gelangt zu sein. Um sicher zu gehen, daß die Gruppe auch zu einem Ergebnis gelangt, müssen einzelne Analyseschritte in rascher Folge durchlaufen werden. Für einen Randkonflikt der Kategorie 3 könnte der zeitliche Rahmen etwa folgendermaßen aussehen:

Konfliktbeschreibung auffassen	4 Min.
Betroffenheit überprüfen	1 Min.
Erstverhalten überlegen	1 Min.
Methode festlegen	1 Min.
Nach den Ursachen fragen	4 Min.
Perspektive wechseln	4 Min.
Handlungsmöglichkeiten suchen	5 Min.
Handlungsmöglichkeiten prüfen	5 Min.
Handlungsfolge konzipieren	5 Min.

Für diese neun Schritte benötigt die Gruppe also etwa 30 Minuten.

Lehrveranstaltungen

Möchten Sie als Dozent oder Seminarleiter eine Lehrveranstaltung zur Konfliktlösung anbieten, dann ergeben sich je nach Adressatengruppe zwei unterschiedliche Modelle für den Seminarablauf: ein Seminar für Teilnehmer ohne und eines für Teilnehmer mit schulpraktischer Erfahrung.

Lehrveranstaltung A (Teilnehmer ohne schulpraktische Erfahrung): Der Dozent oder Seminarleiter gibt eine Einführung in die „Handlungsmatrix zur Konfliktlösung" und läßt die Seminarteilnehmer jene Problemkreise auswählen, die in der Gruppe das größte Interesse finden. Auf diese Weise entsteht ein Plan für die einzelnen Lehrveranstaltungen. Die Teilnehmer bereiten sich im Einzelstudium auf den Problemkreis vor, und die Seminarzeit wird zur Diskussion über die Konfliktursachen und die ausgewiesenen Leitlinien verwendet oder zur Analyse einer Konfliktbeschreibung. Auch ist denkbar, erst eine halbe Stunde lang die Studienunterlagen zu diskutieren, um sich dann einer Situationsanalyse zuzuwenden. Mit zunehmender Sicherheit in der Methode der Konfliktanalyse sollten die Seminarteilnehmer in Kleingruppen arbeiten, wobei sich sowohl das arbeitsgleiche als auch das arbeitsteilige Verfahren anbieten. Entweder bekommen alle Kleingruppen den Auftrag, eine bestimmte Konfliktbeschreibung zu analysieren, und nach einer festzulegenden Zeit werden die Ergebnisse verglichen. Oder die Kleingruppen wenden sich verschiedenen Beschreibungen zu, und die Ergebnisse der Konfliktanalyse werden sukzessiv vorgetragen und diskutiert.

Lehrveranstaltung B (Teilnehmer mit schulpraktischer Erfahrung):

Nach einer Einführung in die „Handlungsmatrix zur Konfliktlösung" und nach einer Einübung in die Methode der Konfliktanalyse schreibt jeder Teilnehmer einen Konflikt auf, der ihn unmittelbar betrifft. Die Konfliktbeschreibung sollte nicht mehr als eine DIN-A4-Seite umfassen und in Maschinenschrift allen Seminarteilnehmern zugänglich gemacht werden. Auf diese Weise entsteht für die Seminargruppe ein eigener Trainingskurs. Die Konfliktbeschreibungen werden nun Kleingruppen zur Bearbeitung übergeben. Dabei hat es sich als zweckmäßig erwiesen, die Konfliktbeschreibungen auszutauschen, also nicht die eigene Beschreibung zu analysieren. In den Kleingruppen werden nun Überlegungen darüber angestellt, ob die Beschreibungen bestimmten Problemkreisen zugeordnet werden können. Sofern dies möglich ist, bieten Studien- und Übungsunterlagen Hilfen für die Analyse der Situationen. Die einzelnen Gruppen tragen die Ergebnisse ihrer Konfliktanalysen vor, und der direkt betroffene Seminarteilnehmer hat anschließend Gelegenheit, zu dem Ergebnis Stellung zu nehmen.

6 Handlungsmatrix zur Konfliktlösung

6.1 Zur Funktion der Handlungsmatrix

Lehrer sind bei dem Versuch, die berufsspezifischen Konflikte zu lösen, meist überfordert und auf diese Aufgabe unzureichend vorbereitet. Beim Auftreten eines Konfliktes überlegen sie oft unter Zeit- und Handlungsdruck, wie sie einem Schüler ein „gerechtes Strafmaß" zukommen lassen können. In seltenen Fällen sind sie bereit und in der Lage, von der konkreten Konfliktsituation und der eigenen emotionalen Betroffenheit zu abstrahieren, die Betroffenheit der beteiligten Personen einzuschätzen und in einem kritisch-rationalen Prozeß eine angemessene Handlungsfolge zu konzipieren.

Um dieses Handlungsdefizit auszugleichen, wurde vom Autor eine „Handlungsmatrix zur Konfliktlösung" entwickelt und in zahlreichen Lehrveranstaltungen und Trainingskursen mit unterschiedlichen Adressatengruppen erprobt. Neu an dieser Matrix ist nicht der Versuch, ein systematisches Vorgehen bei der Konfliktanalyse zu dokumentieren. Vorschläge dieser Art finden sich u. a. bei *Becker/ Dietrich/Kaier* (1978), *Deutsch* (1976), *Gordon* (1977), *Keller/ Neumann* (1971), *Pikas* (1974), *Potthoff/Wolf* (1976), *Seiss* (1976) und *Sehringer* (1975). Kennzeichnend für diese Handlungsmatrix ist das Bemühen, den Grad der Betroffenheit der am Konflikt beteiligten Personen in einen kritisch-rationalen Prozeß einzubeziehen und die einzelnen Schritte der Konfliktanalyse an den im Berufsfeld auftretenden Fragestellungen und Handlungen zu orientieren. Außerdem beruht die Matrix auf folgender Überlegung: Je größer die Betroffenheit, desto mehr Zeit muß in die Konfliktlösung investiert werden, umso kompetenter sollte die Gruppe sein, die sich um eine Lösung bemüht, und umso sorgfältiger sollte die Konfliktanalyse durchgeführt werden. Nachdem der Konflikt aufgefaßt worden ist, wird also die emotionale Betroffenheit zum Ausgangspunkt der Konfliktanalyse gemacht, des Versuchs, unter Berücksichtigung der Relevanz-Mittel-Relation aufgrund methodischer Überlegungen eine Handlungsfolge zu konzipieren, die den beteiligten Personen gerecht wird.

6.2 Handlungsmatrix

Systematisches Vorgehen bei der Konfliktlösung unter Berücksichtigung der emotionalen Betroffenheit der beteiligten Personen

Analyseschritte	Grad der Emotionalen Betroffenheit Konfliktrelevanz							
	Schein-konflikt		Rand-konflikt		Zentral-konflikt		Extrem-konflikt	
	0	1	2	3	4	5	6	7
1. Konflikt(beschreibung) auffassen	x	x	x	x	x	x	x	x
2. Emotionale Betroffenheit einschätzen	x	x	x	x	x	x	x	x
3. Erstverhalten überlegen Handlungsaufschub?	x	x	x	x	x	x	x	x

Analyseschritte				
4. Methode wählen	A	B	C	D
5. Befragung durchführen				x
6. Nach den Ursachen fragen		x	x	x
7. Informationen beschaffen				x
8. Perspektive wechseln		x	x	x
9. Zielsetzung(en) abklären			x	x
10. Handlungsmöglichkeiten suchen	x	x	x	x
11. Handlungsmöglichkeiten prüfen	x	x	x	x
12. Handlungsfolge konzipieren	x	x	x	x

Anmerkung: Je ernster der Konflikt, desto mehr Zeit muß zu seiner Lösung investiert werden und umso mehr Schritte sind allein oder in Zusammenarbeit mit anderen zu durchlaufen. – Die jeweils vorzunehmenden Schritte sind mit ‚x‘ gekennzeichnet.

Handlungsmatrix mit Zwischenschritten

	A	B	C	D
1. *Konflikt(beschreibung) auffassen*	x x x x x x ˙ x x			
2. *Betroffenheit einschätzen*	Schein- 0 1	Rand- 2 3	Zentral- 4 5	Extremk. 6 7
3. *Erstverhalten Handlungsaufschub?*	x x x x x x x x			
4. *Methode wählen*	A	B	C	D
– Sozialformen	Einzel-	Partner-	Gruppen-arbeit	G.-arbeit Experten
– Richtzeiten in Minuten	5 10	20 30	40 50	50/50
5. *Befragung durchführen*				x
6. *Nach den Ursachen fragen*		x	x	x
7. *Informationen beschaffen*				
– Informationsquellen suchen				x
– Informationen einholen				x
– Informationen einbringen				x
8. *Perspektive wechseln*				
– Perspektive direkt Betroffener		˳x	x	x
– Perspektive indirekt Betr.			x	x
9. *Zielsetzung(en) abklären*				
– kurzfristige Zielsetzung(en)			x	x
– mittelfristige Zielsetzung.				x
– langfristige Zielsetzung(en)			x	x
10. *Handlungsmögl. suchen*	x	x	x	x
11. *Handlungsmögl. prüfen*				
– eindeutig positiv	x	x	x	x
– eindeutig negativ	x	x	x	x
– weder positiv noch negativ			x	x
12. *Handlungsfolge konzipieren*				
– wer handelt wann und wie?	x	x	x	x
– Handlungsplan erstellen				x

6.3 Erläuterungen zur Handlungsmatrix

Schritt 1 – Konfliktbeschreibung auffassen

Bei diesem ersten Bearbeitungsschritt sollen die bedeutsamen Elemente der Konfliktstruktur möglichst schnell, sorgfältig und so vollständig wie möglich aufgefaßt werden. Für die Konflikte in der Schule und im Unterricht können u. a. folgende Elemente von Bedeutung sein: Schulstufe und Schulart; Alter und Geschlecht der Schüler, des Lehrers oder anderer beteiligter Personen; Größe und Zusammensetzung der Lerngruppe; Unterrichtsfach; Zeit und Ort des Geschehens. Und unmittelbar auf den Konflikt bezogen: die besondere Entwicklungsgeschichte eines Schülers; Bedingungen der familialen Sozialisation; Art und Dauer der Sozialbeziehung zwischen Lehrer und Schüler(n); Art, Ausprägung und Häufigkeit konfliktträchtiger Handlungen; Abfolge dieser Handlungen; Bedingungen, die ihr Auftreten fördern oder reduzieren; Stellung des Schülers bzw. der Schüler in der Lerngruppe.

Der Versuch, die bedeutsamen Elemente aufzufassen, muß immer unvollständig bleiben, weil die Wahrnehmungsfähigkeit eines jeden Menschen begrenzt ist. Bei einem Lehrer im Unterricht ist sie in der Regel noch zusätzlich eingeschränkt dadurch, daß er unter Spannungen steht, weil er oft mehrere parallel laufende Handlungen verfolgen muß: Lernziele beachten, Fragen formulieren, dafür sorgen, daß alle Schüler sich beteiligen können, das Lernklima beeinflussen usw. Aufgrund vorangegangener Stunden kann Müdigkeit oder Gereiztheit auftreten, so daß auch deshalb ein Lehrer nur eingeschränkt wahrnehmen kann, überempfindlich reagiert oder nur das auffaßt, was er gerne wahrnehmen möchte. Aus dieser Tatsache ist Lehrern kein Vorwurf zu machen; es handelt sich vielmehr um eine berufsfeldspezifische Schwierigkeit, die es so gut wie möglich zu bewältigen gilt. Umso wichtiger erscheinen deshalb Übungen in der Situationsauffassung, in der Fähigkeit, bedeutsame Elemente einer Konfliktstruktur in kurzer Zeit wahrzunehmen.

Beim Versuch, bedeutsame Elemente aufzufassen, wird manchmal der Einwand gebracht, die Konfliktbeschreibung sei unvollständig und enthalte nicht die zur weiterführenden Bearbeitung erforderlichen Informationen. Dieser Einwand ist nur teilweise gerechtfertigt. Einmal erscheint es wenig sinnvoll, die Beschreibungen der Schein- und Randkonflikte umfassender zu gestalten (wenn z. B. ein 12jähriger Schüler ein Papierkügelchen abschießt, dann sind „Sozialanamnese" und „Milieuexploration" unangebracht). Zum anderen müssen Lehrer im Berufsalltag immer wieder handeln, obgleich ihnen bedeutsame Elemente der Konfliktstruktur unbekannt sind (wenn z. B. ein Schüler vor den Augen des Lehrers einen Papierkorb auf dem Schulhof entleert, oder wenn der Lehrer ein fremdes Klassenzimmer betritt, und zwei ihm unbekannte Schüler aufeinander einschlagen). Dieses Dilemma, trotz eines bestehenden Informationsdefizits handeln zu müssen, ist ebenfalls berufstypisch und läßt sich nie beseitigen. Umso wichtiger erscheint es deshalb, daß sich Lehrer darin üben, auf der Grundlage unvollständiger Kenntnisse der Konfliktstrukturen annähernd angemessen zu handeln.

Versuchen Sie, die Konfliktbeschreibungen so zu nehmen, wie sie sind, indem Sie die Ihnen bedeutsam erscheinenden Elemente der Konfliktstruktur entnehmen, um dann auf der Grundlage der zur Verfügung stehenden Informationen die weiteren Schritte der Konfliktanalyse zu durchlaufen. Wenn Ihnen dennoch das eine oder andere Element zur Bearbeitung fehlt, dann notieren Sie selbst die Ihnen notwendig erscheinenden Ergänzungen. Denken Sie aber daran, daß ein neues Element die gesamte Konfliktstruktur verändern kann.

Schritt 2 – Betroffenheit einschätzen

Sobald eine Beschreibung aufgefaßt ist, stellt sich die Frage nach der emotionalen Betroffenheit der beteiligten Personen, die Frage, ob überhaupt ein Konflikt vorliegt oder nicht, und falls ja, welche Relevanz dieser Konflikt hat. Die Einschätzung der Betroffenheit soll ganzheitlich und nicht nur aus der Perspektive einer bestimmten Person erfolgen. Wenn z. B. zwei Schüler aufeinander einschlagen und dieser Kampf offensichtlich Ernstcharakter hat, dann geht es um die rasche Auffassung und Einschätzung der Situation, wobei der Grad der emotionalen Betroffenheit für das Eingreifen bzw. Nichteingreifen des Lehrers maßgebend sein wird.

Der Einschätzungsvorgang muß sich während des Unterrichts, wenn der Lehrer unter Handlungsdruck steht, oft in Sekunden vollziehen. Doch von einer angemessenen Einschätzung der Ereignisse hängt schließlich ein angemessenes Erstverhalten ab. Wird eine Konfliktsituation über- bzw. unterbewertet, dann sind fast immer unangemessene Reaktionen des Lehrers die Folge, die einen Konflikt noch verstärken können. Mit solchen Fehlreaktionen ist den beteiligten Personen nicht gedient. In einer empirischen Untersuchung

(*Lindmayer* 1976) konnte nachgewiesen werden, daß Lehrer oft dazu neigen, bestimmte Konflikte über- bzw. unterzubewerten. Deshalb sind Übungen zur Konflikteinschätzung besonders wichtig.

Aber noch aus einem anderen Grund ist es erforderlich, daß vor dem Versuch einer Konfliktanalyse unmittelbar auf die Konfliktauffassung eine Relevanzüberprüfung erfolgt, vor allem dann nämlich, wenn sich mehrere Personen um eine Lösung bemühen. Ist die Person A aufgrund der konfliktträchtigen Ereignisse überzeugt, daß ein Randkonflikt vorliegt, der sich mühelos beilegen läßt, B hingegen der Meinung, es handele sich um einen Zentralkonflikt, der kaum gelöst werden kann, dann werden sich die beiden Personen auch nicht ohne weiteres auf eine Methode zur Konfliktanalyse einigen können, also unterschiedlich vorgehen wollen und verschiedene Ziele verfolgen. Der Grad der emotionalen Betroffenheit kann also nicht ausgeklammert werden. Die Mitglieder einer Partner- oder Kleingruppe sollten sich deshalb gegenseitig ihre Betroffenheit mitteilen, im Gespräch das Einschätzungsergebnis begründen, einen Kompromiß schließen und sich auf bestimmte Analyseschritte einigen. Einzuschätzen ist der Grad der emotionalen, kognitiven und/oder physischen Beeinträchtigung der am Konflikt beteiligten Personen. Zu diesem Zweck wurde vom Autor eine Konfliktskala entwickelt, die zwischen Schein-, Rand-, Zentral- und Extremkonflikten differenziert (vgl. *Becker/ Dietrich/Kaier* 1978).

Konfliktskala

Schein-	Rand-			Zentral-		Extremkonflikte	
0	1	2	3	4	5	6	7

Scheinkonflikte hinterlassen bei den beteiligten Personen praktisch keine Beeinträchtigung, sie werden von den Beteiligten bald wieder vergessen. Ein Scheinkonflikt liegt z. B. dann vor, wenn die Schüler nur einen Spaß machen wollten, der Lehrer diesen Spaß mißversteht und er sich gleich darauf ärgert, daß er ihn mißverstanden hat, seine Reaktion korrigiert und mitlacht. *Extremkonflikte* hinterlassen eine starke und dauerhafte Beeinträchtigung. Sie können durch die unmittelbar beteiligten Personen nicht gelöst werden. Extremkonflikte sind z. B. kriminelle Handlungen oder schwere Körperverletzungen.

Die Mehrzahl der im Unterricht auftretenden Konflikte läßt sich unter die Rand- und Zentralkonflikte einordnen. Schein- und Extremkonflikte sind verhältnismäßig selten. Das Verhältnis der Rand- zu den Zentralkonflikten beträgt etwa 3:1. Die *Randkonflikte*

(Relevanz 1, 2 oder 3) führen nur zu einer geringen Beeinträchtigung der beteiligten Personen und haben keine Langzeitwirkung. Die Konfliktlösung sollte nach dem Grundsatz der „Verhältnismäßigkeit der Mittel" in relativ kurzer Zeit in Einzel- oder Partnerarbeit erfolgen, wobei weniger Analyseschritte zu durchlaufen sind als bei den *Zentralkonflikten*. Diese (Relevanz 4, 5 oder 6) führen zu einer starken Beeinträchtigung der beteiligten Personen und haben Langzeitwirkung. Für den Versuch der Konfliktlösung muß mehr Zeit investiert werden. Gruppenarbeit, evtl. die Einbeziehung von Experten sowie das Durchlaufen mehrerer Bearbeitungsschritte erscheinen gerechtfertigt.

Schritt 3 – Erstverhalten überlegen

Im Anschluß an die Konfliktauffassung und die Einschätzung der emotionalen Betroffenheit stellt sich sofort die Frage nach dem Erstverhalten. Sie ist deshalb so wichtig, weil von ihr oftmals der weitere Verlauf der Konfliktlösung abhängt. So kann ein unangemessenes Erstverhalten den Konflikt verschärfen, ein angemessenes die Situation offenhalten oder einen ersten Beitrag zur Konfliktlösung leisten.

Die Beantwortung der Frage nach dem Erstverhalten bereitet bei den Übungen in Verbindung mit einer vorliegenden Konfliktbeschreibung keine allzu großen Schwierigkeiten, weil Sie nicht unter Zeitdruck stehen, sondern sich in Ruhe überlegen können, ob ein Ignorieren möglich ist, eine schlagfertige oder humorvolle Reaktion angebracht erscheint oder ein anderes Verhalten realisiert werden sollte, welches Sie erst einmal vom Handlungsdruck befreit.

Im Unterricht muß die Entscheidung über das Erstverhalten – ähnlich wie die Einschätzung der emotionalen Betroffenheit – oft in wenigen Sekunden erfolgen, z. B. dann, wenn eine akute Verletzungsgefahr für die Schüler besteht.

Die Vielzahl der Randkonflikte legt die Vermutung nahe, daß Lehrer vor allem über die Fähigkeit verfügen sollten, schlagfertig und/oder humorvoll zu reagieren, weil sich in Verbindung mit den zahlreichen kleinen Störungen und Schwierigkeiten differenzierte Methoden der Konfliktlösung gar nicht rechtfertigen lassen. Ein Lehrer, der sich beim Auftreten eines jeden Randkonflikts um „Handlungsaufschub" bemühen würde, käme gar nicht mehr zum Unterrichten, sondern wäre zumeist handlungsunfähig.

Zentral- und Extremkonflikte rechtfertigen hingegen den Versuch, von einer sofortigen Handlung abzusehen und sich um Handlungsaufschub zu bemühen. Dies gilt allerdings auch für jene Randkonflikte, die Sie in ihrer Struktur noch nicht hinreichend durchschauen oder denen Sie ratlos gegenüberstehen. Geeignete Techniken, sich Handlungsaufschub zu verschaffen, sind u. a.:

- mit den Schülern über das konfliktträchtige Ereignis reden
- das konfliktträchtige Ereignis ignorieren
- den Schülern sagen, daß die Aufarbeitung zu einem späteren Zeitpunkt erfolgt
- den Schülern erklären, daß Sie selbst erst in Ruhe darüber nachdenken müssen
- den Schülern sagen, daß Sie im Augenblick dem konfliktträchtigen Ereignis auch noch ratlos gegenüberstehen.

Beim Einsatz dieser Techniken gewinnen Sie zwar etwas Zeit zum Nachdenken. Aber was geschieht, wenn Sie nach einiger Zeit immer noch ratlos sind? Was geschieht, wenn die Schüler Argumenten nicht zugänglich sind, sie einfach nicht zuhören oder zuhören wollen?

In solchen schwierigen Situationen können Sie wohl nur auf das Ende des Unterrichts hoffen, um dann ohne Zeit- und Handlungsdruck im Sinne dieses Buches konfliktanalytisch zu verfahren.

Schritt 4 – Methode festlegen

Der Konfliktrelevanz entsprechend weist die Handlungsmatrix vier Methoden zur Konfliktanalyse (A, B, C, D) mit unterschiedlichen Richtzeiten, Sozialformen und einer zunehmenden Zahl an Bearbeitungsschritten aus.

So besteht z. B. Methode A aus den Schritten 10, 11 u. 12 der Handlungsmatrix (s. S. 51 f.), Methode B aus den Schritten 6, 8, 10, 11 u. 12 usw.

Wie schon mehrfach angedeutet, sollte die Methodenfrage im Hinblick auf die jeweilige emotionale Betroffenheit entschieden werden. Für Schein- und Randkonflikte ist in relativ kurzer Zeit eine Handlungsfolge zu konzipieren, während Zentral- und Extremkonflikte eine zeitintensive Konfliktanalyse rechtfertigen. Wird es in Verbindung mit schwerwiegenderen Konflikten erforderlich, zusätzliche Informationen einzuholen, dann muß die Bearbeitung unterbrochen und eine zweite Sitzung anberaumt werden.

Bei den Richtzeiten handelt es sich um Erfahrungswerte, die der Autor während der Seminararbeit mit verschiedenen Adressatengruppen gewonnen hat. Die Werte können anfangs geringfügig überschritten, sollten mit zunehmender Übung jedoch nach Möglichkeit eingehalten werden.

So wie es sinnvoll erscheint, eine Beziehung zwischen der Relevanz des Konflikts und der Bearbeitungszeit herzustellen, genau so erscheint es angebracht, eine Beziehung zwischen der Konfliktrelevanz und den Personen zu schaffen, die sich um eine Konfliktlösung bemühen. Schein- und Randkonflikte der Kategorie 1 sollten in Einzelarbeit, Randkonflikte der Kategorie 2 und 3 in Partnerarbeit, Zentralkonflikte in Gruppenarbeit, evtl. sogar unter Einbeziehung von Experten (z. B. Fachleute der Schulbehörden, Mediziner, Psychologen, Sozialarbeiter, Sozialpädagogen, Beratungslehrer u. a.) bearbeitet werden. Je relevanter ein Konflikt, umso kompetenter sollten jene Personen sein, die sich um eine Lösung bemühen. Dabei spielt natürlich weniger die Anzahl der Personen eine Rolle als deren Konfliktlösungskompetenz, d. h. deren Fähigkeit, konstruktive Beiträge einzubringen, die einer Konfliktlösung dienen können.

Schließlich ist bei der Wahl der Methode noch ein dritter Gesichtspunkt zu berücksichtigen, nämlich die Beziehung zwischen der emotionalen Betroffenheit und der Anzahl der Bearbeitungsschritte. Meist werden für die Lösung von Konflikten mit geringer Relevanz weniger Bearbeitungsschritte benötigt als für Konflikte mit hoher Relevanz. Ein Scheinkonflikt rechtfertigt die Berücksichtigung zahlreicher Bearbeitungsschritte nicht, die in Verbindung mit einem Zentralkonflikt unabdingbar sind. Einige Bearbeitungsschritte erscheinen allerdings in jedem Fall erforderlich: die Konfliktauffassung, die Einschätzung der Betroffenheit, Überlegungen zum Erstverhalten, die Suche nach Handlungsmöglichkeiten, ein Überprüfen der gefundenen Möglichkeiten sowie das Konzipieren einer Handlungsfolge.

Sofern Sie noch keine Übung in der Methode der Konfliktanalyse haben, sollten Sie sich nach Durchlaufen der ersten drei Bearbeitungsschritte an die in der Matrix ausgewiesenen Vorschläge halten und die Richtzeit, Sozialform sowie die Schritte zur Bearbeitung berücksichtigen. Mit zunehmender Sicherheit können Sie dazu übergehen, jene Schritte auszuwählen, die Ihnen für den vorliegenden Konflikt interessant erscheinen, also Ihre eigene konfliktspezifische Methode entwickeln. Auf diese Weise wird einerseits ein systematisches Vorgehen gewährleistet und sichergestellt, daß zentrale Fragen und Schritte berücksichtigt werden, andererseits die Gefahr eines schematischen Vorgehens weitgehend vermieden. Außerdem bleibt es jedem Bearbeiter unbenommen, Bearbeitungsschritte zu berücksichtigen, die nicht in der Matrix vorgesehen sind, die aber seiner Meinung nach einen Beitrag zur Konfliktlösung leisten können.

Warum ist das Einüben eines systematischen Vorgehens unter Berücksichtigung der Relevanz-Mittel-Relation überhaupt notwendig? Die Notwendigkeit eines solchen Vorgehens ergibt sich aufgrund fragwürdiger Lösungsmethoden, die immer wieder beobachtet werden können. Diese Methoden werden den beteiligten Personen, insbesondere den Schülern, nicht gerecht. Da berichtet z. B. ein Lehrer seinem Kollegen über Schwierigkeiten, die er mit einem bestimmten Schüler hat und erhält von diesem den Rat: „Da können Sie nur Eines tun . . ." (und mit einem solchen Ratschlag bleibt die breite Palette möglicher Handlungsweisen unberücksichtigt.) Oder im Lehrerzimmer berichtet eine Kollegin über das disziplinlose Verhalten einer Klasse, und die Kollegen erteilen gutgemeinte Ratschläge, wie diese Klasse zu disziplinieren sei (nach den Ursachen der Disziplinlosigkeit wird erst gar nicht gefragt). Oder es liegt ein schwerer Verstoß gegen die Schulordnung vor, und Klassenlehrer und Rektor beraten gemeinsam zwischen Tür und Angel über ein ‚gerechtes‘ Strafmaß (ohne die Ursachen in Betracht zu ziehen, ohne sich in die Lage des Schülers zu versetzen und ohne das breite Spektrum möglicher Handlungsweisen zu berücksichtigen und nach den Konsequenzen der Strafe für den Schüler zu fragen). Oder ein Kollege berichtet im Lehrerzimmer wieder einmal über den „schulbekannten" Schüler X. Jeder weiß über ihn Anekdoten zu berichten, jeder kennt die Schwierigkeiten, die dieser Schüler hat, doch es findet sich keine Gruppe, die bereit wäre, eine Handlungsfolge zu konzipieren, die zum Abbau dieser Schwierigkeiten beitragen könnte. Schüler X ist nun mal als schwierig bekannt, eine Art Sonderfall, mit dem man zu leben hat und der für eine gewisse Abwechslung sorgt. Oder eine junge Kollegin kommt mit ihrer Klasse nicht zurecht, sie hat massive Disziplinschwierigkeiten, führt diese auf eigenes Unvermögen zurück, trägt diesen Konflikt monatelang mit sich herum und fühlt sich emotional stark beeinträchtigt. Doch es fehlt ihr der Mut, über ihre Schwierigkeiten offen zu berichten, die gesamte Situation sorgfältig zu analysieren und eine Handlungsfolge zu erarbeiten, die zu einem Abbau der Disziplinschwierigkeiten und zu einer Verbesserung der Beziehungen führen kann. Konferenzen über Problemschüler gleichen leider oftmals einem Tribunal, nicht aber dem Versuch, den Konflikt sorgfältig aufzufassen, nach seinen Ursachen zu fragen und nach Möglichkeiten der Konfliktlösung zu suchen, die den beteiligten Schülern gerecht werden.

Den Lehrern allein ist wegen des professionellen Handlungsdefizits kein Vorwurf zu machen, denn schließlich hatten sie mehrheitlich keine Gelegenheit, sich in der Methode der Konfliktanalyse zu üben.

Schritt 5 – Befragung durchführen

Befragungen der unmittelbar betroffenen Personen sind vor allem in Verbindung mit schwerwiegenden Zentral- und Extremkonflikten gerechtfertigt. Der Sinn einer Befragung besteht in der weiterführenden Aufklärung der Konfliktstruktur und somit in einer Verbesserung der Konfliktauffassung. Der zu Befragende berichtet über Einzelheiten des Konflikts, über mögliche Ursachen, Art und Häufigkeit konfliktträchtiger Ereignisse sowie über die näheren Umstände, die das Auftreten begünstigen bzw. verringern.

Die fragenden Personen sollten sich um äußerste Zurückhaltung bemühen, die zu befragende Person ausreden lassen, aktiv zuhören (*Dresel* 1980), keine Suggestivfragen stellen oder voreilige Lösungsvorschläge machen, die den Ablauf der Befragung nur stören würden. Im Mittelpunkt sollte allein die Frage stehen nach dem, was wirklich vorgefallen ist. Dieser Fragestellung entsprechend ist jede Aussage auf ihren Wahrheitsgehalt zu prüfen und festzustellen, ob es sich um eine Tatsache, Vermutung, Interpretation, Meinungs- oder Gefühlsäußerung handelt.

Wenn Sie im Verlauf der Übungen in diesem Buch auf einen Zentral- oder Extremkonflikt stoßen, zu dem Ihrer Meinung nach eine Befragung durchgeführt werden sollte, dann läßt sich diese in der Übungsgruppe simulieren. Überlegen Sie sich zuerst, welche Personen befragt werden sollen, verteilen Sie dann die Rollen auf die einzelnen Mitglieder der Kleingruppe, indem Sie z. B. die Rolle des Schülers, des Freundes, des Lehrers, des Schulleiters, die der Mutter, des Vaters oder Drogenberaters übernehmen. Sofern Sie die Sitzung vertagen, können sich die einzelnen Gruppenmitglieder zwischenzeitlich ein – wenn auch bescheidenes – Expertenwissen aneignen.

Schritt 6 – Nach den Ursachen fragen

Nur wer die Ursachen eines Konfliktes kennt, kann Konfliktprophylaxe betreiben. Deshalb ist die Frage nach den Konfliktursachen so außerordentlich wichtig. Wer diese Fragestellung vernachlässigt, kann nur an den Symptomen herumkurieren, nicht aber die Konflikte in ihrer Entstehung sehen, konfliktverursachende Faktoren ausschalten und Konflikte vermeiden helfen.

Die Suche nach den Konfliktursachen erfolgt mittels Hypothesenbildung. Hypothesen sind vorläufige Annahmen über Zusammenhänge, die noch nicht bewiesen sind bzw. deren endgültige Klärung noch aussteht. Sie sollten deshalb Ihren eigenen Hypothesen gegenüber mißtrauisch sein, weil sich aufgrund einer Änderung der Konfliktstruktur (vgl. Schritt 7) neue Aspekte und ganz andere Hypothesen ergeben können (vgl. *Becker/Wahl/Weinert* 1978, S. 17).

Die Frage, die es hier zu beantworten gilt, heißt also: „Vermutlich ist es zu diesem Konflikt gekommen, weil ..." Doch in den seltensten Fällen gibt es eine eindeutige Antwort. Fast immer lassen sich zahlreiche Vermutungen anstellen, die in ihrem Wahrheitsanspruch konkurrieren (vgl. hierzu das Prinzip der ‚Multikausalität‘, in: *Hanke/Huber/Mandl* 1978). Die verschiedenen Konfliktursachen lassen sich oft nicht voneinander abgrenzen, es gibt Überschneidungen und Überlagerungen, und man kann eigentlich immer davon ausgehen, daß in Verbindung mit komplexeren Konflikten einige Ursachen nicht erkannt werden.

Die vorgenannten Schwierigkeiten sollten Sie aber dennoch nicht vom Versuch abhalten, möglichst viele und auf die jeweilige Konfliktbeschreibung zutreffende Hypothesen zu bilden, um nach Abschluß dieses Bemühens einen vorläufigen Verursachungsschwerpunkt anzunehmen. Am Ende der Hypothesenbildung wäre also die Frage zu beantworten, welche der gefundenen Hypothesen am ehesten zutreffen mag und wie sich die Hypothese(n) evtl. absichern lassen.

Für den im Beruf stehenden Lehrer ist es oftmals deprimierend, wenn er zu der Erkenntnis gelangt, daß sich einige der konfliktverursachenden Faktoren gar nicht oder nur langfristig über politische Initiativen beseitigen lassen. Dies gilt für all jene Konflikte, bei denen Sozialisationsdefizite, Sozialverhältnisse, familien- oder bildungspolitische Versäumnisse eine Rolle spielen. Die Erkenntnis, daß sich bestimmte konfliktverursachende Faktoren kurzfristig nicht beseitigen lassen, kann den Lehrer davor bewahren, sich selbst die Schuld an unabänderlichen Konflikten zuzuschreiben.

Schritt 7 – Informationen beschaffen

Zusatzinformationen können aus Zeitgründen meist nur in Verbindung mit Zentral- oder Extremkonflikten eingeholt werden. Dieser Schritt beinhaltet die Suche nach Informationsquellen sowie das Einholen und Einbringen der Informationen.

– *Informationsquellen suchen*
Hier wäre zunächst abzuklären, welche Informationsquellen im Hinblick auf den zu lösenden Konflikt in Betracht kommen. Allge-

mein lassen sich für schulische Konflikte folgende Quellen angeben:
- Die direkt beteiligten Personen, Schüler – Lehrer usw.
- Die indirekt beteiligten Personen – Mitschüler, Kollegen, Eltern . . .
- Fachleute aus dem schulischen Bereich – erfahrene Kollegen, Beratungslehrer, Schulleiter, Fachleute der Schulverwaltung, Schulpsychologen . . .
- Fachleute aus dem außerschulischen Bereich, Hochschullehrer, Juristen, Mediziner, Psychagogen, Psychologen, Sozialarbeiter, Sozialpädagogen . . .
- Schriftliche Quellen, die unmittelbar konfliktbezogen sind, Hefte, Zeugnisse, Schulakten . . .
- Fachliteratur, Schulgesetzgebung . . .

Ist die Frage nach der Art der Informationsquelle entschieden, dann muß in der Kleingruppe noch abgesprochen werden, wer sich um welche Quelle bemüht, z. B.:

Person A spricht mit den Eltern des Schülers,
Person B sucht die Drogenberatungsstelle auf,
Person C kümmert sich um die schulrechtlichen Bestimmungen usf.

Anschließend muß die Sitzung unterbrochen oder vertagt werden, damit die verschiedenen Personen Gelegenheit haben, die Informationen einzuholen.

– Informationen einholen

Für die Ergiebigkeit des Bemühens sind mehrere Punkte entscheidend, so die Art der Informationsgewinnung (schriftlich, fernmündlich oder im direkten Gespräch), der Zeitpunkt, zu dem ein Fachmann oder Experte angesprochen wird u. a. m. Sofern Fachleute oder Experten eingeschaltet werden sollen, ist deren Bereitschaft und Belastbarkeit realistisch abzuwägen.

Die gewonnenen Informationen sind schließlich auf ihren Informationsgehalt hin zu überprüfen, d. h. es sollten später nur jene Informationen eingebracht werden, die einen Beitrag zur Konfliktlösung leisten können, die Konfliktstruktur ergänzen, die Relevanz entscheidend verändern oder Hypothesen absichern.

– Informationen einbringen

Während das Einholen der Informationen zumeist in Einzelarbeit nach dem arbeitsteiligen Prinzip erfolgt, steht das Einbringen der Informationen am Beginn einer neuen Zusammenkunft. Jeder Teilnehmer sollte sich bei seinem Bericht so kurz wie möglich fassen und wirklich nur die konfliktrelevanten Informationen liefern.

Wichtige Informationen machen allerdings die erneute Diskussion der Konfliktrelevanz und des Verursachungsschwerpunktes erforderlich.

Schritt 8 – Perspektive wechseln

Ein Perspektivenwechsel soll denjenigen, der sich um eine Konfliktlösung bemüht, davor bewahren, den Konflikt einseitig aus der Sicht eines Betroffenen zu sehen. Dieser Bearbeitungsschritt umfaßt vor allem drei Überlegungen:
1. Welches sind die direkt oder indirekt beteiligten Personen?
2. Wie stark ist ihre emotionale Betroffenheit und Beeinträchtigung?
3. Wie werden diese Personen voraussichtlich handeln?

Während sich die erste Frage in den meisten Fällen ziemlich leicht beantworten läßt, stoßen Sie bei der Beantwortung der anderen beiden Fragen oft auf erhebliche Schwierigkeiten. Die Fähigkeit, sich in die Lage einer anderen Person hineinzuversetzen und deren Betroffenheit nachzuempfinden, ist unterschiedlich ausgebildet. Diese Fähigkeit läßt sich zwar bis zu einem gewissen Grad erwerben, indem es Ihnen gelingt, sich zu sensibilisieren und im Perspektivenwechsel zu üben; doch ist ein voller psychologischer Nachvollzug niemals möglich (vgl. *Becker/Dietrich/Kaier* 1978, 17).

Wenn Sie sich mit einem Partner oder in der Kleingruppe um eine Konfliktlösung bemühen, dann kann zur Beantwortung der Frage nach der Betroffenheit der beteiligten Personen die unter Schritt 2 eingeführte Terminologie dienen. Die Unterscheidung zwischen Schein-, Rand-, Zentral- und Extremkonflikten erleichtert in diesem Fall die Verständigung erheblich. Der Perspektivenwechsel beinhaltet eine Relevanzeinschätzung im Hinblick auf die direkt und indirekt betroffene Person sowie eine möglichst stichhaltige Begründung für den geschätzten Grad der emotionalen Betroffenheit.

Nicht gerade einfach ist der Versuch, Handlungen betroffener Personen durch Perspektivenwechsel zu prognostizieren. Allgemein kann wohl davon ausgegangen werden, daß Handlungsprognosen umso realistischer ausfallen, je besser man die betreffende Person kennt; an dieser Stelle stößt natürlich jeder Versuch, durch konfliktanaly⁺ische Übungen erzieherische Kompetenz zu erwerben, auf Grenzen. Doch gibt es auch zahlreiche Konflikte, bei denen die Prognose von Handlungen nicht allzu schwer fällt. Wenn z. B. von einem Vater bekannt ist, daß er seine Kinder schlägt, der Sohn in Mathematik eine 6 schreibt, der Lehrer die Unterschrift des Vaters verlangt und der Schüler zu weinen beginnt, dann gehören kaum prognostische Fähigkeiten dazu, Handlungen dieses Vaters vorauszusehen.

Handlungsprognosen sind vor allem im Hinblick auf die nachfolgenden Bearbeitungsschritte, insbesondere bei der Erstellung eines Handlungsplanes, notwendig.

Schritt 9 – Zielsetzung(en) abklären

Bei diesem Bearbeitungsschritt sollen Sie sich mit Ihrem Partner oder in der Gruppe, die sich um eine Konfliktanalyse bemüht, auf eine Zielrichtung einigen, denn nur so ist später eine Koordination der Maßnahmen und eine Kooperation möglich. Dabei darf es allerdings nicht zu einem rigiden Beharren auf einmal festgelegten Zielen und Positionen kommen, sondern Sie sollten sich für neue Informationen und Entwicklungen offenhalten, diese einbeziehen, die Zielsetzung(en) überdenken und gegebenenfalls modifizieren.

Allzu oft werden unrealistische Ziele gesetzt und die Möglichkeiten einer Konfliktlösung überschätzt. Um keine Enttäuschung oder Resignation aufkommen zu lassen, sollten Sie sich folgende Fragen vorlegen und erst dann eine Zielrichtung suchen:

– Lassen sich die Konfliktursachen verändern oder beseitigen?

– Lassen sich die Bedingungen verändern, unter denen konfliktträchtige Handlungen gehäuft auftreten?

– Welche Ziele lassen sich nach Beantwortung der vorstehenden Fragen kurz-, mittel- und langfristig erreichen?

Dazu ein Beispiel: Sie können von einem Schüler, der in jeder Unterrichtsstunde mehrmals abweichendes Verhalten zeigt, indem er aufspringt, umherläuft und die Mitschüler stört, kaum erwarten, daß er sein Verhalten kurzfristig und grundlegend ändert. Sind die Konfliktursachen schwerpunktmäßig im familialen Bereich zu suchen, dann können Sie als Lehrer auf diese Ursachen auch kaum Einfluß nehmen, geschweige denn, diese beseitigen. Möglich erscheint lediglich eine Änderung der Bedingungen im Unterricht, unter denen das abweichende Verhalten gehäuft auftritt. Diese Bedingungen können Sie aber wahrscheinlich auch nur geringfügig verändern. Deshalb erscheint es realistisch, kurzfristig mit einer geringen Abnahme der konfliktträchtigen Handlungen zufrieden zu sein, mittelfristig auf eine starke Abnahme dieser Handlungen hinzuarbeiten und erst langfristig das Ausbleiben dieser Handlungen anzustreben.

Schritt 10 – Handlungsmöglichkeiten suchen

Dieser Schritt ist einem Brainstorming (*Osborn* 1953) oder einem Gespräch vergleichbar, in dessen Verlauf die Gesprächsteilnehmer in kurzer Zeit möglichst viele Einfälle bringen sollen, die zur Konfliktlösung beitragen können (*Becker/Clemens-Lodde/Köhl* 1980, S. 175 ff., *Guilford* 1964). Um einen optimalen Gesprächverlauf zu sichern, sollten Sie sich um eine entspannte Gesprächsatmosphäre bemühen und auf einige Gesprächsregeln achten, die einem divergierenden Prozeß förderlich sind:

Spontaneität zeigen
Nennen Sie ganz spontan alles, was Ihnen einfällt. Lustige Einfälle sind besonders gefragt, sie lockern die Atmosphäre auf, und wenn gelacht worden ist, folgt fast immer ein guter Einfall. Halten Sie deshalb auch nicht mit Einfällen zurück, die an „Schwarzen Humor" anzuklingen scheinen. Sie begehen keine pädagogische Taktlosigkeit, wenn Sie auch solche Gedanken äußern. Sie sollten dabei zwischen den Äußerungen und Handlungen der Gesprächsteilnehmer unterscheiden.
Sich um Flüssigkeit und Elaboration bemühen
Wie schon erwähnt, sollten in kurzer Zeit möglichst viele Einfälle gebracht werden. Dabei ist innerhalb der Gesprächsgruppe oft das Bestreben zu verzeichnen, sich gegenseitig mit noch besseren Einfällen zu übertreffen. Greifen Sie Einfälle anderer Gesprächsteilnehmer auf und führen Sie diese weiter (Elaboration).
Flexibilität und Originalität anstreben
Bemühen Sie sich um ungewöhnliche Einfälle, indem Sie z. B. Beziehungen umkehren, Eigenschaften verändern, einmal „ganz anders" denken.
Bewertungen vermeiden
Bewerten Sie auf keinen Fall die Einfälle anderer Gesprächsteilnehmer und achten Sie darauf, daß Ihre eigenen Einfälle keine vorzeitige Bewertung erfahren. Tolerieren Sie erst einmal auch die unsinnigen, skurrilen und makabren Einfälle. Eine Wertung widerspricht den vorgenannten Anliegen der Spontaneität und Flüssigkeit.
Einfälle aufschreiben
Sammeln Sie die Einfälle für alle Gesprächsteilnehmer gut sichtbar, damit Überschneidungen und Wiederholungen vermieden werden. Außerdem benötigen Sie die gesammelten Einfälle für den nächsten Bearbeitungsschritt.
Gesprächsdauer beschränken
Sie sollten nicht voreilig das Gespräch abbrechen und es zeitlich nicht zu stark ausweiten. Erfahrungsgemäß genügen etwa zehn Minuten, um ca. 20 Einfälle aufzuschreiben.

Schritt 11 – Handlungsmöglichkeiten prüfen

Bei diesem Bearbeitungsschritt ist es außerordentlich wichtig, daß Sie jeden Einfall auf seine Brauchbarkeit überprüfen. Unsinnig erscheinende Einfälle stellen sich oft bei genauer Betrachtung als durchaus sinnvoll heraus. Manchmal muß der Einfall auch nur leicht abgeändert werden, um eine brauchbare Handlungsmöglichkeit zu ergeben. Kennzeichnen Sie jene Einfälle, die Ihnen brauchbar erscheinen, mit einem Plus (+), jene, die Ihnen unbrauchbar erscheinen, mit einem Minus (−) und jene, bei denen Sie nicht sicher sind, mit einem Plus-Minus (+ −). Ein solches Vorgehen erleichtert Ihnen den nächsten Bearbeitungsschritt. Bemühen Sie sich bei der Überprüfung um stichhaltige Begründungen, die in prägnanter Form angeben, warum Sie den Einfall akzeptieren, ablehnen oder noch für erwägenswert halten.

Schritt 12 − Handlungsfolge konzipieren

Unter einer Handlungsfolge wird eine Kombination von Handlungsmöglichkeiten verstanden, die ineinandergreifen und sinnvoll aufeinander bezogen und abgestimmt sind. Eine solche Handlungsfolge sollte nicht konfliktverschärfend wirken, sondern möglichst so konzipiert sein, daß sie von allen beteiligten Personen akzeptiert werden kann und die Wahrscheinlichkeit des Auftretens ähnlicher konfliktträchtiger Ereignisse verringert, also nach Möglichkeit auch prophylaktisch wirkt.

In Verbindung mit Schein- und Randkonflikten genügt oft die Auswahl und die Entscheidung für eine Handlungsmöglichkeit, während Zentral- und Extremkonflikte fast immer die Erarbeitung einer Handlungsfolge rechtfertigen.

Folgendes Vorgehen hat sich als sinnvoll erwiesen:

Zuerst werden jene Handlungsmöglichkeiten gesichtet, die eindeutig positiv gekennzeichnet worden sind. Danach sollten jene in Betracht gezogen werden, deren eindeutige Zuordnung nicht ohne weiteres möglich erschien. Einige der Handlungsmöglichkeiten sind nun so aufeinander zu beziehen, daß sich die ausgewählten Maßnahmen koordinieren lassen und ein gestuftes Vorgehen möglich ist. Unter „gestuft" ist der Versuch zu verstehen, dem Konflikt zunächst mit einfachen Maßnahmen zu begegnen, um später, falls erforderlich, direktere Maßnahmen zu ergreifen. Eine Handlungsfolge sollte darüber Auskunft geben, wer (welche Person) was (welche Maßnahme) wann (zu welchem Zeitpunkt) zu tun beabsichtigt, damit sich die konfliktanalytischen Bemühungen nicht in Unverbindlichkeit verlieren.

Auf keinen Fall dürfen Sie bei Ihren Übungen die Entscheidung über bestimmte Handlungsabsichten ausklammern, sondern sollen die in Aussicht genommenen Handlungen darlegen und begründen, um sie so einer kritisch rationalen Argumentation zugänglich zu machen.

6.4 Analysebeispiel zur Handlungsmatrix

Konfliktbeschreibung auffassen

Seit einem Jahr unterrichte ich (Lehrerin, 26 Jahre) in einer ländlichen Gemeinde ein sechstes Schuljahr. In dieser Klasse macht mir ein Schüler täglich zu schaffen. Er sagt ganz offen, daß er von der Schule nichts hält, macht seine Hausaufgaben sehr unregelmäßig, schlägt seine Mitschüler und stört den Unterricht, indem er z. B. die Füße auf den Tisch legt, mit Papierkügelchen schießt, aufspringt oder im Zimmer herumläuft. Mitschüler und Eltern möchten den Jungen nicht mehr in der Klasse haben. Die Kollegen beschweren sich laufend über ihn, er hat sich schon sechs Klassenbucheinträge eingehandelt, und eine Kollegin sprach davon, daß der Schüler untragbar sei und eigentlich in ein Heim gehöre. Die Kollegen haben mir dringend von einem Hausbesuch abgeraten, denn es bestehe die Gefahr, rausgeworfen zu werden. Außerdem sagen sie, daß von dem Jungen nichts anderes zu erwarten sei, da man seine älteren Geschwister kennengelernt habe.

Der Junge ist jüngstes Kind unter 6 Geschwistern. Die Familie gilt im Dorf als asozial. Der Vater kümmert sich kaum um die Familie, die Mutter arbeitet für den Lebensunterhalt mit.

Ich bin dem Schüler gegenüber ziemlich ratlos. Wenn das so weitergeht, kommt es vielleicht doch noch zu einem Schulausschluß. Außerdem habe ich das Gefühl, irgendwie zu versagen.

Betroffenheit einschätzen

Zentralkonflikt 6, denn es handelt sich um einen permanenten Konflikt, der zahlreiche Personen stark beeinträchtigt. Außerdem weiß die Lehrerin nicht, ob sie diesen Konflikt überhaupt bewältigen kann.

Erstverhalten überlegen

Der Konfliktbeschreibung läßt sich entnehmen, daß es immer wieder zu einzelnen konflikträchtigen Ereignissen kommt, die in

Handlungsmatrix zur Konfliktlösung

ihrer Kumulation den Zentralkonflikt ergeben. Deshalb läßt sich
keine Aussage im Hinblick auf das Erstverhalten machen. Es besteht
kein Zeit- und Handlungsdruck.

Methode festlegen

D, Richtzeit: zweimal 50 Minuten, Gruppenarbeit mit zwei Kollegen.

Befragung durchführen

Frage:
Was sagt Ihnen der Schüler, wenn Sie ihn auf sein Verhalten hin
ansprechen? Hat er Ihnen schon mal erklärt, warum er das tut?
Antwort:
Ja, er hat mir gesagt, damit er besser an die Mädchen rankommt, und damit
er seinen Freunden erzählen kann, was er wieder angestellt hat.
Frage:
Warum kann er seine Mitschüler so einfach verprügeln, lassen die sich das
denn gefallen?
Antwort:
Er ist etwas älter als seine Klassenkameraden, einmal sitzengeblieben, und
eigentlich sollte er wieder sitzenbleiben; aber da hat man ihn gnadenhalber
versetzt, aus der 6 in Englisch eine 5 gemacht, damit der Altersunterschied
nicht noch größer wird.
Frage:
Was weiß man denn nun konkret über das Elternhaus, lassen sich da die
Vermutungen und Gerüchte von den Tatsachen trennen?
Antwort:
Den Vater kenne ich nicht, aber er soll oft ins Wirtshaus gehen und sehr roh
sein, davon spricht das ganze Dorf. Die Mutter war einmal in der Schule, da
ging es um eine Beurlaubung für ihren Sohn. Sie macht einen eingeschüchterten Eindruck und gibt vor, mit ihrem jüngsten Sohn selbst nicht fertig zu
werden, schon weil dieser nichts von Frauen hält. Mir hat der Schüler auch
schon mal ins Gesicht gesagt, er halte nichts von Frauen, Frauen gehörten
hinter den Kochtopf.
Frage:
Das hat er Ihnen so einfach ins Gesicht gesagt?
Antwort:
Ja, so ganz einfach.
Frage:
Wissen Sie etwas über das Verhältnis des Schülers zu seinen älteren
Geschwistern?
Antwort:
Nicht viel, eigentlich spricht er nur manchmal von einer Schwester, die in der
Konservenfabrik arbeitet. Einmal hatte sie Spätschicht und brachte ihrem
Bruder das Frühstücksbrot.
Frage:
In welcher Form beschweren sich die Kollegen?

Antwort:
Bei denen muß es ganz ähnlich zugehen wie bei mir. Einer Kollegin geht es offensichtlich noch schlimmer – ein geringer Trost. Allerdings hat der Junge wohl mit Vorurteilen zu kämpfen, ist durch seine Geschwister vorbelastet.

Frage:
Warum lehnen ihn die Mitschüler ab?

Antwort:
Die Klagen werden fast täglich an mich herangetragen, es heißt, er sei so roh, man könne nicht mit ihm spielen, er würde die anderen immer nur ärgern, alles kaputtmachen u. dgl. m.

Frage:
Und die Eltern der Mitschüler, warum wollen die ihn nicht mehr in der Klasse haben?

Antwort:
Das kam auf einem Elternabend zur Sprache. Da hieß es, der Junge passe nicht in die Klasse, würde einen schlechten Einfluß auf die Mitschüler ausüben und die Mädchen belästigen, indem er ihnen immer an den Busen faßt. Das habe ich zwar selbst noch nicht beobachtet, erscheint mir aber denkbar. Meist wird aber so etwas auch von einigen Eltern überbewertet.

Frage:
Wie haben Sie auf die Forderung der Eltern reagiert?

Antwort:
Ich habe sie beschwichtigt und um Zeit gebeten, in der Hoffnung, daß sich das Verhalten des Schülers ändern wird.

Frage:
Wie steht es mit seinen schulischen Leistungen?

Antwort:
In den Hauptfächern mangelhaft bis ungenügend, in einigen Nebenfächern wie Biologie, Erdkunde zeigt er befriedigende mündliche Leistungen, im Sport tut er sich hervor.

Frage:
Hat er irgendein Hobby?

Antwort:
Er ist in der DLRG und nimmt dort auch am Training teil. Mehr ist mir nicht bekannt.

Frage:
Gibt es irgendwelche Anzeichen der Verwahrlosung, die eine Heimeinweisung rechtfertigen würden?

Antwort:
Eigentlich nicht, wenn man davon absieht, daß er häufig fehlt, zu spät zur Schule kommt, die Hefte beschmutzt und zerknittert sind. Ich weiß nicht, ob ich damit Ihre Frage beantwortet habe?

Nach den Ursachen fragen

Der Schüler stört immer wieder im Unterricht und belästigt die Mitschüler, weil er

- nach eigenen Angaben glaubt, so besser an die Mädchen ranzukommen
- nach eigener Aussage damit seinen Freunden imponieren möchte
- von frühester Kindheit an aggressives Verhalten kennengelernt und dieses übernommen hat
- vom Vater unter Druck gesetzt wird, und sich von diesem Druck in der Schule befreien muß
- als jüngstes Kind in der Familie von allen verwöhnt worden ist, ihm zuviel nachgesehen wurde
- die Aufmerksamkeit und Zuwendung der Lehrerin sucht und diese auch bekommt
- die Lehrerin als Frau nicht ernst nimmt, und diese seiner Meinung nach wie seine Mutter „hinter den Kochtopf gehört"
- einfach Spaß daran hat, Lehrer und Mitschüler zu ärgern
- gerne von daheim weg möchte, und sich schon auf den Tag einer Heimeinweisung freut, eine solche abenteuerlich findet, oder weil
- die Lehrer vom ersten Schultag an nicht auf ihn eingegangen sind.

Informationen beschaffen

Als Informationsquellen kommen in Frage: der Schüler selbst, dessen Eltern und Geschwister, Kollegen, Mitschüler, Schulpsychologe, Sozialarbeiter sowie einschlägige Fachliteratur.

Die aus drei Mitgliedern bestehende Gruppe (A, B und C) entschließt sich zu folgender Arbeitsteilung:

A (die betroffene Lehrerin) will trotz Abraten ihrer Kollegen nach vorheriger Anmeldung die Eltern besuchen und offen über die Probleme reden. Außerdem möchte sie mit jenen Kollegen sprechen, die den Schüler ebenfalls unterrichten.

B will die Erziehungsberatungsstelle aufsuchen, den Fall dem Schulpsychologen schildern und um Rat fragen.

C verpflichtet sich, das Jugend- und Sozialamt aufzusuchen, um sich in einem Gespräch über mögliche Maßnahmen zu informieren.

Die Gruppe vereinbart einen neuen Termin.

Die Gruppe trifft sich zu dem vereinbarten Termin und bringt folgende Informationen ein:

A „Ich bin also am Dienstagabend bei der Familie S. gewesen. Der Vater war nicht da, hat mich auch nicht überrascht, hält ja nichts von Frauen, von dem ist offensichtlich nichts zu erwarten. Anwesend waren Schüler, Mutter, eine

Analysebeispiel zur Handlungsmatrix

Schwester und für kurze Zeit einige andere Geschwister, die kamen, hörten mal neugierig zu und gingen dann bald wieder, hatten offensichtlich wichtigere Dinge zu tun. Ich hab' also ganz offen über die Probleme gesprochen, auch davon, daß viele Eltern fordern, den Jungen vom Unterricht auszuschließen. Ich halte nichts davon, hinter dem Rücken eines unmittelbar beteiligten Schülers Gespräche zu führen. Er hat sich das alles interessiert angehört und versprochen, sich zu bessern. Die Mutter hat in seiner Gegenwart gejammert, sie könne keinen Einfluß mehr auf ihn ausüben. Die Schwester folgte aufmerksam dem Gespräch und hat einige kluge Fragen gestellt; wenn in der Familie überhaupt einer ansprechbar ist, dann wahrscheinlich diese Schwester. Ich habe sie deshalb beim Weggehen gebeten, doch so oft wie möglich nach den Hausaufgaben zu sehen, und sie hat mir das auch versprochen.

Von den Kollegen konnte ich nichts Neues in Erfahrung bringen, die üblichen Klagen. Nur der Sportlehrer machte da eine Ausnahme. Herr B. sprach von guten bis sehr guten Leistungen, aber auch von gewissen Anpassungsschwierigkeiten, die dann auftreten, wenn etwas nicht so abläuft, wie es der Junge sich vorstellt."

B „Ich war also in S. bei der Erziehungsberatungsstelle. Es war gar nicht so einfach, einen Termin zu bekommen. Als ich dann dem Psychologen den Fall darstellte, war er zuerst sehr überrascht, daß ich nicht der Klassenlehrer, sondern „nur" ein Kollege bin. Ich habe ihm dann etwas von der Arbeitsteilung erzählt, und er war auch bereit, mich in Ruhe anzuhören. Dabei fiel mir besonders auf, daß er immer wieder „hm" sagte. Und als ich ihm den Fall in allen Einzelheiten dargelegt hatte, meinte er dazu, daß dies alles nichts Außergewöhnliches sei, im Grunde genommen ganz natürlich, selbstverständlich. Solche Schüler gäbe es heute in jeder zweiten Klasse. Und was nun den besonderen Fall betrifft, so sei er zwar zeitlich überlastet, aber bereit – das Einverständnis der Eltern vorausgesetzt – einmal mit dem Jungen zu reden – falls sich im Terminkalender noch eine Lücke finden ließe."

C „Dem Sozialamt ist die Familie längst bekannt. Vor sieben Jahren wurde schon mal die Frage aufgeworfen, ob einer der älteren Brüder – er hatte damals einen Diebstahl begangen – in ein Heim eingewiesen werden sollte. Ich war überrascht, wie gut die informiert waren und wie offen die mit mir gesprochen haben. „Problemfamilie ja, Heimeinweisung nie", hieß es da. Wir sollten uns nicht aufregen, uns um den Jungen kümmern und den Kontakt zum Sozialamt pflegen. Er will mal bei der Familie vorbeisehen und überlegen, ob die Möglichkeiten der Unterstützung (Wohngeld usw.) voll ausgeschöpft sind."

Perspektive wechseln

Die *Lehrerin* fühlt sich wahrscheinlich am stärksten betroffen und für den Jungen verantwortlich, erlebt aber immer wieder ihre Ohnmacht und Hilflosigkeit. Der *betroffene Schüler* spielt seine Rolle, imponiert den Mädchen und seinen Freunden und gewinnt durch sein Verhalten die Aufmerksamkeit der Lehrer. Inwieweit er sich in seiner Rolle wohlfühlt, läßt sich nicht ohne weiteres sagen.

Die *Mitschüler* werden vermutlich auf sein Verhalten ganz unterschiedlich reagieren. Einige lehnen ihn tatsächlich ab, fühlen sich gestört; andere hingegen freuen sich über die „Vorstellungen" und die Störungen im Unterricht. Die *Kollegen*, die nicht Klassenlehrer sind, ärgern sich über den Schüler. Die *Mutter* gibt sich hilflos, der *Vater* gleichgültig, eine *Schwester* scheint sich für ihren Bruder zu interessieren.

Zielsetzung abklären

Kurzfristig muß es darum gehen, das Störverhalten des Schülers in der Weise zu reduzieren, daß er seine Mitschüler weniger oft belästigt und andere Formen der Konfliktaustragung kennenlernt. Mittelfristig wäre ein Abbau des Störverhaltens anzustreben und eine positivere Grundhaltung gegenüber dem Unterricht. Langfristig müßten die aktive Mitarbeit im Unterricht sowie die Entwicklung sozialer Fähigkeiten angestrebt werden.

Handlungsmöglichkeiten suchen

1 einmal mehr mit dem Schüler reden
2 ihn für nicht abweichendes Verhalten verstärken
3 mit der ganzen Klasse über den Schüler sprechen
4 die Reversibilität des Verhaltens praktizieren, um ihm so deutlich zu machen, daß Unterricht dann nicht mehr möglich ist
5 ihm applaudieren, wenn er z. B. die Füße auf den Tisch legt, um ihn so lächerlich zu machen
6 mit ihm gemeinsam den Unterricht vorbereiten
7 ihn mit der Mutter zur Erziehungsberatungsstelle schicken
8 dem Vater auflauern, ihn zur Rede stellen
9 mit ihm einen Vertrag schließen
10 sein Verhalten ignorieren, damit er keine Aufmerksamkeit und Zuwendung gewinnt
11 ihn einfach rauswerfen, wenn er wieder stört
12 ihn wie die Kollegen ins Klassenbuch eintragen
13 ihn immer zu Beginn der Stunde direkt ansprechen: „Was liegt heute vor?"
14 ihn innerhalb der Klasse umsetzen, so daß er wenig stören kann und dennoch nicht ausgeschlossen wird
15 mit den Kollegen sprechen, diese bitten, auf weitere Einträge zu verzichten, damit der drohende Ausschluß vom Unterricht abgewendet wird

16 mit der älteren Schwester Kontakt halten, ihr laufend berichten
und sich selbst berichten lassen
17 ihm einen Freund oder eine Freundin verschaffen
18 weitere Freizeitaktivitäten (neben der DLRG) suchen
19 ihm auch in der Schule Erfolgserlebnisse verschaffen
20 ihn zu einem Lehrer in den Unterricht schicken, den er eher
akzeptiert als eine Lehrerin.

Handlungsmöglichkeiten prüfen

1 + − sofern es wichtige Dinge zu besprechen gibt, denn Gespräche
haben schon stattgefunden; 2 + sofern er sich ausnahmsweise angepaßt verhält; 3 − dazu gibt es keinen Anlaß, die Schüler haben schon
verschiedentlich über ihren Mitschüler gesprochen und sich
beschwert; 4 − das würde ihm sicher Spaß machen; 5 − durch solche
Handlungen könnte der Konflikt noch verschärft werden; 6 + sofern
dies möglich ist; 7 + wenn keine Änderung des Verhaltens zu erzielen
ist; 8 − hat wohl wenig Sinn, nach allem was man über ihn gehört hat;
9 + eine weitere Möglichkeit, ihn für sein eigenes Verhalten verantwortlich zu machen; 10 + in Verbindung mit 2 zu sehen; 11 − damit
würde man zwar einem aggressiven Modell (z. B. dem Vater)
entsprechen und vielleicht kurzfristig eine Wirkung erzielen, aber wie
soll es dann weitergehen? 12 − wie bei 11; 13 − damit würde man ihn
in eine besondere Position hineinbringen, ihm eine Art Sonderstatus
geben; 14 + sein Platz ist sicher mit von entscheidender Bedeutung;
15 + − kann in Erwägung gezogen werden; allerdings kann man den
Kollegen keine Vorschriften machen; 16 + uneingeschränkt zu befürworten, die Schwester erscheint in diesem Fall fast unentbehrlich;
17 + − im privaten Bereich möchte das der Schüler nicht, das ist seine
Sache; aber innerhalb der Klasse kann der Versuch gemacht werden,
ihn aus der sozialen Isolation zu befreien, ist in Verbindung mit 14 zu
sehen; 18 + sofern dies möglich ist; 19 + wie vor; 20 − nicht ernst zu
nehmen; außerdem gibt es an dieser kleinen Schule keine Parallelklasse, die von einem Lehrer geführt wird.

Handlungsfolge konzipieren

Es muß der Versuch unternommen werden, in kurzer Zeit zwischen
dem Schüler und der Lehrerin eine positive Beziehung aufzubauen,
die so intensiv ist, daß sich der Schüler seiner Lehrerin gegenüber
persönlich verantwortlich fühlt, obgleich er Frauen nicht mag. Um
dieses Ziel zu erreichen, bieten sich folgende Handlungsmöglichkeiten an:

- Mit ihm zusammen den Unterricht vorbereiten
- Ihn in bestimmten Stunden assistieren lassen
- Sich für seine Freizeitaktivitäten (DLRG) interessieren
- Sofern dies möglich ist: neue Aktivitäten anregen
- Sich verstärkt um seine Hausaufgaben kümmern und ihm Lernhilfen geben
- Ihn für nicht abweichendes Verhalten positiv verstärken
- Bei abweichendem Verhalten ihm keine Beachtung schenken
- Mit ihm einen Vertrag abschließen, sofern sich geeignete Vertragsinhalte anbieten
- Mit ihm Einzelgespräche führen, in denen deutlich wird, daß die Maßnahmen in seinem eigenen Interesse liegen, ohne daß im Gesprächsverlauf moralisiert wird.

Diese Maßnahmen erfordern von der Lehrerin zusätzlich Zeit und Kraft, doch ist ihr das verstärkte Engagement zuzumuten, weil es sich um nur einen Problemschüler handelt und davon ausgegangen werden kann, daß die Anzahl konfliktträchtiger Ereignisse im Unterricht abnehmen wird, was wiederum für die Lehrerin zeit- und kraftsparend sein dürfte. Außerdem hat sie das Gefühl, das ihr Mögliche getan zu haben, und sie braucht sich nicht mehr mit Selbstvorwürfen zu quälen.

Den *Kollegen*, die ebenfalls den Schüler unterrichten, wäre mitzuteilen, daß man sich in den nächsten Wochen und Monaten um diesen Schüler verstärkt bemühen wird und deshalb über besondere Ereignisse informiert werden möchte.

Wichtig ist der Versuch der Lehrerin, den Kontakt zu der *Schwester* zu vertiefen, da das Gespräch im Elternhaus gezeigt hat, daß sich die Schwester für ihren Bruder verantwortlich fühlt.

Besondere Schwierigkeiten werden sich bei dem Versuch ergeben, den Problemschüler in die *Lerngruppe* zu integrieren, in der er teilweise auf Ablehnung stößt. In diesem Zusammenhang kann es nützlich sein, den Stand der Sozialbeziehungen mit Hilfe eines Soziogramms zu erfassen und evtl. die Sitzordnung zu ändern.

Sofern der Konflikt durch diese Maßnahmen nicht abgeschwächt werden kann, und die Bemühungen der Lehrerin erfolglos bleiben, besteht noch die Möglichkeit, mit dem Schulpsychologen der Erziehungsberatungsstelle zusammenzuarbeiten. Unter allen Umständen muß eine Heimeinweisung, von der leichtfertig die Rede war, verhindert werden.

Oder würden Sie ganz anders handeln?

7 Studien- und Übungsunterlagen

7.1 Noch Spaß – oder schon Ernst? Testen Sie Ihre Konflikttoleranz!

7.1.1 Vorüberlegungen

Dieser erste Problemkreis enthält für Sie vielleicht gar keine Konflikte. Er ist als Einführung gedacht. Die Beschreibungen sollen dazu dienen, Ihre Konflikttoleranz zu testen. Die Konfliktbeschreibungen sind mit zunehmender Relevanz angeordnet, die Mittelwerte (bei unserer Testgruppe) liegen zwischen 0.05 und 1.07 (also Schein- und Randkonflikt). So können Sie sich beim Durchlesen die Frage vorlegen, an welcher Stelle für Sie der Spaß aufhört und eine Auseinandersetzung, Belastung oder Schwierigkeit beginnt. Diese Toleranzgrenze wird im Unterricht durch zahlreiche Faktoren beeinflußt, z. B. durch das Verhältnis, das Sie zu Ihren Schülern haben, durch die Tageszeit oder durch Ihre persönliche Tagesform. Ihre Konflikttoleranz ist deshalb erheblichen Schwankungen ausgesetzt; dennoch erscheint es sinnvoll, sich die Frage nach der Toleranzschwelle zu stellen. Wenn sich Schüler verstecken, verkleiden oder vor Ihren Augen kleine Zärtlichkeiten austauschen, dann werden Sie ein solches Verhalten vielleicht noch tolerieren; aber wie steht es mit Ihrer Konflikttoleranz, wenn man Sie mit einem Spiegel zu blenden versucht, Ihre Aktentasche an die Lampe hängt oder Ihnen heimlich einen Zettel ansteckt?

Die Ursachen solcher Handlungen können ganz vordergründig in einer natürlichen Lebensfreude der Schüler zu finden sein: Schüler wollen einfach einen *Spaß machen*, mal wieder richtig lachen, weil es im Unterricht so selten etwas zu lachen gibt. Oder sie wollen den Lehrer ein bißchen in Verlegenheit bringen, ihn testen, mal ausprobieren, wie weit sie bei ihm gehen können. – Mögliche Ursachen liegen manchmal auch in der Person des Lehrers, wenn er sich in solchen Situationen recht hilflos zeigt, keinen Spaß versteht und humorlos reagiert.

Schüler haben also viele gute Gründe, einen Spaß zu machen, den Lehrer in Verlegenheit zu bringen oder den Unterricht aufzulockern.

Einige der nachstehenden Konfliktbeschreibungen können deshalb als durchaus erwünscht bezeichnen werden, ja es wäre sogar schade, wenn solche oder ähnliche Situationen nicht auch in Ihrem Unterricht auftreten würden. Doch Ihre Konflikttoleranz wird wahrscheinlich dann erreicht sein, wenn Späße dieser Art gehäuft auftreten, die Ziele des Unterrichts dadurch gefährdet sind oder wenn die Späße Angriffe auf Ihre Person beinhalten.

Aufgrund vorstehender Überlegungen ergeben sich für Schein- und Randkonflikte im untersten Bereich folgende Leitlinien für das pädagogische Handeln:

1. *Lachen Sie mit, reagieren Sie schlagfertig und zeigen Sie Humor.*
2. *Lassen Sie sich nicht durch Kleinigkeiten provozieren.*
3. *Werten Sie nicht jedes Ereignis als Angriff auf Ihre Person.*
4. *Gestalten Sie den Unterricht möglichst so, daß er den Schülern auch Spaß macht.*

Schüler haben einen Anspruch auf einen ausgeglichenen und humorvollen Lehrer und einen Anspruch auf Freude am Lernen. Sie sollten sich die Frage stellen, ob ein Lehrer tragbar ist, der nicht mitlachen kann, ausgesprochen humorlos ist, sich leicht provozieren läßt, unangemessen reagiert und für den der Unterricht immer eine todernste Angelegenheit darstellt? Solche Lehrer gibt es natürlich nicht; falls es sie aber doch geben sollte, stellt sich die Frage, ob eine Verhaltensänderung überhaupt möglich ist. Sicher kommen hier Persönlichkeitsmerkmale ins Spiel, die sich nur langfristig verändern lassen. Schlagfertigkeit, Flexibilität und Variabilität lassen sich wahrscheinlich noch bis zu einem gewissen Grad erwerben; aber wie steht es mit dem *Humor* – „einer vom Gedanken nicht unbeschwerten Heiterkeit" (*Brockhaus-Enzyklopädie* 1969)?

Humor setzt schließlich Erfahrung und Überblick, Gelassenheit und Reife voraus, Eigenschaften, über die vor allem jüngere Lehrer kaum verfügen können, weil sie mit zahlreichen Anfangsschwierigkeiten zu kämpfen haben. Ihnen ist es nicht ohne weiteres möglich, „den menschlichen Schwächen und Widerwärtigkeiten des Daseins ein wohlwollend-verständnisvolles Lächeln entgegenzubringen" (a.a.O.).

Leichter erwerben läßt sich wahrscheinlich eine angemessene *Konflikttoleranz.* Wenn Sie z. B. die Übungsunterlagen mit den etwa 300 Konfliktbeschreibungen durchdenken, Zeit und Kraft investieren, um Ihre Konfliktfähigkeit zu erhöhen, dann sind Sie wahrscheinlich eher in der Lage, mit und in Konflikten zu leben, Auseinandersetzungen, Belastungen und Schwierigkeiten auszuhalten.

Die vierte Leitlinie (s. o.) läßt sich schließlich nur begrenzt realisieren; denn der *Unterricht* besteht nun einmal nicht nur aus einer Abfolge freudiger Ereignisse. Der Erwerb bestimmter Fähigkeiten und Fertigkeiten setzt Anstrengung voraus, vergebliche Versuche, Lernbarrieren zu überwinden. Diese zum Teil erfolglosen Bemühungen können den Schülern nicht immer Spaß machen. Selbst dann, wenn Sie sich als Lehrer die größte Mühe geben, den Unterricht interessant zu gestalten, müssen Sie davon ausgehen, daß sich einige Schüler nicht angesprochen fühlen, sich langweilen und versuchen, den Unterricht auf ihre Art mitzugestalten, indem sie Späße machen und den Lehrer ein bißchen provozieren, also jenes Verhalten zeigen, das in den folgenden Situationen beschrieben wird.

Lesen Sie nun die nachstehenden Konfliktbeschreibungen in rascher Folge durch und kreuzen Sie jene an, die Ihrer Meinung nach konfliktträchtige Ereignisse enthalten. Schlagen Sie dann in der Tabelle auf S. 69 nach und stellen Sie fest, ob Sie über eine geringe, mittlere, hohe oder sehr hohe Konflikttoleranz verfügen.

7.1.2 Konfliktbeschreibungen

7.1.2.1 *„Wir machen uns unsichtbar"*

Wenn im Dezember der Unterricht beginnt, ist es draußen meist noch dunkel. Sofern Sie als Klassenlehrer die erste Stunde zu übernehmen haben, werden Sie vielleicht ein Adventslied singen lassen. Dann freuen sich einige Schüler, daß Minuten der Stunde verstreichen, ohne daß sie sich sonderlich anzustrengen brauchen.

Sie betreten das Zimmer Ihrer fünften Klasse und erwarten eigentlich, daß der Adventskranz brennt. Der Klassensprecher darf nämlich in Ihrer Abwesenheit den Adventskranz anzünden. Doch statt dessen ist alles dunkel und still. Sie wollen wieder gehen, doch dann hören Sie ein Geräusch und knipsen das Licht an. Es bleibt zwar noch ruhig, aber unter den Tischen sehen Sie vereinzelt Schulmappen, Beine und Kleidungsstücke.

7.1.2.2 *Ein Schüler verkleidet sich*

Sie kommen in das Klassenzimmer der 7a und sehen, wie sich einer Ihrer Schüler zur Freude seiner Mitschüler verkleidet hat. Der 13jährige Junge gleicht einer Großmutter, wie man sie noch in ländlichen Gegenden, in Märchen oder im Theater antrifft.

7.1.2.3 Ein Schüler versteckt sich unter Ihrem Tisch

Sie kommen morgens in das Klassenzimmer Ihres vierten Schuljahrs. Die Schüler sind ausgesprochen fröhlich, fast etwas ausgelassen. Nachdem Sie die Klasse begrüßt haben, setzen Sie sich an Ihren Tisch, der links und rechts mit Schubfächern versehen und nach vorn durch eine Platte abgedeckt ist. Doch seltsamerweise haben diesmal Ihre Beine keinen Platz unter dem Tisch. Sie schauen nach und entdecken einen Ihrer Schüler, während die Klasse lacht.

7.1.2.4 Schüler wechseln die Kleidung

Sie unterrichten im neunten Schuljahr Geschichte und Sozialkunde. Als Sie in das Klassenzimmer kommen, sind die Schüler im Vergleich zu anderen Tagen sehr aufmerksam. Sie sehen in erwartungsvolle, fröhliche Gesichter und stellen fest, daß die Oberbekleidung ausgezogen, ausgetauscht und linksrum angezogen worden ist. Zierliche Schülerinnen sind mit unförmig wirkenden Pullovern bekleidet, während Schüler Pullis tragen, deren Ärmel viel zu kurz geraten sind.

7.1.2.5 Ein Schüler wird mumifiziert

Sie kommen in die 7b und sehen zu Ihrem Erstaunen eine Mumie neben Ihrem Tisch liegen. Die ‚Mumifizierung' erfolgte mit Toilettenpapier.

7.1.2.6 Zärtlichkeiten im Klassenzimmer

In Ihrer neunten Klasse gibt es ein Liebespaar. Torsten und Erika haben sich gern, das weiß jeder. In den Pausen stehen die beiden zusammen, bei Wanderungen sind sie unzertrennlich. Und sie machen auch aus ihrer Zuneigung keinen Hehl, indem sie kleine Zärtlichkeiten austauschen. Manchmal müssen die beiden den Spott der Klassenkameraden über sich ergehen lassen; aber Situationen dieser Art festigen offensichtlich die Beziehung.

Kurz vor Unterrichtsbeginn kommt der Hausmeister aufgeregt ins Lehrerzimmer. Man merkt ihm an, daß er sich nur mit Mühe beherrschen kann. Seinen etwas wirren Ausführungen ist folgendes zu entnehmen: Zwei Schüler, ein Junge und ein Mädchen, stehen eng umschlungen im Klassenzimmer der 9a. Sie küssen sich, kümmern sich um nichts und lassen sich auch nicht durch den Hausmeister stören. Die Mitschüler lachen nur und sagen, daß sie das schön finden würden.

7.1.2.7 *Ihr Stuhl wird präpariert*

Sie unterrichten in der 7a Englisch. Da das Schuljahr erst begonnen hat, kennen Sie die Schüler noch kaum. Als Sie sich auf Ihren Stuhl setzen wollen, entdecken Sie in letzter Sekunde, daß die Sitzfläche mit Kreide präpariert worden ist. Jeder Zufall ist ausgeschlossen, es handelt sich nicht nur um Kreidestaub, der zufällig beim Tafelreinigen auf die Sitzfläche gefallen ist, sondern um eine weiß angemalte Fläche.

7.1.2.8 *„Wir starren alle auf einen Punkt"*

Sie unterrichten in einem siebenten Schuljahr Deutsch. Die Schüler beteiligen sich am Unterricht, aber es fehlt der Blickkontakt. Nach kurzer Zeit merken Sie, daß alle Schüler an Ihnen vorbei in Richtung Klassenschrank starren. Sie drehen sich um – allgemeine Heiterkeit. Verunsichert unterrichten Sie weiter, drehen sich erneut um – Gelächter. Nun wird Ihnen bewußt, daß sich die Schüler wahrscheinlich abgesprochen haben, auf einen bestimmten Punkt zu starren.

7.1.2.9 *Assoziationen lassen sich nicht vermeiden*

Sie erteilen Geographie in der Klasse 7c. Auf dem Plan steht „Frankreich", und in dieser Stunde wird über die Hauptstadt Paris gesprochen. Schließlich leben dort die „Pariser". Arglos verwenden Sie mehrmals das Wort.

Doch einige Schüler zischeln und tuscheln. Rudi, der sich auch in anderen Situationen immer hervorwagt, spricht in einem Beitrag besonders genüßlich von den „Parisern", indem er das Wort stark betont und dehnt. Einige Mitschüler können sich nicht mehr beherrschen und lachen laut los.

7.1.2.10 *„Wir brummen immer dann, wenn er sich umdreht"*

Sie unterrichten in einem achten Schuljahr Geometrie. Vom Fach her haben Sie manchmal an der Tafel etwas zu zeichnen oder zu konstruieren. Und natürlich bemühen Sie sich um den notwendigen Grad der Exaktheit, d. h. Sie arbeiten da, wo es erforderlich ist, mit Zirkel, Lineal und Winkelmesser. Nun soll man zwar nicht über längere Zeit der Klasse den Rücken kehren, aber schließlich können Sie nicht zeichnen und gleichzeitig die Klasse im Auge behalten. Immer wenn Sie am Zeichnen sind, hören Sie einen komischen Brummton. Kein Zweifel, da brummt doch jemand – oder haben Sie sich doch geirrt? Sie wenden sich der Klasse zu, der Brummton verstummt. Nun drehen Sie sich wieder zur Tafel, um eine kleine Korrektur vorzunehmen, da ist er wieder, der Brummton. Was tun?

7.1.2.11 Ein Zettel wird angesteckt

Sie unterrichten als Fachlehrer in einem achten Schuljahr Mathematik, lassen sich die Hausaufgaben zeigen, gehen an den Tischen der Schüler vorbei, beugen sich über das eine oder andere Heft, nehmen eine Korrektur vor, stellen eine Frage u.a.m. Während Sie die Hefte Ihrer Schüler in Augenschein nehmen, bemerken Sie bei den Schülern eine zunehmende Heiterkeit. Sie wenden sich um, doch der Grund der Heiterkeit bleibt Ihnen verborgen. Nun fragen Sie die Schüler; aber diese werden immer ausgelassener, ohne Ihnen den wahren Grund zu nennen. Schließlich entdecken Sie an Ihrer Jacke einen Zettel mit einer lustigen Karrikatur und Ihrem Spitznamen.

7.1.2.12 „Draußen ist es so kalt"

In nahezu jeder Schulordnung ist festgehalten, daß die Schüler während der großen Pause das Schulgebäude zu verlassen haben. Dort – draußen an der frischen Luft – schöpfen sie neue Kraft für die nachfolgenden schweren Unterrichtsstunden. Die Mehrzahl der Lehrer sitzt im warmen Lehrerzimmer, raucht und trinkt Kaffee.

Sie sind in dieser Woche als Aufsicht eingeteilt. Während zwei Kollegen den Außendienst versehen, sind Sie dafür verantwortlich, daß die Schüler während der großen Pause auf den Hof gehen. Also werfen Sie in jedes Klassenzimmer einen Blick. Einige Schüler wischen noch die Tafeln, andere holen Wandkarten, Kreide oder andere Lehrmaterialien. Die meisten Klassenzimmer sind leer. Im Zimmer der 7a hören Sie ein komisches Geräusch. Mißtrauisch geworden gehen Sie hinein, werfen einen Blick unter die Tische. Durch Schulmappen gut getarnt sitzen dort mehrere Schüler. Verärgert fragen Sie nach dem Grund des Versteckspiels und bekommen zur Antwort: „Draußen ist es so kalt."

7.1.2.13 Komische Kreide

Sie unterrichten in der 8b als Fachlehrerin Chemie und Physik. Sie wollen gerade ein paar zentrale Begriffe für eine Versuchsanordnung an die Tafel schreiben, da merken Sie, daß Kreide fehlt. Statt der Kreide halten Sie ein Produkt der Hygieneindustrie der Marke „o.b." in der Hand.

7.1.2.14 „Wir unterhalten uns intensiv und tun so, als würden wir ihn gar nicht bemerken"

Sie möchten mit dem Geschichtsunterricht im neunten Schuljahr beginnen, betreten das Klassenzimmer; da schlägt Ihnen eine Geräuschkulisse entgegen. Sie sagen zwar „Guten Morgen", haben aber das Gefühl, daß Ihr Gruß im Lärm untergeht. Sie beginnen zu sprechen, aber Ihre Worte verhallen ungehört in einer Geräuschkulisse. Nun werden Sie nachdenklich und betrachten sich die Schüler genauer, die in kleinen Gruppen über irgend etwas sprechen. Sie scheinen ausnahmslos in Gespräche vertieft zu sein, ohne vom Lehrer Notiz zu nehmen.

Einen Augenblick lang überlegen Sie sich noch, ob Sie losschreien sollen, dann verwerfen Sie diese Möglichkeit und steuern auf die erste Gruppe zu, um herauszufinden, worüber die Schüler eigentlich reden. Sie schnappen einige Gesprächsfetzen auf: Oliven, den Teig ganz dünn ausrollen, natürlich Hefeteig, Salami, Pizza, Paprika, einen guten Rotwein . . . Sie wenden sich der nächsten Gruppe zu; auch dort sprechen die Schüler über ähnliche Dinge. Sie gehen zur dritten Gruppe und hören zu. Kein Zweifel, die ganze Klasse unterhält sich über die Frage, wie man Pizza zubereitet.

7.1.2.15 Der übliche Spaß mit dem Spiegel

Sie unterrichten in einer zwölften Klasse Deutsch und sprechen gerade über „Die verlorene Ehre der Katharina Blum". Es ist März, und erste helle Sonnenstrahlen durchfluten das Zimmer. Plötzlich verspüren Sie einen Niesreiz, und ein Lichtfleck tanzt vor Ihren Augen. Für kurze Zeit sind Sie etwas irritiert, unterrichten aber weiter. Der tanzende Lichtfleck allerdings verschwindet nicht. Nun schöpfen Sie Verdacht, daß es sich um ein gewolltes Blendmanöver handeln könnte, und Sie finden diesen Verdacht auch bestätigt.

7.1.2.16 Die Namensschilder werden vertauscht

Sie sind neu an der Schule und haben als Fachlehrer in sechs verschiedenen Klassen zu unterrichten. So fällt es Ihnen zu Beginn des Schuljahres besonders schwer, die etwa 200 Namen zu behalten. Sie lassen Sitzpläne fertigen und Schilder aufstellen, aber innerhalb von drei Tagen ist ein Einprägen und Kennenlernen unmöglich.

Sie erteilen in der 6e Englischunterricht, rufen die Schüler den Schildern entsprechend auf, verursachen damit aber jedesmal Gelächter. Nach wenigen Minuten wird Ihnen bewußt, daß die Schüler einige Schilder ausgetauscht haben.

7.1.2.17 Pausenzeichen zur Unzeit

Sie unterrichten in der 8a Mathematik. Nachdem die Hausaufgaben durchgesprochen worden sind, beginnen Sie mit einem neuen Aufgabentypus, stellen eine Frage, um die Lernvoraussetzungen zu überprüfen; doch da klingelt es schon wieder zur Pause. Allerdings zweifeln Sie an der Echtheit des Klingelzeichens. Es erscheint Ihnen etwas dünn und kommt aus einer falschen Ecke. Sie gehen dem Klingelzeichen nach und entdecken unter Wolfgangs Tisch einen Kassettenrecorder. Wolfgang macht ein betretenes Gesicht, während die anderen Schüler lachen.

7.1.2.18 Mit Schnee läßt sich allerhand anfangen

Es ist Winter, draußen liegt Schnee. In der ersten Unterrichtsstunde muß bei künstlicher Beleuchtung gearbeitet werden. Sie kommen in das Klassenzimmer Ihres achten Schuljahrs, wollen gerade mit dem Unterricht beginnen, da merken Sie, wie von der Lampe, die über Ihrem Tisch hängt, Wasser tropft. Erst denken Sie an einen Rohrbruch; aber bei näherer Betrachtung des Schadens entdecken Sie einem Eisklumpen auf der Lampe, der aufgrund der Wärmeentwicklung vor sich hin schmilzt.

7.1.2.19 Der Wecker klingelt

Sie unterrichten in der 6c Deutsch. Sie lesen eine spannende Geschichte vor und wundern sich, daß die Schüler nicht bei der Sache sind. Sie müssen mehrmals unterbrechen, einzelne Schüler oder Schülergruppen ermahnen oder mißbilligende Blicke aussenden.

Die Geschichte nähert sich ihrem Höhepunkt – da zucken Sie zusammen. Unter Ihrem Tisch schrillt ein Wecker, die Schüler lachen.

7.1.2.20 Ein Haustier im Klassenschrank

Sie möchten im siebenten Schuljahr einen Aufsatz schreiben lassen und gehen zum Klassenschrank, um die Hefte herauszuholen. Dabei entdecken Sie in einem Pappkarton eine verängstigte Katze.

7.1.2.21 Die Aktentasche wechselt den Platz

Sie haben Unterricht in der 9b. Nach einer Kurzpause kommen Sie ins Klassenzimmer und begrüßen die Schüler. Sie möchten Ihrer Aktentasche einige Arbeitsblätter entnehmen, die Sie für den Geschichtsunterricht vorbereitet haben, blicken sich suchend um, aber die Tasche ist weder auf noch unter dem Tisch. Sie überlegen sich, ob Sie die Tasche im Lehrerzimmer stehengelassen haben. – Nein, diese Möglichkeit scheidet aus. Sie sehen sich im Klassenzimmer suchend um. Da entdecken Sie Ihre Tasche, wie sie unter einer Lampe baumelt.

Einschätzungsdaten (unserer Testgruppe)

Beschreibung	N	MW	VAR	STA	Konflikttoleranz
1	57	0.05	0.05	0.23	
2	54	0.09	0.09	0.29	
3	54	0.13	0.23	0.48	gering
4	54	0.20	0.47	0.68	
5	54	0.22	0.18	0.42	
6	57	0.33	0.33	0.58	
7	54	0.35	0.31	0.55	
8	57	0.39	0.46	0.67	
9	57	0.40	0.39	0.62	
10	57	0.44	0.43	0.66	
11	54	0.52	1.46	1.21	
12	54	0.56	0.36	0.60	durch-
13	54	0.56	1.12	1.06	schnittlich
14	57	0.60	1.92	1.39	
15	57	0.65	0.70	0.83	
16	57	0.65	0.55	0.74	
17	54	0.67	0.79	0.89	
18	54	0.91	0.95	0.98	
19	54	0.91	0.92	0.96	hoch
20	54	0.98	0.66	0.81	
21	57	1.07	1.21	1.10	

Anmerkung:
Falls Sie in den Beschreibungen 1 bis 6 schon ein konfliktträchtiges Ereignis finden, verfügen Sie über eine *geringe Konflikttoleranz.*

Falls Sie erst in den Beschreibungen 7 bis 16 ein konfliktträchtiges Ereignis sehen (oder mehrere), verfügen Sie über eine *mittlere Konflikttoleranz.*

Falls Sie erst in den Beschreibungen 17 bis 21 konfliktträchtige Ereignisse wahrnehmen, verfügen Sie über eine *hohe Konflikttoleranz.*

Falls Sie in allen 21 Beschreibungen kein konfliktträchtiges Ereignis entdecken können, verfügen Sie über eine *sehr hohe Konflikttoleranz,* über eine „Elefantenhaut" – oder Sie tun nur so, als könnte Sie gar nichts emotional beeinträchtigen.

7.2 Provokationen und Regelüberschreitungen

7.2.1 Vorüberlegungen

Dieser Problemkreis befaßt sich mit Provokationen und Regelüberschreitungen. Schüler versuchen immer wieder, den Lehrer auszufordern, ihn zu einer Handlung zu verleiten, die er später bereuen könnte. Sie versuchen auch immer wieder, bestehende Regeln zu verletzen oder zu testen, ob diese Regeln noch eingehalten werden müssen.

Typische Konfliktkonstellationen für diesen Problemkreis sind:

- ein Schüler packt sein Brot aus und beginnt genüßlich zu frühstücken;
- ein 16jähriger Schüler steckt sich während des Unterrichts eine Zigarette an;
- die Kreide wird „gewässert", so daß sie nicht einsatzfähig ist;
- bevor der Lehrer ins Klassenzimmer kommt, wird schnell die Klinke mit Klebstoff beschmiert;
- wenn der Lehrer das Klassenzimmer betritt, steht die Aufforderung „Go home" an der Tafel;
- Schüler schließen den Lehrer ins Klassenzimmer ein;
- Schüler kommen bewußt zu spät, entschuldigen sich nicht, suchen betont langsam ihren Platz auf und warten auf die Reaktion des Lehrers;
- ein Schüler zückt während des Unterrichts eine Flasche und nimmt einen kräftigen Schluck;
- ein Schüler stellt pausenlos Fragen, so daß der Lehrer nicht zum Unterrichten kommt;
- ein Schüler packt seine Sachen zusammen und verläßt kommentarlos das Klassenzimmer, während Lehrer und Mitschüler „hinterherstaunen";
- ein Schüler kommt einer Aufforderung des Lehrers nicht nach, bleibt z. B. auf seinem Platz sitzen, geht nicht an die Tafel, liest seine Hausaufgaben nicht vor, weil er „keine Lust dazu hat", u. a.

Fragen wir nach den Ursachen dieser Konflikte, dann lassen sich mehrere Hypothesen bilden. Schüler provozieren ihren Lehrer oder überschreiten Regeln aus folgenden Gründen:

Sie möchten ausprobieren, ob sich der Lehrer provozieren läßt. Dieses Motiv findet sich häufig dann, wenn ein neuer Lehrer den Unterricht an einer Schule aufnimmt, und die Schüler sich nicht gegenseitig informieren können, was bei dem betreffenden Lehrer erlaubt bzw. nicht erlaubt ist, ihm also noch kein Ruf vorausgeht. Was liegt da näher, als selbst einmal auszuprobieren, wo die Grenzen liegen?

70

Sie wissen, daß sich der Lehrer leicht provozieren läßt, sich über Kleinigkeiten aufregt, und sie haben ihren Spaß daran, daß einige Unterrichtsminuten folgenlos verstreichen.

Sie lehnen persönliche Eigenarten ab oder karrikieren Eigenarten des Lehrers, so z. B. Verhaltensweisen, die provozierend wirken.

Sie werden durch ihren Lehrer sehr häufig provoziert und es kommt zu einer Art „Schlagabtausch".

Der Lehrer stellt einen unangemessenen Autoritätsanspruch, indem er z. B. von den Schülern verlangt, daß sie, sobald er das Klassenzimmer betritt, strammstehen und „Grüß Gott, Herr Lehrer" sagen.

Der Lehrer möchte den Schülern gegenüber als „unfehlbar" gelten und ist nicht bereit, eigene Fehler zuzugeben. Mit dieser Haltung macht er sich eines Tages lächerlich, so daß die Schüler z. B. Fangfragen stellen.

Sie fühlen sich vom Lehrer zu wenig beachtet, und durch provozierende Handlungen möchten sie die Aufmerksamkeit auf sich ziehen.

Sie wollen vor ihren Mitschülern durch Provokationen und Regelüberschreitungen ihren Mut beweisen, möchten Mitschülern und Freunden imponieren.

Sie möchten überprüfen, ob Regelverstöße auch geahndet werden.

Sie wissen aus Erfahrung, daß der Lehrer häufig inkonsequent handelt und Regelverstöße zuläßt.

Bestimmte Regeln sind für die Schüler nicht einsichtig, es fehlt eine stimmige Begründung oder die Regel ist unverständlich.

Sie fühlen sich durch ein engmaschiges Regelsystem unter Druck gesetzt und zeigen deshalb keine Bereitschaft, die Regeln auch einzuhalten.

Dieses breite Spektrum möglicher Ursachen weist auf andere Problemkreise hin, so auf den Problemkreis Spaß oder Ernst (7.1) – sobald der Ernst beginnt –, auf die Problemkreise Schülerabsprachen (7.3), Angriffe auf den Lehrer (7.4) und Disziplinlosigkeit (7.5); doch sind auch Querverbindungen zu fast allen anderen Problemkreisen denkbar.

Die nun folgenden Leitlinien des pädagogischen Handelns sollen eine Diskussion anregen: *Sagen Sie den Schülern unmißverständlich, was im Unterricht erlaubt bzw. nicht erlaubt ist,* damit sie sich auch an Ihrer Erwartungshaltung orientieren können. Zwar werden Sie in

71

diesem Zusammenhang einige Klagen oder Beschwerden zu hören bekommen: „Bei Herrn M. durften wir das aber." Oder: „Frau S. hätte uns das erlaubt." Doch sollten Sie sich von solchen Einsprüchen nicht allzu sehr beeindrucken lassen, sofern Sie die Forderung, die Sie an die Schüler richten, für notwendig halten und ausreichend begründen können.

Ignorieren Sie geringfügige Provokationen und Regelverstöße. Doch geben Sie den betreffenden Schülern z. B. nonverbal zu verstehen, daß Sie den Verstoß durchaus bemerkt haben und mißbilligen. Nun könnte man zwar der Meinung sein, ein Lehrer solle sich durchaus provozieren lassen, damit die Schüler ihre Freude an ihm haben; doch gehört es wohl nicht zu Ihren beruflichen Aufgaben, auf Wunsch der Schüler zu deren Belustigung beizutragen.

Nehmen Sie an gruppendynamischen Veranstaltungen oder einem Kurs zur Selbsterfahrung teil, um festzustellen, wie Sie auf andere Personen wirken. Solche Veranstaltungen können dazu beitragen, sich persönliche Eigenarten, die z. B. die Schüler provozieren, bewußt zu machen. Bemühen Sie sich jedoch nicht voreilig um eine Verhaltensänderung, ein Bemühen, das wahrscheinlich ohnehin von geringem Erfolg sein wird, sondern versuchen Sie statt dessen, bewußt mit Ihren sog. Fehlern und Schwächen zu leben. Sagen Sie auch den Schülern, daß Sie diese kennen.

Vermeiden Sie Provokationen einzelnen Schülern gegenüber. Damit ist nicht gemeint, daß Sie auf provozierende Handlungen als Möglichkeit der Lernmotivierung verzichten sollen, sondern hier geht es um Herausforderungen, die ganz persönlich an einzelne Schüler gerichtet sind. Wenn Sie provozieren, brauchen Sie sich nicht zu wundern, wenn Sie selbst provoziert werden. Falls Ihnen und dem betreffenden Schüler die gegenseitigen Herausforderungen gefallen, können Sie im Umgang mit diesem Schüler auf diese Leitlinie verzichten.

Entritualisieren Sie das Lehrer-Schüler-Verhältnis (Fellsches 1978). Verzichten Sie auf ungerechtfertigte Machtansprüche, und bemühen Sie sich statt dessen um den Aufbau einer Beziehung, die durch natürliche Autorität gekennzeichnet ist. Letztere wird Ihnen fast immer von den Schülern zugestanden, wenn Sie durch fachwissenschaftliche Kenntnisse und methodische Fähigkeiten überzeugen und den Schülern zu verstehen geben, daß Sie am Lernerfolg jedes einzelnen Schülers interessiert sind.

Versuchen Sie, sich möglichst allen Schülern zuzuwenden, damit nicht die vernachlässigten Schüler durch Provokationen und Regelverstöße auf sich aufmerksam machen müssen. Da auch Sie einige

Ihrer Schüler besonders sympathisch finden werden, und Sie sich durch die leistungsstarken Schüler in Ihrer Lehrtätigkeit bestätigt sehen, wird dieser Anspruch nur mit Mühe einzulösen sein. *Stellen Sie gemeinsam mit den Schülern wenige bedeutsame Verhaltensregeln auf.* Achten Sie auf deren Durchsetzbarkeit und Überprüfbarkeit, und wählen Sie möglichst altersgemäße, einprägsame und positive Formulierungen (vgl. *Becker/Huber/Mandl/Wahl 1979, S. 15 ff).* *Achten Sie auf die Einhaltung der gemeinsam getroffenen Vereinbarungen.* Bemühen Sie sich um konsequentes Verhalten allen Schülern gegenüber. Sobald Sie bei einzelnen Schülern Nachsicht üben, werden Sie bei allen anderen unglaubwürdig.

Suchen Sie nach Regelverstößen oder offensichtlichen Provokationen das Gespräch mit den Schülern, um mehr über die Ursachen in Erfahrung zu bringen. Begründen Sie die Notwendigkeit der Regel oder lassen Sie diese begründen. Sprechen Sie über die Fragwürdigkeit des Verhaltens oder lassen Sie dieses in Frage stellen. Sollte sich im Gesprächsverlauf zeigen, daß eine stichhaltige Begründung für die Notwendigkeit der Regel nicht gegeben werden kann, dann muß sie evtl. neu gefaßt werden.

Anregungen:

Sicher haben Sie in Ihrer eigenen Schulzeit bestimmte Regeln bewußt mißachtet oder Ihre Lehrer provoziert. Schildern Sie diese Situationen und nennen Sie dabei die möglichen Ursachen für diese Regelverletzung/Provokation. Vielleicht kommen Sie zu ganz anderen Verursachungshypothesen?

Sofern Sie Lehrer sind oder als Praktikant/Referendar über schulpraktische Erfahrungen verfügen, können Sie sicher einen Fall beschreiben, wo Schüler bewußt eine Regel verletzt haben oder Schüler es darauf anlegten, Sie zu provozieren. Wie haben Sie in einem solchen Fall reagiert? Würden Sie im Wiederholungsfall anders/genau so handeln?

7.2.2 Analysebeispiel

Konfliktbeschreibung auffassen
Ein Schüler beginnt zu frühstücken

Wenn Schüler während des Unterrichts heimlich essen, dann ist das nicht weiter schlimm. Als Lehrer werden Sie dieses Verhalten meist ignorieren.

Außerdem haben Schüler auch gute Gründe: Mal sind sie zu spät aufgestanden oder geweckt worden, hatten keine Zeit mehr zum Frühstücken, mußten in der Pause wichtigere Dinge erledigen und sind deshalb gezwungen, eine Mahlzeit nachzuholen.

Der Fall kompliziert sich allerdings, wenn nicht heimlich, sondern öffentlich, vor den Augen des Lehrers und der Mitschüler, gefrühstückt wird.

Einer Ihrer Schüler in der 10a packt sein Brot aus, legt einen Apfel, eine Tomate und ein hartgekochtes Ei daneben, zückt noch einen Salzstreuer und beginnt zu frühstücken.

Betroffenheit einschätzen

N = 54   MW 1.24   VAR 0.90   STA 0.95, Randkonflikt 1

Erstverhalten überlegen

Sie ignorieren das Verhalten des Schülers erst mal, um sich Handlungsaufschub zu verschaffen.

Methode festlegen A

Handlungsmöglichkeiten suchen

1 den Schüler rauswerfen
2 eine allgemeine Eßpause einlegen
3 ihn bitten, das Essen zu unterlassen
4 ihm verbieten, weiterzuessen
5 ihn fragen, ob er etwas abgeben kann
6 an seine Vernunft appellieren
7 ihm „guten Appetit" wünschen
8 sein Verhalten weiterhin ignorieren
9 das Ereignis mit der ganzen Klasse diskutieren
10 ihm das Essen wegnehmen
11 ihm verbieten, weiterzuessen und eine Begründung für das Verbot abgeben
12 ihn auffordern, das Essen auf die Pause zu verschieben
13 nach dem Grund des Verhaltens fragen
14 die anderen Schüler fragen, ob auch sie hungrig sind, eine Abstimmung vornehmen und bei positivem Abstimmungsergebnis die Pause vorziehen
15 nach der Stunde mit ihm sprechen.

Handlungsmöglichkeiten prüfen

1 – Überreaktion; 2 – dazu liegt keine Notwendigkeit vor; 3 –

typisches Lehrerverhalten, wirkt moralisierend; 4 − Sie weisen sich als humorlos aus; 5 + − damit wäre ein Lacherfolg gesichert; 6 − ; 7 − nicht besonders einfallsreich; 8 − geht nicht, weil die ganze Klasse abgelenkt ist; 9 − Überreaktion; 10 − Überreaktion, damit würden Sie den Konflikt verschärfen; 11 − wie 3; 12 + − sofern Ihnen nichts besseres einfällt; 13 − bringt wohl nicht viel, denn die Art, wie er frühstückt, beinhaltet nun mal eine Provokation; 14 + − könnte in Erwägung gezogen werden; 15 − vgl. 8.

Handlungsfolge konzipieren

Erst ignorieren, dann abstimmen lassen, ob die Pause vorgezogen werden soll. Bei positivem Ergebnis wird in der Pause nachgearbeitet, bei negativem Ergebnis wird der Schüler aufgefordert, sich dem Beschluß der Mitschüler zu beugen und das Essen einzustellen.

Oder würden Sie ganz anders handeln?

7.2.3 Konfliktbeschreibungen

Beginnen Sie erst mit der Konfliktanalyse, nachdem Sie die Kapitel 5 und 6 bearbeitet haben!

7.2.3.1 Die Kreide ist nicht einsatzfähig

Sie haben in der 8a für die einzige Doppelstunde, die Ihnen zur Verfügung steht, eine Mathematikarbeit geplant. Zu Beginn der Stunde möchten Sie die Aufgaben an die Tafel schreiben. Die Wandtafeln sind gerade alle gesäubert worden und noch sehr feucht. Sie lassen die Hefte austeilen, bitten einige Schüler, sich umzusetzen, weisen auf die Notwendigkeit zur selbständigen Arbeit hin und warten, bis die Tafeln etwas abgetrocknet sind. Dann greifen Sie zur Kreide, beginnen zu schreiben, aber die Kreide ist naß und hinterläßt auf der Tafel kaum Spuren. Nun suchen Sie nach einem trockenen Stück − ohne Erfolg. Selbst die Schachtel mit bunter Kreide ist durch und durch gewässert, und trockene Kreide ist nicht im Schrank. Sie wenden sich den Schülern zu und blicken in amüsierte Gesichter. Offensichtlich hat die Klasse Ihre Suchaktion genüßlich verfolgt.

Relevanz: N = 57   MW 1.32   VAR 1.40   STA 1.18

(Handlungsmöglichkeiten zu den folgenden Konflikten s. 7.2.4)

7.2.3.2 Eine klebrige Klinke

Sie wollen das Klassenzimmer der 7c betreten, öffnen die Tür, bleiben aber beinahe an der Klinke hängen, da diese mit Klebstoff präpariert worden ist.
Relevanz: N = 57   MW 1.42   VAR 1.53   STA 1.24

7.2.3.3 Eine unmißverständliche Aufforderung

Sie kommen morgens in das Klassenzimmer der 8a und lesen Ihren Namen mit der Aufforderung: „. . . go home!"
Relevanz: N = 57   MW 1.54   VAR 2.86   STA 1.69

7.2.3.4 In die Falle gegangen

Sie geben in der 10b eine Englischarbeit zurück. Das Klassenzimmer liegt im zweiten Stock. Die Fehleranalyse nimmt die ganze Stunde in Anspruch. Es klingelt, die Schüler verlassen fast alle das Zimmer, um den Schulhof aufzusuchen, einige bleiben noch zurück, mit dem Arbeitsheft in der Hand. In einem Heft wurde ein Fehler versehentlich doppelt gezählt, in einem anderen eine korrekte Form als Fehler angestrichen. Schließlich sind noch zwei Schüler im Klassenzimmer, mit denen Sie gleichzeitig den Raum verlassen wollen. Doch ergeben sich erhebliche Schwierigkeiten: Die Tür ist zu und die Klinke fehlt.
Relevanz: N=57   MW 1.75   VAR 1.83   STA 1.35

7.2.3.5 Ein Schüler fordert Aufmerksamkeit

In der ersten Stunde unterrichten Sie in einem neunten Schuljahr Biologie. Einer Ihrer Schüler kommt etwa 15 Minuten zu spät. Sie nicken ihm zu, lassen sich nicht stören und befassen sich weiter mit einem Mikroskop.

Der zu spät gekommene Schüler setzt sich jedoch nicht sofort auf seinen Platz, sondern rückt erst mal Tisch und Stuhl zurecht und beginnt umständlich den Inhalt seiner Tasche auszupacken. Ein Buch folgt dem anderen, dann kommen die Hefte dran, dann legt er alle Schreibgeräte fein säuberlich auf den Tisch, es folgen Lineal und Geo-Dreieck und schließlich wird noch das Frühstück danebengelegt.

Inzwischen hat er die Aufmerksamkeit aller Mitschüler auf sich gelenkt.
Relevanz: N = 57 MW 1.77 VAR 1.11 STA 1.05

7.2.3.6 Ein Schüler raucht während des Unterrichts

Den Schülern der 10b macht der Geschichtsunterricht fast immer Spaß. Zumindest hat es den Anschein, denn die Mehrzahl beteiligt sich, und der Unterricht verläuft ohne große Störungen – fast zu ruhig, denken Sie, und da ist auch schon der Zwischenfall: Sie lesen gerade einen kurzen Quellentext vor und spüren dabei die Unaufmerksamkeit. Einige Schüler tuscheln, andere lachen hinter vorgehaltenen Händen. Sie selbst merken noch nichts, wollen den Unterricht nicht vorzeitig abbrechen und nach dem Grund der Unaufmerksamkeit fragen, sondern unterrichten erst mal weiter. Komisch, riecht das nicht nach Zigarettenqualm? Kein Zweifel, das ist doch Rauch, das kann doch nicht wahr sein! Hier muß jemand rauchen.
Relevanz: N = 54 MW 1.85 VAR 1.60 STA 1.27

7.2.3.7 Jugendschutzgesetz

Sie unterrichten in einem neunten Hauptschuljahr Sozialkunde und sprechen mit den Schülern in allen Einzelheiten die Bestimmungen des Jugendschutzgesetzes durch. Als der Punkt „Alkoholmißbrauch" zur Diskussion steht, öffnet einer Ihrer Schüler eine Flasche, nimmt einen kräftigen Schluck und reicht die Flasche an den Tischnachbarn weiter.
Relevanz: N = 57 MW 1.96 VAR 1.71 STA 1.31

7.2.3.8 Ein Schüler läßt sich nicht abweisen

Sie unterrichten in der 8a als Klassenlehrer 18 Wochenstunden. Einer Ihrer Schüler bereitet Ihnen Schwierigkeiten. Sobald Sie ins Klassenzimmer kommen – noch bevor Sie die Schüler begrüßt haben – meldet er sich und stellt irgendeine Frage. Mal fragt er nach dem Ablauf des Unterrichts, mal nach einer Sportveranstaltung oder einem besonderen Ereignis vom Vortag. Immer hat er eine Frage auf Lager, fordert von Ihnen eine ausführliche Antwort, läßt sich nicht mit einem

Satz abspeisen. Die Schwierigkeit für Sie liegt nun darin, ernst gemeinte Fragen von Scheinfragen zu unterscheiden. Lästig wird das Verhalten insofern, als von jeder Unterrichtsstunde erst mal einige Minuten verlorengehen, Unterrichtzeit, die doch eigentlich der ganzen Klasse gehört. Die Mitschüler freuen sich schon auf den Dialog und sind gespannt, was sich ihr Klassenkamerad heute wieder ausgedacht hat.
Relevanz: N = 57   MW 1.96   VAR 1.07   STA 1.03

7.2.3.9 Sie werden „in den April geschickt"

Der 16. November ist eigentlich ein Tag wie jeder andere. Sie haben Hofaufsicht gehabt, suchen nach der großen Pause das Klassenzimmer der 7a auf und möchten gleich mit dem Unterricht beginnen. Da meldet sich ein Schüler und sagt: „Fräulein S., Sie sollen sofort ins Rektorat kommen, es ist ganz dringend."

Sie bitten die Schüler, die Hausaufgaben vorzunehmen und die Ergebnisse in Ihrer Abwesenheit schon mal zu vergleichen. Dann gehen Sie ins Rektorat und fragen Ihren Rektor, um was für eine dringende Angelegenheit es sich denn handele. Der ältere Herr sieht Sie aus erstaunten Augen an und antwortet anders, als Sie vermutet haben, nämlich, daß es geläutet habe und Sie schon unterrichten müßten. Nun wird im Gespräch geklärt, daß Sie den Schülern auf den Leim gegangen sind.

Als Sie ins Klassenzimmer zurückkommen, werden Sie mit Gelächter empfangen.
Relevanz: N = 57   MW 2.00   VAR 2.14   STA 1.46

7.2.3.10 Ein Schüler verläßt den Unterricht

Daß Studenten mal aufstehen und den Hörsaal verlassen, ist nichts Außergewöhnliches. Anders ist dieses Verhalten bei Schülern zu bewerten, für die ja eine Verpflichtung zur Teilnahme am Unterricht besteht.

Sie unterrichten erst seit drei Tagen in einem neunten Hauptschuljahr und kennen noch kaum die Namen Ihrer Schüler. Etwa eine Viertelstunde vor Schulschluß packt einer der Schüler seine Sachen zusammen, geht zur Tür und – verschwindet zu Ihrem Erstaunen ohne Angabe von Gründen.
Relevanz: N = 57   MW 2.32   VAR 2.11   STA 1.45

7.2.3.11 Eine Schülerin kommt laufend zu spät

Wenn ein Schüler mal zu spät kommt, dann sind Sie bemüht, die Störung so klein wie möglich zu halten, indem Sie dem Betreffenden bedeuten, sich schnell und unauffällig zu setzen. Außerdem haben Sie mit den Schülern vereinbart, sich nach der Stunde zu entschuldigen und den Grund des Zuspätkommens zu nennen.

Sie sind Klassenlehrer der 10b und unterrichten viermal wöchentlich in der ersten Stunde die eigene Klasse.

Am Montag- und Dienstagmorgen kommt Beate etwa zehn Minuten zu spät. Sie sucht gemächlich ihren Platz auf und genießt es offensichtlich, daß alle Blicke auf sie gerichtet sind.

Sie selbst ignorieren das Verhalten und nehmen nach der Pause die Entschuldigung entgegen: „..meine Mutter hat mich zu spät geweckt" oder „Der Bus hat Verspätung gehabt".

Donnerstagmorgen, erste Stunde in der 10b. Sie haben gerade einen mündlichen Arbeitsauftrag erteilt. Die Schüler wenden sich dem Auftrag zu, da öffnet sich die Tür und es erscheint Beate. Die Mitschüler wissen schon, wer da zu spät kommt, rufen „ah" und „oh", klatschen Beifall oder pfeifen. Beate strahlt und schlendert durchs Klassenzimmer.

Relevanz: N = 57   MW 2.35   VAR 0.98   STA 0.99

7.2.3.12 Ausgetrickst

Sie sind ein etwas „konservativer" Lehrer und lieben es nicht, wenn Ihre Schüler während des Unterrichts Kaugummi kauen. Verschiedentlich haben Sie die Schüler Ihres achten Schuljahres gebeten, auf das Kauen zu verzichten, weil Sie selbst sich gestört fühlen. Die meisten Schüler respektieren Ihren Wunsch, einige ignorieren ihn jedoch und kauen, wann immer es ihnen gefällt.

Joachim hat offensichtlich ein besonders großes Stück Kaugummi im Mund, formt kunstvoll aus dem Gummi eine Blase, dreht sich zu seinen Mitschülern um und läßt sich bewundern.

Sie verfolgen das Schauspiel, sprechen Joachim an und bitten ihn, den Kaugummi aus dem Mund zu nehmen. Aber Joachim erklärt Ihnen kauend, er habe nichts im Mund. Nun teilen Sie ihm entrüstet Ihre Beobachtung mit; doch er erklärt erneut, er habe nichts im Mund, öffnet denselben und fordert sie auf, einmal nachzusehen.

Relevanz: N = 54   MW 2.37   VAR 1.03   STA 1.01

7.2.3.13 Ein Schüler kommt einfach nicht

Sie unterrichten seit einigen Wochen in einer siebenten Klasse. Einige Regeln des Zusammenlebens müssen Ihrer Meinung nach umgestellt werden. So waren z. B. die Schüler daran gewöhnt, sich zu melden und zu fragen, ob sie die Toilette aufsuchen dürfen. Sie sprechen mit den Schülern über diesen Punkt und sagen Ihnen, daß sie nun ohne zu fragen austreten sollen, schließlich seien sie groß genug, um so etwas selbst zu entscheiden.

Einer Ihrer Schüler sieht jedoch in dieser neuen Regelung eine Chance, dem Unterricht zeitweise fernzubleiben. Er verläßt mehrmals das Klassenzimmer mitten in der Stunde und erscheint erst wieder zum Klingelzeichen.

Da Ermahnungen unbeachtet bleiben, bitten Sie den betreffenden Schüler nachmittags zu einem Gespräch in die Schule. Sie haben den Wunsch, in aller Ruhe mit ihm zu reden, denn am Vormittag bleibt für ein Einzelgespräch keine Zeit. Um 15.00 Uhr sind Sie pünktlich in der Schule, aber Ihr Gesprächspartner fehlt.

Vor Unterrichtsbeginn am nächsten Tag fragen Sie den Schüler, warum er nicht gekommen sei und erhalten die Antwort: „Wir hatten doch keine Schule." (Vgl. *Klink* 1974, S. 24).

Relevanz: N = 57   MW 2.81   VAR 1.66   STA 1.29

7.2.3.14 Ein Schüler bleibt auf seinem Platz

Sie unterrichten in der 7a in der sechsten Stunde Geographie. Die Schüler sind schon ziemlich müde. Obgleich Sie versuchen, den Unterricht interessant zu gestalten, wird es in dieser Stunde oft sehr unruhig.

Walter ist besonders unaufmerksam und stört den Unterricht. Er unterhält sich mit seinen Nachbarn, fertigt Zeichnungen, läßt diese begutachten, gibt komische Töne von sich und bringt seine Mitschüler zum Lachen.

Schließlich verlieren Sie die Geduld. Nachdem Sie Walter mindestens fünfmal ermahnt haben, fordern Sie ihn nun auf, sich an einen freien Tisch zu setzen. Aber Walter macht keinerlei Anstalten, sich zu erheben.

Relevanz: N = 57   MW 3.25   VAR 1.30   STA 1.14

7.2.4 Handlungsmöglichkeiten

zu 7.2.3.1 (mit Wahlhäufigkeiten der Testgruppe)

1. Sie bitten einen Schüler, ins Sekretariat zu gehen und Kreide zu holen (14%).
2. Sie diktieren den Schülern kommentarlos die Aufgaben (23%).
3. Sie diktieren den Schülern die Aufgaben, sagen aber: „Die Zeit, die Ihr zum Mitschreiben benötigt, fehlt einigen von Euch bestimmt beim Rechnen." (14%).
4. Sie fragen: „Wer hat denn die Tafel so schön sauber gemacht?" und schicken dann den betreffenden Schüler – falls dieser sich meldet – los, um trockene Kreide zu holen (7%).
5. Sie gehen schnell ins Nachbarzimmer, entschuldigen sich wegen der Störung beim Kollegen, und lassen sich dort ein Stück Kreide geben (21%).
6. Sie verschieben die Arbeit um eine Woche (2%).
oder: . . . (19%)

zu 7.2.3.2

1. Sie bitten einen Schüler, zum Hausmeister zu gehen und Reinigungsmittel zu holen (5%).
2. Sie versuchen, den Klebstoff zu analysieren (2%).
3. Sie schütteln jenem Schüler, der sich besonders freut, kräftig die Hand (86%).
4. Sie streichen einem Schüler, der in Ihrer Reichweite sitzt, „liebevoll" übers Haar (0%).
5. Sie lassen eine Schülergruppe nachmittags zur Reinigung der Klinke antreten (0%).
6. Sie zeigen sich verärgert und sagen den Schülern, daß ein solcher Spaß Ihrer Meinung nach entschieden zu weit gehe (7%).
oder: . . . (0%).

zu 7.2.3.3

1. Sie sagen: „Ich finde das ganz prima, daß Ihr mich nach Hause schicken wollt; aber leider wird der Rektor nicht damit einverstanden sein." (39%).
2. Sie erweitern die Aufforderung durch die Wörter: „. . . will go home after the lessons are over." (39%).
3. Sie fragen die Schüler nach dem Grund der Aufforderung (11%).
4. Sie sagen: „So ein Pech, daß ich kein Englisch (Griechisch) kann." (7%).
5. Sie nehmen den Satz als Ausgangspunkt für eine Sprachübung, indem Sie ihn in sämtliche Zeiten setzen lassen (0%).
6. Sie bitten einen Schüler, die Tafel zu reinigen (7%).
oder: . . . (14%)

zu 7.2.3.4

1. Sie machen gar nichts, fordern die beiden Schüler auf, mit Ihnen Skat zu spielen und vertrauen darauf, daß die Schüler die Tür nach der Pause wieder von außen öffnen werden (47%).

2. Sie überlegen sich, welche Schüler das Zimmer zuletzt verlassen haben und bedenken diese mit einem Klassenbucheintrag (2%).
3. Sie trommeln mit den Fäusten gegen die Tür, in der Hoffnung, daß ein Kollege Ihre Notlage erkennt und Sie befreit (2%).
4. Sie geben den beiden Schülern den Auftrag, an die Tür zu klopfen, warten darauf, daß sich etwas tut und überlegen sich in der Zwischenzeit weitere Maßnahmen (9%).
5. Sie versuchen, durch die Fenster – über die Feuerleiter oder entlang der Dachrinne – ins Freie zu gelangen (0%).
6. Sie überlassen es den beiden Schülern, die Falle zu öffnen, ignorieren die Angelegenheit, stellen aber auf der nächsten Konferenz den Antrag, Türklinken einzubauen, die nicht mühelos abgezogen werden können (16%).
oder: . . . (25%)

zu 7.2.3.5

1. Sie unterbrechen Ihre eigene Tätigkeit, schauen ihm interessiert zu und sagen: „Wir wollen jetzt erst in Ruhe warten, bis Du fertig bist, dann machen wir weiter." (32%).
2. Sie sagen dem Schüler: „Wenn Du schon zu spät kommst, dann stör' bitte nicht noch den Unterricht." (9%).
3. Sie fragen den Schüler nun doch nach dem Grund des Zuspätkommens (2%).
4. Sie holen ihn zum Mikroskop und geben ihm einen Beobachtungsauftrag (7%).
5. Sie setzen sich kommentarlos neben den Schüler, ergreifen dessen Frühstück und beginnen sofort zu essen, indem Sie sagen: „Ich nehme an, das ist für mich." (26%).
6. Sie machen ihn höflich darauf aufmerksam, daß er im Augenblick keine Hefte und Bücher benötige (16%).
oder: . . . (9%)

zu 7.2.3.6

1. Sie stecken sich gemütlich eine Zigarette an, rauchen diese in aller Ruhe und sagen danach: „So, jetzt machen wir die Zigaretten wieder aus, jetzt geht es uns sicher besser." (0%).
2. Sie ignorieren den Raucher, tun so, als würden Sie nichts merken (0%).
3. Sie fordern den Raucher auf, sich zu melden, die Zigarette auszudrücken und die Schachtel abzuliefern (33%).
4. Sie verpassen dem rauchenden Schüler – sofern Sie ihn finden – einen Klassenbucheintrag (0%).
5. Sie demonstrieren den Schülern, wie Helmut Schmidt, Winston Churchill und Napoleon geraucht haben. Schmidt – sehr hastige Züge, Churchill – betont langsame Züge, Napoleon – überhaupt nicht, und dabei drücken Sie die Zigarette aus (30%).
6. Sie verlassen das Zimmer, kommen mit einem Feuerlöscher zurück und fragen: „Wo brennt's?" (9%).
oder: . . . (28%)

zu 7.2.3.7

1. Sie lassen den betreffenden Schüler das Jugendschutzgesetz fünfmal abschreiben (0%).
2. Sie sagen „Prost" und bauen auf einen Lacherfolg (33%).
3. Sie bitten ihn, bis zur Pause zu warten (2%).
4. Sie fragen, ob Sie auch einen Schluck nehmen dürfen (23%).
5. Sie nehmen dem Mitschüler die Flasche weg und gießen den Schnaps in den Ausguß (11%).
6. Sie sagen seelenruhig: „Wenn Du Deine Gesundheit ruinieren möchtest, dann ist das Deine Sache. Aber Du kannst niemals behaupten, Du hättest um die Gefahren nicht gewußt." (12%).
   oder: ... (19%)

zu 7.2.3.8

1. Sie bitten ihn, künftig seine Fragen in einen Fragekasten zu werfen (25%).
2. Sie beginnen eine Zeitlang den Unterricht mit einer Frage an diesen Schüler (25%).
3. Sie führen mit dem Schüler ein Einzelgespräch (12%).
4. Sie geben ihm für die nächsten Stunden Arbeitsaufträge und lassen ihn immer zu Beginn des Unterrichts Bericht erstatten (2%).
5. Sie gehen morgens in das Klassenzimmer und fragen immer wieder: „Liegt etwas vor, oder können wir gleich anfangen?" (11%).
6. Sie melden sich beim Reinkommen und sagen: „Heute möchte ich mal zuerst drankommen." (12%).
   oder: ... (14%)

zu 7.2.3.9

1. Sie lachen mit (5%).
2. Sie lachen mit, bitten aber darum, Scherze, die andere Personen mißdeuten können, möglichst zu unterlassen (23%).
3. Sie lachen zwar mit, nehmen sich aber fest vor, die Schüler bei der nächstbesten Gelegenheit anzukohlen (11%).
4. Sie lassen von dem betreffenden Schüler, der die „Nachricht" übermittelt hat, einen Besinnungsaufsatz schreiben (9%).
5. Sie lachen und sagen: „Unser Rektor hat aber große Augen gemacht, das hättet Ihr sehen sollen!" (21%).
6. Sie sagen: „Ihr habt Euch wohl im Kalender geirrt, am 1. April ist so etwas erlaubt, am 16. November ist es eine Frechheit, mich einfach zum Narren zu halten." (21%).
   oder: ... (11%)

zu 7.2.3.10

1. Sie lassen ihn gehen und fragen ihn am nächsten Morgen nach dem Grund des Entweichens (11%).
2. Sie laufen ihm schnell hinterher, fragen ihn, warum er nicht mehr mitmachen will und versuchen, ihn zum Bleiben zu bewegen (5%).

3. Sie stellen das Verhalten des Schülers in der Klasse zur Diskussion (14%).
4. Sie fangen den Schüler am nächsten Morgen vor Unterrichtsbeginn ab, um in Erfahrung zu bringen, warum er plötzlich weg mußte (12%).
5. Sie nehmen erst mal einen Klassenbucheintrag vor, in dem es heißt: „... verläßt ohne Erlaubnis den Unterricht", damit die Angelegenheit festgehalten ist und Sie rechtlich abgesichert sind (44%).
6. Sie schicken die andern Schüler ebenfalls nach Hause, sofern Sie den Eindruck haben, daß auch ihnen der Unterricht keinen Spaß macht (2%).
oder: ... (12%)

zu 7.2.3.11

1. Sie bitten die Klasse, sich nicht aus der Ruhe bringen zu lassen und erklären Beate noch einmal im Flüsterton, was sie zu arbeiten hat (11%).
2. Sie bitten einen Schüler, der Mitschülerin den Arbeitsauftrag zu erklären (9%).
3. Sie lassen Beate ohne jede Information sitzen, so daß sie entweder nicht mitarbeiten kann oder um eine Wiederholung des Arbeitsauftrages bitten muß (25%).
4. Sie versuchen, mit Beate nach der Stunde in ein Gespräch zu kommen, über die wahren Ursachen zu sprechen und Lösungsmöglichkeiten zu diskutieren (28%).
5. Sie sagen zu der Klasse: „Wir müssen Beate einen Wecker schenken. Ich schlage vor, daß wir für den Wecker sammeln." (11%).
6. Sie sagen erst einmal, daß Sie und die Mitschüler durch das Zuspätkommen gestört werden und nehmen einen entsprechenden Klassenbucheintrag vor (7%).
oder: ... (11%)

zu 7.2.3.12

1. Sie sagen: „Na endlich" und unterrichten weiter (19%).
2. Sie sagen: „1:0 für Dich. Wahrscheinlich hast Du ihn verschluckt." (13%).
3. Sie fordern ihn auf, sofort mit in das Erste-Hilfe-Zimmer zu kommen, sich dort hinzulegen und zu warten, bis der Arzt kommt, weil er nun bald mit erheblichen Beschwerden zu rechnen habe (2%).
4. Sie sagen nur: „Guten Appetit." (31%).
5. Sie sagen: „So bin ich selten angelogen worden" und unterrichten weiter (22%).
6. Sie schauen in Joachims Mund, um nachzusehen, ob er den Kaugummi irgendwo versteckt hat (0%).
oder: ... (13%)

zu 7.2.3.13

1. Sie erklären ihm, daß Sie ein persönliches Interesse daran hatten, mit ihm in Ruhe zu reden (37%).

84

2. Sie bestellen ihn erneut, drohen ihm aber für den Fall des Fernbleibens eine gehörige Strafe an (2%).
3. Sie fragen ihn, ob er vor einem Gespräch Angst habe (32%).
4. Sie lassen ihn nachsitzen (0%).
5. Sie sagen ihm, daß er in Zukunft immer um Erlaubnis zu fragen habe, wenn er auf die Toilette gehen will (7%).
6. Sie sprechen mit den Eltern des Schülers (9%).
oder: . . . (14%)

zu 7.2.3.14

1. Sie fragen ihn: „Kann ich nun davon ausgehen, daß Du den Unterricht nicht mehr störst?" (12%).
2. Sie bleiben schweigend vor ihm stehen und warten darauf, daß er vielleicht doch noch Ihrer Aufforderung nachkommen wird (35%).
3. Sie nehmen kommentarlos eine Eintragung in das Klassenbuch vor (14%).
4. Sie fordern die umsitzenden Mitschüler auf, sich wegzusetzen, isolieren ihn auf diese Weise und bauen auf einen Lacherfolg (14%).
5. Sie versprechen ihm für den Fall, daß er sich ruhig verhält, auf die Anordnung zu verzichten (11%).
6. Sie drohen ihm an, mit seinen Eltern zu sprechen (0%).
oder: . . . (14%)

7.3 Absprachen zwischen den Schülern

7.3.1 Vorüberlegungen

Dieser Problemkreis umfaßt Konfliktkonstellationen, denen Absprachen zwischen den Schülern vorausgegangen sind. Absprachen werden u. a. getroffen, um einen Spaß zu machen, den Lehrer zu verunsichern, ihn zu provozieren, ihn anzugreifen, den Unterricht zu stören, einer Leistungsanforderung auszuweichen oder sich in solidarischem Handeln zu üben. Schülerabsprachen können z. B. sein: Wir
– drehen ihm das Wort im Mund herum,
– tun so, als würden wir nichts verstehen,
– sagen alle nichts,
– verlassen nacheinander das Klassenzimmer,
– gehen zum Papierkorb und spitzen die Bleistifte,
– kommen alle ein paar Minuten zu spät,

- machen keine Hausfaugaben,
- schreiben die Arbeit nicht,
- lassen das Klassenbuch verschwinden.

Schülerabsprachen sind in fast allen Problemkreisen denkbar, welche die Schüler betreffen, also in den Problemkreisen Spaß oder Ernst (7.1), Provokationen und Regelüberschreitungen (7.2), Angriffe auf den Lehrer (7.4) und Disziplinlosigkeit (7.5). Sie treten aber auch häufig zwischen den Schülern auf (7.6), wenn ein Mitschüler oder ein Schüler aus einer Gastarbeiterfamilie (7.8) ausgeschlossen wird, oder wenn Absprachen getroffen werden, Mitschüler oder Schülergruppen in der Pause oder auf dem Schulhof (7.7) zu ärgern oder zu tyrannisieren. Querverbindungen ergeben sich vor allem zu den Problemkreisen Leistungsmessung (7.10) und Hausaufgaben (7.11), wenn sich Schüler absprechen, eine geforderte Leistung oder Aufgabe nicht zu erfüllen, zu den Problemkreisen Drogen (7.16), fremdes Eigentum (7.17) und Sachbeschädigungen, wenn es darum geht, etwas zu verschweigen oder zu verheimlichen.

Wahrscheinlich wird es in vielen Fällen für die Schüler schwierig gewesen sein, alle Mitschüler auf ein solidarisches Handeln einzuschwören. So betrachtet ist eine gelungene Absprache für die betreffende Lerngruppe ein voller Erfolg. Das gemeinsame Handeln stärkt das Wirgefühl, die Gruppenkohäsion oder den sogenannten Klassengeist. Jene Fälle, in denen die Schüler von einem Mitschüler unter Druck gesetzt und zu bestimmten Handlungen gezwungen werden, sind wohl vergleichsweise selten. Deshalb sollten Schülerabsprachen vom Lehrer nicht nur negativ beurteilt werden.

Was geschieht eigentlich im Anschluß an eine solche Absprache? Nehmen wir an, die Schüler haben vereinbart, nichts zu sagen. Der Einzelschüler, der sich unwissend stellt und vor sich hinschweigt, fühlt sich in seinem Handeln durch die Gruppe bestärkt. Es wäre feige, wollte er in einer solchen Situation nicht durchhalten; deshalb prallen Ermahnungen oder Strafandrohungen des Lehrers von ihm ab. Der Schüler hat das Gefühl, sich schützend vor die Gruppe zu stellen, und selbst, wenn er persönliche Nachteile befürchten oder in Kauf nehmen muß, wird er sich nicht ohne weiteres von seinem Verhalten abbringen lassen. Als Lohn winkt ihm die Bewunderung, die einem Märtyrer zuteil wird sowie eine Statusaufwertung innerhalb der Gruppe. Auf der anderen Seite unterliegt der einzelne Schüler aber auch einem Gruppenzwang, denn wenn er sich nicht an die getroffene Absprache hält, begibt er sich ins Gruppenabseits und muß mit Sanktionen der Mitschüler rechnen.

Für den Lehrer ist an diesen Konflikten die Tatsache mißlich, daß er vorübergehend von der Gruppe, also von seinen Schülern, zu denen er eine positive Beziehung anstrebt, ausgeschlossen wird. Er kennt schließlich nicht die Absprache und hat, wenn auch nur für Minuten, alle Schüler gegen sich. Und mehr noch – die Absprache richtet sich gegen ihn, gegen seinen Unterricht oder seine Anordnungen. Die Gruppe kapselt sich ab und schließt den Lehrer aus.

Mögliche Ursachen, die zu solchen Schülerabsprachen führen können, wurden eingangs schon angedeutet: Die Schüler möchten
– sich mit dem Lehrer einen Spaß machen, ihn verunsichern, provozieren, angreifen. Vielleicht haben sie die Idee dazu von anderen Schülern übernommen und wollen nun einmal ausprobieren, wann der eigene Lehrer das Spiel durchschaut, wie er sich verhält, ob er mitlacht, sich ärgert oder sich sogar zu einer Kollektivstrafe hinreißen läßt.
– den Unterricht stören, weil sie durch ihn überfordert sind oder ihn zu langweilig finden; sie möchten zumindest einige Minuten der Stunde mit unterrichtsfremden Aktivitäten zubringen.
– zumindest vorübergehend einer unangenehmen Tätigkeit ausweichen, sich dem Leistungsdruck entziehen oder gegen bestimmte Leistungsanforderungen protestieren.
– unter Beweis stellen, daß sie sich aufeinander verlassen können, Gruppenstärke demonstrieren und so dem Lehrer zeigen, daß er mit der Klasse als Gruppe zu rechnen hat.

Die Frage, welche Handlungsmöglichkeiten dem Lehrer in solchen Situationen zur Verfügung stehen, läßt sich zwar nicht generell beantworten, doch zeichnen sich einige Leitlinien für ein angemessenes Handeln ab:

Zwingen Sie die Schüler nicht voreilig zur Aufgabe ihrer solidarischen Haltung. Schließlich steuern die Schüler mit ihrer Absprache das „Lernziel Solidarität" (*Richter* 1974) an. Diese Leitlinie gilt vor allem für die Randkonflikte, für Späße, kleinere Provokationen und Angriffe.

Versuchen Sie, mit den Schülern im Gespräch zu klären, warum ihnen der Unterricht keinen Spaß macht und warum sie durch ihre Absprache das Unterrichtsvorhaben sabotieren wollen. Diese Leitlinie gilt für jene Absprachen, bei denen es den Schülern offensichtlich darauf ankommt, den Unterricht zu stören oder ihn unmöglich zu machen. Versuchen Sie jedoch dem Gespräch eine prospektive Richtung zu geben, indem Sie gemeinsam mit den Schülern überlegen, was getan werden muß, damit eine Schülerbeteiligung wieder möglich wird.

Begründen Sie die Leistungsanforderungen ausführlich, sofern Schülerabsprachen Leistungsverweigerungen beinhalten. Führen Sie mit den Schülern kein Scheingespräch, sondern bleiben Sie für gerechtfertigte Belange offen, indem Sie überhöhte Anforderungen reduzieren oder die Leistungsüberprüfung vorübergehend aussetzen. Können Sie jedoch den Leistungsanspruch ausreichend begründen, dann sollten Sie ihn auch erneut in der gleichen Form stellen und auf den gerechtfertigten Anforderungen bestehen. Sonst wird Ihre Nachgiebigkeit ausgenutzt, und es besteht die Gefahr, daß jede Art der Leistungsüberprüfung mit einer Diskussion beginnt.

Machen Sie die Schüler auf die Fragwürdigkeit solidarischen Handelns aufmerksam, wenn sich dieses massiv gegen einzelne Personen, gegen den Lehrer oder gegen die Interessen der Allgemeinheit richtet. Diese Leitlinie gilt für Zentralkonflikte (vgl. 7.3.3.7), aber auch für Absprachen in Verbindung mit Angriffen, denen Lehrer ausgesetzt sind (7.4.3.7) oder für den Bereich der Drogenproblematik (vgl. 7.16).

Die Schwierigkeit im Umgang mit Konflikten, denen eine Schülerabsprache vorausgegangen ist, besteht für Sie darin, zu beurteilen, ob die Schüler das Recht dazu haben, solidarisch zu handeln und die getroffene Absprache einzuhalten oder ob Solidarität in dem besonderen Fall unangebracht ist.

Anregungen:

Gelungene Schülerabsprachen beinhalten solidarisches Handeln und fördern den „Klassengeist". Diskutieren Sie Absprachen, bei denen der „Geist" zum „Ungeist" wird.

Suchen Sie nach Formulierungen/Erklärungen/Begründungen, die geeignet erscheinen, die Schüler zur Aufgabe einer fragwürdigen solidarischen Haltung zu bewegen. Gehen Sie dabei von einem konkreten Beispiel aus.

7.3.2 Analysebeispiel

Konfliktbeschreibung auffassen

„Wir kommen alle ein paar Minuten zu spät"

Sie unterrichten als Fachlehrerin Geographie in einer elften Klasse. Am Mittwoch haben Sie in der ersten Stunde Unterricht. Unmittelbar nach dem Klingelzeichen gehen Sie ins Klassenzimmer. Doch die Hälfte der Schüler fehlt noch.

Sie setzen sich an den Lehrertisch, schauen sich um und fragen die anwesenden Schüler, ob sie etwas über den Verbleib ihrer Mitschüler wüßten.

Da geht die Tür auf und ein Schüler betritt gemächlich das Klassenzimmer, murmelt eine Entschuldigung und sucht seinen Platz auf. Dieses Spiel wiederholt sich innerhalb der nächsten zehn Minuten zwölfmal. Jeder Schüler bringt eine andere Ausrede.

Betroffenheit einschätzen

N=57   MW 2.02   VAR 1.41   STA 1.19, Randkonflikt 2

Erstverhalten überlegen

Sie schreiben Aufgaben an die Tafel und lassen die schon eingetroffenen Schüler schriftlich arbeiten. Auf diese Weise verschaffen Sie sich Handlungsaufschub.

Methode festlegen B

Nach den Ursachen fragen

Die Schüler haben diese Absprache getroffen, weil sie
- den Unterricht stören möchten
- den Unterricht langweilig finden
- sich gegenseitig beweisen möchten, wie mutig sie sind
- den Lehrer ärgern möchten
- den Lehrer auf die Probe stellen wollen
- den Lehrer als nachgiebig und gutmütig kennen.

Perspektive wechseln

Die schon *eingetroffenen Schüler* finden das Schauspiel sicher recht amüsant und warten gespannt darauf, wie Sie wohl reagieren werden. Man kann nicht davon ausgehen, daß bei der Stillarbeit viel herauskommt. Als *Lehrer* fühlen Sie sich erheblich gestört, schließlich haben Sie sich auf den Unterricht vorbereitet und möchten die Zeit nutzen. Weiterhin ist anzunehmen, daß Sie zunehmend ärgerlich werden. Auch wird es einige Minuten dauern, bis Sie das Spiel ganz durchschaut haben. Die *eintreffenden Schüler* werden ein gemischtes Gefühl haben. Wahrscheinlich rechnen sie mit irgendwelchen Sanktionen. Die zuletzt kommenden Schüler müssen die mutigsten sein.

Handlungsmöglichkeiten suchen

1 den Unterricht abbrechen und warten, bis alle da sind
2 die zu spät kommenden Schüler wieder rauswerfen
3 schlechte Noten erteilen
4 die zu spät kommenden Schüler ignorieren
5 mit allen Schülern über die Situation diskutieren

6 eine „Standpauke" halten

7 die zu spät kommenden Schüler nachsitzen und nacharbeiten lassen

8 die anderen Schüler früher nach Hause schicken

9 in der großen Pause eine schriftliche Begründung für das Verhalten fordern

10 die zu spät gekommenen Schüler im Unterricht verstärkt fordern

11 diese Schüler zum Rektor schicken

12 die Eltern der Schüler benachrichtigen

13 diese Schüler den Unterricht gestalten lassen

14 eine Ich-Botschaft aussenden – „Ich bin über Euer Verhalten enttäuscht"

15 die zu spät gekommenen Schüler fragen, wie es weitergehen soll

Handlungsmöglichkeiten prüfen

1 – dazu besteht keine Veranlassung; 2 – Überreaktion, rechtlich nicht haltbar; 3 – Überreaktion, wegen eines solchen Randkonflikts können nicht gleich die Verhaltensnoten herabgesetzt werden; 4 + – vorläufig, bis alle da sind, später wird von Ihnen eine Reaktion erwartet; 5 + – betrifft schließlich alle, indirekt oder direkt; 6 – typisches „Paukerverhalten"; 7 + – sofern Sie sich als Lehrer nicht durch die zu investierende Zeit mitbestrafen; 8 – womit hätten sie das verdient? Vielleicht waren diese Schüler nur zu feige, um mitzumachen; 9 + – sollte nicht ganz verworfen werden; auf jeden Fall sollte der Versuch gemacht werden, mehr über die Ursachen in Erfahrung zu bringen; 10 – das haben Sie früher als Schüler bei ähnlichen Ereignissen selbst erlebt; 11 – Überreaktion; 12 – wie 11; 13 + – wahrscheinlich werden sie überfordert sein; 14 – es besteht die Gefahr, daß Sie sich lächerlich machen, indem sich die Schüler sagen: „Das ist wohl Ihr Problem." 15 + – das kann auch etwas unecht wirken, schließlich sind Sie der Lehrer.

Handlungsfolge konzipieren

Warten, bis alle Schüler eingetroffen sind,
den Unterricht kurz unterbrechen,
die Schüler, die zu spät gekommen sind, fragen, wie sie die zu leistende Arbeit nachholen wollen.
Die an der Tafel stehende Aufgabe zu Hause bearbeiten lassen.
In der Pause zwanglos mit einigen Schülern über die Absprache reden,

um in Erfahrung zu bringen, ob mehr als ein Spaß hinter dieser Absprache steckte.

Oder würden Sie ganz anders handeln?

7.3.3 Konfliktbeschreibungen

Beginnen Sie erst mit der Konfliktanalyse, nachdem Sie die Kapitel 5 und 6 bearbeitet haben!

7.3.3.1 „Wir haben nichts aufgehabt"

Junge Lehrer werden gern auf die Probe gestellt, vor allem dann, wenn sie ältere Schüler zu unterrichten haben. Dann wird ein Spiel nach dem Motto initiiert: Mal sehen, wie sie/er sich verhält. So auch in Ihrem Fall. Als Hausaufgabe im Englischunterricht sollten die Schüler eine Einsetzübung durchführen, eine Übung, von der Sie der Meinung waren, daß sie eigentlich jeder Schüler bewältigen kann. Doch als Sie am nächsten Tag die Schüler bitten, die Hefte vorzunehmen, blicken Sie in erstaunte Gesichter, und einige Schüler fragen: „Was Hausaufgaben? Homework? There must be something wrong. We can't remember anything. Did you ever hear something about homework?"

Sie sind sich allerdings ganz sicher, die Aufgabe am Vortag gestellt zu haben. Jeder Zweifel ist für Sie ausgeschlossen.

Relevanz: N=57   MW 1.07   VAR 0.67   STA 0.82

7.3.3.2 „Wir drehen ihm das Wort im Mund herum"

Sie unterrichten das Fach Kunsterziehung in einem neunten Schuljahr. Für die heutige Stunde haben Sie sich den Vergleich zweier Bilder vorgenommen, d. h. die Schüler sollen eine Radierung „Reiter mit Rüstung auf einem geschmückten Pferd" mit der Photographie eines „Rennpferdes mit Jockey" vergleichen. Sie hängen Radierung und Photographie auf und bitten die Schüler, zu den beiden Bildern Stellung zu nehmen.

S: „Was sollen wir tun, die beiden Bilder vergleichen? Das eine ist doch ein Kupferstich oder so etwas ähnliches und das andere ist ein

Photo. Meinen Sie, daß wir Photo und Kupferstich vergleichen sollen?"

L: „Ja, genau das meine ich, allerdings ist das eine kein Kupferstich."

S: „Also, was sollen wir nun vergleichen?"

L: „Die beiden Pferde."

S: „Wir können doch aber nicht die beiden Pferde vergleichen, wenn wir nicht wissen, ob es Gemälde, Photos, Radierungen oder Kupferstiche sind."

L: „Das eine ist eine Radierung, das andere ist eine Photographie."

S: „Welches Pferd ist denn wohl photographiert, das graue oder das schwarze . . ."

Spätestens an dieser Stelle merken Sie, daß die Schüler Ihnen das Wort im Mund herumdrehen.

Relevanz: N = 57   MW 1.16   VAR 0.85   STA 0.92

7.3.3.3 „Wir verlassen nacheinander das Klassenzimmer"

Sie unterrichten in der sechsten Klasse Geographie. Als Fachlehrer an einem Gymnasium haben Sie sieben verschiedene Klassen zu unterrichten, und deshalb kennen Sie Ihre Schüler kaum. Außerdem hat das Schuljahr gerade angefangen, und Sie sind eifrig bemüht, Klassenlisten und Sitzpläne zu studieren und sich die Namen einzuprägen.

Sie möchten gerade in der Klasse über das Vorgehen im Unterricht sprechen. Es geht um die Frage, ob man erst einen Film über den Ausbruch des Vesuvs, dann den betreffenden Abschnitt im Erdkundebuch und schließlich einen Vulkanausbruch schematisch in einem Längsschnitt an der Tafel und im Erdkundeheft festhalten soll oder umgekehrt.

Da meldet sich ein Schüler: „Darf ich auf die Toilette?" „Ja, selbstverständlich." Man diskutiert weiter. Der nächste Schüler meldet sich: „Darf ich auf die Toilette?" „Ja, natürlich." Doch gleich darauf meldet sich der dritte Schüler. Nun werden Sie stutzig. Ihre Antwort: „Ja, wenn es unbedingt sein muß und Du nicht bis zur Pause warten kannst." – Der betreffende Schüler kann natürlich nicht warten.

Da meldet sich der vierte Schüler: . . .

Relevanz: N = 57   MW 1.26   VAR 0.77   STA 0.88

7.3.3.4 „Wir tun so, als würden wir nichts verstehen"

Sie haben sich im achten Schuljahr mit der Ableitung einer Formel viel Mühe gegeben und mit den Schülern verschiedene Wege durchgesprochen. Nun sind Sie der Auffassung, daß eigentlich jeder in der Lage sein sollte, die Formel abzuleiten. Doch zu Ihrer Überraschung melden sich einige Schüler und bitten Sie, die Ableitung noch einmal durchzuführen. Sie kommen dieser Bitte nach, werden aber schon während des Rechnens durch weitere Fragen unterbrochen. Als Sie nun eine Verständnisfrage stellen, um sich zu überzeugen, ob die Schüler diesmal folgen konnten, antwortet ein Schüler mit einer Gegenfrage. Weitere Fragen folgen; doch der Art der Fragestellung können Sie entnehmen, daß diese nicht so ganz ernst gemeint sein kann. Da ernsthafte und weniger ernsthafte Fragen gestellt werden, dauert es verhältnismäßig lange, bis Sie merken, daß die Schüler offensichtlich nur Fragen stellen, um Sie zu ärgern oder damit die Stunde rumgeht.

Relevanz: N=57   MW 1.56   VAR 0.82   STA 0.91

7.3.3.5 „Wir sagen alle nichts"

Sie haben den Schülern der siebten Klasse aufgetragen, ein im Biologieunterricht behandeltes Thema zu wiederholen. Sie möchten einige Wiederholungsfragen stellen, um in der übernächsten Stunde eine Arbeit schreiben zu lassen. Die Schüler waren mit dieser Hausaufgabe einverstanden. Doch als Sie die erste – Ihrer Meinung nach recht einfache – Frage an die Schüler richten, meldet sich niemand. Sie wiederholen die Frage – wiederum Schweigen. Nun umschreiben Sie die Frage, damit evtl. vorhandene Verständigungsschwierigkeiten ausgeräumt werden – wieder keine Reaktion. Schließlich beantworten Sie die Frage selbst, versehen die Antwort mit einer umfangreichen Erklärung und gehen dann zur zweiten Frage über. Aber auch diesmal haben Sie kein Glück und es wird Ihnen bewußt, daß sich die Schüler offensichtlich abgesprochen haben, einfach nichts zu sagen.

Relevanz: N=57   MW 2.07   VAR 0.82   STA 0.90

7.3.3.6 „Wir geben alle ein leeres Blatt ab"

Als Fachlehrerin unterrichten Sie in einem achten Schuljahr Englisch. In der Klasse sind 36 Schüler. Der Leistungsstand ist Ihrer Meinung nach sehr gering.

Da die Schüler kaum Vokabeln oder unregelmäßige Verben lernen, bitten Sie die Klasse, ein Blatt vorzunehmen, Namen und Datum zu vermerken und einige Vokabeln und Redewendungen, die gelernt werden sollten, aufzuschreiben.

Während Sie die erste Redewendung umschreiben und eine entsprechende Antwort von den Schülern verlangen, hören Sie, wie es von verschiedenen Seiten zischelt: „Wir geben alle ein leeres Blatt ab." Sie ignorieren das Flüstern und lassen die Arbeit weiterschreiben. Nachdem Sie die Blätter eingesammelt haben, stellen Sie fest, daß etwa zwei Drittel der Schüler der Aufforderung gefolgt sind und ein leeres Blatt abgegeben haben.

Relevanz: N = 57   MW 2.86   VAR 1.05   STA 1.03

7.3.3.7 „Wir lassen das Klassenbuch verschwinden"

Für jeden Schüler ist das Klassenbuch etwas Besonderes. Da wird schließlich schwarz auf weiß festgehalten, was sich im Unterricht ereignet hat, was durchgenommen worden ist, wer sich danebenbenommen hat, wann Klassenarbeiten geschrieben werden und wann die letzte Belehrung über die „Gefahren im Straßenverkehr" stattgefunden hat. Für jene Schüler, die mehrere Klassenbucheinträge aufzuweisen haben, wird das Buch manchmal zu einem roten Tuch.

Sie sind Klassenlehrer in einem neunten Schuljahr. Sie haben bislang auf Klassenbucheinträge verzichtet. Gründe dafür hätte es zwar viele gegeben, aber Sie halten Einträge dieser Art für kein geeignetes Erziehungsmittel. Einige Ihrer Kollegen hingegen machen von dieser Art der Disziplinierung fleißig Gebrauch.

Sie kommen morgens ins Klassenzimmer, begrüßen die Schüler, möchten die fehlenden eintragen, aber da fehlt das Klassenbuch. Sie sehen noch einmal gründlich im Klassenschrank nach. Vergebens, das Buch bleibt unauffindbar. Sie fragen Ihre Schüler – niemand hat das Klassenbuch gesehen. In der großen Pause erkundigen Sie sich bei den Kollegen und bei Ihrem Rektor – niemand weiß, wo das Klassenbuch geblieben ist. Sie hoffen auf einen Zufall, aber das Buch ist auch nach drei Tagen noch nicht wieder aufgetaucht.

Relevanz: N = 54   MW 3.69   VAR 1.73   STA 1.31

7.3.4 Handlungsmöglichkeiten

zu 7.3.3.1

1. Sie akzeptieren die Behauptung, rächen sich aber, indem Sie das doppelte Pensum aufgeben (14%).
2. Sie lassen sofort die betreffenden Hausaufgaben in der Stunde machen (21%).
3. Sie lassen einen Test schreiben, der die Einsetzübung zur Grundlage hat (16%).
4. Sie geben der ganzen Klasse die Note „ungenügend" (0%).
5. Sie zeigen sich enttäuscht darüber, daß diese so einfache Aufgabe nicht erfüllt worden ist (14%).
6. Sie loben die Schüler wegen ihres solidarischen Verhaltens (21%).
   oder: . . . (14%).

zu 7.3.3.2

1. Sie greifen jede Schülerantwort auf und versuchen, den Schülern das Wort im Mund herumzudrehen, bis alle lachen (47%).
2. Sie fordern die Schüler auf, den Unsinn zu lassen (12%).
3. Sie bitten einen Schüler, die Gesprächsführung zu übernehmen (5%).
4. Sie ändern das Thema und sprechen über „Dialektik" (0%).
5. Sie ändern das Thema und lassen die Schüler erst über die Radierung, dann über die Photographie sprechen (9%).
6. Sie verlagern das Gespräch in kleine Gruppen (19%).
   oder: . . . (7%).

zu 7.3.3.3

1. Sie ignorieren die Absprache der Schüler und riskieren dabei, daß die halbe Klasse das Zimmer verläßt (0%).
2. Sie starten eine Umfrage, wer die Toilette aufsuchen muß und fordern die Schüler auf, gemeinsam das Zimmer zu verlassen (9%).
3. Sie verweisen auf die Pause und riskieren, daß jemand in die Hose macht – was allerdings unwahrscheinlich sein dürfte (42%).
4. Sie verlangen künftig ein ärztliches Attest (2%).
5. Sie sagen: „Nur wenn jemand zurückkommt, darf der Nächste gehen." (28%).
6. Sie versprechen denen, die durchhalten, eine Belohnung (9%).
   oder: . . . (11%).

zu 7.3.3.4

1. Sie sammeln alle weiteren Fragen an der Tafel (2%).
2. Sie sammeln die Fragen an der Tafel und bitten um schriftliche Beantwortung derselben (37%).
3. Sie geben die Fragen grundsätzlich an den Fragenden zurück und bitten ihn, sich selbst eine Antwort zu überlegen (18%).
4. Sie sammeln ein Fragebündel, ohne aber die einzelnen Fragen zu beantworten und hoffen, daß sich die Fragerei bald totläuft (4%).

95

5. Sie loben die Schüler wegen ihrer regen Beteiligung am Unterricht (11%).
6. Sie bitten die Schüler, nur ernstgemeinte Fragen zu stellen (5%).
oder: ... (25%).

zu 7.3.3.5

1. Sie lassen sofort den für die nächste Stunde vorgesehenen Test schreiben (2%).
2. Sie schreiben die Fragen an die Tafel und fordern die Schüler auf, diese schriftlich zu beantworten (16%).
3. Sie gehen zu einem neuen Thema über, unterrichten, ohne die Schüler einzubeziehen (2%).
4. Sie fragen die Schüler nach dem Grund des Schweigens (51%).
5. Sie fordern die Schüler namentlich auf, Ihre Fragen zu beantworten und tun so, als würden Sie immer die Note „ungenügend" in Ihr Notenbüchlein eintragen, um auf diese Art die Front zu durchbrechen (5%).
6. Sie setzen sich schweigend an Ihren Tisch, nehmen ein Buch vor und beginnen zu lesen (16%).
oder: ... (9%).

zu 7.3.3.6

1. Sie geben den betreffenden Schülern die Note „ungenügend" (21%).
2. Sie werten die Arbeit zwar, diskutieren aber anschließend mit den Schülern, in welcher Form die Vokabeln künftig abgehört werden sollen (32%).
3. Sie werten die Arbeit nicht, verzichten ganz auf Vokabelarbeiten und versuchen, die Kenntnisse in Spielform zu überprüfen (4%).
4. Sie werten nur die wenigen guten Arbeiten, sofern diese Schüler es wünschen (14%).
5. Sie tragen alle Schüler, die ein leeres Blatt abgegeben haben, ins Klassenbuch ein (2%).
6. Sie kündigen die Wiederholung der Arbeit für den nächsten Tag an (23%).
oder: ... (5%)

zu 7.3.3.7

1. Sie rekonstruieren soweit wie möglich die Eintragungen in ein neues Buch und bitten Ihre Kollegen, dies ebenfalls zu tun (17%).
2. Sie arbeiten künftig nur noch mit „Tagesblättern", die im Lehrerzimmer gesammelt und aufbewahrt werden, so daß ein Buch nicht wieder wegkommen kann (2%).
3. Sie sagen: „Ihr wolltet wohl nur einen Spaß machen. Wenn das Buch nicht wieder auftaucht, fällt der nächste Ausflug ins Wasser." (4%).
4. Sie sprechen mit den Schülern über die Notwendigkeit der Klassenbuchführung, daß die Eintragungen vor allem den Lehrern zur Orientierung dienen (9%).
5. Sie sagen, daß Sie den Wert einiger Eintragungen auch anzweifeln, selbst keine Eintragungen wegen ungebührlichen Verhaltens vorgenommen, nun aber großen Ärger mit Rektor und Schulrat zu erwarten hätten, wenn das Buch nicht wieder auftauchen würde (48%).

6. Sie veranstalten sobald wie möglich einen Elternabend und bitten die Eltern, auf ihre Kinder Einfluß zu nehmen (0%).
   oder: ... (20%)

7.4 Angriffe auf die Lehrerin

7.4.1 Vorüberlegungen

Dieser Problemkreis befaßt sich mit aggressiven Handlungen von Schülern gegenüber den Lehrern. Handlungen dieser Art können versteckt oder offen, beabsichtigt oder unbeabsichtigt, verbal und/oder nichtverbal vorgetragen werden. Entsprechend breit ist die Palette der Konfliktkonstellationen. Sie reicht vom abgeschossenen Papierkügelchen bis zum tätlichen Angriff, vom aggressiven Unterton bis zur Verbalinjurie oder Beschimpfung, vom Verstecken eines Gegenstandes bis zu dessen Beschädigung oder zum Diebstahl, von der Drohgebärde bis zum anonymen Anruf. Weiterhin lassen sich Anspielungen auf persönliche Schwächen diesem Problemkreis zuordnen, die das Ziel haben, den Lehrer zu verletzen.

Da Schüler manchmal nur einen Spaß machen wollen, der Lehrer sich aber angegriffen fühlt, ergibt sich eine Verbindung zum Problemkreis 7.1. Auch werten Lehrer allgemeine Disziplinlosigkeit (7.5) häufig als Angriff auf ihre Person. Bei Provokationen (7.2) und Schülerabsprachen (7.3), die das Ziel haben, den Lehrer unmittelbar zu treffen, kann auch von einem Angriff auf die Person des Lehrers gesprochen werden. Solche Angriffe lassen sich außerdem während der Leistungsmessung (7.10) beobachten, in Verbindung mit Lernschwierigkeiten und Ängsten (7.12, 7.13). Schließlich sind die Problemkreise 7.17 und 7.18 tangiert, wenn Schüler den Lehrer bestehlen oder dessen Privateigentum, z. B. sein Auto, beschädigen.

Die Frage nach den Konflikursachen läßt sich mit Hilfe der bekannten Erklärungsansätze zur Aggressivität nur unbefriedigend beantworten, weil ihnen der unmittelbare Bezug zum Berufsfeld des Lehrers fehlt. Gemeint sind hier das Trieb-Instinkt-Modell, das Frustrations-Aggressions-Modell, die lerntheoretischen Modelle (vgl. *Bandura* 1979).

Auf eine Darstellung dieser allgemein bekannten Erklärungsansätze wird an dieser Stelle verzichtet. Sie können u. a. bei *Hanke/ Huber/Mandl* (1978, S. 133 ff.), *Heinelt* (1978, S. 32 ff.) oder *Stadler* (1975) nachgelesen werden.

Gehen wir der Frage nach, warum sich Schüler zu einem Angriff auf den Lehrer veranlaßt sehen, dann lassen sich u. a. folgende Hypothesen bilden. Schüler greifen den Lehrer aus mancherlei Gründen an:

– Sie werden durch die Art des Unterrichts frustriert, finden den Unterricht langweilig oder halten den Lehrer fachlich für inkompetent.
– Sie lehnen den Lehrer als Person ab, können sich nicht mit ihm identifizieren, wollen niemals so werden, wie er von den Schülern erlebt wird, z. B. pedantisch, humorlos, schrullig, altjüngferlich oder hilflos.
– Sie akzeptieren die Leistungsanforderungen des Lehrers nicht, erachten die Anforderungen für zu hoch oder zu gering. Dabei werden jene Fälle, in denen überhöhte Anforderungen die Ursache für einen Angriff sind, weitaus häufiger sein. Diese Annahme läßt sich allein schon aus der Lehr-Lern-Situation heraus begründen, aus der Notwendigkeit, Aufgaben zu stellen, die von einigen Schülern nicht erfolgreich bewältigt werden können.
– Sie halten seinen Erziehungsstil und seine erzieherischen Maßnahmen für unangemessen, er erscheint ihnen zu streng oder zu gutmütig. Sog. strenge Lehrer, die hart durchgreifen, sich nichts bieten lassen, unterdrücken durch ihren Erziehungsstil das aggressive Potential, bis es eines Tages oft unvermutet heftig zum Ausbruch kommt. Andererseits sind gutmütige und nachsichtige Lehrer häufig aggressiven Schülerhandlungen ausgesetzt, weil die Schüler keine Sanktionen befürchten und in ihnen eine Art Ersatzobjekt sehen.
– Sie fühlen sich vom Lehrer angegriffen, sei es durch geringschätzige oder ironische Bemerkungen oder durch sarkastische oder zynische Äußerungen. Diese Schüler werden in eine Abwehrhaltung gezwungen und sehen sich schließlich zum Gegenangriff veranlaßt.
– Sie fühlen sich, im Gegensatz zu ihren Mitschülern, vom Lehrer nicht angenommen oder akzeptiert. Äußerungen wie: „Der mag mich nicht" „Der kann mich nicht leiden!" „Bei der bin ich unten durch!" „Der hat mich auf dem Kieker!" deuten darauf hin, daß es Schüler und Lehrer nicht gelungen ist, eine positive Beziehung aufzubauen.
– Sie erleben in der Familie und im sozialen Umfeld häufig aggressives Verhalten, haben bestimmte Aggressionsmodelle und Verhaltensmuster verinnerlicht, orientieren sich an ihnen und praktizieren diese auch in der Schule.
– Schließlich werden sie auch manchmal durch Medien beeinflußt und zu aggressiven Handlungen ermutigt.

Da ein begrenztes und kontrolliertes Aggressionspotential zur Abwehr ungerechtfertigter Ansprüche, zur Selbstbehauptung und Identitätsfindung notwendig ist, fällt es besonders schwer, einige Leitlinien für das pädagogische Handeln zu formulieren:

Vermeiden Sie die Überbewertung einzelner Angriffe auf Ihre Person. Viele Schüler müssen lernen, ihre Affekte zu beherrschen. Da jeder Lernprozeß ein mögliches Scheitern impliziert, sollten Sie als Lehrer aggressive Handlungen einkalkulieren und in einem gewissen Umfang den Schülern nachsehen, selbst wenn sie direkt gegen Ihre Person gerichtet sind.

Begegnen Sie gehäuft auftretenden Angriffen mit Entschiedenheit. Scheuen Sie nicht die Auseinandersetzung und nehmen Sie keinesfalls die Rolle eines Märtyrers ein. Auch Sie haben einen Anspruch darauf, von Ihren Schülern menschenwürdig behandelt zu werden. Diese Auseinandersetzung muß stattfinden, bevor die Schüler sagen können: „Den haben wir fertiggemacht!" „Die haben wir in die Psychiatrie gebracht . . ."

Versuchen Sie immer wieder, den Unterricht fachlich und methodisch zu qualifizieren. Wahrscheinlich wissen Sie aus Ihrer eigenen Schulzeit, daß Sie jene Lehrer, bei denen der Unterricht Spaß gemacht hat, mit Angriffen verschonten.

Bemühen Sie sich um eine realistische Selbsteinschätzung, d. h. lernen Sie, sich so zu sehen, wie Sie sind und nicht so, wie Sie gerne sein möchten. Auch Sie haben bestimmte Angewohnheiten und Eigenarten, welche die Schüler rasch durchschauen. Diese sind oftmals die Ursache für Spitznamen. Sofern Sie als Lehrer einer permanenten Fehleinschätzung unterliegen, werden Sie Zielscheibe zahlreicher Schülerangriffe sein.

Stellen Sie Anforderungen, die dem Leistungsvermögen der Schüler entsprechen, und versuchen Sie die Situationen der Leistungsmessung zu entkrampfen. Geben Sie den leistungsschwachen Schülern zu verstehen, daß Sie auch sie als Person voll akzeptieren.

Bemühen Sie sich um einen demokratischen Erziehungsstil, um eine rational-kommunikative Erziehungspraxis, indem Sie immer wieder versuchen, die Schüler einzubeziehen und Ihre erzieherischen Maßnahmen begründen.

Bieten Sie nach Möglichkeit kein Aggressionsmodell, verzichten Sie auf ironische, sarkastische oder zynische Bemerkungen, auf geringschätzige oder beleidigende Äußerungen und auf die Ausübung physischer Gewalt. Dabei wird es für Sie nicht immer leicht sein, den hier gestellten Anspruch zu erfüllen. In jenen Fällen, in denen Sie sich unbeherrscht zeigen, sollten Sie anschließend mit den Schülern über Ihr Verhalten sprechen, ihnen erklären, warum es dazu kommen konnte oder sich für Ihr Verhalten entschuldigen.

Lassen Sie sich in Ihren Beziehungen zu den Schülern nicht nur von

Sympathie und Antipathie leiten. Für einen Lehrer ist die Gefahr sehr groß, daß er die leistungsstarken Schüler charakterlich auf- und die leistungsschwachen abwertet, daß er bestimmte Schüler häufiger drannimmt und Schüler der Mittelschicht bevorzugt. Indem Sie dieser Gefahr begegnen, vermeiden Sie Angriffe jener Schüler, die sich zu recht vernachlässigt oder zurückgesetzt fühlen.

Thematisieren Sie in der Lerngruppe Angriffe, die gegen Sie gerichtet sind, indem Sie mit den Schülern über die Ursachen, über die Reversibilität des Verhaltens und über die Frage, wie sich Angriffe dieser Art künftig vermeiden lassen, nachdenken.

Die Einsicht, daß die Ursachen vieler Angriffe mit bei Ihnen zu suchen sind, sollte Sie in Ihren Bemühungen nicht entmutigen.

Anregungen:

Sofern Sie als Lehrer von Ihren Schülern angegriffen werden, sind Sie zumeist besonders stark betroffen. Worin sehen Sie die Ursachen für diese starke emotionale Betroffenheit? Notieren Sie Ihre Einfälle und sprechen Sie mit jemandem darüber.

Da Schüler im Unterricht zahlreiche Frustrationen erleiden müssen, haben sie auch das Recht, manchmal ihre Lehrer anzugreifen. Diskutieren Sie diese These.

7.4.2 Analysebeispiel

Konfliktbeschreibung auffassen

Ein Schüler spuckt Sie an

Sie haben Hofaufsicht. Einige etwa 8jährige Schüler, die Sie persönlich nicht kennen, spucken in der Gegend herum. Die Schüler sind etwa im dritten Schuljahr. Wenn einer den anderen zufällig trifft, wird zurückgespuckt, und wenn sich jemand beschwert, dann wird derjenige erst recht zur Zielscheibe der Spuckkünste. Das Ganze scheint mehr ein Spiel zu sein; doch Sie sehen sich veranlaßt einzugreifen, rufen die betreffenden Schüler zu sich und bitten sie nachdrücklich, das Spucken sofort einzustellen. Da tritt ein Schüler aus der Gruppe hervor, spuckt Sie an, rennt schnell weg und verliert sich im Getümmel. Sie können sich gerade noch merken, daß er Jeans und einen roten Pullover trägt.

Betroffenheit einschätzen

N=54   MW 3.39   VAR 0.81   STA 0.90   Randkonflikt 3

Erstverhalten überlegen

Auf keinen Fall hinterherlaufen. Sich jene Schüler merken, die mit ihm gespuckt haben, um über diese Schüler später den Jungen identifizieren zu können; die Spucke abwischen.

Methode festlegen B

Nach den Ursachen fragen

Der Schüler spuckt Sie an, weil
- er Sie als Spielverderber betrachtet
- er Sie mit seinen Spielkameraden verwechselt
- er weitermachen will und deshalb im Affekt handelt
- das Spucken für ihn im Augenblick die einzige Waffe darstellt, um sich gegen das Verbot zu wehren
- er die Lehrer nicht mag, sie evtl. sogar haßt

Perspektive wechseln

Der *Schüler* empfindet vielleicht Genugtuung darüber, daß er den Lehrer getroffen hat. Vielleicht ist er sogar stolz auf die Tat. Oder er wollte eigentlich gar nicht spucken, ist von seiner Handlung überrascht und hat ein schlechtes Gewissen. Offensichtlich fürchtet er Sanktionen, sonst wäre er nicht weggelaufen. Als *Lehrer* werden Sie Ekel empfinden und sich angegriffen fühlen. Die *anderen Schüler*, die diese Konfliktsituation beobachtet haben, sehen wahrscheinlich in der Handlung eine Ungeheuerlichkeit. Einige Schüler sind vielleicht auch schadenfroh und bewundern ein bißchen den Mut des Schülers. Auf jeden Fall erwarten die Schüler eine Reaktion von Ihnen.

Handlungsmöglichkeiten suchen

1 den Vorfall ignorieren, sich die Spucke abwischen und so tun, als sei nichts vorgefallen
2 den Schüler einfangen und ohrfeigen
3 den Schüler fangen und zur Rede stellen
4 jenen Schülern, die mitgespuckt haben, nach der Pause ins Klassenzimmer folgen, um so die Identität des Schülers festzustellen
5 den Schüler ausfindig machen, und den Eltern eine Reinigungsrechnung zuschicken
6 mit den Schülern das betreffende Klassenzimmer aufsuchen, und mit allen Schülern über den Vorfall sprechen

7 den betreffenden Schüler ausfindig machen und zur Rede stellen

8 die Klasse ausfindig machen, dann mit dem Klassenlehrer über geeignete Maßnahmen beraten

9 den Schüler ausfindig machen und den Klassenlehrer um Angaben zum sozialen Hintergrund bitten

10 mit dem Schüler einen Gesprächstermin vereinbaren

Handlungsmöglichkeiten prüfen

1 – kommt nicht in Frage, Sie können sich nicht zum Märtyrer machen; 2 – strafbar und gefährlich; 3 – was geschieht, wenn er schneller ist als Sie? 4 + auf diese Weise können Sie feststellen, wer Sie bespuckt hat; 5 – hier geht es nicht um das Reinigungsgeld (gibt es etwas zu reinigen?), sondern in erster Linie um den immateriellen Schaden; 6 – übereilt, Sie kennen die Klasse nicht, und was soll bei diesem Gespräch herauskommen? 7 + – in geeigneter Form; 8 + – der Klassenlehrer hat weniger mit dem Vorfall zu tun; 9 + damit Sie sich besser auf ein Einzelgespräch einstellen können; 10 +

Handlungsfolge konzipieren

Das Klassenzimmer aufsuchen, feststellen, welcher Kollege Klassenlehrer ist. Mit Hilfe des Kollegen die Identität des Schülers feststellen und mit ihm einen Gesprächstermin vereinbaren. Zwischenzeitlich mit dem Kollegen über den Schüler sprechen und einige Hintergrundinformationen einholen (Milieu, derzeitiges Sozialverhalten, voraussichtliches Verhalten in einem Gespräch).

Mit dem Schüler einen Raum aufsuchen, wo ungestört gesprochen werden kann. Geplanter Gesprächsverlauf:
– Eigene Betroffenheit signalisieren,
z. B. „So etwas ist mir noch nie passiert. Vielleicht hast Du was gegen mich, und ich weiß es nur nicht."
– Auf den Grundsatz der Verhaltensreversibilität aufmerksam machen, z. B. „Ich überlege mir, wie das wohl wäre, wenn Lehrer ihre Schüler anspucken würden."
Auf keinen Fall sollte im Gespräch auf eine förmliche Entschuldigung hingearbeitet werden, die doch nur einem Lippenbekenntnis gleichen würde.
– Gesprächsziel: Einsicht des Schülers, daß ein solches Verhalten unangebracht ist und sich nicht wiederholen darf.

Oder würden Sie ganz anders handeln?

7.4.3 Konfliktbeschreibungen

Beginnen Sie erst mit der Konfliktanalyse,
nachdem Sie die Kapitel 5 und 6 bearbeitet haben!

7.4.3.1 Ein Sprachfehler wird nachgeahmt

Jeder angehende Lehrer, der aus irgendwelchen Gründen zur
Fettleibigkeit neigt, vom Vater die Veranlagung zur frühzeitigen
Kahlköpfigkeit geerbt hat, einen starken Sprach- oder Sehfehler hat
oder körperlich behindert ist, muß sich darüber im klaren sein, daß er
besonders dazu geeignet ist, Zielscheibe des Schülerspotts zu werden.

Sie haben einen kleinen, aber durchaus wahrnehmbaren Sprach-
fehler. Da Sie die Fächer Mathematik, Physik und Chemie unterrichten, fällt dieser Fehler nicht weiter ins Gewicht.

Nach der großen Pause wollen Sie den Chemieraum betreten und in
der neunten Klasse mit dem Unterricht beginnen. Eine Kollegin hält
Sie für einen Moment auf dem Gang auf, die Tür ist nur angelehnt.
Während Sie mit der Kollegin ein paar Worte wechseln, hören Sie aus
dem Klassenzimmer, wie einer der Schüler Lehrer spielt und Sie
nachahmt, während die Mitschüler lachen. Immer wieder ist das Wort
,,Chemie`` zu hören, das Sie nicht wie üblich aussprechen können,
sondern als ,,Schemie`` artikulieren.

Relevanz: N = 54   MW 1.22   VAR 1.84   STA 1.36

7.4.3.2 Heiratsanzeige

Sie sind Lehrerin, Mitte dreißig und ledig. Ihre Schüler stellen
manche Spekulationen darüber an, wann Sie wohl wen heiraten
werden. Eines Tages erscheint in der Lokalzeitung eine Heiratsan-
nonce mit einer Personenbeschreibung, die eindeutig auf Ihre Person
bezogen ist, nur einige Merkmale sind in ihr Gegenteil verkehrt.

Sie sind korpulent und unsportlich, werden aber als ,,schlank`` und
,,sportlich`` angepriesen. Sie sind unmusikalisch, in der Anzeige
werden Sie als ,,musikliebend`` apostrophiert.

Relevanz: N = 54   MW 1.85   VAR 2.02   STA 1.42

7.4.3.3 Unter Beschuß genommen

Sie unterrichten in der 8a Geometrie. Während Sie sich mit den Zeichengeräten der Tafel zuwenden, um ein Dreieck zu konstruieren, macht es neben Ihnen „klick". Sie messen diesem Geräusch keinerlei Bedeutung bei. Doch während Sie die Strecke A B zeichnen, wiederholt sich das Geräusch. Und nun wissen Sie auch, woher es kommt, denn Sie bemerken neben der Tafel auf dem Fußboden mehrere Papierkügelchen. Sie bitten die Schüler, die Schießübungen einzustellen und sagen noch: „Ich bin doch keine Zielscheibe", tragen die Seite a im Punkt B an, da werden Sie voll in den Nacken getroffen.
Relevanz: N = 54   MW 2.46   VAR 1.42   STA 1.19

7.4.3.4 Die Kleidung des Lehrers verschwindet

Sie geben in der 8a/8b zweimal in der Woche Sport. Neben dem Umkleideraum der Schüler befindet sich ein sehr kleines Zimmer mit zwei Kleiderschränken, einem Tisch und einem Stuhl. In diesem Zimmer ziehen Sie sich um. Sie sind noch nie auf den Gedanken gekommen, diesen kleinen Nebenraum abzuschließen.
Die Sportstunde hat den Schülern heute offensichtlich Spaß gemacht. Besonders beim abschließenden Korbballspiel war jeder ganz dabei. So wird bis zur letzten Minute gespielt. Dann geht es schnell in die Umkleideräume. Während sich die Schüler umziehen, schließen Sie noch ein paar Sachen weg und vergewissern sich, daß in der Halle auch nichts liegengeblieben ist. Dann gehen Sie in den kleinen Nebenraum, um die Kleider zu wechseln. Doch die Kleider sind weg. Im Umkleideraum sind nur noch ein paar Schüler, die erklären, nichts über den Verbleib Ihrer Kleider zu wissen.
Relevanz: N = 57   MW 2.77   VAR 1.39   STA 1.18

7.4.3.5 „Der Gockel"

Ihrem Kollegium gehört eine ältere Dame an, die sich durch einen aufrechten Gang und durch ein erhobenes Haupt auszeichnet. Die Schüler haben ihr den Spitznamen „Gockel" gegeben. Alle Schüler und Lehrer wissen genau, wer „der Gockel" ist, und wenn Sie sich die Kollegin betrachten, dann müssen Sie sich eingestehen, daß der Spitzname eigentlich ganz zutreffend ist.

Eines Tages kommt die Kollegin ins Lehrerzimmer und teilt Ihnen aufgeregt mit, daß sie nun daran denke, die Polizei einzuschalten. Nach dem Grund gefragt, berichtet sie von etwa 12jährigen Schülern einer fremden Klasse, die gestern nachmittag auf offener Straße ihr den Spitznamen nachgerufen haben. Das ginge entschieden zu weit.

Relevanz: N = 54   MW 3.19   VAR 3.25   STA 1.80

7.4.3.6 Verbalinjurie

Sie unterrichten in der 12b Chemie. Vier Wochen vor Schuljahresende lassen Sie einen Test schreiben. Sie sind mit dem Ergebnis der Arbeit zufrieden, geben die Arbeitsblätter zurück, sprechen mit den Schülern über die einzelnen Aufgaben, erläutern das Punktsystem und den Bewertungsmaßstab. Am Ende der Stunde kommt es zu einem Disput mit einem der Schüler. Er hat die Note 2,5 (gut bis befriedigend) erreicht, ist aber der Auffassung, eine 2 (gut) verdient zu haben. Sie erklären noch einmal, wie Sie zu Ihrer Beurteilung gekommen sind und sagen ihm, daß die Note nicht geändert wird. Daraufhin wendet sich der Schüler ab und sagt zu seinen Mitschülern vernehmlich: „Gegen einen Haufen Mist kann man eben nicht anstinken."

Relevanz: N = 54   MW 3.30   VAR 1.76   STA 1.33

7.4.3.7 Anonyme Anrufe

Sie unterrichten in fünf verschiedenen Gymnasialklassen Latein und Mathematik. Sechs Wochen vor den Zeugnissen werden Sie und Ihre Familie durch mehrere anonyme Anrufe erschreckt. Mit offensichtlich verstellter Stimme stellen die Anrufer bestimmte Forderungen und drohen für den Fall der Nichterfüllung mit Konsequenzen. Das geht etwa in folgendem Stil:

„Wenn morgen in der Arbeit jemand eine Fünf oder Sechs hat, kannst Du mit dem Krankenhaus Bekanntschaft machen, korrigier also ordentlich." Oder: „Wenn in der 10a jemand sitzenbleibt und Du schuld daran bist, schlagen wir Dich zusammen. Irgendwann werden wir Dich schon erwischen."

Den Drohungen ist zu entnehmen, daß die Anrufer über alle Vorgänge in allen fünf Klassen glänzend informiert sind. Natürlich sind Sie durch diese Anrufe verunsichert. Sie selbst lassen sich nicht einschüchtern, geben sich den Anschein, als sei nie bei Ihnen angerufen worden und erteilen auch ein paar Fünfer und Sechser. Doch da weiterhin bei Ihnen angerufen wird, denken Sie über andere Maßnahmen nach.

Relevanz: N=54   MW 5.93   VAR 0.86   STA 0.93

7.4.4 Handlungsmöglichkeiten

zu 7.4.3.1

1. Sie gehen ins Klassenzimmer und fordern den betreffenden Schüler auf, weiter zu unterrichten (41%).
2. Sie lassen sich nichts anmerken, nehmen sich aber vor, einen Sprachheillehrer aufzusuchen (4%).
3. Sie ignorieren diesen Vorfall und unterrichten, als ob nichts gewesen wäre (28%).
4. Sie lassen eine „Moralpredigt" vom Stapel (0%).
5. Sie thematisieren Ihren Konflikt, indem Sie das Verhalten der Schüler zur Diskussion stellen (24%).
6. Sie gehen erst mal ins Lehrerzimmer zurück, um dort Ihre Fassung wiederzugewinnen (0%).
   oder: . . . (4%)

zu 7.4.3.2

1. Sie geben eine korrigierte Anzeige auf, die der Wahrheit entspricht (2%).
2. Sie sagen den Schülern, daß Sie sich durch die Art der Anzeige persönlich getroffen fühlen und fragen, ob sie das lustig finden würden (9%).
3. Sie machen den Vorschlag, daß man in der Zeitung auch eine Entschuldigung abdrucken könne (4%).
4. Sie sagen: „Ich freue mich darüber, daß Ihr mir bei der Partnersuche helfen wollt." (59%).
5. Sie ignorieren die Angelegenheit (17%).
6. Sie erstatten Anzeige, weil Sie sich beleidigt fühlen (0%).
   oder: . . . (9%)

zu 7.4.3.3

1. Sie bitten den erfolgreichen Schützen, sich zu melden und eine gerechte Strafe entgegenzunehmen (15%).
2. Sie diskutieren mit den Schülern Art und Umfang einer Strafe, die mehrheitlich akzeptiert wird und bitten dann den Meisterschützen, sich zu melden und diese Strafe entgegenzunehmen (15%).
3. Sie sagen, daß Sie es gemein finden würden, ein wehrloses Opfer in den Rücken zu schießen (28%).

4. Sie diskutieren mit den Schülern darüber, warum sie auch dann noch weiterschossen, nachdem Sie darum gebeten hatten, das Feuer einzustellen (30%).

5. Sie reiben sich den Nacken, tun so, als sei nichts weiter geschehen und machen lediglich auf die Verletzungsgefahr aufmerksam (0%).

6. Sie sagen zu den Schülern: „Ich verlasse jetzt für drei Minuten das Zimmer. Wenn Ihr für den heutigen Vormittag alle Waffen (Gummis, Steinschleudern usw.) auf meinem Tisch niederlegt, vergessen wir den Vorfall. In drei Minuten will ich ein ganzes Waffenlager sehen." (4%).
oder: . . . (9%).

zu 7.4.3.4

1. Sie unterrichten im Trainingsanzug weiter, als ob nichts passiert wäre und fahren auch im Trainingsanzug nach Hause (42%).

2. Sie schicken zwei Schüler nach Hause und bitten sie, neue Kleidungsstücke zu holen (0%).

3. Sie rufen Ihre Frau an und bitten sie, Ihnen etwas zum Anziehen zu bringen (0%).

4. Sie gehen ins Rektorat, schildern Ihrem Rektor den Fall und erstatten sogleich telefonische Anzeige gegen Unbekannt (5%).

5. Sie schicken einen Schüler zum Hausmeister und bitten diesen, gemeinsam mit den noch greifbaren Schülern die gesamte Sporthalle gewissenhaft zu durchsuchen (26%).

6. Sie schreiben selbst überdimensionale Verlustanzeigen und hängen diese an mehreren Stellen der Schule gut sichtbar auf, schreiben aber dazu, an welcher Stelle die Kleider anonym abgelegt werden können (7%).
oder: . . . (19%)

zu 7.4.3.5

1. Sie machen den Vorschlag, die betreffenden Schüler zu bestrafen, sofern man sie ausfindig machen kann (4%).

2. Sie legen ihr ein Porzellan-Ei in ihr Postfach (6%).

3. Sie machen den Vorschlag, das Thema „Polizei" in der nächsten Konferenz zu behandeln (0%).

4. Sie zeigen erst mal Verständnis, sagen ihr, daß auch Sie sich über einen solchen Vorfall sehr ärgern würden (65%).

5. Sie machen den Vorschlag, erst die Schüler festzustellen und dann mit deren Eltern zu sprechen (4%).

6. Sie schlagen vor, sich künftig nur noch mit „Frau Gockel" ansprechen zu lassen, denn dann würde die Angelegenheit für die Schüler sicher bald uninteressant (6%).
oder: . . . (17%).

zu 7.4.3.6

1. Sie sagen: „Es kommt eben darauf an, welcher Misthaufen älter ist." (13%).

2. Sie überhören die Bemerkung (4%).

3. Sie nehmen einen Klassenbucheintrag vor (13%).

4. Sie rechtfertigen Ihre Entscheidung noch einmal vor der ganzen Klasse (26%).
5. Sie bitten den betreffenden Schüler, seine Mitschüler davon zu überzeugen, daß er „gut" verdient hat und ändern die Note, falls es ihm gelingt (7%).
6. Sie sprechen mit den Eltern und beschweren sich bei ihnen über das Verhalten (4%).
oder: . . . (33%).

zu 7.4.3.7

1. Sie verbreiten überall, daß Sie eine Fangschaltung eingebaut haben und es nun nicht mehr lange dauern werde, bis die Anrufer erwischt werden (19%).
2. Sie gehen zur Polizei und erstatten Anzeige gegen Unbekannt (0%).
3. Immer wenn ein Anruf kommt, sagen Sie den Schülern der betreffenden Klasse, auf die sich der Anrufer bezieht, daß Sie sich nicht einschüchtern lassen werden (7%).
4. Sie sprechen erst mal mit Ihrem Direktor und beraten mit ihm über weitere Maßnahmen (52%).
5. Sie lassen ein Rundschreiben an alle Eltern der Schüler verschicken mit der Bitte, dafür zu sorgen, daß ihre Kinder von kriminellen Handlungen dieser Art Abstand nehmen (6%).
6. Sie lassen einen automatischen Anrufbeantworter anschließen, damit Sie die Drohungen aufzeichnen und als Beweismaterial speichern können (7%).
oder: . . . (9)%.

7.5 Allgemeine Disziplinlosigkeit

7.5.1 Vorüberlegungen

Unter „Disziplin" wird das Einhalten einer sozialen Ordnung mit entsprechenden Verhaltensregeln verstanden, die zur Durchführung eines bestimmten Unterrichtsvorhabens erforderlich ist. Disziplin ist demnach nie Selbstzweck, sondern hat immer eine dienende Funktion im Hinblick auf die jeweilige Zielsetzung des Unterrichts. Da Lehren und Lernen ohne das Einhalten angemessener Verhaltensregeln kaum möglich ist, muß jedoch Disziplin als eine Voraussetzung des Unterrichts bezeichnet werden. Eine soziale Ordnung, welche das Einhalten bestimmter Verhaltensregeln bedingt, schränkt den Verhaltensspielraum der einzelnen Schüler ein. Sie sind also genötigt, einen Teil ihrer individuellen Freiheit aufzugeben, um sich in die Gruppe einzuordnen und in der Gruppe zu lernen. Verhalten sich die Schüler disziplinlos, dann ist Lehren und Lernen nur noch unter hohem Zeitverlust oder überhaupt nicht mehr möglich, und die Ziele des Unterrichts werden nur zum Teil oder gar nicht erreicht. In solchen Fällen bemühen sich der Lehrer und die lernbereiten Schüler, sofern es sie gibt, oft vergeblich um die Wiederherstellung der sozialen Ordnung.

Wie die soziale Ordnung bei der Durchführung eines Unterrichtsvorhabens auszusehen hat, ist mit von den Normen und Wertvorstellungen der einzelnen Lehrer abhängig. So gibt es Lehrer, die auf dem strikten Einhalten eines ziemlich engen Regelsystems bestehen, und andere, die den Schülern auch im Unterricht einen möglichst großen individuellen Freiraum gewähren. Die Ursachen für diese unterschiedlichen Einstellungen sind u. a. im Bereich eigener frühkindlicher Sozialisation, eigener Schulerfahrungen, im Bereich des Studiums, der schulpraktischen Ausbildung oder des Referendariats sowie in jenen Erfahrungen zu suchen, die Lehrer mit disziplinierten bzw. undisziplinierten Lerngruppen sammeln.

Für diesen Problemkreis gibt es eine Grundkonstellation, die sich wie folgt umschreiben läßt: Der Lehrer verfolgt ein Lehrziel. Einige Schüler erkennen jedoch kein Lernziel, können sich also mit dem Lehrziel nicht identifizieren. Sie fühlen sich gelangweilt, wippen mit den Stühlen, schauen zum Fenster hinaus und unterhalten sich schließlich. Nun werden sie vom Lehrer ermahnt. Wenig später kramt ein Schüler in seiner Mappe und kriecht unter den Tisch. Ein anderer springt auf, läuft zum Papierkorb, um einen Bleistift zu spitzen. Ein dritter verläßt das Klassenzimmer, um die Toilette aufzusuchen. Es wird unruhiger. Mehrere Schüler unterhalten sich. Und nun ermahnt der Lehrer erneut, mit Nachdruck. Für wenige Sekunden ist es still, dann werden die Gespräche fortgesetzt, der Lärmpegel steigt rasch wieder an. Auch die motorische Unruhe nimmt zu. Der Lehrer versucht, sich Gehör zu verschaffen – vergeblich. Nun verliert er die Nerven und läßt ein Donnerwetter los. Wieder ist es für Augenblicke ruhig. Dann aber unterhalten sich alle Schüler und zwar immer lauter, um sich gegenseitig zu verstehen. Die Ermahnungen des Lehrers gehen im Getöse unter. Die Schüler tun so, als würden sie ihren Lehrer nicht verstehen, einige freuen sich über die allgemeine Unruhe, das Durcheinander, andere leiden mit dem Lehrer. Das Klingelzeichen. Die Schüler jubeln, der Lehrer atmet erleichtert auf.

Kollegen (7.21), Schulleiter (7.22) Schulaufsichtsbeamte (7.23) und Eltern (7.24) neigen dazu, dem Lehrer für das disziplinlose Verhalten einer Klasse die Alleinschuld zu geben. Wer Disziplinschwierigkeiten hat, gilt als pädagogisch unfähig. So ist verständlich, wenn viele Lehrer die Tatsache undisziplinierten Schülerverhaltens im eigenen Unterricht zu verschweigen suchen, sich abschirmen und es ablehnen, Studenten oder Kollegen hospitieren zu lassen. Die Schüler sind in dieser Hinsicht weitaus ehrlicher und sprechen offen aus, was sie erleben und empfinden: „Bei Frau M. machen wir, was wir wollen." Oder: „Herr Z. kann sich nicht durchsetzen." Vorgesetzte und Schüler verkennen gemeinsam, daß hinter sog. Disziplinlosigkeit sehr oft der Wunsch des Lehrers steht, den Schülern im Unterricht einen Freiraum zu wahren und sie zur freiwilligen Einhaltung der notwendigen sozialen Ordnung zu führen.

Zu anderen Problemkreisen lassen sich zahlreiche Querverbindungen herstellen, so zu den Provokationen und Regelüberschreitungen (7.2), den Schülerabsprachen (7.3), den Angriffen auf den Lehrer (7.4), zum aggressiven Verhalten zwischen Schülern (7.6), zu den Schwierigkeiten bei der Kleingruppenarbeit (7.9), vor allem aber auch zum Praktikum und Referendariat (7.20), da fast jeder Praktikant oder Referendar mit Disziplinschwierigkeiten konfrontiert wird.

Bei der Frage nach den Konfliktursachen stoßen wir auf ein sehr breites Spektrum konfliktverursachender Faktoren, die im konkreten Fall meist als Faktorenbündel in Erscheinung treten. Schüler sind nicht gewillt, oder in der Lage, die notwendige soziale Ordnung im Unterricht zu akzeptieren, weil sie

– diese für überflüssig halten, das Einhalten bestimmter Regeln als unangemessene Einschränkung ihrer persönlichen Freiheit betrachten.
– die Art und Weise, wie der Lehrer interveniert, nicht akzeptieren können (vgl. *Kounin* 1976) und so dem „Welleneffekt" unterliegen: Zwei Schüler unterhalten sich, der Lehrer reagiert auf diese Störung recht scharf. Daraufhin unterhalten sich mehrere Schüler über die unangemessene Reaktion, und der Lehrer reagiert noch schärfer. Nun ist schließlich die ganze Klasse in Aufregung versetzt, es kommt zu allgemeiner Disziplinlosigkeit.
– sich durch den Unterricht gelangweilt fühlen, es im Unterricht viel Leerlauf gibt, es sehr lange dauert, bis das Arbeitsmaterial ausgeteilt ist, bis einzelne Schüler zu Wort kommen usw. (vgl. *Kounin* a.a.O., S. 148).
– sich dem Lehrer, dem Praktikant oder Referendar, in keiner Weise verantwortlich fühlen, ihn kaum kennen und deshalb auch nicht gewillt sind, seinen Anordnungen, die mit bestimmten Lernanstrengungen verbunden sind, zu folgen. Dies gilt auch für jene Fachlehrer, die nur eine oder zwei Wochenstunden in bestimmten Lerngruppen zu erteilen haben.
– aufgrund ungünstiger Rahmenbedingungen kaum in der Lage sind, bestimmte Verhaltensregeln zu befolgen. Wenn Schüler eine Mathematikarbeit geschrieben haben und im Hochsommer in der sechsten Stunde dem Religionsunterricht folgen sollen, in einem Klassenzimmer, dessen

Fenster kaum geöffnet werden können, weil der Verkehrslärm einer Autostraße empfindlich stört, dann kann ein diszipliniertes Verhalten kaum erwartet werden.
– aufgrund divergierender Lehr- und Erziehungsstile stark verunsichert sind. Wenn z. B. von sieben Kollegen fünf auf die strikte Einhaltung vorgegebener Verhaltensregeln dringen und bedenkenlos mit den üblichen Disziplinierungstechniken arbeiten (Strafarbeiten, Nachsitzen, Klassenbucheinträge), dann ist es für die anderen Kollegen fast unmöglich, einen demokratischen Lehr- und Erziehungsstil zu pflegen. Für die Mehrzahl der Schüler ist ein stark lenkender und autoritärer Stil genau so bequem wie für die Lehrer, die ihn praktizieren. Die Schüler durchschauen die Problematik nur selten, werden durch einen Wechsel der Lehr- und Erziehungsstile irritiert und durchbrechen die soziale Ordnung an jenen Stellen, an denen sie den geringsten Widerstand und kaum Sanktionen zu erwarten haben.
– die Notwendigkeit noch nicht einsehen können. Das gilt vor allem für Grundschüler, die nicht in der Lage sind, ihre motorischen Bedürfnisse einzuschränken und die immer wieder an bestimmte Verhaltensregeln erinnert werden müssen. Lehrer, die den Anfangsunterricht gestalten,verwenden viel Zeit und Mühe, um die Schüler „schulfähig" zu machen, sie von der Notwendigkeit einer sozialen Ordnung zu überzeugen und sie im Einhalten bestimmter Regeln zu üben.
– aufgrund eines erheblichen familialen Sozialisationsdefizits ihr Verhalten nicht steuern können und deshalb immer wieder sog. abweichendes Verhalten zeigen, das den sonst üblichen Konventionen widerspricht.
– im Bestreben nach Eigenständigkeit und Befreiung von den Normen und Wertvorstellungen der älteren Generation bewußt die soziale Ordnung durchbrechen und bestimmte Verhaltensregeln mißachten. Erfahrungsgemäß treten aus diesem Grund in den Klassen 7 bis 9 Disziplinschwierigkeiten gehäuft auf.
– den Lehrer als disziplinlos kennengelernt haben. Wenn Schüler immer wieder erleben, wie ihr Lehrer ohne ersichtlichen Grund zu spät kommt, schlecht vorbereitet ist, Lehr- und Lernmittel vergißt, Hefte wochenlang nicht korrigiert u. a. m., dann sind sie nicht bereit, soziale Ordnung zu akzeptieren. In diesem Punkt darf die Modellfunktion des Lehrers nicht unterschätzt werden.

Hier nun einige Leitlinien für das pädagogische Handeln:
Stimmen Sie die soziale Ordnung auf das jeweilige Unterrichtsvorhaben ab. Fordern Sie von den Schülern das Einhalten bestimmter Regeln nur dort, wo dies wirklich notwendig ist, und geben Sie ihnen somit den größtmöglichen individuellen Freiraum. Eine Klassenarbeit im Fach Mathematik fordert andere Verhaltensregeln als eine Gruppenarbeit im Fach Bildhaftes Gestalten. Für den Lehranfänger wird es nicht immer einfach sein, den Grad der notwendigen Disziplin mit dem Unterrichtsvorhaben in Beziehung zu setzen.

Bemühen Sie sich bei auftretender Unruhe um angemessene Formen der Intervention. Zeigen Sie möglichst keine Überreaktionen. Tolerieren Sie geringfügige Regelüberschreitungen und lassen Sie sich in keine Eskalation hineintreiben, damit es nicht zu dem von *Kounin* nachgewiesenen Welleneffekt kommt. Suchen Sie statt dessen das Gespräch mit den Schülern und bemühen Sie sich um Absprachen. Schwierig wird es natürlich dann, wenn es den Schülern an Gesprächsbereitschaft und/oder Gesprächsfähigkeit mangelt.

Die Aussendung von Ich-Botschaften – „Wenn Ihr so weitermacht, fühle ich mich gestört, und der Unterricht macht mir keinen Spaß mehr" – wird nur dann die erhoffte Wirkung haben, wenn sich die Schüler für Sie verantwortlich fühlen. Sonst besteht die Gefahr, daß Ihnen die Schüler antworten: „Wenn Sie sich gestört fühlen, dann ist das Ihr Problem. Uns stört die Unruhe nicht."

Gestalten Sie den Unterricht flüssig. Nehmen Sie Antwortbündel entgegen. Stellen Sie das Arbeitsmaterial bereit. Sorgen Sie für eine zeitliche Begrenzung der Übungsphasen, damit keine Langeweile aufkommt. Stellen Sie nach Möglichkeit Arbeitsaufträge, die einen motivationalen Anreiz bieten, fordern Sie die Schüler intellektuell und versuchen Sie, alle Schüler einzubeziehen (vgl. *Kounin* a.a.O.).

Bemühen Sie sich möglichst schnell um den Aufbau sozialer Beziehungen zu Ihren Schülern. Lernen Sie zu Schuljahresbeginn die Namen auswendig, damit Sie die Schüler möglichst schon in der zweiten Stunde persönlich ansprechen können. Versuchen Sie, möglichst viele Stunden in der eigenen Klasse zu erteilen, damit Sie die Sozialkontakte intensivieren können. Ausflüge, Lerngänge, Betriebsbesichtigungen, ein Landschulheimaufenthalt u. dgl. m. können die Beziehungen entscheidend vertiefen. An dieser Stelle zeigt sich deutlich die erzieherische Überlegenheit des Klassenlehrersystems gegenüber einem Fachlehrersystem. Ein Fachlehrer, der in acht verschiedenen Klassen zu über 200 Schülern ein persönliches Verhältnis aufbauen soll, ist einfach überfordert. Für ihn können die Schüler – trotz gegenteiliger Beteuerungen überqualifizierter Lehrer – nur Objekte seiner Instruktionsbemühungen sein.

Bemühen Sie sich um günstige Rahmenbedingungen, um vertretbare Klassenstärken, um einen Stundenplan, der den Schülern entgegenkommt, um ein lärmgeschütztes, zu belüftendes Klassenzimmer, um qualifizierte Lehr- und Lernmittel (die besten sind für Ihre Schüler gerade gut genug). Optimale Rahmenbedingungen sind selten anzutreffen und lassen sich nur langfristig über ein kommunal- und bildungspolitisches Engagement erreichen.

Treffen Sie mit den Kollegen, die in Ihrer Klasse unterrichten, Absprachen hinsichtlich der erzieherischen Maßnahmen (vgl. *Becker/ Dietrich/Kaier* 1978, S. 41), damit die Schüler nicht ständig verunsichert werden. Die Umsetzung dieser Leitlinie wird nicht ganz einfach sein. Sie können nicht davon ausgehen, daß sich ein 60jähriger Kollege mit Ihnen über dieses Thema unterhält. Auch soll es schon 25jährige Lehrer gegeben haben, die eine mangelnde Gesprächsbereitschaft zeigten.

Versuchen Sie, die Schwierigkeiten jener Schüler zu verstehen, denen es besonders schwerfällt, Verhaltensregeln zu befolgen, z. B.

– der Grundschüler, deren psychomotorische Bedürfnisse nicht erfüllt werden und denen die Notwendigkeit von Verhaltensregeln nicht ohne weiteres einsichtig ist,
– der verhaltensauffälligen Schüler, die kein richtiges Zuhause haben, denen eine soziale Ordnung im persönlichen Bereich fehlt,
– der Schüler in der Entwicklungsphase, die mit viel Ernsthaftigkeit und Eifer um eine ihnen gemäße Lebensform ringen.

Üben Sie Selbstdisziplin, weil Sie nur so glaubwürdig einen Anspruch auf Einhalten einer sozialen Ordnung stellen können.

Anregungen:

Während der eigenen Schulzeit haben Sie Lehrer kennengelernt, in deren Unterricht sich die Schüler diszipliniert verhielten und andere, bei denen Disziplinlosigkeit an der Tagesordnung war. Worauf führen Sie diese Unterschiede zurück?

Durch „erzieherische Maßnahmen" wird eine Verhaltensänderung in zu erwartenden ähnlichen Situationen angestrebt. „Disziplinierungstechniken" zielen auf die kurzfristige Eliminierung konfliktträchtiger Handlungen. Diskutieren Sie über diesen Unterschied anhand konkreter Ereignisse aus dem Schulalltag.

7.5.2 Analysebeispiel

Konfliktbeschreibung auffassen

Disziplinschwierigkeiten

Sie sind gemeinsam mit zwei Kommilitonen einem Mentor zugeteilt, der seine Aufgaben sehr ernst nimmt. Wenn Sie unterrichten, dann sitzt er mit den anderen Praktikanten an einem Gruppentisch und analysiert und kommentiert fortwährend das Lehr- und Lernverhalten. Anfangs geschieht das meist im Flüsterton, aber wenn es im Klassenzimmer etwas lauter wird, dann unterhalten sich die drei auch in normaler Lautstärke. Wenn Sie Disziplinschwierigkeiten haben, der Lärmpegel steigt und Sie verzweifelte Versuche unternehmen, die Schüler wieder an den Lerngegenstand heranzuführen, dann laufen die Unterhaltungen und Kommentare weiter. Sie haben den Eindruck, daß

Mentor und Mitpraktikanten durchaus zum Anwachsen des Lärmpegels beitragen (vgl. Problemkreis 7.20).

Betroffenheit einschätzen

N = 57   MW 2.56   VAR 1.57   STA 1.25, Randkonflikt 3

Erstverhalten überlegen

Das „Störverhalten" ist Ihnen hinreichend bekannt, und deshalb können Sie in Ruhe überlegen, wie Sie sich künftig verhalten wollen.

Methode festlegen B

Nach den Ursachen fragen

Mentor und Mitpraktikanten stören den Unterricht, weil
– sie gelangweilt sind
– sie den Unterricht hochinteressant finden
– der Mentor mit seiner Kritik nicht zurückhalten kann
– Praktikanten und Mentor geschwätzig sind
– Praktikanten und Mentor wieder in die Schülerrolle zurückfallen
– die übereifrigen Praktikanten sofort das Geschehen kommentiert haben möchten
– der Mentor vor den Praktikanten glänzen möchte
– der Mentor den Lehrenden testen möchte, nach dem Motto: „Mal sehen, wie er mit den Schwierigkeiten fertig wird."

Perspektive wechseln

Der *unterrichtende Praktikant* fühlt sich massiv gestört, ist verunsichert, vielleicht auch erregt, fühlt sich nicht ernst genommen, kritisiert, hilflos oder unter Druck gesetzt. Der *Mentor* hält vielleicht seine Kommentare für sehr wichtig, die aus ihnen resultierenden Störungen für unwichtig. Sein Verhalten erfolgt vielleicht unbewußt, vielleicht aber auch mehr gedankenlos. Die *Mitpraktikanten* langweilen sich vielleicht, wagen es nicht, den Mentor auf sein Verhalten aufmerksam zu machen, fühlen sich verpflichtet, ihm zuzuhören. Vielleicht haben auch sie ähnliche Schwierigkeiten und halten deshalb die Situation für normal. Die *Schüler* achten vielleicht gar nicht auf das Verhalten ihres Lehrers und der anderen Praktikanten, oder sie sagen sich: „Was die können, können wir auch." Sie übernehmen bewußt oder unbewußt das schlechte Beispiel, freuen sich über die Störung oder fühlen sich durch die allgemeine Unruhe selbst gestört. Außer-

114

dem nehmen sie den Praktikanten, der da unterrichtet, ohnehin nicht
so ernst und sprechen untereinander von dem „Studententag".

Handlungsmöglichkeiten suchen

1 die Gruppe (Mentor und Mitpraktikanten) höflich aber bestimmt
um Ruhe bitten
2 die Gruppe eindringlich um Ruhe bitten
3 mit einem Schwamm werfen
4 die Gruppe auffordern, das Gespräch auf dem Gang fortzuset-
zen
5 die Stunde unterbrechen
6 den Unterricht ganz abbrechen
7 auf die Gruppe zugehen und Interesse am Gespräch zeigen
8 bitten, ein Protokoll zu führen
9 den Lärmpegel überschreien
10 die störende Gruppe einfach ignorieren
11 eine Pause einlegen, den Konflikt klären, dann weitermachen
12 mit den Schülern über das Verhalten von Mentor und Mitpraktikanten diskutieren
13 die beiden Gruppen (Schüler einerseits, Mentor und Praktikanten
andererseits) gegenseitig ausspielen
14 Mentor und Mitpraktikanten laufend in den Unterricht einbeziehen
15 Kleingruppen bilden, Mentor und Mitpraktikanten zur Betreuung
der Kleingruppen einsetzen
16 Unterricht dem Mentor übergeben und lautstark kommentieren
17 fragen, ob die Nachbesprechung schon jetzt stattfindet
18 den Schülern einen Arbeitsauftrag erteilen und sich selbst an den
Tisch setzen
19 schweigen und warten, bis es dem Mentor zu bunt wird und er
fragt, was los sei
20 während der Nachbesprechung mit allen darüber reden
21 an die Tafel schreiben: „Ruhe bitte!"
22 der Gruppe einen diesbezüglichen Zettel auf den Tisch legen

Handlungsmöglichkeiten prüfen

1 + kann nicht schaden; 2 + − denn Sie sind in gewisser Weise vom
Mentor abhängig; 3 −; 4 −; 5 + − aber was dann? 6 − dazu besteht
keine Veranlassung, schließlich ist es nicht das erste Mal; 7 + −
denkbar, doch was machen inzwischen die Schüler? 8 + − kein
Protokoll, aber bedeutsam erscheinende Beobachtungen zum Lern-

und Lehrverhalten; 9 — zu anstrengend, Sie werden vielleicht ohnehin später stimmkrank (typische Berufskrankheit); 10 + warum nicht, es ist nicht das erste Mal; 11 + — Sie wissen nicht, wie der Mentor reagiert; 12 —; 13 —; 14 + — sofern dies möglich und sinnvoll ist; 15 + falls sich eine Aufgabenstellung für die Kleingruppenarbeit anbietet; 16 C Sie wollen ja die erfolgreiche Teilnahme am Praktikum bescheinigt bekommen; 17 — zu ironisch; 18 + falls möglich; 19 + auch eine Möglichkeit, die ungeteilte Aufmerksamkeit aller zu gewinnen, zumindest für einen Augenblick; 20 + darauf sollten Sie auf alle Fälle zu sprechen kommen; 21 + ist vielleicht wirksam; 22 + könnte als Maßnahme in Betracht gezogen werden — hoffentlich versteht der Mentor Spaß.

Handlungsfolge konzipieren

„Bitte um Ruhe" an die Tafel schreiben und der Gruppe einen diesbezüglichen Zettel auf den Tisch legen. Falls diese Maßnahmen immer noch wirkungslos bleiben, die Unruhe ignorieren und den Unterricht „durchziehen". Oder den Unterricht abbrechen und warten, bis der Mentor Sie nach dem Grund fragt und sagen: „So kann ich nicht weiter unterrichten." In der Nachbesprechung in geeigneter Form auf diesen Punkt zu sprechen kommen.

Falls der Stundenverlauf es gestattet, wäre auch noch Handlungsmöglichkeit 15 in Erwägung zu ziehen.

Oder würden Sie ganz anders handeln?

7.5.3 Konfliktbeschreibungen

Beginnen Sie erst mit der Konfliktanalyse,
nachdem Sie die Kapitel 5 und 6 bearbeitet haben!

7.5.3.1 „Ihre Klasse ist ganz unmöglich"

In der Schulordnung steht zu lesen, daß sich die Schüler nach der Pause auf ihre Plätze zu begeben haben, um sich dort ruhig zu verhalten, bis der Lehrer kommt und mit dem Unterricht beginnt. Die Wirklichkeit sieht anders aus.

Sie haben Hofaufsicht. Es klingelt, und die Schüler suchen lärmend ihre Klassenzimmer auf. Schließlich wurden sie ja mitten aus einem Spiel herausgerissen, das sich manchmal noch auf der Treppe oder im Klassenzimmer – wenn auch unter veränderten Bedingungen – fortsetzen läßt. Einer Ihrer Schüler jagt einem Klassenkameraden nach, biegt um eine Ecke und rempelt dabei eine betagte Kollegin an. Die Kollegin identifiziert die Schüler, kommt auf Sie zu und sagt: „Ihre Klasse ist ganz unmöglich. So etwas habe ich in all den Jahren, in denen ich Lehrerin bin, noch nicht erlebt. Können Sie nicht dafür sorgen, daß sich Ihre Schüler so benehmen, wie es sich gehört?"
Relevanz: N=54   MW 1.00   VAR 1.55   STA 1.24

7.5.3.2 Der Unterricht wird zur Qual

In der Schule grassiert eine Grippewelle. In jeder Klasse fehlen mehrere Schüler, 3 von 18 Kollegen sind krank. Sie sind heiser und schlucken Medikamente. Sie möchten unbedingt weiter unterrichten, weil jeder neue Ausfall die Kollegen um so stärker belastet.

In der fünften Stunde haben Sie in der 6b Englisch. Die Klasse ist sehr unruhig. Sie lassen die Hausaufgaben vorlesen und vergleichen. Wer von den Schülern einen Satz gelesen hat, darf den nächsten Schüler aufrufen. Auf diese Weise schonen Sie Ihre Stimme ein bißchen. Bei notwendig werdenden Korrekturen müssen Sie allerdings doch eingreifen und sprechen. Die Unruhe in der Klasse belastet Sie außerordentlich.

Sie brechen den Unterricht ab und bitten die Schüler, auf Sie Rücksicht zu nehmen und leise zu sein, erklären auch, daß Ihnen das Sprechen schwerfällt. Für die nächsten zehn Minuten ist es ruhig und die Schüler sind verhältnismäßig aufmerksam, aber dann ist der alte Geräuschpegel wieder da.
Relevanz: N=54   MW 1.44   VAR 0.86   STA 0.92

7.5.3.3 Ihr methodisches Vorgehen wird kritisiert

Sie haben vor einem halben Jahr Ihr Examen abgelegt, sind vom Wert eines demokratischen Lehrstils überzeugt und möchten Gruppenunterricht durchführen.

Nachdem Sie mit den Schülern über die Vorzüge der Gruppenarbeit gesprochen und bei der Kleingruppenbildung geholfen haben, beginnen die Schüler mit der Arbeit. Natürlich wird es in den einzelnen Gruppen manchmal etwas laut; schließlich sind die Schüler diese neue Form der Kooperation nicht gewöhnt, und deshalb kommt es zu kleinen Streitigkeiten. Manchmal dringt etwas Lärm aus Ihrem Raum in das Nachbarzimmer.

Nach einigen Tagen werden Sie im Lehrerzimmer von einem erfahrenen älteren Kollegen, der nebenan unterrichtet, angesprochen und gefragt, ob es nicht möglich sei, in der Klasse mehr Disziplin zu wahren, denn seine Schüler würden manchmal durch die anderen Schüler gestört.

Relevanz: N = 54   MW 1.94   VAR 1.15   STA 1.07

7.5.3.4 Haarsträubende Geschichten

Die protestantische Minderheit Ihrer Klasse 8b wird zweimal in der Woche gemeinsam mit den Protestanten der Parallelklasse von einem älteren Pfarrer aus dem Nachbardorf unterrichtet. Der 70jährige Kollege scheint zu gutmütig und der Situation nicht mehr ganz gewachsen. Im Ort erzählen sich die Leute haarsträubende Geschichten: Die Schüler kommen und gehen wann sie wollen, essen ungeniert, spielen Karten, legen die Beine auf den Tisch u.a.m. Selbst wenn Sie von den Berichten, die Ihnen unter dem Siegel der Verschwiegenheit übermittelt werden, die Hälfte abziehen, erscheint Ihnen die Situation bedenklich.

Relevanz: N = 54   MW 2.00   VAR 2.91   STA 1.70

7.5.3.5 Unterrichten ist praktisch nicht möglich

Sie unterrichten als Fachlehrer in einem neunten Schuljahr Musik. Die Schüler haben an diesem Morgen schon fünf Unterrichtsstunden hinter sich und – wie Sie später erfahren – eine Mathematikarbeit geschrieben. Sie kommen ins Klassenzimmer, aber Sie warten vergeblich darauf, daß es still wird. Viele Schüler unterhalten sich ganz ungeniert mit ihren Nachbarn. Nun beginnen Sie zu unterrichten, in der Hoffnung, die Schüler würden sich später von allein dem Thema des Unterrichts zuwenden. Aber Sie sehen sich in Ihrer Hoffnung getäuscht. Der Geräuschpegel bleibt. Sie bitten um Ruhe, bitten um Rücksichtnahme. Für einen Augenblick ist es still. Aber nach wenigen Minuten haben die Schüler Ihre Ermahnungen vergessen, und der Geräuschpegel ist wieder da.

Relevanz: N = 54   MW 2.11   VAR 1.04   STA 1.02

7.5.3.6 „Greifen Sie bitte etwas strenger durch"

Sie sind ein halbes Jahr im Schuldienst und unterrichten an einer Schule mit über tausend Schülern. Die Hofaufsicht stellt Sie immer wieder vor neue Probleme. Besonders kritisch ist jene Phase, wo durch ein Klingelzeichen das Ende der Pause angezeigt wird, die Schüler sich aufstellen und in Ruhe das Klassenzimmer aufsuchen sollen. Unmittelbar nach dem Klingelzeichen versuchen einige Schüler immer wieder, die Schule zu „erstürmen", ältere Schüler „überhören" das Zeichen oder stellen sich nicht auf.

Nachdenklich betrachten Sie das Pausenritual. Irgend etwas stimmt nicht ganz – denken Sie sich. Die Schüler sind erhitzt, aufgeregt, schubsen und drängeln, beruhigen sich nur mit Mühe. Die jüngeren Schüler stellen sich brav auf, die älteren trotten mißmutig an die für sie vorgesehenen Plätze. Warum kann man diesen Schülern nicht vertrauen und sie auffordern, selbständig die Klassenzimmer aufzusuchen?

In den folgenden Tagen handhaben Sie Ihre Aufsichtspflicht etwas laxer, achten lediglich darauf, daß sich die Schüler nicht umstoßen und nacheinander in sinnvoll erscheinenden Abständen das Gebäude betreten.

Am Ende der Woche spricht Sie Ihr Rektor an und bittet Sie, dafür zu sorgen, daß sich die Klassen nach der Pause ordentlich aufstellen und die Schüler nicht wie eine Hammelherde nach eigenem Gutdünken das Klassenzimmer aufsuchen. Der Rektor endet mit der Aufforderung: „Greifen Sie bitte etwas strenger durch." (Vgl. *Klink* 1974, S. 34.)

Relevanz: N = 54   MW 2.52   VAR 1.50   STA 1.22

7.5.3.7 In der sechsten Stunde Religionsunterricht

Sie sind Religionslehrer und müssen deshalb in vielen Klassen unterrichten. Besonders die letzte Stunde am Vormittag, aber auch der Nachmittagsunterricht, macht Ihnen zu schaffen. Die Schüler sind dann schon müde, einige interessieren sich auch kaum für religiöse Fragen und besuchen den Unterricht nur, weil es die Eltern so wollen oder weil es einfach üblich ist.

Am Montag unterrichten Sie in der sechsten Stunde die 9a/9b. Sie kennen die Schüler kaum, denn das Schuljahr hat gerade begonnen. Auf diese Stunde haben Sie sich besonders gut vorbereitet, ein Thema gewählt, das einen starken aktuellen Bezug hat und an die Erfahrungen der Schüler anknüpft.

Sie kommen ins Klassenzimmer. Die Schüler sitzen in Gruppen zusammen und unterhalten sich. Einige begeben sich auf ihre Plätze, andere bleiben, wo sie gerade sind und lassen sich durch Ihre Anwesenheit nicht stören. Sie begrüßen die Schüler, doch Ihr Gruß wird nur von wenigen wahrgenommen. Nun fangen Sie an zu sprechen, aber Ihre Worte prallen wie an einer Mauer ab. Sie sprechen ganz leise, um die Schüler auf diese Weise zur Aufmerksamkeit zu zwingen – keine Reaktion der Klasse. Jetzt brechen Sie ab, schauen zum Fenster hinaus, warten und überlegen sich, wie Sie mit der Klasse ins Gespräch kommen können.

Relevanz: N = 54   MW 2.54   VAR 1.08   STA 1.04

7.5.3.8 „Sie sind viel zu gutmütig"

Sie übernehmen ein viertes Schuljahr mit 36 Schülern. Die Schüler sind lebhaft und undiszipliniert, laufen im Zimmer herum, verlassen das Klassenzimmer, ärgern sich gegenseitig, unterhalten sich ungeniert.

Sie möchten die Schüler durch einen auf die Sache gerichteten freundlichen Lehr- und Erziehungsstil überzeugen, die Schüler an der Arbeit interessieren und sie nicht durch Strafandrohungen und Strafen disziplinieren.

Von Woche zu Woche haben Sie kleine Erfolge zu verzeichnen. Während Sie sich anfangs schon über Phasen von fünf oder zehn Minuten freuen, in denen die Schüler konzentriert mitarbeiten, geht es nun nach fünf Wochen schon etwas länger, manchmal sogar bis zu einer halben Stunde. Aber dann werden die Verhältnisse wieder chaotisch, man schreit sich gegenseitig an: „Laß mich in Ruhe!" „Halt jetzt Dein Maul!"

Um das Verhältnis zu den Schülern zu intensivieren und die Klassengemeinschaft zu fördern, führen Sie zum erstmöglichen Zeitpunkt – sobald Sie sich mit dieser Klasse in den Verkehr wagen können – einen Ausflug durch. Auf dem Wege sprechen Sie mit einer Mädchengruppe auch über die Unruhe in der Klasse. Eine sehr stille Schülerin meint dazu: „Früher waren wir nicht so laut, da gab es viele Strafarbeiten, und wir mußten nachsitzen. Heute ist das anders. Sie brüllen nicht, geben keine Strafarbeiten und keine Ohrfeigen. Da muß es ja so laut sein. Ich meine, Sie sind viel zu gutmütig." (Vgl. *Klink* 1974).

Relevanz: N = 54   MW 2.65   VAR 2.08   STA 1.44

7.5.4 Handlungsmöglichkeiten

zu 7.5.3.1

1. Sie entschuldigen sich bei der Kollegin für das Verhalten Ihrer Schüler (33%).
2. Sie versprechen der Kollegin, die Schüler angemessen zu bestrafen (4%).
3. Sie fragen die Kollegin, welche Strafe sie für angemessen halte (13%).
4. Sie schicken die beiden Sünder zu der Kollegin mit der Aufforderung, sich bei ihr zu entschuldigen (13%).
5. Sie fragen die Kollegin, ob sie mit zwölf Jahren auch schon so brav gewesen sei (26%).
6. Sie sprechen mit allen Schülern der Klasse über den Vorfall und fragen, wie es weitergehen soll (2%).
   oder: ... (9%).

zu 7.5.3.2

1. Sie brechen den Unterricht ganz ab, melden sich bei Ihrem Rektor ab und legen sich ins Bett (7%).
2. Sie wiederholen gegenüber der Klasse Ihre Bitte um Rücksichtnahme (39%).
3. Sie schalten ganz auf Stillarbeit um (26%).
4. Sie quälen sich durch den Vormittag, gehen dann aber zum Arzt und kurieren Ihre Erkältung aus (11%).
5. Sie tragen die undisziplinierten Schüler ins Klassenbuch ein (0%).
6. Sie schreiben an die Tafel: „Ihr seid rücksichtslos!" (11%).
   oder: ... (6%).

zu 7.5.3.3

1 Sie schließen von nun an immer Fenster und Türen (6%).
2. Sie fordern die Schüler auf, ruhiger zu sein, damit die anderen nicht gestört werden (26%).
3. Sie erklären dem Kollegen die Ursache des Lärms (41%).
4. Sie nicken, versprechen dem Kollegen, Ihr Möglichstes zu tun, ignorieren aber in Wirklichkeit seine Forderung (4%).
5. Sie schenken dem Kollegen ein Buch über Gruppenarbeit und eine Packung Ohropax (2%).
6. Sie bitten den erfahrenen Kollegen um Rat, welche Maßnahmen man ergreifen kann, damit die Schüler bei Einführung der Gruppenarbeit still bleiben (22%).
   oder: ... (0%).

zu 7.5.3.4

1. Sie bitten die protestantische Minderheit zu einem Gruppengespräch, erzählen den Schülern, was Ihnen zugetragen worden ist und bitten sie um eine Stellungnahme (72%).
2. Sie sprechen mit dem 70jährigen Herrn und fragen ihn, ob ihm der Unterricht schwerfalle (2%).

121

3. Sie beraten die Lage mit Ihren Kollegen – in Abwesenheit des Betroffenen – um ihn zu schonen (2%).
4. Sie kümmern sich nicht um das Gerede der Leute und denken: „Wichtig ist allein, daß in meinem Unterricht Ruhe herrscht." (4%).
5. Sie freuen sich klammheimlich über die Berichte und denken: „Schön, daß die Schüler ein Ventil gefunden haben, wo sie Dampf ablassen können." (4%).
6. Sie bitten den Rektor, auf geschickte Weise dafür zu sorgen, daß der 70jährige Kollege vom Unterrichten Abstand nimmt (0%).
oder: ... (17%).

zu 7.5.3.5

1. Sie verlassen kommentarlos das Klassenzimmer, warten vor der halbgeöffneten Tür und kommen erst dann wieder zurück, wenn es ruhig geworden ist (0%).
2. Sie brechen den Unterricht ab, schauen zum Fenster hinaus, hoffen, daß es ruhig wird und sagen dann den Schülern, daß Sie in dieser Form nicht weiter unterrichten wollen und können (4%).
3. Sie holen den Rektor zu Hilfe, damit er für Ruhe sorgt (0%).
4. Sie teilen – falls vorhanden – Musikinstrumente aus und lassen die Schüler Musik machen (50%).
5. Sie improvisieren am Flügel und zwar so laut, daß die Schüler ihr eigenes Wort nicht mehr verstehen (22%).
6. Sie brechen den Unterricht ab und bitten die Schüler, für diese Stunde eigene Vorschläge einzubringen (19%).
oder: ... (16%).

zu 7.5.3.6

1. Sie versprechen ihm, künftig seiner Aufforderung zu folgen (6%).
2. Sie bitten ihn, seine Anweisung zu begründen (20%).
3. Sie initiieren eine Diskussion über diesen Punkt in der nächsten Lehrerkonferenz (44%).
4. Sie schreiben einen Leserbrief, den Sie in der Schülerzeitung veröffentlichen und in dem Sie Ihr Anliegen darstellen (0%).
5. Sie sprechen erst mit einigen Kollegen, schaffen sich also eine „Hausmacht" oder „Konferenzlobby" und bringen den Punkt dann in der Lehrerkonferenz zur Sprache (6%).
6. Sie laden Ihren Rektor zum Tee ein und erklären ihm in aller Ruhe Ihre Ansicht zu diesem Problem (13%).
oder: ... (11%).

zu 7.5.3.7

1. Sie schreiben an die Tafel: „Ich bitte um Ruhe!" (11%).
2. Sie schreiben an die Tafel: „Ich möchte mit Euch reden!" (15%).
3. Sie versuchen es zur Abwechslung mal mit einem „Geräuschschock", indem Sie mit dem Zeigestock auf einen Tisch schlagen (9%).
4. Sie fordern einige Schüler auf, das Klassenzimmer zu verlassen (2%).
5. Sie fangen an zu schreien und belegen die Schüler mit wenig schmeichelhaften Ausdrücken (2%).

6. Sie setzen sich an Ihren Tisch, lesen Zeitung und hoffen, daß es irgendwann einmal ruhig werden wird (13%).
   oder: ... (48%).

zu 7.5.3.8

1. Sie ziehen andere Seiten auf, greifen hart durch und bestrafen die Schüler (6%).
2. Sie erklären dem Mädchen, warum Sie keine Strafarbeiten und Ohrfeigen austeilen wollen (30%).
3. Sie greifen die Äußerung der Schülerin am nächsten Tag auf und sprechen mit der ganzen Klasse über diesen Punkt (41%).
4. Sie lassen sich durch die Äußerung überhaupt nicht beeinflussen, sondern bleiben einfach weiterhin sachlich und freundlich (2%).
5. Sie lassen alle Schüler am nächsten Tag darüber nachdenken, ob ein geregelter Unterricht nur mit Ohrfeigen möglich ist (13%).
6. Sie sagen der Schülerin, daß es Ihrer Meinung nach mit der Unruhe schon viel besser geworden ist und bitten sie mitzuhelfen, damit es noch ruhiger wird (9%).
   oder: ... (0%).

7.6 Aggressives Verhalten zwischen Schülern

7.6.1 Vorüberlegungen

In diesem Problemkreis geht es um die verschiedenen Formen aggressiven Verhaltens zwischen den Schülern, um motorische, verbale und nonverbale Angriffe, die offen oder versteckt vorgetragen werden. Diese Formen aggressiven Verhaltens sind jedem Schüler und jedem Lehrer hinreichend bekannt. Aus ihnen ergeben sich zahlreiche Konfliktkonstellationen, wenn Schüler sich gegenseitig treten, kratzen, bespucken, beißen, schlagen, stechen, würgen oder quälen, sich den Stuhl wegziehen oder eine Schulmappe so deponieren, daß der Mitschüler über sie stolpern muß (offene und versteckte motorische Angriffe), wenn sich Schüler hänseln, beleidigen, bedrohen, beschimpfen, sich ironisch oder zynisch begegnen, den Mitschüler herabsetzen oder verleumden (offene und versteckte verbale Angriffe) oder wenn sie sich auslachen, unverhohlen Schadenfreude zeigen, sich hämisch angrinsen, an die Stirn fassen, Drohgebärden einnehmen oder Angriffe dieser Art hinter dem Rücken des Mitschülers starten (offene und versteckte nonverbale Angriffe).

Von diesem Problemkreis lassen sich zahlreiche Beziehungen zu anderen Problemkreisen herstellen, so zur allgemeinen Disziplinlosigkeit (7.5), bei der es immer wieder zu Formen aggressiven Verhaltens zwischen den Schülern kommt, zum Problemkreis Pause und Schulhof (7.7), da eine Pause ohne aggressive Handlungen zwischen Schülern kaum denkbar ist, aber auch zum Problemkreis Gruppenarbeit (7.9), wenn es innerhalb einer Kleingruppe zu massiven Auseinandersetzungen kommt. Da schließlich jeder Konflikt auch eine Form aggressiven Verhaltens beinhaltet, sind Querverbindungen zu fast allen Problemkreisen möglich, welche die Schüler betreffen.

Legen wir uns die Frage vor, warum Schüler sich ihren Mitschülern gegenüber aggressiv verhalten, und gehen wir bei der Suche nach einer Antwort von den drei bekannten Erklärungsansätzen für die Entstehung aggressiven Verhaltens aus (Trieb-Instinkt-Modell, Frustrations-Aggressions-Modell, Lerntheoretische Modelle), dann lassen sich u. a. folgende Hypothesen bilden.

Schüler greifen ihre Mitschüler an, weil sie

– über ein Aggressionspotential verfügen, das als „natürlich" bezeichnet werden muß und das lebenswichtig und lebenserhaltend ist. Nur haben Schüler noch nicht ausreichend gelernt, ihren Aggressionstrieb kulturell zu überformen, sich zu beherrschen und emotional zu kontrollieren. Dazu ein Beispiel: Wenn sich 10jährige Schüler einen Ringkampf liefern, dann finden das die Zuschauer „ganz normal", bei 18jährigen sind sie hingegen entsetzt.

– in der Schule und im Unterricht immer wieder frustriert werden, stundenlang stillsitzen müssen, ohne die psychomotorischen Bedürfnisse befriedigen zu können, von einem Lehrer unterrichtet werden, den sie nicht ausstehen können, einem Thema folgen sollen, das sie nicht interessiert, schlechte Noten einstecken müssen, obgleich sie sich Mühe geben.

– Klassenkameraden ertragen müssen, die sie sich nicht aussuchen konnten (vgl. *Ulich* 1971, S. 89), innerhalb dieser Gruppe Machtkämpfe zu führen haben, die darauf abzielen, eine bestimmte Position zu erringen oder zu verteidigen (Hackordnung).

– sich dem Gruppendruck nicht beugen wollen, bestrebt sind, sich einen individuellen Freiraum zu bewahren, die Gruppennormen nicht bedingungslos akzeptieren können. Oder weil umgekehrt die Gruppe den Schüler in seiner Eigenständigkeit und Andersartigkeit nicht toleriert und sie ihn deshalb zwingen möchte, sich den Gruppennormen anzupassen.

– aggressive Modelle kennenlernen (in der Schule, in der Familie, im Freundeskreis, in den Medien), die in ihrem Angriffsverhalten durchaus erfolgreich und deshalb imitationswürdig erscheinen.

Als Lehrer können Sie davon ausgehen, daß Sie nur einen Bruchteil der aggressiven Schülerhandlungen wahrnehmen und daß Ihre Einflußmöglichkeiten verhältnismäßig gering sind. Diese Feststellung führt uns zu einigen Leitlinien:

Greifen Sie als Lehrer nicht sofort bei geringfügigen aggressiven Schülerhandlungen ein. Schüler müssen sich offensichtlich in einem bestimmten Alter auch mal körperlich auseinandersetzen, ihre Kräfte messen, überprüfen, wer der Stärkste ist. Schüler balgen sich schließlich auch und haben Spaß daran. Oft lehnen sie eine Einmischung des Lehrers ab, erheben sich nach einem Ringkampf, lachen verlegen und sagen: ,,Wir haben doch nur Spaß gemacht." Sofern Sie als Lehrer nicht akzeptieren wollen, daß sich Schüler auch mal raufen, entwikkeln diese sogar ein Spiel, indem sie auf dem Schulhof einen ernsthaften Kampf vortäuschen, den aufsichtführenden Lehrer anlokken und in dem Moment, wo dieser eingreifen möchte, ihn auslachen und weglaufen. Wenn sich ältere Schüler streiten, dann kann es sogar vorkommen, daß sie sagen: ,,Das geht Sie nichts an!"

Greifen Sie bei massiven Auseinandersetzungen ein, vor allem dann, wenn die Gefahr der Körperverletzung besteht. Entziehen Sie sich auch nicht der Vermittlerrolle, wenn Sie von Schülern um Hilfe gebeten werden. Nehmen Sie solche Situationen zum Anlaß, den Schülern die Fragwürdigkeit bestimmter Formen aggressiven Verhaltens einsichtig zu machen. Im Anschluß an eine Tätlichkeit oder Auseinandersetzung besteht die Möglichkeit, die Schüler ansatzweise in die Methode der Situationsanalyse einzuführen, indem Sie folgende Fragen in das Gespräch einbringen:
– Was ist wirklich vorgefallen? (Konflikt auffassen)
– Wie konnte es dazu kommen? (Nach den Ursachen fragen)
– Wie sehen die Beteiligten den Konflikt (Perspektive wechseln)
– Was soll geschehen? (Handlungsmöglichkeiten suchen, prüfen und eine Handlungsfolge konzipieren)
Ein solcher Unterricht läßt sich in einer kindgemäßen Sprache mit Schülern aller Altersstufen realisieren.

Versuchen Sie, den Unterricht so zu gestalten, daß die Schüler aktiv mitarbeiten können. Beteiligen Sie die Schüler an der Stoffauswahl – soweit dies möglich ist – und an der methodischen Gestaltung, damit sich die Schüler mit dem Unterrichtsvorhaben eher identifizieren. Versuchen Sie, auch *leistungsschwachen Schülern Erfolgserlebnisse* zu verschaffen; denn Schüler werden sich dann ihren Mitschülern gegenüber weniger aggressiv verhalten, wenn sie sich nicht eingesperrt, nur instruiert und kritisiert fühlen, sondern auch Freude am Unterricht haben.

Nehmen Sie jede Gelegenheit wahr, das Recht auf Eigenständigkeit und Andersartigkeit zu betonen, darauf hinzuweisen, daß jeder ein Recht hat, sich individuell zu geben und zu entwickeln, daß im

Nonkonformismus auch ein Anregungspotential für die Gruppe gesehen werden sollte, jeder Schüler also ein Recht darauf hat, toleriert zu werden und er seinerseits der Gruppe und den Mitschülern gegenüber tolerant verfahren sollte. In den Fächern Deutsch, Geschichte und Sozialkunde bieten sich zahlreiche Möglichkeiten, diese Problematik aufzugreifen und zu thematisieren (vgl. *Sehringer* 1978).

Nehmen Sie Gelegenheiten wahr, das Klassen- oder Gruppenklima zu verbessern, sei es durch Gruppenerlebnisse (Ausflüge, Klassenfahrten, Landschulheimaufenthalt, Sportveranstaltungen, Feiern, Theateraufführungen u. a. m.) oder durch gruppendynamische Spiele, mit dem direkten Ziel, Schülern die Möglichkeit zur Selbst- und Fremdwahrnehmung zu geben, zu lernen, sich zu verstehen und einen Platz in der Gruppe zu finden (vgl. *Ulich* 1971, *Vopel/Kirsten* 1975).

Verzichten Sie auf ungesunde Formen des Wettbewerbs, indem Sie den durch Leistungs- und Notenvergleich ohnehin in einer Schulklasse bestehenden Konkurrenzkampf nicht noch verschärfen. Zwar möchten Schüler ihre Kräfte auch geistig messen, und es spricht sich sehr schnell herum, wer z. B. die beste Arbeit geschrieben hat; doch sollten Wettbewerbsformen, welche die Beziehungen zwischen den Schülern belasten und zu aggressiven Handlungen führen, nach Möglichkeit gar nicht erst in Erscheinung treten.

Steuern Sie bestimmte soziale Lernziele im Unterricht bewußt an, z. B. die Entwicklung der Gesprächsfähigkeit, weil grundlegende kommunikative Fähigkeiten wie
– den anderen ausreden lassen
– ihn nach seiner Meinung fragen
– sich vergewissern, ob man den anderen verstanden hat
– zuhören u. dgl. m. (vgl. *Becker/Clemens-Lodde/Köhl* 1980, S. 141 ff.)
einen wesentlichen Beitrag zum gegenseitigen Verständnis leisten können. Schließlich muß davon ausgegangen werden, daß viele Schüler niemals Gelegenheit hatten, ein verständnisvolles Miteinander-Umgehen zu beobachten und zu erlernen.

Geben Sie den Schülern Gelegenheit, immer wieder über aggressive Modelle zu sprechen und die Handlungsweisen zu problematisieren. Bieten Sie nach Möglichkeit kein Aggressionsmodell, weil sonst Ihre Bemühungen unglaubwürdig werden. In einer durch Gewalttaten, Geiselnahmen und Entführungen bestimmten Zeit benötigen die Schüler einen Ansprech- und Diskussionspartner, der ihnen Orientierungshilfen gibt.

Da schließlich die Erwachsenen im Privat- und Berufsleben immer wieder aggressives Verhalten bewußt und gezielt einsetzen, um sich zu verleumden, zu diffamieren oder sich auf Kosten eines anderen einen persönlichen Vorteil zu verschaffen, zwischen den Völkern kriegerische Auseinandersetzungen an der Tagesordnung sind, kann nicht davon ausgegangen werden, daß es möglich ist, aggressives Verhalten zwischen Schülern in der Weise abzubauen, daß es praktisch kaum noch auftritt. Die Bemühungen des Lehrers sollten sich statt dessen auf eine realistische Zielsetzung konzentrieren, die etwa so umschrieben werden kann: Die Beziehungen zwischen den Schülern zu fördern und zu intensivieren, damit aggressives Verhalten seltener auftritt, das Leben in der Lerngruppe für alle erträglich und ein verständnisvolles Miteinander-Umgehen möglich wird (vgl. *Minssen* 1970).

Anregungen:

Geringfügig erscheinende aggressive Handlungen zwischen den Schülern werden Sie wahrscheinlich als Lehrer ignorieren, bei massiveren Auseinandersetzungen werden Sie eingreifen. Stecken Sie anhand konkreter Beispiele diese Interventionsgrenze ab.

Stellen Sie Beziehungen zwischen dem Anliegen der „Friedenspädagogik" und den Problemkreisen 7.4 und 7.6 her.

Nennen Sie Möglichkeiten, auch den Schülern diese Beziehungen durch geeignet erscheinende Beispiele, die nicht moralisierend wirken, zu erklären.

7.6.2 Analysebeispiel

Konfliktbeschreibung auffassen

„Gassensprache"

Seit 14 Tagen sind Sie Klassenlehrer der 9c. Diese Hauptschulklasse wurde neu zusammengestellt. Zwischen den Schülern kommt es immer wieder zu Streitigkeiten. An ein kontinuierliches Arbeiten ist im Augenblick noch nicht zu denken. Immer wieder müssen Sie mahnend oder schlichtend eingreifen. Mehrmals haben Sie den Versuch unternommen, mit den Schülern über deren Verhalten zu sprechen, doch haben Sie den Eindruck, daß einige Schüler kaum ansprechbar sind und sich auch bei vorhandenem guten Willen nicht beherrschen können.

Nach der großen Pause wollen Sie das Klassenzimmer aufsuchen. Vor dem Zimmer steht eine Schülergruppe, in der eine Auseinandersetzung stattfindet. Zwei Schülerinnen ziehen sich an den Haaren, kratzen, beißen und beschimpfen sich. Sie fangen einige Wortfetzen auf, wie „alte Hure", „Schlampe",

„Vettel". Erst als Sie unmittelbar neben den Mädchen stehen, lassen diese voneinander ab und sind still.

Betroffenheit einschätzen

N = 57   MW 3.19   VAR 2.02   STA 1.42, Randkonflikt 3

Erstverhalten überlegen

Sie schicken die Schüler ins Klassenzimmer und achten darauf, daß die beiden Schülerinnen räumlich voneinander getrennt sitzen, damit sie keine Gelegenheit zu weiteren Tätlichkeiten haben.

Methode festlegen B

Nach den Ursachen fragen

Die beiden Schülerinnen streiten sich, weil
- eine der anderen den Freund ausgespannt hat
- weil sie einfach Spaß daran haben, sich gegenseitig zu beschimpfen
- sie durch den Streit die Aufmerksamkeit der Mitschüler auf sich ziehen
- eine der beiden Schülerinnen überempfindlich ist und sich angegriffen fühlt, ohne daß die andere einen Angriff beabsichtigt hat
- sie in ihrer Umwelt Streitereien dieser Art häufig erleben und dieses Verhalten nachahmen
- jede die andere übertrumpfen möchte, z. B. schönere Kleider, Schuhe u. dgl. haben will.

Perspektive wechseln

Wie aus der Konfliktbeschreibung hervorgeht, sind *die beiden Schülerinnen* außerordentlich erregt, so daß sie sich fast „vergessen", sich mit Schimpfwörtern belegen und tätlich werden. Allerdings ist die Form der Auseinandersetzung für Mädchen, die in entsprechenden Sozialverhältnissen aufwachsen, nichts Außergewöhnliches. Die umstehenden *Mitschüler* freuen sich wahrscheinlich über das Schauspiel und stacheln die beiden noch auf. Als *Lehrer* sind Sie vielleicht am stärksten betroffen. Sofern Ihnen der Sprachcode nicht geläufig ist, neigen Sie evtl. dazu, die Situation überzubewerten.

Handlungsmöglichkeiten suchen

1 mit den beiden Schülerinnen nach der Stunde sprechen
2 mit der ganzen Klasse den Vorfall diskutieren
3 die beiden Mädchen in ähnlicher Weise beschimpfen

4 die Schülerinnen nach der Stunde einzeln verhören

5 die Mitschüler nach dem Hergang der Auseinandersetzung fragen

6 mit den Eltern über deren Töchter sprechen

7 von den beiden Schülerinnen die Begriffe nachschlagen lassen

8 die beiden fragen, wie es weitergehen soll

9 den Vorfall ignorieren

10 die eigene Betroffenheit signalisieren

11 einen entsprechenden Text im Deutschunterricht analysieren lassen, um die Fragwürdigkeit eines solchen Verhaltens zu demonstrieren

Handlungsmöglichkeiten prüfen

1 + − Überbewertung, es sei denn, Vorfälle dieser Art würden sich zwischen diesen beiden Schülerinnen häufen; 2 − wie vor; 3 − erscheint zwar ganz originell, könnte aber mißverstanden werden; 4 − lohnt nicht, klingt nach „Polizeiverhör", Konflikt erfährt durch eine solche Maßnahme wahrscheinlich eine Ausweitung; 5 − wie vor; 6 − Überbewertung; 7 − soweit ganz humorig, doch zieht man die Auseinandersetzung ins Lächerliche und wird dadurch den beiden Schülerinnen nicht gerecht; 8 − das müssen sich die beiden Schülerinnen selbst überlegen; 9 − sollte man doch nicht tun, um einen solchen Umgangston nicht zur Regel werden zu lassen; 10 + warum nicht, Sie sollten den Schülerinnen unmißverständlich zu verstehen geben, daß Sie mit dieser Form der Auseinandersetzung nicht einverstanden sind; 11 − ein solcher Text muß erst geschrieben werden.

Handlungsfolge konzipieren

Die beiden Schülerinnen räumlich trennen, so daß sie nicht während der Stunde weitermachen können. Den Mädchen verbal und nonverbal zu verstehen geben, daß Sie ihr Verhalten mißbilligen.

Falls die Schülerinnen nach der Stunde wieder aufeinander losgehen, mit ihnen ein Gespräch führen, das allerdings keine weiteren Zeugen braucht. Wenn sich Auseinandersetzungen dieser Art zwischen den beiden häufen, müßten mit beiden Schülerinnen Einzelgespräche geführt werden.

Oder würden Sie ganz anders handeln?

7.6.3 Konfliktbeschreibungen

Beginnen Sie erst mit der Konfliktanalyse,
nachdem Sie die Kapitel 5 und 6 bearbeitet haben!

7.6.3.1 *Ein Stuhl wird weggezogen*

Sie erteilen in der Klasse 9b Musikunterricht. Zur Einübung eines
Kanons bitten Sie die Schüler, sich vorne in einem Halbkreis
aufzustellen. Den Schülern gefiel der Kanon, sie gaben sich beim
Singen große Mühe, und deshalb sind Sie mit der Stunde zufrieden. Während die Schüler wieder ihre Plätze einnehmen, schreit Erika
plötzlich auf. Sie sitzt auf dem Fußboden und hat Tränen in den
Augen. Helmut hat ihr in dem Augenblick, als sie sich setzen wollte,
den Stuhl weggezogen.
Relevanz: N = 57   MW 2.18   VAR 1.11   STA 1.05

7.6.3.2 *Dem Streber spielt man gern einen Streich*

Jürgen ist der Klassenbeste. Seine Eltern haben sich alle erdenkliche Mühe gegeben, ihn zu fördern. Sein Vater ist Studienrat, seine
Mutter war früher auch Lehrerin. Jürgen hat es deshalb schwer. Er ist
ein richtiger Musterschüler, hat oft als einziger in der Klasse die
Hausaufgaben, schreibt fast immer sehr gute Arbeiten und läßt nie
abschreiben, und das ärgert die Mitschüler.
   In der dritten Stunde haben Sie in der 7c Mathematik. Sie möchten
mit den Schülern die Hausaufgaben durchsprechen und bitten, die
Hefte vorzunehmen. Jürgen sucht in seiner Mappe nach dem Heft –
vergeblich. Er leert den Inhalt der Mappe auf dem Tisch aus. Sein
Gesicht läuft rot an, er ist ganz aufgeregt. So etwas ist ihm noch nie
passiert. Schließlich ist er ganz sicher, daß er sein Matheheft gestern
abend eingepackt hat, und er sagt: „Ich hab' gestern mein Heft
eingesteckt. Nun ist es nicht mehr da. Irgend jemand muß das Heft aus
der Mappe genommen haben." Seine Mitschüler äffen ihn nach:
„Irgend jemand muß . . . wer ist wohl der Irgendjemand?"
Relevanz: N = 57   MW 2.53   VAR 2.22   STA 1.49

7.6.3.3 Rückläufer haben es schwer

Wenn ein Schüler in ein und derselben Klasse zweimal sitzenbleibt, muß er die Schule verlassen. Die Regelung trifft die Realschüler und Gymnasiasten mit voller Härte; bei den Hauptschülern schreckt man doch meist vor einer Abstufung in die Sonderschule zurück. Joachim hat es zweimal hintereinander im Gymnasium nicht geschafft. Er findet sich eines Tages in einer Hauptschulklasse wieder, zwei Jahre älter als seine Mitschüler. Da alle Tische im Klassenzimmer besetzt sind, schafft man einen Tisch für ihn heran, an dem er alleine sitzen darf. Der Unterricht ist für ihn entsetzlich langweilig; deshalb schläft er manchmal ein und wird von seinen Mitschülern ausgelacht. Sie möchten mit den Schülern eine Interpunktionsregel erarbeiten und fragen Joachim nach einem Satzteil. Doch Joachim war gerade wieder einmal „geistig weggetreten". Kein Wunder also, daß er bei der Nennung seines Namens zusammenzuckt. Als er sich nach der Frage erkundigt, lachen ihn die Mitschüler aus.

Relevanz: N = 57   MW 2.88   VAR 1.97   STA 1.40

7.6.3.4 „Der ärgert uns immer"

Sie lassen die Schüler der Klasse 6a in Kleingruppen arbeiten. Fast alle Gruppen sind mit Eifer bei der Sache, nur in einer kommt es ständig zu Schwierigkeiten. In dieser Gruppe ist Thomas. Mal kneift er Manuela, dann sticht er Matthias mit einem spitzen Bleistift, schließlich legt er Martin heimlich einen Reißnagel auf den Stuhl. Der Erfolg bleibt nicht aus, Martin springt mit einem Schrei auf. Sie gehen zur Gruppe und fragen die Schüler, was los sei. Da sagen Manuela, Matthias und Martin fast gleichzeitig: „Der Thomas, der ärgert uns immer!" Als Sie dann die Einzelheiten hören wollen, ist von Kneifen, Stechen und von dem Reißnagel die Rede.

Relevanz: N = 57   MW 2.96   VAR 1.14   STA 1.07

7.6.3.5 Lieblingsschüler

Seit vier Wochen gehen Sie morgens gemeinsam mit einem Ihrer Schüler zur Schule. Michael ist 12 Jahre alt. Er steht um halb acht vor Ihrer Haustür, um Sie abzuholen. Zwischen Michael und Ihnen entwickelt sich eine kleine Freundschaft. Auf dem Schulweg unter-

131

halten Sie sich mit ihm über die Ereignisse des Vortages, über die kommenden Ereignisse am Vormittag und über das, was so alles im Dorf passiert ist.

Seit einer Woche werden Sie nicht mehr abgeholt. Michael weicht Ihnen aus. Als Sie ihn mal allein treffen und nach dem Grund fragen, sagt er Ihnen: „Die anderen sagen, ich bin Ihr Liebling. Und das will ich nicht."

Relevanz: N = 57   MW 3.32   VAR 1.29   STA 1.14

7.6.3.6 Der Mitschüler wird als Tischnachbar abgelehnt

Sie möchten in Ihrer Klasse 4a die Schüler in Kleingruppen zusammenarbeiten lassen. Damit niemand übrigbleibt, vereinbaren Sie mit den Schülern, daß das Los über die Zugehörigkeit zu einer bestimmten Gruppe entscheiden soll. Dieses Verfahren versuchen Sie den Schülern schmackhaft zu machen, indem Sie ihnen erzählen, wie spannend ein solches Vorgehen sei. Die Schüler sind einverstanden. Jeder ist gespannt, in welche Gruppe er wohl kommt.

Nachdem die Lose verteilt worden sind und alle Schüler ihre Plätze aufgesucht haben, kommt es in der Gruppe, in der sich Markus befindet, zu erheblicher Unruhe. Hansjörg versucht immer wieder, Markus den Stuhl wegzuziehen. Sie suchen die Gruppe auf, fragen nach dem Grund der Auseinandersetzung und bekommen von Hansjörg zur Antwort: „Neben dem will ich nicht sitzen, der stinkt." Die anderen Schüler in der Gruppe bestätigen diese Aussage.

Relevanz: N = 57   MW 3.75   VAR 1.94   STA 1.39

7.6.3.7 Sitzengeblieben

Rudi ist sitzengeblieben. Noch immer gilt das Sitzenbleiben, trotz gegenteiliger Beteuerungen der Lehrer bei Elternversammlungen, als größte Schande, die einem Schüler widerfahren kann. Ob die Lehrer an diesem Sitzenbleiber-Image wohl ganz schuldlos sind?

Rudi ist 16 Jahre alt, zwei Jahre älter als seine Klassenkameraden, größer, stärker und wird deshalb von einigen Schülern bewundert. Kein Wunder also, daß es zwischen ihm und dem Klassensprecher Jörg, der bislang tonangebend war, zu einem kleinen Machtkampf kommt. Als Jörg ihn zum dritten Mal hänselt und „Sitzenbleiber" zischelt, reißt ihm die Geduld.

Der Ausgang des Boxkampfes steht fest, denn es handelt sich um verschiedene Gewichtsklassen. Rudi siegt in der ersten Runde, die Augenbraue des Gegners wird erheblich in Mitleidenschaft gezogen. Als Sie das Klassenzimmer betreten, finden Sie bestürzte Schüler vor. Man versucht, Beistand zu leisten; der „einäugige Jörg" – sein linkes Auge ist blutverschmiert – sagt: „Der Rudi hat angefangen!"

Relevanz: N = 57 MW 3.88 VAR 1.11 STA 1.05

7.6.3.8 Mitschüler sind oft grausam

Ingeborg geht ins dritte Schuljahr und ist recht pummelig. Eltern und Ärzte wissen nicht genau, worauf dies zurückzuführen ist. Eine Störung der Drüsenfunktion ließ sich nicht feststellen. Ihre Mutter hat mehrmals versichert, daß Ingeborg nicht besonders viel ißt.

Sie merken, daß das Mädchen in der Klasse keinen rechten Anschluß findet. Wenn in der Sportstunde zwei Mannschaften gewählt werden, bleibt Ingeborg immer bis zuletzt zurück. Keine Mannschaft will sie haben. Auch in den Pausen ist Ingeborg oft allein, und im Unterricht will niemand so richtig mit ihr zusammenarbeiten.

Als Sie nach der großen Pause ins Klassenzimmer kommen, weint Ingeborg. Die Mitschüler schweigen. Sie blicken in betretene Gesichter. Dann sagt schließlich Susanne: „Der Karl hat zu Ingeborg „Tonne" gesagt, und dann haben alle Jungen „Tonne", „Tonne", „Tonne" gerufen, und dann hat sie geweint."

Relevanz: N = 57 MW 3.95 VAR 1.12 STA 1.06

7.6.3.9 Ein Schneidezahn muß dran glauben

Sie unterrichten in der 6b Bildhaftes Gestalten. Die Schüler sind mit Eifer bei der Sache, denn sie probieren eine neue Drucktechnik aus. Sie sagen den Schülern, daß Sie bei ihnen vorbeikommen und mit ihnen über die Arbeit sprechen. Eigentlich sollten sie ja auch in der Zeichenstunde auf ihren Plätzen bleiben und nur dann aufstehen, wenn es sich nicht umgehen läßt.

Aber Martin ist von einem Kunstwerk so begeistert, daß er spontan aufspringt und mit dem Blatt in der Hand auf Sie zukommen möchte, um es Ihnen zu zeigen. Doch Felix streckt sein Bein aus und läßt ihn „über die Klinge springen", wie das in der Fußballsprache heißt.

133

Martin schlägt der Länge nach hin. Im Fallen berührt er eine Tischkante. Er blutet leicht am Mund, und dann suchen die verstörten Schüler einen Zahn. Natürlich hat Felix so etwas nie gewollt.
Relevanz: N = 57   MW 4.21   VAR 1.56   STA 1.25

7.6.4 Handlungsmöglichkeiten

zu 7.6.3.1

1. Sie packen den Burschen am Kragen und ohrfeigen ihn (0%)
2. Sie malen ihm aus, was alles passieren kann, wenn man einem Mitschüler den Stuhl wegzieht und sprechen über das Leben eines gelähmten Menschen (25%).
3. Sie kümmern sich erst mal liebevoll um das Mädchen (40%).
4. Sie bringen unmißverständlich zum Ausdruck, daß Sie diese Handlungsweise niemals akzeptieren werden, indem Sie z. B. sagen: ,,Was Du da gerade gemacht hast, grenzt an Schwachsinn." (14%).
5. Sie fordern Helmut auf, sich bei Erika zu entschuldigen (9%).
6. Sie verschieben den Versuch der Konfliktbewältigung, indem Sie zu Helmut sagen: ,,Du kommst nach der Stunde zu mir, dann sprechen wir uns." (4%).
oder: . . . (9%)

zu 7.6.3.2

1. Sie fordern die Schüler auf, die Angelegenheit zu klären und gehen vor die Tür (12%).
2. Sie drohen der ganzen Klasse eine Stunde Arrest an für den Fall, daß das Heft nicht sofort wieder erscheint (4%).
3. Sie ignorieren den Vorfall (25%).
4. Sie bitten Jürgen, das Heft am nächsten Tag vorzuzeigen (33%).
5. Sie sagen zu Jürgen: ,,Auf Deine Hausaufgaben verzichte ich gerne mal, auf Deine Klassenarbeiten nicht." (7%).
6. Sie äffen die anderen Schüler nach und sagen wiederholt: ,,Irgend jemand muß!" Sie betonen dabei ,,muß" und bauen auf einen Lacherfolg (2%).
oder: . . . (18%)

zu 7.6.3.3

1. Sie lachen mit (5%).
2. Sie bitten Joachim, künftig besser aufzupassen (9%).
3. Sie erteilen ihm eine ,,Übungsarbeit", die sich mit dem betreffenden Lerngebiet befaßt (0%).
4. Sie beziehen ihn pausenlos in den Unterricht ein, so daß er gar nicht mehr zum Schlafen kommt (25%).
5. Sie wiederholen die Frage, umschreiben sie und bitten ihn dann um eine Antwort (47%).

6. Sie fragen Joachim, wofür er sich interessiert und gehen dann auf seine Interessen ein (4%).
oder: . . . (11%).

zu 7.6.3.4

1. Sie setzen den Jungen für den Rest der Stunde an einen Einzeltisch, weit weg von der Gruppe, und geben ihm eine Stillarbeit (26%).
2. Sie veranlassen einen Gruppenwechsel in der Hoffnung, daß er in der anderen Gruppe besser mitarbeitet und seine Mitschüler weniger ärgert (16%).
3. Sie führen nach dem Unterricht ein Gespräch mit ihm, um herauszubekommen, wo die Ursachen für die zahlreichen aggressiven Handlungen liegen (16%).
4. Sie übertragen ihm eine verantwortungsvolle Aufgabe unter der Voraussetzung, daß er künftig weniger stört (16%).
5. Sie ermahnen ihn, indem Sie ihm sagen, daß es so nicht weitergehen könne und Sie sich das nicht mehr lange mit ansehen würden (7%).
6. Sie fragen ihn, warum ihm die Arbeit offensichtlich keinen Spaß macht (9%).
oder: . . . (11%)

zu 7.6.3.5

1. Sie lassen die Angelegenheit auf sich beruhen, weil Sie der Meinung sind, daß der Schüler von sich aus das Problem gelöst hat (2%).
2. Sie sprechen mit der ganzen Klasse über das Lehrer–Schüler-Verhältnis und darüber, daß es Ihrer Meinung nach ganz natürlich ist, wenn Lehrer und Schüler gemeinsam zur Schule gehen (42%).
3. Sie sagen erst einmal gar nichts und überprüfen Ihr eigenes Verhalten – ob Sie z. B. diesen Schüler bevorzugen (44%).
4. Sie fragen den Schüler, ob auch er glaube, daß er Ihr Liebling sei (9%).
5. Sie bitten den Schüler, sich zu überlegen, warum die Mitschüler dieser Meinung sind (2%).
6. Sie sagen ihm, daß es besser sei, wenn er allein zur Schule gehen würde (0%).
oder: . . . (2%)

zu 7.6.3.6

1. Sie nehmen ein Parfum-Fläschchen aus Ihrer Handtasche und verbreiten Wohlgeruch (7%).
2. Sie fordern Hansjörg energisch auf, den Geruch zu tolerieren (5%).
3. Sie machen die Gruppeneinteilung rückgängig, fordern alle Schüler auf, ihre alten Plätze einzunehmen (18%).
4. Sie bieten Hansjörg an, eine andere Gruppe aufzusuchen (16%).
5. Sie fordern Markus auf, sich eine andere Gruppe zu suchen (0%).
6. Sie ignorieren die Antwort, wenden sich einer anderen Gruppe zu und hoffen, daß sich Hansjörg an den Geruch gewöhnt (11%).
oder: . . . (44%)

zu 7.6.3.7

1. Sie untersuchen erst mal fachmännisch die Augenbraue und legen einen Verband an (19%).
2. Sie verständigen zuerst Ihren Rektor und bitten ihn um Rat (0%).
3. Sie bitten den Kollegen im Nachbarzimmer, die Klasse zu betreuen, verbinden Jörg und fahren mit ihm zum Arzt (9%).
4. Sie schicken Jörg, nachdem Sie ihn verbunden haben, zum Arzt und diskutieren mit der Klasse den Vorfall (9%).
5. Sie schicken Jörg mit dem Hausmeister zum Arzt und fragen am nächsten Tag Rudi und Jörg nach den Ursachen des Boxkampfes (56%).
6. Sie appellieren an Rudis Ehrgefühl, sich künftig nicht mit körperlich schwächeren Klassenkameraden zu schlagen (2%).
oder: . . . (5%).

zu 7.6.3.8

1. Sie geben Ingeborg ein Tempotaschentuch (14%).
2. Sie sprechen mit allen Schülern über den Vorfall und fordern sie auf, sich in Ingeborgs Lage zu versetzen (53%).
3. Sie etikettieren mehrere Schüler, indem Sie sagen: „Ingeborg ist dick, Karl ist lang, Susanne ist dumm, Rudi ist faul, Antje ist durchtrieben . . ." (30%).
4. Sie geben Ingeborg einen Tip für eine Schlankheitskur (0%).
5. Sie ignorieren den Vorfall und sprechen mit den Eltern (0%).
6. Sie ignorieren den Vorfall und sprechen mit dem Schularzt (0%).
oder: . . . (4%).

zu 7.6.3.9

1. Sie verpacken den Zahn möglichst steril und fahren in die Zahnklinik oder zum nächsten Zahnarzt (7%).
2. Sie lassen Felix einen Besinnungsaufsatz schreiben (0%).
3. Sie benachrichten erst mal Ihren Rektor, damit dieser ordnungsgemäß die Unfallanzeige erstatten kann (9%).
4. Sie benachrichtigen persönlich die Eltern, damit diese nicht durch falsche Gerüchte – z. B. „sämtliche Zähne ausgeschlagen" – verunsichert werden (21%).
5. Sie bitten Felix, sich bei Martin zu entschuldigen (14%).
6. Sie trösten erst einmal Martin, indem Sie ihm sagen, daß es heute so schöne künstliche Zähne gibt, daß man den Unterschied zwischen den echten und falschen nicht bemerken würde (11%).
oder: . . . (39%).

7.7 Pause und Schulhof

7.7.1 Vorüberlegungen

Dieser Problemkreis befaßt sich mit den Auseinandersetzungen und Schwierigkeiten während der Pausen, auf dem Schulhof sowie in der Zeit vor Unterrichtsbeginn und unmittelbar nach dem Unterricht. Die unterrichtsfreie Zeit beträgt in der Schule etwa fünf Stunden pro Woche und Schüler. In ihr finden etwa 40% aller Schulunfälle statt, Grund genug, sich mit dem Verhalten der Schüler und Lehrer näher zu befassen.

Vor Schulbeginn warten die Schüler im Winter oft frierend darauf, vom Hausmeister in das Gebäude eingelassen zu werden. Bei Schulschluß stürmen sie aus dem Schulgebäude, hinterlassen ein unaufgeräumtes Klassenzimmer, drängeln und stoßen sich, um möglichst schnell der Schule zu entrinnen.

Bei extrem ungünstigen Witterungsverhältnissen und im Sonderfall der Rekonvaleszenz ist es den Schülern gestattet, im Klassenzimmer zu bleiben. Da man jedoch unterschiedlicher Meinung sein kann, ob nun die Witterung ungünstig ist oder nicht, sind viele Konflikte vorprogrammiert.

Schüler versuchen immer wieder, sich während der Pause der Aufsicht des Lehrers zu entziehen. Einige suchen die Toiletten auf, um dort für kurze Zeit ungestört zu sein. Andere verlassen das Schulgelände, um kleine Einkäufe zu tätigen, ein Verhalten, das fast an jeder Schule mit Sanktionen belegt wird. Die Schüler lärmen beim Spiel auf dem Hof, überschreien sich gegenseitig, so daß sich nicht nur der aufsichtführende Lehrer, sondern auch sensiblere Schüler empfindlich gestört fühlen. Schüler toben herum, werfen sich zu Boden und gehen gefährlichen Spielen nach, die immer wieder zu ernsteren Verletzungen führen. Es kommt zu den verschiedensten Formen direkter Auseinandersetzungen, zu Ringkämpfen und Schlägereien. Schwächere Schüler werden gehänselt, verspottet oder ausgelacht, manchmal sogar gequält oder tyrannisiert.

Bei Schnee oder Glatteis ist auf dem Schulhof besonders viel los. Trotz des ausdrücklichen Verbots werden Mitschüler aus geringer Entfernung mit Schneebällen unter Beschuß genommen oder auf spiegelglatter Fläche absichtlich zu Fall gebracht.

Zum Ärger des Hausmeisters werden Blumenbeete und Grünanlagen während der Spiele in Mitleidenschaft gezogen, Papier und Abfälle achtlos weggeworfen.

Verbindungen ergeben sich zu den Problemkreisen Spaß oder Ernst (7.1), Provokationen und Regelüberschreitungen (7.2) Schülerabsprachen (7.3) und Angriffe auf den Lehrer (7.4). Das Durcheinander auf einem Schulhof läßt sich auch mit einer allgemeinen Disziplinlosigkeit (7.5) vergleichen. Doch die engste Beziehung besteht wohl zum Problemkreis Aggressives Verhalten zwischen Schülern (7.6). An größeren Schulen ist kaum eine Pause denkbar, in der es nicht zu Auseinandersetzungen zwischen den Schülern kommt. Häufig tangiert sind die Problemkreise Fremdes Eigentum (7.17) und Sachbeschädigungen (7.18) und der Problemkreis Drogen, Nikotin, Alkohol (7.16). Bei ernsthafteren Verletzungen werden Kollegen, Eltern, Schulleiter und evtl. sogar Schulaufsichtsbeamte tätig (7.21, 7.24), wenn es darum geht, die Schuldfrage (Verletzung der Aufsichtspflicht) zu klären oder den Unfall der Versicherung zu melden.

Welches sind nun die Ursachen für diese zahlreichen Konflikte? Aus folgenden Gründen kommt es immer wieder zu Auseinandersetzungen und Schwierigkeiten:

– Viele Schulhöfe sind zu klein und schülerfeindlich angelegt. Meist bestehen sie aus einer leeren, staubfreien, schnell trocknenden Asphalt- oder Betonfläche. Ist diese von Grünanlagen umgeben, dann dürfen die Anlagen nicht betreten werden.

– Die Schulhöfe halten kein angemessenes Spielangebot bereit; ältere und jüngere Schüler sind auf den gleichen, öden Hof angewiesen; Spiel- und Turngerät fehlen, Ruhezonen sind nicht eingeplant.

– Zahlreiche Schüler lehnen den aufsichtführenden Lehrer ab. Vor allem ältere Schüler kommen sich manchmal vor wie auf einem Gefängnishof, wobei der Lehrer die Rolle des Gefängniswärters spielt.

– Mit der Hofaufsicht wird an den Lehrer oftmals ein Anspruch gestellt, den dieser gar nicht einlösen kann. Das wissen auch die Schüler sehr genau. Ein Lehrer, der über den Schulhof geht, kann unmöglich 600 Schüler im Blick haben. Also ist es für die Schüler ausgesprochen reizvoll, sich der Aufsicht des Lehrers zu entziehen.

– Während des Unterrichts ist es den Schülern zumeist verboten, mit dem Tischnachbarn zu sprechen. Das natürliche Mitteilungsbedürfnis wird dadurch stark eingeschränkt, und es gilt in der Pause viel nachzuholen. Da sich die spielenden Schüler nur durch Zurufe verständigen können, kommt es zu dem oft unerträglichen Lärmpegel.

– Schüler müssen während des Unterrichts überwiegend stillsitzen, ihre motorischen Bedürfnisse sind stark eingeschränkt, und während der Pause wird auch hierfür nach einem Ausgleich gesucht. Dabei kommt es zu zahlreichen Formen überschießender motorischer Aktivität, zu aggressiven Verhaltensweisen und Körperverletzungen.

– Während des Unterrichts haben Schüler kaum Gelegenheit, sich auseinanderzusetzen. Bemerkungen des Lehrers wie: „Könnt Ihr damit nicht bis zur Pause warten!" oder: „Das gehört nicht in den Unterricht!" deuten darauf hin, daß kaum Zeit für die Beilegung von Konflikten im Unterricht bleibt.

– Schüler, die sich im Unterricht als schwach und hilflos erlebt haben und Mißerfolge einstecken mußten, wollen während der Pause stark und mächtig sein, indem sie schwächere Mitschüler quälen oder tyrannisieren, den Druck also weitergeben.

– Schüler, die im Unterricht einem engen Regelsystem unterworfen waren und sich der direkten Kontrolle des Lehrers nicht entziehen konnten, sehen in der Pause die Chance, bestimmte Verhaltensregeln zu mißachten, indem sie Papier und Speisereste achtlos wegwerfen, auf der Toilette rauchen und andere Dinge tun, die sie unter den Augen des Lehrers nicht tun würden.

Die Aufstellung von Leitlinien für das pädagogische Handeln ist deshalb so schwierig, weil jeder Initiative enge Grenzen gesetzt sind, sofern die räumlichen Voraussetzungen nicht gegeben sind:

Treten Sie für die Schaffung eines schülerfreundlichen Schulhofs ein. Ein solcher Hof läßt sich nur in Kooperation mit zahlreichen Personen und Personengruppen herstellen. Sprechen Sie deshalb mit dem Schulleiter, damit dieser von der Notwendigkeit überzeugt ist und das Anliegen beim Schulträger, den Schulbehörden und dem Versicherungsträger unterstützt. Wenn keine ausreichende Hoffläche zur Verfügung gestellt werden kann, sind Ihren Bemühungen im wahrsten Sinne des Wortes enge Grenzen gesetzt.

Auf dem Hof sollten Spiel- von Ruhezonen unterschieden und abgegrenzt werden. Die älteren und jüngeren Schüler haben Anspruch auf einen eigenen Bereich. Auf repräsentative Anlagen sollte zugunsten von Spielflächen verzichtet werden.

Sorgen Sie für ein attraktives Spielangebot, das den Schülern Spaß macht, vielseitig nutzbar ist, zur Eigeninitiative anregt, ungefährlich ist, den örtlichen Möglichkeiten entspricht und finanzierbar ist. Spielgeräte, Kletterbäume und Malflächen für die jüngeren Schüler, Gelegenheit zum Fußballspiel, zum Tischtennis, zu Mühle und Schach sowie zahlreiche Sitzgelegenheiten machen aus einem öden Schulhof einen schülergerechten Spielplatz. Sie und Ihre Kollegen können sich als „Spielberater" zur Verfügung stellen und einige Unterrichtsstunden auf die Weiterentwicklung und Erprobung verschiedener Spiele verwenden. Man kann davon ausgehen, daß Schüler, die ein attraktives Spielangebot vorfinden und gelernt haben, dieses auch zu nutzen, auf viele Aktivitäten verzichten, die sonst als „aggressiv" oder „motorisch fehlgeleitet" einzustufen sind (*Kraft* 1979; *Stascheit* 1979).

Verlängern Sie die Pause zu einer wirklichen Spielpause, damit die Schüler das Spielangebot auch nutzen können, Gelegenheit haben, sich während der Pause langsam einzuspielen und freizuspielen. Spiel und Zeitdruck schließen einander aus. Die Verwirklichung dieser Leitlinie erfordert einen gemeinsamen Beschluß des Kollegiums sowie das Einverständnis der Eltern. Auch wäre es denkbar, die Spielpause auf die Monate Mai bis Oktober zu beschränken. Eine längere Pause kommt auch den Lehrern zugute.

Verzichten Sie auf die Hofaufsicht. Ein solcher Verzicht ist ohne weiteres möglich, wenn schülerfreundliche Spielplätze zur Verfügung stehen (im Schweizer Kanton Graubünden wird eine solche Regelung praktiziert). Viele der genannten Konfliktkonstellationen beruhen auf der Tatsache, daß sich die Schüler selbst während der Pause beobachtet und kontrolliert fühlen. Sagen Sie den Schülern, daß sie sich bei wichtigen Ereignissen sofort an einen Lehrer wenden können und wo dieser zu erreichen ist. Mit dieser Regelung wäre dem Sicherheitsbedürfnis Rechnung getragen, und Schüler wie Lehrer würden sich nicht mehr wie Gefangene bzw. Gefängniswärter vorkommen. Diese Leitlinie, die dem zur Zeit geltenden Schulrecht widerspricht, läßt sich allerdings kaum auf einem überfüllten, schülerfeindlichen Schulhof realisieren.

Bemühen Sie sich um einen schülerorientierten Unterricht, indem Sie
– zahlreiche Sprechsituationen schaffen, in denen sich die Schüler mitteilen können,
– auf die motorischen Bedürfnisse Rücksicht nehmen, den Unterricht durch verschiedene Aktivitäten auflockern,
– soziale Lernprozesse nicht unterbinden,
– die Schüler nicht unter Druck setzen und
– auf das Einhalten nur weniger, bedeutsamer Regeln achten.

Die Art und Weise, wie unterrichtet wird, steht in einem unmittelbaren Zusammenhang mit den Auseinandersetzungen, Belastungen und Schwierigkeiten, die Schüler und Lehrer während der Pause und auf dem Schulhof erleben.

Anregungen:

Überlegen Sie gemeinsam mit einigen Kollegen, ob es an Ihrer Schule Möglichkeiten geben würde, den Schulhof schülerfreundlicher zu gestalten. Sofern Sie zu einem positiven Ergebnis gelangen, sollten Sie darüber diskutieren, wie sich die anderen beteiligten Personen für einen solchen Plan gewinnen lassen.

Eine große Pause ohne Hofaufsicht wäre ein Novum, doch bei günstigen Voraussetzungen für Lehrer und Schüler ein Gewinn. Diskutieren Sie darüber, ob eine solche Regelung an Ihrer Schule möglich wäre und welche rechtlichen Bestimmungen geändert werden müßten.

Sprechen Sie über den Zusammenhang, der zwischen den im Unterricht praktizierten Lehr- und Erziehungsstilen einerseits und dem Schülerverhalten während der Pausen andererseits besteht.

7.7.2 Analysebeispiel

Konfliktbeschreibung auffassen

Toilette als Rauchsalon

Sie haben als Lehrer an einer Grund- und Hauptschule Aufsicht, kommen an der Mädchentoilette vorbei und bemerken den Geruch von Zigarettenrauch. Kein Zweifel, in der Toilette wird geraucht. Als Lehrer können Sie diese nicht ohne weiteres betreten. Sie überlegen sich nun, ob Sie in irgendeiner Form eingreifen sollen.

Betroffenheit einschätzen

N = 54   MW 1.83   VAR 1.58, Randkonflikt 2

Erstverhalten überlegen

Sie stehen nicht unmittelbar unter Zeit- und Handlungsdruck, sondern Sie bemerken den Rauch und können sich überlegen, ob und in welcher Form Sie eingreifen.

Methode festlegen B

Nach den Ursachen fragen

Die Mädchen rauchen auf der Toilette, weil sie:
- es dort so gemütlich finden
- gern etwas Verbotenes tun
- erwachsen sein möchten
- das Rauchen einfach schick finden
- dem Einfluß der Zigarettenwerbung ausgesetzt sind und „den Duft der großen weiten Welt" schnuppern wollen
- sich vor oder nach einer Klassenarbeit beruhigen wollen
- abhängig, nikotinsüchtig sind
- Eltern, Bekannte, Freunde oder Lehrer nachahmen

Perspektive wechseln

Die *rauchenden Mädchen* fühlen sich auf der Toilette wahrscheinlich recht wohl. Sie haben keine Ahnung, daß ein Lehrer vor der Tür steht. Sofern ein bißchen Haschisch im Spiel ist, verbindet sie ein gemeinsames Geheimnis, das es zu wahren gilt. Als *Lehrer* stehen Sie der Situation etwas hilflos gegenüber, weil Sie die Toilette nicht einfach betreten können. Sofern Sie selbst Raucher sind, haben Sie vielleicht Verständnis für die Schüler, oder Sie wissen um die Gefahr der Abhängigkeit und sind deshalb besonders intolerant. Wenn Sie evtl. gerade „Über die Gefahren von Drogen, Nikotin und Alkohol" unterrichtet haben, kommen Sie sich in Ihrer Lehrerrolle höchst fragwürdig vor. Die *anderen Schülerinnen* kümmern sich wahrscheinlich kaum um die rauchenden Mitschülerinnen, finden das ganz normal. Vielleicht regen sich einige Schülerinnen aus der Grundschule darüber auf; sie wären sogar in der Lage, die rauchenden Mädchen zu verpetzen.

Handlungsmöglichkeiten suchen

1 die Toilette aufsuchen und feststellen, wer raucht
2 stehen bleiben und mit großem Stimmaufwand rufen: „He, Ihr da drinnen, hört sofort mit dem Qualmen auf!"
3 eine Kollegin holen lassen und sie bitten, den „Fall" zu übernehmen
4 den Vorfall ignorieren und weitergehen
5 den Hausmeister holen lassen, ihn bitten, die Tür abzuschließen, und die Mädchen erst dann wieder freilassen, wenn sie geständig sind
6 vor der Tür warten, bis die Mädchen von allein herauskommen
7 sich von den herauskommenden Mädchen anhauchen lassen
8 eine Schülerin hineinschicken, um den rauchenden Mädchen eine Botschaft zu überbringen
9 die herauskommenden Schülerinnen „sammeln" und wieder einmal auf die Gefahren des Rauchens aufmerksam machen
10 in der betreffenden Klasse einen Anti-Raucher-Film zeigen
11 in der betreffenden Klasse über die Gefahren des Rauchens unterrichten
12 die Eltern der Schülerinnen benachrichtigen
13 den Schülerinnen die Zigaretten wegnehmen und diese selbst rauchen

Handlungsmöglichkeiten prüfen

1 – kommt nicht in Frage, die Mädchen wären entrüstet; 2 + – könnte vorübergehend den gewünschten Erfolg haben und die Mädchen veranlassen, das Rauchen in dieser Pause einzustellen; 3 + – sofern eine solche Kollegin mühelos gebeten werden kann. Sie extra aus dem Lehrerzimmer holen zu lassen, wäre etwas übertrieben; 4 – können Sie schlecht, wenn das Rauchen an der Grund- und Hauptschule generell nicht gestattet ist. Es ist kaum anzunehmen, daß die Schülerin(nen) über 16 Jahre alt sind; 5 – groteske Überreaktion; 6 + – warum eigentlich nicht, das kann zwar bis zum Ende der Pause dauern, aber Sie schonen Ihre Stimme; 7 – schließlich geht es hier nicht um Trunkenheit am Steuer; 8 + – könnte in Erwägung gezogen werden, damit Sie nicht so lange zu warten brauchen; 9 + – wäre in Verbindung mit 6 zu sehen; 10 – Überreaktion; 11 – wie vor, steht ohnehin im Lehrplan, sollte allerdings immer wieder aufgegriffen werden; 12 – Überreaktion, und dann rauchen diese Eltern oder bieten Ihnen eine Zigarette an; 13 – ganz spaßig, aber Sie geben mit dieser Handlungsweise ein negatives Modell ab. Außerdem würden sich die Schülerinnen zu Recht beschweren.

Handlungsfolge konzipieren

Eine Schülerin bitten, die Toilette aufzusuchen, um den Schülerinnen zu sagen, daß sie sofort das Rauchen einzustellen haben. Sofern Sie gemeinsam mit einer Kollegin die Aufsicht führen oder eine Kollegin mühelos erreichbar ist, könnte diese überprüfen, ob die Schülerinnen der Aufforderung nachgekommen sind.

Oder würden Sie ganz anders handeln?

7.7.3 Konfliktbeschreibungen

Beginnen Sie erst mit der Konfliktanalyse,
nachdem Sie die Kapitel 5 und 6 bearbeitet haben!

7.7.3.1 *Ältere Schüler tyrannisieren die jüngeren*

Selten ist auf einem Schulhof so viel Platz, daß alle Schüler ungestört einem Spiel nachgehen können. Einzelne Schülergruppen müssen deshalb auf andere Rücksicht nehmen. Doch haben die älteren und stärkeren Schüler die Möglichkeit, ihren Willen durchzusetzen, während die jüngeren und schwächeren Schüler zum Nachgeben gezwungen sind.

Die Jungen der 8c fassen sich an, bilden eine Kette und versuchen, die Mädchen ihrer Klasse einzufangen. Das macht den unmittelbar beteiligten Schülerinnen und Schülern viel Spaß. Nicht so den Mädchen der 4a, die sich mit Kreide einige Quadrate aufgezeichnet haben und versuchen, auf einem Bein hüpfend, einen bestimmten Weg zurückzulegen und dabei mehrere Aufgaben zu erfüllen. Im Eifer des Gefechtes kommt es vor, daß eine Kette zerreißt, ein hüpfendes Mädchen angerempelt wird und ausscheiden muß. Die Mädchen ärgern sich und schimpfen wie die Rohrspatzen. Das reizt die großen Jungen erst so richtig, und sie nehmen sich vor, die Mädchen in ihr Spiel „einzubeziehen". Die Mädchen drücken sich verängstigt an einen Zaun. Ein Mädchen weint, ein anderes kommt zu Ihnen und sagt: „Die Großen lassen uns nicht in Ruhe."

Relevanz: N = 54   MW 1.57   VAR 0.51   STA 0.72

7.7.3.2 Gefährliche Spiele

Sie haben in der großen Pause Hofaufsicht. Gemessenen Schrittes wandern Sie von einem Ende des Schulhofs zum anderen. Der Lärm ist ohrenbetäubend. Hin und wieder werden Sie von einem Schüler angerempelt oder fast umgerannt.

Sie beobachten eine Gruppe von etwa 12jährigen Schülern, die Sie nicht kennen, bei einem Reiterkampf. Die körperlich starken und schwergewichtigen Schüler haben die Leichtgewichte geschultert, und jeweils drei dieser Reiterpaare stürmen aufeinander los. Da der Schulhof asphaltiert und die Verletzungsgefahr erheblich ist, sehen Sie sich zum Einschreiten genötigt, gehen auf Reiter und Pferde zu, bitten erstere abzusteigen und machen auf die Verletzungsgefahr aufmerksam. Die Gefahr scheint gebannt.

Doch nachdem Sie der Gruppe den Rücken gekehrt haben, geht das Spiel weiter. Von der anderen Seite des Schulhofs beobachten Sie, daß man Ihre Anweisung offensichtlich mißachtet.

Relevanz: N = 54   MW 2.43   VAR 0.93   STA 0.96

7.7.3.3 Das Problem der Klickkugeln

„Seit den großen Ferien haben viele Schüler ein neues Spielzeug: 2 Kugeln, die an Bindfäden befestigt sind. Die Kugeln sind schnell gegeneinander zu schlagen. Dabei entsteht – wenn es Hunderte machen – ein mörderischer Lärm und die Gefahr, daß beim Reißen eines Fadens die Kugel wie ein Geschoß durch die Luft fliegt und möglicherweise Schaden anrichtet" (*Klink* 1974, S. 36).

Im Verlauf einer Lehrerkonferenz wird der Beschluß gefaßt, das Spiel zu verbieten, alle Schüler auf die Verletzungsgefahr hinzuweisen und Aufklärungsschreiben an die Eltern mitzugeben. Die Kenntnisnahme der Schreiben soll durch Unterschrift bestätigt werden. Am nächsten Tag haben Sie Hofaufsicht. Der mörderische Lärm vom Vortag bleibt aus. Offensichtlich waren die Maßnahmen wirksam. Doch leider haben Sie sich zu früh gefreut. Da ist es wieder, das Geräusch – klick, klick, klick, klick . . .

Relevanz: N = 54   MW 2.57   VAR 1.04   STA 1.02

7.7.4 Handlungsmöglichkeiten

zu 7.7.3.1

1. Sie rufen die Jungen der 8c zu sich und verbieten ihnen das Spiel (0%).
2. Sie bitten die Jungen der 8c, auf die kleinen Mädchen Rücksicht zu nehmen (81%).
3. Sie kümmern sich überhaupt nicht um die Ereignisse auf dem Schulhof, weil Sie der Auffassung sind, daß die Schüler solche Dinge allein regeln sollten (4%).
4. Sie bilden gemeinsam mit anderen großen Schülern eine Absperrung für die Mädchen (0%).
5. Sie setzen sich mit dem Klassenlehrer der 8c in Verbindung und bitten ihn, die Jungen zu bestrafen (0%).
6. Sie versuchen, für die Mädchen einen anderen Platz zu finden (9%).
oder: . . . (6%).

zu 7.7.3.2

1. Sie fordern die Schüler erneut auf, das Spiel einzustellen (65%).
2. Sie fragen die Schüler nach der Klasse und dem Klassenlehrer und erstatten diesem Bericht (4%).
3. Sie bitten die Schüler, den Reiterkampf in der Sportstunde auf Matten auszutragen (6%).
4. Sie tun so, als würden Sie die Kämpfer nicht bemerken (4%).
5. Sie gehen auf die Gruppe zu, warten, bis die Reiter abgestiegen sind und bleiben bei der Gruppe stehen (7%).
6. Sie gehen auf die Gruppe zu und versuchen, trotz des Lärms, mit den Schülern über die Situation zu sprechen (9%).
oder: . . . (6%).

zu 7.7.3.3

1. Sie gehen auf die betreffenden Schüler zu und nehmen ihnen die Klickkugeln ab (43%).
2. Sie versuchen, mit den betreffenden Schülern der Reihe nach zu sprechen, weisen noch einmal auf die Gefahren hin und bitten sie, die Kugeln wegzustecken (17%).
3. Sie sammeln erst einmal ein paar Schüler Ihrer Klasse um sich und sagen ihnen, sie möchten so nett sein und die Schüler mit Klickkugeln holen, damit Sie mit ihnen sprechen können (2%).
4. Sie kümmern sich nicht weiter um die wenigen Schüler (0%).
5. Sie gehen auf die betreffenden Schüler zu und fragen, ob sie gestern gefehlt hätten (35%).
6. Sie notieren sich Namen und Klasse jedes einzelnen „Sünders" und leiten diese Information an die Klassenlehrer weiter (2%).
   oder: ... (2%).

7.8 Ausländische Mitschüler

7.8.1 Vorüberlegungen

Dieser Problemkreis wird in regelmäßigen Abständen durch Presse, Funk und Fernsehen in das Bewußtsein der Öffentlichkeit gerückt; doch stehen Lehrerinnen oftmals vor unlösbaren Problemen, wenn
- sie einen 10jährigen Schüler unterrichten sollen, der kein Wort Deutsch versteht und in seinem Heimatland kaum zur Schule gegangen ist.
- ein Schüler regelmäßig im Unterricht einschläft, weil er durch den landessprachlichen Unterricht am Nachmittag total überfordert ist.
- eine Schülerin ihre Hausaufgaben nie macht, weil sie mehrere jüngere Geschwister versorgen muß und ihre Mutter ganztags arbeitet.
- ein Schüler häufig fehlt, weil seinem Vater der Schulbesuch überflüssig erscheint und er in der elterlichen Tankstelle helfen muß.

Konfliktkonstellationen dieser Art lassen sich kaum aus der Welt schaffen, weil das Schicksal dieser Schüler zu eng mit dem ihrer Eltern verknüpft ist.

In Verbindung mit diesem Problemkreis gibt es ein besonders breites Verursachungsspektrum, das an dieser Stelle nur ansatzweise in den Blick genommen werden kann. Ursachen dieser Konflikte und Probleme können folgende sein:

- In den Familien herrscht eine andere Weltanschauung. Vor allem Immigranten, die islamischen Glaubens sind, unterliegen einer gewissen Fortschrittsfeindlichkeit. In ihrem Heimatland wurden sie vom Hodcha (Pfarrer, Vorbeter) beeinflußt, der die Beschäftigung mit den Naturwissenschaften häufig ablehnte und Lehrer mitunter als Kommunisten bezeichnete. Wenn man religiös geprägt ist und aus einem Land kommt, das noch einen hohen Prozentanteil Analphabeten aufweist, dann hat die Schule einen geringen Stellenwert.
- In den Familien dominiert eine politische Einstellung, die mit dem westlichen Demokratieverständnis kaum in Einklang zu bringen ist. So gehören z. B. viele Griechen und Türken einer nationalen Bewegung an und unterliegen faschistischen Ideologien, die in der Bundesrepublik abgelehnt werden müssen.
- Das Schulsystem im Heimatland unterscheidet sich grundlegend von dem in der Bundesrepublik Deutschland. Wenn im Heimatland sechs Pflichtschuljahre gefordert sind, dann ist der Lehrplan auf diese wenigen Jahre abgestimmt. Deshalb fällt den Schülern der Übergang in das neunjährige, differenziertere Schulsystem schwer.
- Die Schüler kommen oft mit einem erheblichen Bildungsrückstand in die Bundesrepublik. So gibt es 10jährige, normalbegabte Schüler, die nicht einmal ihre Muttersprache lesen und schreiben können. Solche erheblichen Kenntnislücken können auch mit viel Fleiß kaum ausgeglichen werden.
- Die Kinder müssen erst mühsam die deutsche Sprache erlernen, sie verlieren dadurch fast immer eines oder mehrere Schuljahre. In den Lerngruppen sind sie überaltert, ihren Klassenkameraden aber körperlich überlegen, was zusätzliche Probleme mit sich bringen kann. Der Sprachunterricht – morgens deutsche Schule, nachmittags muttersprachlicher Unterricht – und die mit ihm verbundene Mehrsprachigkeit bedeutet für die leistungsstarken Schüler eine echte Chance, für die leistungsschwachen eine permanente Überforderung. Diese schwachen Schüler lernen keine Sprache richtig. Nach wenigen Jahren sind sie ihrer Muttersprache entfremdet, ohne in der deutschen Sprache heimisch geworden zu sein.
- Die Schüler müssen sich an andere Lehr- und Erziehungsstile gewöhnen und sind zwischen Schule und Elternhaus täglich einem Wechsel dieser Stile unterworfen. Oft wurden die Schüler in ihrem Heimatland in erster Linie zum Gehorsam erzogen, Kritikfähigkeit war da nicht gefragt. Nun werden sie mit einem völlig anderen Lehr- und Erziehungsstil konfrontiert, z. B. mit Lehrern, die nicht schlagen. Man erwartet von ihnen, daß sie den Lehrer nicht wie einen Halbgott verehren, sondern Fragen an ihn richten, wenn sie etwas nicht verstanden haben. Viele Eltern treten mit der Bitte an den Lehrer heran: „Schlagen Sie mein Kind, damit es etwas lernt."
   Dieses Wechselbad – vormittags demokratischer Erziehungsstil in der deutschen Schule, nachmittags ein autoritärer Stil während des muttersprachlichen Unterrichts und abends die Einhaltung der familialen Regeln –

können nur wenige Kinder ertragen. Sie stellen ihren Eltern Fragen und widersprechen ihnen schließlich. Zahlreiche Konflikte und Probleme erscheinen geradezu vorprogrammiert.

Dazu die Äußerung eines 12jährigen Mädchens: „Ich habe vier Lehrer, einen deutschen Lehrer, einen türkischen Lehrer, Vater und Mutter. Ich mache einfach, was ich will."

– Einige Vorurteile gegenüber Ausländern sind immer noch nicht abgebaut. Zwar ist die stereotype Vorstellung, sie seien faul, dumm und dreckig, weitgehend verschwunden. Reisefreudigkeit und Medien haben Einstellungsänderungen gebracht und konstruktive Beiträge geleistet. Doch halten sich hartnäckig Vorurteile, die Kinder von Ausländern stigmatisieren. Symptomatisch dafür ist der Bericht eines Schülers aus einer Berufsschulklasse: „Einem Mitschüler wurde die Geldbörse geklaut, und der Verdacht fiel gleich auf mich."

– Einige Eltern haben den Wert eines regelmäßigen Schulbesuches noch nicht erkannt. Zwar sinkt die Dunkelziffer schulpflichtiger Kinder, die zu Hause bleiben und „schwarz" leben; denn nur jene Arbeitnehmer erhalten Kindergeld, die dem Ausländeramt ihre Kinder auch ordnungsgemäß genannt haben. Die registrierten Kinder werden dann auch zum Schulbesuch angehalten, verpflichtet und evtl. sogar gezwungen. Außerdem hat sich herumgesprochen, daß nur der eine Lehrstelle bekommt, der einen akzeptablen Hauptschulabschluß schafft. Doch gibt es immer wieder Eltern, die vor allem die Mädchen zu früh und zu oft zu häuslichen Arbeiten heranziehen.

– Die Eltern haben große Sprachschwierigkeiten und können sich kaum mit dem Lehrer ihrer Kinder verständigen. Sie kommen selten zum Elternabend, weil sie ohnehin nur wenig verstehen, sich genieren, etwas zu sagen und von der körperlichen Arbeit abends sehr müde sind. Wenn wirklich wichtige Probleme angesprochen werden müssen, kommen die Eltern meist in die Schule und bringen einen Dolmetscher mit.

– In- und ausländische Behörden bereiten Eltern und Kindern oft große Schwierigkeiten. So kommt es z. B in der Bundesrepublik immer wieder zu erheblichen Problemen bei der Lehrstellensuche, die ein 17jähriger Türke so umschreibt: „Erst kommen die Deutschen, dann die aus den EG-Ländern, und dann kommen wir." Umgekehrt weigern sich türkische Behörden, in der Bundesrepublik erworbene Schulzeugnisse in ihrem Land anzuerkennen. Besonders belastend wirkt sich jedoch eine ungewisse Zukunft aus, die Angst vor einer Ausweisung, die Angst, einen behördlichen Anspruch nicht erfüllen zu können.

In der Diskussion um eine angemessene Beschulung ausländischer Schüler wird immer wieder die Frage aufgeworfen, ob eine deutsche oder eine nationale Schule günstiger sei. Die Antwort hängt in erster Linie davon ab, ob die Schüler später einmal in der Bundesrepublik bleiben oder in ihr Heimatland zurückkehren, und ob es überhaupt möglich ist, eine nationale Schule einzurichten. Für eine solche müßten bestimmte Bedingungen erfüllt sein bzw. Voraussetzungen geschaffen werden, so z. B. eine ausreichende

Schülerzahl, genügend qualifizierte Lehrer, gute Ausstattung und abgesicherte Finanzierung. Diese Bedingungen und Voraussetzungen sind oft nicht gegeben und können selten kurzfristig geschaffen werden. Bleiben die Schüler in der Bundesrepublik, dann würde sich natürlich der Besuch einer deutschen Schule empfehlen, kehren sie in ihr Heimatland zurück, wäre der Besuch einer nationalen Schule ratsam. Aufgrund dieser Überlegung ergeben sich folgende Leitlinien:

Stellen Sie immer wieder die Frage nach der Zukunft des Schülers, denn nur dann, wenn seine Zukunft geklärt ist, kann ihm ein sinnvolles Lernangebot gemacht werden. Dies gilt vor allem für den Spracherwerb. Schüler, die in der Bundesrepublik bleiben, sollten mit Hilfe von Sprachförderkursen und Nachhilfestunden so schnell wie möglich die deutsche Sprache erlernen, um Anschluß an das deutsche Schulsystem zu finden. Um einer völligen Entfremdung vorzubeugen, sollten jene Schüler, die in ihr Heimatland zurückkehren, möglichst intensiv die Heimatsprache pflegen.

Bemühen Sie sich um Förderunterricht, damit Kenntnislücken ausgeglichen werden können. Ein solcher Unterricht darf jedoch die schwach- oder normalbegabten Schüler nicht überfordern und sollte auf bestimmte Schwerpunkte ausgerichtet sein, damit der Schüler einen Lernfortschritt registrieren und entsprechende Erfolgserlebnisse verbuchen kann.

Fördern Sie die Integration ausländischer Schüler in die Klassengemeinschaft. Lassen Sie die Schüler, sobald sie dazu sprachlich in der Lage sind, über die Kultur und über die Menschen ihres Landes vor der Klasse berichten, damit die Schüler mit den deutschen Mitschülern ins Gespräch kommen. Nur so ist es möglich, vorhanden Vorurteile allmählich abzubauen.

Gehen Sie auf die Eltern zu, versuchen Sie als Lehrer, die Sprachbarrieren zu überwinden, indem Sie sich um Kontakte bemühen, und leisten Sie vorsichtig Überzeugungsarbeit hinsichtlich des regelmäßigen Schulbesuchs, des Lehr- und Erziehungsstils. Lassen Sie sich aber vor allem über die Schwierigkeiten berichten, mit denen die Eltern zu kämpfen haben, damit Sie die Familienverhältnisse sowie die häuslichen Lernbedingungen besser einschätzen können.

Helfen Sie Eltern und Schülern im Umgang mit Behörden. Helfen Sie ihnen, ihre Rechte wahrzunehmen, und schalten Sie sich vor allem aktiv in die Lehrstellensuche ein.

Anregungen:

Diskutieren Sie die Frage, wie Ihrer Meinung nach eine Beschulung aussehen sollte, wenn die Zukunft des Schülers ungewiß ist.

Sprechen Sie über die Alternative: Integration in das deutsche Schulsystem oder Besuch einer nationalen Schule.

Beraten Sie über weitere konkrete Maßnahmen, wie sich die Integration eines Schülers beschleunigen läßt.

7.8.2 Analysebeispiel

Konfliktbeschreibung auffassen

Machmud ißt kein Schweinefleisch

Die deutsche Küche wird für strenggläubige Mohammedaner zu einem echten Problem. So auch für den 15jährigen Machmud im Schullandheim, wo den Schülern häufig Fleisch- und Wurstwaren serviert werden, deren Herkunftstier sich nicht immer eindeutig bestimmen läßt. Deshalb spricht Machmud mit Ihnen über das Essen. Sie bitten die Herbergseltern, ihm Kost zu geben, die kein Schweinefleisch enthält.

Während am Sonntag die anderen mit offensichtlichem Wohlbehagen ihre Schnitzel verzehren, ißt Machmud Spiegeleier. Da hören Sie, wie Hermann vernehmlich sagt, so daß es Machmud hören muß: „Der ißt wohl kein Schwein, weil er selbst ein Schwein ist." Die Schüler um ihn herum lachen. Machmuds Augen funkeln zornig.

Betroffenheit einschätzen

N = 54   MW 3.56   VAR 1.42   STA 1.19, Zentralkonflikt 4

Erstverhalten überlegen

Sie sollten schon zum Ausdruck bringen, daß Sie Hermanns Äußerung mißbilligen, indem Sie z. B. sagen: „Das finde ich überhaupt nicht zum Lachen." Dann sollten Sie die weitere Entwicklung abwarten und über geeignete Maßnahmen nachdenken.

Methode festlegen C

Nach den Ursachen fragen

Hermann äußert sich abfällig, und die Mitschüler lachen, weil:
– sich Hermann mit dieser Äußerung hervortun will
– er Machmud bewußt angreifen und verletzen möchte
– er mit Machmud Streit gehabt hat

Auslän

- er mit ausländischen Kindern beim Spielen schlechte Erfahrungen gesammelt hat
- er durch Vorurteile der Eltern negativ beeinflußt ist
- er nur einen Spaß machen will
- er einfach ausprobieren will, was sich Machmud alles gefallen läßt
- er auch nicht weiß, warum Mohammedaner kein Schweinefleisch essen.

Perspektive wechseln

Machmud fühlt sich unmittelbar getroffen, seine Augen funkeln zornig. Wahrscheinlich hat er früher schon ähnlich negative Erfahrungen gesammelt und Angriffe über sich ergehen lassen oder abwehren müssen. *Hermann* freut sich über den Lacherfolg, den er bei seinen Mitschülern zu verzeichnen hat. Wahrscheinlich hält er die Äußerung auch noch für einfallsreich. Die *Mitschüler,* welche die Äußerung hören konnten, lachen offensichtlich gedankenlos, freuen sich vielleicht über die Hilflosigkeit Machmuds oder erhoffen sich für die Zeit nach dem Essen einen Zweikampf.

Zielsetzung(en) abklären

Machmud sollte lernen, sich angemessen zu verteidigen, aber auch eine gewisse Frustrationstoleranz erwerben, damit er nicht überempfindlich reagiert. *Hermann* sollte die verletzende Art seiner Äußerung bewußt werden, damit er ähnliche Äußerungen künftig unterläßt. Die *Mitschüler* sollten Äußerungen dieser Art zurückweisen, nicht über sie lachen, sondern für Machmud eintreten. Mittelfristig wäre die soziale Integration Machmuds anzustreben, längerfristig Freundschaften auch zwischen Machmud und Hermann sowie ein aktives Eintreten für Minoritäten jeder Art.

Handlungsmöglichkeiten suchen

1 mit finsterer Miene aufstehen und sagen: „Ich verbitte mir künftig Äußerungen dieser Art."
2 Hermann bitten, die Äußerung zu wiederholen
3 Hermann auffordern, sich bei Machmud zu entschuldigen
4 Hermann erklären, warum Mohammedaner kein Schweinefleisch essen
5 die Äußerung ignorieren
6 Hermann einen Besinnungsaufsatz schreiben lassen

7 Hermann erklären, wie ungesund Schweinefleisch ist, so daß ihm der Appetit vergeht

8 Hermann fragen: „Was meinst Du, wie die Türken über uns reden?"

9 nach dem Essen einen Unterricht ansetzen. Thema: Verhalten gegenüber Minderheiten

10 von Hermann ein Referat über die „Sitten und Bräuche der Mohammedaner" ausarbeiten lassen

11 ihn vom Tisch wegschicken mit der Bemerkung: „Machmud und ich möchten in Ruhe essen."

12 die Mitschüler auffordern, dafür zu sorgen, daß Machmud vorzügliches Essen bekommt

13 nach dem Essen ein Rollenspiel initiieren, den Konflikt aktualisieren und Erkenntnisse aus diesem Spiel ziehen lassen

14 nach dem Essen über den Vorfall diskutieren lassen

15 die beiden fragen, ob sie Streit miteinander haben

16 Hermanns Äußerung umschreiben: „So, wie Du das gesagt hast, hörte es sich ganz so an, als wolltest Du Machmud beleidigen."

17 Machmud erklären lassen, warum er kein Schweinefleisch ißt

18 sich von Hermanns Äußerung enttäuscht zeigen: „Das hätte ich nie von Dir erwartet."

19 auf eine Norm verweisen: „So können wir doch nicht miteinander umgehen!" (verstehen, akzeptieren, tolerieren)

Handlungsmöglichkeiten prüfen

1 + − Sie sollten Hermann schon eindeutig signalisieren, daß Ihnen die Äußerung mißfällt (vgl. Erstverhalten); 2 − beinhaltet eine Provokation, eine solche Äußerung sollte besser nicht wiederholt werden; 3 − Lippenbekenntnisse bewirken keine Einstellungsänderung; 4 – die Äußerung ist sicher nicht nur auf ein Informationsdefizit zurückzuführen; 5 + − vorübergehend ja, bis das Essen vorüber ist; sollte die Situation jedoch durch das Erstverhalten nicht schon weitgehend entschärft sein, ist ein Ignorieren nicht möglich; 6 − typisches Lehrerverhalten, danach würde sich Hermann bestimmt an Machmud rächen; 7 − man würde sich zwar auf Machmuds Seite stellen, den Konflikt jedoch eher verschärfen; 8 + − wäre denkbar, um bei Hermann einen Wechsel der Perspektive zu bewirken (die Deutschen essen „Schweinskram"); 9 − Überreaktion; 10 + − denkbar, ausarbeiten und halten lassen, ihn aber auch durch Bereitstellung von Informationsmaterial bei der Arbeit unterstützen, so daß diese nicht als Strafarbeit empfunden wird; 11 + − falls sich der Konflikt

verschärfen sollte – ja; 12 – dafür muß Machmud schon selbst sorgen; 13 – Überreaktion, längst nicht jeder Konflikt eignet sich zur Aktualisierung im Rollenspiel; 14 + vor allem dann, wenn Hermann nicht wahrnimmt, wie verletzend seine Äußerung war; 15 – hat kaum etwas mit der Äußerung zu tun; 16 – lächerlich; 17 – wie 4; 18 – wird kaum Eindruck machen; 19 – wirkt belehrend.

Handlungsfolge konzipieren

Dem Erstverhalten entsprechend Betroffenheit zum Ausdruck bringen. Falls sich Hermann nicht beeindruckt zeigt, ihn bitten, in einem anderen Raum weiterzuessen. Diese Maßnahme würde auch bei den umsitzenden Schülern Betroffenheit auslösen. Nach dem Mittagessen allen Schülern den Vorfall schildern, erklären, warum Hermann weggeschickt worden ist, und die Schüler über den Vorfall diskutieren lassen. Sich als Lehrer ganz zurückhalten. Falls im Verlauf der Diskussion Hermanns Verhalten bei den Mitschülern auf Ablehnung stößt, sollte die Diskussion beendet und der Konflikt als vorläufig gelöst betrachtet werden. Während der Schulzeit kann eine Unterrichtseinheit über rassische, ethnische und religiöse Minderheiten zur Einstellungs- und Verhaltensänderung beitragen.

Oder würden Sie ganz anders handeln?

7.8.3 Konfliktbeschreibungen

Beginnen Sie erst mit der Konfliktanalyse,
nachdem Sie die Kapitel 5 und 6 bearbeitet haben!

7.8.3.1 „Das lohnt sich doch nicht"

Sie sind Klassenlehrer einer neunten Hauptschulklasse. Zu Beginn des Schuljahrs kommt der Berufsberater, hält einen kleinen Vortrag und spricht dann mit jedem einzelnen Schüler über dessen Berufswunsch, über die Berufsaussichten und die Chancen, eine Lehrstelle zu finden. Sie kennen die Schüler seit drei Jahren und möchten, daß jeder möglichst gut unterkommt.

Einer Ihrer Schüler, Sohn spanischer Eltern und seit vier Jahren in der Bundesrepublik Deutschland, hat in Mathematik, Sport und Zeichnen eine Zwei, in jenen Fächern, die Sprachkenntnisse voraussetzen, steht er allerdings auf Vier. Der Junge möchte technischer

Zeichner werden. Ein Architekt, den Sie persönlich kennen, hat sich bereit erklärt, ihn in die Lehre zu nehmen.

Als Sie mit dem Berufsberater über diesen Plan sprechen, meint dieser: „Wissen Sie, ich bin mir nicht so sicher, ob die Entscheidung richtig ist. Die Ausländer nehmen den deutschen Jugendlichen nun auch noch die knappen Lehrstellen weg. In seiner Heimat kann er später sicher nichts damit anfangen. Das lohnt sich doch nicht."

(Vgl. *Heiniger* 1978)
Relevanz: N = 54   MW 2.26   VAR 4.54   STA 2.13

7.8.3.2 „Mein Vater hat mich ein bißchen geschlagen"

Ihre Klasse 7b plant in der Faschingszeit eine Party. Alles wird glänzend organisiert. Ein Schüler bringt die Stereoanlage mit und macht den Diskjockey, eine Gruppe sorgt für kalte Platten und Getränke, eine andere schmückt das Klassenzimmer. Der Hausmeister wird überredet, um 22.00 Uhr das Haus abzuschließen; außerdem wird ihm versprochen, am nächsten Montag aufzuräumen.

In Ihrer Klasse ist ein türkisches Mädchen. Einige Tage vor dem Fest sagt sie beiläufig, daß sie nur bis 20.00 Uhr feiern dürfe. Sie messen der Bemerkung keine große Bedeutung bei, sondern sagen ihr lediglich, sie möge zu Hause einen Gruß bestellen und bitten, daß auch sie bis 22.00 Uhr bleiben dürfe.

Die Party wird ein voller Erfolg. Gegen 21.00 Uhr tanzen alle Schüler ausgelassen, und wer gerade keinen Partner findet, tanzt einfach mit. Zufällig denken Sie an Ihre türkische Schülerin und fragen, ob sie die Erlaubnis bekommen habe, länger zu bleiben. Strahlend erklärt Ihnen das Mädchen: „Ach, ich bleibe einfach."

Zwei Tage später lassen Sie eine Niederschrift zum Thema schreiben: „Was mir an der Party am besten gefallen hat." Das türkische Mädchen schildert den Abend besonders lebendig und endet mit den Sätzen: „Eigentlich durfte ich ja nur bis 20.00 Uhr bleiben. Aber weil es so lustig war, bin ich einfach länger geblieben. Als ich nach Hause kam, hat mich mein Vater ein bißchen geschlagen. Aber ich bereue es nicht, daß ich länger geblieben bin."

Relevanz: N = 54   MW 2.69   VAR 1.54   STA 1.24

7.8.3.3 Total überfordert

Der 11jährige Pavlos kommt aus Griechenland und hat das Glück, in einer deutschen Großstadt zu wohnen, in der ihm nachmittags

Unterricht in seiner Muttersprache geboten wird. Da er noch kaum ein Wort Deutsch versteht, strengt ihn der Unterricht im vierten Schuljahr sehr an. Schließlich möchte er ·gerne wissen, was da passiert. Außerdem sagen ihm die Eltern jeden Morgen, er solle in der Schule gut aufpassen, damit er später einmal einen Beruf erlernen und viel Geld verdienen kann.

Mittags ist Pavlos sehr müde. Dann kommt am Nachmittag der Unterricht in seiner Landessprache, den er gemeinsam mit anderen griechischen Kindern besucht. Das ist auch nicht immer ganz leicht, denn sein Lehrer achtet auf strenge Disziplin.

Sie sind der Klassenlehrer von Pavlos. Seit einiger Zeit beobachten Sie, wie er manchmal im Unterricht einschläft. Ihm fallen die Augen zu, der Kopf sinkt vornüber und die Mitschüler lachen.

Relevanz: N = 54   MW 3.89   VAR 1.91   STA 1.38

7.8.3.4 Zehn Jahre alt und schon Hausfrau

Esmeralda ist die Älteste von drei Geschwistern. Sie besucht die dritte Klasse, hat aber Mühe, den Anschluß zu halten und jene Leistungen zu bringen, die für eine Versetzung erforderlich sind.

In der Deutschstunde sprechen Sie mit den Schülern über ihre Freizeit. Die Kinder plaudern munter drauflos und erzählen, was sie so alles machen. Esmeralda, die sonst immer etwas schüchtern ist, berichtet unter den staunenden Blicken ihrer Mitschüler über eine fast endlose Reihe von Tätigkeiten: Einkaufen, Essen kochen, abwaschen, Betten machen, Stube fegen, Juan spazieren fahren . . .

Dem Bericht entnehmen Sie, daß das Mädchen eine Hausfrau voll ersetzen muß, da ihre Mutter arbeiten geht.

Relevanz: N = 54   MW 4.41   VAR 3.38   STA 1.84

7.8.3.5 Der Lehrer ging jagen

Sie bekommen in Ihre dritte Klasse einen 11jährigen Schüler aus Anatolien. Eigentlich würde er ja ins fünfte Schuljahr gehören, aber Kemal kann nicht mal Türkisch lesen, geschweige denn schreiben. Mit Hilfe eines Dolmetschers unterhalten Sie sich über seine Schulzeit und erfahren, daß es zwei Jahre lang in seinem Dorf keinen Lehrer gab. Als endlich wieder ein Lehrer kam, ließ dieser die Schüler spielen und ging jagen.

Da Sie in einer ländlichen Gegend unterrichten und es weit und breit keine Vorbereitungsklasse gibt, überlegen Sie sich, welche besondere Maßnahme Sie ergreifen können, damit Kemal so bald wie möglich den Anschluß schafft und mitarbeiten kann.

Relevanz: N = 54 MW 4.41 VAR 2.55 STA 1.60

7.8.3.6 „Deutsche Lehrer sind keine richtigen Lehrer"

Seit drei Wochen unterrichten Sie die Klasse 6a, in der sich zwei türkische Jungen befinden. Die Schüler sind etwa zwei Jahre älter als ihre Mitschüler, erst seit einem halben Jahr in der Bundesrepublik Deutschland, und ihre Sprachkenntnisse sind noch sehr lückenhaft. Die beiden stören den Unterricht häufig. Viele Dinge verstehen sie nicht. Für viele Dinge interessieren sie sich auch nicht, z. B. für deutsche Geschichte oder für deutsche Geographie. Wenn es ihnen zu langweilig wird, stehen sie auf, laufen im Klassenzimmer umher, nehmen den Mitschülern etwas weg oder ärgern sie. Immer ist irgend etwas los. Die beiden sorgen dafür, daß ein kontinuierliches Arbeiten in der Klasse kaum möglich ist.

Ermahnungen bleiben weitgehend wirkungslos. Wenn Sie ihnen mit Nachdruck zu verstehen geben, daß sie auf ihren Plätzen bleiben sollen, dann wird die Ermahnung zwar vorübergehend zur Kenntnis genommen; aber nach wenigen Minuten ist wieder alles vergessen und die beiden springen erneut durchs Klassenzimmer.

Schon im Interesse der anderen Schüler, die schließlich Anspruch auf einen geregelten Unterricht haben, müssen Sie das Verhalten der beiden unterbinden. Deshalb sprechen Sie mit den beiden Jungen nach Schulschluß, sagen ihnen nachdrücklich, was Ihnen mißfällt und fragen sie, ob sie sich früher in der türkischen Schule auch so benommen hätten. Da strahlt Sie einer der Jungen an und sagt: „Früher waren wir brav. Deutsche Lehrer schlagen nicht. Deutsche Lehrer sind keine richtigen Lehrer."

Relevanz: N = 54 MW 4.94 VAR 1.00 STA 1.00

7.8.3.7 Konkurrierende Anliegen

In Ihrer Klasse 9a haben Sie einen Schüler aus Sizilien. Tinos Eltern sind vor sieben Jahren in die Bundesrepublik Deutschland gekommen. Sein Vater betreibt eine gutgehende Tankstelle. Tino könnte sogar den Hauptschulabschluß schaffen, wenn er regelmäßig zur Schule kommen würde. Aber gerade daran hapert es.

Innerhalb von drei Monaten hat Tino 22 Fehltage zu verzeichnen. Entschuldigungen bringt er nicht mit, triftige Ausreden hat er immer parat, seine Eltern lassen sich nicht in der Schule sehen. Als Tino wieder einmal fehlt, beschließen Sie, die Tankstelle seines Vaters aufzusuchen und dort zu tanken. Tino liegt unter einem Auto und bemerkt Sie gar nicht. Sie zahlen die Tankrechnung und stellen sich vor. Tinos Vater ist erfreut, Sie kennenzulernen, doch wird er zunehmend unfreundlicher, als Sie Ihr Anliegen vortragen und ihn bitten, Tino regelmäßig zur Schule zu schicken. Mißmutig sagt er Ihnen: „Ich bin nur drei Jahre zur Schule gegangen. Ich habe hier die Tankstelle, verdiene gutes Geld. Tino geht schon neun Jahre in die Schule und hat immer noch kein Geld verdient."

Relevanz: N = 54   MW 5.11   VAR 2.40   STA 1.55

7.8.3.8 Maria fehlt schon wieder

Die soziale Lage in den Familien ausländischer Arbeitnehmer ist meist schlecht. Beide Eltern arbeiten, es sind zahlreiche Kinder zu betreuen, und die Wohnverhältnisse sind fast immer miserabel.

Die 13jährige Maria ist die Älteste von fünf Geschwistern. Ihr Vater arbeitet im Schlachthof, und ihre Mutter hat nun dort ebenfalls einen Arbeitsplatz gefunden. Leider handelt es sich um Schichtdienst, um einen Wechsel zwischen Früh- und Spätschicht, was für die Betreuung der Kinder ungünstig ist.

Wenn die Mutter Frühschicht hat, muß Maria auf die noch nicht schulpflichtigen jüngeren Geschwister aufpassen. Manchmal übernimmt auch der 12jährige Bruder Roberto die Rolle des Kindermädchens. Der Schulbesuch leidet unter der Frühschicht erheblich. Hat die Mutter Spätschicht, dann nimmt Maria regelmäßig am Unterricht teil.

Relevanz: N = 54   MW 5.39   VAR 1.71   STA 1.31

7.8.3.9 Luigi spielt den „Mafioso"

Wenn Kinder ausländischer Arbeitnehmer ohne Sprachkenntnisse in das deutsche Schulsystem integriert werden sollen, dann ist es fast selbstverständlich, daß die betreffenden ein oder mehrere Schuljahre zurückgestuft werden. Aufgrund dieser Maßnahme sind sie ihren Klassenkameraden körperlich meist überlegen.

So auch der 15jährige Luigi im siebten Schuljahr, dessen Vater eine Aufenthaltsgenehmigung für die ganze Familie erhalten hat. Luigis Vater stammt aus einer angesehenen sizilianischen Familie, und entsprechend groß ist das Selbstbewußtsein des Sohnes, der gewohnt war, unter den Spielkameraden tonangebend zu sein. Diese Stellung kann er seinen Mitschülern gegenüber aufgrund fehlender Sprachkenntnisse nicht einnehmen. Deshalb versucht er, sich mit anderen Mitteln Respekt zu verschaffen. Wer ihm nicht freiwillig gehorcht, wird aus geringfügigem Anlaß verprügelt, so z. B. wenn ihm beim Fußballspielen der Ball nicht sofort zugespielt wird.

Eines Tages kommen Sie nach der großen Pause ins Klassenzimmer und sehen, wie sich Luigi wieder mit einem Mitschüler streitet und ein Messer mit feststehender Klinge gezückt hat.

Relevanz: N = 54   MW 5.89   VAR 0.93   STA 0.96

7.8.4 Handlungsmöglichkeiten

zu 7.8.3.1

1. Sie antworten: „Die Ausländer nehmen aber auch die Dreckarbeit weg, die niemand machen möchte." (24%).
2. Sie sagen: „Entscheiden müssen hier wohl der Junge und der Architekt." (15%).
3. Sie fragen, ob es wohl nachteilig sei, einen Beruf erlernt zu haben (9%).
4. Sie fragen ihn, ob es in Spanien keine technischen Zeichner geben würde (17%).
5. Sie kümmern sich nicht um die Bemerkung, sondern allein darum, daß der Junge seinen Lehrvertrag bekommt (19%).
6. Sie beschweren sich beim Leiter des Arbeitsamts über den unfähigen Mitarbeiter (9%).
   oder: . . . (7%).

zu 7.8.3.2

1. Sie lassen die Angelegenheit auf sich beruhen und denken: „Türkische Mädchen müssen sich frühzeitig daran gewöhnen, daß sie geschlagen werden." (2%).
2. Sie bemühen sich um einen Gesprächstermin und unterhalten sich einmal mit dem Vater (13%).
3. Sie kümmern sich nicht weiter darum, fassen aber den Entschluß, vor der nächsten Party mit dem Vater zu sprechen (39%).
4. Sie schicken das Mädchen zum Schularzt und lassen überprüfen, ob Kindesmißhandlung vorliegt (0%).
5. Sie erkundigen sich in einem Einzelgespräch nach dem genauen Hergang der Mißhandlung, bevor Sie tätig werden (37%).

6. Sie besprechen den Fall mit Ihrem Rektor (0%).
   oder: . . . (9%).

zu 7.8.3.3

1. Sie versuchen, ihn vorübergehend vom Griechischunterricht zu befreien (37%).
2. Sie geben ihm keine Hausaufgaben auf (0%).
3. Sie sprechen mit der Klasse darüber, warum Pavlos manchmal so müde ist und lassen ihn schlafen (11%).
4. Sie sorgen dafür, daß der Junge ärztlich untersucht wird, denn vielleicht ist Pavlos nicht nur überfordert, sondern auch krank (11%).
5. Sie tun so, als würden Sie gar nicht merken, wie müde er ist und lassen ihn schlafen (2%).
6. Sie nehmen ihn laufend dran, damit er nicht einschlafen kann (2%).
   oder: . . . (37%).

zu 7.8.3.4

1. Sie nehmen sich vor, künftig mehr Rücksicht auf Esmeralda zu nehmen (31%).
2. Sie sprechen in Ruhe mit den Eltern und bitten für Esmeralda um Arbeitserleichterung (57%).
3. Sie setzen sich mit dem zuständigen Sozialarbeiter in Verbindung und bitten ihn, sich um die Familie zu kümmern (7%).
4. Sie unternehmen gar nichts; denn schließlich ist es in südlichen Ländern bei armen Leuten so Sitte, daß schon die kleinen Mädchen hart mitarbeiten müssen (0%).
5. Sie benachrichtigen den Kinderschutzbund (0%).
6. Sie lassen den Fall in einer Lehrerkonferenz diskutieren (2%).
   oder: . . . (2%).

zu 7.8.3.5

1. Sie setzen Kemal neben den besten Schüler der Klasse, damit er von diesem profitieren kann (11%).
2. Sie geben ihm dreimal in der Woche eine Stunde Deutsch und verzichten dabei auf ein Honorar (6%).
3. Sie bitten gute Schüler, innerhalb der regulären Studien mit Kemal bestimmte Dinge zu üben (39%).
4. Sie behandeln Kemal wie jeden anderen Schüler der Klasse und hoffen, daß er den Rückstand irgendwann aufholen wird (0%).
5. Sie sorgen dafür, daß er nachmittags mit älteren Schülern übt (13%).
6. Sie sprechen mit dem Bürgermeister und stellen den Antrag, daß die Gemeinde für ein Jahr drei Nachhilfestunden pro Woche finanziert (26%).
   oder : . . . (6%).

zu 7.8.3.6

1. Sie legen die beiden bei nächster Gelegenheit übers Knie und sagen ihnen, daß sie jederzeit wieder eine Tracht Prügel bekommen können (0%).

2. Sie sagen ihnen, daß deutsche Schüler auch nicht so oft den Unterricht stören und deshalb die Lehrer nicht zu schlagen brauchen (9%).
3. Sie fragen, ob sie Prügel haben möchten (31%).
4. Sie sagen, daß auch Sie schlagen können, aber nicht schlagen wollen (26%).
5. Sie sprechen mit den Eltern über die unterschiedlichen Erziehungsstile und bitten sie, auf die Jungen einzuwirken, daß sie den Unterricht nicht mehr stören (7%).
6. Sie bestrafen die beiden, indem Sie sie nachsitzen lassen (15%).
   oder: . . . (11%).

zu 7.8.3.7

1. Sie sagen ihm: „Wenn Sie neun Jahre zur Schule gegangen wären, würden Sie jetzt dreimal so viel verdienen." (0%).
2. Sie sagen ihm, daß früher das Leben einfacher war, heute alles komplizierter geworden sei und deshalb die Menschen länger zur Schule gehen müßten (11%).
3. Sie sagen ganz einfach: „Wir sind nicht auf Sizilien, Tino geht in Deutschland zur Schule, und wenn er nicht regelmäßig kommt, dann wird er von der Polizei geholt." (2%).
4. Sie versuchen, ihm zu erklären, wie wichtig ein Schulabschluß ist und daß in ein paar Monaten alles vorbei sei (80%).
5. Sie sagen: „Je mehr Tino jetzt lernt, desto mehr Geld wird er verdienen." (0%).
6. Sie weisen ihn darauf hin, daß es seine Schuld ist, wenn Tino den Hauptschulabschluß nicht schafft (6%).
   oder: . . . (2%).

zu 7.8.3.8

1. Sie sprechen mit der zuständigen Sozialarbeiterin, ob die jüngeren Geschwister in einem Kindergarten untergebracht werden können (35%).
2. Sie telefonieren mit dem Verwalter des Schlachthofs, bitten ihn, eine Ausnahme zu machen und Marias Mutter nur für die Spätschicht einzuteilen (4%).
3. Sie stellen gemeinsam mit Roberto und Maria individuelle Stundenpläne auf, die der besonderen Lage Rechnung tragen (0%).
4. Sie bitten Ihren Schulleiter um Rat (4%).
5. Sie sprechen mit den Eltern, um zu prüfen, ob nicht eine andere Person stundenweise auf die jüngeren Geschwister aufpassen kann (54%).
6. Sie wenden sich an das Pfarramt und erkundigen sich, ob der Familie in irgendeiner Weise geholfen werden kann (0%).
   oder: . . . (4%).

zu 7.8.3.9

1. Sie nehmen Luigi das Messer ab (15%).
2. Sie nehmen ihm das Messer ab und bemühen sich um einen Gesprächstermin mit dem Vater (31%).

3. Sie nehmen ihm das Messer ab und fragen nach dem Grund der Auseinandersetzung (31%).
4. Sie rufen einen Kollegen oder den Hausmeister zu Hilfe (0%).
5. Sie bitten Luigi um das Messer, melden aber den Vorfall dem Rektor (4%).
6. Sie sprechen mit den Schülern über verschiedene Möglichkeiten der Auseinandersetzung und nehmen Luigi das Messer nicht ab (2%).
oder: ... (17%).

7.9 Schwierigkeiten bei der Kleingruppenarbeit

7.9.1 Vorüberlegungen

Dieser Problemkreis befaßt sich mit den Auseinandersetzungen und Schwierigkeiten, die während der Kleingruppenarbeit auftreten. Da diese Form der Lernorganisation auch heute noch verhältnismäßig selten anzutreffen ist, wird dem Beitrag ein kurzes Nachdenken über den Wert der Kleingruppenarbeit vorausgeschickt.

Unterricht wird für die Schüler interessanter, wenn er sich in einem Wechsel verschiedener Formen der Lernorganisation vollzieht, wenn also je nach Aufgabenstellung zwischen Einzel-, Partner-, Kleingruppenarbeit und dem Unterricht in der Lerngruppe (Frontalunterricht) gewechselt wird, und wenn die Schüler unter bestimmten Voraussetzungen auch selbst entscheiden können, wie sie sich zum Lernen organisieren wollen.

Ein zweiter triftiger Grund für die Durchführung von Kleingruppenarbeit ergibt sich aus dem Vergleich zwischen einem Lerngruppen- und einem Kleingruppengespräch. Wenn ein Lehrer etwa 30 Minuten lang mit der gesamten Lerngruppe ein Gespräch führt, dann beansprucht er etwa zwei Drittel der Sprechzeit, also 20 Minuten, für sich. Das letzte Drittel, etwa 10 Minuten, entfällt auf die 30 Schüler, die – eine gleichmäßige Verteilung der Sprechzeit vorausgesetzt – nur 20 Sekunden zur Verfügung haben, in denen sie sich äußern können (vgl. *Borg* et al. 1970). So gesehen erscheint es nur allzu verständlich, wenn Schüler während des Unterrichts versuchen, ,,illegal" Gesprächskontakte zu pflegen, indem sie sich in den Augen des Lehrers geschwätzig verhalten und den Unterricht stören. In Wirklichkeit verläuft ein

Gespräch mit der ganzen Lerngruppe so, daß sich wenige leistungsstarke Schüler mehrmals zu Wort melden und weniger begabte oder
gehemmte Schüler keine Gelegenheit zu einem Beitrag haben bzw.
bewußt auf einen solchen verzichten.

Ein dritter Grund für den Einsatz von Kleingruppenarbeit liegt in
der Möglichkeit, soziale Fähigkeiten der Schüler zu entwickeln, so die
Fähigkeiten, Kontakte aufzunehmen, sie zu pflegen und auf die
Mitschüler einzugehen. Denn während der Kleingruppenarbeit wird
gemeinsam beraten, die Schüler helfen sich gegenseitig, erkennen den
Wert eines Beitrags für die Gruppe, planen und organisieren,
vergeben Teilarbeiten, wenden sich arbeitsteilig bestimmten Aufgaben zu, integrieren diese Teilergebnisse in die Gruppenarbeit, setzen
die Ergebnisse einer Bewertung aus und lernen so, die Leistungen
anderer zu akzeptieren, zu schätzen oder sie begründend abzulehnen
(vgl. *Becker* 1973, 35).

Ein weiterer Grund, der für die Durchführung von Kleingruppenarbeit spricht, ist die Tatsache, daß sich bestimmte Aufgaben
besser und schneller in einer Kleingruppe bearbeiten oder lösen
lassen, so z. B. wenn es darum geht, Vorkenntnisse oder Vorerfahrungen zu aktualisieren, möglichst viele Einfälle zu sammeln oder ein
Problem zu lösen.

Die Vorzüge der Kleingruppenarbeit sind eigentlich überzeugend,
und doch wird vor allem an weiterführenden Schulen höchst selten der
Unterricht in dieser Form organisiert, weil:

– viele Lehrer einem Input–Output-Denken unterliegen und versuchen, in
  einer bestimmten Zeit zuvor definierte Lernziele zu erreichen, ohne dabei
  die interaktionalen und kommunikativen Aspekte des Unterrichts zu
  berücksichtigen. Gruppenarbeit benötigt eine bestimmte Anlaufzeit, und
  deshalb ist das Risiko groß, bestimmte Lernziele nicht zu erreichen.
– Lehrer dazu neigen, die Schüler im Unterricht laufend zu kontrollieren.
  Wenn gleichzeitig in mehreren Kleingruppen gearbeitet wird, ist eine totale
  Kontrolle nicht mehr möglich. Das kann bei einigen Lehrern zusätzlich
  Unsicherheit schaffen.
– die meisten Unterrichtsmedien nicht auf Kleingruppenarbeit abgestimmt
  sind. Wählt ein Lehrer also diese Organisationsform, dann muß er sich
  besonders gründlich vorbereiten, den Stoff strukturieren, eine Abfolge von
  Lehr-Lern-Situationen konzipieren, entscheiden, welche der Situationen
  für Gruppenarbeit geeignet sind, Arbeitsaufträge formulieren und Materi-
  alien bereitstellen, damit die Schüler selbständig in Gruppen arbeiten
  können. Viele Lehrer scheuen den großen Arbeitsaufwand.
– viele Lehrer der Kleingruppenarbeit ziemlich fremd gegenüberstehen, sie
  diese Form der Lernorganisation in ihrer eigenen Schulzeit nicht kennengelernt haben, gar nicht oder nur unzureichend ausgebildet worden sind,
  geeignete Aufgaben auszuwählen, Arbeitsaufträge zu formulieren, Klein-

162

gruppenprozesse zu analysieren und bei auftretenden Auseinandersetzungen oder Schwierigkeiten angemessen zu intervenieren.

- Lehrer, die im Fachlehrersystem unterrichten und bestimmte Klassen nur für ein oder zwei Stunden pro Woche zu sehen bekommen, die Schüler einer direkten Kontrolle unterwerfen müssen, da es sonst zu erheblichen allgemeinen Disziplinschwierigkeiten kommt.
- viele Lehrer mit Kleingruppenarbeit schon schlechte Erfahrungen gemacht haben und die evtl. auftretenden Konflikte scheuen. Letztere lassen sich recht gut in Anlehnung an einen möglichen Prozeßablauf darstellen.

Gehen wir davon aus, daß die Kleingruppenarbeit folgende Phasen umfassen kann:

1 Begründung der Organisationsform durch den Lehrer (Metaunterricht)
2 Bildung der Kleingruppen
3 Kontaktaufnahme innerhalb der Kleingruppen
4 Erteilen des Arbeitsauftrags
5 Sichten des Arbeitsauftrags
6 Aussprache über den Arbeitsauftrag
7 Verteilung der Aufgaben innerhalb der Gruppe
8 Bearbeitung der Aufgaben (gemeinsam, in Partner- oder Einzelarbeit)
9 Einbringen der Teilergebnisse in die Kleingruppe
10 Ergebnisse innerhalb der Kleingruppe formulieren
11 Einbringen der Ergebnisse in die Lerngruppe –

dann kann es im Anschluß an diesen Prozeßablauf zu folgenden Konflikten kommen:

- Die Schüler weigern sich, in Kleingruppen zu arbeiten, weil sie mit dieser Organisationsform schlechte Erfahrungen gemacht haben.
- Einige Schüler weigern sich, mit bestimmten Schülern in einer Kleingruppe zusammenzuarbeiten, weil diese z. B. eine Außenseiterposition einnehmen.
- Die Mitglieder einer Kleingruppe sprechen erst mal über ganz andere Dinge als über den Arbeitsauftrag, über Dinge, die sie persönlich angehen oder interessieren.
- Der Arbeitsauftrag wird nicht akzeptiert, weil er uninteressant, zu einfach, zu schwierig oder unverständlich erscheint.
- Schüler sichten den Arbeitsauftrag erst gar nicht, weil es für sie wichtigere Dinge gibt.
- Die Mitglieder der Kleingruppe können sich auf kein gemeinsames Vorgehen einigen, es kommt deshalb zu Streitigkeiten.

- Bei der Verteilung der Aufgaben kommt es zu Schwierigkeiten, weil es attraktive und unattraktive Tätigkeiten gibt. Alle möchten z. B. einen bestimmten Versuch ausführen, niemand will schreiben.

- Die Bearbeitung der Aufgaben wird durch einzelne Schüler gestört, durch Schüler, die jede Aktivität blockieren, alles verneinen; durch Schüler, die sich maßlos überschätzen und ihre Person in den Vordergrund spielen; die nur ihre eigene Meinung gelten lassen; immer nur Unsinn im Kopf haben, die Gruppe zwar zum Lachen bringen, aber keinen weiteren Beitrag liefern; durch Schüler, die sich dominant verhalten; andere, die pausenlos ihre eigene Hilflosigkeit und/oder Unfähigkeit thematisieren oder durch engstirnige Schüler, die immer nur in eine bestimmte Richtung denken (vgl. *Berliner* 1972).

- Die Bearbeitung der Aufgaben wird durch andere Gruppen gestört, weil diese zu laut sind und so die Konzentrationsfähigkeit beeinträchtigen. Oder andere Gruppen stören bewußt, weil sie konkurrierenden, leistungstärkeren Gruppen die Ergebnisse neiden.

- Es kommt zu Schwierigkeiten innerhalb einer Kleingruppe, weil sich leistungsschwächere Schüler ganz auf die leistungsstärkeren verlassen.

- Die Gruppenmitglieder streiten sich im Hinblick auf bestimmte Teilergebnisse.

- Es gelingt der Gruppe nicht, ein gemeinsames Ergebnis zu formulieren.

- Man streitet sich darüber, wer das Gruppenergebnis vortragen muß bzw. vortragen darf.

- Die Darstellung der Ergebnisse in der Lerngruppe bereitet Schwierigkeiten, weil eine Gruppe nicht zum Zuge kommt, keine Zeit mehr zur Verfügung steht oder weil eine Gruppe die andere überbieten möchte.

Wo ergeben sich besondere Beziehungen zu den anderen Problemkreisen? Wenn eine Kleingruppe eine Absprache trifft, den Lehrer zu provozieren, ihn direkt anzugreifen oder die Kleingruppenarbeit zu boykottieren, dann werden die Problemkreise 7.2, 7.3 und 7.4 berührt. Ausgesprochen häufig läßt sich jedoch eine Querverbindung zu den Problemkeisen 7.5 und 7.6 herstellen, zur allgemeinen Disziplinlosigkeit und zum aggressiven Verhalten zwischen Schülern. Beteiligt sind außerdem Problemkreise wie Leistungsanspruch und Leistungsmessung (7.10), Lernschwierigkeiten (7.12), Schülerängste (7.13) oder mangelndes Interesse und Schulmüdigkeit (7.14). Kommt es zu einer Auseinandersetzung mit Kollegen oder dem Schulleiter hinsichtlich der Lehr- und Erziehungsstile, dann sind die Problemkreise 7.21 und 7.22 direkt berührt.

Die Ursachen für diese sehr zahlreichen Konflikte lassen sich wie folgt zusammenfassen: Einmal liegen sie zweifellos im organisatorischen Bereich, in der *Institution Schule.* Fachlehrer, denen es nicht gelingen kann, eine intensive Beziehung zu etwa 200 Schülern aufzubauen, müssen fast immer mit dieser Organisationsform Schiffbruch erleiden. Des weiteren gibt es einige Ursachen, die in der Person des *Lehrers* liegen, so z. B. Mängel in der Anlage, Steuerung und Auswertung der Gruppenarbeit (methodische Kompetenz), die fehlende Bereitschaft bzw. Möglichkeit, auf Schülerfragen und Schülerbeiträge einzugehen (Sachkompetenz), die mangelnde Bereitschaft, kognitiv akzentuierte Lernziele zugunsten sozialer Lernziele zurückzustellen (politische und soziale Kompetenz). Konflikte werden aber in erster Linie durch die *Schüler* in die Kleingruppenarbeit hineingetragen, weil sie mit persönlichen Schwierigkeiten zu kämpfen haben, sich nicht in die Kleingruppe integrieren können oder wollen, sie nicht gelernt haben, miteinander umzugehen oder den Wert der Kleingruppenarbeit generell in Frage zu stellen.

Auf der Suche nach einigen Leitlinien des Handelns stoßen wir zuerst auf Voraussetzungen und Bedingungen, welche Kleingruppenarbeit höchst fragwürdig erscheinen lassen: *Verzichten Sie auf die Durchführung von Kleingruppenarbeit, wenn Sie keine Gelegenheit haben, die Schüler näher kennenzulernen,* Sie z. B. nur für ein oder zwei Stunden pro Woche die Klasse unterrichten. Verzichten Sie außerdem auf die Kleingruppenarbeit, wenn sich in der Lerngruppe mehrere Schüler befinden, die immer wieder ein stark abweichendes Verhalten zeigen; denn diese Schüler sorgen in den Kleingruppen für Unruhe und für allgemeine Disziplinlosigkeit. Schließlich ist es wenig ratsam, Kleingruppenarbeit durchzuführen, wenn alle Kollegen, die ebenfalls in der betreffenden Klasse lehren, immer frontalunterrichtlich vorgehen. Kleingruppenarbeit setzt (1) also einen intensiven Kontakt zu den Schülern voraus, (2) Schüler, die sich zumindest für kurze Zeit in eine Gruppe integrieren können und (3) Kollegen, die dem Anliegen sozialen Lernens positiv gegenüberstehen. Sind diese drei Voraussetzungen und Bedingungen nicht erfüllt, werden die Schüler Ihre Versuche, sie in kleinen Gruppen arbeiten zu lassen, mißverstehen und mißbrauchen, d. h. eine willkommene Möglichkeit sehen, sich der Kontrolle des Lehrers im Unterricht zu entziehen und die plötzlich gewonnene Freiheit für unterrichtsfremde Aktivitäten zu nutzen.

Unter Berücksichtigung der vorgenannten Einschränkungen lassen sich dennoch einige Leitlinien formulieren:

Entwickeln Sie ein berufliches Selbstverständnis, indem Sie soziale Lernziele gleichrangig und gleichwertig neben die kognitiven Ziele stellen. Führen Sie aufgrund dieses Selbstverständnisses Kleingruppenarbeit durch, wenn sich diese Organisationsform von der Aufgabenstellung her anbietet.

Sprechen Sie mit jenen Kollegen, die ebenfalls in Ihrer Klasse unterrichten, über Ihr Anliegen. Bitten Sie die Kollegen – ohne dabei messianisch zu wirken –, von der Möglichkeit der Kleingruppenarbeit Gebrauch zu machen, damit es nicht zu einem abrupten Wechsel der Lehr- und Erziehungsstile mit den bekannten nachteiligen Folgen kommt.

Akzeptieren Sie Auseinandersetzungen, Belastungen und Schwierigkeiten vor allem in der Anfangsphase, also in den ersten Wochen und Monaten. Schließlich sollen Ihre Schüler etwas lernen, was die meisten Erwachsenen ebenfalls nicht oder nur sehr unvollkommen beherrschen: verständnisvoll miteinander umzugehen.

Führen Sie die Schüler stufenweise an die Kleingruppenarbeit heran, indem Sie vermehrt Partnerarbeit durchführen lassen und erst einmal das arbeitsgleiche Verfahren wählen, bevor Sie zu komplizierteren und zeitintensiveren arbeitsteiligen Verfahren übergehen.

Führen Sie zu Beginn einen Metaunterricht durch, und greifen Sie dieses metaunterrichtliche Anliegen immer wieder auf, sobald es erforderlich wird. Sprechen Sie mit den Schülern über Sinn, Zweck und Ziel des Gruppenunterrichts, über die Möglichkeiten und Vorzüge, die er bietet, aber auch über die Schwierigkeiten, die sich zwangsläufig einstellen müssen. Auf diese Weise lassen sich auch bei den Schülern zahlreiche Mißerfolgserlebnisse auffangen.

Geben Sie den Schülern immer wieder Gelegenheit, sich im Kleingruppengespräch zu üben, indem Sie auf grundlegende Fähigkeiten aufmerksam machen und entsprechende Aufgaben stellen, wie

den anderen ausreden lassen, ihm zuhören, sich vergewissern, ob man ihn verstanden hat, darauf achten, daß jeder etwas sagen kann, den Beitrag des anderen aufgreifen und weiterverwenden . . . (vgl. *Becker/Clemens-Lodde/Köhl* 1980, S. 141 ff.).

Üben Sie sich in der Beobachtung und Analyse von Gruppenprozessen auch außerhalb des Unterrichts, z. B. durch die Teilnahme an gruppendynamischen Veranstaltungen. Prüfen Sie jedoch kritisch, welche Anregungen und Spiele sich in den schulischen Bereich übertragen lassen. Denn der fundamentale Unterschied zwischen einer Trainingsgruppe und einer Lerngruppe besteht schließlich darin, ßaß von den Schülern in einer bestimmten Zeit Lernleistungen zu erbringen sind, die einer Beurteilung unterliegen und die über das schulische und berufliche Weiterkommen der Schüler entscheiden.

Anregungen:

Sprechen Sie über hier nicht genannte Auseinandersetzungen, Belastungen und Schwierigkeiten, die sich im Verlauf der Kleingruppenarbeit einstellen können.

Informieren Sie sich bitte eingehend anhand der Literatur über die Durchführung gruppenunterrichtlicher Verfahren sowie über mögliche Prozeßabläufe; denn diese anspruchsvolle Sozialform erfordert einen besonders qualifizierten Lehrer.

Einigen Sie sich auf eine bestimmte Altersstufe, auf ein Fach und auf ein Thema. Formulieren Sie dann drei Arbeitsaufträge, die Ihrer Meinung nach für Kleingruppenarbeit geeignet sind, und überprüfen Sie gemeinsam, ob es schon aufgrund der Formulierungen zu Schwierigkeiten kommen kann.

Wenn Sie über gruppendynamische Erfahrungen verfügen, sollten Sie die Unterschiede zwischen einer Trainingsgruppe und einer Schulklasse herausarbeiten.

7.9.2 Analysebeispiel

Konfliktbeschreibung auffassen

Es gibt wichtigere Dinge als den Arbeitsauftrag

Sicher können Sie nicht davon ausgehen, daß sich alle Kleingruppen einer Klasse sofort auf den Arbeitsauftrag stürzen und unverzüglich mit der Arbeit beginnen. Informelle Gespräche und einige andere Aktivitäten sollten Sie in der Anlaufphase tolerieren, doch stellt sich natürlich die Frage, wie lange so eine Anlaufphase dauern darf.

Am Vortag haben Sie für den Sozialkundeunterricht ein Arbeitsblatt erstellt, das nun in kleinen Gruppen bearbeitet werden soll. Nachdem die Blätter ausgeteilt worden sind, wenden sich fünf der sechs Kleingruppen dem Arbeitsauftrag zu, nur eine Gruppe denkt nicht an das Arbeitsblatt. Diese Schüler unterhalten sich auch noch nach einer Viertelstunde über die Aussichten der Nationalmannschaft bei der nächsten Fußballweltmeisterschaft.

Betroffenheit einschätzen

N = 54   MW 1.78   VAR 0.89   STA 0.95, Randkonflikt 2

Erstverhalten überlegen

Sie stehen nicht unter Zeit- und Handlungsdruck, sondern ·können sich überlegen, wie Sie an die Schülergruppe herantreten, um diese zur Mitarbeit zu bewegen.

Methode festlegen B

Nach den Ursachen fragen

Die Schüler arbeiten nicht mit, weil:
– die Fußballweltmeisterschaft für sie interessanter als der Arbeitsauftrag ist
– mehrere Fußballfans in der Gruppe sind
– der Arbeitsauftrag Schwierigkeiten bereitet
– eine negative Grundhaltung dem Fach Gemeinschaftskunde gegenüber vorherrscht
– die Schüler ihren Lehrer aus irgendeinem Grund provozieren möchten
– sie schon müde sind

Perspektive wechseln

Als *Lehrer* fühlen Sie sich für den Lernfortschritt der Schüler verantwortlich; außerdem kommen die Schüler Ihrer Aufforderung nicht nach, sich mit dem Arbeitsauftrag zu befassen. Die *Schülergruppe* steht dem Arbeitsauftrag offensichtlich gleichgültig gegenüber, findet das Thema Fußballweltmeisterschaft interessanter, kann nicht verstehen, daß sich die anderen Gruppen so eifrig dem Arbeitsauftrag zuwenden. Vielleicht haben einige Schüler der Gruppe ein schlechtes Gewissen, daß sie sich nicht um den Auftrag kümmern. Die anderen *Schülergruppen* fühlen sich bei der Arbeit gestört, kommen sich entsetzlich brav vor oder kümmern sich nicht um die Gruppe.

Handlungsmöglichkeiten suchen

1 sich zu den Schülern setzen und mitdiskutieren
2 die Gruppe weiterdiskutieren lassen; wenn fünf von sechs Gruppen arbeiten, ist das doch schon recht gut
3 die Gruppe auf die Notwendigkeit der Arbeit hinweisen
4 mit allen Schülern über das Verhalten der Gruppe sprechen
5 die Gruppe darauf aufmerksam machen, daß andere Gruppen gestört werden könnten

6 der Gruppe ein Pausengespräch anbieten

7 der Gruppe eine Strafe androhen

8 die Gruppe auflösen, die Schüler auf andere Gruppen verteilen

9 sich dazusetzen, auf den Arbeitsauftrag hinweisen und die Anlaufphase mitgestalten

10 die Schüler fragen, ob der Arbeitsauftrag zu schwierig sei

11 an die Tafel schreiben: „Gruppe III, bitte mit der Arbeit
beginnen."

12 auf die anderen fleißigen Gruppen aufmerksam machen

13 die Gruppe bitten, ihr Teilergebnis vorzutragen

14 die Schülergruppe nonverbal zur Arbeit anhalten, z. B. Kugelschreiber in die Hand drücken, auf das Arbeitsblatt deuten

15 der Gruppe sagen: „Wer fertig ist, darf schon in die Pause."

16 oder: „Die Ergebnisse werden eingesammelt und benotet."

17 oder: „Wenn Euer Ergebnis hervorragend ist, dann schenke ich
Euch Eintrittskarten für das nächste Bundesligaspiel."

18 oder: „Wenn Ihr fertig seid, dürft Ihr Fußball spielen."

19 eine Ich-Botschaft senden: „Ich habe mir so viel Mühe mit dem
Arbeitsauftrag gegeben, und Ihr arbeitet jetzt gar nicht daran, das
finde ich unfair von Euch."

20 eine Verbindung zwischen dem Arbeitsauftrag und der Fußballweltmeisterschaft herstellen

Handlungsmöglichkeiten prüfen

1 + dadurch werden die anderen Gruppen nicht gestört; 2 −
schließlich handelt es sich um einen Sozialkunde-Unterricht; 3 + in
Verbindung mit 1; 4 − kommt nicht in Frage, dadurch werden alle
anderen Gruppen aus der Arbeit herausgerissen; 5 − wird die
Fußballfans kaum stören; 6 + − kann in Betracht gezogen werden,
aber das Fußballthema ist jetzt so interessant; 7 − es kommt nicht
darauf an, die Gruppe zu bestrafen, sondern es kommt darauf an, die
Gruppe an den Arbeitsauftrag heranzuführen; 8 − Überreaktion; 9 +;
10 + wäre in 9 enthalten; 11 − stört die anderen Gruppen bei der
Arbeit; 12 − das kann auch eine Trotzhaltung hervorrufen; 13 − damit
werden die Schüler zwar unter Druck gesetzt, doch ist die Aufforderung überflüssig, weil Sie ja genau wissen, daß noch kein Teilergebnis
vorliegt; 14 − wirkt etwas verkrampft, da kann man auch mit den
Schülern leise sprechen; 15 − kann alle Gruppen zu mangelnder
Sorgfalt verleiten; 16 − Schüler werden unter Druck gesetzt, extrin-
sisch motiviert; 17 − könnte teuer werden; 18 − Sie sollten die Schüler

nicht noch belohnen; 19 – kann gefährlich werden, indem die Schüler denken oder sagen: „Das ist doch ihr Problem"; 20 + – sofern dies möglich ist, doch wirken solche Versuche häufig verkrampft.

Handlungsfolge konzipieren

Sich dazusetzen, mitdiskutieren, nach kurzer Zeit auf den Arbeitsauftrag hinweisen. Anlaufphase mitgestalten, etwaige Schwierigkeiten ausräumen. Lernhilfen geben, warten, bis die Gruppe selbständig weiterarbeitet. Sich nach wenigen Minuten erneut der Gruppe zuwenden und überprüfen, ob die Aufgabenstellung auch wirklich verfolgt wird.

Oder würden Sie ganz anders handeln?

7.9.3 Konfliktbeschreibungen

Beginnen Sie erst mit der Konfliktanalyse,
nachdem Sie die Kapitel 5 und 6 bearbeitet haben!

7.9.3.1 Der Arbeitsauftrag bereitet Schwierigkeiten

Während des Mathematikunterrichts möchten Sie einige Aufgaben durch die Schüler in Kleingruppenarbeit lösen lassen. Die Aufgaben bauen aufeinander auf. Wie Sie den Zwischenergebnissen entnehmen können, kommen drei der fünf Gruppen zügig voran, die anderen beiden Gruppen machen jedoch keine Fortschritte. In der einen Gruppe wird es ziemlich laut, weil man sich über das Vorgehen streitet, und in der anderen Gruppe haben die Schüler offensichtlich einen falschen Weg eingeschlagen. Diese Schüler rechnen zwar eifrig, aber alle Zwischenergebnisse sind falsch.
Relevanz: N = 54 MW 1.07 VAR 0.94 STA 0.97

7.9.3.2 „Niemand will schreiben" ·

Für die Schüler Ihres sechsten Schuljahres haben Sie eine Bildergeschichte vervielfältigt. Die Kleingruppen erhalten den Auftrag, über die Bilderfolge zu sprechen und eine Geschichte zu formulieren, so daß ein Rollenspiel möglich ist. Dieser Arbeitsauftrag erfordert viel

170

Schreibarbeit, weil eine Darstellung mit verteilten Rollen und Sprechtext notwendig wird.

Nach etwa zehn Minuten wird in fast jeder Gruppe gearbeitet. Nur in einer Gruppe kommt es zu einer ziemlich lauten Auseinandersetzung. Als Sie sich nach dem Grund erkundigen, sagt Ihnen ein Schüler: „Niemand will schreiben."

Relevanz: N = 54 MW 1.22 VAR 0.78 STA 0.88

7.9.3.3 „Das geht in unserer Klasse nicht"

Sie möchten im achten Schuljahr in den Fächern Deutsch und Englisch die Schüler in Kleingruppen arbeiten lassen. Die Schüler kennen diese Form der Lernorganisation offensichtlich schon und haben einige Vorerfahrungen gesammelt.

Sie halten einen Metaunterricht – einen Unterricht über Unterricht – in dessen Verlauf Sie den Schülern erklären, warum Sie die Kleingruppenarbeit für sinnvoll halten. Da meldet sich der Klassensprecher und sagt: „Das hat Herr F. schon einmal bei uns versucht. Da wurde es ziemlich laut, dann ging alles drunter und drüber. Und schließlich wurden die Tische wieder umgestellt. Herr F. hat dann weiterunterrichtet und gemeint, das ginge in unserer Klasse nicht." Die anderen Schüler pflichten ihrem Klassensprecher bei.

Relevanz: N = 54 MW 1.30 VAR 1.12 STA 1.06

7.9.3.4 Eine Gruppe spaltet sich

Sie geben den sechs Kleingruppen Ihrer achten Klasse Arbeitsaufträge. Fünf der sechs Gruppen wenden sich sofort den Aufträgen zu, nur in einer Gruppe kommt es zu einer ernsten Auseinandersetzung, in deren Verlauf auch einige Schimpfwörter fallen. Schließlich nehmen zwei Mädchen aus dieser Gruppe ihre Hefte und Atlanten und setzen sich – ohne Sie zu fragen – an einen anderen Tisch. Als Sie die beiden an ihren selbstgewählten neuen Plätzen aufsuchen, stellen Sie fest, daß sie sich dem Arbeitsauftrag zuwenden.

Relevanz: N = 54 MW 1.37 VAR 0.61 STA 0.78

7.9.3.5 Ein kreatives Gruppenmitglied

Sie haben in einem achten Schuljahr im Geographieunterricht zur Erarbeitung der antropo- und physiogeographischen Daten eines afrikanischen Landes Kleingruppen bilden lassen. Die einzelnen Gruppen sollen über die Wirtschaft des Landes, die Morphologie, die klimatischen Bedingungen sowie über die kulturellen Aspekte berichten.

Nach einer Weile fällt Ihnen auf, daß die Kulturgruppe schon wieder Streitigkeiten zu haben scheint; teils hören Sie unterdrücktes Gelächter, teils aggressives Zischeln. Sie nähern sich der Gruppe und hören zu:

„Aber Leute, das ist doch von gestern! Der moderne Kanibale frißt doch Nes-Mensch, das müßt Ihr schreiben."

„Mensch, Walter, hör doch auf."

„Der Tchibo-Experte im Dschungel könnte doch gar nicht überleben."

„Du solltest lieber mal was Vernünftiges tun, z. B. Protokoll führen."

„Wieso, dafür halte ich Euch doch bei Stimmung."

„Wenn Du nicht sofort ruhig bist, kannst Du alleine arbeiten."

„Jawoll! Melde gehorsamst, Lumumba bricht Flucht ab und hilft weiße Massa arbeiten."

Einige Schüler lachen, andere drehen sich zu Ihnen um und einer sagt: „Der Walter macht immer bloß Quatsch!"

(Vgl. *Becker/Dietrich/Kaier* 1978, S. 91.)

Relevanz: N = 54   MW 1.59   VAR 1.38   STA 1.17

7.9.3.6 Kooperationsprobleme

In der Chemiestunde lassen Sie im achten Schuljahr in Kleingruppen ein Experiment durchführen. Plötzlich kommt es in einer Gruppe zu einer Schlägerei, bei der ein Reagenzglas zu Bruch geht. Sie gehen auf die betreffenden Schüler zu, fragen nach dem Grund der Auseinandersetzung und erhalten zur Antwort: „Der Peter will immer alles alleine machen, der läßt uns nie ran."

Relevanz: N = 54   MW 3.06   VAR 0.77   STA 0.88

7.9.3.7 Frank stört immer

Seit einigen Wochen führen Sie in Ihrem siebten Schuljahr Kleingruppenarbeit durch. Die Arbeit verläuft nach einigen Anfangsschwierigkeiten erwartungsgemäß, nur in einer Gruppe kommt es immer wieder zu Schwierigkeiten. In dieser Gruppe ist Frank. Er kann sich offensichtlich kaum konzentrieren, ist nicht bereit oder in der Lage, einen Arbeitsauftrag auch nur durchzulesen, leistet nach Aussagen seiner Mitschüler keine konstruktiven Beiträge, sondern versucht pausenlos, die Arbeit der anderen zu stören, indem er Bücher versteckt, Protokolle zerreißt, die Mitschüler mit spitzen Gegenständen sticht u. a. m. Schließlich möchten die unmittelbar betroffenen Schüler nicht mehr mit ihm zusammenarbeiten. Sie kommen zu Ihnen und fordern: „Wir wollen den Frank nicht mehr in unserer Gruppe, der macht immer nur Blödsinn."

Relevanz: N = 54 MW 3.98 VAR 0.81 STA 0.90

7.9.3.8 Zwei Gruppen bekriegen sich

Sie unterrichten in einem siebenten Schuljahr die Fächer Deutsch, Geschichte und Sozialkunde und lassen die Klasse häufig in kleinen Gruppen zusammenarbeiten. In den letzten Wochen beobachten Sie zwischen zwei Gruppen eine zunehmende Rivalität, die sich im Unterricht offen äußert. Wenn Sie z. B. verschiedene Arbeitsaufträge an die Gruppen richten, dann bemühen sich beide Gruppen um denselben Auftrag, obwohl sie genau wissen, daß nur eine Gruppe den Auftrag bekommen kann. Wenn Sie eine der beiden Gruppen bitten, ein Arbeitsergebnis mitzuteilen, dann fühlt sich die andere gleich benachteiligt und äußert den Wunsch, das Ergebnis vortragen zu dürfen. Und wenn Sie die Ergebnisse einer Gruppe loben, dann kommen prompt aus der anderen einige abwertende Bemerkungen.

Sie haben diesem Verhalten keine große Bedeutung beigemessen und gehofft, daß die Gruppen sich einigen würden. Doch als Sie eines Tages nach der großen Pause ins Klassenzimmer kommen, sehen Sie, wie beide Gruppen aufeinander einschlagen. Dabei handelt es sich nicht nur um eine der üblichen kleinen Raufereien, sondern um eine handfeste Schlägerei.

Relevanz: N = 54 MW 4.44 VAR 0.70 STA 0.84

7.9.4 Handlungsmöglichkeiten

zu 7.9.3.1

1. Sie bitten die Schüler der ersten Gruppe, leise miteinander zu sprechen und sagen, daß mit zunehmender Lautstärke nicht auch die Qualität der

Gedanken zunimmt. Der anderen Gruppe geben Sie einen Hinweis (22%).

2. Sie fassen beide Gruppen zusammen und erklären den Schülern, wie sie die erste Teilaufgabe rechnen müssen (17%).
3. Sie fassen beide Gruppen zusammen und fragen die Schüler nach ihren Lernschwierigkeiten (24%).
4. Sie fassen beide Gruppen zusammen und lassen die erste Teilaufgabe von jenem Schüler an der Tafel vorrechnen, dem Sie am meisten zutrauen (6%).
5. Sie schicken jeweils einen guten Rechner aus jenen Gruppen, die schon fast fertig sind, in die beiden Gruppen (19%).
6. Sie bitten die eine Gruppe um mehr Ruhe und lassen die andere weiterhin eifrig rechnen, bis die anderen Gruppen fertig sind und die Aufgaben vorrechnen (4%).
   oder: . . . (9%).

zu 7.9.3.2

1. Sie ordnen an, daß alle schreiben (7%).
2. Sie lassen das Los entscheiden (11%).
3. Sie sagen den Schülern, daß sie ruhig auf das Schreiben verzichten könnten, wenn sie in der Lage wären, das Rollenspiel ohne Unterlagen vorzutragen (35%).
4. Sie schlagen ein rollierendes System vor, so daß jeder einmal drankommt (41%).
5. Sie geben der Gruppe ein Tonband, mit dessen Hilfe die Gespräche aufgezeichnet und später abgehört werden können (0%).
6. Sie versprechen demjenigen, der schreibt, eine Belohnung, z. B. eine Tafel Schokolade (0%).
   oder: . . . (6%).

zu 7.9.3.3

1. Sie versuchen, eine Pro-Kontra-Diskussion über Gruppenarbeit anzuregen (19%).
2. Sie versuchen, den Schülern Mut zu machen, indem Sie ihnen gut zureden (2%).
3. Sie sagen den Schülern, Sie würden eine Methode kennen, bei der Kleingruppenarbeit mit Sicherheit gut läuft und alle Schüler gern mitmachen (4%).
4. Sie fragen die Schüler nach den möglichen Ursachen des Mißerfolgs (69%).
5. Sie sagen den Schülern, daß sie nun etwas älter geworden und nun für eine solche Methode reif genug sind (2%).
6. Sie richten sich dieses Mal nach dem Wunsch der Schüler, um sich Zeit zum Nachdenken zu verschaffen (2%).
   oder: . . . (4%).

zu 7.9.3.4

1. Sie nehmen den Vorfall zum Anlaß, um später mit der ganzen Klasse über Kooperationsprobleme zu diskutieren (9%).

2. Sie kümmern sich gar nicht um die beiden, sondern warten erst mal ab, ob sich die Gruppe am nächsten Tag wieder zusammenfindet (63%).
3. Sie fragen erst die beiden Mädchen und dann die vier anderen Schüler nach dem Grund der Trennung, vergleichen die Aussagen miteinander und treffen dann Ihre Entscheidung (6%).
4. Sie fordern die beiden Mädchen auf, in die Gruppe zurückzugehen (0%).
5. Sie lassen beide Teilgruppen ihre Arbeitsergebnisse vortragen und fordern die anderen Schüler auf, diese zu vergleichen (4%).
6. Sie fassen alle sechs Schüler zusammen und lassen den Vorfall diskutieren (13%).
   oder: ... (6%).

zu 7.9.3.5

1. Sie stellen Walter ein Buch zur Verfügung und beauftragen ihn, ein Kurzreferat über Lumumba zu halten (15%).
2. Sie stellen Walters Verhalten in der Gruppe zur Diskussion (9%).
3. Sie drohen ihm eine „Strafversetzung" in den Dschungel an (17%).
4. Sie fordern ihn auf, alle lustigen Einfälle mitzuschreiben und bei der nächsten Klassenfeier als Kabarettist aufzutreten (19%).
5. Sie drohen mit einem Klassenbucheintrag (0%).
6. Sie machen ihn darauf aufmerksam, daß sein Verhalten bei den Mitschülern nicht ankommt (20%).
   oder: ... (20%).

zu 7.9.3.6

1. Sie lassen Peter allein experimentieren (7%).
2. Sie ordnen an, daß Peter für den Rest der Stunde nur zuschauen darf (9%).
3. Sie ordnen an, daß Peter für die nächsten fünf Stunden nur zuschauen darf (2%).
4. Sie fordern Peter auf, die Scherben zu beseitigen und das Reagenzglas zu bezahlen (13%).
5. Sie stellen ein neues Glas zur Verfügung und ermahnen die Schüler, sich zu vertragen (17%).
6. Sie ignorieren den Vorfall, lassen die Schüler ratlos ohne Reagenzglas zurück, indem Sie ihnen kein neues geben, fragen aber die Gruppe später nach ihrem Ergebnis (9%).
   oder: ... (43%).

zu 7.9.3.7

1. Sie führen mit Frank ein Einzelgespräch (52%).
2. Sie bemühen sich für ihn um eine therapeutische Betreuung (0%).
3. Sie bitten eine andere Kleingruppe, Frank aufzunehmen und hoffen, daß er sich in diese Gruppe besser einfügen wird (6%).
4. Sie fordern Frank auf, sich allein an einen Tisch zu setzen und erteilen ihm Aufgaben, die Sie häufig überprüfen (4%).

5. Sie fragen Ihre Kollegen, die ebenfalls in der Klasse unterrichten, welche Erfahrungen sie mit Frank gesammelt haben, um dann später eine Entscheidung zu treffen (31%).

6. Sie reden mit Franks Eltern, um mehr über die Ursachen des Verhaltens zu erfahren (2%).
oder: ... (6%).

zu 7.9.3.8

1. Sie versuchen erst einmal, die beiden Gruppen zu trennen (72%).
2. Sie bitten die beiden Gruppen, zu der Schlägerei Stellung zu nehmen (13%).
3. Sie stellen die Gruppen neu zusammen, indem Sie Schüler aus beiden Gruppen in die neuen integrieren (4%).
4. Sie fordern die beteiligten Schüler auf, sich erst mal in Ruhe zu überlegen, wie es zu dieser Schlägerei gekommen ist (4%).
5. Sie bitten die nicht beteiligten Schüler, ihre Beobachtungen mitzuteilen (0%).
6. Sie lösen alle sechs Kleingruppen auf und stellen sie neu zusammen, indem das Los über die Gruppenzugehörigkeit entscheiden soll (0%).
oder: ... (7%).

7.10 Leistungsbeurteilung

7.10.1 Vorüberlegungen

Schule und Unterricht sind im Bewußtsein vieler Schüler ausschließlich dazu da, den Leistungsansprüchen der Lehrer und Eltern gerecht zu werden. So sehr man sich auch gegen eine solche Sichtweise von Schule sträuben mag, so muß doch akzeptiert werden, daß im Unterricht gelehrt und gelernt wird, Lernfortschritte überprüft, Lernleistungen gemessen und Lernerfolge bzw. Mißerfolge registriert werden, die für den einzelnen Schüler lebensentscheidend sein können.

Fast alle Schüler möchten Lehrer und Eltern nicht enttäuschen, Lernleistungen bringen, die den Ansprüchen genügen und schließlich jene Berechtigungen erwerben, die erforderlich sind, um die in Aussicht genommene Lehrstelle, den Ausbildungs- oder Studienplatz zu erhalten. Zu Auseinandersetzungen, Belastungen und Schwierigkeiten kommt es immer dann, wenn Schüler die Leistungsansprüche nicht erfüllen können, einen zu hohen Anspruch an sich selbst stellen oder wenn sie sich ungerecht beurteilt fühlen.

Die Konfliktkonstellationen dieses Problemkreises sind zahlreich und breit gestreut:
- ein Schüler sagt dem anderen vor,
- ein Schüler schreibt vom anderen ab,
- ein Schüler verpetzt seinen Mitschüler, weil dieser abgeschrieben haben soll,
- ein Schüler fertigt sich einen Spickzettel, der während der Arbeit vom Lehrer entdeckt wird,
- bestimmte Schüler fehlen immer dann, wenn eine Arbeit geschrieben werden soll,
- Schüler kommen regelmäßig zu spät, wenn eine Arbeit ansteht,
- die Klasse weigert sich, eine Arbeit zu schreiben,
- die Schüler bitten, den Termin der Arbeit zu verschieben,
- ein Schüler gibt während der Klassenarbeit einen für alle vernehmbaren deutlichen Hinweis,
- Schüler arbeiten während der Klassenarbeit mit Klopfzeichen, z. B. einmal Klopfen bedeutet Komma, zweimal bedeutet Punkt . . .,
- Schüler bitten während eines Diktats um die Wiederholung bestimmter Stellen, nur um Zeit zum Abschreiben zu gewinnen,
- ein Schüler verliert die Nerven, ist blockiert und schreibt die Arbeit nicht mehr mit,
- ein Schüler verbessert seine Arbeit, nachdem sie schon korrigiert worden ist,
- Schüler fälschen die Unterschriften ihrer Eltern, weil sie sich häuslichen Ärger ersparen möchten,
- Schüler beschweren sich beim Lehrer über die Art der Aufgabenstellung, darüber, daß die Zeit zu knapp bemessen war o. a. m.,
- Schüler empfinden die Benotung als ungerecht, sind der Meinung, eine bessere Note verdient zu haben,
- Eltern beschweren sich beim Lehrer, glauben, ihr Kind sei ungerecht benotet worden und machen den Versuch, eine bestimmte Note beim Verwaltungsgericht einzuklagen,
- Kollegen sind mit der Benotung nicht einverstanden, sind der Auffassung, daß der Kollege zu streng oder zu gutmütig ist.

Von diesem sehr zentralen Problemkreis lassen sich Verbindungen zu den Provokationen und Regelüberschreitungen (7.2) herstellen, wenn Schüler z. B. mit unerlaubten Hilfsmitteln arbeiten, zu den Schülerabsprachen (7.3), wenn Schüler vereinbaren, einen Leistungsanspruch nicht zu erfüllen, und zu den Angriffen auf den Lehrer (7.4), sofern sich Schüler ungerecht beurteilt fühlen und die Ursache für ihren Mißerfolg auf ein bestimmtes Verhalten des Lehrers zurückführen. Eine Querverbindung zum Problemkreis 7.6 ergibt sich, wenn ein konkurrierendes Verhalten in der Lerngruppe zu aggressiven Handlungen zwischen den Schülern ausartet. Direkte Verbindungen lassen sich zur Hausaufgabenproblematik (7.11), den Lernschwierigkeiten (7.12) und Schülerängsten (7.13) herstellen, weiterhin zur Schulmüdigkeit (7.14) bei gehäuft auftretenden Mißerfolgserlebnissen. Sind Eltern, Kollegen, Schulleiter oder Schulaufsichtsbeamte an den Auseinandersetzungen beteiligt, dann ergeben sich Beziehungen zu den Problemkreisen 7.21 bis 7.24.

Die Ursachen für die Auseinandersetzungen, Belastungen und Schwierigkeiten sind allgemeiner und spezifischer Art. Sie überlagern sich zumeist, und es wäre verfehlt, wollte man einem Verursachungskomplex Priorität einräumen. Sehr grob lassen sich allgemeine gesellschaftliche Ursachen, bildungspolitische, schulische sowie jene spezifischen Ursachen unterscheiden, die in der Person des Lehrers oder des Schülers zu suchen sind. Folgende Überlegungen können zur Klärung der Konfliktursachen im Bereich der Leistungsmessung beitragen:

– Die industrielle Leistungsgesellschaft in der Bundesrepublik Deutschland muß einen hohen Leistungsanspruch stellen, um auch international konkurrenzfähig zu bleiben. Eine intensive Exportwirtschaft benötigt qualifizierte Fachkräfte zur Produktionssteigerung und -optimierung. Industrie- und Wirtschaftsverbände sehen sich deshalb legitimiert, hohe Ansprüche an das Bildungssystem zu stellen, da die Grundlage für eine berufliche Qualifizierung nun einmal in der Schule gelegt wird. Hier besteht auch ein direkter Zusammenhang zwischen Konjunkturschwankungen und konjunkturpolitischen Maßnahmen einerseits und dem Angebot an Lehrstellen, Ausbildungs- und Studienplätzen andererseits.
– Das Bildungssystem in der Bundesrepublik Deutschland ist durch ein Berechtigungswesen gekennzeichnet. In der Schule erworbene Berechtigungen sind für das berufliche Fortkommen von zentraler Bedeutung, der Schulerfolg entscheidet mit über die spätere soziale Position und das Mindesteinkommen. Eltern haben deshalb den verständlichen Wunsch, die Zukunft ihrer Kinder durch in der Schule erworbene Berechtigungen abzusichern.
– Die Schule in ihrer derzeitigen Struktur richtet immer wieder an viele Schüler Leistungsanforderungen, denen diese nicht gewachsen sein können. So besuchen zahlreiche Schüler eine Schulart oder Jahrgangsklasse, die ihren Interessen und Lernfähigkeiten nicht entspricht. Eine Umschulung oder Neueinstufung kommt wegen des Berechtigungswesens nur dann in Betracht, wenn der betreffende Schüler den Leistungsansprüchen in keiner Weise mehr gerecht wird. Sie wird durch mangelnde Durchlässigkeit und durch das Stigma des Sitzenbleibens noch erschwert.

Schüler tragen immer wieder zum Auftreten zahlreicher Konflikte
bei, weil sie:

– sich dem Leistungsanspruch nicht gewachsen fühlen, dem Druck ausweichen
wollen und deshalb versuchen, sich durch Mogeln Vorteile zu verschaffen.
– den Erwartungshaltungen der Eltern und Lehrer gerecht werden möchten.
So wollen sie ihre Eltern nicht enttäuschen und auch dem Lehrer zeigen, daß
seine Lehrbemühungen erfolgreich waren.
– den Lehrer mit seinem Leistungsanspruch als gemeinsamen Feind betrachten, gegen den es zu kämpfen gilt. So kommt es manchmal zu verständlichen
Solidarisierungsbestrebungen, zum Austausch von Informationen während
einer Klassenarbeit oder zum Versuch, während der mündlichen Leistungsüberprüfung vorzusagen.
– sich der Konkurrenz innerhalb der Lerngruppe ausgesetzt fühlen. So möchte
z. B. der Klassenprimus wieder die beste Arbeit schreiben, konzentriert sich
voll auf die Aufgaben und hält jede Information zurück – was ihm den Ruf
eines Strebers einbringt –, während die leistungsschwachen Schüler versuchen, wenigstens diesmal nicht aus der Gruppennorm herauszufallen, dieses
Mal nicht der ‚schlechteste‘ Schüler zu sein.
– sich auf die Situation der Leistungsmessung unzureichend vorbereiten, zu
wenig oder überhaupt nicht lernen, obgleich sie lernen könnten, z. B. ein
attraktives Freizeitangebot dem Lernen für eine Klassenarbeit vorziehen.
– sich auf die Situation der Leistungsmessung nicht vorbereiten können, weil
z. B. kumulierte Vorkenntnislücken oder fehlende Arbeitstechniken eine
effektive Vorbereitung unmöglich machen.

Aber auch die Lehrer vermehren durch fragwürdige Einstellungen
und methodisches Fehlverhalten das Konfliktpotential beträchtlich,
indem sie:

– unreflektiert jene Leistungsansprüche an die Schüler stellen, die durch die
Leistungsgesellschaft, die amtlichen Lehrpläne oder durch die Eltern an sie
herangetragen werden.
– schulische Leistungen in ihrem Wert generell überschätzen. Das ist vor allem
bei jenen Lehrern zu beobachten, die im Leben nur die Schule kennengelernt haben, zur Schule gingen, die Hochschule besuchten, um nun wieder in
der Schule tätig zu sein.
– jede Gelegenheit wahrnehmen, um die Schüler unter Druck zu setzen, auf
die nächste Klassenarbeit, die Note, das Klassenziel, den Schulabschluß oder
das Abitur hinweisen – die aus der gesicherten Position des Beamten auf
Lebenszeit die Schüler verunsichern, indem sie auf die wenigen Lehrstellen
oder den Numerus clausus aufmerksam machen.
– Situationen der Leistungsmessung als Disziplinierungsmittel mißbrauchen
(was übrigens oft auch für das Erteilen von Hausaufgaben zutrifft).
– Klassenarbeiten und mündliche Leistungskontrollen nicht ausreichend im
Unterricht vorbereiten, sondern Leistungsmessungen bei Lerninhalten
durchführen, die noch nicht gelernt werden konnten.
– Klassenarbeiten nachlässig korrigieren oder subjektive Einflußfaktoren und
Urteilstendenzen ihre Notengebung stark beeinflussen, wie z. B. der

Halo-Effekt, der Milde- oder der Strenge-Effekt, logische Fehler, Sympathie oder Antipathie, Vorurteile oder besondere Stimmungslagen:

„Halo-Effekt: der Lehrer hat bei seiner Beurteilung die Tendenz, sich von einer auffälligen Eigenschaft leiten zu lassen und von dieser auf alle anderen zu schließen.

Mildefehler: der Lehrer neigt dazu, eher gute als schlechte Noten zu geben (auch Hochbeurteiler genannt).

Strengefehler: der Lehrer neigt zur strengen Zensierung, gibt also vorzugsweise schlechtere Noten (auch Tiefbeurteiler genannt).

Logische Fehler: der Lehrer ist der Überzeugung, daß zwei an sich unabhängige Merkmale voneinander abhängen oder sich gegenseitig bedingen (Fehlschluß von der Rechtschreibung auf die Intelligenz eines Schülers).

Sympathie und Antipathie: der Lehrer läßt sich – vielfach unbewußt – von seiner affektiven Zu- oder Abneigung einem Schüler gegenüber leiten und bevorteilt oder benachteilt ihn.

Vorurteile: der Lehrer läßt sich von vorgefaßten Ansichten über den Schüler beeinflussen, ohne über ihn ausreichend informiert zu sein (z. B. Vorurteile gegenüber Schülern, deren Geschwister der Lehrer bereits kennt).

Akute Affekte: Hierbei beeinflußt ein akuter Affekt wie Ärger oder Freude die Zensierung; bei Freude wird wohlwollend, bei Ärger wird streng zensiert" (*Aschersleben* 1979, S. 224 f).

Abschließend wird der Versuch unternommen, aus den zahlreichen Ursachen einige Leitlinien für das pädagogische Handeln abzuleiten:

Unterwerfen Sie sich nicht unkritisch einer Leistungsideologie.
Relativieren Sie die Leistungsansprüche, welche durch Gesellschaft, Industrie- und Wirtschaftsverbände, aber auch durch die Eltern an die Schüler herangetragen werden.

Verzichten Sie auf die Überbewertung schulischer Leistungen.
Bemühen Sie sich um eine umfassende Bildung Ihrer Schüler, die sich nicht nur einseitig an kognitiven Lernzielen orientiert, sondern auch sozio-emotionale und psychomotorische Komponenten berücksichtigt.

Stellen Sie gerechtfertigt erscheinende Leistungsansprüche unter Berücksichtigung des individuellen Leistungsvermögens. Setzen Sie nach Möglichkeit den einzelnen Schülern realistische Lernziele, die diese im Sinne eines „Mastery Learning" (vgl. *Eigler/Straka* 1978) auch anstreben können.

Üben Sie keinen zusätzlichen Leistungsdruck aus, da der Druck, dem die Schüler ausgesetzt sind, ohnehin meist zu stark ist. Fördern Sie die Zusammenarbeit der Schüler im Unterricht, und vermeiden Sie Formen des Wettbewerbs, die das Konkurrenzverhalten der Schüler innerhalb der Lerngruppe noch verstärken.

Lassen Sie die Schüler auch im Unterricht im Hinblick auf eine Klassenarbeit lernen. Arbeiten sollten den Schülern Gelegenheit geben, zu zeigen, was sie gelernt haben, während der Lehrer ein Feedback hinsichtlich seiner Lehrbemühungen erhält. Viele Lehrer machen den Fehler, Leistungen zu fordern, die nicht oder noch nicht erbracht werden können. *Verzichten Sie auf eine zusätzliche Verschärfung jener Situationen, in denen Leistungen gemessen werden.* So genügt z. B. ein einmaliger Hinweis, welche Hilfsmittel gestattet sind. Geben Sie den Schülern erst gar keine Gelegenheit zum Abschreiben (Sitzordnung, verschiedene Aufgabengruppen), und setzen Sie die Schüler nicht unnötig unter Zeitdruck. *Korrigieren Sie so sorgfältig wie möglich,* um den einzelnen Schülern gerecht zu werden, und versuchen Sie, Urteilstendenzen abzuschwächen. Von einer sorgfältigen Korrektur der Arbeiten und einer Beurteilung, die von den Schülern als gerecht empfunden wird, hängt es ab, ob sich die konfliktträchtigen Ereignisse bei der Rückgabe der Arbeiten häufen oder nicht.

Anregungen:

Mit welchen Argumenten lassen sich ungerechtfertigte Leistungsansprüche der Eltern an ihre Kinder zurückweisen?

Welche methodischen und erzieherischen Maßnahmen erscheinen angebracht, um die Erfüllung gerechtfertigter Leistungsansprüche zu gewährleisten?

Wie unterscheiden sich „standardisierte Schulleistungstests'', „Standardarbeiten'' und „informelle Tests'' voneinander? Und welche Schwierigkeiten ergeben sich bei ihrer Verwendung in der Schulpraxis?

7.10.2 Analysebeispiel

Konfliktbeschreibung auffassen

Die Unterschrift wird kopiert

Es soll Lehrer geben, die im Anschluß an jede Klassenarbeit die Unterschriften der Erziehungsberechtigten fordern. Und es soll auch Erziehungsberechtigte geben, die auf Elternabenden eine solche Regelung befürworten, um laufend über den Leistungsstand ihrer Kinder informiert zu sein. Regelungen dieser Art sind sicher fragwürdig und steigern wohl selten die Lernleistungen.

Hingegen erscheint es durchaus sinnvoll, daß Eltern halbjährlich über den Leistungsstand ihrer Kinder informiert werden, indem sie nach der Zeugnisausgabe die Kenntnisnahme der Leistungen durch ihre Unterschriften bestätigen.
Axel ist im siebenten Schuljahr. Er hat vor einem halben Jahr schlechte Erfahrungen gesammelt. Seine Eltern reagierten damals in Verbindung mit dem Zeugnis „tatkräftig". Nun möchte er allen Beteiligten Ärger ersparen. Er übt fleißig und setzt dann schwungvoll die Unterschrift seines Vaters unter das Zeugnis.
Sie lassen die Zeugnisse einsammeln, überprüfen, ob sie unterschrieben worden sind und stellen fest, daß die Unterschrift in Axels Zeugnisheft nachgemacht worden ist. Ein wiederholter Vergleich der Unterschriften schließt jeden Zweifel aus.

Betroffenheit einschätzen

N = 54   MW 4.72   VAR 1.03   STA 1.02, Zentralkonflikt 5

Erstverhalten überlegen

Sie stehen hier nicht unter Zeit- und Handlungsdruck, können in aller Ruhe über Ihr weiteres Vorgehen nachdenken.

Methode festlegen C

Nach den Ursachen fragen

Der Schüler hat die Unterschrift kopiert, weil
- er kein Vertrauen zu den Eltern hat
- er Angst hat, verprügelt zu werden
- er sich und den Eltern Ärger ersparen möchte
- er sich ungerecht behandelt fühlt und aus einer Protesthaltung heraus die Unterschrift nachmacht.

Perspektive wechseln

Als *Lehrer* werden Sie hoffentlich nicht sofort die Situation überbewerten und von „Urkundenfälschung" sprechen, wie das in Ihrer eigenen Schulzeit der Fall war; denn der Verursachungsschwerpunkt liegt wahrscheinlich in der Angst des Jungen vor seinen Eltern. Allerdings werden auch Sie betroffen sein, weil schließlich der Schüler davon ausging, er könne Sie hintergehen. Der *Schüler* hat wahrscheinlich ein schlechtes Gewissen und hofft, nicht ertappt zu werden. Die *Eltern* werden, sobald sie von dem Vorfall Kenntnis haben, entrüstet sein und einseitig die Schuld ihrem Sohn zuschreiben, ohne in Betracht zu ziehen, daß sie letztlich den Konflikt verursacht haben. Die *Mitschüler* schätzen eine solche Situation wahrscheinlich sehr unterschiedlich ein. Einige werden die Tat als Kavaliersdelikt betrachten und ihn vielleicht sogar noch wegen seines Mutes bewundern. Andere werden die Handlung mißbilligen, vor allem dann, wenn sie selbst ein gutes Verhältnis zu ihren Eltern haben.

Zielsetzung(en) abklären

Kurzfristig muß es darum gehen, die echte Unterschrift zu beschaffen. Mittelfristig muß Axel lernen, mit seinen Eltern auszukommen, und umgekehrt sollten diese auf Prügel verzichten. Langfristig sollte der Versuch unternommen werden, zwischen Axel, seinen Eltern und dem Lehrer ein Vertrauensverhältnis aufzubauen.

Handlungsmöglichkeiten suchen

1 ein Einzelgespräch führen
2 die Mutter in die Sprechstunde bitten
3 die Eltern aufsuchen
4 mit dem Schüler und dessen Eltern ein Gespräch führen
5 bei Kollegen Rat holen
6 beim Rektor Rat holen
7 dem Schüler etwas von „Urkundenfälschung" erzählen, ihm mit Polizei, mit Gefängnis drohen
8 einen Psychologen um Rat fragen
9 mit Tintenkiller die falsche Unterschrift töten
10 das Zeugnis erneut schreiben, dem Rektor von dem Vorfall berichten, ihn um eine erneute Unterschrift bitten und den Schüler mit dem neuen Zeugnis zu seinen Eltern schicken
11 den Kinderschutzbund verständigen
12 die echte Unterschrift der Mutter neben die falsche setzen lassen
13 das echte Zeugnis vernichten und dem Rektor gegenüber erklären, es sei Ihnen ein Mißgeschick passiert
14 mit der ganzen Klasse über den Vorfall diskutieren

Handlungsmöglichkeiten prüfen

1 + der Schüler sollte schon Ihnen gegenüber die Wahrheit sagen und in den Prozeß der Konfliktlösung einbezogen werden; 2 + ein Elterngespräch erscheint hier unbedingt notwendig; 3 + sofern die Eltern nicht in die Sprechstunde kommen; 4 + − könnte sinnvoll sein, doch was geschieht, wenn die Eltern mit ihrem Sohn allein sind; 5 + − sofern Sie das Vertrauen eines Kollegen besitzen; 6 + diese Angelegenheit geht auch den Schulleiter etwas an, denn seine Unterschrift steht schließlich auch unter dem Zeugnis; 7 − Überreak-

tion, denn schließlich ist das keine Urkundenfälschung, um sich einen Vorteil zu verschaffen, sondern der Versuch eines Schülers, Prügel zu entgehen; 8 − mit einer solchen Angelegenheit sollten Sie keinen Psychologen befassen; 9 −; 10 + − die Situation muß bereinigt werden; 11 + − wenn der Schüler erheblich mißhandelt werden sollte; 12 − ein fragwürdiger Kompromiß; 13 −; 14 − auch dieser Konflikt eignet sich nicht zur Diskussion in der Gruppe, durch eine allgemeine Diskussion würde der Konflikt noch verschärft und der Schüler evtl. stigmatisiert.

Handlungsfolge konzipieren

In Ruhe mit dem Schüler sprechen und das weitere Vorgehen mit ihm beraten. Vorschlag:
− mit den Eltern reden
− das Zeugnis neu schreiben
− den Rektor um eine neue Unterschrift bitten
− selbst das Zeugnis noch einmal unterschreiben
− dann ein zweites Mal mit den Eltern und Axel sprechen, während des Gesprächs das Zeugnis unterschreiben lassen, so daß Axel ein einwandfreies, von den Eltern unterschriebenes Zeugnis hat
− sich bei Axel in den nächsten Tagen erkundigen, wie es zwischen ihm und den Eltern steht.

Oder würden Sie ganz anders handeln?

7.10.3 Konfliktbeschreibungen

Beginnen Sie erst mit der Konfliktanalyse,
nachdem Sie die Kapitel 5 und 6 bearbeitet haben!

7.10.3.1 Klopfzeichen

Sie unterrichten in einem siebenten Schuljahr das Fach Deutsch. In den letzten Wochen haben sich die Schüler in der Anwendung einiger Interpunktionsregeln geübt. Nun sollen sie in einem Diktat unter Beweis stellen, was sie gelernt haben.

Als das Diktat geschrieben ist, lesen Sie den Text noch einmal langsam vor. Deutlich vernehmbar hören Sie während des Lesens

Klopfzeichen: 1× Klopfen bedeutet offensichtlich „Komma", 2× Klopfen „Punkt".
Relevanz: N = 57   MW 1.05   VAR 1.05   STA 1.03

7.10.3.2 Die Arbeit wird in alle Winde verstreut

Sie unterrichten in einem neunten Schuljahr Geschichte und Sozialkunde. Gegen Ende des Halbjahres lassen Sie die Schüler einen kleinen informellen Test schreiben, um die Basis für die anstehende Zensurengebung zu vergrößern. Die Arbeit ist insgesamt recht gut ausgefallen, der Durchschnitt liegt bei 2,4. Die Mehrzahl der Schüler ist auch mit dem eigenen Ergebnis zufrieden. Einer Ihrer Schüler jedoch, der sich fast immer am Unterricht beteiligt, hat nur „ausreichend". Mit einer Verwünschung auf den Lippen und vor den staunenden Augen seiner Mitschüler zerreißt er langsam die Arbeit in viele kleine Papierfetzen, wirft diese in die Luft und pustet kräftig hinterher, um den Papierfetzen etwas Auftrieb zu geben.
Relevanz: N = 57   MW 1.09   VAR 1.05   STA 1.02

7.10.3.3 Ein unmißverständlicher Hinweis

Sie lassen in einem siebenten Schuljahr eine Mathematikarbeit schreiben. Die Schüler arbeiten sehr konzentriert. Einer Ihrer Schüler meldet sich und fragt laut über die Köpfe der arbeitenden Mitschüler hinweg nach einem bestimmten Rechenweg. Da die Schüler nun ohnehin in der Arbeit gestört worden sind, antworten Sie ebenfalls laut, daß Sie keine Antwort geben können, weil gerade das Herausfinden des Rechenweges Teil der Aufgabenstellung sei. Da sagt ein anderer Schüler, der die Aufgabe durchschaut hat: „Erst malnehmen und dann teilen, du Blödmann." Alle lachen.
Relevanz: N = 57   MW 1.11   VAR 1.10   STA 1.05

7.10.3.4 Ein Schüler kommt zu spät zur Klassenarbeit

Sie lassen im achten Schuljahr eine Mathematikarbeit schreiben und haben dafür die ersten beiden Stunden des Vormittags ausgewählt. Alles verläuft wie vorgesehen. Die Schüler sind pünktlich an ihren Plätzen, die Hefte werden ausgeteilt, Sie schreiben die Aufgaben an die Tafel, es gibt noch einige Rückfragen, dann beginnen die Schüler zu arbeiten.

Nach etwa einer halben Stunde kommt ein Schüler, den Sie schon als fehlend eingetragen haben, ins Klassenzimmer und entschuldigt sich damit, daß er den Bus verpaßt habe. Der Schüler steht in seinen schriftlichen Leistungen zwischen „ausreichend" und „mangelhaft", und Sie sind sich nicht sicher, ob seine Entschuldigung der Wahrheit entspricht oder ob es sich um einen Versuch handelt, die Arbeit nicht mitzuschreiben.

Relevanz: N = 57   MW 1.11   VAR 0.85   STA 0.92

7.10.3.5 „Ich finde, ich habe eine bessere Note verdient."

Sie erteilen in vier Klassen die Fächer Geschichte und Sozialkunde. Damit die Schüler am Tag der Zeugnisausgabe keine unliebsamen Überraschungen erleben, lesen Sie Ihnen 14 Tage vorher die Noten vor und begründen diese.

Hans ist Schüler der 8b. Im Halbjahreszeugnis hatte er in Geschichte eine 3 (befriedigend). Im letzten Halbjahr schrieb er in den Tests eine 2-3 und eine 3 −. Seine mündlichen Leistungen schätzen Sie ebenfalls mit 3 ein, obgleich eine Einschätzung sehr schwierig ist, da Sie allein in den Fächern Geschichte und Sozialkunde etwa 240 Noten geben müssen.

Sie wollen Hans wieder eine 3 geben, doch als Sie die Note vorlesen, protestiert er und sagt: „Ich finde, ich habe eine bessere Note verdient."

Relevanz: N = 57   MW 1.40   VAR 0.60   STA 0.78

7.10.3.6 Ein Schüler verpetzt den anderen

Sie lassen im vierten Schuljahr eine Mathematikarbeit schreiben. Nach der Arbeit kommt eine Schülerin auf Sie zu und sagt: „Die Irmgard hat die ganze Zeit von der Heidi abgeguckt."

Relevanz: N = 57   MW 1.40   VAR 1.49   STA 1.22

7.10.3.7 Vielleicht läßt er mit sich reden?

Eine objektive Beurteilung der Schülerleistungen wird niemals möglich sein. Zu dieser Einsicht gelangt man sehr schnell, wenn schriftliche Arbeiten verschiedenen Lehrern zur Korrektur vorgelegt und anschließend die Noten verglichen werden.

Gerade weil Sie um die Evaluationsprobleme wissen, erarbeiten Sie sorgfältig einen informellen Test und legen für 20 Einzelfragen je nach Schwierigkeitsgrad ein Punktsystem fest. Der Test besteht aus freien und gebundenen Aufgabentypen, also auch aus Aufgaben, deren Antworten die Schüler selbst zu formulieren haben.

Sie korrigieren die Arbeiten, rechnen für jeden Schüler Punktzahl und Note aus und notieren sich jene Fragen, die in einer Besprechung der Arbeit noch einmal durchdacht werden sollten. Nachdem Sie die Aufgaben mit den Schülern durchgesprochen und die Arbeiten zurückgegeben haben, kommt die 15jährige Antje auf Sie zu, deutet auf eine Antwort und sagt: „Das, was hier steht, ist doch richtig, dafür müßte ich doch eigentlich einen Punkt bekommen." Und während Sie sich noch mit Antjes Anliegen befassen, kommen zwei weitere Schüler, um ebenfalls Forderungen anzumelden.

Relevanz: N = 54 MW 1.52 VAR 1.39 STA 1.18

7.10.3.8 Ein Zettel wird weitergereicht

Sie lassen im sechsten Schuljahr eine Mathematikarbeit schreiben. Einige Schüler sind schon fertig, schauen zum Fenster hinaus oder rechnen nochmal eine Aufgabe nach. Andere versuchen, in dieser letzten Phase der Arbeit, Ergebnisse zu vergleichen.

Zufällig bemerken Sie, wie ein Schüler einen Zettel weiterreicht. Sie gehen mit ein paar schnellen Schritten zum Platz des Schülers, greifen sich den Zettel und stellen dabei fest, daß er die Ergebnisse sämtlicher Aufgaben enthält. Ein Ergebnis ist falsch, alle anderen sind richtig.

Relevanz: N = 57 MW 1.56 VAR 1.32 STA 1.15

7.10.3.9 „Michael hat ein Lösungsheft"

Sie unterrichten in einem achten Schuljahr der Realschule Mathematik. Einer Ihrer besten Schüler ist Michael. Er fertigt seine Hausaufgaben regelmäßig und gewissenhaft, die Lösungen sind fast immer richtig. Auch in den Klassenarbeiten zeigt er sehr gute Leistungen. Michael ist eben in diesem Fach Klassenbester.

Wieder einmal hat Michael als einziger die Note „sehr gut" erhalten. Nachdem Sie die Aufgaben mit den Schülern durchgesprochen und die Hefte ausgeteilt haben, loben Sie Michael und einige andere Schüler, die ihrem Leistungsvermögen entsprechend gute Arbeiten geschrieben haben.

Da sagt Brigitte vernehmlich zu ihrer Nachbarin: „Beim Michael ist das ja keine Kunst, der hat ein Lösungsheft." Drei der sechs Aufgaben hatten Sie dem Mathematikbuch entnommen, deshalb konnte ein Schüler bei geschickter Verwendung wirklich etwas mit einem Lösungsheft für Lehrer anfangen.

Relevanz: N = 54   MW 1.85   VAR 1.83   STA 1.35

7.10.3.10 Ein Schüler fehlt immer dann, wenn eine Arbeit geschrieben wird

Sie unterrichten in einem neunten Schuljahr Mathematik. Nachdem die ersten drei Arbeiten geschrieben worden sind und Sie in Ihr Notenbüchlein schauen, stellen Sie fest, daß Sie von Eberhard, der in diesem Fach auf „ausreichend" steht, nur eine Note haben. Sie nehmen sich Eberhards Heft vor, um jeden Irrtum auszuschließen. Aber Sie finden nur bestätigt, was ohnehin im Büchlein steht: Eberhard hat nur eine Arbeit mit der Note „befriedigend" mitgeschrieben.

In der nächsten Woche ist die vierte Klassenarbeit fällig. Am Tag zuvor bitten Sie Eberhard, doch auf alle Fälle zu kommen und die Arbeit mitzuschreiben, weil er schon zwei von drei Arbeiten versäumt habe. Eberhard verspricht, pünktlich zu sein und die Arbeit mitzuschreiben. Aber wer bei der Klassenarbeit fehlt, ist Eberhard.

Die schriftliche Entschuldigung, die er am nächsten Tag mitbringt, lautet auf „Übelkeit und Erbrechen".

Relevanz: N = 57   MW 1.93   VAR 1.10   STA 1.05

7.10.3.11 Unerlaubte Hilfsmittel

Sie unterrichten in einem zehnten Schuljahr Mathematik, kündigen eine Geometriearbeit an und sprechen mit den Schülern ab, welche Hilfsmittel erlaubt sind.

Während der Klassenarbeit haben Sie den Eindruck, daß alles planmäßig verläuft. Die Schüler arbeiten sehr konzentriert. Nach einer halben Stunde überzeugen Sie sich bei einigen Schülern vom Arbeitsfortschritt und entdecken zufällig bei einem Schüler einen „Spickzettel", der alle relevanten Formeln enthält. Aufgrund der

Handschrift können Sie außerdem mühelos feststellen, daß der betreffende Schüler den Zettel auch selbst geschrieben hat.
Relevanz: N = 57   MW 1.95   VAR 1.52   STA 1.23

7.10.3.12 „Ich mag nicht mehr"

Sie lassen im dritten Schuljahr ein Diktat schreiben, das Sie mit Ihrer Klasse gründlich geübt haben. Nachdem etwa die Hälfte des Textes geschrieben worden ist, kommt einer der Schüler offensichtlich nicht mehr mit, obgleich Sie langsam diktieren. Schließlich legt er den Füller hin und sagt: „Ich mag nicht mehr" (vgl. *Becker/Dietrich/Kaier* 1978, S. 51).
Relevanz: N = 57   MW 2.05   VAR 1.05   STA 1.03

7.10.3.13 Souffleure in Aktion

Lehrer mit einem Notenbüchlein in der Hand verhalten sich oftmals fragwürdig. Sie sollten sich überlegen, ob mündliche Leistungen nicht effektiver anders erbracht werden können, z. B. in Partnerarbeit, indem sich die Tischnachbarn gegenseitig unregelmäßige Verben abfragen. Dennoch bleibt in manchen Fällen die Notwendigkeit einer mündlichen Leistungskontrolle bestehen. Sobald aber ein Lehrer den Versuch einer Überprüfung unternimmt, treten Souffleure in Aktion. Da der Lehrer keine Gruppen-, sondern Einzelleistungen überprüfen muß, sieht er sich genötigt – bei allem Verständnis für Solidaritätsbekundungen –, das Vorsagen zu verbieten.

Rudi steht am Ende des achten Schuljahres im Fach Englisch zwischen „ausreichend" und „mangelhaft". Er beteiligt sich fast nie am Unterricht. Die wenigen mündlichen Noten reichen für eine Bestimmung der Endnote nicht aus. Deshalb versuchen Sie, mit Rudi ins Gespräch zu kommen. Gefragt ist der Inhalt eines durchgenommenen Lesestücks. Die halbe Klasse unterstützt Rudi unüberhörbar. Sie bitten um Ruhe, wiederholen Ihre Bitte, aber es wird weiterhin vorgesagt.
Relevanz: N = 54   MW 2.26   VAR 0.76   STA 0.87

7.10.3.14 „Mein Vater unterschreibt das Zeugnis nicht"

Eine Ihrer 15jährigen Schülerinnen steht im Fach Deutsch, was die schriftlichen Leistungen betrifft, genau auf 3,5. Da sie sich aber so gut wie nie beteiligt, geben Sie ihr im Hinblick auf die mangelnde mündliche Beteiligung die Note „ausreichend" und erklären der Schülerin die Entscheidung.

Sie lassen die Zeugnisse wieder einsammeln. Bei Anja fehlt die Unterschrift. Sie fragen nach dem Grund und erhalten die Antwort: „Mein Vater unterschreibt das Zeugnis nicht, weil Sie mir eine vier in Deutsch gegeben haben. Andere stehen auch so schlecht wie ich und haben eine drei."

Relevanz: N = 57   MW 2.35   VAR 1.23   STA 1.11

7.10.3.15 „Sie haben hier etwas falsch angestrichen"

Die technischen Möglichkeiten, das Glück zu korrigieren, sind in unserer Zeit verführerisch. Da gibt es nicht nur den traditionellen Radiergummi, sondern es steht auch der Tintenkiller zur Verfügung, mit dem man die Lehrer überlisten kann.

Sie geben in der 8b eine Mathematikarbeit zurück. Am nächsten Tag kommt einer der Schüler zu Ihnen und sagt: „Sie haben hier etwas falsch angestrichen. Die Aufgabe ist doch richtig." Sie überprüfen den Rechenweg und das Ergebnis, beides stimmt. Da aber an mehreren Stellen mit Tintenkiller gearbeitet worden ist, sind Sie nicht sicher, ob der Schüler nachträglich eine Korrektur vorgenommen hat.

Relevanz: N = 54   MW 2.54   VAR 1.23   STA 1.11

7.10.3.16 Versuchte Täuschung

Erfahrene Lehrer versuchen, bei wichtigen Klassenarbeiten die Möglichkeit des Abschreibens zu unterbinden, indem Sie mit der Klasse den Zeichensaal aufsuchen und jedem Schüler einen Tisch zur Verfügung stellen, verschiedene Aufgabengruppen bearbeiten lassen, so daß Gruppe A nicht von der Gruppe B abschreiben kann.

Doch in vielen Fällen können die Schüler abschreiben. Dann sind jene im Vorteil, die einen leistungsstarken Tischnachbarn haben, und jene im Nachteil, die ehrlich sind und auf das Abschreiben verzichten. Die Methode, sich zusätzliche Informationen zu verschaffen, variiert. Die Skala reicht vom flüchtigen Blick auf das Heft des Nachbarn über das ungenierte Nachschlagen bis zum Sprechfunkgerät, das auf der Toilette deponiert wird.

Sie lassen im sechsten Schuljahr ein Diktat schreiben, das vorher geübt worden ist. Sie beobachten, wie Alexander mehrmals auf das

Heft des Nachbarn schaut, bitten ihn, selbständig zu arbeiten, aber Alexander richtet sich nicht danach. Schließlich fordern Sie ihn auf, sich an einen noch freien Tisch zu setzen. Doch wenige Minuten später dreht sich Alexander ungeniert um, offensichtlich in der Absicht, sich wiederum Informationen zu verschaffen.

Relevanz: N = 54   MW 2.63   VAR 1.07   STA 1.03

7.10.3.17 Ein Schüler kann nicht mehr weiterarbeiten

Sie lassen in Ihrem fünften Schuljahr eine Mathematikarbeit schreiben. Die Schüler wurden gründlich auf diese Arbeit vorbereitet. Sie sind der Auffassung, daß die Aufgaben keine größeren Schwierigkeiten bereiten dürften.

Die Schüler sind eifrig bei der Arbeit; doch nach etwa einer Viertelstunde bemerken Sie, wie Richard vor sich hinweint. Sie suchen ihn an seinem Platz auf und stellen fest, daß er nicht mal eine Teilaufgabe gelöst hat.

Relevanz: N = 57   MW 2.79   VAR 1.03   STA 1.01

7.10.3.18 Unterschiedlicher Leistungsstand

Sie übernehmen eine sechste Hauptschulklasse in Mathematik. In den ersten Stunden stellen Sie bei vielen Schülern erhebliche Kenntnislücken fest. Deshalb lassen Sie zwei Arbeiten schreiben, um zu sehen, wo die einzelnen Schüler stehen. Diese Arbeiten wollen Sie nicht werten. Es geht Ihnen lediglich darum, jedem einzelnen Schüler beim Lernen zu helfen.

Die Auswertung der Arbeiten ist deprimierend. 11 von 34 Schülern beherrschen nicht einmal den Stoff des vierten Schuljahres, 13 haben Ihrer Meinung nach das Ziel des fünften Schuljahres noch nicht erreicht, und nur mit zehn Schülern ließe sich planmäßig arbeiten. Ihre Schule ist einzügig, die Lehrer sind mit ihren Deputaten voll ausgelastet, ein A- und B-Kurs läßt sich nicht einrichten. So müssen Sie sich die Frage stellen, wie sich eine derart heterogene Gruppe sinnvoll unterrichten läßt.

Relevanz: N = 57   MW 3.67   VAR 1.58   STA 1.26

7.10.4 Handlungsmöglichkeiten

zu 7.10.3.1

1. Sie verzichten auf ein Weiterlesen, geben den Schülern noch fünf Minuten Zeit und lassen dann die Hefte abgeben (14%).
2. Sie irritieren die Schüler, in dem Sie selbst mitklopfen (67%).
3. Sie drohen jedem, der noch weiterklopft, das Heft abzunehmen (2%).
4. Sie bitten höflich, die Klopfzeichen zu unterlassen (12%).
5. Sie sagen: „Herein", und öffnen die Tür (4%).
6. Sie fordern dazu auf, bis zum nächsten Tag das Morsealphabet zu lernen (0%).
   oder: ... (2%).

zu 7.10.3.2

1. Sie übersehen einfach die Handlung des Schülers (16%).
2. Sie sagen ihm, daß die Note schließlich eingetragen sei und er die Arbeit ruhig zerreißen könne (32%).
3. Sie fordern die anderen Schüler auf, seinem Beispiel zu folgen (2%).
4. Sie nehmen einen Eintrag ins Klassenbuch „wegen ungebührlichen Verhaltens" vor (0%).
5. Sie signalisieren Verständnis, indem Sie ihm sagen: „Ich verstehe ja, daß Du enttäuscht bist. Hoffentlich erreichst Du das nächste Mal eine bessere Note." (30%).
6. Sie fragen, welches Gefühl er beim Zerreißen gehabt habe (14%).
   oder: ... (7%).

zu 7.10.3.3

1. Sie überhören den Einwurf, weil ihn schließlich alle gehört und somit alle Schüler gleiche Chancen haben (37%).
2. Sie sagen, daß dieser Hinweis ja nicht richtig zu sein braucht (23%).
3. Sie nehmen die betreffende Aufgabe aus der Wertung (26%).
4. Sie nehmen diese Aufgabe aus der Wertung, stellen dafür eine andere, bei der erst geteilt und dann malgenommen werden muß (7%).
5. Sie nehmen dem betreffenden Schüler das Heft ab, werten die Arbeit nicht und geben den anderen eine Zusatzaufgabe (0%).
6. Sie beauftragen den Schüler, in der nächsten Stunde bestimmte Aufgaben vorzurechnen und den Mitschülern die Rechenwege zu erklären (2%).
   oder: ... (5%).

zu 7.10.3.4

1. Sie lassen ihn an einem anderen Tag eine ähnliche Arbeit schreiben (16%).
2. Sie lassen ihn die Arbeit dennoch schreiben und geben ihm eine halbe Stunde mehr Zeit, indem Sie ihn in der Pause ins Lehrerzimmer, danach in eine andere Klasse mitnehmen und den Kollegen verständigen (70%).
3. Sie prüfen den Schüler in der nächsten Mathematikstunde mündlich (0%).

4. Sie geben ihm die Note „ausreichend" (0%).
5. Sie geben ihm die Note „mangelhaft" (0%).
6. Sie lassen ihn die Arbeit schreiben, streichen aber die ersten beiden Aufgaben für ihn (12%).
   oder: ... (2%).

zu 7.10.3.5

1. Sie erklären ihm, daß er schriftlich auf einer guten 3 stehe, seine mündlichen Leistungen ebenfalls um 3 herum liegen, und daß Sie deshalb Ihre Entscheidung für richtig halten würden (72%).
2. Sie machen ihm den Vorschlag, sich in der nächsten Stunde mündlich prüfen zu lassen (12%).
3. Sie lassen die Klasse darüber abstimmen, ob Hans eine 2 bekommen soll (0%).
4. Sie lassen die Klasse erst einmal darüber diskutieren, ob Hans eine 2 oder eine 3 verdient hat und lassen dann abstimmen (4%).
5. Sie geben ihm die gewünschte 2 (0%).
6. Sie sagen ihm, daß er sich bei etwas mehr Arbeitseifer im nächsten Schuljahr auf eine 2 verbessern könne (12%).
   oder: ... (0%).

zu 7.10.3.6

1. Sie sagen der Schülerin: „Ich habe nichts gesehen und finde es nicht gut, daß Du petzt." (72%).
2. Sie fragen Irmgard, ob das stimmt (0%).
3. Sie vergleichen die Hefte von Heidi und Irmgard (2%).
4. Sie fragen die Schülerin, ob sie mit den beiden Krach habe (2%).
5. Sie sagen: „Ich habe nichts gesehen, das nächste Mal muß ich wohl besser aufpassen." (19%).
6. Sie überhören einfach die Anschuldigung (2%).
   oder: ... (4%).

zu 7.10.3.7

1. Sie sagen den Schülern, daß Sie sich die Hefte in der Pause nochmal ansehen werden (39%).
2. Sie sagen den Schülern, daß Sie auch manchmal Fehler übersehen würden und dies nur ein Ausgleich sei (0%).
3. Sie lehnen jede Diskussion und jede Korrektur ab (2%).
4. Sie nehmen die Hefte mit nach Hause, überlegen sich in aller Ruhe, ob eine Korrektur gerechtfertigt erscheint, sprechen die betreffenden Aufgaben mit der ganzen Klasse durch und fordern auch die anderen Schüler auf, ihr Recht wahrzunehmen (35%).
5. Sie lassen sofort die ganze Klasse darüber abstimmen, ob noch ein Punkt gegeben werden kann (0%).
6. Sie geben einfach die wenigen Punkte und ändern die Noten, ohne sich noch einmal mit den Aufgaben befaßt zu haben (0%).
   oder: ... (24%).

193

zu 7.10.3.8

1. Sie sagen: „Ein Ergebnis ist falsch" und behalten den Zettel (60%).
2. Sie vernichten kommentarlos den Zettel (23%).
3. Sie lassen sich von dem Schüler, bei dem der Zettel gefunden wurde, das Heft geben (2%).
4. Sie annullieren die ganze Arbeit und lassen in der nächsten Stunde erneut eine schreiben (4%).
5. Sie sagen: „Auf dem Zettel ist aber eine Menge falsch", und vernichten ihn (9%).
6. Sie versuchen, an der Handschrift den Verfasser des Zettels festzustellen und beauftragen diesen, in der nächsten Mathematikstunde die Aufgaben vorzurechnen (0%).
   oder: . . . (4%).

zu 7.10.3.9

1. Sie fragen Michael, ob er während der Arbeit ein Lösungsheft verwendet habe (13%).
2. Sie fragen Brigitte, ob sie wirklich weiß, daß Michael mit dem Lösungsheft gearbeitet hat und ob sie die Anschuldigung aufrechterhalten will (35%).
3. Sie ignorieren die Bemerkung (7%).
4. Sie sagen, daß Michael Ihrer Meinung nach auch ohne Lösungsheft sehr gute Arbeiten schreiben kann (6%).
5. Sie erklären den Schülern, daß man allein mit einem Lösungsheft wenig anfangen kann (35%).
6. Sie stellen Brigitte für die nächste Klassenarbeit Ihr Lösungsheft zur Verfügung, stellen aber keine Aufgaben aus dem Buch (0%).
   oder: . . . (4%).

zu 7.10.3.10

1. Sie lassen ihn die Arbeit nachschreiben (88%).
2. Sie erkundigen sich bei den Eltern, ob sie sich das plötzliche Unwohlsein erklären können (4%).
3. Sie fordern Eberhard auf, im Wiederholungsfall einen Arzt aufzusuchen und ein Attest mitzubringen (2%).
4. Sie sagen dem Schüler, daß er keine Note bekommen und deshalb nicht versetzt werden kann (0%).
5. Sie prüfen Eberhard mündlich (5%).
6. Sie fragen Ihren Rektor, wie er sich einem solchen Schüler gegenüber verhalten würde (0%).
   oder: . . . (2%).

zu 7.10.3.11

1. Sie lassen den betreffenden Schüler eine ähnliche Arbeit nachschreiben (7%).
2. Sie nehmen den Zettel weg, streichen das bisher Geschriebene durch und sagen: „Von jetzt ab wird gepunktet." (28%).
3. Sie nehmen dem Schüler das Heft ab und bewerten die Arbeit „ungenügend" (21%).

4. Sie nehmen den Zettel an sich und sagen ihm, daß sie sein Verhalten unfair finden (16%).
5. Sie nehmen den Zettel weg, lassen ihn weiterschreiben und bitten ihn nach der Schule zu sich (19%).
6. Sie ziehen ihm einige Punkte bei der Bewertung ab (4%).
   oder: . . . (5%).

zu 7.10.3.12

1. Sie fragen ihn, ob ihm die Arbeit keinen Spaß mache (2%).
2. Sie sehen sich an, wie weit er gekommen ist, sagen ihm, wie viele Zeilen er freilassen soll und diktieren ihm später die Stelle noch einmal (44%).
3. Sie fordern ihn auf, ein paar Zeilen freizulassen und die fehlenden Wörter oder Stücke zu ergänzen, wenn noch einmal vorgelesen wird (21%).
4. Sie fragen ihn, warum er nicht mitkomme (30%).
5. Sie sagen ihm: „Auch mir macht das Unterrichten manchmal keinen Spaß, aber ich muß dennoch unterrichten. Wenn Du nicht mehr magst, dann mußt Du Dich einfach zusammenreißen." (4%).
6. Sie kümmern sich gar nicht um den Schüler (0%).
   oder: . . . (0%).

zu 7.10.3.13

1. Sie sprechen mit den Schülern über die Notwendigkeit einer mündlichen Leistungskontrolle und sagen, daß Sie zwar für das Vorsagen Verständnis haben, aber dennoch um Ruhe bitten (31%).
2. Sie lassen vorsagen, drücken aber die Note entsprechend (0%).
3. Sie sagen der Klasse, daß Vorsagen für Rudi nachteilig sei und Sie eine schlechtere Note geben müßten (15%).
4. Sie plädieren für eine sehr gute Note im Vorsagen und kündigen an, daß Rudi am nächsten Vormittag noch einmal geprüft wird (28%).
5. Sie lassen Rudi an die Tafel kommen und stellen sich zwischen ihn und seine Mitschüler (4%).
6. Sie verzichten auf die mündliche Prüfung und geben im Zeugnis die Note „mangelhaft" (0%).
   oder: . . . (22%).

zu 7.10.3.14

1. Sie bitten den Vater in die Sprechstunde und sagen ihm, daß er die Note lediglich zur Kenntnis zu nehmen, nicht aber über sie zu entscheiden habe (30%).
2. Sie bitten den Vater in die Sprechstunde und erklären ihm, wie es zu der Note gekommen ist (63%).
3. Sie sagen zu Anja: „Die Note macht der Lehrer und nicht der Vater." (0%).
4. Sie geben das Heft zurück und bitten Anja, ihre Mutter unterschreiben zu lassen (0%).
5. Sie beraten mit Ihrem Rektor, ob man in diesem Fall auf die Unterschrift verzichten könne (0%).

195

6. Sie schreiben einen Brief an den Vater, erklären darin, wie sich die Note zusammensetzt und bitten um die Unterschrift (4%).
oder: ... (4%).

zu 7.10.3.15

1. Sie legen den Fall der ganzen Klasse vor und fragen, ob Sie die Aufgabe anerkennen sollen (13%).
2. Sie erkennen die Aufgabe an, sagen aber dazu, daß Sie künftig nie mehr am nächsten Tag eine Änderung vornehmen werden (20%).
3. Sie fordern den Schüler auf, eine ähnliche Aufgabe an der Tafel vorzurechnen und richten sich danach, wie dieser kleine Test ausfällt (17%).
4. Sie geben den umstrittenen Punkt, verbieten aber künftig die Verwendung eines Tintenkillers (24%).
5. Sie geben einfach den Punkt, damit Sie Ihre Ruhe haben (0%).
6. Sie lehnen es kategorisch ab, die Angelegenheit zu überprüfen (13%).
oder: ... (13%).

zu 7.10.13.16

1. Sie ignorieren das Verhalten (2%).
2. Sie nehmen das Heft weg und beurteilen die Arbeit wegen versuchter Täuschung „ungenügend" (41%).
3. Sie rücken den Tisch so weit weg, daß jeder Kontakt zu den Mitschülern unmöglich wird (33%).
4. Sie fragen Alexander, ob der Nachbar auch schön leserlich schreibt (4%).
5. Sie fordern ihn auf, weiterhin abzuschreiben, bitten ihn aber nach der Stunde, ins Lehrerzimmer zu kommen (2%).
6. Sie ermahnen ihn nonverbal, indem Sie ihn nur strafend anblicken (4%).
oder: ... (15%).

zu 7.10.3.17

1. Sie appellieren an seine Männlichkeit und sagen: „Ein Junge weint doch nicht" (0%).
2. Sie verbalisieren seine Gefühle, indem Sie bemerken: „Du bist wohl sehr aufgeregt und kannst deshalb die Arbeit nicht schreiben." (25%).
3. Sie geben ihm ein interessantes Buch zu lesen und sagen ihm, daß er morgen mündlich geprüft werde (4%).
4. Sie ignorieren sein Verhalten und geben ihm später die Note, die er „verdient" (2%).
5. Sie versuchen, ihn zu beruhigen und zur Weiterarbeit zu bewegen, indem Sie ihm eine gezielte Lernhilfe geben (49%).
6. Sie schicken den Schüler nach Hause und lassen ihn die Arbeit nachschreiben (18%).
oder: ... (4%).

zu 7.10.3.18

1. Sie versuchen, die großen Leistungsunterschiede durch Maßnahmen der Binnendifferenzierung auszugleichen, indem Sie drei Arbeitsgruppen bilden (42%).

2. Sie unterrichten auf einem mittleren Anspruchsniveau, das dem fünften Schuljahr entspricht und versuchen, den leistungsschwachen Schülern Übungsaufgaben und den leistungsstarken Zusatzaufgaben zu geben (53%).
3. Sie unterrichten auf einem mittleren Anspruchsniveau, das dem fünften Schuljahr entspricht (0%).
4. Sie unterrichten auf dem Niveau des sechsten Schuljahrs und erteilen nach jeder Klassenarbeit entsprechend häufig die Noten „mangelhaft" und „ungenügend" (0%).
5. Sie erkundigen sich bei Kollegen, wie es möglich war, daß die Schüler überhaupt versetzt werden konnten (0%).
6. Sie regen die Bildung von schuljahrsübergreifenden Arbeitsgruppen an, so daß die schwächsten Schüler des siebenten Schuljahrs bei Ihnen mitarbeiten und Ihre leistungsschwachen Schüler im fünften Schuljahr mitrechnen (2%).
oder: . . . (4%).

7.11 Hausaufgabenproblematik

7.11.1 Vorüberlegungen

Hausaufgaben führen immer wieder zu Auseinandersetzungen zwischen Schülern und Lehrern, belasten einzelne Schüler besonders stark und stören mitunter erheblich das Familienleben.

Sofern Sie Lehrer sind, wird Ihnen die folgende Situationsbeschreibung nicht ganz unbekannt sein, eine Beschreibung, der sich zahlreiche Konfliktkonstellationen entnehmen lassen:

Am Vortag haben Sie den Schülern eine schriftliche Aufgabe erteilt. Beim Betreten des Klassenzimmers kommen zwei Schüler auf Sie zu und geben vor, die Hausaufgaben „vergessen" zu haben, drei weitere Schüler erklären, die Aufgaben seien zu schwierig gewesen. Während Sie mit diesen Schülern sprechen, lassen andere ihre Hefte unter der Bank verschwinden. Offensichtlich waren sie vor Unterrichtsbeginn bemüht, das Versäumte nachzuholen. Ein anderer Schüler liefert eine triftige Begründung, indem er angibt, seine Eltern seien nicht daheim gewesen und er habe auf seine jüngeren Geschwister aufpassen müssen. Eine Kontrolle der Hefte zeigt, daß acht Schüler die Aufgaben nur unvollständig bearbeitet haben. Offensichtlich sind einige mit dem Abschreiben nicht fertig geworden. Sieben weitere Schüler können die Hausaufgaben zwar vorweisen, doch sind diese überwiegend falsch gelöst. Nur fünf haben zufriedenstellende Arbeitsergebnisse. Da Sie unmöglich alle Angaben nachprüfen können, müssen Sie so tun, als würden Sie einige Ausreden akzeptieren, doch bleibt, wenn Sie sich selbst gegenüber ehrlich sind, das fade Gefühl zurück, belogen worden zu sein.

Den Schülern kann man aus ihrem Verhalten nicht immer einen Vorwurf machen, was die Stellungnahme einer Gymnasiastin deutlich zeigt: „Eigentlich will ich ja ehrlich sein; aber selbst dann, wenn ich nur noch arbeiten würde, wäre ich nicht in der Lage, alle Aufgaben zu erfüllen, das könnte ich einfach nicht schaffen. Deshalb muß man nach einem Ausweg suchen, sich herausreden, tricksen, abschreiben. Die Lehrer wissen ganz genau, daß uns nichts anderes übrigbleibt. Sie tun nichts dagegen, und deshalb geschieht es ihnen recht, wenn sie belogen und betrogen werden." Hausaufgaben belasten die Beziehungen zwischen den Lehrern und Schülern offensichtlich erheblich, überfordern einzelne Schüler und beeinträchtigen die Beziehungen im Elternhaus.

Zu den Problemkreisen Leistungsmessung (7.10), Lernschwierigkeiten (7.12), Schülerängste (7.13) sowie Schulmüdigkeit (7.14) ergeben sich besonders enge Beziehungen. Querverbindungen lassen sich aber auch zu den Kollegen herstellen, die ebenfalls Hausaufgaben erteilen (7.21), zu den Eltern, deren Zeit in Anspruch genommen wird und die mit der Aufgabenstellung oft nicht einverstanden sind (7.24).

Bei der Frage nach den Konfliktursachen stoßen wir auf einige allgemeine Faktoren. So kommt es immer wieder zu Auseinandersetzungen, Belastungen und Schwierigkeiten, weil:

— in unserer Leistungsgesellschaft von Schülern und Lehrern sehr hohe Leistungen erwartet werden (vgl. 7.10).
— in einer Halbtagsschule die Lernzeit am Vormittag nicht ausreicht, um in bestimmten Fächern an weiterführenden Schulen angemessene Leistungen erzielen zu können.
— das dreigliedrige Schulsystem mit seinen umstrittenen Selektionsverfahren die Schüler dazu zwingt, gerade im vierten Schuljahr gute Lernleistungen zu bringen, um so den Übergang in die weiterführende Schule zu sichern. Die Eltern dieser Schüler sind deshalb besonders oft daran interessiert, daß ihre Kinder in der schulfreien Zeit weiterlernen, um in den Probearbeiten oder bei den Aufnahmeverfahren jene Pluspunkte zu sammeln, die den Übergang in die Realschule oder das Gymnasium möglich machen.
— ein ausdifferenziertes Fachlehrersystem zur Folge hat, daß die Belastung einzelner Schüler oder Schülergruppen durch Hausaufgaben kaum noch überblickt werden kann und es deshalb immer wieder zu Überforderungen kommen muß, auch was den Umfang der Aufgaben betrifft.

Neben diesen allgemeinen, konfliktverursachenden Faktoren gibt es weitere Faktorenbündel, die sich auf die Schüler, Lehrer und Eltern beziehen. So machen viele Schüler ihre Hausaufgaben gar nicht oder nur unvollständig aus folgenden Gründen:

- Der Schwierigkeitsgrad der Aufgabenstellung ist zu hoch oder zu gering angesetzt. Viele Schüler sehen sich veranlaßt, eine Aufgabe nicht in Angriff zu nehmen, wenn der Mißerfolg sicher („Da brauch' ich erst gar nicht anzufangen, das schaffe ich nie") oder der Erfolg nicht in Frage gestellt ist („Das ist so leicht, das schreibe ich vor der Stunde schnell ab").
- Erhebliche Vorkenntnislücken lassen die Bearbeitung der Hausaufgabe aussichtslos erscheinen.
- Sie wissen nicht, wie sie an die Aufgabe herangehen sollen, weil ihnen wesentliche Informationen zur Methode der Bearbeitung fehlen.
- Motivationale Anreize fehlen, die Aufgabe erscheint lebensfremd, und die Schüler sehen nicht ein, warum sie sich z. B. unmittelbar vor dem Hauptschulabschluß noch anstrengen sollen; oder konkurrierende Freizeitangebote verdrängen die Hausaufgaben.
- Die Aufgaben sind tatsächlich zu reichlich bemessen, können allein vom Umfang her nicht bewältigt werden; die Schüler resignieren deshalb.
- Die Schüler sind physisch erschöpft, wenn sie die Hausaufgaben unmittelbar nach der Schule erledigen wollen und sich im physiologischen Leistungstief befinden.
- Die Schüler sind emotional unausgeglichen, unterliegen einer Art Schulstreß, der zu Ängsten und Blockierungen führt.
- Sie konzentrieren sich nicht oder können sich nicht konzentrieren, weil sie versäumen oder unfähig sind, angemessene äußere Voraussetzungen herzustellen.
- Der Lehrer schätzt die Lernvoraussetzungen falsch ein, ignoriert Vorkenntnislücken oder verzichtet auf Hinweise zur Bearbeitung.
- Der Lehrer versäumt es, die Notwendigkeit der Aufgabe zu begründen. Hausaufgaben werden für ihn zu einer Routineangelegenheit, er vergißt manchmal, sie zu kontrollieren und zeigt somit den Schülern, wie gleichgültig ihm die Aufgaben sind.
- Der Lehrer mißbraucht die Hausaufgaben als Disziplinierungsmittel („Wenn Ihr jetzt nicht ruhig seid, bekommt Ihr noch mehr auf").
- Der Lehrer verzichtet darauf, sich mit jenen Kollegen abzusprechen, die mit ihm in der Klasse unterrichten. Absprachen hinsichtlich des Umfangs und der Belastbarkeit an den einzelnen Wochentagen finden also kaum oder gar nicht statt.
- Er verfährt fachegoistisch, stellt in seinem Fach regelmäßig Hausaufgaben und achtet darauf, daß diese auch erfüllt werden. Er macht sich keine Gedanken darüber, ob den Schülern genügend Lernkapazität für andere Fächer bleibt.
- Eltern kümmern sich nicht um die Hausaufgaben ihrer Kinder oder können sich nicht um diese kümmern.
- Sie setzen ihre Kinder in unangemessener Weise unter Druck, drohen ihnen oder züchtigen sie, sind selbst aber nicht bereit oder in der Lage, sachangemessene Lernhilfen zu geben.

– Sie dringen nicht auf einen geregelten Tagesablauf, der gewährleistet, daß das Kind seinen schulischen Verpflichtungen nachkommen kann. Dies gilt vor allem für negative Fernsehgewohnheiten mit den bekannten Übermüdungserscheinungen.

– Sie sind nicht bereit oder in der Lage, dafür zu sorgen, daß ihr Kind einen ruhigen, sauberen Arbeitsplatz vorfindet, der zweckentsprechend beleuchtet ist.

Allgemein läßt sich die Feststellung treffen, daß Eltern ein besonders großes Interesse an den Hausaufgaben haben, so lange ihr Kind die Grundschule oder Unterstufe einer weiterführenden Schule besucht, sie also inhaltlich bei den Aufgaben helfen können. Kinder, deren Mütter berufstätig oder nicht in der Lage sind zu helfen, sind in gewisser Hinsicht benachteiligt. In der Mittel- und Oberstufe wird das Problem weitgehend durch Nachhilfestunden gelöst, so daß es zu einer Benachteiligung der Kinder aus sozialschwachen Familien kommt.

Die Vielzahl der konfliktverursachenden Faktoren liefert eine Begründung für die folgenden Leitlinien:

Stellen Sie nur dann Hausaufgaben, wenn Sie wirklich von ihrer Notwendigkeit überzeugt sind. Die Zeit, die Sie zum Erteilen, Besprechen und zur Bewältigung der zahlreichen Konflikte benötigen, sollten Sie und Ihre Schüler oft besser zum Lernen im Unterricht verwenden.

Bemühen Sie sich um einen angemessenen Schwierigkeitsgrad, und liefern Sie vor allem den leistungsschwachen Schülern jene Zusatzinformationen, die sie in die Lage versetzen, die Aufgaben zu Hause allein erfolgreich zu bearbeiten.

Achten Sie auf verständliche Formulierungen bei der Aufgabenstellung (*Miltz* 1972). Formulieren Sie bedeutsame Aufgaben auch im Rahmen der Unterrichtsvorbereitung, damit Sie in Ruhe darüber nachdenken können, welche Informationen die Schüler benötigen.

Liefern Sie den Schülern stichhaltige Begründungen zur Funktion bestimmter Aufgaben. Sofern Sie keine ausreichende Begründung finden, sollten Sie besser auf die Aufgabenstellung verzichten.

Kontrollieren Sie auf jeden Fall die Hausaufgaben. Ein Schüler, der sich in seiner Freizeit stundenlang mit Hausaufgaben gequält hat, fühlt sich mißachtet oder an der Nase herumgeführt, wenn sich der Lehrer nicht einmal für die Aufgaben interessiert. Vergessen Sie des öfteren, die Hausaufgaben durchzusprechen, werden die Schüler bald von sich aus auf die Erledigung der Hausaufgaben verzichten.

Sprechen Sie in regelmäßigen Abständen mit den Schülern darüber, wie man zu Hause am besten lernt. Mögliche Gesprächspunkte sind:

Methodisches Vorgehen, Gebrauch von Hilfsmitteln, Zeitpunkt der Hausaufgaben, günstiger Arbeitsplatz u. a. m.

Treffen Sie mit den Kollegen erforderliche Absprachen, vereinbaren Sie mit ihnen, wer an welchen Wochentagen in welchem Umfang Hausaufgaben erteilt. Eine solche Vereinbarung läßt sich zwar nicht immer durchhalten, auch haben entsprechende Eintragungen in das Klassenbuch meist einen geringen Aussagegehalt; doch können durch sie unmäßige Überforderungen vermieden werden.

Sprechen Sie mit den Eltern darüber, ob und falls ja, auf welche Art sie bei den Hausaufgaben helfen sollen. Dies gilt natürlich in erster Linie für Eltern, deren Kinder die Grundschule besuchen. Berücksichtigen Sie aber bitte bei dem Gespräch, daß einige Eltern wirklich nicht in der Lage sind, ihre Kinder bei den Hausaufgaben zu unterstützen.

Anregungen:

Besorgen Sie sich den Hausaufgabenerlaß des Bundeslandes, in dem Sie unterrichten, und diskutieren Sie über die einschlägigen Bestimmungen.

Überprüfen Sie anhand eines Stundenplanes einer beliebigen Klasse, in welchen Schulfächern Ihrer Meinung nach Hausaufgaben entbehrlich bzw. nicht entbehrlich sind. Simulieren Sie anschließend die mögliche zeitliche Belastung der Schüler für die einzelnen Nachmittage in den Hausaufgabenfächern. Falls Sie Klassenlehrer sind, sollten Sie den Plan Ihrer eigenen Klasse analysieren und das Ergebnis mit der gängigen Praxis vergleichen.

Eltern der unteren Einkommensgruppen können ihren Kindern keine Nachhilfestunden finanzieren. Gehen Sie der Frage nach, wie sich diese Chancenungleichheit abbauen ließe.

7.11.2 Analysebeispiel

Konfliktbeschreibung auffassen

„Ich habe mein Heft vergessen"

Hausaufgaben werden von den meisten Schülern als eine Unterbrechung der Freizeit betrachtet. Wer macht schon gerne Hausaufgaben, wenn die Freunde zum Fußballspielen auffordern? Da kommt es schon mal vor, daß ein Heft schnell zur Seite gelegt wird und in Vergessenheit gerät.

Jürgen ist einer Ihrer Sorgenschüler im sechsten Schuljahr, der seine Hausaufgaben nur unregelmäßig erledigt. Sie tragen den Schülern die Weiterführung einer Bildergeschichte auf. Die Schüler waren in der Stunde ausnahmslos mit Interesse bei der Arbeit, selbst Jürgen hatte mitgemacht, und so wurde diese Aufgabe auch allgemein akzeptiert.

Als Sie am nächsten Tag nach der Geschichte fragen, melden sich auch mehrere Schüler spontan mit dem Wunsch vorzulesen. Nur Jürgen meldet sich einmal mehr und sagt: „Ich habe mein Heft vergessen."

Betroffenheit einschätzen

N = 57   MW 2.00   VAR 0.64   STA 0.80, Randkonflikt 2

Erstverhalten überlegen

Um Zeit zu gewinnen, können Sie ihm antworten: „Da müssen wir uns überlegen, was zu tun ist."

Methode festlegen B

Nach den Ursachen fragen

Der Schüler hat als einziger die Hausaufgaben nicht, weil
– er tatsächlich das Heft vergessen hat
– die Hausaufgabe für ihn nicht interessant genug war
– er wichtigere Dinge zu tun hatte
– er zu Hause arbeiten mußte
– er auf sich aufmerksam machen möchte
– es für ihn zur „Ehrensache" geworden ist, keine Hausaufgaben zu haben
– er den Lehrer ärgern möchte
– ihm Hausaufgaben völlig gleichgültig sind
– ihm eine bestimmte Arbeitstechnik zur Erledigung der Aufgabe fehlte
– für ihn der Schwierigkeitsgrad zu hoch war . . .

Perspektive wechseln

Als *Lehrer* ärgern Sie sich einmal mehr, daß Jürgen die Hausaufgaben nicht hat. Sie müssen befürchten, daß andere Schüler diesem schlechten Beispiel folgen. Außerdem handelt es sich wahrscheinlich um eine Ausrede, oder anders gesagt, um eine Lüge, welche das persönliche Verhältnis belastet.

Jürgen ist die Situation vielleicht peinlich, und er hat ein schlechtes Gewissen. Vielleicht berührt ihn die Situation aber auch kaum, weil auch er sich schon an sie gewöhnt hat, oder er freut sich darüber, wieder einmal im Mittelpunkt zu stehen.

Die *Mitschüler* warten vielleicht auf eine Auseinandersetzung zwischen Jürgen und dem Lehrer, hoffen darauf, daß einige Minuten der Unterrichtszeit folgenlos verstreichen. Oder sie fühlen sich über Jürgen erhaben, weil sie schließlich die Hausaufgaben vorweisen können. Vielleicht etikettieren sie ihn auch als den Schüler, der nie die Hausaufgaben hat, der immer Anlaß zu Auseinandersetzungen gibt, der einfach „schlecht" ist – oder besonders mutig.

Handlungsmöglichkeiten suchen

1 Jürgens Verhalten ignorieren, auf seine Hausaufgaben verzichten
2 ihn ermutigen, die Hausaufgaben zum nächsten Tag aus freien Stücken zu machen
3 die Hausaufgaben nachholen lassen
4 ihm eine Extraarbeit geben
5 ihn nachsitzen und nacharbeiten lassen
6 mit ihm einen Plan für den Nachmittag aufstellen, der Spiel- und Arbeitszeiten enthält
7 sich als Lehrer überprüfen, ob die Aufgabenstellung zu schwierig oder zu umfassend war
8 von Jürgen die Hausaufgaben stellen lassen
9 eine Hausaufgabengemeinschaft gründen
10 ein Einzelgespräch führen
11 keine Hausaufgaben mehr erteilen
12 ihn nach der Stunde nach dem wahren Grund fragen
13 am nächsten Morgen ins Klassenzimmer kommen und sagen: „Kinder, ich hab' meine Hausaufgaben vergessen, ich habe mich nicht vorbereitet. Was soll nun werden?" Anschließend über die Situation diskutieren und dann die Stunde wie immer (gut vorbereitet) beginnen
14 die Eltern kennenlernen
15 mit den Kollegen über Jürgen sprechen
16 ihm in Mitarbeit „ungenügend" geben
17 ihn dann, wenn er die Aufgaben hat, positiv verstärken
18 einen Vertrag mit ihm schließen
19 ihn zum Rektor schicken
20 ihn die Hausaufgaben auswendig lernen lassen – dann kann er das Heft ruhig vergessen
21 überprüfen, ob er bei diesen Aufgaben wirklich Lernschwierigkeiten hatte
22 ihn berichten lassen, was er zu Hause gemacht hat

23 ihn ein Aufgabenheft anlegen lassen, und dieses Heft immer bei
Schulschluß überprüfen

24 ihn nach Hause schicken und das Heft holen lassen

Handlungsmöglichkeiten prüfen

1 − kommt nicht in Frage, hieße, den Schüler teilweise „abschreiben", außerdem könnte das Beispiel Schule machen; 2 − wird wenig
Erfolg haben; 3 + − wenn sich die Aufgaben kumulieren, ist der
Schüler bald überfordert; 4 − Sie sollten froh sein, wenn er die geforderten Aufgaben macht; 5 + − sofern dabei etwas herauskommt;
6 − wer soll auf die Einhaltung des Planes achten? Ob hier diese
Technik der Verhaltensmodifikation anwendbar ist, erscheint sehr
fragwürdig; 7 entfällt, denn alle anderen Schüler haben die Aufgaben;
8 − das könnte ihn einmal ermutigen, die selbstgestellten Hausaufgaben zu erledigen, aber schließlich muß er auch jene Aufgaben machen,
die der Lehrer stellt; 9 + − wenn, dann wirklich auf freiwilliger Basis,
man sollte die Mitschüler nicht indirekt zur Hilfe verpflichten; 10 + −
einmal mehr, bringt wahrscheinlich nicht sehr viel; 11 − geht in einigen
Fächern an einer Halbtagsschule nun mal nicht; 12 − das würde
bedeuten, ihn zum Eingeständnis zwingen, daß er gelogen hat oder ihn
zu weiteren Lügen ermutigen; die Wahrscheinlichkeit, daß er wirklich
sein Heft „vergessen" hat, ist doch sehr gering; 13 − mit diesem Gag
würden Sie sicher erreichen, daß die Schüler für den Rest der Stunde
nicht mehr richtig mitarbeiten; 14 − erscheint vorerst noch unangemessen, in der Konfliktbeschreibung steht nichts von „Versetzungsgefahr" o. ä.; 15 − wie vor; 16 − bewirkt sicher beim Schüler keine
Verhaltensänderung; 17 + warum nicht − wenn; 18 + − kann ihm
seine Verpflichtung bewußter machen, vgl. 6; 19 − als Überreaktion
abzulehnen; 20 − sehr sarkastisch, Mißerfolg vorprogrammiert; 21 + ;
22 − läuft auf ein Bekenntnis hinaus, wahrscheinlich wird nichts dabei
herauskommen; 23 + warum nicht? 24 − kommt auch aus versicherungsrechtlichen Gründen nicht in Betracht.

Handlungsfolge konzipieren

Ihn ein Aufgabenheft anlegen lassen und ihn bitten, am Ende der
Stunde die Aufgabenstellung zu wiederholen. − Die Aufgaben in der
Schule erledigen lassen, etwaige Lernschwierigkeiten diagnostizieren.
− Für gemachte Aufgaben positiv verstärken. − Erst dann die
Gründung einer Hausaufgabengemeinschaft anregen, mit Kollegen
und Eltern sprechen.

Oder würden Sie ganz anders handeln?

7.11.3 Konfliktbeschreibungen

Beginnen Sie erst mit der Konfliktanalyse,
nachdem Sie die Kapitel 5 und 6 bearbeitet haben!

7.11.3.1 Die Aufgaben waren zu schwierig

Das Erteilen von Hausaufgaben ist deshalb so schwierig, weil Sie als
Lehrer immer wieder vor der Aufgabe stehen, die Lernvoraussetzungen der Schüler richtig einzuschätzen. Über- oder Unterforderungen
lassen sich kaum vermeiden. Und wenn Sie sich – entsprechend dem
individuellen Leistungsvermögen einzelner Schüler oder Schülergruppen – um eine differenzierte Aufgabenstellung bemühen, dann wird
Ihr Bemühen von den Schülern als ungerecht empfunden.
Sie lassen sich in der 8c die Haushefte zeigen. Es waren drei
Mathematikaufgaben zu rechnen. Einige Schüler haben die Aufgaben
gar nicht gemacht, andere haben sie nur unvollständig und nur zwei
Schüler haben die Aufgaben vollständig bearbeitet. Während Sie die
Ergebnisse vergleichen lassen, sagt ein Schüler: „Die Aufgaben waren
viel zu schwer!" Seine Mitschüler stimmen ihm zu.
Relevanz: N = 57   MW 1.68   VAR 1.51   STA 1.23

7.11.3.2 Die Hausaufgaben werden abgeschrieben

Fahrschüler sind ihren Mitschülern im Abschreiben meist überlegen. Sie entwickeln besondere Techniken, um in Bahn oder Bus
leserlich schreiben zu können. Und wenn die Fahrzeit etwas länger
dauert, läßt sich das Erledigen der Hausaufgaben fast immer auf den
frühen Morgen verschieben.
Jürgen hat es im Abschreiben zu einer Meisterschaft entwickelt.
Der Klassenbeste fährt mit ihm zur Schule, ist gutmütig und übergibt
ihm jeden Morgen das Heft zum Abschreiben. So kommt es häufig
vor, daß er zwar die richtigen Lösungen im Heft, nicht aber die
Lösungswege im Kopf hat.
Als Sie den 13jährigen Jürgen an die Tafel bitten, damit er eine
Aufgabe vorrechnet, hat er keine Ahnung, wie man sie angehen
könnte. Der gleiche Aufgabentyp steht aber mit Lösungsweg und
Ergebnis im Hausheft.
Relevanz: N = 57   MW 1.86   VAR 0.87   STA 0.93

7.11.3.3 „Den hat sie nie allein gemacht"

Sie bitten im Verlauf eines Elternabends die anwesenden Mütter und Väter, ihren Kindern nicht bei den Hausaufgaben zu helfen. Sie nennen einige triftige Gründe für Ihren Wunsch. Einmal möchten Sie gerne wissen, ob Ihre Aufgabenstellung den Lernvoraussetzungen der Schüler entsprach, dann möchten Sie Anhaltspunkte hinsichtlich des individuellen Leistungsvermögens bekommen, um den Schülern beim Lernen besser helfen zu können. Schließlich möchten Sie vermeiden, daß einige Schüler durch regelmäßige Mitarbeit der Eltern bevorzugt werden. Aber diesen letzten Punkt sprechen Sie aus taktischen Gründen nicht offen aus. Sie richten lediglich die Aufforderung an die Eltern, nicht zu helfen und fordern die Schüler auf, eigenständig zu arbeiten und in jenen Fällen, in denen sie die Aufgaben nicht allein bewältigen können, die Arbeitszeit zu notieren.

Manuela liest ihren Hausaufsatz vor. Die etwa 10jährigen Mitschüler hören gespannt zu. Doch die Aufmerksamkeit weicht bald erstaunten Gesichtern. Einige Schüler sehen sich bedeutsam an, kichern und wiederholen einige Formulierungen, die unmöglich von Manuela stammen können. Und als diese mit dem Lesen fertig ist, sagt einer der Mitschüler: „Den hat sie nie allein geschrieben, da hat jemand geholfen."

Relevanz: N = 57   MW 1.88   VAR 0.79   STA 0.89

7.11.3.4 „Ich mußte auf meine kleine Schwester aufpassen"

Schüler gewinnen schnell ein Gespür dafür, mit welchen Ausreden sie bei ihrem Lehrer Erfolg haben. Sie „spielen Schule", d. h. sie verhalten sich so, wie es der Lehrer wünscht und wie es ihnen opportun erscheint (vgl. *Jackson* 1976).

Da die Schüler bei Ihnen Verständnis für besondere Sozialverhältnisse voraussetzen können, erscheint Achim im Hinblick auf die nicht gemachten Hausaufgaben die Ausrede besonders zugkräftig: „Ich mußte den ganzen Nachmittag auf meine kleine Schwester aufpassen."

Leider hat der 12jährige Achim Pech, denn Sie selbst haben ihn zufällig beobachtet, wie er nicht mit seiner kleinen Schwester, sondern auf dem Sportplatz mit einem Fußball spielte.

Relevanz: N = 57   MW 1.89   VAR 1.27   STA 1.13

7.11.3.5 „Los, Heft her!"

Wenn ein Klassenprimus seinen Mitschülern regelmäßig die Hausaufgaben zur Verfügung stellt und sich auch während der Klassenarbeiten kameradschaftlich verhält, dann wird er akzeptiert und respektiert. Aber meist kommt es doch zu Schwierigkeiten, denn wenn die
guten Leistungen mit Anstrengungen verbunden sind, sieht der
betreffende Schüler bald nicht mehr ein, warum er immer sein Heft
abliefern soll.
So auch in unserem Fall. Karlheinz ist Klassenbester der 9a und
bemüht, diese Position auch zu halten. Er hat sich schon fast daran
gewöhnt, daß die Hausaufgaben regelmäßig von ihm abgeschrieben
werden. Aber als Wolfgang eines Morgens die Aufgaben mit dem
Befehl fordert: „Los, Heft her!", da ist Karlheinz mit seiner Geduld
am Ende. Er setzt sich schweigend auf seinen Platz und bewacht die
Tasche. Als Wolfgang seine Forderung lautstark wiederholt und die
Tasche packen will, kommen Sie ins Klassenzimmer. Die beiden
bemerken Sie offensichtlich gar nicht, denn Wolfgang schreit noch
einmal: „Los, Heft her!" und holt zum Schlag aus.
Relevanz: N = 57 MW 3.14 VAR 1.62 STA 1.27

7.11.3.6 „Was wollen sie denn, ..."

In der Zeit der Hochkonjunktur war es nicht leicht, Schüler eines
neunten Hauptschuljahres zur Bearbeitung von Hausaufgaben zu
bewegen; denn da hatten alle Schüler ihre Lehrstellen in der Tasche
und Sie bekamen Antworten wie: „Als Fernsehmechaniker brauche
ich so etwas nicht, meine Lehrstelle habe ich schon."
In einer Zeit der wirtschaftlichen Rezession, in der Lehrstellen
knapp sind, hat sich das Bild kaum geändert. Denn nun haben Schüler
allen Grund, eine lethargische Haltung zu zeigen.
Rudi macht seine Hausaufgaben grundsätzlich nicht. Wenn er eine
Stunde länger in der Schule bleiben muß, um etwas nachzuarbeiten,
dann ist das Arbeitsergebnis gleich Null. Und muß er eine besondere
Übungsaufgabe erledigen, lächelt er nur müde, wenn er nach dem
Ergebnis gefragt wird. Eintragungen ins Klassenbuch erscheinen
sinnlos, denn da stehen schon viele Bemerkungen der Fachlehrer.
Eine Rücksprache mit den Eltern verlief ergebnislos, denn es zeigte
sich im Gespräch sehr bald, daß sie offensichtlich nicht mehr in der
Lage sind, auf ihren Sohn irgendeinen Einfluß auszuüben.
Als Sie sich wieder einmal über die nicht gemachten Hausaufgaben

ärgern, bekommen Sie zur Antwort: „Was wollen Sie denn, das hat ja doch alles keinen Sinn, ich bekomme ja nie eine Lehrstelle."

Relevanz: N = 57   MW 4.47   VAR 1.97   STA 1.40

7.11.4 Handlungsmöglichkeiten

zu 7.11.3.1

1. Sie sprechen alle Aufgaben in Ruhe durch, lassen sie an der Tafel vorrechnen und in die Hefte eintragen (44%).
2. Sie lassen die Aufgaben von den Schülern gemeinsam in den Kleingruppen rechnen (42%).
3. Sie erklären den Schülern, daß sie an leichten Aufgaben nichts lernen können (4%).
4. Sie tragen jenen Schülern, die gar nichts im Heft haben, die Note „ungenügend" ein (0%).
5. Sie lassen die Aufgaben von jenen Schülern vorrechnen, die sie bearbeitet haben (2%).
6. Sie rechnen die Aufgaben selbst vor (0%).
   oder: . . . (9%).

zu 7.11.3.2

1. Sie fragen ihn, warum er zu Hause, nicht aber in der Schule rechnen könne (12%).
2. Sie bitten ihn, eine der Aufgaben aus dem Hausheft noch einmal an der Tafel vorzurechnen (11%).
3. Sie geben ihm zahlreiche Hinweise, bis er schließlich die Aufgabe doch rechnen kann (11%).
4. Sie bitten die Mitschüler, ihm bei der Lösung der Aufgaben behilflich zu sein (11%).
5. Sie sprechen allgemein über die Notwendigkeit der Hausaufgaben (5%).
6. Sie sagen ihm auf den Kopf zu, daß er die Hausaufgaben abgeschrieben haben muß und er in der nächsten Stunde wieder an die Tafel gebeten werden wird (46%).
   oder: . . . (5%).

zu 7.11.3.3

1. Sie fordern Manuela auf, sich künftig nicht mehr helfen zu lassen (25%).
2. Sie sprechen Manuelas Eltern direkt an und wiederholen Ihren Wunsch (25%).
3. Sie diskutieren mit der ganzen Klasse über das Thema: „Was hat Manuela allein gemacht, wo ist ihr geholfen worden?" (7%).
4. Sie übergehen die Schüleräußerung (21%).
5. Sie erteilen Manuelas Mutter eine „ausreichende" Note (5%).
6. Sie machen den Vorschlag, Gemeinschaftsarbeiten abzuliefern (5%).
   oder: . . . (12%).

zu 7.11.3.4

1. Sie sagen ihm auf den Kopf zu, daß er lüge und er auf alle Fälle die Aufgaben nachmachen müsse (12%).
2. Sie fragen ihn, wie das Fußballspiel ausgegangen ist (35%).
3. Sie fragen ihn, warum er nicht die Wahrheit sage (11%).
4. Sie sagen ihm, daß er leider Pech habe, Sie ihn gesehen hätten und er nun nachsitzen müsse (2%).
5. Sie fragen ihn, ob er seine kleine Schwester mit einem Fußball verwechselt habe (39%).
6. Sie reden ihm ins Gewissen und bedauern, daß Sie ihm nun nichts mehr glauben können (0%).
   oder: . . . (2%).

zu 7.11.3.5

1. Sie ignorieren das Verhalten der Schüler (0%).
2. Sie fragen Wolfgang, warum er ein so großes Interesse an dem Heft habe (16%).
3. Sie bitten Wolfgang, die Hausaufgaben vorzulesen (9%).
4. Sie initiieren eine Pro–Kontra-Diskussion, ob man als Schüler sein Hausheft zur Verfügung stellen muß oder nicht (7%).
5. Sie bitten Karlheinz und Wolfgang nach der Stunde zu sich, um mit den beiden ein Gespräch zu führen (14%).
6. Sie rufen erst einmal: „Wolfgang!", um eine Schlägerei zu verhindern (49%).
   oder: . . . (5%).

zu 7.11.3.6

1. Sie sagen ihm, daß er die Hoffnung auf eine Lehrstelle nicht aufgeben soll (23%).
2. Sie fordern ihn auf, seine schulischen Leistungen zu verbessern, damit seine Chancen steigen (46%).
3. Sie diskutieren mit dem Schüler einmal mehr über den Sinn der Hausaufgaben (5%).
4. Sie loben ihn, indem Sie sagen: „Allerhand, ohne Hausaufgaben das neunte Schuljahr zu erreichen." (0%).
5. Sie sagen ihm, daß Sie nun nie mehr nach den Hausaufgaben fragen werden (4%).
6. Sie sagen ihm, daß Sie sich nur dann für seine Hausaufgaben interessieren, wenn Ihnen diese freiwillig vorgelegt werden (12%).
   oder: . . . (11%).

7.12 Lernschwierigkeiten

7.12.1 Vorüberlegungen

Jeder Schüler kennt Schwierigkeiten beim Lernen im Unterricht oder bei der Erledigung der Hausaufgaben. Ein qualifizierter Lehrer wird eine zentrale berufliche Aufgabe darin sehen, vor den Schülern immer wieder neue Lernwiderstände oder Lernbarrieren aufzubauen, die es zu überwinden gilt. Ohne die erfolgreiche Bewältigung solcher Schwierigkeiten findet kein Lernen statt, da die Schüler sonst nur bereits Gelerntes wiederholen. So betrachtet sind Lernschwierigkeiten natürlich und notwendig, ja, auch sie konstituieren schulisches Lernen.

Doch in diesem Problemkreis geht es nicht um die Überwindung von Lernwiderständen, sondern um jene Auseinandersetzungen, Belastungen und Schwierigkeiten, die dann auftreten, wenn die Lernergebnisse eines Schülers von den Anforderungen so weit abweichen, daß sie nicht mehr toleriert werden können (vgl. *Huber/ Mandl/Weinert* 1979, S. 25). Solche Mißerfolge beeinträchtigen nicht nur den betreffenden Schüler, auch der Lehrer fühlt sich tangiert, wenn er der Auffassung ist, als Lehrer versagt zu haben.

Hier einige problemkreistypische Konfliktkonstellationen.
Ein Schüler
- versagt in fast allen Fächern, so daß seine Versetzung gefährdet ist.
- versagt nur in einem bestimmten Fach oder in einer Fächergruppe.
- ist in seinen intellektuellen Fähigkeiten stark eingeschränkt.
- kann bestimmte psychomotorische Funktionen nicht ausüben.
- hat Schwierigkeiten mit dem Lerntempo, indem er fast immer mehr Zeit braucht als seine Mitschüler.
- hat massive Sprachschwierigkeiten, sucht nach geeigneten Formulierungen oder stottert (vgl. *Schultheis* 1979).
- ist nicht in der Lage, einigermaßen fehlerfrei zu schreiben.
- schreibt unleserlich, so daß der Lehrer erraten muß, was gemeint sein könnte (vgl. *Angermaier* 1976; *Schlee* 1976).
- nimmt Arbeitsaufträge einfach nicht auf.
- ist kaum in der Lage, sich etwas zu merken.
- kann sich nicht konzentrieren.

– ist nicht bereit, methodisch vorzugehen.

– zieht sich zurück, „schaltet ab" . . .

Die Vielzahl der hier angedeuteten Probleme kann oft – doch dann auch meist nur im Ansatz – gelöst werden, indem die unmittelbar beteiligten Lehrer mit Fachleuten auf Gebieten wie Pädagogischer Psychologie, Schulpädagogik, Logopädie u. a. kooperieren. Eine Ausklammerung der fachdidaktischen Aspekte erscheint ebenso fragwürdig wie die Vernachlässigung psychosozialer Probleme. Diese Auffassung wird durch das breite Verursachungsspektrum belegt. So treten massive Lernschwierigkeiten aus vielerlei Gründen auf:

– Das dreigliedrige Schulsystem mit seinem Auslesemechanismus ist so angelegt, daß zahlreiche Schüler Lernschwierigkeiten bekommen und scheitern müssen. „In einem einzigen Schuljahr wurden in der Bundesrepublik Deutschland fast 400 000 Schüler nicht versetzt, über 115 000 in eine statusniedrigere Bildungseinrichtung umgeschult, und fast 150 000 mußten nach Absolvierung ihrer Schulpflicht entlassen werden, ohne das jeweilige Schulziel erreicht zu haben. Damit wird eindringlich unterstrichen, daß es sich bei Lernschwierigkeiten nicht nur um ein individuelles Versagen handelt, sondern auch um ein gewichtiges strukturelles Problem der Schule" (*Weinert/Zielinski* 1977, S. 296).

– Bei leistungsschwächeren Schülern kumulieren vor allem in größeren Lerngruppen die Lerndefizite, und es kommt zwischen den leistungsstarken und leistungsschwachen Schülern zu einem immer größeren Leistungsunterschied. „Da sich das Unterrichtstempo nicht an den am langsamsten lernenden Schülern orientiert, werden einzelne Kinder von Anfang an vom Lehrangebot weniger profitieren als andere. Damit vergrößern sich permanent die Differenzen in den speziellen Lernvoraussetzungen für die jeweils folgende Aufgabe" (a. a. O., S. 297).

– Fachlehrern an weiterführenden Schulen ist es oft gar nicht möglich, im Unterricht auf individuelle Lernschwierigkeiten einzugehen. Wer z. B. hundert Schüler in Mathematik oder Englisch zu betreuen hat, ist einfach überfordert, will er einzelnen Schülern helfen, ihre Lernschwierigkeiten zu überwinden.

– Viele Lehrer kümmern sich kaum um die Lernschwierigkeiten ihrer Schüler, qualifizieren den Unterricht methodisch nicht, verzichten auf Maßnahmen der Binnendifferenzierung und erklären manchmal sogar unverblümt den Schülern, sie würden nur für das erste Drittel unterrichten, für das sich der Unterricht lohne.

– Einige Lehrer überfordern ihre Schüler und stellen einen zu hohen Leistungsanspruch. So kommt es zwischen einzelnen Klassen derselben Schulart zu erheblichen Leistungsunterschieden, wenn man die tatsächlichen Schülerleistungen mit den Zensuren der Schüler vergleicht (*Ingenkamp* 1969). Eine „befriedigende" Leistung kann so zu einer „mangelhaften" werden und umgekehrt.

– Lehrer richten unterschiedliche Erwartungen an die Schüler und diese gehen dann auch häufig (im Sinne einer sich selbst erfüllenden Prophezeihung) in Erfüllung. Wird einem Schüler nur eine schwache Leistung zugetraut, dann sinkt mitunter auch seine Anstrengungsbereitschaft. Jeder Schüler weiß, wie schwierig es ist, von einem niedrigen Leistungsniveau aufzusteigen oder von einer schlechten Note herunterzukommen.

– Angeborene Störungen oder Schädigungen beeinträchtigen die intellektuellen Fähigkeiten des Schülers, so z. B. gestörte Drüsenfunktionen oder neurologische Schädigungen, die sich in einer allgemeinen Begabungsschwäche, in eingeschränkter Wahrnehmungsfähigkeit, Hypermotorik, Fettleibigkeit, Antriebsschwäche, Reizbarkeit u. a. m. äußern können (*Lohmann* 1978).

– Angeborene oder erworbene Behinderungen beeinträchtigen die Lernfähigkeit, so z. B. durch Unfall verursachte Hör- oder Sehschäden, welche die Wahrnehmungsfähigkeit reduzieren und nur noch eine Teilauffassung oder gar keine Auffassung mehr zulassen.

– Der sachstrukturelle Entwicklungsstand des Schülers entspricht nicht der Aufgabenstellung, indem Kenntnisse fehlen, die erforderlich sind, um sich eine neue kognitive Struktur anzueignen (vgl. *Heckhausen* 1970).

– Der Schüler verfügt nur über eine begrenzte Gedächtniskapazität, er ist nicht gewillt oder in der Lage, jene Informationen zu speichern, die zur erfolgreichen Bewältigung einer bestimmten Aufgabe erforderlich sind (vgl. *Weinert/Zielinski* a. a. O.).

– Dem Schüler fehlen wichtige Lernmethoden und/oder Arbeitstechniken, die er zur Aufgabenbewältigung benötigt, so z. B. die Technik des Nachschlagens, des Auswendiglernens, des Umgangs mit einem Winkelmesser, Taschenrechner oder einer Logarithmentafel.

– Schüler sind durch zahlreiche Mißerfolgserlebnisse entmutigt, sie zeigen keinerlei Anstrengungsbereitschaft und haben den nächsten Mißerfolg schon eingeplant (vgl. 7.14).

– Lernängste machen ein Befassen mit dem Lerngegenstand unmöglich, so die Angst vor dem Lehrer, den Mitschülern und Eltern, die Angst vor der nächsten Klassenarbeit, der Zensur, dem Zeugnis und dem Sitzenbleiben, schließlich die Angst, in der Schule und im Beruf vollkommen zu versagen (vgl. 7.10, 7.13).

– Der Schüler kann sich nicht in die Lerngruppe integrieren, er hat Anpassungsschwierigkeiten oder wird von den Mitschülern in eine Außenseiterposition gedrängt, so daß sich diese psychosozialen Probleme auch in Lernschwierigkeiten äußern (vgl. 7.6).

– Die Sozialverhältnisse sind dem schulischen Lernen abträglich, die Familie bietet wenig Anregungen, der Schüler erfährt durch die Eltern kaum eine Unterstützung (vgl. 7.24). Auch können Freundesgruppen ohnehin schon bestehende Lernschwierigkeiten verstärken, wenn schulisches Lernen in der betreffenden Gruppe nicht hoch im Kurs steht.

Mit den möglichen Ursachen wurden schon einige Verbindungen zu anderen Problemkreisen aufgezeigt, so zur Leistungsmessung (7.10), Hausaufgabenproblematik (7.11), zu den Schülerängsten (7.13) und zur Schulmüdigkeit (7.14). Provokationen, Absprachen und Angriffe (7.2-7.4) kommen ins Spiel, wenn Schüler ihre Lernschwierigkeiten durch den Lehrer verursacht sehen. Fast jedes Gastarbeiterkind (7.8) hat mit Lernschwierigkeiten zu kämpfen. Auch lassen sich Querverbindungen zu den Problemkreisen Kollegen, Schulleitung, Schulaufsicht und Eltern (7.21-24) herstellen, vor allem dann, wenn zahlreiche Schüler einer Klasse in einem Fach massive Lernschwierigkeiten haben.

Die Umsetzung der nachstehenden Leitlinien für das pädagogische Handeln erfordert von Ihnen ein außerordentliches berufliches Engagement, das nicht von jedem Lehrer erwartet werden kann: *Nehmen Sie im Unterricht Rücksicht auf jene Schüler, die Lernschwierigkeiten haben.* Üben Sie sich bei Beiträgen, die unbeholfen vorgetragen werden, in Geduld, bleiben Sie gerade diesen Schülern gegenüber freundlich und ruhig. Gehen Sie auf Zwischen- und Rückfragen ein, und verbieten Sie den anderen Schülern, mit Ungeduld, Gelächter oder Spott zu reagieren.

Versuchen Sie, durch gezielte methodische Maßnahmen den Schülern, die Lernschwierigkeiten haben, zu helfen, indem Sie sich ihnen besonders zuwenden, sich zuversichtlich zeigen, Möglichkeiten der Binnendifferenzierung nutzen, ihnen Aufgaben stellen, die sie bewältigen können, ihnen kleine Erfolgserlebnisse verschaffen, auf überhöhte Leistungsanforderungen und angsterzeugende Maßnahmen verzichten.

Bemühen Sie sich bei den Schülern, die Lernschwierigkeiten haben, ganz besonders um eine Integration in die Klassengemeinschaft. Sie haben eine Vielzahl von Möglichkeiten, den anderen Schülern zu zeigen, daß Sie zwar die Lernschwierigkeiten und Leistungsschwächen registrieren, diese Schüler in ihrer Persönlichkeit jedoch voll akzeptieren und gern haben.

Nehmen Sie Kontakt zu den Eltern auf, um in Erfahrung zu bringen, in welchem Umfang sie mithelfen können. Akzeptieren Sie das familiale Milieu und versuchen Sie nicht, Sozialisationsdefizite auszugleichen, da Sie ein solcher Versuch neben Ihrem Deputat weitgehend überfordert. Engagieren Sie sich statt dessen im sozial- und bildungspolitischen Bereich. Auf diese Weise beseitigen Sie nicht nur Symptome, sondern langfristig auch einige Ursachen sozialer Benachteiligung.

Überprüfen Sie die Lernvoraussetzungen jener Schüler, die Lernschwierigkeiten haben. Diese Überprüfung können Sie nicht ohne weiteres im Unterricht vornehmen, d. h. Sie müssen mehrere Nachmittage investieren, mit den einzelnen Schülern in dem betreffenden Fach arbeiten, indem Sie den Schwierigkeitsgrad der Aufgaben so lange reduzieren, bis der Schüler in der Lage ist, die Aufgabe eigenständig zu bewältigen. Danach sollten Sie Aufgaben mit zunehmendem Schwierigkeitsgrad stellen, um herauszufinden, welcher Art die Schwierigkeiten sind (Kenntnisse, Merkfähigkeit, Regelwissen, Arbeitstechniken . . .).

Erarbeiten Sie gemeinsam mit dem Schüler einen Lernplan, sofern Sie der Auffassung sind, daß der Schüler die Vorkenntnislücken durch eigenes Bemühen ohne fremde Hilfe schließen kann. Sprechen Sie mit ihm ab, welche Aufgaben er bis zu welchem Zeitpunkt zu bewältigen hat. Überprüfen Sie regelmäßig die Arbeitsergebnisse, indem Sie den Schüler differenziert verstärken, d. h. ihm genau sagen, was er besonders gut bzw. weniger gut gemacht hat. Nur so bekommt er konkrete Hinweise und Hilfen für künftige Lernsituationen.

Bemühen Sie sich für den Schüler um einen Förderunterricht, sofern Sie der Auffassung sind, daß er ohne fremde Hilfe die Vorkenntnislücken nicht schließen kann. Wenn ein Nichtlehrer den Nachhilfeunterricht erteilt, dann sollten Sie diesen methodisch beraten und die Lerninhalte absprechen. Hier einige Hinweise zum Lehrverhalten, das der Situation des Nachhilfeunterrichts förderlich sein kann:

– störende Einflüsse ausschalten
– zum selbständigen Arbeiten auffordern
– sich zuversichtlich zeigen
– sich die Aufgabenstellung präzisieren lassen
– sich über den Unterricht informieren bzw. informieren lassen
– Vorkenntnisse erfragen
– Vorkenntnisse erarbeiten
– zum Probehandeln ermutigen
– Lernhilfen geben
– einen Lernschritt vorgeben
– zur Selbstkorrektur auffordern
– zum Fragen ermutigen
– Lernleistungen loben
– das Bemühen anerkennen (vgl. *Becker* 1978; in: *Heyse/Arnhold* a. a. O.).

Bitten Sie einen Fachmann um Rat, sofern Sie der Auffassung sind, daß der Schüler die Kenntnislücken auch mit fremder Hilfe in angemessener Zeit nicht ausgleichen kann. Lassen Sie von ihm überprüfen, ob eine angeborene oder erworbene Störung und/oder Behinderung die Lernfähigkeit des Schülers beeinträchtigt. An dieser Stelle sind Sie auf die Kooperation mit Kollegen der Sonderschule, mit Fachkräften der Rehabilitation und/oder mit Schulpsychologen angewiesen. Von dem Ergebnis dieser Untersuchung hängt es u. a. ab, welche weiteren Maßnahmen Sie befürworten.

Befürworten Sie diejenige Umschulung oder Einstufung, die dem Schüler angemessen erscheint, die seinen Neigungen und Fähigkeiten weitgehend entspricht. Wenden Sie sich gegen unrealistische Vorstellungen ambitionierter Eltern. Wahrscheinlich können wir auch für den Bereich der Bundesrepublik Deutschland davon ausgehen, daß sich etwa jeder zweite Schüler in einer Jahrgangsklasse oder Schulart befindet, in die er eigentlich nicht hineingehört (vgl. *Ilg/Ames* 1976, S. 52 ff.). Treten Sie für Maßnahmen der äußeren Differenzierung, für eine optimale Durchlässigkeit innerhalb des dreigliedrigen Schulsystems und für integrierte Schulformen ein, damit den Schülern der Makel des Sitzenbleibens erspart wird.

Anregungen:

Versuchen Sie, bei einem Schüler, der Lernschwierigkeiten hat, die Vorkenntnislücken zu diagnostizieren. Reduzieren Sie dabei den Schwierigkeitsgrad der Aufgaben so lange, bis der Schüler eine Aufgabe selbständig bewältigen kann, und steigern Sie dann die Anforderungen allmählich.

Überlegen Sie sich, welche Aufgaben ein Lernplan enthalten soll. Erarbeiten Sie mit einem Schüler einen solchen Plan.

7.12.2 Analysebeispiel

Konfliktbeschreibung auffassen

Ein Schüler ist ausgesprochen vergeßlich

Daß ein Schüler mal seine Hausaufgaben oder die Zeichensachen vergißt, ist ganz normal und nicht weiter konfliktträchtig. Störend wirkt Vergeßlichkeit erst dann, wenn sie gehäuft auftritt.

Der 10jährige Joachim vergißt fast alles. Wenn Sie die Arbeitshefte einsammeln lassen, dann fehlt Joachims Heft. Wenn die Schüler Schere und Uhu mitbringen sollen, dann hat Joachim diese Dinge natürlich nicht mitgebracht. Wenn alle die Hausaufgaben gemacht haben, dann hat Joachim sie vergessen. Und so geht es bei fast allen Sachen – Turnschuhe, Badehose, Milchgeld, Geld für den Ausflug – immer heißt es: Joachim . . .

Betroffenheit einschätzen

N = 57   MW 2.44   VAR 0.96   STA 0.98, Randkonflikt 2

Erstverhalten überlegen

Da es sich hier um einen Dauerkonflikt handelt, stehen Sie nicht unter Zeit- und Handlungsdruck, sondern können in Ruhe über geeignet erscheinende Maßnahmen nachdenken.

Methode festlegen B

Nach den Ursachen fragen
Der Schüler ist deshalb so vergeßlich, weil
– er über eine geringe Gedächtniskapazität verfügt
– er sich nicht konzentrieren kann
– er den Lehrer auf sich aufmerksam machen möchte
– er durch sein Verhalten die Mitschüler auf sich aufmerksam machen will
– er den Lehrer provozieren möchte
– sich zu Hause niemand um ihn kümmert
– ihn Schule und Unterricht nicht interessieren
– er durch andere Freizeitaktivitäten ganz in Anspruch genommen ist
– er vielleicht schlecht hört
– er durch andere Probleme stark absorbiert ist.

Perspektive wechseln
Als *Lehrer* ärgern Sie sich immer wieder über die Vergeßlichkeit des Schülers, denn der Unterricht wird in seinem Ablauf gestört. Der *Schüler* freut sich vielleicht über die ihm zuteil werdende Aufmerksamkeit, oder er ärgert sich über seine Vergeßlichkeit. Die *Mitschüler* fühlen sich überlegen, weil sie die geforderten Dinge bei sich haben, oder sie sind ähnlich verärgert wie der Lehrer. Einige Mitschüler werden gerne mit bestimmten Sachen aushelfen, sofern sie dazu in der Lage sind, andere jede Hilfe ablehnen. Es ist zu vermuten, daß sich *andere Lehrer* ebenfalls über den vergeßlichen Schüler ärgern.

Handlungsmöglichkeiten suchen
1 den Schüler von der betreffenden Aktivität ausschließen
2 ihn einmal mehr ermahnen
3 mit den Eltern sprechen
4 ihn einfach nach Hause schicken, wenn er wieder etwas vergessen hat
5 ein Merkheft anlegen lassen
6 mit ihm ein Einzelgespräch führen
7 mit den Kollegen sprechen und Maßnahmen koordinieren
8 etwas planen, was großen Spaß macht, und ihn die entscheidenden Dinge mitbringen lassen
9 den Mitschülern verbieten, ihm auszuhelfen

10 sich ihm besonders zuwenden, so daß er sich Ihnen gegenüber persönlich veranwortlich fühlt
11 ihn loben, wenn er mal etwas nicht vergessen hat
12 ihn für alle Schüler wiederholen lassen, was mitzubringen ist
13 ihm immer schon drei Tage zuvor sagen, was gebraucht wird, damit man ihn zweimal erinnern kann.

Handlungsmöglichkeiten prüfen

1 + − um ihm die Konsequenzen deutlich zu machen; 2 − wird kaum einen Sinn haben; 3 + − wenn es nicht anders geht; 4 − geht auch rechtlich nicht und ist zu gefährlich; 5 + zumindest hat er dann Gelegenheit nachzulesen, was mitzubringen ist; 6 + ihm genau erklären, warum es so wichtig ist, daß jeder seine Sachen mitbringt; ihn zuvor aber sprechen, um mehr über die Ursache der Vergeßlichkeit in Erfahrung zu bringen; 7 + − vgl. 3; 8 + und ihn auf die Verantwortung aufmerksam machen; 9 + − wie 1, evtl. um die Konsequenzen erleben zu lassen; 10 + − sofern das nicht schon geschehen ist; 11 + − darf nicht ironisch geschehen; 12 + in Verbindung mit 5, 13 − weil oft nicht möglich und zu anstrengend.

Handlungsfolge konzipieren

Dem Schüler im Gespräch sagen, daß Sie seine Vergeßlichkeit nicht tolerieren können, weil durch sie der Unterricht oft verzögert wird.
Außerdem sollten folgende Vereinbarungen getroffen werden:
− Joachim legt sich ein Merkheft an
− er schreibt alle Sachen auf, die mitgebracht werden sollen
− am Ende des Unterrichts liest er seinen Mitschülern vor, was er aufgeschrieben hat und erinnert auf diese Weise die ganze Klasse.
(Dieses Erinnern wäre vom Lehrer als eine wichtige Tätigkeit hinzustellen, so daß der Schüler eine Expertenfunktion ausübt, nicht aber bestraft wird.)
Handlungsmöglichkeit 8 ist zu berücksichtigen, sofern sich eine solche Gelegenheit bietet.
Sollte er sein Amt nachlässig versehen und immer noch häufig Sachen vergessen, dann wären ihm die Konsequenzen deutlich zu machen (1und 9). Außerdem müßten Eltern (3) und Kollegen (7) einbezogen werden.

Oder würden Sie ganz anders handeln?

7.12.3 Konfliktbeschreibungen

Beginnen Sie erst mit der Konfliktanalyse,
nachdem Sie die Kapitel 5 und 6 bearbeitet haben!

7.12.3.1 Ein Schüler redet nur, wenn er gefragt wird

Sie haben in Ihrem achten Schuljahr einen sehr zurückhaltenden
Schüler. Seine Leistungen sind zwar zufriedenstellend, doch könnten
sie Ihrer Meinung nach weit besser sein, wenn sich der Schüler am
Unterricht beteiligen würde. Von sich aus meldet er sich nie. Wenn Sie
ihn allerdings direkt ansprechen, liefert er durchaus brauchbare
Beiträge.
Relevanz: N = 57   MW 1.18   VAR 1.22   STA 1.10

7.12.3.2 Anweisungen werden ignoriert

Wenn Schüler Anweisungen nicht genau befolgen, dann sehen Sie
machmal darüber hinweg, um nicht pedantisch zu erscheinen. So
kommt es schon mal vor, daß statt der Tusche Wachsmalstifte
verwendet werden, daß jemand mit Bleistift ein bißchen vorzeichnet,
obwohl dies gerade vermieden werden sollte, oder daß ein Schüler
einen Fehler im Diktat abweichend von Ihren Anweisungen verbessert. Doch gibt es bestimmte Aufgaben, bei denen es gerade auf die
Einhaltung von Anweisungen ankommt, und Sie keine Kompromisse
schließen können. Dies den Schülern einsichtig zu machen, ist nicht
immer einfach.
Sie unterrichten in der 9b Geometrie, erwarten von Ihren Schülern,
daß die Dreieckskonstruktionen so exakt wie möglich ausgeführt
werden. Einer Ihrer Schüler zeichnet jedoch immer wieder „freihän-
dig", ohne die Zeichengeräte zu verwenden. Wenn Sie ihn daraufhin
ansprechen und ihm nachweisen, daß der rechte Winkel keine 90
Grad hat und die Gerade krumm ist, dann greift er vorübergehend mal
zum Lineal, geht aber schnell wieder zu seinen „Faustskizzen"
über.
Relevanz: N = 57   MW 1.67   VAR 0.83   STA 0.91

7.12.3.3 Arbeitstempo

Doris ist eine Ihrer Schülerinnen im sechsten Hauptschuljahr. Das
Mädchen arbeitet äußerst gewissenhaft, aber viel zu langsam. Jede

Aufgabe rechnet sie dreimal nach, bevor sie zur nächsten übergeht. So kommt es vor, daß sie z. B. in einer Mathematikarbeit von sieben Aufgaben nur zwei rechnet, diese allerdings vorbildlich gelöst hat. Sie sind davon überzeugt, daß die Schülerin gute Leistungen erzielen könnte, wenn es ihr gelingen würde, das Arbeitstempo zu steigern. Doch sollte eine Temposteigerung möglichst nicht auf Kosten der Sorgfalt gehen.

Relevanz: N = 57   MW 2.28   VAR 1.10   STA 1.05

7.12.3.4 Unleserlich

Gernot ist Schüler im vierten Schuljahr. Er rechnet mündlich sehr gern, und seine Ergebnisse sind auch fast immer richtig. Wenn er allerdings etwas zu Papier bringen soll, wird es für ihn kritisch. Die Buchstaben und Zahlen gehen bei ihm zu oft ineinander über, so daß Sie die Bedeutungsinhalte nur erraten können.

Fordern Sie ihn auf, einen Text oder eine Aufgabe noch einmal zu schreiben, dann ist er schnell mit dieser Arbeit fertig; doch der zweite Versuch ist meist schlechter als der erste. Lassen Sie ihn unter Ihrer direkten Aufsicht arbeiten, dann sind die Ergebnisse zwar etwas besser, doch benötigt er für drei Sätze etwa eine halbe Stunde Zeit.

Relevanz: N = 57   MW 2.42   VAR 121.   STA 1.10

7.12.4 Handlungsmöglichkeiten

zu 7.12.3.1

1. Sie fordern ihn auf, sich mehr zu melden (5%).
2. Sie nehmen ihn dran, unabhängig davon, ob er sich nun meldet oder nicht (37%).
3. Sie führen mit ihm ein Einzelgespräch, um mehr über die Ursachen dieses Verhaltens in Erfahrung zu bringen (37%).
4. Sie geben ihm öfter mal einen Arbeitsauftrag, über den er vor der Klasse berichten muß (7%).
5. Sie setzen ihn neben zwei besonders lebhafte Schüler, damit er von diesen „angesteckt" wird (2%).
6. Sie gliedern ihn in eine Kleingruppe ein, in der mehrere zurückhaltende Schüler arbeiten, und zwingen so die Schüler, miteinander zu reden (7%).
   oder: . . . (5%).

219

zu 7.12.3.2

1. Sie benoten seine Zeichnungen entsprechend negativ und hoffen, daß er sich aufgrund der schlechten Noten etwas zusammennimmt (12%).
2. Sie beachten ihn mal eine Zeitlang gar nicht mehr (11%).
3. Sie sagen ihm: „Ich sehe mir Dein Heft nur dann an, wenn Du der Meinung bist, daß Du wirklich konstruiert und nicht gemalt hast." (4%).
4. Sie setzen ihn zwischen zwei Schüler, die exakt und gewissenhaft arbeiten (16%).
5. Sie besuchen zusammen mit dem Jungen ein Büro, in dem technische Zeichner arbeiten (4%).
6. Sie lassen ihn im Werkunterricht ein Werkstück konstruieren, bei dem es auf Genauigkeit ankommt, so daß er selbst die Notwendigkeit sorgfältiger Arbeit erkennt (44%).
   oder: . . . (11%).

zu 7.12.3.3

1. Wenn Klassenarbeiten geschrieben werden, geben Sie der Schülerin etwas mehr Zeit, vermerken aber im Heft die Stelle, wo die reguläre Arbeitszeit abgelaufen war, und geben dann zwei Noten (0%).
2. Sie zensieren „gerecht", ohne Rücksicht zu nehmen, denn schließlich sind Leistungen in bestimmten Zeiten zu erbringen (5%).
3. Sie geben der Schülerin leichte Übungsaufgaben und fordern sie auf, die Aufgaben so schnell wie möglich durchzurechnen und bei jedem Ergebnis die benötigte Zeit zu vermerken. Anschließend loben Sie dann die Schülerin (25%).
4. Sie fordern die Schülerin auf, mit dem Nachrechnen erst dann zu beginnen, wenn sie sämtliche Aufgaben einmal durchgerechnet hat (58%).
5. Sie bitten die Schülerin wiederholt, sich zu beeilen (9%).
6. Sie schicken die Schülerin mit ihren Eltern zur Erziehungsberatungsstelle, um überprüfen zu lassen, ob eine Lernstörung vorliegt (2%).
   oder: . . . (2%).

zu 7.12.3.4

1. Sie lassen Gernot testen, ob bei ihm eine Legasthenie vorliegt (33%).
2. Sie lassen Gernot ein „Schönschreibheft" anlegen und geben ihm täglich kleine Übungsaufgaben (23%).
3. Sie tolerieren seine Schrift, fragen immer wieder geduldig nach, was das eine oder andere Wort bedeuten soll und hoffen, daß sich die Schrift mit der Zeit bessern wird (11%).
4. Sie loben ihn immer dann, wenn Sie ausnahmsweise mal etwas lesen können (30%).
5. Sie zeigen Gernot immer wieder mustergültige Hefte seiner Mitschüler und fordern ihn auf, sich an diesen ein Beispiel zu nehmen (0%).
6. Sie streichen immer dann, wenn Sie etwas nicht lesen können, einen Fehler an (2%).
   oder: . . . (2%).

7.13 Schülerängste

7.13.1 Vorüberlegungen

In diesem Problemkreis wird ein aktuelles Thema angesprochen, das im Rahmen dieses Buches nur angerissen, nicht aber intensiv bearbeitet werden kann. Wer sich für dieses Thema besonders interessiert, sei auf die zahlreichen Publikationen aufmerksam gemacht (vgl. IX).

Dieser Problemkreis befaßt sich mit Schülerängsten im weitesten Sinn, mit Belastungen und Schwierigkeiten, die sich nicht genau lokalisieren lassen, also mit allgemeinen Angstzuständen, mit angebbaren bedrohlichen Situationen, die Furcht auslösen sowie mit starken Dauerbelastungen, die zu einer permanenten Anspannung und Aktivierung führen und auch als „Schulstreß" bezeichnet werden. Angst, Furcht und Schulstreß können sich in Unsicherheit oder Hyperaktivität, in aggressiven Handlungen oder Fluchttendenzen äußern, in Konzentrations- oder Sprachstörungen, in Lernhemmungen oder Blockierungen. Sie sind aber auch häufig die Ursache für Kreislauf-, Stoffwechsel- oder Schlafstörungen, für vegetative Störungen, für Schweißausbrüche, Kopfschmerzen, Tics und Zuckungen, Nägelkauen und Haarausreißen.

Situationen, die Angst oder Furcht auslösen oder auf Schulstreß zurückzuführen sind, sind jedem Schüler bekannt:
– Ein Schüler hat Angst vor einem bestimmten Fach, vor Mathematik, Französisch oder Sport.
– Schüler haben Angst vor bestimmten Lernaufgaben innerhalb eines Faches, z. B. vor der Übung am Reck oder dem Sprung über das Längspferd.
– Schüler haben Angst vor dem Test, der Klassenarbeit, den Probearbeiten, dem Sitzenbleiben, dem Schulversagen; Angst, keine Lehrstelle, keinen Ausbildungs- oder Studienplatz zu bekommen, Angst vor der Zukunft.
– Schüler haben auch Angst vor der Schule, der Anonymität einer Mammutorganisation, Angst vor dem Schulweg, der Fahrt im Schulbus oder Angst vor der Pause.
– Schüler haben schließlich massive Ängste vor bestimmten Personen oder Personengruppen, vor dem Hausmeister, dem Rektor,

bestimmten Lehrern, vor den Eltern, die sie nicht enttäuschen wollen, oder vor den Mitschülern, deren Zuwendung und Kameradschaft sie nicht missen möchten. Besonders eng sind die Beziehungen zu den Problemkreisen Leistungsmessung (7.10), wenn ein Anspruch nicht erfüllt werden kann, zur Hausaufgabenproblematik (7.11), wenn ein Schüler z. B. angsterfüllt in die Schule geht, weil er bestimmte Hausaufgaben nicht machen konnte, zu den Lernschwierigkeiten (7.12), wenn Lernbemühungen nicht zum Lernerfolg führen, und zur Schulmüdigkeit (7.14), wenn Angst, Furcht und Streß in der Weise dominieren, daß Schüler sich zeitweise oder ganz der Schule entziehen.

Bei der Frage nach den Ursachen dieser Ängste muß ein breites Spektrum von Faktoren in Betracht gezogen werden. Fragen wie „Macht die Schule unsere Kinder krank?" sollten in ihrer Einseitigkeit besser gar nicht erst gestellt werden, weil sie über eine oberflächliche Polemik nicht hinausführen. Das Verursachungsspektrum betrifft schließlich nicht nur die Schule, sondern in gleicher Weise die Gesellschaft und die Familie. Schülerängste können aus mancherlei Gründen auftreten:

– Lernen ist ohne emotionale Verunsicherung, die sich manchmal zu einem Angstzustand ausweitet, kaum möglich. Wenn etwas Neues gelernt werden soll, dann muß der Lernende ein Wagnis eingehen, bekannte und vertraute Denkstrukturen, Modelle und Schemata vorübergehend zurückstellen und sich in eine befremdliche (angsterzeugende) Situation hineinbegeben, damit er neue Strukturen antizipieren kann. Mit zunehmendem Lernfortschritt gewinnt der Schüler seine emotionale Sicherheit zurück, und im günstigsten Fall hat er das befreiende Gefühl, etwas Neues gelernt zu haben.

Lernen impliziert schließlich auch Scheitern. Nicht alle Schüler können beliebige Lernziele ansteuern und die erwünschten Lernerfolge verzeichnen. Vielen Schülern sind aufgrund mangelnder Fähigkeiten Grenzen gesetzt, und das Erkennen dieser Grenze wird von vorschiedenen Ängsten begleitet. Die provokative These „Alle Schüler schaffen es!" (*Bloom* 1970) muß durch zwei Zusatzfragen relativiert werden: Was schaffen sie, und in welcher Zeit schaffen sie es?

Solange Lernen in Gruppen an herkömmlichen Schulen im Fachlehrersystem stattfindet, wird es immer einige Schüler geben, die am Ende der Unterrichtsstunde oder -einheit bestimmte Lernziele nicht erreicht haben, denn der Lehrer kann das Lehrtempo nicht an dem am langsamsten lernenden Schüler ausrichten. Und so wird es immer Schüler geben, die Aufgaben nicht bewältigen konnten und deshalb stark verunsichert werden. Die so entstehenden Ängste können nur zum Teil durch „Mastery Learning" (*Eigler/Straka* 1978), durch Maßnahmen der inneren oder äußeren Differenzierung, durch Stütz- oder Förderkurse ausgeglichen werden (Lernangst).

– Schüler können das Gefühl haben, bestimmte Lernleistungen nicht oder nur unzureichend erbringen zu können. Infolgedessen wirken sich spezifische Aufgabenstellungen oder der Unterricht in einem Fach aufgrund der vorlaufenden Mißerfolgserlebnisse angsterzeugend aus (Leistungsangst).

– Schüler halten jede Prüfungssituation für bedrohlich, was auf eine der beiden vorgenannten Ursachen zurückgeführt werden kann. Bei sensiblen Schülern kann allein schon der Hinweis, daß in der Prüfungssituation keine Hilfsmittel erlaubt sind, Ängste auslösen. Auch gibt es erfolgsgewohnte Schüler, die dennoch in Situationen, in denen Leistungen gemessen werden, Symptome der Angst zeigen (Prüfungsangst).

– Schüler fürchten, das Ziel der Klasse oder der Schule nicht zu erreichen. Diese Schüler haben Angst vor dem Zeugnis, dem Sitzenbleiben, der Abschlußprüfung, dem Abitur. Diese Angstzustände können in einem Dauerstreß münden und so erheblich über die vorerwähnte Prüfungsangst hinausgehen (Schullaufbahnangst).

– Schüler sind der Meinung, daß sie bei der Suche nach einer Lehrstelle, einem Ausbildungs- oder Studienplatz wiederum erfolglos sein werden. Ein stark gemindertes Selbstgefühl kann diese Schüler in depressive Phasen hineinführen und sie in einen Selbstmordversuch (oder einen vollendeten Suizid) hineintreiben (*Heuer* 1979, S. 108 ff. – Existenzangst).

– Schüler fürchten bestimmte Reaktionen der Lehrer, spöttische oder ironische Bemerkungen oder fragwürdige Erziehungsmittel in Verbindung mit nicht gezeigten Lernleistungen, so z. B. einen Unterricht mit dem Notenbüchlein in der Hand, einen durch nichts gerechtfertigten Leistungsvergleich bei der Rückgabe von Klassenarbeiten u. a. m. Vor allem jüngere Schüler haben Angst, die Zuwendung des Lehrers zu verlieren und in dessen Augen ein „schlechter Schüler" zu sein (*Höhn* 1967 – Angst vor dem Lehrer).

– Schüler fürchten sich vor ihren Mitschülern, vor aggressiven Handlungen, haben Angst, in Wettbewerbssituationen zu versagen, sich zu blamieren und belächelt zu werden. Hinter einer mehr vordergründigen Angst vor den Mitschülern oder der Gruppe steht die Angst, von bestimmten Mitschülern nicht mehr akzeptiert zu werden, deren Freundschaft und Zuwendung zu verlieren und in eine Außenseiterposition gedrängt zu werden (Angst vor den Mitschülern).

– Schüler werden von einem neurotischen Lehrer unterrichtet, der seine eigenen Ängste auf die Schüler überträgt. Wenn z. B. ein Lehrer in ständiger Angst vor seinen Vorgesetzten lebt, peinlich darauf bedacht ist, die schulrechtlichen Bestimmungen einzuhalten, den Bildungs- oder Stoffplan umzusetzen, er die Kritik der Eltern fürchtet oder in Angst vor bestimmten Schülern oder Schülergruppen lebt (*Brück* 1978, *Weidenmann* 1978 – Lehrerangst).

– Schüler fürchten, den Erwartungen der Eltern nicht gerecht zu werden. Diese Schüler haben Angst vor den enttäuschten oder vorwurfsvollen Blicken der Eltern, vor dem Wegfall von Vergünstigungen oder vor bestimmten Sanktionen. Häufig gründet sich jedoch die Angst auch auf die bisherigen Sozialisationserfahrungen, auf traumatische Erlebnisse oder gestörte Beziehungen, die dem Lernen abträglich sind. Neurotische Eltern erziehen ihre Kinder zur Angst, da sie selbst nicht in der Lage sind, jene Geborgenheit zu vermitteln, die erforderlich ist, um sich angstfrei neuen und schwierigen Lernaufgaben zuwenden zu können (*Speichert* a. a. O., S. 111 ff. – Trennungsangst, Isolationsangst).

- Schüler haben in der Anonymität einer Mammutschule Schwierigkeiten, sie leiden unter einem Beziehungsmangel zu Lehrern und Mitschülern, erleben die Größe der Institution als Belastung – was jedoch kaum für integrierte Gesamtschulen zutrifft (vgl. *Helmke* 1978; *Schwarzer/Royl* 1978).

Eine Sichtung der angstverursachenden Faktoren macht deutlich, daß angstfreies Lehren und Lernen schon deshalb nicht möglich ist, weil der Lehrer einige Faktoren praktisch kaum beeinflussen kann. Das gilt vor allem für die Angst vor den Eltern, für die Trennungs- und Isolationsängste, welche die Familie produziert. Gleiches gilt aber auch für Leistungsängste, die durch den Leistungsdruck der Leistungsgesellschaft verursacht werden. Diese Erkenntnis sollte jedoch nicht zu einer resignativen Haltung, sondern vielmehr zu der Frage führen, welche Möglichkeiten ein Lehrer dennoch hat, den Schülern ein angstreduziertes Lernen zu ermöglichen. Als Antwort auf diese Frage zeichnen sich folgende Leitlinien ab:

Treten Sie für Lernbedingungen ein, unter denen es möglich ist, den Schülern die Lern- und Leistungsängste weitgehend zu nehmen. Ein angstreduziertes Lehren und Lernen ist in traditionellen Schulen kaum möglich, denn es setzt eine Individualisierung der Lernprozesse voraus, was an traditionellen Schulen kaum zu verwirklichen ist. Wenn sich Schüler eigenständig einem Lerngegenstand zuwenden, mit dem Lehrer Lernziele absprechen, das Lerntempo selbst bestimmen und den Lehrer als Berater bei auftretenden Lernschwierigkeiten hinzuziehen sollen, dann läßt sich ein solcher didaktischer Ansatz nur mit einer vorzüglichen personellen und sachlichen Ausstattung verwirklichen. Die Erkenntnis, daß sich in unserer derzeitigen Gesellschaft solche glänzenden Rahmenbedingungen nicht für alle Schüler herstellen lassen, weil sie kaum finanzierbar sind, sollte bei Lehrern nicht zur Resignation, sondern zu verstärktem politischen Engagement führen.

Reduzieren Sie durch Ihr eigenes Verhalten die Leistungs-, Prüfungs-, Schullaufbahn- und Existenzängste der Schüler, indem Sie ungerechtfertigt erscheinende Leistungsansprüche zurückweisen, schulische Leistungen relativieren, die Prüfungssituationen entspannen und die einzelnen Schüler hinsichtlich ihrer schulischen Laufbahn beraten. Geben Sie den Schülern Gelegenheit, ihre eigenen Ängste zum Ausdruck zu bringen, indem Sie das Thema „Angst" in geeigneter Form in den Unterricht einbringen oder im Rollenspiel aktualisieren (*Meyer* 1978).

Versuchen Sie, den Schülern die Angst vor der Institution „Schule" zu nehmen, indem Sie zu einer begrenzten Schülerzahl eine möglichst intensive Beziehung aufbauen. Im traditionellen Schulwesen über-nimmt meist der Klassenlehrer die hier angesprochene Funktion; doch kann sie bei Auflösung des Klassenverbandes auch durch einen Kontakt- oder Beratungslehrer wahrgenommen werden. In jedem Fall sollte sich ein Lehrer für bestimmte Schüler persönlich verant-wortlich fühlen und umgekehrt jeder Schüler einen Lehrer kennen, an den er sich wenden kann.

Vermitteln Sie zwischen den Schülern und Eltern, vor allem, wenn Sie wissen, daß bestimmte Schüler nicht den Erwartungen der Eltern gerecht werden können. Sprechen Sie mit den Eltern leistungsschwa-cher Schüler über die Möglichkeiten einer individuellen Förderung, einer sinnvolleren Einstufung sowie einer Umschulung, die im Interesse des Schülers liegt. Nehmen Sie leistungsschwache Schüler vor ehrgeizigen Eltern in Schutz.

Bemühen Sie sich, sich in gleicher Weise leistungsstarken und leistungsschwachen Schülern zuzuwenden, gerade weil Forschungser-gebnisse darauf hinweisen, daß Lehrer an diesem Punkt bisher noch wenig erfolgreich sind. Zwar ist es verständlich, wenn Sie sich über besonders gute Leistungen einiger Schüler freuen, doch sollten Sie jede Leistung in Relation zum individuellen Leistungsvermögen sehen und bedenken, daß gerade leistungsschwache Schüler vermehrt auf ihre positive emotionale Zuwendung angewiesen sind.

Vermeiden Sie im Umgang mit den Schülern angsterzeugende Reaktionen wie das Anschreien bestimmter Schüler, das Androhen von Strafen, körperliche Züchtigungen oder den Einsatz ungerecht-fertigter Disziplinierungstechniken, die in keinem Zusammenhang zur Schülerhandlung stehen (vgl. *Becker/Dietrich/Kaier* 1978, S. 40 ff). Da es zu Schwierigkeiten und zu einer Verunsicherung der Schüler kommen muß, wenn Ihre Kollegen Disziplinierungstechniken unbe-denklich einsetzen, sollten Sie sich um diesbezügliche Absprachen bemühen.

Versuchen Sie, den Schülern die Angst vor ihren Mitschülern zu nehmen, indem Sie auf Leistungswettbewerbe weitgehend verzichten, anstelle eines konkurrierenden Verhaltens den Gedanken der Koope-ration verstärkt einbringen und kooperative Organisationsformen wie Partner- und Kleingruppenarbeit häufiger berücksichtigen. Spielthe-rapeutische und gruppendynamische Ansätze können dazu beitragen, daß die Schüler lernen, angstfrei miteinander umzugehen (vgl. *Walter* a. a. O., S. 234 ff).

Sofern Sie eindeutige Symptome beobachten, die auf Schülerängste schließen lassen, sollten Sie sich von einem Experten Rat holen, sich an

225

einen Psychologen, Arzt oder Psychotherapeuten wenden und um dessen Unterstützung bitten. In den meisten Fällen wird durch eine therapeutische Intervention ein Abbau der Ängste möglich sein; doch die Auswahl eines geeigneten Verfahrens sollte dem Experten überlassen bleiben, der dann auch über eine etwaige Einbeziehung der Eltern und/oder des Lehrers zu entscheiden hat (vgl. *Walter* a. a. O., S. 223 ff).

Bemühen Sie sich um einen Abbau der eigenen Ängste, damit Sie ihren Schülern weitgehend angstfrei und emotional ausgeglichen begegnen können. Sofern Sie bei sich selbst massive Ängste im Hinblick auf bestimmte Personen (den Schulleiter, Kollegen, Schüler) oder Anforderungen (Prüfungslehrprobe, Stoffplan) registrieren, sollten Sie unbedingt mit einer Ihnen vertrauten Person darüber sprechen, Ihre emotionalen Erlebnisinhalte verbalisieren, sich einem autogenen oder mentalen Training unterziehen oder sich in Behandlung begeben. Schüler haben einen Anspruch darauf, von einem Lehrer unterrichtet zu werden, der sich zumeist in einem Zustand emotionaler Ausgeglichenheit befindet.

Anregungen:

Sprechen Sie über Ihre Ängste, die Sie als Student, Praktikant, Referendar, Lehrer, Schulleiter oder Schulaufsichtsbeamter haben.

Schildern Sie das Verhalten eines ängstlichen Schülers, und beraten Sie über Maßnahmen, die angstreduzierend wirken können.

Überlegen Sie sich, welche angstreduzierenden Maßnahmen vor, während und bei der Rückgabe einer Klassenarbeit berücksichtigt werden können.

7.13.2 Analysebeispiel

Konfliktbeschreibung auffassen

Selbstmorddrohung

Sie sind Studienrat und Klassenlehrer einer 10. Klasse. Vor den Jahreszeugnissen beginnt bei den Schülern das große Kalkulieren, wer nun den Sprung in die Obersekunda schafft. Einige Schüler sind aussichtslos zurückgefallen, sie haben sich schon damit abgefunden, die Klasse zu wiederholen oder abzugehen. Für andere ist die Lage ernst, aber nicht hoffnungslos. Bei ihnen kommt es auf die letzten Klassenarbeiten an.

In der Pause werden Sie unfreiwillig Zeuge eines Gesprächs. Renate, eine Ihrer Schülerinnen, sagt zu einer Klassenkameradin: „Wenn ich die nächste Mathematikarbeit wieder verhaue, dann mache ich Schluß, dann bringe ich mich um, ich weiß auch schon wie. Was meinst Du, was mein Vater für ein Theater macht, wenn ich nicht versetzt werde. Das kannst Du Dir gar nicht vorstellen. Das will ich dann erst gar nicht mitmachen." Sie selbst unterrichten nicht das Fach Mathematik.

Betroffenheit einschätzen

N = 57   MW 5.91   VAR 0.76   STA 0.87, Zentralkonflikt 6

Erstverhalten überlegen

Sie sind als Zeuge des Gesprächs nicht sofort zum Eingreifen genötigt. Die Schülerin gewährt von sich aus einen Handlungsaufschub, da sie ihre Absicht erst im Falle eines Mißerfolgs in der Mathematikarbeit wahrmachen will.

Methode festlegen D

Befragung durchführen

Eine Befragung der unmittelbar betroffenen Schülerin bietet sich nicht an. Eine Befragung könnte die Schülerin vielleicht sogar zu einer Kurzschlußreaktion veranlassen.

Nach den Ursachen fragen

Die Schülerin äußert die Absicht, im Falle eines erneuten Versagens bei der nächsten Mathematikarbeit Selbstmord zu begehen, weil sie

– Angst vor den Reaktionen ihres Vaters hat
– Angst davor hat, nicht versetzt zu werden
– Angst hat, das Ziel der Schule nicht zu erreichen
– Angst hat, evtl. aufgrund mangelnder schulischer Qualifikationen keine Lehrstelle, keinen Ausbildungs- oder Studienplatz zu bekommen
– sich von dem permanenten Leistungsdruck befreien möchte
– zu hohe Erwartungen an sich selbst stellt und diesen nicht gerecht wird
– das Gefühl hat, daß sich niemand um sie kümmert
– Liebeskummer hat, und die Schwierigkeiten im Fach Mathematik ihre depressive Stimmung verstärken

Informationen beschaffen

Als Informationsquellen kommen in Frage: Die unmittelbar betroffene Schülerin, die Klassenkameradin, der Mathematiklehrer, die anderen Fachlehrer, die Eltern, insbesondere der Vater, Experten (Psychologen, Therapeuten, Geistliche), die häufiger mit solchen Fällen konfrontiert werden sowie Fachliteratur (*Heuer* 1979).

Von der *Mitschülerin* erfahren Sie, daß sich Renate zum ersten Mal in dieser Form geäußert hat. Der *Mathematiklehrer* bestätigt die weit unterdurchschnittlichen Leistungen in diesem Fach und die Tatsache, daß Renate evtl. mit der Note „mangelhaft" zu rechnen habe. Ein Gespräch mit den *anderen Fachlehrern* ergibt ein Leistungsbild, aufgrund dessen eine Versetzung gefährdet erscheint. Vor allem sind die Leistungen in den Fächern Chemie und Physik kaum ausreichend, doch will sich der Kollege nicht auf die Noten festlegen, da Testergebnisse noch ausstehen. Die *Eltern* erklären in einem persönlichen Gespräch, daß sich ihre Tochter ihnen gegenüber noch nie in ähnlicher Form geäußert habe. Aus früher geführten Gesprächen mit einem *Arzt* sowie aus der *Fachliteratur* ist Ihnen bekannt, daß jede Selbstmorddrohung ernstgenommen werden muß.

Perspektive wechseln

Renate hat offensichtlich massive Ängste, so daß ihr im Falle des Versagens ein Weiterleben sinnlos erscheint. Vielleicht will sie aber auch nur durch die Selbstmorddrohung auf sich aufmerksam machen oder ihren Mitmenschen zeigen, wie wenig sich diese um ihre Sorgen und Nöte kümmern. Die *Mitschülerin* wird die Ankündigung entweder ernstnehmen und stark betroffen sein, oder als Versuch Renates abtun, sich interessant zu machen. Als *Klassenlehrer,* der Sie das Gespräch verfolgen, fühlen Sie sich verantwortlich, werden jedoch eine solche Äußerung nicht überbewerten oder dramatisieren. Auf der anderen Seite sehen Sie sich zum Eingreifen veranlaßt. Sie können die Äußerung nicht auf sich beruhen lassen und evtl. mitschuldig werden. Die *Eltern* sind überrascht, betroffen und versichern, daß sie ihrer Tochter weder eine solche Äußerung noch eine solche Handlung zutrauen.

Zielsetzungen abklären

Kurzfristig sollte dafür gesorgt werden, daß Renate mit ihren Gedanken nicht alleingelassen und in ihrer Absicht nicht bestärkt wird. *Mittelfristig* geht es darum, die Mathematikarbeit (und die etwaige Nichtversetzung) zu überstehen. *Längerfristig* sollte die

Schülerin Spaß an der Schule und/oder Ausbildung haben und dem Leben positiv gegenüberstehen.

Handlungsmöglichkeiten suchen

1 mit der Schülerin ein Einzelgespräch führen
2 mit den Eltern sprechen
3 mit der Schülerin und mit deren Eltern reden
4 die Freundin oder Mitschülerin bitten, auf Renate aufzupassen
5 eine Lehrerkonferenz einberufen
6 Renate zum Schulpsychologen schicken
7 mit der ganzen Klasse über das Thema „Angst" diskutieren
8 mit dem Mathematiklehrer über geeignet erscheinende Maßnahmen beraten
9 in Erfahrung bringen, ob Renate einen Freund hat; mit diesem über ihre Selbstmordabsicht sprechen
10 den Kollegen, der Chemie und Physik unterrichtet, bitten, ihr ausreichende Leistungen zu bescheinigen, so daß Reante versetzt wird

Handlungsmöglichkeiten prüfen

1 + als Klassenlehrer sind Sie zu einem solchen Gespräch berechtigt. Sie sollten sich allerdings Zeit dazu nehmen, die Schülerin mehr indirekt ansprechen, um mehr über die Ursachen in Erfahrung zu bringen; 2 + die Eltern müßten in geeigneter Form einbezogen werden, da das erwartete Verhalten des Vaters eine der Ursachen für ihre Selbstmordabsicht darstellt; 3 + − für ein gemeinsames Gespräch spricht das Prinzip der „Offenheit", die Tatsache, daß Sie als Lehrer nicht über die Köpfe der Schüler hinweg verhandeln sollen – gegen ein gemeinsames Gespräch die Gefahr, eine Kurzschlußhandlung zu provozieren; 4 + − „aufpassen" kommt wohl weniger in Betracht, jedoch die Mitschülerin bitten, Sie sofort zu informieren, falls sich Äußerungen dieser Art wiederholen; 5 + − mit den unmittelbar beteiligten Fachlehrern erscheint ein Gespräch angebracht; 6 + − sofern ein solcher zur Verfügung steht und Selbstmorddrohungen gehäuft auftreten; 7 + − könnte in Erwägung gezogen werden, doch darf aus der Behandlung des Themas nicht hervorgehen, daß Renate der unmittelbare Anlaß ist; 8 + der Kollege, der Mathematik lehrt, wäre in erster Linie einzubeziehen; 9 − das möchte Renate sicher nicht, zumindest besteht die Gefahr, daß sie einen solchen Schritt als Einmischung in ihren privaten Bereich betrachtet; 10 − kommt in dieser Form nicht in Frage (vgl. 5).

Handlungsfolge konzipieren

- Mit der Schülerin ein Einzelgespräch führen, mit ihr über die Schulschwierigkeiten und Ängste reden und ihr sagen, daß Sie mit anderen Schülern, die Schwierigkeiten haben, und deren Eltern ebenfalls sprechen werden.
- Die Mitschülerin bitten, sich um Renate zu kümmern und Sie zu informieren, sofern sich solche Absichtserklärungen wiederholen oder häufen sollten.
- Mit den unmittelbar beteiligten Fachlehrern beraten. Dabei einen Förderunterricht im Hinblick auf die entscheidenden Arbeiten in Erwägung ziehen. Vereinbaren, die gefährdete Schülerin zu unterstützen, ohne sie dabei in eine besondere Rolle zu drängen; auf besonders schwierige Situationen achten (z. B. Rückgabe einer Arbeit, in der sie nicht erfolgreich war).
- Mit den Eltern sprechen und sie bitten, etwaige überhöhte Leistungsansprüche zurückzustellen. Über konkrete Maßnahmen beraten, sofern die Eltern gesprächsbereit sind. Die Übersicht *Eltern* (*Heuer* 1979) kann Anregungen für ein solches Gespräch bieten.
- In ständigem Kontakt zu Renate, der Mitschülerin, den Kollegen und Eltern bleiben. Wiederholt Renate ihre Absichtserklärung oder treten solche Erklärungen gehäuft auf, muß sofort therapeutische Hilfe in Anspruch genommen werden.
- Die Kontakte zu den vorgenannten Personen auch über den Termin der Mathematikarbeit hinaus aufrechterhalten, mit Renate über das Ergebnis der Arbeit, über die Aussichten, versetzt bzw. nicht versetzt zu werden, sprechen und mit ihr für sie Zukunftsperspektiven entwickeln.

Oder würden Sie ganz anders handeln?

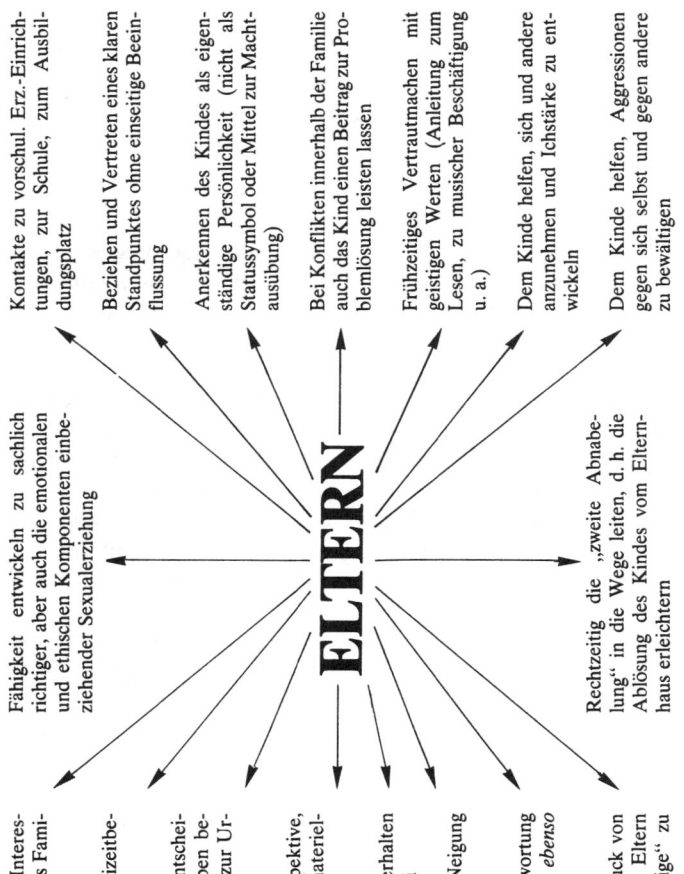

Kontakte zu vorschul. Erz.-Einrichtungen, zur Schule, zum Ausbildungsplatz

Beziehen und Vertreten eines klaren Standpunktes ohne einseitige Beeinflussung

Anerkennen des Kindes als eigenständige Persönlichkeit (nicht als Statussymbol oder Mittel zur Machtausübung)

Bei Konflikten innerhalb der Familie auch das Kind einen Beitrag zur Problemlösung leisten lassen

Frühzeitiges Vertrautmachen mit geistigen Werten (Anleitung zum Lesen, zu musischer Beschäftigung u. a.)

Dem Kinde helfen, sich und andere anzunehmen und Ichstärke zu entwickeln

Dem Kinde helfen, Aggressionen gegen sich selbst und gegen andere zu bewältigen

Fähigkeit entwickeln zu sachlich richtiger, aber auch die emotionalen und ethischen Komponenten einbeziehender Sexualerziehung

ELTERN

Rechtzeitig die „zweite Abnabelung" in die Wege leiten, d. h. die Ablösung des Kindes vom Elternhaus erleichtern

Aufgeschlossenheit für die Interessen des Kindes außerhalb des Familienbereichs

Anleitung zu sinnvoller Freizeitbeschäftigung

Beteiligung des Kindes an Entscheidungen, die das Familienleben betreffen (vom Möbelkauf bis zur Urlaubsplanung)

Schaffen einer Zukunftsperspektive, die nicht ausschließlich an materiellen Werten orientiert ist

Konsequentes Erzieherverhalten üben, ohne Prinzipienreiterei

Gesprächsbereitschaft ohne Neigung zur Bevormundung zeigen

Dem Kinde helfen, Verantwortung zu übernehmen (für andere ebenso wie für sich selbst)

Beim Kind nicht den Eindruck von Allwissenheit erwecken; Eltern brauchen keine „Säulenheilige" zu sein

Abb. 1: Vorbeugende Maßnahmen von Eltern selbstmordgefährdeter Kinder (Aus: Heuer 1979, S. 107).

7.13.3 Konfliktbeschreibungen

Beginnen Sie erst mit der Konfliktanalyse,
nachdem Sie die Kapitel 5 und 6 bearbeitet haben!

7.13.3.1 *Eine Schülerin kaut an den Nägeln*

Als Klassenlehrer der 9b geben Sie zehn Wochenstunden in der eigenen Klasse. Es gelingt Ihnen, zu den Schülern ein recht gutes Verhältnis aufzubauen. Viele sprechen mit Ihnen auch über private Dinge, über persönliche Sorgen und Nöte. Auch zu den meisten Eltern besteht ein guter Kontakt.

Eine Ihrer Schülerinnen, Annegret, ist in der Klasse allgemein beliebt. Ihre schulischen Leistungen sind durchschnittlich, ihre Mitarbeit ist gut. Der Eindruck, den Sie von diesem Mädchen haben, wird Ihnen von den Kollegen bestätigt. Auf einem Elternabend haben Sie Gelegenheit, mit Annegrets Eltern ein paar Worte zu wechseln. Die Eltern machen auf Sie einen netten, zurückhaltenden Eindruck.

Während einer Klassenarbeit gehen Sie an den arbeitenden Schülern vorbei und werfen hin und wieder einen Blick in die Hefte, um sich vom Fortschritt der Arbeit zu überzeugen. Dabei entdecken Sie zufällig, daß die 15jährige Annegret kaum Fingernägel hat, also offensichtlich Nägel kaut. Diese Beobachtung stimmt Sie nachdenklich, und Sie überlegen sich, ob und in welcher Form Sie etwas unternehmen sollen.

Relevanz: N = 54   MW 0.96   VAR 0.94   STA 0.97

7.13.3.2 *Ein Schüler hört sich gerne reden*

Sie haben in Ihrem vierten Schuljahr einen Jungen, der sich nur allzu gerne reden hört. Wenn Sie ihn aufrufen und um einen Beitrag bitten, haben Sie immer wieder Mühe, seinen Redefluß zu stoppen. Der Schüler wirkt dabei hektisch und verhaspelt sich immer wieder. Freundliche Hinweise wie „Denk daran, die andern möchten auch etwas sagen" oder „Vielleicht kannst Du Dich etwas kürzer fassen" werden von ihm überhört oder sofort wieder vergessen.

Relevanz: N = 57   MW 1.74   VAR 1.30   STA 1.14

7.13.3.3 Ein Schüler lutscht am Daumen

Einer Ihrer Schüler in der 3c ist Ekkehard. Er ist allgemein beliebt, Ihrer Meinung nach gut in die Klasse integriert, zeigt durchschnittliche Leistungen, wirkt etwas verträumt und verspielt und – steckt oft den Daumen in den Mund. Wenn ihn seine Mitschüler beim Daumenlutschen ertappen, dann gibt es jedesmal ein großes Gelächter. Sie haben natürlich nie mitgelacht, sondern immer so getan, als würde Daumenlutschen etwas ganz Natürliches sein. Doch nun, nachdem Sie die Klasse vier Wochen lang unterrichtet haben und Ekkehard schon mehrmals ausgelacht worden ist, überlegen Sie sich, ob und in welcher Form Sie eingreifen sollen.

Relevanz: N = 54   MW 3.19   VAR 0.61   STA 0.78

7.13.3.4 Ein Schüler zwinkert mit den Augen

Bernhard ist Schüler der Klasse 2a, still und fleißig, sorgsam darauf bedacht, alles richtig zu machen. Bernhard stört praktisch nie, ein richtiger Musterschüler. Wenn er etwas sagen möchte, meldet er sich brav und ruft nicht dazwischen. Wenn er einen Arbeitsauftrag bekommt, wendet er sich diesem sofort mit Eifer zu. Nur wirkt er auf Sie leicht nervös, denn er zwinkert so eigenartig mit den Augen. Das wirkt etwa so, als würde er immer in die Sonne sehen.

Seine Mitschüler finden das offensichtlich interessant, sie ahmen ihn nach und spielen manchmal „Zwinkern wie Bernhard".

Relevanz: N = 54   MW 3.61   VAR 1.26   STA 1.12

7.13.3.5 Eine Schülerin ist nervös

Eine Ihrer Schülerinnen in der 9b hat gute Schulleistungen aufzuweisen, ist aber ausgesprochen gehemmt und nervös. Am Unterricht beteiligt sie sich nur, wenn sie aufgerufen wird. Muß sie vor der Klasse sprechen, dann stottert sie ein bißchen, im Gesicht und am Hals werden rote Flecken sichtbar, und ihre Hände sind immer in Bewegung.

Sie bemühen sich, der Schülerin besonders ruhig und freundlich zu begegnen, aber das nützt wenig. Sie sprechen mit Monikas Freundin und hören von ihr, daß Monika schon immer so nervös gewesen sei. Daraufhin sprechen Sie Monika direkt an und fragen sie freundlich, ob sie eine Erklärung für ihre Nervosität wisse. Monika hebt die

Schultern, wird rot, schlägt die Augen nieder und sagt, daß man wohl daran nichts ändern könne, das sei nun mal so.

Relevanz: N = 54   MW 3.78   VAR 1.04   STA 1.02

7.13.3.6 Ein Schüler kann nicht stillsitzen

Während des Unterrichts – mit Ausnahme der Sportstunden – bleiben die motorischen Bedürfnisse der Schüler weitgehend unerfüllt. Besonders die Schüler der Primarstufe leiden unter dem stark eingeschränkten Bewegungsdrang. Die kurzen Pausen ˙sowie die Bemühungen einiger Lehrer, dem Bedürfnis nach Bewegung durch sogenannte Bewegungsspiele gerecht zu werden, können zwar mildernd wirken, das Problem selbst aber nicht beseitigen.

Einer Ihrer Schüler in der Klasse 2a ist David. Wenn der Junge auch nur fünf Minuten stillsitzen soll, wird es für ihn schon schwierig. Erst scharrt er mit den Füßen, dann wackelt er mit dem Stuhl, kniet sich auf die Sitzfläche, springt schließlich auf und läuft im Klassenzimmer herum. Dabei stört er die anderen Schüler und fordert sie zum Mitmachen auf.

Ihre Ermahnungen sind bislang wirkungslos geblieben. Der Schüler wird für Sie zu einem echten Problemschüler. Davids Mitschüler haben sich offensichtlich schon an den Zustand gewöhnt, indem sie jedem Lehrer, der neu in die Klasse kommt, sagen: ,,Der David kann eben nicht stillsitzen. Das war schon immer so.‘‘

Relevanz: N = 54   MW 3.83   VAR 1.92   STA 1.38

7.13.3.7 Eine Schülerin möchte nicht in die Schule gehen

Michaela ist bei ihrer Einschulung 6½ Jahre alt. Die ärztliche Routineuntersuchung ergab keinerlei Besonderheiten. Auch ein Schuleingangstest wurde von ihr mit gutem Ergebnis absolviert. Deshalb sind Sie und die Eltern erstaunt, als es zu erheblichen Schwierigkeiten bei der Einschulung kommt.

Am ersten Schultag weint Michaela vor sich hin und sitzt blaß und verstört an ihrem Tisch. Auch die Schultüte vermag sie kaum aufzuheitern. Am nächsten Tag bringt ihre Mutter sie in die Schule, aber Michaela weint, hält sich krampfhaft an ihrer Mutter fest und will nicht ins Schulgebäude gehen. Diese Situation wiederholt sich in ähnlicher Form acht Tage lang.

Relevanz: N = 54   MW 4.19   VAR 1.44   STA 1.20

7.13.3.8 Ein Schüler hat Angst vor seiner Lehrerin

Eine Kollegin, die Fremdsprachenunterricht erteilt, gilt allgemein als ausgesprochen tüchtig. Man behauptet von ihr, sie achte zwar auf strenge Disziplin, aber die Schüler würden auch sehr viel bei ihr lernen. Sie sind Klassenlehrer der 6c. Die Kollegin unterrichtet in Ihrer Klasse Englisch. Die Mutter einer Ihrer Schüler kommt zu Ihnen in die Elternsprechstunde und gibt folgende Bericht: „In Englisch bei Frau T. kommt Herbert überhaupt nicht mehr zurecht. Wenn er nachmittags Hausaufgaben für Frau T. machen soll, ist das jedesmal eine Katastrophe, dann fängt er fast immer an zu weinen, und dann ist es ganz aus. In diesem Zustand ist nichts mehr mit ihm anzufangen. Stundenlang brütet er über dem Englischheft oder lernt an den Vokabeln herum, ohne daß viel dabei herauskommt. Das geht dann so weiter bis zum Schlafengehen. Aber selbst nachts kommt der Junge nicht mehr zur Ruhe, er phantasiert, wälzt sich herum, redet von Frau T. und von den Hausaufgaben. Und morgens beim Frühstück ist das erste Thema wieder der Englischunterricht und Frau T. So kann das doch nicht weitergehen.

Und dabei hatte doch alles im Vorjahr so gut angefangen, bei Herrn L. bekam der Junge noch eine Drei, und jetzt steht er auf einer glatten Fünf. Ich kann mir das nicht anders erklären, als daß der Junge vor Frau T. Angst hat. Wissen Sie, ich wollte nicht gleich zu Frau T. gehen, sonst denkt sie, ich habe was gegen sie, und dann muß es der Junge auslöffeln. Aber vielleicht können Sie etwas tun?"
Relevanz: N = 54   MW 4.70   VAR 2.02   STA 1.42

7.13.3.9 Schwierigkeiten beim Schulwechsel

Sie unterrichten in einer ländlichen Gemeinde an einer Grund- und Hauptschule. Die nächste Realschule liegt 12 km, das Gymnasium 20 km vom Schulort entfernt. Da die Schüler, die eine der beiden Schulen besuchen möchten, erhebliche Wege in Kauf nehmen müssen, geben Sie den Eltern nur in wirklich begründeten Fällen die Empfehlung, das Kind in die Realschule oder das Gymnasium zu schicken.

Karin ist in der vierten Klasse die beste Schülerin. Die Probearbeiten schreibt sie ausnahmslos „gut" oder „sehr gut". Sie selbst sind der Meinung, daß das Mädchen aufs Gymnasium gehen sollte. Nicht so Karins Eltern, deren Gegenargumente nur mit Mühe entkräftet werden können:

- ein solcher Schulbesuch kostet sehr viel Geld
- wir sind einfache Leute
- wir können dem Mädchen nicht bei den Aufgaben helfen
- später blickt sie auf ihre Eltern herab
- außerdem ist sie für das Dorf verloren ...

In mühsamen Einzelgesprächen gelingt es Ihnen schließlich, die Eltern umzustimmen. Gemeinsam mit zwei anderen Schülern ihrer Klasse fährt Karin also zum Gymnasium. Doch damit ist der Übergang längst nicht vollzogen. Immer, wenn sie das Schulgebäude betritt, wird ihr schlecht und sie muß sich übergeben. Dann wird sie von einer Lehrerin auf eine Bahre ins Elternsprechzimmer gelegt. Und wenn es ihr wieder etwas besser geht, nimmt sie am Unterricht teil oder fährt vorzeitig nach Hause. Dieses Ereignis wiederholt sich Tag für Tag. Nach acht Tagen sucht Karin gemeinsam mit ihrer Mutter einen Arzt auf, der keinerlei organischen Befund feststellen kann. Dann wird versucht, die Frühstücksgewohnheiten umzustellen – erfolglos.

Nach zwei Wochen kommen die Eltern zu Ihnen in die Schule, schildern die Schwierigkeiten und bitten darum, Karin in die fünfte Hauptschulklasse aufzunehmen.

Relevanz: N = 54   MW 5.37   VAR 1.07   STA 1.03

7.13.3.10 Ein Schüler macht in die Hose

Rudi ist schwächlich und anfällig, wurde schon einmal zurückgestellt und ist nun Schüler der ersten Klasse. Rudi wirkt zwischen den anderen Schülern etwas unglücklich, denn schon am zweiten Schultag passiert etwas Ungeheuerliches. Barbara, die neben ihm sitzt, meldet sich brav und sagt: „Der Rudi stinkt." Die anderen Schüler schnuppern und kommen übereinstimmend zu dem Urteil: Barbara hat recht, Rudi hat in die Hosen gemacht. Eine Überprüfung des Sachverhaltes durch Sie erübrigt sich. Es besteht kein Zweifel.

Gemeinsam mit einem Schüler der 9a schicken Sie Rudi nach Hause. Doch drei Tage später wiederholt sich das Ereignis.

Relevanz: N = 54   MW 5.98   VAR 1.00   STA 1.00

7.13.4 Handlungsmöglichkeiten

zu 7.13.3.1

1. Sie vereinbaren mit Annegrets Eltern einen Gesprächstermin, um mehr über mögliche Ursachen in Erfahrung zu bringen (7%).

2. Sie schicken Annegret mit ihren Eltern zur Erziehungsberatungsstelle (0%).
3. Sie sprechen mit jenen Kollegen über Ihre Beobachtung, von denen Sie annehmen, daß sie sich für Probleme dieser Art interessieren (4%).
4. Sie sprechen Annegret direkt im Hinblick auf ihre Nägel an (26%).
5. Sie erkundigen sich bei einem befreundeten Arzt nach möglichen Ursachen des Nägelkauens (15%).
6. Sie orientieren sich erst mal gründlich und zwar sowohl bei Ärzten, Psychologen, Kollegen als auch in der Ihnen zugänglichen Literatur, um dann über geeignet erscheinende Maßnahmen zu entscheiden (11%).
   oder: ... (37%).

zu 7.13.3.2

1. Sie vereinbaren mit allen Schülern bestimmte Redezeiten und haben so die Möglichkeit, den Redefluß zu stoppen (7%).
2. Sie stellen bei dem betreffenden Schüler demonstrativ einen Wecker auf, der nach Ablauf einer bestimmten Redezeit klingelt (5%).
3. Sie stellen dem Schüler möglichst nur so schwierige Fragen, daß es ihm die Sprache verschlägt (4%).
4. Sie nehmen den Schüler eine Zeitlang einfach nicht mehr dran (9%).
5. Sie versuchen, in einem Gespräch mit den Eltern in Erfahrung zu bringen, warum sich der Schüler in dieser Weise produziert, denn vielleicht reden die Eltern ebenso umständlich und ausführlich (5%).
6. Sie loben den Schüler für kurze und prägnante Beiträge – sofern er welche bringen sollte (60%).
   oder: ... (11%).

zu 7.13.3.3

1. Sie machen Ekkehard den Vorschlag, sich nachts Handschuhe anzuziehen (2%).
2. Sie sprechen mit Ekkehards Eltern (35%).
3. Sie geben Ekkehards Eltern den Rat, mit ihrem Sohn die Erziehungsberatungsstelle aufzusuchen (2%).
4. Sie geben Ekkehards Eltern den Rat, mit ihrem Sohn zum Arzt zu gehen (6%).
5. Sie lesen den „Struwwelpeter" vor und aktualisieren die Geschichte im Rollenspiel – mit Ekkehard in der Hauptrolle (2%).
6. Sie bitten die Mitschüler, nicht mehr zu lachen und sagen ihnen: „Das ist doch gar nicht lächerlich. Ekkehard lutscht bald nicht mehr am Daumen. Ihr macht dafür irgend etwas anderes." (35%).
   oder: ... (19%).

zu 7.13.3.4

1. Sie sprechen mit Bernhards Eltern, um etwas über die Ursachen des Zwinkerns in Erfahrung zu bringen (37%).
2. Sie verbieten der Klasse, „Zwinkern wie Bernhard" zu spielen (0%).
3. Sie empfehlen Bernhards Eltern, zusammen mit ihrem Sohn die Erziehungsberatungsstelle aufzusuchen (4%).
4. Sie zwinkern fleißig mit (2%).

5. Sie führen mit Bernhard ein Einzelgespräch und sagen ihm, daß Sie sich schon oft wegen seines Zwinkerns Gedanken gemacht hätten (9%).

6. Sie ignorieren Bernhards Zwinkern und hoffen, daß es sich eines Tages legt, sagen aber der Klasse, daß Sie es nicht schön finden, wenn der Bernhard ausgelacht wird (37%).
   oder: ... (11%).

zu 7.13.3.5

1. Sie laden die Eltern zu einem Gespräch ein, um mehr über die Ursachen der Nervosität in Erfahrung zu bringen (54%).
2. Sie telefonieren mit einem Ihnen bekannten Arzt und fragen ihn, ob er sich die Entstehung der roten Flecken erklären kann (6%).
3. Sie vereinbaren für Monika nach Absprache mit deren Eltern einen Termin bei einem Schulpsychologen (13%).
4. Sie kümmern sich nicht weiter um die Schülerin und hoffen, daß es sich um eine vorübergehende pubertätsbedingte Erscheinung handelt (7%).
5. Sie empfehlen den Eltern, sich für ihre Tochter um eine therapeutische Behandlung zu bemühen (6%).
6. Sie trommeln alle Kolleginnen und Kollegen zusammen, von denen Monika unterrichtet wird, um auf einer Fallkonferenz geeignet erscheinende Maßnahmen zu beschließen (0%).
   oder: ... (15%).

zu 7.13.3.6

1. Sie sagen zu David: „Wenn Du wirklich nicht mehr sitzen kannst, dann stehst Du leise auf, gehst auf den Flur hinaus, springst dort herum, und wenn Du Dich ausgetobt hast, kommst Du zurück und setzt Dich wieder auf Deinen Platz." (15%).
2. Sie sorgen dafür, daß David in einen Sportverein eintritt und dort mehrmals wöchentlich trainiert (4%).
3. Sie führen erst mal ein Gespräch mit den Eltern, in der Hoffnung, etwas über die Ursachen des Verhaltens zu erfahren (33%).
4. Sie legen mehrmals am Vormittag eine Gymnastikpause ein, lassen die Fenster öffnen, fordern die Schüler auf, sich zu erheben und machen mit ihnen ein paar Freiübungen (19%).
5. Sie vereinbaren nach Rücksprache mit den Eltern für David einen Termin beim Schulpsychologen (4%).
6. Sie loben ihn immer dann, wenn er mal zufällig stillsitzt (19%).
   oder: ... (7%).

zu 7.13.3.7

1. Sie sprechen mit Ihrem Rektor und der Mutter ab, daß Michaela für ein paar Tage zu Hause bleibt, um dann über eine Zurückstellung zu entscheiden (6%).
2. Sie setzen sich sofort für eine Zurückstellung ein (2%).
3. Sie vermitteln einen Termin beim Schulpsychologen (13%).
4. Sie fordern Michaela auf, ihr liebstes Spielzeug mitzubringen (26%).
5. Sie fragen Michaela, ob Sie sie morgens abholen dürfen (7%).
6. Sie versuchen, Michaela die Schule so attraktiv wie möglich zu machen,

indem Sie fragen, wer sie abholen soll, neben wem sie sitzen möchte, womit sie spielen möchte . . . (35%).

oder: . . . (11%).

zu 7.13.3.8

1. Sie beruhigen erst mal Herberts Mutter und versprechen ihr, irgend etwas zu unternehmen (37%).
2. Sie bitten Herberts Mutter, doch gleich zu Frau T. zu gehen und offen über Herbert zu sprechen (17%).
3. Sie reden erst mal selbst mit der Kollegin, sagen ihr, daß Herbert bei Ihnen ein durchschnittlicher Schüler ist und daß Sie sich den Leistungsabfall in Englisch nicht erklären können (22%).
4. Sie sprechen mit Herbert, um mehr über die Ursachen zu erfahren (17%).
5. Sie bemühen sich für Herbert um einen Termin beim Schulpsychologen (0%).
6. Sie sagen Herberts Mutter, sie möge ihrem Sohn Nachhilfeunterricht geben lassen, und wenn er sich in dem Fach sicher fühlt, werde bestimmt auch bald die Angst vergehen (2%).

oder: . . . (6%).

zu 7.13.3.9

1. Sie vereinbaren erst mal einen Gesprächstermin mit dem Direktor und mit Karins Lehrern im Gymnasium, und danach versuchen Sie, mit Karin und mit deren Lehrern über ihre Schwierigkeiten zu sprechen (15%).
2. Sie nehmen Karin in die fünfte Hauptschulklasse auf, folgen also dem Wunsch der Eltern (6%).
3. Sie fahren zusammen mit Karin und deren Mutter in die Realschule und versuchen es dort einmal (0%).
4. Sie schalten einen Schulpsychologen ein (15%).
5. Sie nehmen Karin in die fünfte Hauptschulklasse auf, in der Absicht, sie ein Jahr später doch noch ins Gymnasium zu schicken (0%).
6. Sie führen mit Karin ein ausführliches Gespräch und versuchen, die Ursachen für ihre Schwierigkeiten herauszufinden (57%).

oder: . . . (7%).

zu 7.13.3.10

1. Sie schicken Rudi wieder mit einem älteren Schüler heim und warten erst mal ab, ob er nicht doch bald seinen Darm zu beherrschen lernt (0%).
2. Sie deponieren beim Hausmeister für besondere Fälle frische Unterwäsche (0%).
3. Sie vereinbaren mit der Mutter einen Termin und erkundigen sich, ob er im Kindergarten oder zu Hause ähnliche Probleme gehabt hat (89%).
4. Sie vereinbaren nach Absprache mit Rudis Mutter für den Jungen kurzfristig einen Termin beim Schulpsychologen (6%).
5. Sie schicken Mutter und Sohn zu einem praktischen Arzt (4%).
6. Sie sprechen mit Ihrem Rektor, den Eltern und dem Psychologen und plädieren dafür, ihn ein weiteres Jahr zurückzustellen (0%).

oder: . . . (2%).

7.14 Schulmüdigkeit

7.14.1 Vorüberlegungen

Dieser Problemkreis befaßt sich mit dem mangelnden Interesse der Schüler am Unterricht, das sich zu einer allgemeinen Schulmüdigkeit steigern kann. Das Spektrum der Konstellationen reicht also von den sog. unterrichtsfremden Aktivitäten im Unterricht bis zum Entschluß, der Schule für immer den Rücken zu kehren.

Schulisches Lernen gilt bei den Schülern selten als eine wünschenswerte Tätigkeit, im Gegenteil, wenn man Schüler bezüglich ihrer Einstellung zur Schule befragt, dann finden sie diese langweilig oder „blöd". Eltern, die das Vertrauen ihrer Kinder haben, hören fast täglich solche Unmutsäußerungen. Aber auch Lehrer, die sich um einen demokratischen Lehr- und Erziehungsstil bemühen, erleben immer wieder, daß Schüler

– bestimmte Lerninhalte offen zurückweisen, indem sie erklären: „Das interessiert uns nicht",
– Aktivitäten ausweichen wollen – „Was, schon wieder schreiben?"
– sich während des Unterrichts mit anderen Dingen beschäftigen, Comics lesen, Karten spielen, Schiffe versenken . . .
– dem Unterricht stundenweise fernbleiben,
– sich dem Unterricht tageweise entziehen, indem sie die Schule schwänzen,
– die Schule wechseln, weil ihnen der Unterricht einfach keinen Spaß mehr macht,
– sich der Schule indirekt verweigern und eine Art „Selbstausbürgerung" betreiben, sei es durch Sucht, religiöse Fanatisierung, Privatisierung oder Beziehungsreduktion (*Baacke* 1979, S. 182 ff.),
– ihr Leben nicht mehr lebenswert finden, schulische Leistungen verweigern, die Schule schwänzen oder von zu Hause fortlaufen (*Heuer* 1979, S. 26).

Mit den vorstehenden Konfliktkonstellationen wurden auch schon einige Beziehungen zu anderen Problemkreisen angesprochen, so zum Problemkreis Leistungsmessung (7.10), wenn schlechte Zensuren dem Schüler zahlreiche Mißerfolgserlebnisse vermitteln, bis er schließlich müde wird und resigniert; zum Problemkreis Lernschwierigkeiten (7.12), wenn diese so massiv auftreten, daß jedes Interesse an der Schule erlischt, und schließlich zum Problemkreis Schülerängste (7.13).

Die angesprochenen Problemkreise leiten zu den Verursachungshypothesen über. Schüler interessieren sich nicht mehr für den Unterricht oder zeigen Symptome allgemeiner Schulmüdigkeit aus einer Reihe von Gründen:

- Sie haben massive Lernschwierigkeiten, versagen immer wieder in Situationen der Leistungsmessung, resignieren schließlich, weil sie genau wissen, daß sie das Ziel der Klasse oder den Schulabschluß doch nicht erreichen werden.
- Sie können sich mit bestimmten Lerninhalten nicht identifizieren, die Lerngegenstände erscheinen ihnen lebensfremd, und so können sie in bestimmten Unterrichtsvorhaben keinen Sinn sehen.
- Der Unterricht läuft bei einigen Lehrern immer in der gleichen Weise ab, erstickt in einer gewissen Monotonie, und die Schüler wissen schon vor Beginn der Stunde, was nun folgen wird: „Nehmt die Hausaufgaben vor!" „Schlag das Buch auf, Seite . . ."
- Sie kommen mit der Art des schulischen Lernens nicht zurecht, die es mit sich bringt, daß an sechs aufeinanderfolgenden Stunden bis zu sechs verschiedene Lerninhalte angeboten werden, für die sich jeder Schüler einer Klasse zu einem bestimmten Zeitpunkt zu interessieren hat. Die Kontinuität geistigen Arbeitens wird kaum berücksichtigt, die Interessen der Schüler spielen eine untergeordnete Rolle.
- Sie fühlen sich durch die Schule als Institution unter Druck gesetzt, möchten sich von dem Zwang einer perfektionistischen Organisation befreien (Übergangsauslese, Zensuren, Zeugnisse, Prüfungen, später numerus clausus), sehen in der Schule die Manifestation „struktureller Gewalt" (Vgl. *Baacke* 1979, S. 186).
- Sie sehen in der Schule und im Unterricht keine Möglichkeit, sich zu bewähren. So möchten viele Jugendliche ihre Kräfte erproben, z. B. anderen Menschen helfen, zeigen, was in ihnen steckt, aber gerade hierfür bietet die Schule praktisch kaum Gelegenheit. Schulische Ziele sind meist keine Ziele, für die es sich zu kämpfen lohnt. Der Hinweis, man könne einige Inhalte in ferner Zukunft vielleicht gebrauchen, ist kein Argument gegen Schulunlust und Schulmüdigkeit.
- Sie haben im privaten Bereich erhebliche Schwierigkeiten, die sie nahezu voll in Anspruch nehmen, Streit mit den Eltern, mit dem Freund oder der Freundin, Schwierigkeiten in der Gruppe.
- Sie möchten sich von den Eltern befreien, von deren Norm- und Wertvorstellungen, von ihrem Streben nach materieller Absicherung und nach Befriedigung bestimmter Konsumbedürfnisse u. a. m. Generationenkonflikt und Ablösungsprozeß können zu einer Ablehnung von Unterricht und Schule führen, schon allein deshalb, weil es die Eltern für sinnvoll erachten, daß Sohn oder Tochter die Schule absolvieren. Schulmüdigkeit bis hin zur Ablehnung der Schule können den Versuch darstellen, Eigenständigkeit zu demonstrieren und sich dem Einfluß der Eltern zu entziehen.

– Sie orientieren sich an den Normen und Werten einer Clique, die ihnen jenen Halt und jene Orientierungshilfen vermittelt, die sie in anderen Bereichen vergeblich suchen. Subkulturelle Einflüsse aus einer Rock-Gruppe, der Drogenszene oder einer Sekte können Schüler zu einer Einstellung und Haltung führen, die sich in keiner Weise mit den schulischen Zielsetzungen deckt.

Die Leitlinien des Handelns deuten einmal mehr auf die begrenzten Einflußmöglichkeiten eines Lehrers hin:

Setzen Sie sich für optimale Rahmenbedingungen ein, damit der Unterricht den Schülern Freude machen kann, für vertretbare Klassengrößen, Reduzierung der Fächerzahl, für Blockunterricht, so daß ein Unterricht in Epochen und die Durchführung von Projektvorhaben möglich wird, für eine Spielpause am Vormittag, ein freies Angebot verschiedener Arbeitsgemeinschaften am Nachmittag, aber auch für Stundenpläne, die nach didaktischen Gesichtspunkten und nicht nach den Wünschen einzelner Lehrer erstellt werden.

Beteiligen Sie die Schüler an der Planung und Durchführung des Unterrichts, soweit dies möglich ist. Dieser Grundsatz sollte sowohl die Auswahl der Lerninhalte als auch die methodische Gestaltung betreffen. Auf diese Weise kann der Unterricht zu einem gemeinsamen Anliegen der Lehrer und Schüler werden – was er ja eigentlich sein sollte (vgl. hierzu *Boettcher* u. a. 1976; *Schulz* 1980).

Variieren Sie das methodische Vorgehen vor allem in den Anfangssituationen, sofern es nicht durch eine gemeinsame Absprache festgelegt worden ist, und suchen Sie nach geeignet erscheinenden motivationalen Anreizen, um ein länger andauerndes Interesse bei den Schülern aufzubauen. Anregungen hierfür finden Sie u. a. bei *Becker/Clemens-Lodde/Köhl* 1980, S. 58 ff.

Planen und realisieren Sie Aktivitäten, die nahezu allen Schülern Freude machen, so z. B. Lerngänge, Betriebsbesichtigungen, Fahrten, einen Landschulheimaufenthalt, Wettkämpfe, Feste, Feiern. Diese Aktivitäten führen meist zu einem intensiven Gruppenerlebnis und geben auch leistungsschwachen und schulmüden Schülern das Gefühl der Zugehörigkeit.

Planen und realisieren Sie Aktivitäten, die von jedem Schüler einen wirklichen Einsatz verlangen, so z. B. einen Basar, mit dem Ziel, Flüchtlinge zu unterstützten, politischen Gefangenen zu helfen, die Patenschaft für ein Kind in der Dritten Welt zu. übernehmen. Auf diese Weise kann jedem Schüler das Gefühl vermittelt werden, daß er gebraucht wird, es auch auf ihn ankommt.

Zeigen Sie den Schülern, so oft es sich anbietet, die Beziehungen zwischen schulischem Lernen und außerschulischen Lebenssituationen, in denen Schulkenntnisse relevant sein können. Stellen Sie auch Verbindungen zur beruflichen Bildung und zum außerschulischen Lernen her, damit sich die Schüler mit den Unterrichtsinhalten eher identifizieren können.

Sprechen Sie mit den Schülern über das Thema „Mangelndes Interesse und Schulmüdigkeit". Lassen Sie sich von den Schülern sagen, was ihnen am Unterricht nicht gefällt und wie sie den Unterricht erleben. Nehmen Sie die Kritik an Ihrer Person in Ruhe entgegen, greifen Sie die Kritikpunkte auf und bitten Sie die Schüler um Verbesserungsvorschläge. Wenn Sie dann allerdings bestimmte Vorschläge diskutieren, werden Sie und Ihre Schüler bald an institutionelle und schulrechtliche Grenzen stoßen.

Kümmern Sie sich um jene Schüler, deren mangelndes Interesse an der Schule wahrscheinlich auf persönliche Schwierigkeiten zurückzuführen ist. Zwar können Sie nicht jeden Schüler, der Symptome der Schulunlust zeigt, persönlich betreuen; auch wird es sich sehr oft um vorübergehende Schwierigkeiten handeln; doch sollte es mit Ihre Aufgabe sein, Schüler, die eine resignativ-passive Haltung zeigen – evtl. unter Einbeziehung eines Experten – zu aktivieren.

Wenden Sie sich ganz besonders jenen Schülern zu, die aufgrund zahlreicher Mißerfolgserlebnisse zu der Einsicht kommen, daß sie das Klassen- oder Schulziel nicht erreichen werden. Geben Sie diesen Schülern durch Ihr Verhalten zu verstehen, daß auch Sie als Lehrer einen Schüler nicht nur nach seinen schulischen Leistungen beurteilen. Sprechen Sie mit diesen Schülern über die sich bietenden Alternativen.

Wenn Sie den Versuch unternehmen, diese Leitlinien zu verwirklichen, und wenn Sie dennoch bei einigen Schülern Anzeichen von Schulverdrossenheit entdecken, dann sollten Sie nicht sofort an Ihren pädagogischen Fähigkeiten zweifeln, weil schließlich ungünstige Rahmenbedingungen, besondere Sozialverhältnisse oder entwicklungspsychologische Probleme immer wieder jenes Syndrom verursachen können, das als „mangelndes Interesse" oder „Schulmüdigkeit" bezeichnet wird.

Anregungen:

Befragen Sie Ihnen bekannte Schüler, ob sie „schulmüde" sind; falls sie diese Frage bejahen, forschen Sie im Gespräch nach den Ursachen.

Konzipieren Sie eine Modellschule, in der Ihrer Meinung nach „Schulmüdigkeit" ein unbekanntes Phänomen sein müßte.

Suchen Sie in Ihrer Umgebung nach einer Modell- oder Versuchsschule, von der Sie annehmen, daß in ihr einige der aufgestellten Grundsätze und der genannten Bedingungen erfüllt sind. Statten Sie dieser Schule einen Besuch ab und versuchen Sie, mit einigen Schülern ins Gespräch zu kommen.

7.14.2 Analysebeispiel

Konfliktbeschreibung auffassen

„Damit kann ich später doch nichts anfangen"

Sie unterrichten in einem neunten Hauptschuljahr die Fächer Deutsch, Geschichte und Sozialkunde. Einige Schüler und Schülergruppen sind nur mit Mühe für bestimmte sozialkundliche Themen zu interessieren, vor allem dann, wenn die Inhalte etwas abstrakter werden.

Einer Ihrer Schüler macht im Geschichts- und Sozialkundeunterricht grundsätzlich nicht mit. Er ist immer mit anderen Dingen beschäftigt, liest unter der Bank oder ärgert seine Mitschüler. Wenn Sie ihn um mehr Aufmerksamkeit bitten, dann zeigt er sich für fünf Minuten interessiert, danach ist er aber schon wieder abwesend.

Sie haben Aufsicht, schlendern über den Schulhof und sprechen den Schüler mehr beiläufig an, sagen ihm, daß Sie den Eindruck haben, daß ihm bestimmte Fächer keinen Spaß machen würden und bekommen zur Antwort: „Ich werde Fernsehmechaniker und übernehme das Geschäft meines Vaters, mit Geschichte kann ich später doch nichts anfangen."

Betroffenheit einschätzen

N = 54 MW 1.98 VAR 1.38 STA 1.17, Randkonflikt 2

Erstverhalten überlegen

Sie können ihm antworten: „Mit dieser Einstellung kannst Du niemals Innungsmeister werden." Oder: „Das brauchst Du auch in der Berufsschule." Oder: „Leider ist es mir nicht möglich, Dich ganz vom Unterricht zu befreien."

Methode festlegen B

Nach den Ursachen fragen

Der Schüler macht im Geschichts- und Sozialkundeunterricht grundsätzlich nicht mit, weil

- seine Berufsmotivation, Fernsehmechaniker zu werden, dominiert
- er am Beispiel seines Vaters zu sehen glaubt, daß man als Fernsehmechaniker ohne Geschichts- und Gemeinschaftskunde-Kenntnisse auskommen kann
- ihn der Unterricht wirklich nicht interessiert
- er seine Lehrstelle schon in der Tasche hat und – im Gegensatz zu vielen Mitschülern – keinem Konkurrenzdruck mehr unterliegt
- er seinen Mitschülern imponieren möchte

Perspektive wechseln

Als *Lehrer* ärgern Sie sich, daß dieser Schüler in den beiden Fächern grundsätzlich nicht mitmacht. Einerseits fühlen Sie sich dem Schüler gegenüber verantwortlich, andererseits sind Sie ihm gegenüber etwas hilflos, da Sie den Schüler schließlich nicht zur Mitarbeit zwingen können. Der *Schüler* ist offensichtlich an den Fachinhalten nicht interessiert, langweilt sich und hält jede Beteiligung und Anstrengung für überflüssig. Die *Mitschüler* bewundern ihn vielleicht wegen seiner Offenheit, beneiden ihn um seine Lehrstelle oder ärgern sich auch über sein angeberisches Gehabe.

Handlungsmöglichkeiten suchen

1 an seine Einsicht appellieren
2 ihn mit anderen Lerninhalten beschäftigen
3 ihn laufend drannehmen
4 ihm erklären, wie wichtig die Fächer sind
5 sich bei den Kollegen erkundigen, ob der Schüler sich bei ihnen ähnlich verhält
6 den Eltern einen Besuch abstatten
7 ihn gewähren lassen
8 ihm das Versprechen abnehmen, wenigstens nicht zu stören
9 ihn zwischen zwei aufmerksame Schüler setzen
10 ihn mit einem Referat zum Thema „Lehrlingsausbildung" oder „Handwerkerinnung" oder „Kabelfernsehen" betrauen
11 ihm sagen, daß diese Fächer für eine Weiterbildung (Fachschule, Fachhochschule) unerläßlich sind
12 mit allen Schüler über sein Verhalten sprechen
13 ihn Vorschläge machen lassen, wie er die Stunden sinnvoll gestalten möchte
14 eine Verbindung zwischen dem gewählten Beruf und Themen aus den betreffenden Fächern herstellen

15 ihn Stundenprotokolle verfassen lassen
16 im Fach Sozialkunde einen elektronischen Betrieb besichtigen
17 ihm Beispiele bringen, wie man als „Fachidiot" ausgetrickst werden kann
18 mit dem Vater sprechen

Handlungsmöglichkeiten prüfen

1 — wird wenig Sinn haben; 2 + — warum nicht? 3 — Pauker-Methode; 4 — vgl. 1; 5 + um herauszufinden, ob die Ursache beim Lehrer liegt; 6 — Überreaktion; 7 + — mit der Auflage, die Zeit sinnvoll zu nutzen; 8 + ; 9 — damit er diese ablenkt? 10 + ; 11 — zu weit weg; 12 — was soll dabei herauskommen? 13 + ja, unbedingt; 14 + ähnlich wie 10; 15 — würde der Schüler als Strafe auffassen; 16 + ; 17 + — sofern Sie als Lehrer solche Beispiele parat haben; 18 — vgl. 6.

Handlungsfolge konzipieren

Sich erkundigen, ob sich der Schüler im Unterricht der Kollegen ähnlich verhält. Ihn Vorschläge bringen lassen und ihm Vorschläge machen, wie er die Zeit sinnvoll nutzen kann. Ihn bitten, eine Arbeit (Referat) zu übernehmen, am Referat während des Unterrichts zu arbeiten und dieses zu halten.

Oder würden Sie ganz anders handeln?

7.14.3 Konfliktbeschreibungen

Beginnen Sie erst mit der Konfliktanalyse,
nachdem Sie die Kapitel 5 und 6 bearbeitet haben!

7.14.3.1 „Ich geh' jetzt nach Hause"

Sie sind Klassenlehrerin in einer ersten Klasse. Die 23 Schüler scheinen sich recht gut eingelebt zu haben. Der erste Monat verlief, jedenfalls aus Ihrer Sicht, ohne größere Schwierigkeiten. Als Lehrerin sind Sie ausnahmsweise einmal mit den Schülern, den Arbeitsbedingungen und der eigenen Arbeit zufrieden. Ihren Beobachtungen nach kommen die Kinder gern in die Schule. Deshalb sind Sie um so mehr überrascht, als Markus seine Schulsachen zusammenpackt und ent-

schlossen zur Tür strebt. Auf die Frage, wo er denn hin wolle, bekommen Sie die Antwort: „Ich geh' jetzt nach Hause."
Relevanz: N=54   MW 1.50   VAR 1.05   STA 1.02

7.14.3.2 Spielen macht mehr Spaß als Rechnen

Sie geben in der ersten Klasse Rechnen. Ein Schüler meldet sich, er muß austreten und verläßt das Klassenzimmer. Doch der Schüler kommt längere Zeit nicht zurück. Sie schicken seinen Freund hinterher, um nach ihm zu sehen. Aber auch dieser kommt nicht zurück. Nun schicken Sie einen dritten Schüler los, um in Erfahrung zu bringen, was mit den beiden geschehen ist. Dieser Schüler kommt mit der Nachricht zurück: „Georg und Martin spielen auf dem Hof."
Relevanz: N=54   MW 1.56   VAR 1.04   STA 1.02

7.14.3.3 „Warum, wir stören doch damit keinen"

Sie unterrichten seit wenigen Tagen in einer siebenten Hauptschulklasse, die von den Kollegen allgemein als sehr schwierig bezeichnet wird. Immer wieder haben Sie Mühe, die Schüler für einen Lerngegenstand zu interessieren, einige scheinen ständig abwesend zu sein.

Für die Deutschstunde haben Sie einen Arbeitsbogen erstellt, dessen Bearbeitung Ihrer Meinung nach allen Schüler Spaß machen müßte. Doch haben Sie sich auch diesmal wieder geirrt. Nachdem sich die Schüler für fünf Minuten mit dem Bogen befaßt haben, wenden sich die ersten schon wieder anderen Aktivitäten zu. Zwei Mädchen sitzen selbstversunken da und kämmen sich gegenseitig. Offensichtlich kümmern sie sich gar nicht mehr um den Arbeitsbogen. Sie gehen auf die beiden zu und bitten sie, das Kämmen auf die Pause zu verschieben, bekommen aber zur Antwort: „Warum, wir stören doch damit keinen." (Klink 1974, S. 16)
Relevanz: N=54   MW 2.15   VAR 0.88   STA 0.94

7.14.3.4 „Ich gehe ab"

Sie sind Klassenlehrer einer neunten Realschulklasse. Gegen Ende des Schuljahrs überrascht Sie Elvira mit der Nachricht: „Ich gehe ab und mache eine Lehre als Fotograf. Eine Lehrstelle habe ich schon, und meine Eltern sind damit einverstanden."
Da Elvira eine durchschnittliche Schülerin ist, die mit Sicherheit die

Mittlere Reife schaffen würde, halten Sie ihren Entschluß, ein Jahr vor dem Ziel auszusteigen, für wenig sinnvoll. Deshalb fragen Sie Elvira nach den Gründen und bekommen die Antwort: „In Mathe kann ich nichts, und in Englisch habe ich jetzt auch Schwierigkeiten. Ich hab' es satt, ich mag einfach nicht mehr, ich gehe ab."
Relevanz: N = 54   MW 2.35   VAR 2.84   STA 1.68

7.14.3.5 „Das interessiert uns alles nicht"

Sie unterrichten in einem achten Schuljahr Sozialkunde. Zu Beginn des Schuljahrs möchten Sie mit den Schülern über die Lerninhalte sprechen und sie nach Möglichkeit mitentscheiden lassen, was gelernt werden soll. Deshalb haben Sie jene Themen aufgelistet, die unbedingt behandelt werden müssen und jene, über die gesprochen werden kann. Nun gilt es, unter den „Kann-Themen" eine Auswahl zu treffen. Außerdem haben die Schüler die Möglichkeit, selbst weitere Themen zu nennen.

Als Sie um eine Stellungnahme zur „Kann-Liste" bitten, bleibt es still. Nun fordern Sie dazu auf, weitere Themen zu nennen, doch niemand beteiligt sich. Sie fragen nach dem Grund der mangelnden Mitarbeit und bekommen gesagt: „Das interessiert uns alles nicht." Nun fragen Sie nach, was denn interessiere, doch bekommen Sie keine Antwort.
Relevanz: N = 54   MW 2.46   VAR 2.03   STA 1.42

7.14.3.6 Rosemarie und Karin fehlen schon wieder

Sie haben jeden Donnerstagnachmittag in der neunten Klasse Sport zu geben. Das Konkurrenzangebot für die Schüler ist groß. Im Sommer gibt es das Schwimmbad und die Eisdielen, den Stadtpark und die Minigolfanlage, im Winter locken Stadtcafé und Kaufhäuser.

Bei diesem umfangreichen Angebot sind Rosemarie und Karin leicht überfordert. Für sie steht an jedem Donnerstag erneut die Frage zur Diskussion: gehen wir nun zum Sport oder gehen wir nicht? Sie haben darauf verzichtet, eine Anwesenheitsliste zu führen. Nach fünf Wochen ist die Gruppe zusammengeschrumpft. Sie ändern Ihr Verhalten und kontrollieren nun regelmäßig. Nach weiteren drei Wochen stehen hinter den Namen von Rosemarie M. und Karin W. nur Fragezeichen, was für Sie „vorläufig unentschuldigt gefehlt"

bedeutet. Von den anderen Schülerinnen erfahren Sie jedesmal, daß die beiden am Vormittag im Unterricht gewesen sind.
Relevanz: N=54   MW 2.96   VAR 1.09   STA 1.05

7.14.3.7 „Die Schule macht mir keinen Spaß mehr"

Im achten Schuljahr war Gabriele eine der besten Schülerinnen. Nun aber ist in den Hauptfächern ein plötzlicher Leistungsabfall zu verzeichnen, den sich niemand erklären kann. Die Kollegen klagen über mangelnde Mitarbeit und ungenügende Klassenarbeiten. Alle sind sich einig: Früher war sie eine der Besten, heute ist das ganz anders geworden.

Gabrieles Mutter kommt in die Elternsprechstunde. Auch sie klagt über ihre Tochter, berichtet, daß Gabi abends spät nach Hause komme, sich nichts mehr sagen lasse und es zunehmend schwer falle, einen Einfluß auf sie auszuüben.

Der Versuch, mit Gabriele ins Gespräch zu kommen, erweist sich als ausgesprochen schwierig. Sie schlägt die Augen nieder, schweigt und sagt schließlich: „Die Schule macht mir keinen Spaß mehr."
Relevanz: N=54   MW 3.50   VAR 0.82   STA 0.90

7.14.4 Handlungsmöglichkeiten

zu 7.14.3.1

1. Sie fragen ihn, warum er denn schon nach Hause wolle (57%).
2. Sie sagen ihm, er solle doch hierbleiben, Sie würden sofort eine spannende Geschichte vorlesen (7%).
3. Sie gehen auf ihn zu, nehmen ihn an die Hand und fordern die anderen Schüler auf, einen Kreis zu bilden und mit einem Spiel zu beginnen (13%).
4. Sie schicken alle anderen Schüler nach Hause, begleiten Markus auf seinem Weg und erkundigen sich dabei nach dem Grund seines Verhaltens (0%).
5. Sie bitten Markus höflich aber bestimmt, sich wieder an seinen Platz zu setzen und sagen ihm, daß nicht jeder kommen und gehen kann, wann er will (13%).
6. Sie lassen Markus erst einmal gehen, versuchen aber, sofort die Eltern zu verständigen (4%).
   oder: . . . (6%).

zu 7.14.3.2

1. Sie schicken den Schüler in den Hof mit der ausdrücklichen Anweisung, die beiden sofort zu holen (24%).

2. Sie bitten den Kollegen im Nachbarzimmer, für einige Minuten auf die Schüler aufzupassen und gehen selbst in den Hof, um die beiden zu holen (20%).
3. Sie lassen den Hausmeister holen, sagen ihm, was geschehen ist und bitten ihn, die beiden Jungen zu holen (0%).
4. Sie lassen die beiden einfach weiterspielen (4%).
5. Sie gehen mit der ganzen Klasse in den Hof und spielen erst mal mit (37%).
6. Sie verlagern den Unterricht ins Freie (11%).
oder: ... (4%).

zu 7.14.3.3

1. Sie sagen den beiden Mädchen, daß Sie sich persönlich gestört fühlen (6%).
2. Sie sagen den Mädchen, daß Handlungen wie das Kämmen, Fingernägelschneiden und Ohrenreinigen in ein Badezimmer gehören (20%).
3. Sie sagen den Mädchen, daß sie wohl schlecht zwei Dinge gleichzeitig machen können: Den Bogen bearbeiten und sich kämmen (33%).
4. Sie nehmen den Mädchen den Kamm weg mit der Bemerkung: „Nach der Stunde könnte Ihr ihn wiederhaben." (6%).
5. Sie zeigen erst mal Verständnis und sagen: „Ich verstehe ja, daß Euch das Kämmen Spaß macht, bitte Euch aber dennoch, den Bogen zu bearbeiten." (26%).
6. Sie sagen den beiden Mädchen, daß sie in etwa zehn Minuten ihre Arbeitsergebnisse vortragen sollen (9%).
oder: ... (0%).

zu 7.14.3.4

1. Sie sagen Elvira, daß dies noch längst kein ausreichender Grund sei, die Schule zu verlassen und sie sich ja auch noch verbessern könne (22%).
2. Sie sagen ihr, daß Sie diesen Entschluß für unklug halten und sie es eines Tages sicher bereuen würde, ein Jahr vor dem Abschluß kapituliert zu haben (20%).
3. Sie vereinbaren einen Termin mit den Eltern und versuchen, diese umzustimmen – daß sie der Elvira einfach nicht erlauben, die Schule zu verlassen (7%).
4. Sie denken sich: Bei dem knappen Lehrstellenangebot ist das vielleicht eine gute Chance, warum soll sie eigentlich nicht Fotograf werden? Sie wünschen ihr alles Gute und fragen, wann Sie die ersten Bilder bei ihr entwickeln lassen können (31%).
5. Sie führen mit Elvira ein Einzelgespräch und sagen ihr, daß Sie sich nicht vorstellen könnten, daß die schlechten Leistungen in Mathe und Englisch der wahre Grund seien (7%).
6. Sie zeigen ihr statistische Unterlagen, aus denen hervorgeht, daß generell das Einkommen mit der Schulbildung steigt, und sagen ihr, daß sie als Fotograf mit Mittlerer Reife viel größere Chancen habe (2%).
oder: ... (9%).

zu 7.14.3.5

1. Sie fangen einfach an zu unterrichten, ohne sich weiter um die Schüler zu kümmern, und hoffen, daß sich irgendwann ein Interesse einstellen wird (20%).
2. Sie zeigen sich betroffen und sagen den Schülern, daß Ihnen so etwas noch nie passiert sei (4%).
3. Sie lassen Kleingruppen bilden und in den Gruppen die Frage diskutieren, was behandelt werden soll (22%).
4. Sie fragen, ob sie ein Vorurteil gegenüber dem Fach Sozialkunde haben würden (2%).
5. Sie sprechen über das Thema: „Mitbestimmung und konstruktive Kritik." (2%)
6. Sie fragen die Schüler, welche weiteren Informationen sie benötigen, damit sie sich entscheiden können (33%).
oder: . . . (17%).

zu 7.14.3.6

1. Sie bitten die anwesenden Schülerinnen, den beiden Mädchen auszurichten, sie möchten so freundlich sein und zum Sport kommen (22%).
2. Sie sprechen mit dem Klassenlehrer und bitten ihn um Unterstützung (4%).
3. Sie kümmern sich nicht weiter um die beiden fehlenden Mädchen, nehmen sich aber fest vor, den Schülerinnen eine Fünf im Zeugnis zu geben, falls sie kein ärztliches Attest bringen (2%).
4. Sie passen die Mädchen an einem Vormittag ab und sagen lediglich: „Ihr habt sicher vergessen, ein ärztliches Attest zu besorgen, holt das Versäumte bitte nach." (41%).
5. Sie reden mit den beiden Mädchen, fragen, warum ihnen der Sport keinen Spaß mache und weisen sie auf die gesundheitlichen Nachteile hin, die sie in Kauf zu nehmen hätten, wenn sie auch künftig auf eine Teilnahme verzichten würden (4%).
6. Sie schreiben an die Eltern und fordern sie auf, dafür zu sorgen, daß die beiden regelmäßig zum Sport kommen (4%).
oder: . . . (24%).

zu 7.14.3.7

1. Sie fragen Gabriele, ob sie sich selbst den Leistungsabfall erklären könne (11%).
2. Sie fragen Gabriele direkt, ob sie einen Freund habe und versuchen dann mit ihr in ein Gespräch zu kommen (26%).
3. Sie empfehlen für Gabriele Nachhilfeunterricht (0%).
4. Sie fragen, warum ihr die Schule keinen Spaß mehr mache und sprechen mit ihr eingehend über die Ursachen der Schulmüdigkeit (44%).
5. Sie fragen Gabriele, was sie denn gerne tun würde, wenn sie nicht in die Schule gehen müßte (17%).
6. Sie schicken Gabriele zum Schulpsychologen, weil Sie sich überfordert fühlen (0%).
oder: . . . (2%).

7.15 Sexualität

7.15.1 Vorüberlegungen

In diesem Kapitel werden typische Konfliktkonstellationen aufgezeigt, die mit dem Sexualverhalten der Schüler im Unterricht in Beziehung stehen. Wer sich für dieses Thema näher interessiert, sei auf die Publikationen von *Furian* (1978), *Kentler* (1970), *Piezunka* (1974) und *Zitelmann/Carl* (1971) aufmerksam gemacht. Der Darlegung einiger Konfliktkonstellationen folgt der Versuch, das Verursachungsspektrum aufzuzeigen sowie einige Leitlinien des pädagogischen Handelns aufzustellen. Typische Konfliktkonstellationen für diesen Problemkreis sind u. a.:

- Der Lehrer macht ungewollt eine Bemerkung, bei der sich Assoziationen nicht vermeiden lassen, die Schüler lachen und bringen ihn in Verlegenheit.
- Schüler fertigen während der Pause eine sog. obszöne Zeichnung an, die der Lehrer beim Betreten des Klassenzimers an der Tafel bemerkt.
- Schüler fertigen Zeichnungen, die sie in der Stunde herumreichen oder bekritzeln (zum Ärger der Reinemachefrauen und des Hausmeisters) die Tische oder die Toilettenwände.
- Schüler beschäftigen sich während der Stunde mit Pornoheften, mit Magazinen oder anderen Darstellungen aus dem Sexualbereich.
- Schüler unterhalten sich in einer Form über sexuelle Dinge, die dem Lehrer unangemessen erscheint.
- Schüler fordern vom Lehrer Antworten auf Fragen, die seine Intimsphäre berühren.
- Schüler reißen zweideutige Witze, um die Lehrerin in Verlegenheit zu bringen.
- Schüler tauschen vor den Augen der Mitschüler und Lehrer Zärtlichkeiten aus.
- Schülerinnen „testen" ihre Wirkung auf einen jungen Lehrer.
- Schüler sondern sich während eines Ausflugs oder Aufenthaltes im Landschulheim ab, um ungestört zu sein.
- Ein Schüler onaniert während des Unterrichts unter dem Tisch.

– Eine Schülerin hat einen älteren, festen Freund, und die Eltern der Mitschüler glauben, sich entrüsten zu müssen.
– Schülerinnen werden schwanger.
– Schülerinnen gehen auf den Strich.
– Kollegen, Eltern und Vorgesetzte kritisieren das Verhalten des Lehrers und der Schüler, es kommt zu Auseinandersetzungen mit rechtlichen Konsequenzen für die Betroffenen.

Diese Konfliktkonstellationen umreißen das Konfliktspektrum und geben außerdem einen Hinweis auf jene Problemkreise, zu denen sich Verbindungen herstellen lassen und zwar zu den Kreisen Provokationen und Regelüberschreitungen (7.2), Angriffe auf den Lehrer (7.4), Lernschwierigkeiten, Schülerängste und Schulmüdigkeit (7.12 bis 7.14) sowie Schwierigkeiten mit Kollegen, der Schulleitung, der Schulaufsicht und den Eltern (7.21 bis 7.24). Da in diesem Bereich eine generelle Normenunsicherheit besteht, glauben auch besonders viele und unterschiedliche Personen bzw. Personengruppen mitreden zu können.

Auseinandersetzungen, Belastungen und Schwierigkeiten müssen immer wieder auftreten, weil:

– sexuelle Sachverhalte viele Lerngegenstände z. B. in den Fächern Deutsch, Kunst, Biologie und Sozialkunde bestimmen und es deshalb selbstverständlich ist, wenn Schüler und Lehrer sexuelle Fragen diskutieren. „Generationen von Lehrern haben erhebliche – meist vergebliche – Mühen darauf verwandt, entsprechende Stellen zu übergehen, nicht zur Sprache kommen zu lassen . . ." (*Lohrenz* 1979, S. 138 ff).
– die Schüler sexuelle Probleme haben, die sie nicht außerhalb der Schule zurücklassen können, sondern die in der Pubertät oft zu dem zentralen Problem werden. Schüler sind schließlich keine geschlechtslosen Wesen, sondern haben auch während der Schulzeit ein natürliches Bedürfnis, freundschaftlich miteinander umzugehen, Zärtlichkeiten auszutauschen und die Aufnahme sexueller Beziehungen anzubahnen.
– Schüler genau wissen, daß Lehrer oft ähnlich verunsichert sind wie sie selbst, ihnen deshalb verfängliche Fragen stellen, um sich an ihrer Unsicherheit zu freuen, oder die Intimsphäre verletzten, um den Lehrer in Verlegenheit zu bringen.
– Schüler wirklich ein Informationsdefizit haben und sich auf ernstgemeinte Fragen auch ausführliche Antworten erhoffen, die ihnen nicht gegeben werden können oder die man ihnen verweigert.
– Schüler sich durch die Erwachsenen betrogen fühlen, sie bestimmten Verboten und Geboten unterliegen, die ihnen nicht ausreichend begründet werden, sie moralischen Ansprüchen unterliegen, die von vielen Erwachsenen nicht eingehalten werden.
– In zahlreichen Medien das Thema Sexualität so dargestellt wird, daß die Jugendlichen einer zusätzlichen Verunsicherung ausgesetzt sind (Pornographie, Promiskuität, Sexualverbrechen).

– Schüler in ihrer sexuellen Entwicklung aufgrund negativer Erlebnisse und Erfahrungen gehemmt oder stark gestört sind, Erlebnisse, die sich in sexuellen Fehlhandlungen, in mangelnder Triebbeherrschung oder aggressiven Handlungen äußern können (Vgl. hierzu die tiefenpsychologischen Erklärungsansätze bei *Bittner* 1970, *Hanke/Huber/Mandl* 1978).

Mit diesem letztgenannten Punkt sind die Eltern als verursachender Faktor angesprochen, die oft aufgrund ihrer eigenen sexuellen Sozialisation nicht in der Lage sind, eine familiale Sexualerziehung zu verwirklichen, die den Bedürfnissen ihrer Kinder entgegenkommt, die z. B. ihre Kinder als Ersatz für eine fehlende partnerschaftliche Beziehung mißbrauchen, die sich davor scheuen, mit ihren Kindern über sexuelle Fragen und Probleme zu sprechen, Angst davor haben, ihr eigenes Unvermögen einzugestehen und Vorwürfen ausgesetzt zu sein, die ihren Kindern zu wenig Zärtlichkeit und keine Geborgenheit vermitteln konnten und deshalb mit Schuldgefühlen belastet sind.

Ähnliches gilt übrigens auch für zahlreiche Lehrer, die eigene sexuelle Sozialisationsdefizite aufzuarbeiten haben, die oft nicht wissen, wie sie mit ihren eigenen Problemen fertigwerden sollen, die in besonderer Weise der generellen Normenunsicherheit ausgesetzt sind, an den Hochschulen meist eine unzureichende Ausbildung im Hinblick auf das Fach Sexualkunde erfahren haben, und die schließlich Auseinandersetzungen mit Eltern, Kollegen und Vorgesetzten scheuen. Hinzu kommt der Umstand, daß vom Lehrer einerseits erwartet wird, er möge sich den Schülern mit Echtheit, emotionaler Wärme und Anteilnahme zuwenden, andererseits die Forderung an ihn gerichtet wird, sich möglichst objektiv und distanziert zu verhalten, einzelnen Schülern nicht zu nahe zu treten und sie nicht zu bevorzugen. „Sexuelle und aggressive Triebimpulse werden bei Schülern und Lehrern aus dem institutionell legitimierten Kommunikationsprozeß ausgeschlossen" (*Weidenmann 1978, S. 112*). *Combe* (1971) spricht in diesem Zusammenhang vom Lehrer als einem „erotisch kastrierten Typ" und vertritt die Auffassung, daß die Unterdrückung von Affekten schließlich zu einer beruflichen Deformation und zur Karikatur des Schulmeisters führen kann (vgl. *Adorno* 1965).

Die Suche nach Leitlinien für einen Bereich, der in besonderer Weise durch Normenunsicherheit gekennzeichnet ist, fällt besonders schwer. Deshalb ergeht an jeden Leser die Aufforderung, die nachstehenden Leitlinien kritisch zu prüfen:

*Bringen Sie den Schülern Verständnis entgegen, weil sie sich,
entwicklungspsychologisch betrachtet, in einer schwierigen Situation*

befinden. Der in der Pubertät vorherrschende Wunsch, zum anderen Geschlecht Beziehungen aufzunehmen, mit einem Freund oder einer Freundin Kontakte zu pflegen, mit einem anderen Menschen intim zu sein, läßt sich oft nicht ohne weiteres erfüllen. Deshalb ist diese Zeit mit vielen intrapersonalen Konflikten belastet, mit Schwierigkeiten und Enttäuschungen, wenn das Scheitern einer Beziehung erlebt wird.

Seien Sie tolerant, wenn Sie bei Ihren Schülern ein „Fehlverhalten"beobachten; ein „verständnisvolles Miteinander-Umgehen" setzt einen mühsamen und komplizierten Lernprozeß voraus, der lebenslang andauert, also nie als abgeschlossen betrachtet werden kann. Schließlich gelingt es auch vielen erwachsenen Menschen nicht oder nur sehr unvollkommen, diesen Lernprozeß erfolgreich zu durchlaufen.

Achten Sie auf die Wahrung der Intimsphäre und zwar im Hinblick auf Ihre eigene Person und im Hinblick auf jeden einzelnen Schüler. Sobald Schüler Anspielungen machen oder indiskrete Fragen stellen, durch die Sie sich tangiert fühlen, sollten Sie ihnen unmißverständlich sagen, daß es sich hier um Ihr Privatleben handelt, das nicht der Öffentlichkeit gehört. Selbstbekenntnisse oder gar Erlebnisberichte wirken meist peinlich oder lächerlich. – Ebenso haben Schüler einen Anspruch darauf, daß Lehrer und Mitschüler ihre Gefühle achten, wenn sie auch in der Schule Freundschaften pflegen, Beziehungen aufnehmen und ihre Zuneigung zum Ausdruck bringen.

Sprechen Sie sexuelle Sachverhalte im Unterricht offen an, wenn sich vom Lerninhalt her eine solche Frage- oder Problemstellung ergibt. So betrachtet ist die Beschränkung des Themas auf ein Fach „Sexualkunde" gar nicht möglich. Lassen Sie aber die Schüler über den betreffenden Sachverhalt diskutieren, denn schließlich sind sie es, die sich ein eigenes Urteil bilden sollen. Korrigieren Sie deshalb Schülermeinungen nur dann, wenn Sie es für unbedingt erforderlich halten, und vermeiden Sie jede Form der Indoktrination.

Sprechen Sie mit den Eltern über das Thema „Sexualität und Sexualerziehung" und zwar nicht im Rahmen eines offiziellen Elternabends, sondern in mehr informellen Gesprächen, zu denen Sie einladen. Auch hier sollten erst einmal die Eltern Gelegenheit haben, über ihre Vorstellungen, Zweifel, Bedenken und Ängste zu sprechen; nur so wird es Ihnen möglich, auf religiöse und weltanschauliche Überzeugungen Rücksicht zu nehmen. Damit ein solches Gespräch in Gang kommt, könnten Sie z. B. folgende Punkte zur Diskussion stellen:

– Funktionswandel der Sexualität,

d. h. den Wandel von der Zeugungs- zur Lustfunktion, wie er allgemein zu verzeichnen ist und wie er von *Bittner* (1978) beschrieben wird. Lernziel: Die Schüler sollen sexuelle Wünsche bejahen und sexuelles Verhalten in ihre Persönlichkeit integrieren.

– Erziehung zur Zärtlichkeit,

d. h. nichts tun, was den Partner verletzten oder abstoßen könnte, die eigene Attraktivität wahren, sexuelle Wünsche nicht mit Gewalt durchsetzen, Besitzansprüche zurückweisen. Lernziel: Die Schüler sollen auch in der Schule Gelegenheit haben, Zärtlichkeiten auszutauschen und sich im verständnisvollen Miteinander-Umgehen zu üben.

– Empfängsnisverhütung,

d. h. die Zeugung eines nicht erwünschten Kindes vermeiden, dafür die gemeinsame Verantwortung übernehmen, Absprachen mit dem Partner treffen. Lernziel: Die Schüler sollen über die Möglichkeiten der Empfängnisverhütung informiert werden, die Vor- und Nachteile der Mittel kennenlernen und die ethischen Implikationen diskutieren.

– Gleichberechtigung der Geschlechter,

d. h. geschlechtsrollenspezifische Fixierungen durchbrechen, ohne die naturbedingten Unterschiede, wie sie sich z. B. durch Menstruation, Schwangerschaft, Gebären und Stillen ergeben, zu leugnen. Weiterhin bedeutet dies Verzicht auf eine Doppelmoral (vorehelicher Geschlechtsverkehr ist der Frau untersagt, dem Mann gestattet) sowie auf die einseitige berufliche Festlegung der Frau als Hausfrau und Mutter. Lernziel: Die Schüler sollen sich im Unterricht in allen Bereichen als gleichberechtigt erleben und auf die naturbedingten Unterschiede Rücksicht nehmen.

Erteilen Sie Sexualkunde-Unterricht nach Absprache mit den Eltern auf der Grundlage der Diskussionsergebnisse und der gemeinsam formulierten Lernziele, indem Sie Verständnis zeigen, Toleranz üben, die Intimsphäre wahren und dennoch die Inhalte offen ansprechen. Für einen solchen Unterricht ist allerdings ein Vertrauensverhältnis notwendig; es sind Sprachregelungen zu treffen, die von allen Beteiligten akzeptiert und verstanden werden. Ein solcher Unterricht setzt eine intensive Sozialbeziehung voraus und ist in einem ausdifferenzierten Fachlehrersystem an weiterführenden Schulen kaum möglich.

Anregungen:

Suchen Sie nach weiteren Gesprächspunkten für einen Elternabend, an dem Fragen der Sexualität diskutiert werden sollen. Diskutieren Sie jene Lehrpläne und/oder Richtlinien, die für Ihr Bundesland maßgebend sind.

7.15.2 Analysebeispiel

Konfliktbeschreibung auffassen

Hoffentlich gibt es keinen Sexualverkehr mit Folgen

Sie sind Lehrer der Klasse 9b und für zwei Wochen mit Ihrer Klasse in einer Jugendherberge. Gleichzeitig führt auch eine elfte Gymnasialklasse einen Landschulheim-Aufenthalt durch. Ihre 15jährigen Mädchen sind von den 17jährigen Jungen begeistert. Im Keller der Jugendherberge ist ein Raum zu einer kleinen Diskothek ausgebaut. So lernen sich die Schüler schon am ersten Abend bei heißer Musik und bunter Beleuchtung kennen. An den nächsten Tagen ist mit einigen Mädchen Ihrer Klasse kaum noch etwas anzufangen. Es gibt nur ein einziges Thema. Am liebsten würden die Mädchen in der Herberge bleiben und dort auf ihre Freunde warten.

Überall wird geschmust. Einige Pärchen verlassen gleich nach dem Abendessen die Herberge, um einen nahegelegenen Wald aufzusuchen. Sexualverkehr mit Folgen läßt sich nicht ausschließen. Da Sie in dieser Zeit für die Mädchen verantwortlich sind, überlegen Sie sich, wie Sie in geeigneter Form einschreiten können.

Betroffenheit einschätzen

N=57   MW 4.14   VAR 0.98   STA 0.99, Zentralkonflikt 4

Erstverhalten überlegen

Sie stehen nicht unmittelbar unter Zeit- und Handlungsdruck, haben genügend Zeit, um eine Handlungsfolge zu konzipieren.

Methode festlegen C

Nach den Ursachen fragen

Die Schülerinnen und Schüler finden sich so anziehend, weil
- es einem natürlichen Bedürfnis entspricht, das andere Geschlecht kennenlernen zu wollen
- sie sonst immer irgendwelchen Geboten oder Verboten ausgesetzt sind
- sie Erfahrungen sammeln möchten

- Freundinnen und Freunde weit weg sind
- Eltern nicht hineinreden können
- die fremden Jungen bzw. Mädchen weitaus interessanter sind als die in der eigenen Klasse oder Schule
- es sonst in der Freizeit wenig zu tun gibt

Perspektive wechseln

Als *Lehrer* sind Sie für die Schülerinnen verantwortlich, zumindest üben Sie vorübergehend die elterliche Gewalt aus. Nun kennen Sie die einzelnen Schülerinnen nicht so gut wie deren Eltern, wissen also nicht, ob Sie den Mädchen vertrauen können. Auf die Jungen der anderen Klasse üben Sie gar keinen Einfluß aus. Wahrscheinlich stehen Sie der Situation etwas hilflos gegenüber, möchten natürlich die Gefahr einer unerwünschten Schwangerschaft vermeiden, sind sich aber über die Art des Vorgehens im unklaren. Die *betroffenen Schüler* freuen sich über die sich bietende Gelegenheit, sind verliebt und finden das Ganze einfach herrlich. Für sie existiert wahrscheinlich kaum ein Konflikt. Die *nicht unmittelbar betroffenen Schüler* interessieren sich nicht für die anderen Schüler, weil sie am Heimatort Freund oder Freundin zurückgelassen haben und denen nicht untreu werden möchten; oder sie sind vielleicht ein bißchen neidisch, und es kommt zu kleinen Eifersüchteleien.

Der *Kollege* betrachtet wahrscheinlich die Situation etwas gelassener, er fürchtet weniger um seine Schüler, allerdings wäre auch für ihn ein werdender Vater peinlich. Die *Begleitperson* der neunten Klasse fühlt sich in besonderer Weise für die Mädchen verantwortlich. Die Begleitperson der elften Klasse hat mit den männlichen Jugendlichen wenig zu tun. Der *Herbergsvater* möchte sich Ärger mit dem Verband und mit den Eltern ersparen. Da er aber kaum unmittelbar verantwortlich gemacht werden kann, fühlt er sich wohl weniger tangiert. Die *nicht anwesenden Eltern* erwarten vom Lehrer und der weiblichen Begleitperson, daß diese dafür sorgen, daß die 15jährigen Mädchen unbeschadet nach Hause zurückkommen.

Zielsetzung(en) abklären

Die Schüler sollen andere Schüler kennenlernen, auch mal zusammen weggehen, z. B. abends in Gruppen ein Wirtshaus aufsuchen o. ä. Unternehmungen dieser Art sind eigentlich wünschenswert und zu fördern, stellen sie doch einen Übergang dar zu jener Situation, in der der Jugendliche allein den Entschluß faßt, auszugehen und dann ganz auf sich gestellt handeln muß. Es kann also auf keinen Fall darum gehen, die Möglichkeiten zum Aufbau von Beziehungen rigoros einzuschränken oder gar zu unterbinden.

Durch das Kennenlernen der anderen Klasse sollten allerdings die Ziele des Aufenthalts nicht in der Weise gefährdet werden, daß die Klasse als Gruppe auseinanderfällt und sich das Gruppenklima erheblich verschlechtert, also Aktivitäten der eigenen Klasse stark beeinträchtigt sind (wie das der Konfliktbeschreibung zu entnehmen ist).

Aus der Verantwortlichkeit gegenüber dem Partner ergibt sich die Forderung, kein unerwünschtes Kind zu zeugen. Es sollte in geeigneter Weise dafür gesorgt werden, daß es bei den zumeist unerfahrenen Schülerinnen möglichst nicht zu Sexualverkehr, zu einer Schwangerschaft und einem Schwangerschaftsabbruch mit den bekannten physischen und psychischen Beeinträchtigungen kommt.

Handlungsmöglichkeiten suchen

1 jeden Abend alle Schüler beschäftigen und ihnen verbieten, sich von der Gruppe abzusondern
2 den Mädchen sagen: ,,Von meinem Lehrergehalt zahle ich keine Alimente.''
3 den Mädchen verbieten, sich von der Gruppe zu entfernen
4 die Mädchen auf ihre eigene Verantwortlichkeit hinweisen
5 den Mädchen sagen: ,,Ich finde es nicht gut, daß Ihr ausgerechnet in der Zeit des Landschulheimaufenthalts jeden Abend loszieht.''
6 den Mädchen erklären, daß sie durch ihr Verhalten das Klassenklima beeinträchtigen
7 den Mädchen Verständnis entgegenbringen, dann aber Auflagen machen
8 mit den Jungen sprechen und sie auf ihre Verantwortung hinweisen
9 mit der eigenen Klasse sprechen und sagen, was Ihnen nicht gefällt
10 mit den Schülern der fremden Klasse sprechen
11 anstrengende Wanderungen durchführen, so daß die Schülerinnen abends totmüde ins Bett fallen
12 Sexualkundeunterricht halten und über Verhütungsmittel sprechen
13 gemeinsame Ausflüge durchführen, damit sich Schülerinnen und Schüler schnell besser kennenlernen und der Reiz des Neuen etwas verfliegt

14 eine Deutschstunde halten, die das Thema „unerwünschte Schwangerschaft" zum Inhalt hat
15 das Verhalten der Schülerinnen ignorieren und hoffen, daß nichts passiert
16 mit dem Kollegen und den Begleitpersonen einen guten Tropfen trinken und das Problem durchsprechen
17 durch die weibliche Begleitperson den Schülerinnen ein generelles Hilfsangebot machen lassen
18 Verhütungsmittel anbieten
19 über Freundinnen oder über die Klassensprecherin Einfluß auf die betreffenden Mädchen nehmen

Handlungsmöglichkeiten prüfen

1 − widerspricht den Anliegen eines solchen Aufenthalts und einem demokratischen Erziehungsstil; 2 + − zu direkt; 3 − das läßt sich kaum durchführen, vgl. 1; 4 + eigentlich sind sie groß genug; 5 + − ja, warum soll man nicht auf die Verantwortung der Gruppe gegenüber hinweisen? Allerdings wird der wirkliche Konflikt ausgeklammert; 6 + − wie 5; 7 − was soll dieses ja – aber? 8 − zu den Schülern der fremden Klasse haben Sie ja keinen Zugang; 9 + ähnlich wie 5 u. 6; 10 − erscheint ziemlich sinnlos, vgl. 8; 11 − das wird wohl kaum einen Sinn haben; denn 15jährige Mädchen und 17jährige Jungen werden auch nach der anstrengendsten Wanderung wieder munter; 12 − wirkt seltsam moralisierend; 13 + ohne Einschränkung; 14 − wie 12; 15 − geht auch nicht, schließlich sind Sie in gewisser Weise doch verantwortlich; 16 + unbedingt empfehlenswert; 17 + dazu sind Begleitpersonen da; 18 − könnte einige Schülerinnen erst noch ermutigen; 19 + − etwas vage.

Handlungsfolge konzipieren

Zuerst mit dem Kollegen und den Begleitpersonen sprechen und die eigenen Befürchtungen offenlegen. In diesem Kreis gemeinsame Aktivitäten und Maßnahmen planen:
− jeder sagt seiner Klasse, daß er es nicht für sinnvoll hält, wenn die Gruppe zerfällt;
− gemeinsame Aktivitäten planen und durchführen, so einen bunten Abend, eine Party, eine Fahrt und eine Wanderung, damit sich Schülerinnen und Schüler in den verschiedensten Situationen kennenlernen;

- die Lehrer und Begleitpersonen sprechen mit jenen Schülern bzw. Schülerinnen, die keine Zurückhaltung üben können.

Oder würden Sie ganz anders handeln?

7.15.3 Konfliktbeschreibungen

Beginnen Sie erst mit der Konfliktanalyse, nachdem Sie die Kapitel 5 und 6 bearbeitet haben!

7.15.3.1 Zweideutige Witze

Sie sind Lehrerin an einer Berufsschule. Einige Lerngruppen bestehen fast nur aus männlichen Teilnehmern. Wenn Sie mit einem neuen Kleid das Klassenzimmer betreten, dann kommt es schon mal vor, daß einige Schüler anerkennend pfeifen. Sind Sie mit den Hausaufgaben nicht zufrieden, dann wird gefragt: ,,Könnten Sie nicht zu mir kommen und mir Nachhilfestunden geben?" Manchmal bekommen Sie auch Einladungen zu einer Spritztour am Wochenende oder zu einem Kinobesuch, Einladungen, die meist nicht ernst gemeint sind. Es ist Ihnen jedesmal gelungen, die Einladungen lachend zurückzuweisen. In Verlegenheit geraten Sie jedoch, wenn die Schüler Witze erzählen. An sich haben Sie ja nichts gegen Witze, schwierig wird es nur, wenn es sich um ,,harte Witze" handelt, über die Sie nun wirklich nicht lachen können. Deshalb überlegen Sie sich, wie Sie dem nächsten Witz begegnen sollen.
Relevanz: N=57 MW 0.79 VAR 0.81 STA 0.90

7.15.3.2 Schweigen

Sie sind Klassenlehrer in einer siebenten Hauptschulklasse. Die Schüler kennen Sie seit einem halben Jahr. Den Wochenbüchern der vorangegangenen Schuljahre entnehmen Sie, daß in dieser Klasse noch nie Sexualkunde durchgeführt worden ist. Zahlreichen Schüleräußerungen zufolge, glauben Sie, ein starkes Bedürfnis nach Information und Aufklärung feststellen zu können. Auf einem Elternabend lassen Sie sich von den Eltern Ihrer Schüler das Einverständnis zur Durchführung einer Sexualkunde-Einheit geben.

Von den fehlenden Eltern holen Sie die Erlaubnis schriftlich ein. In der Klasse findet das Vorhaben uneingeschränkte Zustimmung.

Da Sie gerne vom aktuellen Informationsstand und -bedürfnis ausgehen möchten, schlagen Sie der Klasse eine Methode vor, die sich schon mehrfach bewährt hat. Sie schreiben das Thema an die Tafel und bitten die Schüler, Fragen zum Thema zu formulieren und anzuschreiben. Anschließend möchten Sie mit den Schülern darüber sprechen, in welcher Form und in welcher Reihenfolge die Fragen beantwortet werden sollen. Doch zu Ihrem Erstaunen bleibt es still. Der Unterricht will gar nicht so richtig in Gang kommen, niemand schreibt eine Frage an. Das Schweigen lastet auf der Gruppe.

Relevanz: N = 54   MW 0.83   VAR 1.20   STA 1.09

7.15.3.3 „Mal sehen, was sie sagt"

Nach Rücksprache mit den Eltern Ihrer Schüler führen Sie im achten Schuljahr eine Unterrichtseinheit „Sexualität und Partnerschaft" durch. Die Unterrichtseinheit ist abgeschlossen – zumindest vorläufig, denken Sie –, und Sie möchten mit einem neuen Thema beginnen.

Da hängt eines Morgens, als Sie ins Klassenzimmer kommen, ein Poster an der Tafel, auf dem eine nackte Negerin zu sehen ist, die Motorrad fährt. Die Schüler stoßen sich an und kichern.

Relevanz: N = 54   MW 0.91   VAR 0.69   STA 0.83

7.15.3.4 Die Schüler fordern ein Bekenntnis

Als junge Lehrerin unterrichten Sie in einer neunten Klasse Geographie. Sie sprechen mit den Schülern über das bedenkliche Anwachsen der Erdbevölkerung, den Hunger in der Dritten Welt und über die Möglichkeiten, ihm zu begegnen. In diesem Zusammenhang wird auch über das Thema „Geburtenregelung" gesprochen, über die religiösen, ethischen und medizinischen Gründe, die Regelungen im Wege stehen. Schließlich ist ja dieses Thema auch für die moderne Frau in der Bundesrepublik Deutschland durchaus nicht problemlos und konfliktfrei. Die Diskussion gerät in eine Sackgasse. Niemand weiß eigentlich so recht, wie es nun weitergehen soll. Da sagt einer der Schüler: „Erzählen Sie uns doch, wie Sie das so machen."

Relevanz: N = 54   MW 1.11   VAR 1.19   STA 1.09

7.15.3.5 Ein impertinentes Lächeln

Sie sind Musiklehrer, 28 Jahre jung und unterrichten seit einem halben Jahr die 10b. Sie beginnen mit dem Unterricht. Eine attraktive 17jährige Schülerin lächelt Sie wissend an. Sie achten nicht weiter auf dieses Lächeln, sagen ein paar einführende Sätze zu einem Klavierkonzert, stellen eine Verständnisfrage und – werden von der Schülerin angelächelt. Diesmal erscheint Ihnen das Lächeln impertinent. Sie ignorieren es, erteilen einen Hörauftrag, legen eine Schallplatte auf und sehen die Schüler an. Da ist es wieder, dieses impertinente Lächeln, das Sie veranlaßt, unauffällig Ihre Kleidung zu überprüfen. Doch die Kleidung ist korrekt.

Nach dem ersten Satz des Konzerts möchten Sie mit den Schülern ins Gespräch kommen. Doch die Klasse macht nicht so recht mit. Es werden weder Beiträge gebracht noch Fragen gestellt. Statt dessen erfreut sich die Mehrzahl der Schüler an der lächelnden Mitschülerin.

Relevanz: N = 57   MW 1.35   VAR 1.23   STA 1.11

7.15.3.6 Pornographie oder Informationsbedürfnis?

Sie unterrichten in einem siebenten Schuljahr Deutsch. Sie haben ein gutes Verhältnis zu der Klasse, und die Schüler arbeiten fast immer interessiert mit.

Doch heute ist alles anders. Die Schüler kichern und tuscheln. Ihr Verhalten ist zu auffällig, um es übersehen zu können. Als eine Schülergruppe hinter vorgehaltener Hand lacht, gehen Sie mit raschen Schritten auf die betreffenden Schüler zu und entdecken eine Zeichnung, die zwei Menschen bei der Ausübung des Geschlechtsverkehrs zeigt.

Relevanz: N = 54   MW 1.48   VAR 1.42   STA 1.19

7.15.3.7 Sprachbarrieren des Lehrers

Sie wurden im Elternhaus und im Gymnasium mit Begriffen wie „Beischlaf", „Penis" und „Vagina" vertraut gemacht und haben diese Wörter in Ihren aktiven Sprachschatz aufgenommen.

In der siebenten Hauptschulklasse werden Sie zu Beginn einer Sexualkunde-Einheit mit Begriffen konfrontiert, mit denen Sie nicht gerechnet hatten. Da sprechen die Schüler von „Ficken", „Prügel",

„Fotze" usw., ohne sich etwas dabei zu denken. Offensichtlich finden sie diese Ausdrücke ganz in Ordnung. Einerseits freuen Sie sich über die Offenheit und Gesprächsbereitschaft der Schüler, andererseits möchten Sie dieses Thema nicht so gern auf dieser Sprachebene abhandeln.

Relevanz: N = 57   MW 1.63   VAR 1.06   STA 1.03

7.15.3.8 Grenzen des Fragerechts

Die Eltern Ihrer Schüler haben einer geplanten Unterrichtseinheit in Sexualkunde zugestimmt. Die Schüler der Klasse 6a zeigen ein reges Interesse. Man diskutiert über das Vorhaben, stellt einen Fragekasten auf, die Schüler schreiben die sie interessierenden Fragen auf einen Zettel und werfen diesen in den Kasten. Zwei Tage später liegen etwa 40 Zettel vor. Doch als Sie die Fragen zu Hause sichten, kommen Sie in Verlegenheit. Neben durchaus ernst gemeinten Fragen finden sich auch solche, die Ihre Intimsphäre berühren. Da wird z. B. gefragt, wann Sie Ihre Regel haben, ob Sie heute morgen schon gefickt hätten u. a. m.

Relevanz: N = 54   MW 1.78   VAR 2.14   STA 1.46

7.15.3.9 Informationsbedürfnis oder Provokation

Sie unterrichten in einem achten Schuljahr Biologie. Der Unterricht macht Ihnen und den Schülern eigentlich Freude. Die Hefte werden ordentlich geführt, die Schüler zeigen sich interessiert, machen gut mit, und alles scheint in bester Ordnung zu sein.

Im Klassenzimmer befindet sich eine große Klapptafel. Als Sie die Tafel öffnen, entdecken Sie zu Ihrer Überraschung eine Pornozeichnung mit Ihrem Spitznamen und dem Zusatz: „Ficken macht Spaß".

Relevanz: N = 54   MW 2.06   VAR 2.20   STA 1.48

7.15.3.10 „Können Sie mir da helfen?"

Sie sind Klassenlehrerin in einer neunten Hauptschulklasse. Sie haben zu Ihren Schülerinnen und Schülern ein sehr gutes Verhältnis, so daß sie sich auch in privaten Angelegenheiten an Sie wenden.

Auf dem Heimweg werden Sie von einer Schülerin begleitet, die offensichtlich ein Gespräch sucht. Nach mehreren unverfänglichen Bemerkungen trägt sie ihr Anliegen vor: „Ich hab' da in der Disko den Axel kennengelernt. Wir haben uns sehr gern, und nun überlege ich mir, ob ich die Pille nehmen darf und wie ich an sie rankomme. Können Sie mir da helfen?"

Relevanz: N = 57   MW 2.14   VAR 2.12   STA 1.46

7.15.3.11 Erika hat einen Freund

Sie sind Klassenlehrer in einer siebenten Hauptschulklasse. Die Schüler kennen Sie schon seit zwei Jahren, und Sie kennen auch deren Eltern recht gut. Beim Einkaufen begegnen Sie zufällig Erikas Mutter. Sie wechseln ein paar unverbindliche Worte und gehen einige Schritte die Straße entlang, als das Gespräch plötzlich eine unvermutete Wendung nimmt. Die Frau wird sehr ernst und berichtet Ihnen unter Tränen, daß Erika einen 19jährigen Freund habe. Erika lasse sich gar nichts mehr sagen, komme abends sehr spät nach Hause. Sie und ihr Mann seien ratlos, sie hätten schon alles versucht, gedroht, geschimpft, das Mädchen eingesperrt, sie geschlagen, und nun seien sie am Ende. (*Klink* 1974, S. 50)

Relevanz: N = 54   MW 3.54   VAR 1.12   STA 1.06

7.15.3.12 „Und so etwas geht noch zur Schule!"

Manuela wird zu Hause vernachlässigt. Ihr Vater läßt sich kaum sehen, und ihre Mutter ist immer leidend. Mit 15 Jahren genießt Manuela alle erdenklichen Freiheiten. Offensichtlich kann sie kommen und gehen, wann sie will. Oft wird sie auch noch spät abends in einer Gastwirtschaft angetroffen.

Manuela hat einen Freund, Karl, 30 Jahre alt, verheiratet, drei Kinder. „Charlie" hatte einen Betriebsunfall, trägt nun den Arm in der Schlinge und hat genügend Zeit, sich seiner kleinen Freundin zu widmen. Die beiden werden im Ort häufig zusammen angetroffen.

Eines Tages, als Sie einkaufen gehen, werden Sie von mehreren Müttern Ihrer Schüler aufgefordert, dem „sittenlosen Treiben" ein Ende zu setzen. Die Frauen machen den Eindruck, als seien sie entrüstet und sagen immer wieder: „Und so etwas geht noch zur Schule. Früher war das ganz anders, das hätte sich mal ein Mädchen erlauben sollen."

Relevanz: N = 54   MW 3.70   VAR 1.99   STA 1.41

7.15.3.13 Ein Schüler onaniert im Unterricht

Sie unterrichten in einer achten Hauptschulklasse, in der Jungen und Mädchen sind, Mathematik. Sie lassen eine zweistündige Arbeit schreiben. Anfangs arbeiten die Schüler sehr konzentriert, später läßt die Aufmerksamkeit nach. Einige sind mit den Aufgaben fertig, andere haben resigniert oder versuchen, vom Nachbarn Informationen einzuholen. In zehn Minuten ist Abgabetermin. Sie stehen auf und gehen etwas schneller als gewöhnlich an einigen Tischen vorbei, um die Weitergabe eines Zettels zu unterbinden. Dabei werfen Sie einen flüchtigen Blick unter die Tische und sehen, wie ein Schüler mit seinem eregierten Penis spielt.

Relevanz: N=54   MW 3.78   VAR 2.67   STA 1.63

7.15.3.14 Eine Schülerin bekommt ein Kind

Sie sind Lehrerin in einer neunten Hauptschulklasse. Eines Tages kommt die Mutter einer Schülerin in Ihre Sprechstunde und gibt weinend folgenden Bericht: „Astrid kann nicht mehr zur Schule kommen. Sie ist im siebenten Monat schwanger. Niemand, hat etwas gemerkt. Der Arzt will keinen Eingriff vornehmen. Und dann will sie auch nicht sagen, wer der Vater ist. Astrids Leben ist verpfuscht."

Sie hören der Frau zu und überlegen sich, was Sie ihr antworten sollen.

Relevanz: N=57   MW 5.58   VAR 2.18   STA 1.48

7.15.3.15 Zwei Schülerinnen gehen auf den Strich

Sie sind Klassenlehrer in einer neunten Hauptschulklasse. Die Schule liegt im Einzugsgebiet einer Großstadt. Zwei Ihrer Schülerinnen gehen nach der Schule auf den „Autostrich" – so wird es Ihnen jedenfalls von Kollegen zugetragen. Es heißt: „Die beiden stellen sich an die Straße nach M., halten nur Wagen an, in denen alleinfahrende Herren sitzen, bieten ihre Dienste an, prahlen mit ihren Erlebnissen und Einkünften."

Anfangs haben Sie diesen Berichten keinen Glauben geschenkt; auch wußten Sie nicht, wie Sie die Schülerinnen ansprechen sollen. Doch eines Tages haben Sie nach der Schule in der Stadt zu tun und

finden die beiden in einer unmißverständlichen Haltung entsprechend aufgemacht mit Handtäschchen am Straßenrand.
Relevanz: N=57   MW 6.44   VAR 0.61   STA 0.78

7.15.4 Handlungsmöglichkeiten

zu 7.15.3.1

1. Sie schweigen, verziehen keine Miene und geben so dem Erzähler zu verstehen, daß Sie von diesem Witz wirklich nichts halten (12%).
2. Sie unterbrechen jedesmal den Erzähler und fragen ihn, ob der Witz stubenrein sei (2%).
3. Sie sagen: „Über diesen Witz kann ich nun wirklich nicht lachen." (2%)
4. Sie erzählen anschließend einen stubenreinen Witz und sagen, daß Sie sich künftig ähnlich nette Witze erhoffen (2%).
5. Sie stellen sich dumm und bitten den Erzähler, Ihnen den Witz zu erklären (74%).
6. Sie fordern dazu auf, eine ganze Stunde lang harte Witze zu erzählen und sich nach Möglichkeit zu überbieten (0%).
   oder: . . . (9%).

zu 7.15.3.2

1. Sie bitten die Schüler, die Fragen in Partnerarbeit zu formulieren (7%).
2. Sie bitten die Schüler, in den Kleingruppen Fragen zu sammeln (6%).
3. Sie bitten die Schüler, die Fragen aufzuschreiben und in einen Fragenkasten zu werfen (59%).
4. Sie sprechen mit den Schülern darüber, warum ihnen das Fragen so schwerfällt (7%).
5. Sie ermutigen die Schüler, ihre Scheu zu überwinden (2%).
6. Sie teilen einen Sexualkunde-Atlas aus, der in der Lehrmittelsammlung verfügbar ist, und bitten die Schüler, sich zu Hause in aller Ruhe zu informieren und dann Fragen zu stellen (11%).
   oder: . . . (7%).

zu 7.15.3.3

1. Sie betrachten mit kritisch abschätzendem Blick das Poster und sagen: „Black is beautiful but we have to work" (28%).
2. Sie verwenden das Poster als Ausgangspunkt für eine Diskussion über Sexfotos (7%).
3. Sie schicken den Klassensprecher mit dem Poster zum Rektor, um ihn zu fragen, ob es im Klassenzimmer aufgehängt werden darf (4%).
4. Sie lassen die Schüler über die Frage nachdenken, warum eine nackte Frau und nicht ein Mann auf dem Motorrad sitzt (22%).
5. Sie schreiben neben das Poster an die Tafel: „Aber bitte mit Helm!" (6%).

6. Sie betrachten das Poster, geben eine kurze persönliche Stellungnahme ab – sagen, ob Ihnen das Bild ge- oder mißfällt – nehmen es ab und beginnen mit dem Unterricht (30%).
oder: . . . (4%).

zu 7.15.3.4

1. Sie sagen dem betreffenden Schüler, daß Sie seine Frage geschmacklos finden und deshalb nicht antworten werden (7%).
2. Sie geben ihm bereitwillig vor der ganzen Klasse Auskunft (35%).
3. Sie fragen die anderen Schüler, ob eine Lehrerin auf so eine Frage eine Antwort geben sollte (15%).
4. Sie fragen den betreffenden Schüler, ob er schon mal Geschlechtsverkehr gehabt und wie er sich dabei verhalten hätte (0%).
5. Sie sagen dem Schüler nur: „Die Frage hast Du nicht ernst gemeint." (9%).
6. Sie nehmen „wegen ungebührlichen Betragens" eine Eintragung in das Klassenbuch vor (2%).
oder: . . . (31%).

zu 7.15.3.5

1. Sie fragen die Schülerin nach dem Grund ihres Lächelns (2%).
2. Sie ignorieren das Verhalten der Schülerin und unterrichten einfach weiter (7%).
3. Sie führen ein Gespräch mit der ganzen Klasse und fragen nach dem Grund der Unaufmerksamkeit (5%).
4. Sie lassen die Schüler einen Test schreiben, damit ihnen das Lachen vergeht (0%).
5. Sie sagen der Schülerin, daß sie wohl nie an die Mona Lisa herankommen werde (65%).
6. Sie lächeln zurück (14%).
oder: . . . (7%).

zu 7.15.3.6

1. Sie lassen die Zeichnung herumreichen, stillen so das Informationsbedürfnis der Schüler und unterrichten dann weiter (24%).
2. Sie fragen die Schüler, warum sie diese Zeichnung so lächerlich finden würden (52%).
3. Sie bitten die Kollegin, die in dieser Klasse Biologie unterrichtet, den Sexualkunde-Unterricht vorzuziehen (0%).
4. Sie bitten die Schüler, sich noch ein bißchen zu gedulden, versprechen ihnen einige interessante Bilder für die nächste Stunde und eine Aussprache zu diesem Thema (4%).
5. Sie legen die Zeichnung auf Ihren Tisch und unterrichten weiter (15%).
6. Sie fordern den „Künstler" auf, sich zu melden (0%).
oder: . . . (6%).

zu 7.15.3.7

1. Sie übernehmen die Begriffe der Schüler, um deren Gesprächsbereitschaft nicht einzuschränken (5%).
2. Sie lassen die zentralen Wörter mit synonymen Begriffen an die Tafel schreiben und über die Bezeichnungen diskutieren (56%).
3. Sie brechen den Unterricht ab, weil Sie es nicht für richtig halten, in diesem Sprachcode mit den Schülern zu kommunizieren (0%).
4. Sie übernehmen die Begriffe und arbeiten mit ihnen während der ganzen Unterrichtseinheit. Gegen Ende der Einheit führen Sie die lateinischen Begriffe ein (0%).
5. Sie fragen die Schüler jedesmal, wenn ein bestimmter Ausdruck fällt, ob sie das nicht auch anders sagen könnten (18%).
6. Sie kümmern sich gar nicht um die verschiedene Ausdrucksweise, sprechen selbst in der Art, wie Sie es für richtig halten, und lassen die Schüler weiterhin frei sprechen (18%).
oder: ... (4%).

zu 7.15.3.8

1. Sie werfen die Zettel mit den anzüglichen Fragen einfach weg (30%).
2. Sie beginnen den Unterricht, lassen die ernstgemeinten Fragen diskutieren und sagen anschließend: „Diejenigen Schüler, die ein paar persönliche Fragen gestellt haben, bleiben bitte nach der Stunde da. Ich möchte diese Fragen auch persönlich beantworten." (24%).
3. Sie lesen die anzüglichen Fragen vor und lassen darüber diskutieren, ob es richtig sei, solche Fragen zu stellen, und ob eine Lehrerin solche Fragen beantworten muß (15%).
4. Sie lesen die betreffenden Fragen vor und sagen, daß Sie sich persönlich angegriffen fühlen und deshalb den Sexualkunde-Unterricht nicht halten werden (0%).
5. Sie lassen die ernstgemeinten Fragen bearbeiten und diskutieren. Danach sagen Sie: „Es sind noch ein paar Fragen an mich persönlich gerichtet worden, aber solche Fragen beantworte ich nicht." (22%).
6. Sie beantworten die anzüglichen Fragen ganz kurz und sachlich etwa in dem Stil: „Meine Regel hatte ich vor 14 Tagen, natürlich habe ich heute früh gefickt. Möchte jemand noch mehr wissen?" (2%).
oder: ... (7%).

zu 7.15.3.9

1. Sie ignorieren die Zeichnung, wischen sie weg und beginnen mit dem Unterricht (37%).
2. Sie blicken abwechselnd auf die Schüler und auf die Zeichnung und fragen dann die Schüler: „Könnt Ihr das auch schon?" (19%).
3. Sie bewundern die Zeichnung und sagen: „Ich wußte noch gar nicht, daß ich so schön bin." (22%).
4. Sie schwenken sofort auf das Thema „Sexualkunde" um (2%).
5. Sie setzen sich kritisch mit der Zeichnung auseinander, nehmen etwas weg, fügen etwas hinzu (0%).

6. Sie veranstalten einen Malwettbewerb (0%).
   oder: ... (20%).

zu 7.15.3.10

1. Sie sagen dem Mädchen, daß Sie in diesem Fall nicht helfen können, ein Rat Ihre Befugnisse überschreite (7%).
2. Sie geben ihr die Adresse eines Gynäkologen, den Sie gut kennen, telefonieren mit dem Arzt, schicken das Mädchen in die Sprechstunde und überlassen dem Arzt die Entscheidung (65%).
3. Sie sagen dem Mädchen, sie solle diese Sache vor allem mit ihrem Freund durchsprechen (2%).
4. Sie sagen ihr, daß diese Angelegenheit Sache der Eltern sei (5%).
5. Sie sprechen erst einmal längere Zeit mit dem Mädchen, um festzustellen, ob es sich wirklich um eine intensive Beziehung handelt, um dann – je nach Ausgang des Gesprächs – einen Rat zu erteilen (11%).
6. Sie verweisen das Mädchen auf andere, nicht verschreibungspflichtige Verhütungsmittel (2%).
   oder: ... (9%).

zu 7.15.3.11

1. Sie beruhigen erst mal die Frau und erzählen ihr etwas über Akzeleration (9%).
2. Sie raten ihr, mal mit dem 19jährigen Freund zu sprechen und ihn auf seine Verantwortung für das Mädchen hinzuweisen (39%).
3. Sie fragen die Mutter, ob Sie schon mal an die Pille gedacht habe (7%).
4. Sie sprechen mit Erika und deren Freund und geben den beiden mehrere Aufklärungsschriften (2%).
5. Sie halten sich aus diesem konkreten Fall ganz heraus, da Sie sich inkompetent fühlen (0%).
6. Sie planen für die nächsten Wochen eine Unterrichtseinheit über „Sexualität und Partnerschaft" und lassen Erika ein Referat zum Thema „Empfängnisverhütung" halten (2%).
   oder: ... (41%).

zu 7.15.3.12

1. Sie versprechen den Frauen, sich mit Manuela zu unterhalten (52%).
2. Sie hören in Ruhe zu, nicken hin und wieder, sagen „hm" oder „ja", ziehen aber keinerlei Konsequenzen (9%).
3. Sie nehmen sich vor, sich in aller Ruhe mit Karl zu unterhalten, ihm von dem Gespräch zu berichten und ihn zu fragen, wie es weitergehen soll (7%).
4. Sie setzen sich mit der zuständigen Sozialarbeiterin in Verbindung und bitten sie, die Angelegenheit in die Hand zu nehmen (6%).
5. Sie beruhigen die Mütter, indem Sie ihnen sagen, daß es sich ja schließlich nicht um die eigenen Töchter handele und sie deshalb froh sein könnten (6%).
6. Sie sagen den Frauen, daß man nichts dagegen tun könne, die Entwicklung bei den Schülern beschleunigt sei und man diese Erscheinung Akzeleration nenne (2%).
   oder: ... (19%).

zu 7.15.3.13

1. Sie ignorieren Ihre Beobachtung (26%).
2. Sie bitten den Schüler im Flüsterton, nach der Stunde zu Ihnen zu kommen, um ihn dann darauf hinzuweisen, daß er Handlungen dieser Art künftig im Unterricht unterlassen soll (35%).
3. Sie legen ihm einen Zettel auf den Tisch: „Aber bitte nicht im Unterricht!" (7%).
4. Sie schicken ihn zum Schulpsychologen, den Sie zuvor telefonisch verständigen (4%).
5. Sie führen gleich am nächsten Tag eine Unterrichtseinheit über Sexualkunde durch und sprechen in diesem Zusammenhang auch über Schamgefühl und Onanie (2%).
6. Sie zeigen erst einmal Verständnis, indem Sie ihn fragen: „Du kannst dich heute wohl nicht auf Deine Mathematikarbeit konzentrieren?" (9%). oder: . . . (17%).

zu 7.15.3.14

1. Sie beruhigen die Mutter und sagen ihr: „Anfangs sieht alles so schlimm aus, später freut man sich über das Baby." (4%).
2. Sie versprechen, die erforderlichen Formalitäten schnell und taktvoll zu erledigen (4%).
3. Sie sagen, daß Sie mit den anderen Schülern in geeigneter Form sprechen werden (2%).
4. Sie sagen, daß die Geburt eines Babys in Ihren Augen immer ein freudiges Ereignis sei, und daß Sie beabsichtigen, das Kind zum „Klassenbaby" zu ernennen (0%).
5. Sie sagen ihr, daß Schwangerschaft kein Grund sei, den Schulbesuch abzubrechen, und daß Astrid den Schulabschluß nachholen könne (54%).
6. Sie laden Mutter und Tochter zu sich nach Hause zum Tee ein, um im Gespräch die Spannungen zwischen den beiden abzubauen (35%). oder: . . . (2%).

zu 7.15.3.15

1. Sie halten an und fragen, ob sie mitgenommen werden möchten (9%).
2. Sie fahren vorbei, um sich so Zeit zum Überlegen zu verschaffen (28%).
3. Sie fahren vorbei und hetzen den beiden die Sittenpolizei auf den Hals (0%).
4. Sie fahren vorbei und zum Jugendamt, um sich dort von einem Fachmann Rat zu holen (37%).
5. Sie halten an, nehmen die beiden mit, gehen mit ihnen ein Eis essen und bestehen darauf, sie wieder nach Hause zu fahren (0%).
6. Sie nehmen die Schülerinnen mit und berichten von den Gerüchten, die Ihnen zugetragen worden sind (25%). oder: . . . (2%).

7.16 Drogen, Nikotin, Alkohol

7.16.1 Vorüberlegungen

Die Relevanz dieses Problemkreises ist aus den zu verzeichnenden Trends ersichtlich, die der Öffentlichkeit weitgehend bekannt sind, so z. B., daß immer jüngere Jahrgänge zu Drogen greifen, zunehmend ein Umsteigen auf harte Drogen zu verzeichnen ist, die Zahl der Rauschgifttoten ansteigt, die Szene eine Verlagerung in den privaten Bereich erfährt oder die Zahl der weiblichen Personen unter den Alkoholkranken zunimmt. Diese Fakten beunruhigen nicht nur die Politiker und die Gesundheitsbehörden, sondern sie beunruhigen auch in starkem Maß alle Personen, die für die Erziehung und Ausbildung der Kinder und Jugendlichen verantwortlich sind. Da es sich bei dem hier vorliegenden Konfliktspektrum um ein sog. „aktuelles Konfliktpotential" handelt, fällt es Lehrern meist sehr schwer, bei auftretenden Konflikten angemessen zu handeln. Dieser Umstand wurde von Fachleuten der Drogenberatung dem Autor gegenüber mehrmals beklagt – die mangelnde Vorbereitung der Lehrer auf die Drogenproblematik.

Wenn in diesem Kapitel von „Drogen" gesprochen wird, dann wird auf die Unterscheidung zwischen Genußmitteln (legalen Drogen) und Rauschdrogen (illegalen Drogen) verzichtet, weil diese Unterscheidung im Hinblick auf die anstehende Problematik nicht trägt. Jeder Konsum von Tabak und Alkohol kann bei Kindern gesundheitsschädlich sein oder als „Einstiegsdroge" dienen, selbst wenn der Konsum noch nicht regelmäßig und im Übermaß erfolgt. Zahlreiche interessante Fragen müssen in diesem Kapitel ausgeklammert werden, so z. B. eine detaillierte Darstellung der Wirkungsweise von Alkohol, Nikotin und Drogen wie Cannabis, der Halluzinogene, Opiate, des Kokain, Khat, der Schnüffelstoffe, Psychopharmaka, Barbiturate, Tranquilizer und Analgetika sowie der Stimulantien. Wer sich für Einzelheiten hinsichtlich der Wirkungen und Gefahren interessiert, sei auf die Publikationen von *Bärsch* (1976), *Schenk* (1976), *Kielholz/ Ladewig* (1973) und *Schmidbauer/Scheidt* (1976) aufmerksam gemacht. Außerdem muß auf eine Darstellung der verschiedenen Phasen der Abhängigkeit (Drogenmotivation, -erfahrung, -bindung, -konditionierung) verzichtet werden, wie sie bei *Stahl* (1974) und *Waldmann* u. a. (1974) ausgewiesen sind. Hier kann es wiederum nur darum gehen, typische Konstellationen, wie sie sich im Berufsalltag darstellen, aufzulisten, die Ursachen in den Blick zu nehmen und nach geeignet erscheinenden Leitlinien für das pädagogische Handeln zu suchen. Lehrer werden im Berufsalltag kaum mit der Drogenszene direkt konfrontiert. Extrem abhängige Kinder und Jugendliche sind zu einem regelmäßigen Schulbesuch kaum in der Lage, sie bekommt ein Lehrer also gar nicht zu sehen. Statt dessen macht er, sofern er in einem Einzugsgebiet unterrichtet, das als gefährdet bezeichnet werden kann, zahlreiche Beobachtungen, die auf einen möglichen Drogenmißbrauch hindeuten: die Leistungen der Schüler lassen nach, die Schule wird geschwänzt, größere Geldbeträge tauchen auf oder kommen abhanden; eine extravagante Kleidung, eine Aufmachung, die der Szene entspricht sowie realitätsfremde Äußerungen legen die Vermutung eines Drogenkonsums nahe. Doch mit den vorstehenden Beobachtungen wird schon ein Kernproblem angesprochen, nämlich, daß viele Lehrer nicht zwischen Gerüchten und Fakten unterscheiden, was zu zahlreichen Auseinandersetzungen und Schwierigkeiten führen kann; denn nicht jeder Schüler, der Ohrringe trägt und sich die Fingernägel grün anmalt, muß rauschgiftsüchtig sein. Anders steht es natürlich mit Beobachtungen, die unmittelbar auf einen Drogenmißbrauch schließen lassen, wenn Sie z. B. als Lehrer ein „turn piece" finden, ein kleines Stück Haschisch, das in Stanniol eingewickelt ist, eine Haschichwaage oder eine Tonpfeife, die eindeutige Beweise liefern.

Konfliktkonstellationen dieser Art werden dennoch selten sein, weitaus verbreiteter sind folgende Konstellationen:

Schüler trinken vor dem Unterricht oder in den Pausen Alkohol und können dem Unterricht nicht mehr so richtig folgen, prosten sich im Unterricht zu, um den Lehrer (bei dem sie sich so etwas erlauben können) zu provozieren. Sie veranstalten während des Landschulheimaufenthalts oder nach Klassenfeiern einen Trinkwettbewerb oder ein kleines Trinkgelage. Schüler rauchen heimlich oder öffentlich, obgleich sie das im Gesetz vorgeschriebene Mindestalter noch nicht erreicht haben, sie rauchen auf dem Schulweg, in der Pause auf der Toilette, oder mal im Unterricht, um den Lehrer herauszufordern. Sie greifen zu Drogen verschiedenster Art, um sich zu beruhigen, ihre Leistungen zu steigern, sich gegenseitig Mut zu beweisen, indem sie während der Pause einen „joint" zu sich nehmen.

Mit den Konfliktkonstellationen wurden schon einige verwandte Problemkreise angesprochen, so der Problemkreis Provokationen und

Regelüberschreitungen (7.2), wenn z. B. während der Stunde geraucht oder getrunken wird; der Problemkreis Absprachen zwischen den Schülern sowie Pause und Schulhof (7.3 und 7.7), wenn sich Schüler verabreden, in der Pause heimlich Haschisch zu rauchen; die Problemkreise Leistungsmessung, Lernschwierigkeiten und Schülerängste (7.10, 7.12, 7.13), wenn Schüler versuchen, mittels Drogen aus einer ihnen unangenehmen Situation zu flüchten, unangenehme Gefühle eliminieren möchten, sich Mut antrinken und ihre Leistungsfähigkeit in der Prüfungssituation dadurch herabsetzen. Querverbindungen ergeben sich auch zum Problemkreis Schulmüdigkeit (7.14), indem versucht wird, die Monotonie des Schullalltags durch Drogen zu durchbrechen, aber auch zum Problemkreis Sexualität (7.15), wenn z. B. durch Prostitution Geldmittel für Drogen beschafft werden (vgl. Christiane F., o. J.). Der Problemkreis Mißachtung fremden Eigentums wird berührt, wenn Schüler Zigarettenautomaten knacken, alkoholische Getränke stehlen oder schwerere Diebstähle und Einbrüche begehen, um Drogen zu finanzieren. Eine direkte Verbindung ergibt sich zu den Wandertagen und dem Landschulheimaufenthalt (7.19), weil hier die Schüler fast immer Gelegenheit haben, sich zumindest vorübergehend der direkten Kontrolle des Lehrers zu entziehen, um Drogen zu konsumieren. Handlungen dieser Art beinhalten dann Schwierigkeiten mit der Schulleitung (7.22), der Schulaufsicht (7.23) und den Eltern (7.24).

Bei den zahlreichen verursachenden Faktoren zeichnen sich sechs Gruppen ab, *gesellschaftliche* Ursachen, Ursachen, die von der *Droge* selbst ausgehen, die in der *Schülerpersönlichkeit* liegen, im Bereich der *Familie,* der *Gruppe* und der *Schule.*

Gesellschaftliche Ursachen

Zahlreiche Ursachen für den Mißbrauch von Drogen sind nun einmal gesellschaftlich bedingt. Schließlich gibt es seit Jahrtausenden so etwas wie eine Trinkkultur, und kein Mensch wird ernsthaft fordern wollen, man möge den Bayern das Biertrinken und den Rheinländern den Wein verbieten. Kinder und Jugendliche werden täglich mit dem Konsumverhalten ihrer Eltern konfrontiert, und einige Drogen, wie Alkohol und Zigaretten, werden gar nicht mehr als solche erkannt, sondern bedenkenlos unter die „Lebensmittel" eingereiht. Die Wohlstandsgesellschaft trägt schließlich dazu bei, daß sich viele Bürger Drogen in beliebiger Menge besorgen können, ohne dabei in wirtschaftliche Not zu geraten, und daß auch viele Schüler in der Lage sind, Drogen, Alkohol und Nikotin zu finanzieren. Außerdem kann man wohl ohne Übertreibung von einem Konsumzwang innerhalb unserer Gesellschaft sprechen, denn wer nicht mittrinkt, erregt durch sein Verhalten Aufsehen und ist ein Spielverderber. Eine Feier ist kaum ohne Alkohol denkbar. Und wenn Freunde einander besuchen, dann lautet die fast stereotype Frage: „Was kann ich Dir anbieten?" Die Zigarette, das Glas Wein oder der Cognac gehören einfach zur Pflege der Beziehungen dazu, sie tragen zum Abbau von Kontaktsperren bei bzw. fördern jene oberflächlichen Kontakte, die in unserer Gesellschaft und im Geschäftsleben vorherrschend sind. Dieser zwanglose Umgang mit den Drogen wird von zahlreichen Wirtschaftszweigen gefördert, von einer Werbung unterstützt, die in subtiler Weise die Gefühle der Konsumenten anspricht. Ähnliches gilt auch für die Werbung der Pharmaindustrie, die sich mit zahlreichen Erzeugnissen an dem Profit beteiligt, der sich aus süchtigen Menschen schlagen läßt. Weiterhin partizipiert der Staat durch die Verbrauchssteuern, die auf alkoholischen Getränken und auf Tabakwaren liegen, und die sich 1975 auf 13,6 Milliarden beliefen.

Schüler und Studenten haben in den letzten Jahren mit unterschiedlicher Motivation und Zielsetzung die fragwürdige Rolle der Gesellschaft und des Staates gesehen und angeprangert. Doch würde das Problem simplifiziert, wollte man allein das kapitalistische Gesellschaftssystem mit seinen Auswüchsen für den Drogenmißbrauch verantwortlich machen. Zu viele kulturabhängige Faktoren beeinflussen das Konsumverhalten der Bürger. So hatte und hat die UdSSR in besonderer Weise mit dem Alkoholproblem zu kämpfen, und es wäre sicher verfehlt, wollte man die Ursachen für den Alkoholismus in diesem Land auf das sozialistische Gesellschaftssystem zurückführen. Die gesellschaftskritischen Motive, die zum Drogenmißbrauch führen können, werden unter Punkt 3 noch einmal besonders in den Blick genommen.

Die Droge als Ursache

Einige Ursachen für den Konsum und die daraus folgende Abhängigkeit sind in der Droge selbst zu finden, wobei die Dosis, die Dauer der Einnahme sowie die Verträglichkeit beim Konsumenten eine entscheidende Rolle spielen. Der Erstkonsum erfolgt oft mehr zufällig. Die primären (pharmakologischen) Reize werden durch sekundäre Reize der situativ wirkenden Umweltbedingungen verstärkt, durch die Gruppe, Musik, Beleuchtung, Kleidung u. a. m. Je nach Art der Droge kann ein solcher Erstkonsum zu einer Bindung an die Droge und schließlich zu einer klassischen Konditionierung mit totaler Abhängigkeit führen, zu Entzugsängsten, der Suche nach Bedürfnisbefriedigung, der Belohnung durch den nächsten Joint oder Schuß.

Außerdem übt die Droge einen beträchtlichen Anreiz aus, indem Abhängige versuchen, ein Idol zu imitieren, so zu sein wie der Star, der Pop-Sänger, von dem man weiß, daß er unter Drogeneinfluß steht. Oder es taucht der Wunsch auf, so zu sein wie der Vater, groß, stark und männlich, der täglich ein bestimmtes Quantum Alkohol konsumiert, dem man selbst in der Fähigkeit nachstreben möchte, bestimmte Mengen von Alkohol zu vertragen.

Die Schülerpersönlichkeit

Einige Persönlichkeitsmerkmale lassen sich zwar finden, die einen Schüler eher als andere dazu führen können, Drogen zu mißbrauchen. Doch deuten Untersuchungen auf diesem Gebiet darauf hin, daß sich über diese Merkmale allein eine Anfälligkeit nicht nachweisen läßt, sondern die Art der Droge und das soziale Umfeld mitentscheidend sind. Mögliche persönliche Motive sind vor allem Neugier, der Wunsch, das Bewußtsein zu erweitern, die eigenen Grenzen der Wahrnehmungsfähigkeit zu überschreiten, etwas zu erleben, was man noch nie erlebt hat und ohne Drogen auch nicht erleben kann. Dieses Anliegen der Bewußtseinserweiterung ist oftmals gekoppelt mit dem Bestreben nach einer intensiveren Selbstwahrnehmung, d. h. dem Wunsch, sich selbst mit seinen Möglichkeiten und Grenzen zu analysieren, sich im Umgang mit anderen Menschen intensiver zu erfahren. Als weiteres Motiv wäre ein gesteigerter Lustgewinn zu nennen, der Versuch, ohnehin als lustvoll erlebte Reize noch intensiver zu empfinden, mehr Spaß, Freude und Vergnügen an sich selbst, am Partner und an Freunden zu haben.

Neben diesen eher individuellen Motiven der Bewußtseinserweiterung, der Selbstanalyse und des Lustgewinns gibt es Motive, die in Verbindung mit der Gesellschaft, der Familie, der Peer-Group oder der Schule zu sehen sind (vgl. Punkt 4 bis 6). So richtete sich der Protest der Schüler und Studenten am Ende der 60er Jahre gegen die orientierungslose, kapitalistisch geprägte Konsumgesellschaft mit ihren bedenkenlosen Leistungsansprüchen. Und es war das erklärte Ziel vieler, sich diesem Leistungsanspruch durch Drogenkonsum zu entziehen, sich selbst arbeitsunfähig zu machen, um dem System Schaden zuzufügen. Erst die Erkenntnis, daß ein Drogensüchtiger kein brauchbarer Revolutionär sein kann, führte zu einer Gesinnungsänderung. Dennoch muß auch heute manchmal das Motiv für den

Drogenmißbrauch in einer persönlichen, politischen Protesthaltung gesucht werden.

Die Familie

Die Mehrzahl der drogenabhängigen Kinder und Jugendlichen erlebt die Sozialbeziehungen innerhalb der Familie als negativ. Die Ursachen hierfür können einmal in einer defizitären frühkindlichen Entwicklung liegen, z. B. im Fehlen einer Bezugsperson. Des Weiteren sind Störungen des Familienlebens als Grund zu nennen, Ehekonflikte und Ehescheidungen der Eltern, Einsamkeit und Mangel an emotionaler Wärme bei den Kindern. Diese Schüler kapseln sich häufig ab, wenden sich mit ihren Problemen nicht an die Eltern, weil sie sich nicht mit ihnen identifizieren können. Außerdem lehnen sie zumeist den Erziehungsstil der Eltern ab sowie die an sie gerichteten Leistungsansprüche. Neben dieser zentralen Ursache, der gestörten Kommunikation und dem Mangel an intensiver Beziehung, gibt es weitere familiale Ursachen, so z. B. das Negativvorbild der Eltern, die häufig unbedenklich Alkohol, Nikotin und Erzeugnissen der Pharmaindustrie konsumieren und ihren Kindern gleiche Verhaltensmuster anerziehen.

Die Gruppe

Hier ist die Peer-Group, eine Gruppe von meist Gleichaltrigen gemeint, die durch gemeinsame Erlebnisse jenen Halt suchen, den sie im Elternhaus oder in der Schule nicht finden. Jugendliche haben den verständlichen Wunsch, mit anderen Jugendlichen zusammenzusein; Eingang in die Gruppe finden, das Mitmachen und Dazugehören sind vorherrschende Motive. Man möchte „in" sein, andere kennen und verstehen lernen, sich selbst verstanden wissen, das Zugehörigkeitsgefühl genießen, das einem im Elternhaus versagt bleibt.

Sofern die Peer-Group Drogen konsumiert, ist ein Jugendlicher, der um Aufnahme bemüht ist, gern bereit, bestehende Bedenken über Bord zu werfen und sich den Konsumgewohnheiten der Gruppenmitglieder anzuschließen bzw. zu beugen. Eine romantische Beleuchtung, entsprechende Musik, die Aufmachung einzelner Gruppenmitglieder sowie das Bewußtsein, gemeinsam etwas Verbotenes zu tun, können zum Einstieg beitragen.

Die Schule

Schulische Schwierigkeiten oder Probleme in der Ausbildung werden sehr häufig als eine der Ursachen für den Drogenkonsum genannt. Dabei gibt es recht unterschiedliche Motive, einmal den Wunsch, sich durch Drogen dem Leistungsanspruch und dem Leistungsdruck zu entziehen, dann das Bestreben, eine offenkundig gewordene Misere, z. B. Schulverweis oder Abbruch der Lehre, durch Drogenkonsum zu kaschieren, und schließlich den Wunsch, durch die Einnahme von Drogen bessere Leistungen zu erzielen und den Leistungsansprüchen gerecht zu werden, ein Bemühen, daß zum Scheitern verurteilt ist. In jedem Fall kommt es zu einer erheblichen Störung der Sozialbeziehungen, zu Auseinandersetzungen mit den Mitschülern, Freunden, Eltern, Ausbildern oder Lehrern. Diese Auseinandersetzungen, die im Anfangsstadium von Seiten des Konsumenten oft einen Hilferuf darstellen, der von den Mitmenschen nicht verstanden wird, berechtigt den Süchtigen später zu der Anklage: „Seht her, so weit habt Ihr mich gebracht, Ihr habt euch alle nicht um mich gekümmert, mir nicht die ersehnte Zuwendung gegeben, die Folgen sind katastrophal, doch die Schuld liegt nicht nur bei mir."

Die Formulierung einiger Leitlinien für das pädagogische Handeln bereitet aufgrund der in diesem Bereich zu verzeichnenden Multikausalität besondere Schwierigkeiten. Außerdem kann es ja nicht um ein Verbot von Drogen, Nikotin und Alkohol gehen, sondern die Schüler müssen lernen, in dieser Gesellschaft mit den Drogen zu leben und mit ihnen in angemessener Weise umzugehen. Aus dieser Überlegung heraus ergeben sich folgende Leitlinien:

Vermeiden Sie generelle Verbote. Solche Verbote wirken bei den Schülern unglaubwürdig, vor allem dann, wenn Sie selbst rauchen oder von Ihnen bekannt ist, daß Sie gerne Alkohol trinken. Ein generelles Verbot deckt sich auch in keiner Weise mit den Erfahrungen, die die Schüler zu Hause machen. Da wird schließlich auch geraucht und getrunken, und das Kind darf am Glas nippen, kosten oder mittun.

Vermeiden Sie Überreaktionen bei geringfügigen Übertretungen oder Provokationen. Häufig empfinden die Schüler nämlich Ihre Entrüstung als Heuchelei. Was bei den Erwachsenen selbstverständlich ist und ihnen offensichtlich gefällt, kann für Schüler nicht allzu schädlich sein. Und schließlich möchte man ja als Schüler in die Erwachsenenwelt hineinwachsen, es ihnen gleichtun – auch was den Drogenkonsum betrifft.

Klären Sie möglichst sachlich über die Gefahren auf. Sofern Sie nämlich die negativen Folgen dramatisieren, können Sie genau die gegenteilige Wirkung erzielen. Dazu folgende Episode: Nach einem

Film, der sehr drastisch die Gefahren des Rauchens veranschaulicht, steckten sich Schüler einer zehnten Klasse fast ausnahmslos erst mal eine Zigarette an, um sich zu beruhigen. *Trennen Sie auf diesem Gebiet besonders scharf zwischen Vermutungen und tatsächlichen Ereignissen.* Üben Sie im Interesse der beteiligten Schüler äußerste Zurückhaltung, weil eine Vermutung sehr schnell zum Gerücht werden und den betreffenden Schüler stigmatisieren kann. Drogenfachleute haben die Erfahrung gemacht, daß sehr oft aus Sensationslust Unwahrheiten verbreitet werden. *Benachrichtigen Sie nicht sofort die Eltern.* Denn häufig sind ja gestörte familiale Beziehungen die Ursache für den Drogenkonsum. Diese Schüler stoßen bei ihren Eltern nur auf Unverständnis, finden nicht jenen Kontakt, den sie sich erhoffen, und bekommen keine Hilfen, um mit den Schwierigkeiten fertig zu werden. Nehmen Sie statt dessen erst einmal vorsichtig Kontakt zu den Eltern auf, um herauszufinden, in welchem Umfang mit der Unterstützung von Vater oder Mutter zu rechnen ist. *Suchen Sie die Experten der Drogenberatungsstelle auf.* Lassen Sie sich von diesen Fachleuten beraten. Allein sind Sie im Hinblick auf süchtige Schüler völlig überfordert. Verzichten Sie auf jeglichen „Therapieversuch", denn Sie überschätzen bei einem solchen Bemühen Ihre fachlichen Kompetenzen sowie Ihren erzieherischen Einfluß. Stimmen Sie statt dessen alle Maßnahmen mit den Fachleuten (Psychologen, Sozialarbeiter, Sozialpädagogen, Ärzte) ab, auch die Frage, in welcher Form Eltern und Schulleiter informiert werden sollen. *Plädieren Sie nicht sofort für Schulausschluß, wenn keine Möglichkeit besteht, dem Schüler einen Therapieplatz zu vermitteln.* Sofern ein süchtiger Schüler vorerst in seiner Klasse, Schule und Gruppe bleibt, wird er sozial nicht isoliert. Wohnt er weiterhin in dem betreffenden Gebiet, hat er auch außerhalb der Schule Gelegenheit, seine früheren Klassenkameraden zu treffen und zum Drogenkonsum zu verleiten.

Anregungen:

Diskutieren Sie die Leitlinien und die Frage, ob man einem Lehrer zumuten kann, sich einem drogengefährdeten oder -abhängigen Schüler in besonderer Weise zuzuwenden.

Sprechen Sie über Ihre Erfahrungen mit abhängigen Personen, über die Art der Sucht, mögliche Ursachen und über die bislang zu verzeichnenden Folgen.

Diskutieren Sie über staatliche Maßnahmen zur Drogenbekämpfung – soweit sie Ihnen bekannt sind – und über wünschenswerte Maßnahmen.

7.16.2 Analysebeispiel

Konfliktbeschreibung auffassen

Einstiche am Arm

Sie unterrichten an einem Gymnasium, und da es sich um die einzige höhere Schule am Ort handelt, müssen auch Ihre eigenen Kinder diese Schule besuchen.

Bei Tisch kommt das Gespräch zufällig auf das Thema „Rauschgift". Man diskutiert darüber, ob Rauschgiftkonsum an der eigenen Schule verbreitet sei und geht der Frage nach, was junge Menschen wohl veranlassen mag, ihren Körper bewußt zu schädigen und zu zerstören. Ihr Sohn berichtet von einer 14jährigen Mitschülerin, die kein richtiges Zuhause hat. Julianes Vater ist über 60 Jahre alt, zeigt wenig Verständnis für seine Tochter, stellt sehr hohe Ansprüche an die schulischen Leistungen, schimpft über jede schlechte Note, ohne aber seiner Tochter beim Lernen zu helfen. „Juliane spritzt sich auch irgend so ein Zeug", sagt Ihr Sohn. Sie zweifeln die Aussage etwas an, doch er entgegnet: „Wenn Du es nicht glauben willst, so ist das Deine Sache. Mir hat Juliane schließlich die Einstiche gezeigt. Der Arm sieht ganz schön mitgenommen aus."

Betroffenheit einschätzen

N = 57   MW 6.25   VAR 0.72   STA 0.85
Zentralkonflikt 6 – Extremkonflikt

Erstverhalten überlegen

Sie stehen nicht unmittelbar unter Zeit- und Handlungsdruck, sondern können in Ruhe über geeignet erscheinende Maßnahmen nachdenken.

Methode festlegen D

Befragung durchführen

Sie bitten Ihren Sohn, noch einmal mit Juliane zu sprechen, in der Absicht, mehr über den wahren Sachverhalt in Erfahrung zu bringen, um sicher zu gehen, daß Juliane auch wirklich Rauschgift nimmt. Auf eine direkte Befragung der Schülerin verzichten Sie, da Sie weder Ihr Klassenlehrer sind, noch die Schülerin besonders gut kennen.

Nach den Ursachen fragen

Die Schülerin konsumiert Drogen, weil sie
- sich zu Hause von den Eltern nicht verstanden fühlt
- der Auffassung ist, daß ihr Vater einen zu hohen Leistungsanspruch stellt
- neugierig war, sich den „ersten Schuß" setzen ließ und nun abhängig ist
- auf diese Weise auf ihre persönlichen Schwierigkeiten aufmerksam machen möchte
- ihre Umwelt anklagen möchte, all jene Personen, die sich nicht um sie kümmern
- der Auffassung ist, daß der Konsum von Drogen zur Imagepflege eines modernen Jugendlichen gehört.

Informationen beschaffen

Als Informationsquellen kommen in Frage: der eigene Sohn (vgl. Befragung durchführen), Juliane, Mitschüler, Freunde, Kollegen – insbesondere der Klassenlehrer –, die Eltern, Experten der Drogenberatungsstelle. Da Sie einerseits keine direkte Beziehung zu dem Mädchen haben, aber ganz sicher sein wollen, daß tatsächlich Drogenmißbrauch vorliegt, andererseits auch im Interesse von Juliane verhindern wollen, daß der „Fall" publik wird, bitten Sie Ihren Sohn, die erforderlichen Informationen einzuholen, und gehen zur Drogenberatungsstelle.

Dort gibt man Ihnen folgenden Rat:

Nicht sofort die Eltern verständigen, weil das Mädchen offensichtlich ein gestörtes Verhältnis zu ihnen hat. Mit geeigneten Mitteln auf Juliane einwirken, daß sie die Drogenberatungsstelle aufsucht.

Perspektive wechseln

Juliane wird – eine bestehende Abhängigkeit vorausgesetzt – Schwierigkeiten haben, sich immer wieder neu mit den für sie notwendigen Drogen zu versorgen. Über die motivationale Lage, den Wunsch, aussteigen zu wollen oder nicht, läßt sich keine Aussage machen. Die *Eltern* wissen offensichtlich nichts davon. Es ist zu vermuten, daß beide stark betroffen sein werden, sobald sie erfahren, daß ihre Tochter Rauschgift nimmt. Aufgrund der bestehenden Beziehung wird der Vater wahrscheinlich sehr heftig reagieren. Ihr *Sohn* ist betroffen oder findet das Mädchen interessant, verkennt vielleicht den Ernst der Situation. *Sie selbst* überblicken die Gefahr, fühlen sich aber inkompetent, direkt zu intervenieren.

Zielsetzung(en) abklären

Das Mädchen muß an kompetente Personen/Institutionen vermittelt werden, an Drogenberater, Ärzte, Therapeuten, die auch Verständnis für ihre psychosoziale Lage haben. Diese Personen müssen über die Art der Entziehung entscheiden, auch darüber, ob ein Verbleib an der Schule möglich ist. In diesem Fall wären Maßnahmen in Erwägung zu ziehen, die geeignet erscheinen, Juliane zu integrieren. Auch wäre zu hoffen, daß es ihr gelingt, zu einer Person, der sie sich verantwortlich fühlt, eine Beziehung aufzubauen.

Handlungsmöglichkeiten

1 den Direktor benachrichtigen
2 die Eltern benachrichtigen
3 den Klassenlehrer benachrichtigen
4 mit Juliane ein Einzelgespräch führen
5 den Fall in eine Konferenz einbringen
6 die Angelegenheit der Drogenberatungsstelle überlassen

Handlungsmöglichkeiten prüfen

1 − erscheint voreilig, es fehlen genaue Informationen; 2 − dadurch kann die Situation verschärft werden; 3 + − sofern Sie den Klassenlehrer kennen und davon ausgehen können, daß er im Interesse Julianes handeln wird; 4 + − Sie kennen das Mädchen nicht persönlich, Sie kennen es nur über Ihren Sohn; deshalb stellt sich die Frage, wer mit ihr spricht; 5 − unangemessen, kann nicht im Interesse der Schülerin liegen; 6 + doch die eigene Mithilfe nicht versagen.

Handlungsfolge konzipieren

Dem *Sohn* die Adresse der Drogenberatungsstelle mitgeben, ihn bitten, Juliane aufzufordern, innerhalb der nächsten Tage diese Stelle aufzusuchen, selbst auf die Gefahr hin, daß Juliane ihn später als denjenigen betrachtet, der sie „verpfiffen" hat. Sofern Ihr Sohn diese Aufgabe nicht übernehmen will, müssen *Sie selbst das Gespräch suchen,* indem Sie z. B. eine kleine Fete organisieren, zu der Ihr Sohn seine Mitschülerin einlädt. Oder der *Klassenlehrer* übernimmt die Gesprächsführung. In jedem Fall sollte es darum gehen, den Kreis der Informierten so eng wie möglich zu halten und Juliane zu veranlassen, die Beratungsstelle aufzusuchen.

Scheitern diese Gespräche, d. h. sucht Juliane nicht die Beratungsstelle auf, dann muß ihr in einem erneuten Gespräch gesagt werden, daß man nun ihre *Eltern* und das *Sozialamt* verständigen wird, wenn sie sich nicht innerhalb einer Woche bei der Beratungsstelle meldet. Zu diesem Zeitpunkt wäre auch der *Direktor* zu verständigen. (Dabei ist dem Autor bewußt, daß Direktoren immer sofort über alles verständigt werden möchten und es hier ganz eindeutige Richtlinien gibt.) Sie selbst können den Konflikt nicht lösen. Vielleicht kann er auch nie gelöst werden (Extremkonflikt). Die Übermittlung an kompetente Personen bzw. Institutionen bleibt als einzige Handlungsmöglichkeit. Evtl. können einige flankierende sozialpsychologische Maßnahmen hilfreich sein.

Oder würden Sie ganz anders handeln?

7.16.3 Konfliktbeschreibungen

Beginnen Sie erst mit der Konfliktanalyse,
nachdem Sie die Kapitel 5 und 6 bearbeitet haben!

7.16.3.1 Raucher unter sich

Sie sind leidenschaftlicher Raucher. Die vielen Versuche, das Rauchen einzuschränken oder es sich abzugewöhnen, blieben erfolglos. Manchmal sehen Sie im Unterricht die Pause herbei, damit Sie sich endlich die so lang entbehrte Zigarette anstecken können.

Im Unterschied zu einigen Kollegen übernehmen Sie ganz gern die Hofaufsicht. Zwar zehrt der ohrenbetäubende Lärm auch an Ihren Nerven, aber beim Spaziergang über den Hof können Sie wenigstens in Ruhe rauchen, ohne die Nichtraucher im Lehrerzimmer zu belästigen.

Sie schlendern über den Schulhof, rauchen Ihre Zigarette und kommen an einer Schülergruppe vorbei, die Sie nicht kennen. Die Schüler sind etwa 13 Jahre alt, also wahrscheinlich im siebenten Schuljahr. Ein Schüler raucht, versucht aber, die brennende Zigarette vor Ihren Augen zu verbergen.

Relevanz: N=57   MW 1.49   VAR 1.15   STA 1.07

7.16.3.2 Grüne Fingernägel

Zwei Schülerinnen der 9a verändern sich in ihrem Verhalten und Aussehen von Woche zu Woche. Die beiden sind eng befreundet, sitzen nebeneinander und tun alles gemeinsam.

Während Sie die Schülerin aus dem letzten Schuljahr als fleißig und gut erzogen in Erinnerung haben, wirken sie jetzt interessenlos, renitent oder aggressiv. Sie tragen überdimensionale Pullis, zerrissene Jeans, lange Haare, Ohrringe, und ihre Fingernägel sind grün lackiert. Das Verhalten sowie die szenemäßige Aufmachung legen die Vermutung nahe, daß die Schülerinnen Rauschgift nehmen. Sie möchten keinen ungerechtfertigten Verdacht aussprechen und überlegen sich ein mögliches Vorgehen.

Relevanz: N = 57   MW 2.39   VAR 2.31   STA 1.52

7.16.3.3 „Möchten sie auch einen Schluck?"

Sie kommen von einem Ausflug zurück und fahren mit Ihrer zehnten Klasse in einem stark besetzten Zug. Da sich die Schüler auf mehrere Wagen verteilen müssen, verlieren Sie sie teilweise aus den Augen. Nach einer halben Stunde Fahrzeit kontrolliert der Zugbegleiter Ihren Sammelfahrschein und sagt: „Ach, Sie gehören zu den Zechbrüdern im dritten Wagen. An Ihrer Stelle würde ich da mal nach dem Rechten sehen. Die sind schon ganz schön voll."

Sofort machen Sie sich auf den Weg und stoßen wirklich auf eine Schülergruppe, die den gelungenen Ausflug feiert. Offensichtlich hat sich die Gruppe am Bahnhofskiosk mit einigen Schnapsflaschen eingedeckt, zwei dieser Flaschen sind geleert, zwei andere kreisen noch. Einer der angetrunkenen Schüler streckt Ihnen die Flasche entgegen und fragt: „Möchten Sie auch einen Schluck?"

Relevanz: N = 57   MW 3.18   VAR 2.11   STA 1.45

7.16.3.4 Haschischpause

Sie haben Aufsicht, kommen in der großen Pause an der Toilette der Schüler vorbei und bemerken einen eigentümlichen Geruch. Erst denken Sie an Zigarettenqualm, doch dann werden Sie stutzig. Es riecht so eigenartig nach Weihrauch und Kellermief. Kein Zweifel, da muß Haschisch im Spiel sein. Drei der fünf Toiletten sind besetzt.

Relevanz: N = 57   MW 4.33   VAR 1.76   STA 1.33

7.16.3.5 Wie soll es weitergehen?

Eine 17jährige Schülerin paßt im Unterricht kaum noch auf. Wird sie von Ihnen direkt angesprochen, dann liefert sie oft „phantastische" Beiträge. Meist wirkt sie apathisch, manchmal wird sie aggressiv. Ihre

Stimmungslage ist starken Schwankungen ausgesetzt. Eines Tages schläft sie im Unterricht ein und fällt vom Stuhl. Da sie nicht ohne weiteres wach zu bekommen ist, wird der Notarzt verständigt. Dieser alarmiert einen Krankenwagen und veranlaßt die Einlieferung ins Krankenhaus.

In Ihrer Eigenschaft als Klassenlehrer verständigen Sie telefonisch die Eltern, beruhigen sie und sagen, daß Sie nach Schulschluß die Tasche persönlich vorbeibringen werden. Nach Auskunft des Notarztes sei es wohl nichts Schlimmes.

Zufällig entdecken Sie unter dem Tisch der Schülerin einen kleinen Metallbrief. Sie nehmen den Brief an sich, sprechen vorerst nicht über Ihren Fund, sondern lassen den Inhalt von einem befreundeten Chemiker analysieren. Dieser bestätigt Ihre Vermutung, daß es sich um Rauschgift handelt.

Relevanz: N=57   MW 6.54   VAR 0.54   STA 0.73

7.16.4 Handlungsmöglichkeiten

zu 7.16.3.1

1. Sie drücken erst mal die eigene Zigarette aus, gehen dann auf den Schüler zu und bitten ihn, ebenfalls die Zigarette auszumachen (25%).
2. Sie tun so, als würden Sie den Raucher nicht bemerken, weil Sie sich unglaubwürdig vorkommen (25%).
3. Sie gehen mit der brennenden Zigarette auf den Jungen zu und sagen: „Mach' bitte sofort die Zigarette aus. Dir soll es später mal besser gehen als mir. Wenn Du jetzt schon anfängst, bist Du eines Tages genauso abhängig wie ich." (4%).
4. Sie sagen dem rauchenden Schüler: „Was Erwachsene tun, ist manchmal für Kinder und Jugendliche verboten. Du bist noch nicht 16, also mach' bitte die Zigarette aus." (12%).
5. Sie erklären dem Jungen, daß das Rauchen in seinem Alter besonders gefährlich sei (2%).
6. Sie bauen sich vor dem Schüler auf und warten, bis er sich die Finger verbrennt (25%).
   oder: . . . (9%).

zu 7.16.3.2

1. Sie sprechen mit den beiden Schülerinnen über Ihre Beobachtungen, ohne den Verdacht offen auszusprechen (23%).
2. Sie sagen den beiden Schülerinnen in einem Gespräch: „Es kommt mir so vor, als würdet Ihr Eure Gesundheit ruinieren, mit Hasch, Tabletten oder irgend so einem Zeug. Ich hoffe nur, daß es nicht stimmt, und wenn es stimmen sollte, dann will ich Euch helfen." (4%).

3. Sie sprechen mit den Eltern über die abfallenden Schulleistungen, um mehr über die beiden Mädchen in Erfahrung zu bringen (28%).
4. Sie legen den beiden Mädchen heimlich die Adresse der Drogenberatungsstelle auf ihren Tisch. Anschließend kommen Sie im Unterricht auf das Drogenproblem zu sprechen (0%).
5. Sie spielen ein bißchen Detektiv, versuchen, mehr über das Freizeitverhalten der Schülerinnen in Erfahrung zu bringen, wo und in welchen Kreisen die beiden verkehren (16%).
6. Sie besuchen die einschlägigen Lokale und halten nach Ihren Schülerinnen Ausschau (0%).
   oder: . . . (30%).

zu 7.16.3.3

1. Sie greifen nach der Flasche und nehmen einen tiefen Schluck, damit Ihre Schüler weniger trinken (11%).
2. Sie nehmen die Flasche und werfen sie zum Fenster hinaus (4%).
3. Sie lassen sich beide Flaschen geben, stellen sie erst mal sicher, damit das Zechgelage ein Ende hat (46%).
4. Sie bitten die Schüler, die Flaschen wegzustecken, bleiben dann im Abteil und sorgen dafür, daß die angetrunkenen Schüler gut aus dem Zug und nach Hause kommen (16%).
5. Sie fordern die Schüler bestimmt auf, die Flaschen wegzustecken, und kündigen an, daß noch über den Vorfall gesprochen werden muß (9%).
6. Sie nehmen den Schülern die Flaschen weg und sagen ihnen, daß sie Sie ganz schön blamiert hätten (12%).
   oder: . . . (4%).

zu 7.16.3.4

1. Sie bleiben vor den verschlossenen Türen stehen, verhalten sich ruhig und versuchen, Gesprächsfetzen, die als Beweis dienen könnten, aufzufassen (25%).
2. Sie warten so lange, bis die Schüler die Toilette verlassen, und registrieren deren Namen. Dann denken Sie über weitere Maßnahmen nach (49%).
3. Sie nehmen alle Schüler mit aufs Rektorat und teilen dem Schulleiter Ihre Wahrnehmung mit (2%).
4. Sie warten, bis die Schüler die Toiletten verlassen, sagen ihnen dann auf den Kopf zu, daß sie gehascht haben (12%).
5. Sie unternehmen nichts, denn schließlich handelt es sich nur um Haschisch, und da sollte man keine Überreaktion zeigen (0%).
6. Sie nehmen alle Schüler mit aufs Rektorat und machen den Vorschlag, die Polizei zu verständigen (0%).
   oder: . . . (12%).

zu 7.16.3.5

1. Sie sagen keinem Menschen etwas und kümmern sich auch nicht weiter um die Schülerin (0%).
2. Sie machen Ihrem Direktor Mitteilung, weil Sie sich zu diesem Schritt dienstlich verpflichtet fühlen (26%).

3. Sie sprechen mit allen Schülern über Ihren Fund, um weitere Informationen über Art und Umfang des Drogenkonsums in der Klasse zu bekommen (0%).
4. Sie empfehlen dem Direktor, die Schülerin von der Schule zu weisen, damit diese „sauber" bleibt (0%).
5. Sie gehen zur Drogenberatungsstelle, schildern den Fall und bitten um Rat (63%).
6. Sie besuchen die Schülerin regelmäßig und geben ihr zu verstehen, daß es Ihnen nicht gleichgültig ist, was aus ihr wird (4%).
oder: . . . (7%).

7.17 Fremdes Eigentum

7.17.1 Vorüberlegungen

Konfliktkonstellationen, bei denen Eigentum abhanden kommt oder in Mitleidenschaft gezogen wird, sind jedem Lehrer hinreichend bekannt. Die Konstellationen unterscheiden sich allerdings nach Schulart und Schulstufe. Außerdem treten sie in bestimmten Einzugsgebieten gehäuft auf.

Da zeigt z. B. ein Schüler voller Stolz ein attraktives Spielzeug herum, und nach der großen Pause ist es verschwunden. Ein anderer bekommt einen neuen Füller zum Geburtstag, auch dieser kommt abhanden. Eine Schülerin vergißt ihr Federmäppchen unter dem Tisch, sie bemerkt zu Hause den Verlust, kommt in die Schule zurück, aber das Mäppchen findet sich nicht mehr. Geldbeträge kommen abhanden, Kleidungsstücke werden auf dem Flur oder im Umkleideraum „gefilzt", Fahrradzubehör wird entwendet oder Fahrräder werden gestohlen. In Verbindung mit solchen Ereignissen kommt es dann meist zu leichtfertig ausgesprochenen Verdächtigungen, Beschuldigungen, manchmal auch zu aggressiven Handlungen. Hin und wieder entwenden Schüler sogar persönliche Gegenstände des Lehrers, nehmen z. B. Geld oder Zigaretten aus der Handtasche an sich. Dann gibt es Schüler, die sich am Gruppeneigentum bereichern, indem sie die Klassenkasse plündern oder heimlich Bücher aus der Klassenbücherei mitgehen lassen. Und schließlich vergreifen sich Schüler an Schuleigentum, entwenden Geräte aus der Physiksammlung oder Werkzeuge aus dem .Werkraum.

Zum Problemkreis Spaß oder Ernst (7.1) ergibt sich eine Beziehung, wenn Schüler im Anschluß an eine Tat erklären, sie hätten nur einen Spaß machen wollen. Ähnliche Beziehungen ergeben sich zu den Problemkreisen Provokationen und Absprachen (7.2 und 7.3), wenn anschließend gesagt wird, man habe den Betroffenen nur ein bißchen ärgern wollen. Da sich ein Diebstahl, der bewußt im Hinblick auf eine bestimmte Person ausgeführt wird, auch als aggressive Handlung bezeichnen läßt, ergibt sich eine Verbindung zum Problemkreis Angriffe auf die Person des Lehrers (7.4) und zum Problemkreis 7.6, aggressives Verhalten zwischen den Schülern.

Leider werden Verdächtigungen oftmals gegenüber Mitschülern aus Gastarbeiterfamilien ausgesprochen (7.8). Wenn mit Hilfe strafbarer Handlungen Drogen, Zigaretten oder Alkohol beschafft werden, dann ist der Problemkreis 7.16 beteiligt. Erfolgt ein Einbruch in das Schulhaus, und werden aus ihm einige Gegenstände entwendet, dann sind auch die Problemkreise 7.17 und 7.18 betroffen, weil Einbrüche fast immer mit Sachbeschädigungen einhergehen. Wandertage und der Landschulheimaufenthalt (7.19) sind besonders konfliktträchtig, da die Schüler unter ganz anderen Bedingungen zusammen sind, Geld eingesammelt werden muß, und jeder Schüler Geld bei sich hat. In schwerwiegenden Fällen müssen schließlich Schulleiter und Eltern (7.22 und 7.24) benachrichtigt werden.

Das Verursachungsspektrum, das zur Mißachtung fremden Eigentums führt, läßt sich untergliedern in gesellschaftliche, entwicklungspsychologische, familiale, persönliche und gruppale Faktoren. Demnach mißachten Schüler fremdes Eigentum u. a. aus folgenden Gründen:

– Durch Werbung werden bestimmte Bedürfnisse geweckt, die Schüler sich unbedingt erfüllen möchten, Kaufhausauslagen verführen zum Zugriff oder die Kleidung der Klassenkameraden erweckt Neid und den Wunsch, auch so zu sein, wie die anderen.

– Schüler haben noch nicht hinreichend gelernt zu entscheiden, wann man sich eine fremde Sache aneignen darf. Diese Entscheidung setzt einen Lernprozeß voraus, die Fähigkeit, zwischen einem Wertgegenstand (Geldbörse) zu unterscheiden, der zum Fundbüro oder zum Hausmeister gebracht werden muß, und einem Geldstück von geringem Wert, das auf der Straße oder dem Schulhof gefunden wird und mit gutem Gewissen in die eigene Tasche gesteckt werden darf. Wie jeder andere Lernprozeß beinhaltet dieser Diskriminationsprozeß vorübergehend ein Scheitern, d. h. Schüler haben ein Recht darauf zu lernen, wie man mit fremdem Eigentum umgeht.

– Sie sind von ihren Eltern nicht zum Umgang mit Eigentum erzogen worden. Darunter ist die Finanzierung kleiner, persönlicher Bedürfnisse über ein begrenztes Taschengeld zu verstehen, das Sparen, um nach einiger Zeit ein

Bedürfnis befriedigen zu können, der sorgfältige und sparsame Umgang mit Geld, Gegenständen jeglicher Art und Verbrauchsgütern. Dabei kommt es vor, daß Eltern als Mitglieder der Überflußgesellschaft ihren Kindern ein negatives Modell bieten.

– Sie sehen in einer unrechtmäßigen Aneignung tatsächlich die einzige Möglichkeit, sich einen bestimmten Wunsch zu erfüllen. Schüler, die wenig Taschengeld bekommen und keine Gelegenheit haben, den „Etat" rechtmäßig durch Eigenleistung zu erhöhen, unterliegen manchmal einem naiven Gerechtigkeitsdenken, indem sie begüterten Mitschülern etwas wegnehmen und ihre Handlung mit der Tatsache begründen, daß der andere mehr habe und von seinem Überfluß abgeben könne.

– Sie finden einen bestimmten Mitschüler unsympathisch, möchten ihn bewußt schädigen, indem sie ihm etwas wegnehmen. In einem solchen Fall beinhaltet die Handlung ein hohes Maß an Aggressivität (vgl. Problemkreis 7.6).

– Sie werden von der Gruppe abgelehnt und in eine Außenseiterposition gedrängt. Nun möchten Sie der Gruppe einen Schaden zufügen. Handlungen dieser Art, z. B. das Plündern einer Klassenkasse, gelten bei allen Schülern im Sinne eines „Kameradendiebstahls" als besonders verwerflich und werden auch meist durch die Gruppe mit dem vorübergehenden Ausschluß aus der Klassengemeinschaft sehr hart geahndet.

– Sie möchten sich selbst oder der Gruppe beweisen, wie mutig sie sind, manchmal auch, weil die Gruppe einen solchen Beweis von ihnen fordert. Die bewußt unrechtmäßige Aneignung eines fremden Gegenstandes erfordert das Verwerfen einer Norm, die Planung der Tat sowie die erfolgreiche Ausführung, also das Überstehen einer gefährlichen Situation, eines Abenteuers. Sofern ein Eigentumsdelikt ausgeführt wird, um der Gruppe zu imponieren oder die Gruppe zu einer solchen Handlung den Anstoß gibt, wird von allen Beteiligten Verschwiegenheit und Solidarität gefordert, Merkmale, die wesentlich zur Gruppenkohäsion beitragen.

– Das Verhältnis zum Lehrer ist erheblich gestört, die Schüler fühlen sich von ihm ungerecht behandelt oder betrachten ihn als Repräsentanten eines Schulsystems, in dem sie sich täglich unter Druck gesetzt fühlen. Wenn Schüler ihren Lehrer hassen, dann ist der Schritt zu einem Angriff auf sein persönliches Eigentum nicht mehr weit (vgl. Problemkreis 7.4).

Viele junge Lehrer sind schockiert, wenn sie feststellen müssen, daß in ihrer Klasse gestohlen wird; denn von ihren Schülern, mit denen sie sich so große Mühe geben, hätten sie solche Handlungen niemals erwartet. Wenn man allerdings die zahlreichen Ursachen betrachtet, die zur Mißachtung fremden Eigentums führen können, dann wird man mit zunehmender Erfahrung eine solche Einstellung revidieren und zumindest kleinere Eigentumsdelikte in einer bestimmten Entwicklungsphase der Schüler als etwas Selbstverständliches betrachten. Diese Überlegung führt zu den Leitlinien pädagogischen Handelns:

Sprechen Sie mit den Schülern über die verschiedenen Funktionen des Eigentums, über die existenzerhaltende, lebensbejahende und soziale Funktion des Eigentums, die darin besteht, sich selbst oder den Mitmenschen eine Freude zu machen; doch relativieren Sie andererseits jegliches Eigentum im Hinblick auf höherwertige, immaterielle Ziele. Eine Verketzerung des Eigentums muß in unserer Gesellschaft unglaubwürdig wirken.

Vermeiden Sie eine Überbewertung geringfügiger Vergehen, weil sie aufgrund der gesellschaftlichen, familialen, lern- und sozialpsychologischen Ursachen verständlich erscheinen. Das Befolgen dieser Leitlinie ist besonders wichtig, um eine voreilige und ungerechtfertigte Stigmatisierung einzelner Schüler zu vermeiden. Wenn sich in einer Grundschulklasse erst einmal herumgesprochen hat, daß ein bestimmter Mitschüler „klaut", dann ist er bis zum Ende der Grundschulzeit mit diesem Stigma belastet.

Fördern Sie bei den Schülern den eigenverantwortlichen Umgang mit Eigentum, und unterstützen Sie jene Eltern, die sich in gleicher Weise bemühen. Machen Sie jüngere Schüler auf mögliche Gefahrenquellen aufmerksam (Schwimmbäder, Sportplätze, Jugendherbergen) und weisen Sie sie darauf hin, daß jeder auf sein privates Eigentum selbst zu achten hat und für seine Sachen selbst verantwortlich ist. Klassenfeiern, Ausflüge, Klassenfahrten oder der Schullandheimaufenthalt bieten Gelegenheiten, Geld zu sparen und zu verwalten.

Bemühen Sie sich immer wieder um eine Verbesserung des Klassenklimas, denn Schüler, die sich sympathisch finden oder befreundet sind, werden sich nicht gegenseitig bestehlen. Die Notwendigkeit der Leistungsmessung, der entstehende Leistungsdruck sowie das Konkurrenzverhalten werden Ihren Bemühungen Grenzen setzen, doch sollte es möglich sein, die Beziehungen der Schüler in der Weise positiv zu gestalten, daß Eigentum zumindest innerhalb der Gruppe geachtet wird.

Anregungen:

Schildern Sie sich gegenseitig kritische Situationen aus Ihrer eigenen Schulzeit, und stellen Sie sich die Frage nach den konfliktverursachenden Faktoren.

Beschreiben Sie eine diesbezügliche Situation aus Ihrem Berufsalltag, und geben Sie genau an, was Sie zur Lösung des Konflikts getan haben.

7.17.2 Analysebeispiel

Konfliktbeschreibung auffassen

Eine Geldbörse fehlt

Jürgen soll nach Schulschluß für seine Mutter einige Einkäufe tätigen. Deshalb hat er 20,– DM in der Geldbörse, die er sorgfältig in seiner Schulmappe verwahrt. Hin und wieder überzeugt er sich, ob das Geld auch noch da ist. Voller Stolz zeigt er während der Stunde den Zwanzigmarkschein seinem Tischnachbarn. Wenn man mit acht Jahren 20,– DM anvertraut bekommt, dann ist das schon eine große Sache.

Am Ende der fünften Stunde, als seine Mitschüler zusammenpacken, möchte Jürgen die Geldbörse aus seiner Mappe holen, denn nun soll ja gleich eingekauft werden. Aber das Geld fehlt. Während die Klassenkameraden das Zimmer verlassen, schüttet er den Inhalt seiner Schulmappe auf die Tischplatte, um die Geldbörse doch noch zu entdecken, aber diese bleibt verschwunden.

Sie gehen auf Jürgen zu, fragen, ob Sie ihm helfen können und bekommen unter Tränen erzählt, daß die 20,– DM samt Geldbörse verschwunden sind. Nur sein bester Freund, Volker, der neben ihm sitzt, wußte von dem Geld. In der Zwischenzeit haben alle Schüler das Klassenzimmer verlassen.

Betroffenheit einschätzen

N = 57   MW 4.07   VAR 0.98   STA 0.99, Zentralkonflikt 4

Erstverhalten überlegen

Sofern Sie alle Schüler zurückrufen wollen, müssen Sie sofort handeln, sonst können Sie mit Jürgen in Ruhe nachdenken.

Methode festlegen C

Nach den Ursachen fragen

Die Geldbörse ist verschwunden, weil
–' ein Mitschüler neidisch wurde und sie deshalb entwendet hat
– Jürgen die Geldbörse selbst so gut weggepackt hat, daß er sie im Augenblick nicht mehr findet
– ein Mitschüler mit dem Geld ein konkretes Bedürfnis befriedigen möchte (Süßigkeiten, Spielzeug o. ä.)
– ein Mitschüler dem Jürgen einen üblen Streich gespielt hat, der Schüler sie später zurückgeben will
– ein Mitschüler sich schon an das Entwenden „gewöhnt" hat
– die Eltern desjenigen, der die Börse entwendet hat, sehr sorglos mit Geld umgehen.

Perspektive wechseln

Für den unmittelbar *betroffenen Schüler* handelt es sich um einen zentralen Konflikt. Er ist wahrscheinlich ratlos, weiß nicht, wie er die Einkäufe tätigen und was er seiner Mutter sagen soll. Als *Lehrer* können Sie sich wahrscheinlich recht gut in die Lage des Schülers versetzen. Sie fühlen mit ihm und sind betroffen, daß so etwas in Ihrer Klasse passiert; dennoch werden Sie den Konflikt nicht überbewerten, da 8jährige Schüler schließlich erst den Umgang mit Eigentum und insbesondere mit Geld erlernen müssen. Die *Mitschüler* werden, sobald sie von dem Vorfall hören, ebenfalls stark betroffen sein und sich evtl. gegenseitig verdächtigen. Schwierig ist die Situation für den Tischnachbarn, für Volker, der ja nach Jürgens Aussage von dem Geld wußte; áuf ihn fällt schließlich sofort ein Verdacht, der gar nicht begründet zu sein braucht. Für den *Rektor* handelt es sich um eine Alltagssituation. *Jürgens Eltern* werden ihrem Jungen vielleicht Vorwürfe machen oder ihn trösten, sofern sie ihn als gewissenhaft kennen. Die anderen Eltern werden lediglich die Feststellung treffen: „In der Klasse wird also geklaut, wenig schön, leider nicht zu ändern, wo wird eigentlich nicht geklaut? Sohn/Tochter paß' auf Dein Geld auf!"

Zielsetzung(en) abklären

Kurzfristig sollte Jürgen, sofern das Geld wirklich entwendet worden ist, die Geldbörse zurückerhalten und der „Dieb" Gelegenheit bekommen, die Börse mit dem Geld zurückzugeben, ohne stigmatisiert zu werden.

Längerfristig geht es darum, bei den Schülern ein differenziertes Verhältnis zum Eigentum zu entwickeln und sie zu einem verantwortlichen Umgang mit demselben zu befähigen.

Handlungsmöglichkeiten suchen

1 alle Schüler zurückrufen und sagen: „Ihr bleibt alle in der Schule, bis das Geld wieder aufgetaucht ist."
2 alle Schüler zurückrufen, den Fall darlegen und fragen, wie es weitergehen soll
3 alle Schüler zurückrufen und auf die Möglichkeit der anonymen Rückgabe aufmerksam machen
4 am nächsten Tag die Relevanz des Falles darstellen, den Schülern darlegen, wie schlimm das alles für Jürgen gewesen ist
5 mit der Polizei drohen

6 mit Gefängnis drohen

7 Jürgens Mutter benachrichtigen, falls das Geld nicht wieder auftauchen sollte

8 Jürgen die 20,– DM geben, damit die Sache aus der Welt geschafft ist

9 Jürgen das Geld auslegen, falls er etwas Wichtiges einkaufen sollte, was anzunehmen ist, da sonst die Mutter ihm das Geld gar nicht erst mitgegeben hätte

10 alle Schüler zurückrufen und auffordern, nach Jürgens Geldbörse zu suchen

11 am nächsten Tag den Vorschlage machen, die 20,– DM durch Spenden wieder hereinzubringen oder den Schaden gemeinsam abzudecken – jeder zahlt 50 Pfennige, den Rest der Lehrer –

12 Jürgen ermahnen, er solle besser auf sein Geld aufpassen

13 die ganze Klasse ermahnen, künftig besser auf Geld aufzupassen, nie mit Geld zu prahlen u. a. m.

14 die Eltern in einem Rundschreiben bitten, ihren Kindern niemals mehr als 2,– DM mitzugeben

15 eine Elternversammlung einberufen und den Vorfall zur Diskussion stellen

16 alle Schüler zurückrufen und ihnen sagen: „Niemand geht nach Hause, bevor Jürgen sein Geld nicht wieder hat. Ihr macht die Sache unter Euch aus. Ich gehe jetzt aus dem Klassenzimmer, bis Ihr die Angelegenheit geregelt habt."

17 den Rektor verständigen, ihn um Hilfe bitten

18 Volker verdächtigen, denn schließlich ist er derjenige Schüler, der mit Sicherheit von dem Geld gewußt hat

19 mit Volker dessen Mappe durchsuchen

20 alle Schüler die Schulmappen ausleeren lassen

21 die Polizei holen

22 den Vorfall im Rollenspiel aktualisieren

23 am nächsten Tag ein geeignetes Lesestück durchnehmen, das einen unmittelbaren Bezug zu dem Vorfall enthält

24 dem Jürgen Verständnis signalisieren

25 den Hausmeister fragen, ob eine Geldbörse gefunden worden ist

Handlungsmöglichkeiten prüfen

1 + – falls ein Zurückrufen möglich ist, ja, die Schüler unter Druck setzen, nein; 2 + falls ein Zurückrufen möglich ist; 3 +; 4 + um den Mitschülern die Situation bewußt zu machen; 5 – Sie werden sich

nicht als „Kinderschreck" betätigen wollen; 6 — wie vor; 7 + damit Sie zwischen Jürgen und der Mutter vermitteln können; 8 — kommt nicht in Betracht, da könnten Sie gleich eine Gehaltsaufbesserung verlangen; 9 + — anschließend sofort mit der Mutter Kontakt aufnehmen; 10 + warum nicht, wenn jemand die Geldbörse „findet", wäre der Konflikt vorerst gelöst, müßte allerdings dann noch aufgearbeitet werden; 11 — damit würde der Konflikt nur überlagert, nicht aber gelöst; 12 + — später vielleicht; 13 + ist in diesem Alter eine Unterrichtsstunde wert; 14 — widerspricht dem Erziehungsziel: eigenverantwortlicher Umgang mit Geld; 15 — Überreaktion; 16 — achtjährige Schüler sind wohl kaum dazu in der Lage; auch ältere könnten den Konflikt wohl nicht auf diese Weise lösen; 17 — mit solchen Vorfällen sollte man als Lehrer noch allein zurechtkommen; 18 — seine Schuld ist nicht bewiesen; 19 + — ihn fragen, ob er damit einverstanden ist, damit kann er den Verdacht ausräumen; 20 + — wie vor; 21 — vgl. 5; 22 + — es kommt ganz auf den weiteren Konfliktverlauf an; 23 + — wie vor; 24 + warum nicht; 25 + — wird wenig Erfolg haben.

Handlungsfolge konzipieren

Falls die Schüler zurückgerufen werden können, diese auffordern, überall nach der Geldbörse zu suchen, in den Mappen, unter den Tischen, im Klassenzimmer, auf dem Schulhof, beim Hausmeister usw. Auf diese Weise hat ein Schüler Gelegenheit, die Geldbörse zu „finden" und sein Verhalten zu korrigieren. Falls die Geldbörse tatsächlich gefunden wird, wäre der Konflikt vorläufig gelöst, und man könnte am nächsten Tag noch einmal kurz auf den Vorfall und auf den Umgang mit Geld zu sprechen kommen.

Falls die Schüler nicht zurückgerufen werden können, müßten Sie gemeinsam mit Jürgen suchen, ihm Ihre eigene Betroffenheit zum Ausdruck bringen und ihm zu verstehen geben, daß Sie sich in seine Lage versetzen können. Wird das Geld nicht gefunden, dann bleibt kaum etwas anderes übrig als ihn zu trösten, ihm Geld zu leihen und die Mutter zu benachrichtigen.

Am nächsten Tag wäre mit der ganzen Klasse über den Vorfall zu sprechen und auf die Möglichkeit der anonymen Geldrückgabe hinzuweisen.

Oder würden Sie ganz anders handeln?

7.17.3 Konfliktbeschreibungen

Beginnen Sie erst mit der Konfliktanalyse,
nachdem Sie die Kapitel 5 und 6 bearbeitet haben!

7.17.3.1 Karl zeigt sich spendabel

Am Elternabend sprechen Sie mit den anwesenden Eltern der
Schüler Ihres sechsten Schuljahrs über den Jahresausflug.
Diesmal ist ein Besuch im Frankfurter Zoo vorgesehen. Der Fahrpreis plus
Eintritt beträgt für jeden Schüler 12,– DM. Das Taschengeld sollte 8,–
DM nicht überschreiten. So wird es zumindest mit den Eltern
abgesprochen.
Die Ausflugswirklichkeit sieht dann allerdings anders aus. Karl hat
offensichtlich sehr viel Geld mit und lädt die ganze Klasse zu einer
Cola ein. Nach dem Zoobesuch zückt er einen Fünfzigmarkschein und
möchte allen Mitschülern ein Eis spendieren. Als Lehrer sollen Sie
auch ein Eis bekommen.
Relevanz: N = 54   MW 1.85   VAR 1.52   STA 1.23

7.17.3.2 Die Klassenbücherei nimmt ab

Die Idee wurde auf einem Elternabend der vierten Klasse geboren:
Viele Schüler wissen mit ihren Büchern kaum noch wohin, andere
bekommen kaum Bücher geschenkt. Die Schülerbücherei wird wenig
benutzt, weil die Öffnungszeiten für die Klasse etwas ungünstig liegen,
und die Schüler immer dann, wenn getauscht werden könnte, die
Bücher vergessen haben. Was liegt also näher, als eine Klassenbücherei
in Form einer offenen Handbibliothek ins Leben zu rufen, aus der
jederzeit Bücher entnommen werden können.
Eltern und Schüler sind begeistert. Gemeinsam mit einem Vater
und dem Hausmeister bauen Sie ein Regal. Jeder Schüler bringt
mindestens ein Buch mit, einige ganze Koffer voller Bücher. Die
Schüler schreiben schnell noch ihre Namen hinein, dann beginnt ein
lustiges Tauschen und Ausleihen.
Nach drei Monaten verläßt ein Schüler die Klasse, weil sein Vater
eine neue Stelle annimmt. Er möchte verständlicherweise seine
Bücher wiederhaben, aber zwei der zwölf Bücher fehlen. Nun bitten
Sie die Schüler, alle entliehenen Bücher mitzubringen, damit überprüft werden kann, ob noch weitere Bände fehlen. Von den 152

Titeln, die vor drei Monaten gezählt worden sind, bleiben 23 unauffindbar.

Relevanz: N = 54   MW 3.00   VAR 1.77   STA 1.33

7.17.3.3 Der Fahrradkeller

Rudi hat zum Geburtstag ein Rennrad geschenkt bekommen. Es handelt sich um ein bekanntes französisches Fabrikat, deshalb wird das Rad von den Mitschülern gebührend bestaunt. Die besten Freunde dürfen auf dem Schulhof eine Runde drehen; wer nicht zu den Freunden gerechnet wird, darf neidisch zusehen. Der Unterricht beginnt, das Rennrad ist zuvor im Fahrradkeller verschwunden. In der großen Pause wird es nochmals hervorgeholt und bewundert. Doch als die Schule aus ist und sich Rudi auf sein Rad schwingen will, ändert sich die Szene schlagartig. Unbekannte Täter haben in der Zwischenzeit ganze Arbeit geleistet. Vom Rennrad sind mehrere Zubehörteile abmontiert. Rudi weint vor Wut, einige Mitschüler bedauern ihn, andere lachen hämisch.

Relevanz: N = 54   MW 3.54   VAR 1.31   STA 1.14

7.17.3.4 Die Physiksammlung schmilzt zusammen

„Eigentlich dürfte so etwas ja gar nicht vorkommen", sagt Ihr Rektor, aber es geschah doch, was nicht sein darf.

Sie unterrichten in einer neunten Hauptschulklasse Physik. Da Sie selbst vom Fach begeistert sind, machen die Schüler auch gerne mit. Zu gerne, wie sich später herausstellen soll. Gegen Ende einer Unterrichtseinheit über den Magnetismus werden Sie aus dem Physiksaal gerufen. Es klingelt, die Schüler räumen selbständig die Experimentierkästen ein und verlassen den Saal. Später stellen Sie fest, daß in zwei Kästen die Elektromagnete fehlen.

Relevanz: N = 54   MW 3.94   VAR 1.26   STA 1.12

7.17.3.5 Die Mäntel werden „gefilzt"

Neben der Tür zum Klassenzimmer befinden sich 40 Kleiderhaken, damit Ihre Schüler die Mäntel aufhängen können. Sie ermahnen die Schüler immer wieder, Geld oder andere wertvolle Gegenstände nicht in den Mänteln zu lassen; aber leider haben diese Ermahnungen nicht den gewünschten Erfolg.

Es ist 13.00 Uhr, die Schule ist aus. Die Schüler stürmen aus dem Klassenzimmer und ziehen ihre Mäntel an. Da ruft Manuela: „Meine Geldbörse ist weg!" Allgemeine Verwirrung. Und dann mehren sich die Rufe: „Mir fehlt mein Kalender!" „Mein Taschenmesser ist weg!" „Mir fehlt . . ." „So eine Gemeinheit!" – Offensichtlich hat ein Dieb sämtliche Manteltaschen ausgeleert.

Relevanz: N = 57   MW 3.98   VAR 2.06   STA 1.43

7.17.3.6 Ihre Uhr fehlt

Sie unterrichten in einem Problemviertel einer Großstadt, in einer Problemschule und einer Problemklasse. Sie haben die Klasse erst vor einer Woche übernommen und kennen die Namen der etwa 16jährigen Schüler noch kaum. Nichtsahnend legen Sie ihre Armbanduhr auf den Tisch, wenden sich der Tafel zu, erklären einen Sachverhalt. Doch als Sie wenig später auf Ihre Uhr schauen wollen, blicken Sie ins Leere: Die Uhr ist verschwunden.

Relevanz: N = 54   MW 4.09   VAR 2.05   STA 1.43

7.17.3.7 Wo sind die Strahler geblieben?

Die Klassenzimmer Ihrer Schule sind mit modernen Beleuchtungskörpern ausgestattet. Im Umkreis der Wandtafeln sind Deckenstrahler angebracht, die gedreht werden können und dann die Schrift optimal beleuchten.

Diese Strahler kann man allerdings auch gut zu Hause gebrauchen, im Hobbyraum oder zur Ausleuchtung eines Posters. Kein Wunder also, daß der Hausmeister immer wieder über den Verlust einiger Strahler klagt. In der letzten Woche waren es sieben, in dieser Woche sind es neun, und es läßt sich der Zeitpunkt absehen, zu dem der letzte Strahler geklaut sein wird.

Auf einer Konferenz bringt Ihre Rektorin den Punkt „gestohlene Strahler" zur Sprache. Sie schildert die Situation und bittet das Kollegium um Vorschläge zur Bewältigung des Problems.

Relevanz: N = 54   MW 4.17   VAR 1.73   STA 1.31

7.17.3.8 „Man hat mich beklaut!"

Hansjörg hat zu seinem zehnten Geburtstag einen neuen Füller bekommen. Es handelt sich um ein besonders exklusives Fabrikat, das allgemein bestaunt wird. Voller Stolz ahmt er mit diesem tollen Schreibgerät die Unterschriften der Lehrer nach.

Als die Klasse nach der großen Pause wieder das Klassenzimmer betritt, möchte Hansjörg gleich wieder nach dem Füller greifen, doch dieser ist nicht mehr in der Federmappe. Entrüstet verkündet er: „Man hat mich beklaut!" Und der Verdacht fällt sofort auf Marita; denn Marita hat ja schon mal gestohlen.
Relevanz: N=54   MW 4.52   VAR 1.20   STA 1.09

7.17.3.9 Auslagen werden geplündert

Sie möchten mit der neunten Klasse eine Ausstellung besuchen. Um zu der Halle zu gelangen, müssen Sie mit Ihren Schülern eine Viertelstunde zu Fuß gehen. Also verzichten Sie auf ein Verkehrsmittel und gehen los. Der Weg führt an einigen „Tante-Emma-Läden" vorbei. Auslagen vor den Schaufenstern sollen zusätzlich Käufer anlocken. So ist es zumindest von den Ladenbesitzern beabsichtigt.

Da die Schüler etwa 15 Jahre alt sind, kümmern Sie sich nicht besonders um die Gruppe, sondern geben lediglich das Ziel bekannt und fordern dazu auf, zusammenzubleiben. Schließlich sind auch die meisten Schüler in diesem Stadtteil großgeworden, verfügen also über gute Ortskenntnisse.

Vor der Ausstellungshalle hat sich eine kleine Schlange gebildet. Deshalb müssen Sie mit Ihren Schülern fünf Minuten warten, bis Sie die Gruppenkarte lösen und den Ausstellungsraum betreten können. In diesen fünf Minuten beginnt ein eifriger Tauschhandel. Vor allem handelt es sich um Obst, Tennisbälle und Pullis, die herumgereicht werden. Kein Zweifel, zum Einkaufen blieb keine Zeit, und aus den Äußerungen der Schüler ist deutlich zu entnehmen, daß sie die Sachen gestohlen haben und auch noch stolz darauf sind.
Relevanz: N=54   MW 5.26   VAR 0.69   STA 0.83

7.17.4 Handlungsmöglichkeiten

zu 7.17.3.1

1. Sie fragen ihn, ob er eine Bank ausgeraubt habe (11%).
2. Sie fragen ihn, wieviel Geld er denn insgesamt bei sich gehabt habe (6%).
3. Sie lassen sich den Fünfzigmarkschein überreichen, geben ihm 2,– DM für ein Eis und sagen: „Die 50,– DM hebe ich für Dich auf." (2%).

4. Sie fragen ihn unter vier Augen, woher er das viele Geld habe (22%).
5. Sie sagen unter Hinweis auf den Elternabend: „Es ist zwar nett von Dir, daß Du uns ein Eis spendieren willst, aber es ist abgesprochen worden, daß niemand mehr als 8,– DM mitbringt. Und auch Du hältst Dich bitte an die Absprache und steckst das Geld weg." (46%).
6. Sie sagen ihm auf den Kopf zu, daß er das Geld wohl nicht rechtmäßig erworben habe, und Sie ihn deshalb im Anschluß an den Ausflug nach Hause begleiten würden (2%).
   oder: . . . (11%).

zu 7.17.3.2

1. Sie berufen eine Elternversammlung ein, diskutieren die Lage und bitten um Entscheidungshilfen (15%).
2. Sie legen eine Ausleihkartei an, schließen die Bücher in den Klassenschrank ein und nehmen selbst die Ausleihe vor (11%).
3. Sie lassen zwei „Bibliothekare" wählen, die die Ausleihe vornehmen und die Kundschaft beraten. Sie selbst überwachen nur den Betrieb (33%).
4. Sie diskutieren mit den Schülern die Lage und beratschlagen, was zu tun sei. Sie lassen in der Klasse über bestimmte Maßnahmen abstimmen und richten sich dann nach den Vorschlägen der Schüler (20%).
5. Sie erklären das Unternehmen für gescheitert, lösen die Klassenbücherei wieder auf und sorgen dafür, daß die 23 Bücher nach und nach ersetzt werden (6%).
6. Sie lassen eine Ausleihkartei anlegen, in die sich die Schüler selbst eintragen, kontrollieren nach 14 Tagen die vorhandenen Titel und machen weitere Maßnahmen von dieser Kontrolle abhängig (7%).
   oder: . . . (7%).

zu 7.17.3.3

1. Sie sagen Rudi, daß er nicht hätte prahlen sollen (19%).
2. Sie bitten alle Schüler, wertvolle Fahrräder zu Hause zu lassen (11%).
3. Sie lassen ein Plakat zeichnen, auf dem alle entwendeten Teile genau beschrieben sind, und hängen das Plakat mit der Bitte um Rückgabe aus (19%).
4. Sie trösten Rudi und sagen ihm, daß man mit dem Rad noch fahren könne (4%).
5. Sie sagen Rudi, daß sein Rad ohne Zubehör leichter und damit auch schneller geworden sei (0%).
6. Sie fordern erst mal die hämisch grinsenden Mitschüler auf, die fehlenden Teile wieder herbeizuholen (19%).
   oder: . . . (30%).

zu 7.17.3.4

1. Sie erklären allen Schülern, daß sie gemeinsam für den Schaden aufzukommen hätten (15%).
2. Sie erklären den Schülern, wie wichtig es ist, daß die Kästen vollständig sind und sagen: „Jetzt können nur noch vier Gruppen experimentieren." (24%).
3. Sie sagen: „Beim unsachgemäßen Experimentieren mit Elektromagneten

besteht Lebensgefahr. Legt deshalb bitte die beiden Magnete in den Physiksaal." (6%).
4. Sie fordern alle Schüler auf, die Taschen zu entleeren, die Hosentaschen umzudrehen und einzeln das Zimmer zu verlassen (6%).
5. Sie sagen: „Nun muß ich die Magnete selbst bezahlen." Dann fragen Sie die Schüler, was sie dazu meinen (2%).
6. Sie sagen: „Die beiden, die die Elektromagnete mitgenommen haben, interessieren sich offensichtlich so sehr für das Thema, daß ich sie bitte, zur nächsten Stunde folgenden Versuch vorzubereiten: . . ." Sie geben zu den Versuchen das benötigte Material, aber keine Elektromagnete aus und verlassen das Klassenzimmer (9%).
oder: . . . (39%).

zu 7.17.3.5

1. Sie rufen die Schüler ins Klassenzimmer zurück und beruhigen sie (65%).
2. Sie überlegen sich, ob jemand aus der eigenen Klasse in der letzten Stunde den Raum verlassen hat und sprechen dann den oder die betreffenden Schüler einzeln an (2%).
3. Sie fragen die Kollegen, wer aus ihren Klassen die Zimmer verlassen habe, und sprechen mit dem bzw. den betreffenden Schülern (2%).
4. Sie lassen eine Suchmeldung verfassen, ein Plakat, auf dem alle gestohlenen Gegenstände genau dargestellt werden, und hängen die Meldung an das Schwarze Brett mit der Aufforderung, nach dem Diebesgut zu fahnden (7%).
5. Sie verfahren wie unter Punkt vier, fordern aber den Dieb auf, die Gegenstände unter Wahrung seiner Anonymität zurückzugeben (19%).
6. Sie sagen den Schülern: „Aus Erfahrung wird man klug. Pech gehabt." (4%).
oder: . . . (2%).

zu 7.17.3.6

1. Sie sagen: „Ich wende mich jetzt für einige Zeit der Tafel zu und erwarte, daß die Uhr wieder an ihren Platz gelegt wird." (19%).
2. Sie kündigen eine Razzia an und bitten einen vorher durchsuchten Schüler, den Rektor zu holen (0%).
3. Sie sagen: „Ihr wollt wohl einen Spaß machen. Darüber lachen kann ich aber erst, wenn ich die Uhr wiederhabe. Deshalb sehe ich jetzt drei Minuten zum Fenster raus. Inzwischen könnt Ihr die Uhr wieder auf meinen Tisch legen." (41%).
4. Sie sagen: „Ich sehe zwei Minuten aus dem Fenster, wenn die Uhr dann nicht wieder da ist, lasse ich die Polizei kommen." (4%).
5. Sie schließen das Klassenzimmer ab, lassen einen Aufsatz zum Thema „Unrecht Gut gedeihet nicht" schreiben und bemerken dazu: „Sobald ich wieder auf meine eigene Uhr sehen kann, dürft Ihr aufhören zu schreiben." (20%).
6. Sie sammeln alle Armbanduhren ein und sagen: „Die sind nur gegen meine eigene auszulösen." (0%).
oder: . . . (17%).

zu 7.17.3.7

1. Sie machen den Vorschlag, alle Strahler zu entfernen und ohne zusätzliche Tafelbeleuchtung zu arbeiten (28%).
2. Sie machen den Vorschlag, die Strahler durch weniger attraktive Leuchtkörper, die sich nicht einfach aus den Fassungen schrauben lassen, zu ersetzen (52%).
3. Sie machen den Vorschlag, daß jede Klasse auf ihre Strahler aufpassen soll, indem ein Schüler beauftragt wird, die Strahler aus den Fassungen zu schrauben und in den Klassenschrank einzuschließen (0%).
4. Sie empfehlen Leibesvisitationen und eine Kontrolle der Schultaschen (0%).
5. Sie machen den Vorschlag, in jeder Klasse auf das Problem hinzuweisen, ein letztes Mal die Strahler zu ersetzen, sie dann aber nur in bestimmten Abständen – z. B. alle zwei Jahre – zu ersetzen und dies den Schülern auch zu sagen (11%).
6. Sie sagen gar nichts, denn schließlich handelt es sich ja nur um ein paar lächerliche Strahler (0%).
oder: ... (9%).

zu 7.17.3.8

1. Sie bitten Hansjörg, erst noch einmal gründlich in seinen eigenen Sachen zu suchen, bevor er eine solche Verdächtigung ausspricht (74%).
2. Sie bitten die ganze Klasse, nach dem Füller zu suchen (13%).
3. Sie bieten die Möglichkeit an, den Füller anonym abzugeben (2%).
4. Sie fordern Marita auf, ihre Schulmappe auszuleeren (0%).
5. Sie sagen Hansjörg, daß er künftig nicht mehr so prahlen solle und am Verlust mitschuldig sei (4%).
6. Sie vertrösten Hansjörg und sagen: „Reg' Dich nicht so auf, der Füller findet sich wieder." (4%).
oder: ... (4%).

zu 7.17.3.9

1. Sie übersehen den Tauschhandel, beginnen aber am nächsten Morgen mit dem Thema „Sachenrecht" und „Eigentumsdelikte", indem Sie über die einschlägigen Paragraphen aus dem BGB und STGB informieren und diese zur Diskussion stellen (7%).
2. Sie lassen alle Sachen einsammeln, nach den in Mitleidenschaft gezogenen Läden ordnen, lassen Gruppen bilden, welche sich entschuldigen und die Sachen zurückbringen sollen (44%).
3. Sie lassen die Sachen wieder heimlich an Ort und Stelle legen, überwachen aber die Aktionen aus einiger Entfernung (2%).
4. Sie sorgen dafür, daß „die Ware" einigermaßen gerecht verteilt wird (0%).
5. Sie tun so, als hätten Sie nichts bemerkt (2%).
6. Sie laden die Eltern zu einer „Sondersitzung" ein (9%).
oder: ... (35%).

7.18 Sachbeschädigungen

7.18.1 Vorüberlegungen

Die Beschädigung von Möbeln, Einrichtungsgegenständen, Lehrmitteln sowie Teilen des Schulgebäudes gehört zum Schulalltag und führt zu zahlreichen Auseinandersetzungen und Schwierigkeiten mit den beteiligten Schülern, dem Hausmeister, den Reinemachefrauen, Schulleitern, Eltern und Schulträgern. Da werden Tische und Bänke bemalt oder zerkratzt, Einrichtungsgegenstände und Lehrmittel mutwillig zerstört, Jalousien beschädigt, Wände beschmutzt oder mit Parolen bedeckt, Fensterscheiben gehen zu Bruch, Türen werden gewaltsam geöffnet, Schlüssellöcher oder Abflüsse mit Kaugummi verstopft und Räume unter Wasser gesetzt.
„In einer süddeutschen Großstadt von ca. 200 000 Einwohnern hat das Hochbauamt in einer Statistik die Größenordnung von mutwilligen Sachbeschädigungen an den Schulen in einem Kalenderjahr mit 153 000,– DM beziffert" (*Heinelt* 1978, S. 17). Dazu äußerte sich der Vertreter des Hochbauamts einer anderen süddeutschen Großstadt: „Das ist gar nicht so viel. Schließlich haben wir 50 städtische Großgebäude, in denen Schüler untergebracht sind. Das wären bei uns etwa 3000,– DM pro Gebäude und Jahr." Und wie zur Entschuldigung der Schüler fügte er hinzu: „Laut Vorschrift sollten jedem Schüler 25 m² überbaute und nichtüberbaute Fläche zur Verfügung stehen; doch an einigen Schulen ist diese Zahl auf 5 m² beschränkt. Die Stadt steht voller Autos, die den Schülern den Platz wegnehmen. Der Versuch, durch den Bau von Tiefgaragen den Schülern den Raum wiederzugeben, kann nur langfristig zu einem Teilerfolg führen. Es gibt sogar einige Schulen, die gar keinen Schulhof haben, wo die Schüler richtig eingesperrt sind." Was also auf den ersten Blick äußerst bedenklich erscheint – 153 000,– DM in einem Jahr – nimmt sich bei näherer Betrachtung noch bescheiden aus.
Was die Sachbeschädigungen an einzelnen Schulen betrifft, so gibt es auch hier wieder sehr große Unterschiede. Betrachtet man die Häufigkeiten im Hinblick auf die einzelnen Schularten, dann liegen die Gymnasien an erster Stelle, gefolgt von den Sonder-, Haupt-, Real- und Grundschulen. Bei dieser Rangfolge handelt es sich um einen in den letzten Jahren beobachteten Trend.
Querverbindungen ergeben sich vor allem zu jenen Problemkrei-

sen, die aggressive Handlungen zum Inhalt haben, zum Problemkreis der Provokationen (7.2), Absprachen zwischen Schülern (7.3), wenn die Beschädigungen gemeinsam vorgenommen werden, Angriffe auf den Lehrer (7.4), sofern Beschädigungen in der Absicht erfolgen, den Lehrer in Schwierigkeiten zu bringen, zur allgemeinen Disziplinlosigkeit (7.5) und zum aggressiven Verhalten zwischen den Schülern (7.6). Zum Problemkreis Pause und Schulhof (7.7) ergibt sich ein direkter Bezug, wenn Schüler z. B. bei Regenwetter im Klassenzimmer bleiben müssen und es dann zu Sachbeschädigungen kommt. Eine Mißachtung fremden Eigentums (7.17) ist eigentlich immer mit im Spiel, weil jegliches Schulinventar öffentliches Eigentum ist, daß, sofern es bewußt beschädigt, auch mißachtet wird. In Verbindung mit den hier angesprochenen Problemen kommt es manchmal zu Auseinandersetzungen mit Kollegen, dem Schulleiter und Schulaufsichtsbeamten, mit denen die Haftungsfrage geklärt werden muß, vor allem aber mit den Eltern, Versicherungs- und Schulträgern, welche für die Sachbeschädigungen aufzukommen haben.

Die Frage nach dem Verursachungsspektrum wurde schon berührt. So beschädigen Schüler vor allem deshalb Sachen, weil

- sie ihre motorischen Bedürfnisse nicht befriedigen können und in ihrem Bewegungsdrang stark eingeschränkt sind, es auch heute noch überfüllte Schulen und zu kleine (oder gar keine) Schulhöfe gibt. Für einen vitalen Schüler bedeutet die Tatsache, sechs Schulstunden lang stillsitzen zu müssen, eine Qual, und die auf diese Weise erlittenen Frustrationen äußern sich schließlich auch in aggressiven Handlungen gegenüber Sachen.
- sie an bestimmten Tätigkeiten oder Bewegungsabläufen Spaß haben, z. B. so lange Klimmzüge an Kleiderhaken zu üben, bis diese abbrechen, sofern sie nicht stabil genug sind. Ähnlich reizvoll mag es für die Schüler sein, sich an eine Türklinke zu hängen und mit der geöffneten Tür hin und her zu schwingen, bis die Türbeschläge ausreißen.
- sie versehentlich einen Gegenstand berühren oder zerstören, sei es im Spiel oder bei aggressiven Handlungen gegenüber Mitschülern. Wenn z. B. während einer Regenpause ein kleiner Ringkampf in Fensternähe stattfindet, und ein Schüler mit dem Ellenbogen durch die Fensterscheibe fährt, kann man ihm aus dieser Unvorsichtigkeit keinen großen Vorwurf machen.
- Einrichtungsgegenstände, Räume oder Gebäude leicht zu beschädigen sind, Verschleißerscheinungen auftreten oder eine unsachgemäße Bauausführung vorliegt. Wenn z. B. Außenputz von der Wand bröckelt, wenn Schüler sich in der Pause an diese Wand anlehnen oder auch mal gegen diese Wand stoßen, dann liegt die Schuld für das Abbröckeln sicher nicht nur bei den Schülern.
- die Einrichtungsgegenstände oder die Raumausstattung nicht den Bedürfnissen der Schüler entsprechen. Wenn Zimmerdecken so konstruiert werden, daß sie sich von den Schülern mühelos abhängen lassen, dann sollte

man den Architekten zur Verantwortung ziehen, nicht aber die Schüler an einer so lustvollen Tätigkeit hindern.

– ihnen die Schule verhaßt ist und sie den Repräsentanten dieses Schulsystems, den Lehrern, dem Schulleiter und dem Hausmeister, Schwierigkeiten bereiten wollen. So ist es durchaus denkbar, daß einige Schüler ihrer Enttäuschung über schlechte Schulleistungen oder Schulversagen auf diese Weise Luft machen. Doch wie aus dem vorstehenden Verursachungsspektrum deutlich wird, liegt den Sachbeschädigungen offensichtlich sehr selten eine bewußte Absicht zugrunde.

Die Leitlinien für das pädagogische Handeln beziehen sich in erster Linie auf prophylaktische Maßnahmen:

Treten Sie für eine kindgemäße Schule ein, in der Bauweise und Ausstattung auf die Bedürfnisse der Kinder abgestimmt sind, den Schülern genügend Raum zur Verfügung steht, die Inneneinrichtung außergewöhnlichen Belastungen standhält und der Schulhof zum Spielen einlädt (vgl. 7.7). Sofern Ihre Schule einige Mängel aufweist, und Sie sich um eine Verbesserung der Bedingungen bemühen wollen, ist auch Ihr politisches Engagement gefordert.

Versuchen Sie, den motorischen Bedürfnissen der Schüler Rechnung zu tragen und zwar durch Spiele im Unterricht, Spielstunden und -pausen, Lerngänge, Wanderungen, zusätzliche Sportstunden in Kooperation mit den örtlichen Vereinen u. a. m. Die Realisierung dieser Gedanken erfordert ein geschicktes Vorgehen innerhalb des Kollegiums und eine entsprechende Stundenplangestaltung (vgl. 7.21).

Sprechen Sie mit den Schülern über die Notwendigkeit, das Schulgebäude, die Klassenzimmer und Einrichtungsgegenstände pfleglich zu behandeln, ganz einfach schon deshalb, weil es weniger schön ist, in einem beschmutzten oder demolierten Raum zu unterrichten bzw. unterrichtet zu werden. Beziehen Sie sich in die Argumentation ein, und vermeiden Sie einen moralisierenden Unterton, ein Sprechen „mit erhobenem Zeigefinger". Sagen Sie den Schülern aber auch, daß sie und die Eltern für mutwillige Sachbeschädigungen zur Verantwortung gezogen werden.

Gestalten Sie gemeinsam mit den Schülern das Klassenzimmer wohnlicher, indem Sie Vorschläge der Schüler sammeln und sich dann um deren Verwirklichung bemühen. Wenn sich die Schüler mit ihrem Klassenzimmer, das sie mit ausgestaltet haben, identifizieren, dann liegt die Vermutung nahe, daß die Sachbeschädigungen in diesem Raum stark zurückgehen werden.

Sprechen Sie mit älteren Schülern über den Steuerkreislauf, über die Tatsache, daß die Schule und alle Einrichtungsgegenstände aus

Steuermitteln finanziert worden sind und eine Beschädigung des öffentlichen Eigentums einer Schädigung des Steuerzahlers (der Eltern) gleichkommt, der für die Reparaturen oder den Ersatz zu zahlen hat. Auch hier sollten Sie sich als Steuerzahler in die Argumentation einbeziehen.

Empfehlen Sie allen Eltern den Abschluß einer Privat-Haftpflichtversicherung. Erfahrungsgemäß versäumen Angehörige der unteren Sozialschicht häufig einen solchen Versicherungsabschluß. Sie trifft es dann besonders hart, wenn ihre Kinder für eine Sachbeschädigung verantwortlich gemacht werden.

Sorgen Sie dafür, daß Schüler, die eine Sache mutwillig beschädigen oder zerstören, angemessen an der Wiedergutmachung des Schadens beteiligt werden, sei es durch Mithilfe bei der Instandsetzung, Arbeit in einem anderen Bereich oder durch Taschengeldkürzung. Bei einer bewußt vorgenommenen Beschädigung oder Zerstörung, sollten Schüler auch persönliche Konsequenzen zu spüren bekommen. Die Übernahme des Schadens durch die elterliche Haftpflicht bietet keinerlei Gewähr dafür, daß damit auch ein Erziehungserfolg in dem Sinn zu verzeichnen ist, daß Handlungen dieser Art seltener oder gar nicht mehr auftreten.

Befassen Sie den Hausmeister mit der Wartung und Instandhaltung des Schulgebäudes und nicht, wie das vielerorts üblich ist, mit Botengängen und der Vervielfältigung von Lernmaterial. Hausmeister sollten handwerklich geschickt sein, sich eine Werkstatt einrichten und kleinere Reparaturen kostensparend selbst ausführen können.

Anregungen:

Erkundigen Sie sich bei Ihrem Schulleiter bzw. beim Hochbauamt oder der Gemeindeverwaltung, welcher Betrag jährlich an Ihrer Schule für Sachbeschädigungen ausgegeben wird und wie sich dieser Posten aufgliedert.

Diskutieren Sie die Auffassung, nach welcher bei mutwilligen Sachbeschädigungen die Schüler in jedem Fall einen persönlichen Beitrag zur Wiedergutmachung des Schadens zu leisten haben.

7.18.2 Analysebeispiel

Konfliktbeschreibung auffassen

Eine neue Drucktechnik

Sie erteilen an Ihrer Schule das Fach „Bildhaftes Gestalten" in sechs verschiedenen Klassen. Sie sind die einzige Lehrerin, die über eine entsprechende Fachausbildung verfügt und unterrichten dieses Fach gern. Nachteilig ist, daß Sie einige Klassen nur für zwei Stunden sehen. Da dauert es schon eine Zeit, bis Ihnen die Namen der Schüler geläufig sind und bis eine positive Beziehung aufgebaut ist.

In der 7b führen Sie diesmal eine Drucktechnik ein. Sie haben den Vorgang des Druckens den Schülern mit einem nassen Schwamm demonstriert, da werden Sie von der aufgeregten Mutter einer Schülerin um ein Gespräch gebeten. Die Frau läßt sich nicht abweisen. Sie erteilen den Schülern den Auftrag, selbst mit dem Drucken zu beginnen, und folgen der Mutter auf den Gang.

Das Gespräch dauert nur wenige Minuten. Als Sie wieder ins frisch renovierte Klassenzimmer kommen, ist eine Schwammschlacht in vollem Gange. An den nicht abwaschbaren Wänden sind deutlich die Abdrücke der schmutzigen Schwämme zu sehen. Rund um die Tafel zeichnet sich ein besonders „hübsches" Muster ab.

Betroffenheit einschätzen

N = 54   MW 3.63   VAR 0.77   STA 0.88, Zentralkonflikt 4

Erstverhalten überlegen

Die Wände des Klassenzimmers sind beschmutzt. Das läßt sich kurzfristig nicht ändern. Sie haben genügend Zeit, den Schaden zu betrachten und über geeignet erscheinende Maßnahmen nachzudenken. Vielleicht sollten Sie die Schüler auffordern, ihrer Arbeit nachzugehen, mit dem Hinweis, daß über die Wände noch gesprochen werden muß.

Methode festlegen C

Nach den Ursachen fragen

Die Schüler haben diese Schwammschlacht veranstaltet, weil
– sie vom Lehrer zum Drucken angeregt worden sind
– sie Gelegenheit zur Schwammschlacht erhielten, indem die Mutter sich nicht abweisen ließ und der Lehrer ihr folgte
– ihnen das Drucken mit dem Schwamm mehr Spaß machte als das Drucken auf dem eigenen Block
– sich einige Schüler gestritten haben und sie den Streit mit dem Schwamm fortsetzten

– sie sich bewegen, spielen oder einen Wettbewerb austragen wollten, da sich ein Muster rund um die Tafel „besonders schön" abzeichnet.

Perspektive wechseln

Die an der Schwammschlacht *beteiligten Schüler* haben wahrscheinlich ein schlechtes Gewissen und fühlen sich ertappt. Die *nichtbeteiligten Schüler* sind entweder bereit, sich solidarisch zu verhalten oder jede Schuld von sich zu weisen. Einige freuen sich vielleicht auch über das zu erwartende Schauspiel. Als *Lehrer* ärgern Sie sich, daß so etwas während des Unterrichts passieren konnte. Außerdem wissen Sie, daß *Rektor* und/oder *Hausmeister* sowie die *Putzfrauen* einen solchen Vorfall für schwerwiegend halten. Die Reaktionen dieser Personen werden allerdings sehr unterschiedlich sein.

Zielsetzung(en) abklären

Vordergründig müssen die Schwammspuren an den Wänden getilgt werden. Dann sollten die Schüler weniger häufig mit Schwämmen werfen und Schlachten dieser Art unterlassen, obgleich sie ganz reizvoll sind, und sich ein Verbot nie ganz durchsetzen lassen wird. Weiterhin wäre von seiten der Schulleitung und des Trägers darauf zu achten, daß bei der nächsten Renovierung die Wände mit abwaschbarer Farbe gestrichen werden.

Handlungsmöglichkeiten suchen

1 die beteiligten Schüler ausfindig machen und bestrafen
2 die auf frischer Tat ertappten Schüler bestrafen
3 die Wände von den Schülern neu streichen lassen
4 die Wände von den Schülern mit abwaschbarer Farbe streichen lassen
5 das Material von den beteiligten Schülern·bezahlen lassen
6 den Hausmeister um die Beaufsichtigung der Malerarbeiten bitten
7 den Hausmeister erst mal um Rat fragen
8 den Schülern beim Anstreichen helfen
9 den Schulleiter informieren
10 die Wände durch den Hausmeister anstreichen, Material und Arbeitszeit von den beteiligten Schülern bezahlen lassen
11 in dem Klassenzimmer einen Elternabend abhalten
12 die Eltern zum Anstreichen einladen

13 den Vorfall übergehen und hoffen, daß bald turnusmäßig die Maler in das Zimmer kommen

14 den Schülern sagen: „Ich bin nur für zwei Stunden pro Woche in diesem Zimmer, mich stört das weiter nicht."

15 die Schmutzflecken mit Bildern verhängen lassen

16 die Eltern bitten, den Schaden über die Haftpflichtversicherungen regeln zu lassen

17 mit den Schülern ein Gespräch führen und sie fragen, was nun werden soll

18 ein Projekt „Heimwerker" initiieren, in dessen Verlauf demonstriert wird, wie man Wände streicht, und dann die Wände durch einige Schüler anstreichen lassen

Handlungsmöglichkeiten prüfen

1 + − eine Bestrafung des Kollektivs ist höchst fragwürdig, die beteiligten Schüler herauszufinden ist schwierig, und wie soll die Strafe aussehen? 2 − dagegen würden sich diese Schüler wehren, weil noch andere Schüler mitgemacht haben; 3 + sofern für die fachmännische Ausführung gesorgt werden kann; 4 + dann sollte auch gleich die praktische Farbe gewählte werden; 5 + − die Schüler sollten Konsequenzen ihres Handelns zu spüren bekommen, sofern es nicht um einen zu hohen Betrag geht; 6 + − der Hausmeister muß einbezogen werden; 7 + der Hausmeister freut sich fast immer, wenn man ihn um Rat bittet; 8 + − anleiten ja, helfen nein; schließlich haben Sie nicht die Wände beschmutzt; 9 + muß wohl sein; 10 + − käme auf den Umfang der Arbeit und auf die anfallenden Kosten an; 11 − Überreaktion; 12 − wie vor; 13 − ein Zentralkonflikt kann nicht einfach ignoriert werden; 14 − ziemlich egoistische Einstellung gegenüber dem Klassenlehrer, der zehn Stunden in diesem Raum verbringt; 15 − damit würde der Konflikt überdeckt, nicht aber gelöst; 16 + − sofern dieser beträchtlich sein sollte; 17 + empfiehlt sich, weil alle Schüler direkt oder indirekt beteiligt waren und einen Beitrag zur Konfliktlösung leisten sollten; 18 + − es muß ja nicht gleich ein Projekt daraus werden.

Handlungsfolge konzipieren

Mit den Schülern darüber sprechen, daß der Schaden wieder gutgemacht werden muß. Rektor und Klassenlehrer verständigen, ihnen sagen, daß Sie sich um die Renovierung der Wände kümmern und den Hausmeister einbeziehen werden. Den Hausmeister um Rat bitten, mit ihm zusammen das Vorgehen absprechen und die Kosten abschätzen. Vorschlag: Die Schüler streichen die Wände und bezahlen die Farbe, Hausmeister und Lehrer leiten die Schüler bei der Arbeit an.

In der nächsten Stunde die Schüler von dem Plan verständigen und die Eltern informieren (geringer Unkostenbeitrag plus zusätzliche Unterrichtszeit). An einem Nachmittag mit einigen Schülern die Arbeit in Angriff nehmen, aber nicht nur jene Schüler streichen lassen, die geworfen haben, sondern auch solche, die gerne anstreichen möchten. Sofern die Kosten erheblich sind, müßte Handlungsmöglichkeit 16 in Betracht gezogen werden.

Oder würden Sie ganz anders handeln?

7.18.3 Konfliktbeschreibungen

Beginnen Sie erst mit der Konfliktanalyse,
nachdem Sie die Kapitel 5 und 6 bearbeitet haben!

7.18.3.1 Moderne Raumausstattung

In Ihrer neuen Schule sind die Zimmerdecken mit modern anmutenden Lamellen ausgestattet, die bemerkenswerte Lichteffekte hervorrufen. Leider haben diese Lamellen einen kleinen Nachteil: Wenn Schüler mit einem Ball oder einer Schultasche die Lamellen berühren – genau das sollte ja eigentlich nie passieren und geschieht dennoch –, dann werden die Lamellen verbogen oder abgehängt. Verbogene, verschobene oder auch willkürlich abgehängte Lamellen sind in Ihrer Schule keine Seltenheit.

Sie kommen nach der großen Pause in das Klassenzimmer der 8b. Vor der Pause war die Zimmerdecke noch in einem ordnungsgemäßen Zustand, nun sind auch in dieser Klasse die Lamellen in Mitleidenschaft gezogen. Da ein Teil des „Deckenschmucks" neben Ihrem Tisch liegt, muß unmittelbar vor Ihrem Eintreten die Decke beschädigt worden sein.

Relevanz: N=54   MW 2.87   VAR 1.44   STA 1.20

7.18.3.2 Die Wand des Schulgebäudes wird mit Parolen bedacht

In Universitätsstädten schreiben Studenten ihre politischen Forderungen gerne an öffentliche Gebäude. Da heißt es: Nieder mit der Herrschaft des Kapitals! Weg mit dem Radikalenerlaß! Helft dem unterdrückten Volk von T.! Einen Lehrstuhl für Professor E.! Die Studenten geben den Schülern zahlreiche Beispiele, wie sich Unmut artikulieren und öffentlich dokumentieren läßt. Alles, was man dazu benötigt, ist Dunkelheit, Pinsel und ein bißchen Farbe.

In der Nacht haben unbekannte Täter einige Parolen an Ihr Schulgebäude geschrieben. Die Inhalte beziehen sich auf den Direktor, einen als sehr streng bekannten Kollegen und auf die Energiepolitik der Bundesregierung. Deshalb liegt die Vermutung nahe, daß es sich bei den „unbekannten Tätern" wohl doch um Schüler der eigenen Schule handelt.

Erste Bemühungen des Hausmeisters, die Farbe abzuwaschen, scheitern, denn es wurde mit roter Ölfarbe auf einem rauhen Untergrund gearbeitet. Ihr Direktor setzt für 12.00 Uhr eine Konferenz an und bittet das Kollegium um Vorschläge für ein möglichst einheitliches Vorgehen. Er selbst und der als streng bekannte Kollege betonen, daß sie sich persönlich nicht getroffen fühlen.

Relevanz: N=54   MW 3.26   VAR 2.04   STA 1.43

7.18.3.3 Eine Fensterscheibe geht zu Bruch

Sie sind seit 14 Tagen Klassenlehrer der 7a. Einige Ihrer Schüler sind neu in der Klasse, weil sie das Schuljahr noch einmal durchlaufen müssen. Zwischen den „Sitzenbleibern" und der Stammgruppe spielen sich kleine Machtkämpfe ab, die sich in zahlreichen aggressiven Handlungen äußern.

 Nach der großen Pause stürmen die Schüler ins Klassenzimmer. Zwei der Schüler tragen einen Kampf aus. Sie stoßen und schlagen sich. Zusammen mit den Schülern betreten Sie das Klassenzimmer. Ihr mahnender Blick wird von den beiden nicht wahrgenommen oder ignoriert. Der Kampf geht im Klassenzimmer weiter. Da die Schüler zufällig in Fensternähe sitzen, ein Flügel geöffnet ist und die Klassenzimmertür noch einige Male auf und zu geht, also das Fenster durch die Zugluft etwas bewegt wird, fährt einer der Schüler, wohl mehr „zufällig", mit dem Ellbogen durch die Scheibe, die klirrend

Sachbeschädigungen

zerspringt. Nun erst wird es im Klassenzimmer ganz still, und alle
Schüler warten gespannt auf Ihre Reaktion.
Relevanz: N = 54   MW 3.30   VAR 0.78   STA 0.88

7.18.3.4 „Das brauchen Sie erst gar nicht in Ordnung zu bringen . . ."

Die Fenster der Klassenzimmer Ihrer Schule sind vor vier Monaten
mit Jalousien ausgestattet worden, die mit Hilfe von Schnüren bedient
werden können. Mehrere Jalousien wurden durch unsachgemäße
Bedienung beschädigt, an einigen wurden die Schnüre durchgeschnit-
ten.

Nachdem alle Lehrer in ihren Klassen auf die Notwendigkeit einer
sachgemäßen und pfleglichen Behandlung der Jalousien hingewiesen
haben, beginnt eine Rolladenfirma mit den Reparaturen. Dabei
kommt es zu folgender Situation:
Ein Handwerker steht auf einer Leiter und müht sich mit dem
Einfädeln einer neuen Schnur ab. Da sagt ein 14jähriger Schüler, der
ihm zusieht: „Das brauchen Sie erst gar nicht in Ordnung zu bringen,
die schneiden wir ja doch wieder durch." Der Handwerker ist erbost,
fragt den Schüler nach dessen Namen, bekommt keine Antwort, geht
zum Rektor, erstattet diesem Bericht, es erfolgt eine Gegenüberstel-
lung, und der betreffende Schüler ist bald identifiziert.
Da es sich um einen Schüler der 8c handelt, in der Sie Klassenlehrer
sind, werden Sie von Ihrem Rektor gebeten, den Schüler angemessen
zu bestrafen.
Relevanz: N = 54   MW 3.33   VAR 2.08   STA 1.44

7.18.3.5 Wozu man Kaugummi auch noch verwenden kann

Einige Schüler haben eine neue Verwendungsmöglichkeit für
Kaugummi entdeckt. Es ist ihnen gelungen, unbemerkt in die Schule
zu kommen und die Schlüssellöcher der abgeschlossenen Klassenzimmer mit Kaugummi zu füllen. Der Kaugummi wird hart, und die Türen
lassen sich am nächsten Tag nicht mehr öffnen.
Sie stehen mit den Schülern der 8b eines Morgens vor verschlossenen Türen. Drei Kollegen geht es ebenso. Der herbeigerufene
Schlosser weiß sich keinen anderen Rat, als die Zylinder aufzubohren.
Der Schaden bei vier Schlössern ist beträchtlich. Die Schüler freuen

sich über den verzögerten Unterrichtsbeginn. Natürlich will es niemand gewesen sein.
Relevanz: N=54 MW 3.37 VAR 0.95 STA 0.98

7.18.3.6 Wer hat die Tür aufgebrochen?

Am Dienstagnachmittag unterrichten Sie in den Klassen 9a/9b Werken. Die Schüler warten auf dem Hof, bis Sie kommen, oder gehen schon in den Keller und warten dort vor dem Werkraum, bis Sie ihn aufschließen. Als Sie Ihre Wohnung verlassen wollen, bekommen Sie einen wichtigen Anruf. So kommen Sie eine Viertelstunde zu spät. Die Schüler sind nicht mehr auf dem Hof, auch warten sie nicht vor der Tür im Keller, sondern sie hämmern schon an ihren angefangenen Werkstücken herum. Der Lärm ist ohrenbetäubend. Sie nehmen an, daß die Tür vom Hausmeister aufgeschlossen wurde, und freuen sich über den Arbeitseifer. Da niemand die Arbeit unterbricht, lassen Sie die Schüler weiterarbeiten, gehen von einem zum anderen, loben, korrigieren, geben eine Ratschlag oder greifen selbst mal zu einem Hammer.

Die Doppelstunde ist zu Ende. Die Schüler waren ausgesprochen fleißig und diszipliniert. Die gehämmerten Schalen werden weggeschlossen, die Arbeitsplätze aufgeräumt. Die Schüler verlassen schnell den Werkraum. Sie selbst prüfen noch einmal kurz, ob alles in Ordnung ist, wollen gehen und den Werkraum abschließen, da merken Sie, daß die Tür stark beschädigt ist. Irgend jemand muß die Tür aufgebrochen haben, doch wer? War die Tür schon aufgebrochen, als die Schüler den Werkraum betreten haben, oder waren es die Schüler?
Relevanz: N=54 MW 3.70 VAR 1.68 STA 1.30

7.18.3.7 Fehlplanung?

In Ihrer neuen Schule sind beiderseits der Klassenzimmertüren Garderobenschränke eingebaut. Doch diese Schränke stellen das Kollegium und die Vertreter des Hochbauamtes unvermutet vor Probleme. So werden Türen aus den Angeln gehoben und beschädigt, oder die Schüler hängen sich an die Schranktüren und fahren spazieren, bis die Scharniere ausreißen. Schließlich werden einige Kleiderstangen als Reckstangen mißbraucht. Die Kleiderstangen halten diese außergewöhnliche Belastung nicht aus und werden aus den Halterungen gerissen. In zwei Fällen konnten die Beschädigungen bestimmten Schülern nachgewiesen werden. Für die Reparatur der weiteren Schäden wird ein Kostenvoranschlag eingeholt. Die veranschlagte Summe beläuft sich auf 9300,– DM.

In einer Konferenz steht der Punkt „Garderobenschränke" auf der Tagesordnung. Ihre Rektorin berichtet über den Kostenvoranschlag und darüber, daß die Eltern der beiden Schüler Schäden in Höhe von insgesamt 540,– DM aus ihrer privaten Haftpflicht begleichen werden. Insgesamt sei die Situation aber unbefriedigend und man müsse sich auf ein gemeinsames Vorgehen einigen.

Relevanz: N = 54   MW 3.81   VAR 0.68   STA 0.83

7.18.3.8 Wasserschaden

In der großen Pause schildert der Hausmeister im Lehrerzimmer dem Kollegium folgenden Sachverhalt: „Als ich heute morgen die Schule aufschließen will, kommt mir am Haupteingang Wasser entgegen. Ich schließe auf, gehe dem Wasser nach, komme ins Klassenzimmer der 6b und finde dort den Wasserhahn voll aufgedreht. Der Abfluß vom Waschbecken war mit Kaugummi und Klopapier verstopft. Die 7a hatte gestern nachmittag noch bis 17.00 Uhr Unterricht. Um diese Zeit haben auch die Putzfrauen die Schule verlassen. Ich habe gegen 17.30 Uhr die Runde gemacht, nicht mehr in das Zimmer der 6b hineingesehen und die Schule zugeschlossen. Das Wasser muß die ganze Nacht über gelaufen sein. Spuren, die auf einen Einbruch hindeuten, gibt es nicht."

Die Schüler der 7a werden vom Rektor und Klassenlehrer gemeinsam befragt. Niemand weiß etwas, niemand will es gewesen sein. Ein Vertreter des Hochbauamtes besichtigt den Wasserschaden und schätzt die Schadensumme auf 20 000,– bis 40 000,– DM. Ein Werkraum im Keller muß gesperrt werden, weil der Putz von der Decke fällt.

Ihr Rektor ist ratlos und bittet drei Tage danach das Kollegium, das weitere Vorgehen zu diskutieren.

Relevanz: N = 54   MW 5.89   VAR 0.63   STA 0.79

7.18.4 Handlungsmöglichkeiten

zu 7.18.3.1

1. Sie fragen die Klasse, welche(r) Schüler die Lamellen von der Decke geholt haben (hat) (11%).
2. Sie bitten einen Schüler, die Lamellen aufzuheben, und beginnen dann mit dem Unterricht (2%).
3. Sie lassen die Lamellen wegräumen, unterrichten wie geplant, nehmen sich aber vor, die Frage der Zimmerdecken auf der nächsten Konferenz zur Sprache zu bringen (35%).
4. Sie telefonieren mit einem Vertreter des Hochbauamtes und bitten darum, die Lamellen abzuhängen und sie durch Holzdecken zu ersetzen (2%).
5. Sie bitten Ihren Rektor, beim Hochbauamt vorstellig zu werden (0%).
6. Sie fragen die Schüler, wie es weitergehen soll, indem Sie auf die Lamellen zeigen und fragen: ,,Was nun?" – und auf eine Antwort der Schüler warten, deren Vorschläge entgegennehmen und diese diskutieren (39%).
   oder: . . . (11%).

zu 7.18.3.2

1. Sie schlagen vor, die Parolen humorvoll abzuwandeln, so daß die Täter lächerlich gemacht werden (0%).
2. Sie schlagen vor, überhaupt nicht auf die Parolen einzugehen, die Angelegenheit zu ignorieren und die Schmierereien erst mal so zu belassen, wie sie sind (11%).
3. Sie schlagen vor, die Polizei einzuschalten und Verhöre vornehmen zu lassen (0%).
4. Sie schlagen vor, in allen Klassen über die Angelegenheit zu diskutieren und von den Schülern Vorschläge machen zu lassen, wie es nun weitergehen soll (30%).
5. Sie bitten den Vertreter des Staatlichen Hochbauamtes, für eine Entfernung der Schmierereien zu sorgen (19%).
6. Sie plädieren für eine künstlerische Umgestaltung der Parolen oder für deren Einbeziehung in eine moderne Wandmalerei und überlassen die Ausführung den Kunsterziehern der Schule (31%).
   oder: . . . (9%).

zu 7.18.3.3

1. Sie schauen erst mal nach, ob sich der Schüler verletzt hat (91%).
2. Sie lassen die Scherben zusammenfegen (0%).
3. Sie bitten die Schüler um eine Stellungnahme (0%).
4. Sie melden den Vorfall dem Rektor, damit er den Schaden der Versicherung melden kann (4%).
5. Sie verfassen erst mal gemeinsam mit den Schülern einen Bericht, aus dem hervorgeht, daß die Schüler die Scheibe nicht mutwillig zerstört haben (0%).
6. Sie sagen den beiden, daß ihre Eltern für den Schaden aufzukommen haben (0%).
   oder: . . . (6%).

zu 7.18.3.4

1. Sie sagen zum Rektor: „Jemand, der so etwas sagt, hat wahrscheinlich nichts getan." (6%).
2. Sie fragen ihn, welche Strafe er vorschlagen würde (11%).
3. Sie diskutieren mit der ganzen Klasse über das Strafmaß und über die Art der Strafe und lassen mehrheitlich abstimmen (6%).
4. Sie fragen erst mal den Schüler, wie er das gemeint hat (70%).
5. Sie sagen dem Schüler auf den Kopf zu, daß er bei den mutwilligen Beschädigungen dabeigewesen sein müsse und informieren die Eltern (0%).
6. Sie tragen diesem Schüler auf, bei dem betreffenden Handwerker eine Woche lang Handlangerdienste zu leisten und holen sich noch am selben Tag das Einverständnis der Eltern für diese Maßnahme (2%).
   oder: . . . (6%).

zu 7.18.3.5

1. Sie machen im Kollegium den Vorschlag, zumindest die verlorene Unterrichtszeit „nachspielen" zu lassen (54%).
2. Sie schlagen vor, eine Sammlung für die Schlösser zu veranstalten (11%).
3. Sie schlagen vor, in allen Klassen darüber zu diskutieren, wie sich der (die) Täter finden läßt (lassen) und hoffen auf Denunziation (4%).
4. Sie schlagen ein generelles Kaugummiverbot vor (4%).
5. Sie sagen in Ihrer Klasse: „Prima, daß die erste Stunde ausgefallen ist, heute hatte ich auch keine Lust zum Unterrichten." (2%).
6. Sie schlagen vor, die Türschlösser über das Staatliche Hochbauamt aus Steuergeldern zu bezahlen und die Angelegenheit zu übergehen (9%).
   oder: . . . (17%).

zu 7.18.3.6

1. Sie versuchen, einige Schüler zurückzuholen, um sie zu befragen (13%).
2. Sie gehen zum Hausmeister, besichtigen mit ihm zusammen den Schaden, schildern ihm den Fall und beraten sich mit ihm (11%).
3. Sie sagen dem Hausmeister Bescheid, bitten ihn, die Tür provisorisch zu verschließen und versuchen, den Fall am nächsten Morgen in der Klasse zu klären (61%).
4. Sie telefonieren sofort mit Ihrem Rektor und informieren ihn (0%).
5. Sie fragen am nächsten Morgen die Schüler, wie man herausbekommen kann, wer die Tür aufgebrochen haben könnte (0%).
6. Sie sagen am nächsten Morgen den Schülern, daß Sie sich sehr über den Arbeitseifer, weniger über die aufgebrochene Tür gefreut hätten und warten dann die Reaktion ab (11%).
   oder: . . . (4%).

zu 7.18.3.7

1. Sie machen den Vorschlag, daß in allen Klassen der Kostenvoranschlag mit den Schülern diskutiert und diese gebeten werden, die Schränke künftig pfleglich zu behandeln (31%).

2. Sie machen den Vorschlag, die Schränke auszubauen und dafür massive Kleiderstangen anzubringen, die jeder Belastung durch die Schüler standhalten (34%).

3. Sie machen den Vorschlag, die Angelegenheit erst mal in der Schulpflegschaft, also mit den Elternvertretern, zu diskutieren (22%).

4. Sie machen den Vorschlag, die Schüler darauf hinzuweisen, daß die Reparaturen indirekt von den Steuergeldern der Eltern bezahlt werden (0%).

5. Sie machen den Vorschlag, ein Schulfest mit Tombola durchzuführen und den Erlös als einen Beitrag zur Wiedergutmachung zu verwenden (0%).

6. Sie befürworten die Aufstellung zahlreicher Sportgeräte auf dem Schulhof, damit die Schüler nicht mehr an und in den Schränken turnen müssen (4%).

oder: ... (19%).

zu 7.18.3.8

1. Sie machen den Vorschlag, die Polizei einzuschalten (4%).

2. Sie geben dem Hausmeister die Schuld, denn schließlich hat er sich vom ordnungsgemäßen Zustand der Räume zu überzeugen, bevor er die Schule abschließt (2%).

3. Sie machen den Vorschlag, die Raumpflegerinnen in die Untersuchung einzubeziehen (9%).

4. Sie empfehlen, die Angelegenheit im Beisein der Elternvertreter zu diskutieren (35%).

5. Sie empfehlen die Einholung eines Rechtsgutachtens, ob und in welchem Umfang Eltern für den Schabernack ihrer Kinder innerhalb der Schule zur Verantwortung gezogen werden dürfen (17%).

6. Sie sagen: „Hier muß erst mal die Polizei den Fall untersuchen. Und wenn sich kein Täter findet, muß der Schaden durch die Stadt aus öffentlichen Mitteln reguliert werden. Falls der Täter gefunden wird, sehen wir weiter." (26%)

oder: ... (7%).

7.19 Wandertage und Landschulheimaufenthalt

7.19.1 Vorüberlegungen

Den Wandertagen und dem Landschulheimaufenthalt wird allgemein ein hoher erzieherischer Wert beigemessen. Veranstaltungen dieser Art bieten eine Vielzahl sozialer Lernchancen. Schüler und Lehrer begegnen sich nicht in den üblichen Rollen, sondern sie lernen sich „von einer anderen Seite" kennen, nicht nur als Mathematiklehrer, der immer nur fordert, und nicht nur als leistungsschwacher

Schüler, der bei Klassenarbeiten fast immer versagt. In einer freien und ungezwungenen Atmosphäre besteht die Möglichkeit zur Aussprache. Gemeinsame Erlebnisse sollen verbindend wirken und dem Klassenklima förderlich sein.

Doch stehen viele Lehrer solchen Unternehmungen sehr skeptisch gegenüber, weil sie ausgesprochen konfliktträchtig sind. Bei der Planung kann es zu zahlreichen Schwierigkeiten kommen: Da möchte ein Schüler nicht mitfahren, ein anderer bekommt die elterliche Erlaubnis nicht oder hat triftige gesundheitliche Gründe, die eine Teilnahme nicht ratsam erscheinen lassen. Sofern nun wirklich ein Schüler zurückbleiben muß, stellt sich die Frage der schulischen Betreuung für die Zeit des Aufenthalts. Wenn sich Schüler und Lehrer zu einer Wanderung, einer Klassenfahrt oder einem Landschulheimaufenthalt entschlossen haben, dann fehlt immer noch die männliche oder weibliche Begleitperson – oder es bieten sich mehrere auf einmal an, obgleich nur eine Person berücksichtigt werden kann (vgl. *Menze* 1979).

Aber schon eine kleine Tageswanderung kann für den Lehrer zu einer Tortur werden: Da regnet es am Morgen, einige Schüler kommen mit Regenumhang und Wanderproviant, andere mit ihren Schulsachen. Wie immer auch die Entscheidung ausfällt, der Unterricht an diesem Tag bleibt problematisch. Wenn die Sonne scheint, dann ist noch längst nicht gewährleistet, daß Oberprimaner auch gerne „wandern". So entfernen sich einige von ihnen unerlaubt von der Gruppe, gehen ihre eigenen Wege und müssen gesucht werden. Doch selbst wenn es gelungen sein sollte, die ganze Klasse zum Wandern zu bewegen, kommt es zu Auseinandersetzungen und Schwierigkeiten, weil Schüler z. B. auf der Fahrbahn laufen, statt den Bürgersteig zu benutzen, Passanten anpöbeln oder einen Kassettenrecorder mit sich führen, der im Wald voll aufgedreht werden muß. Auch die Rast kann für den Lehrer zur Qual werden; denn kaum ist das Butterbrot verzehrt, klettern einige Schüler schon auf die Bäume, den Hochsitz oder das Dach der Jagdhütte. Schon das Betreten einer Gastwirtschaft wird zum Risiko, weil sich fast immer einige Schüler um einen bestimmten Platz prügeln, dann eine halbe Cola mit drei Strohhalmen bestellen und so das Bedienungspersonal zur Weißglut bringen oder Tischmanieren an den Tag legen, die nicht für die Augen der Öffentlichkeit bestimmt sind.

Während einer Bus- oder Bahnfahrt muß einkalkuliert werden, daß Schüler den Fahrer oder Schaffner provozieren, deren Anweisungen ignorieren, indem sie z. B. auf den Polstern herumspringen oder in die

Gepäckablage klettern. Dann verträgt ein Schüler zumeist das Busfahren nicht, und obgleich entsprechende Tüten verteilt worden sind, kommt es zu den bekannten Problemen.

Schon beim Betreten der Herberge kann es zum ersten Zwischenfall kommen, wenn einige Schüler wider besseren Wissens · die Schlafräume mit Straßenschuhen betreten. Eine handfeste Auseinandersetzung über die Frage, wer in welchem Zimmer schlafen darf, schließt sich an. Dann kommt es zu einem Streit, wer an die Tischtennisplatte darf. Einige Schüler nörgeln über das Essen, andere haben Alkohol oder Zigaretten mitgebracht, trinken und rauchen auf den Zimmern, ohne sich an die entsprechenden Regeln zu halten. Abends wird es in den Schlafräumen natürlich nicht um 22.00 Uhr ruhig. Statt dessen müssen Lehrer und Herbergseltern dreimal intervenieren, bis sich schließlich gegen Mitternacht die ersehnte Nachtruhe einstellt. In diesen zwei Stunden passiert so allerhand: Da wird ein Bett auseinandergenommen, ein Mitschüler bekommt heimlich eine Schüssel Wasser ins Bett gestellt, ein Schüler hat Heimweh und wird von seinen Klassenkameraden gehänselt, eine kleine Gruppe versucht zu „Fensterln", bzw. beim anderen Geschlecht Zutritt zu finden.

Am nächsten Morgen steht ein Schüler zu spät auf und bringt den Tagesplan durcheinander. Von einem anderen wird bekannt, daß er sich selten oder nie wäscht. Dann wird, zum Ärger der Herbergseltern, der Küchen- oder Stubendienst zu nachlässig versehen. Während eines Besuchs im Museum machen sich wieder einige Schüler selbständig, gehen „verloren" und müssen gesucht werden. Am Abend weigern sich einige Schüler, am Gruppenabend teilzunehmen, weil sie sich zu groß vorkommen oder anderen Aktivitäten nachgehen möchten. Und natürlich werden nach 22.00 Uhr Schüler vom Herbergsvater erwischt, wie sie in ein bestimmtes Fenster einsteigen wollen. Der Überschreitung des Zapfenstreichs schließt sich eine erneute Auseinandersetzung mit dem Herbergsvater und den Missetätern an. Ein Schüler erkrankt ernsthaft, andere laufen sich die Füße wund. Die männliche oder weibliche Begleitperson wird von den Schülern nicht akzeptiert, weil es sich nicht um einen „richtigen Lehrer" handelt. Und zur Abrundung des Konfliktspektrums kommt es auch noch zu einer Auseinandersetzung mit Kollegen, wer wo das Essen einnimmt, welche Gruppe zuerst das Essen fassen darf, wie am Abend die Belegung der Gruppenräume erfolgt u. a. Dazu die Aussage eines Herbergsvaters: „Wenn sich die Lehrer streiten, dann ist hier der Teufel los, das überträgt sich sofort auf die Schüler, und die machen dann mit. Da findet ein Studienrat den Hauptschullehrer ,niveaulos', der Hauptschullehrer den Studienrat ,borniert', und die Herberge kommt nicht mehr zur Ruhe."

Eigentlich kann man verstehen, wenn Kollegen resignieren und nach Möglichkeit mit Wandertagen, Klassenfahrten oder einem Landschulheimaufenthalt nichts zu tun haben wollen, denn eine konfliktfreie Veranstaltung dieser Art ist sicher nicht möglich. Mit Ausnahme jener Problemkreise, die ausgesprochen schulbezogen sind, also den Kreisen Leistungsmessung (7.10), Hausaufgabenproblematik (7.11), Lernschwierigkeiten (7.12) und Schulmüdigkeit (7.14), ist jeder andere Problemkreis direkt oder indirekt an diesem Konfliktspektrum beteiligt.

Fragen wir nach den Ursachen der Konflikte, dann bieten sich folgende Hypothesen an:

– Lehrer und Begleitperson einerseits und die Schüler andererseits kennen sich nicht gut genug, weil es nicht möglich war, eine echte Beziehung aufzubauen, so daß sich einige Schüler dem Lehrer oder der Begleitperson nicht verantwortlich fühlen und deren Anweisungen nicht oder nur widerwillig befolgen, Anweisungen, die bei solchen Unternehmungen nun einmal gegeben werden müssen.
– Die Schüler haben das Gefühl, endlich einmal der Monotonie des Unterrichts, den Leistungsansprüchen, dem schulischen Druck und der oft beklemmenden Atmosphäre entronnen zu sein, sie sehen die Chance, sich Anordnungen des Lehrpersonals zu entziehen, einen Freiraum zu entdecken und die sich bietende Freiheit zu mißbrauchen.
– Die Schüler hatten zu selten Gelegenheit auf Wanderungen, Klassenfahrten oder während eines Landschulheimaufenthalts Erfahrungen zu sammeln, oder Unternehmungen dieser Art sind ihnen noch ganz fremd. Anders gesagt: Wenn Schüler im Verlauf ihrer Schulzeit regelmäßig mit der Klasse gewandert sind und Gelegenheit hatten, die Ferien auch mal ohne die Eltern zu verbringen, werden sich viele Probleme gar nicht erst stellen.
– Das Vorhaben ist unzureichend geplant worden, zu kurzfristig angelaufen, und nicht alle Personen bzw. Personengruppen (Schüler, Eltern, Kollegen, Schulleiter, Schulaufsicht) sind einbezogen worden.
– Lehrer und Schüler haben es versäumt, für Wanderungen, Fahrten, den Besuch von Gaststätten und den Aufenthalt in Herbergen Verhaltensregeln zu erarbeiten.
– Der Lehrer hält es nicht für erforderlich, sich um einen guten Kontakt zu den Herbergseltern, den Kollegen, die andere Gruppen betreuen, oder den Busfahrer zu bemühen.
– Die Schüler werden über – oder unterfordert. Überfordert, indem ein zuvor erarbeitetes Programm starr durchgeführt wird, ohne auf die Interessenlage der Schüler, deren körperliche Befindlichkeit und das Wetter Rücksicht zu nehmen, und der Lehrer über die Gruppe autoritär verfügt und die gesamte Zeit verplant. Unterfordert, indem zu viel improvisiert wird und sie mit ihrer freien Zeit wenig anzufangen wissen.

Somit stellt sich die Frage nach den Leitlinien pädagogischen Handelns:

Unternehmen Sie nur dann mit Ihrer Klasse einen Ausflug, eine Klassenfahrt oder einen Landschulheimaufenthalt, wenn Sie die Schüler kennengelernt haben. Im Hinblick auf die Durchführung einer Tageswanderung mag ein sechswöchiger Kontakt genügen, einem Landschulheimaufenthalt sollte mindestens ein gemeinsames Halbjahr vorausgegangen sein. Diese Zeit benötigen Sie ohnehin als minimale Planungszeit.

Nutzen Sie jede sich bietende Gelegenheit zu kleineren Lerngängen, Wanderungen, Betriebsbesichtigungen oder zur Teilnahme an besonderen Sportveranstaltungen, damit sich die Gruppe auch außerhalb des Unterrichts kennenlernt und Erfahrungen im Umgang miteinander sammeln kann. Achten Sie von Anfang an darauf, daß den Anweisungen der Begleitperson gefolgt wird, und lassen Sie bei den Schülern keinen Zweifel an deren erzieherischer Kompetenz aufkommen.

Planen Sie größere Unternehmungen langfristig und nicht über die Köpfe der beteiligten Personen hinweg. Lassen Sie aus dem Kreis der Schüler eine kleine Planungsgruppe wählen, die Sie bei der Vorbereitung unterstützt und die der Klasse laufend berichtet. Aufgabe einer solchen Gruppe wäre es, die Herbergen anzuschreiben, sich um eine Begleitperson zu bemühen, einen Kostenplan zu erstellen, die Gegenstände aufzulisten, die jeder mitnehmen muß, Vorschläge für Wanderungen, Besichtigungen und für gemeinsame Aktivitäten bei Regenwetter zu erarbeiten.

Führen Sie unter Teilnahme der Planungsgruppe einen Elternabend durch, in dessen Verlauf folgende Punkte besprochen werden: Kosten, Zuschüsse, Taschengeld; Ausgang, Rauchen, Alkohol; Anschrift, Telefonnummer, Telefonstunde, keine Besuche, keine Pakete; Versicherung, Krankheit, Verhalten in Notfällen. Geben Sie den Eltern Gelegenheit, die Begleitperson kennenzulernen und Fragen zu stellen.

Sprechen Sie mit den Schülern über das Verhalten während der Fahrt, der Wanderung, einer Besichtigung, in der Herberge. Vermeiden Sie dabei einen moralisierenden Ton, sondern lassen Sie die Verhaltensregeln von den Schülern erarbeiten, über vorliegende Hausordnungen diskutieren u. ä. Sofern sich Schüler eine Regel selbst gesetzt haben und wissen, warum es erforderlich ist, sie einzuhalten, ist die Wahrscheinlichkeit größer, daß diese Regel auch akzeptiert wird (vgl. Problemkreis 7.2).

Bemühen Sie sich um möglichst gute Kontakte zur Begleitperson, den Herbergseltern, dem Busfahrer und den Kollegen, die andere Gruppen betreuen. Beziehen Sie die Herbergseltern mit ein, sofern sie es wünschen. Bitten Sie ihn/sie um eine Erläuterung der Hausordnung oder um einen Kurzvortrag über die Umgebung (landschaftliche Schönheiten und Besonderheiten, besondere Gefahren wie verkehrsreiche Straßen, ungeeignete Badeplätze, Felsabstürze). Setzen Sie sich mit den Kollegen anderer Gruppen zusammen, und beraten Sie mit ihnen über die Raumverteilung, Essenszeiten, gemeinsame Aktivitäten usw.

Gestalten Sie das Programm für den Aufenthalt flexibel, indem Sie die Schüler einbeziehen, auf die Stimmung in der Gruppe, die körperliche Verfassung und die besonderen Interessen Rücksicht nehmen. Sprechen Sie mit der Planungsgruppe ab, was jeweils am nächsten Tag vorgesehen ist. Informieren Sie die Gruppe am Abend über den erarbeiteten Vorschlag, der von der eindeutigen Mehrheit der Gruppe getragen werden muß. Führen Sie dann aber – von witterungsbedingten Umstellungen abgesehen – den einmal gefaßten und auf einer demokratischen Entscheidung beruhenden Plan konsequent durch.

Anregungen:

Ergänzen Sie die vorstehenden Leitlinien.
Berichten Sie sich gegenseitig über Erfahrungen, die Sie während eines Landschulheimaufenthalts gemacht haben.

7.19.2 Analysebeispiel

Konfliktbeschreibung auffassen

Brigitte brennt durch

Sie sind für 14 Tage mit Ihrer zehnten Klasse in einem Landschulheim, das nur 45 km vom Schulort entfernt liegt. Eine Ihrer Schülerinnen, die 17jährige Brigitte, hat einen festen 20jährigen Freund, der sie jeden zweiten Abend besucht.

Sie selbst betrachten diese Besuche mit gemischten Gefühlen. Einerseits wollen Sie sich nicht als Moralapostel aufspielen und dem jungen Mann die Besuche verbieten, andererseits können Sie aber auch nicht zulassen, daß die beiden jeden zweiten Abend eine Spritztour machen, denn das Paar steigt in den Wagen des jungen Mannes und verschwindet dann für einige Stunden. Sie sprechen mit den beiden und sagen ihnen: „Wenn es zufällig zu einem Verkehrsunfall kommen sollte, würde kein Vorgesetzter Verständnis für mich haben, und keine Gewerkschaft würde mir Rechtsschutz gewähren." Brigitte und Hartmut sehen das auch ein und versprechen, nicht mehr mit dem Auto wegzufahren.

Zwei Tage später beobachten Sie zufällig aus einiger Entfernung, wie Brigitte wieder in das Auto ihres Freundes einsteigt und mit ihm davonfährt.

Betroffenheit einschätzen

N = 57 MW 3.46 VAR 1.97 STA 1.40, Randkonflikt 3. (Der Autor ist mit dem Ergebnis der Einschätzung nicht ganz einverstanden und sieht in diesem Fall einen Zentralkonflikt der Kategorie 4.)

Erstverhalten überlegen

Da Sie der Schülerin und deren Freund wohl kaum nachfahren werden, stehen Sie nicht unter Zeit- und Handlungsdruck, sondern können in der Zeit ihrer Abwesenheit eine Handlungsfolge konzipieren.

Methode festlegen C

Nach den Ursachen fragen

Die Schülerin hat das Gebot mißachtet, weil
– sie die Notwendigkeit nicht einsieht und das Gebot als Schikane betrachtet
– die Zuneigung zu ihrem Freund so stark ist, daß sie sich einfach darüber hinwegsetzt
– die Beziehung zum Lehrer erheblich gestört ist, und sie sich ihm in keiner Weise verantwortlich fühlt
– sie von ihrem Freund unter Druck gesetzt worden ist
– sie von ihren Mitschülerinnen nicht angenommen wird, und es ihr deshalb gleichgültig ist, ob das Gruppenklima durch ihr Verhalten belastet wird oder nicht
– sie sich langweilt, mit den Klassenkameraden nichts anzufangen weiß.

Perspektive wechseln

Die *Schülerin* handelt aus Trotz, oder sie hat ein schlechtes Gewissen, oder sie handelt unter dem Einfluß des Freundes. Auf jeden Fall ist der Wunsch, dem Freund zu folgen stärker als das Gebot des Lehrers. Als *Lehrer* fühlen Sie sich für die Schülerin verantwortlich, haben Angst, daß dem Mädchen etwas passieren könnte, ärgern sich aber auch, daß das Gebot mißachtet worden ist und haben schließlich keine Lust, sich wegen der Schülerin ein Dienststrafverfahren einzuhandeln. Die *Mitschüler* werden diesen Konflikt sehr unterschiedlich einschätzen. Einige verstehen vielleicht gar nicht, warum der Lehrer ein solches Gebot ausspricht, andere sind betroffen, daß sich die Mitschülerin so einfach über das Gebot hinwegsetzt.

Zielsetzung(en) abklären

Kurzfristig soll die Schülerin der Anordnung folgen und nicht mehr in der Zeit des Landschulheimaufenthalts mit ihrem Freund im Auto wegfahren. Es wäre auch ihre Aufgabe, in diesem Sinn auf ihren Freund einzuwirken.

Mittelfristig ist eine Verbesserung der Sozialbeziehungen anzustreben und zwar sowohl zwischen der Schülerin und dem Lehrer, als auch im Verhältnis zu den Mitschülern.

Handlungsmöglichkeiten suchen

1 der Schülerin mit Heimfahrt drohen
2 die Schülerin nach Hause schicken
3 einen Klassen- oder Schulausschluß anstreben
4 die Schülerin von den Eltern abholen lassen
5 das Verhalten ignorieren
6 den Freund bitten, eine Insassenversicherung abzuschließen
7 von den Eltern telefonisch die Erlaubnis für solche Fahrten einholen
8 der Schülerin Stubenarrest erteilen
9 sie pausenlos beschäftigen
10 einmal mehr die eigene Position darstellen und an ihr Verantwortungsgefühl appellieren
11 den beiden in der Herberge ein Zimmer zur Verfügung stellen
12 den Herbergsvater um Rat bitten
13 den Freund in einem nahegelegenen Gasthof einmieten
14 die Schülerin vom nächsten Ausflug ausschließen
15 sie zum Küchendienst einteilen
16 die eigene Freizeit immer mit ihr verbringen, sie nie unbeaufsichtigt lassen
17 das Auto des Freundes fahruntüchtig machen, so daß er das Wiederkommen vergißt
18 den Freund bitten, für die Besuchszeit freiwillig den Zündschlüssel beim Herbergsvater zu hinterlegen

19 dem Freund den Besuch für die Zeit des Landschulheimaufenthalts verbieten

20 über den Freund Gerüchte verbreiten, so daß sich die Schülerin von ihm distanziert

21 die beiden Betroffenen fragen, wie es weitergehen soll

Handlungsmöglichkeiten prüfen

1 + erscheint angebracht, da das Gebot bewußt mißachtet worden ist; 2 − Überreaktion; 3 − wie vor; 4 − wie vor; 5 − diese laissez faire Haltung wäre unverantwortlich, außerdem hätten Sie einen erheblichen Autoritätsverlust hinzunehmen; 6 − in der kurzen Zeit nicht möglich, löst auch den Konflikt nicht; 7 − die Eltern können die Situation aus der Ferne kaum richtig einschätzen, auch wäre mit einer eindeutigen elterlichen Entscheidung nicht gedient; 8 − bei einer 17jährigen Schülerin lächerlich; 9 − wie vor; 10 + − sofern ein solcher Appell erfolgversprechend ist; 11 − die Herberge ist kein Stundenhotel; 12 − eine fremde Person sollte mit diesem Konflikt nicht befaßt werden; 13 − darüber würde sich die Schülerin sicher freuen; 14 − was soll sie in dieser Zeit tun, mit ihrem Freund wegfahren? 15 − schafft nur Aggressionen, steht in keiner Beziehung zur Überschreitung des Gebots; 16 − wäre zu anstrengend, und vielleicht beschwert sich dann der Freund; 17 − kommt nicht in Frage, Sachbeschädigung; 18 − Sie können einen jungen Mann wohl kaum mit einer solchen erzieherischen Maßnahme belegen; 19 + − ihn bitten, von den Besuchen Abstand zu nehmen; 20 − makaber; 21 + − mit ihnen sprechen, aber nicht hilflos wirken.

Handlungsfolge konzipieren

Nach der Fahrt die beiden abfangen und mit ihnen sprechen. Regeln aushandeln, durch die sichergestellt wird, daß Autofahrten künftig unterbleiben. − Bei wiederholter Mißachtung des Gebots, die Schülerin auf eigene Kosten nach Hause schicken. In diesem Fall wären Schulleiter und Eltern zu benachrichtigen; den Mitschülern wäre diese Maßnahme ausführlich zu begründen.

Oder würden Sie ganz anders handeln?

7.19.3 Konfliktbeschreibungen

Beginnen Sie erst mit der Konfliktanalyse,
nachdem Sie die Kapitel 5 und 6 bearbeitet haben!

7.19.3.1 Hit-Parade

Während eines Landschulheimaufenthaltes machen Sie die für Sie interessante Erfahrung, daß einige Schüler der neunten Klasse ohne Musik wirklich nicht leben können. Auf der ersten Wanderung werden fünf Radiorecorder mitgeführt, und je nachdem, wo Sie sich innerhalb der Wandergruppe aufhalten, können Sie verschiedene Programme verfolgen.

Abends sprechen Sie mit den Schülern über die Begleitmusik und sagen, daß Sie sich gestört fühlten. Die Schüler erwidern Ihnen, daß sie die Musik schön finden. Sie sprechen über Kurgäste, die ihre Ruhe haben möchten – doch wenig überzeugend, da sie kaum einen Kurgast oder Wanderer getroffen haben. Schließlich geben die Schüler nach und versprechen, die Geräte in der Herberge zu lassen.

Doch am nächsten Tag erklingt während der Wanderung wiederum Musik. Sie erinnern an das Versprechen, aber die betreffende Schülerin möchte sich nicht daran erinnern und sagt: „Nicht mal die Hit-Parade darf man hören."

Relevanz: N=57   MW 0.75   VAR 0.69   STA 0.83

7.19.3.2 Ein Herbergsvater reizt zum Widerspruch

Sie kommen abends mit Ihren Schülern in der Jugendherberge an. Die Busfahrt ist anstrengend gewesen. Der Fahrer lädt die Koffer aus. Müde versammeln sich die Schüler mit ihrem Gepäck in der Eingangshalle und werden vom Herbergsvater mit folgenden Sätzen begrüßt: „Also, damit Ihr gleich Bescheid wißt, das obere Stockwerk darf nur in Hausschuhen betreten werden, die Essenszeiten sind pünktlich einzuhalten, um 22 Uhr ist Bettruhe, schließlich seid Ihr nicht allein in der Herberge . . ."

Im Büro klingelt das Telefon. Der Herbergsvater geht hinein und läßt die Gruppe in der Eingangshalle wartend zurück. Da setzt sich Peter in Positur und äfft den Herbergsvater nach: „Also, damit Ihr gleich Bescheid wißt . . ." Seine Mitschüler schütteln sich vor Lachen. Doch während Peter seine Vorstellung gibt, kommt der Herbergsvater unbemerkt mit versteinertem Gesichtsausdruck aus dem Büro zurück.

Sie müssen davon ausgehen, daß er wesentliche Teile der Vorstellung mitbekommen hat. Die Schüler schweigen betreten, der Herbergsvater läßt sich nichts weiter anmerken und erteilt noch einige Befehle.

Relevanz: N=57 MW 0.79 VAR 0.81 STA 0.90

7.19.3.3 Ein übler Scherz

Was wäre schon ein Landschulheimaufenthalt ohne einige handfeste Scherze? Da werden Schlafanzüge zugenäht, Steine ins Kopfkissen gesteckt, Betten auseinandergenommen u. a. m. Scherze dieser Art sind für die Betroffenen ohne längerfristige Auswirkungen, denn die Nähte lassen sich schließlich auftrennen, die Steine herausnehmen und die Betten wieder zusammenbauen.

Anders ist es in unserem Fall: Franz hat Mühe, abends ins Bett zu kommen. Er ist immer der Letzte im Waschraum. Der Herbergsvater schimpft hinter ihm her, dreht die Sicherungen heraus, und dann muß Franz im Dunkeln ins Bett krabbeln.

Seine Zimmerkameraden haben sich für Franz etwas Besonderes ausgedacht. Denn als er wieder gegen 23 Uhr in der Dunkelheit sein Bett aufsucht, legt er sich in eine randvoll mit Wasser gefüllte Schüssel. Durch das Geschrei und Gelächter aufmerksam gemacht, betreten Sie fast gleichzeitig mit dem Herbergsvater den Raum.

Relevanz: N=57 MW 0.84 VAR 1.17 STA 1.08

7.19.3.4 Das Essen ist „ungenießbar"

Während eines Landschulheimaufenthaltes nehmen viele Ihrer 15jährigen Schüler zum erstenmal an einer Gemeinschaftsverpflegung teil, was konkret bedeutet, daß es keine Möglichkeit gibt, Sonderwünsche anzumelden, wie man das gegenüber der eigenen Mutter tun kann. Die Verpflegung weicht von der gewohnten ab, es muß gegessen werden, was auf den Tisch kommt, man wartet bis zur nächsten Mahlzeit oder ernährt sich aus noch vorhandenen Vorräten.

An einem Tisch kommt es während der Mahlzeiten zu Schwierigkeiten. Sechs Schüler nörgeln immer wieder über das Essen. Mal ist es zu schwach oder zu stark gewürzt, mal sind die Kartoffeln zu hart oder zu weich gekocht, und heute soll das Essen sogar „ungenießbar" sein. Sie selbst sind der Auffassung, daß es zwar einfach, aber durchaus schmackhaft zubereitet ist.

Relevanz: N=54   MW 1.26   VAR 1.37   STA 1.17

7.19.3.5 „Wir können leider nicht teilnehmen"

Diesmal sind Sie mit Ihrer zehnten Klasse in eine etwas größere Jugendherberge gegangen, in der noch zwei weitere Gruppen einen Landschulheimaufenthalt durchführen, eine neunte Klasse aus dem Ruhrgebiet und eine elfte aus Berlin. Kein Wunder, daß sich die Mädchen zu den Berlinern hingezogen fühlen, während die Jungen mehr bei den Mädchen aus dem Kohlenpott Anschluß suchen. Für den letzten Tag des Aufenthalts ist ein Spielabend geplant. Das war schon längere Zeit abgesprochen, die Idee kam auch von den Schülern. Nun sind Sie erstaunt, als drei Mädchen erklären, sie hätten den Abend schon verplant, Verabredungen getroffen, die sie auch einhalten müßten; sie könnten leider an dem Gruppenabend nicht teilnehmen.

Relevanz: N=57   MW 1.60   VAR 1.53   STA 1.24

7.19.3.6 Der wäscht sich nie

Wenn 12jährige Mädchen oder 13jährige Jungen wasserscheu sind, Zahnbürste und Waschlappen vorübergehend meiden und auch vom Duschen und Baden nichts halten, dann gilt das als normal. Eltern und Lehrer messen diesem Verhalten keine besondere Bedeutung bei, denn es ist ja zeitlich begrenzt und schlägt schnell ins Gegenteil um, wenn die Mädchen und Jungen sich für das andere Geschlecht interessieren.

Bei 15jährigen Jungen ist diese Wasserscheu allerdings recht ungewöhnlich. Während eines Landschulheimaufenthaltes bewohnt Klaus mit drei Klassenkameraden ein Vierbettzimmer. Am sechsten Tag des Aufenthaltes kommen die Mitbewohner zu Ihnen und beschweren sich: „Der Klaus wäscht sich nie, putzt sich nie die Zähne und wechselt auch nie die Socken, obgleich er einen ganzen Koffer voll sauberer Wäsche hat. Es ist nicht mehr auszuhalten. Entweder er oder wir ziehen aus."

Relevanz: N=57   MW 1.72   VAR 1.71   STA 1.31

7.19.3.7 Die Herbergsordnung wird mißachtet

Am ersten Tag des Aufenthalts in der Jugendherberge wird von Ihren 15jährigen Schülern die Herbergsordnung mit Interesse gelesen, steckt sie doch schließlich den Rahmen ab, innerhalb dessen man sich bewegen darf. Aber wenn ein Schüler liest: „Der Aufenthalt in den Mädchenschlafräumen ist für Jungen verboten", dann reizt ein solches Verbot natürlich, denn man weiß noch nicht genau, ob es auch wirklich eingehalten werden muß. Kurz nach 22.00 Uhr geistern einige männliche Gespenster durch die Schlafräume der Mädchen. Zu dieser Zeit macht der Herbergsvater einen letzten Rundgang durch das Haus. Als er die in Bettücher gehüllten Jungen in den Kemenaten entdeckt, ist er sehr aufgebracht. Er erscheint mit den recht unglücklich wirkenden Gespenstern bei Ihnen, mit der Aufforderung, die Jungen zu bestrafen.
(Vgl. *Klink* 1974, S. 135)
Relevanz: N=54   MW 1.83   VAR 1.54   STA 1.24

7.19.3.8 Der Tagesplan gerät durcheinander

Sie führen mit Ihrem zehnten Schuljahr einen Landschulheimaufenthalt durch. Am Vortag ist die Wanderung etwas anstrengend gewesen. Für heute ist eine Fahrt in die nahegelegene Kleinstadt, die Besichtigung einer romanischen Kirche und des Heimatmuseums vorgesehen.
Am Vorabend wird mit den Schülern folgender Tagesablauf besprochen. Wecken wie üblich um 7.00 Uhr, Frühstück um 8.00 Uhr, Abfahrt in die Stadt mit dem Linienbus um 8.52 Uhr unweit der Jugendherberge.
Beim Frühstück fehlen fünf Mädchen. Die anderen Schüler lassen sich den Kaffee und die Marmeladensemmeln schmecken. Sie selbst messen der Verspätung noch keine Bedeutung bei. Um 8.15 Uhr werden Sie jedoch nervös und bitten ein Mädchen, nach den Mitschülerinnen zu sehen und sie zur Eile anzuhalten. Das Mädchen kommt mit der Nachricht zurück: „Die liegen noch in den Betten." Daraufhin schaltet sich Ihre Kollegin – in ihrer Eigenschaft als weibliche Begleitperson – ein und berichtet, die fünf würden ausnahmslos vorgeben, krank zu sein, würden über Kopfschmerzen, Übelkeit und Brechreiz klagen, jedenfalls könnten sie nicht aufstehen. Nun wird das Fieberthermometer gezückt – erhöhte Temperatur hat

niemand. Inzwischen ist es 8.45 Uhr, in 7 Minuten fährt der Bus, Sie müssen schnell eine Entscheidung treffen.
Relevanz: N = 57   MW 2.00   VAR 1.18   STA 1.09

7.19.3.9 Niemand fühlt sich verantwortlich

Sie sind für 14 Tage mit Ihrer Klasse in einer Jugendherberge. Einige Schüler müssen zum erstenmal in ihrem Leben in der Küche helfen, Betten machen und Stuben ausfegen. Am ersten Tag wurden die einzelnen Dienst- und Arbeitsgruppen zusammengestellt, aber dennoch laufen bei Ihnen zahlreiche Beschwerden der Herbergseltern ein. Mal sind die Betten nicht ordentlich gemacht, dann wird der Waschraum nicht sorgfältig gereinigt, oder es drücken sich einige Schüler vor dem Küchendienst.

Nach einem Fußballspiel, das gegen eine andere achte Klasse ausgetragen und gewonnen wurde, betreten einige Schüler trotz bestehenden Verbots mit Fußballstiefeln die Schlafräume. Eingangshalle und Treppe werden erheblich verschmutzt. Die Herbergsmutter fordert einige Ihrer Schüler auf, Halle und Treppe zu fegen. Aber niemand fühlt sich verantwortlich, niemand möchte die Arbeit tun. Immer heißt es: „Das waren wir nicht, das war die andere Klasse." Schließlich kommt die Herbergsmutter zu Ihnen und beschwert sich.
Relevanz: N = 54   MW 2.02   VAR 1.23   STA 1.11

7.19.3.10 Zimmerbelegung

Wenn Sie mit einer Klasse in eine Jugendherberge einrücken, dann wird die Frage, wer mit wem ein Zimmer bewohnen darf, oft zu einem Problem. Mutwillig sollten Sie als Lehrer das in der Klasse vorhandene Sympathiegefüge nicht zerstören, aber die Schwierigkeit liegt darin, daß Sympathiegefüge und Bettenzahl oft nicht übereinstimmen. Da heißt es: „Ich will unbedingt mit Rudi zusammensein", oder: „Ich mag nicht mit Sabine schlafen, die ist immer so komisch". Allen Wünschen gerecht zu werden, ist hier sicher nicht einfach.

Sie sind mit Ihrem neunten Schuljahr unterwegs. Der Herbergsvater zeigt den Jungen schöne, modern ausgestattete Vierbettzimmer. Leider sind 18 Schüler in der Klasse, und da vom Herbergsvater die Auflage gemacht wird, die Zimmer voll zu belegen, müssen zwei Schüler in einem fünften Zimmer schlafen. Bei der Belegung des

vierten Zimmers kommt es zwischen drei Schülern zu einer Schlägerei, da niemand im fünften Zimmer schlafen möchte.
Relevanz: N=57   MW 2.05   VAR 1.69   STA 1.30

7.19.3.11 Eine Begleitperson wird nicht respektiert

Wenn Sie als Lehrer eine Wanderung oder einen Landschulheimaufenthalt planen, dann stellt sich für Sie jedesmal die Frage nach der männlichen oder weiblichen Begleitperson. Eine befreundete Kollegin oder ein Kollege würde ja gerne mitkommen, kann aber die eigene Klasse nicht im Stich lassen. Als Begleitperson bieten sich jene Lehrkräfte an, die in technischen und musischen Fächern unterrichten. Denn allgemein wird der durch nichts begründete Standpunkt vertreten, daß ein paar Stunden Sport, Werkerziehung, Textiles Gestalten oder Hauswirtschaft schon mal ausfallen können. Diese Kolleginnen und Kollegen sind meist auch auf Wandertage und Landschulheimaufenthalte spezialisiert, und wenn es Ihnen gelingt, eine solche Begleitperson zu engagieren, können Sie sich glücklich schätzen.

Sie führen im Juni einen Landschulheimaufenthalt durch. Leider sind die in Frage kommenden Kolleginnen schon ausgebucht. So gibt es nur noch die Möglichkeit, die eigene Frau oder die Mutter eines Schülers zur Mitfahrt zu bewegen. Ihre Frau muß selbst beruflichen Verpflichtungen nachkommen, eine Mutter ist bald gefunden. Doch damit sind noch längst nicht alle Probleme ausgeräumt.

Es gibt zwischen den Mädchen Streit, wer den Küchendienst zu versehen hat. Ein paarmal wurde schon gewechselt und getauscht, so daß der ursprüngliche Plan nicht mehr zu gebrauchen ist. Die Auseinandersetzung findet im Speisesaal statt. Sie verfolgen den Streit am Rande. Ihre weibliche Begleitperson, die Mutter eines der streitenden Mädchen, möchte schlichtend eingreifen, bekommt aber zu hören, daß sie gar nichts zu sagen und zu bestimmen habe, da sie schließlich keine Lehrerin sei.
Relevanz: N=57   MW 2.11   VAR 1.42   STA 1.19

7.19.3.12 Ich darf nicht mit

Sie planen einen zehntägigen Aufenthalt in Südtirol. Die Schüler sparen schon lange für diese große Klassenfahrt. Schließlich soll es die letzte größere Unternehmung vor der Entlassung aus der Realschule sein. Die Reise wird von einem Organisationskomitee der Klasse sorgfältig geplant; auch die Finanzierung ist durch Tombola, Klassenfest, Spende und Zuschuß gesichert, die Belastung ist für die Eltern der Schüler sehr gering.

Da werden Sie, 14 Tage vor Antritt der Reise,· durch Utas Erklärung überrascht: „Meine Eltern wollen nicht, daß ich mitfahre." Nach den Gründen befragt, schweigt sich Uta aus und schlägt die Augen nieder. Am Abend fahren Sie einfach mal bei Utas Eltern, die kein Telefon haben, vorbei und hören mit Erstaunen, daß sie selbstverständlich bereit seien, den Unkostenbeitrag zu zahlen und auch keinerlei Einwände bezüglich der Klassenfahrt haben würden. (Vgl. *Klink* 1974, S. 135)

Relevanz: N = 57   MW 2.11   VAR 1.45   STA 1.21

7.19.3.13 Die erste Nacht in der Jugendherberge

Sie haben mit Ihrem achten Schuljahr für 14 Tage Quartier in einer Jugendherberge bezogen. Für viele Ihrer Schüler ist die Situation neu und ungewohnt. Einige waren noch kaum von zu Hause fort. Die neue Umgebung – der Schlafsaal, die Doppelbetten – wirkt jedenfalls sehr anregend. Es werden Süßigkeiten verteilt, Geschichten erzählt, und dann folgt kurz nach 22.00 Uhr noch eine Kissenschlacht, an der auch der Herbergsvater unfreiwillig teilnimmt. Er bekommt ein Kissen ab, ist verärgert und bittet sehr energisch um Ruhe.

Sie selbst sagen den Jungen gute Nacht, bitten ebenfalls, nun ruhig zu sein und zu schlafen – doch mit geringem Erfolg. Fünf Minuten lang ist es still, dann hören Sie wieder von Ihrem Nachbarzimmer aus schallendes Gelächter. Wenig später greift der Herbergsvater erneut lautstark ein. Erst gegen 24.00 Uhr kommen die Jungen zur Ruhe.

Als Sie am nächsten Morgen mit den Schülern beim Frühstück sitzen, kommt der Herbergsvater in den Speisesaal und sagt: „Wenn heute abend nicht um zehn Uhr Schluß ist, könnt Ihr alle nach Hause fahren."

Relevanz: N = 54   MW 2.20   VAR 1.15   STA 1.07

7.19.3.14 Die Einkehr wird zum Martyrium

Sie befinden sich mit Ihrer siebenten Klasse auf einer Tageswanderung. Für die Mittagspause ist eine Rast in einem Gartenlokal vorgesehen. Leider macht Ihnen das Wetter einen Strich durch die

Rechnung, denn es ist kalt und regnerisch. So müssen Sie mit den 36 Schülern die Gaststube aufsuchen. Trotz Ihrer Ermahnungen fallen die Schüler lärmend in das Lokal ein, schlagen sich fast um die Stühle und reißen schon beim Hinsetzen eine Tischdecke samt Blumenvase und Aschenbecher vom Tisch. Endlich hat jeder Schüler einen Platz gefunden. Sie atmen erleichtert auf. Doch schon kommen neue Probleme auf Sie zu. Als Bedienung steht nur eine ältere Frau zur Verfügung, die schließlich nicht alle 36 Schüler gleichzeitig bedienen kann. Die Frau hetzt zwischen den Tischen umher, und der Ton, den einige Schüler anschlagen, trägt in keiner Weise dazu bei, die Frau freundlicher zu stimmen. „He da, Frau Oberin, eine Cola mit drei Strohhalmen!" „Bedienung, ein Teller Suppe mit drei Würstchen!" „Ein Eisbecher mit zwei Löffeln!" „Eine Bratwurst mit einer halben Semmel, aber schnell!" Einige Schüler machen sich einen Spaß daraus, die Frau zu ärgern. Sie überlegen sich, wie Sie die Situation retten können.
Relevanz: N = 57   MW 2.26   VAR 1.59   STA 1.26

7.19.3.15 Der Ausgang wird stark überzogen

Sie sind mit Ihrem zehnten Schuljahr auf großer Klassenfahrt und übernachten in einer Jugendherberge. Um 22.00 Uhr wird die Herberge geschlossen. Einige Jungen und Mädchen suchen die nahegelegene Stadt auf, um den Abend in einer Disko zu verbringen. Wer geht da schon um 22.00 Uhr in die Herberge zurück, gerade dann, wenn es erst richtig schön wird. So wird ein Mitschüler beauftragt, bestimmte Fenster zu öffnen, damit man auch noch später in die Jugendherberge einsteigen kann, und dann wird weitergetanzt.
Als die Jungen gegen 24.00 Uhr an der Hauswand Klimmzüge machen, werden sie vom Herbergsvater überrascht. Zufällig hat auch er den Abend außerhalb der Herberge verbracht und kommt zur gleichen Zeit zurück. Am nächsten Morgen fordert er von Ihnen die angemessene Bestrafung der „Nachtfalter".
Relevanz: N = 54   MW 2.44   VAR 1.19   STA 1.09

7.19.3.16 Kummer oder Weltschmerz

Sie sind mit Ihrer Klasse für 14 Tage in einer Jugendherberge im Schwarzwald. Sie haben einen erlebnisreichen, anstrengenden Wandertag hinter sich. Ihre Gruppe wurde von einem Gewitterregen überrascht, Kleidung und Schuhwerk einiger Schüler sind durchnäßt, die Stimmung ist gedrückt. Auch nach dem Abendessen will es nicht mehr lustig werden. Einige Schüler raffen sich noch zu einem Kartenspiel auf oder schreiben ein paar Postkarten, andere ziehen sich sofort auf ihre Zimmer zurück. Als Sie gegen 22.00 Uhr durch die Räume gehen, um den Schülern gute Nacht zu sagen, hat sich der 15jährige Kurt unter seine Bettdecke verkrochen und weint vor sich hin. Die Mitschüler, die mit ihm das Zimmer bewohnen, sind ratlos oder amüsiert. Kurt ist nicht ansprechbar. Sie fragen deshalb die anderen nach dem Grund des Kummers und erhalten die Antwort: „So genau wissen wir das auch nicht, entweder hat er Heimweh oder Liebeskummer."

Relevanz: N = 54 MW 2.46 VAR 1.12 STA 1.06

7.19.3.17 *Zwei Schüler kommen abhanden*

Sie haben den Wandertag für Ihr neuntes Schuljahr besonders sorgfältig geplant und organisiert, eine weibliche Begleitperson in Gestalt der Sportlehrerin gewonnen, die Wanderstrecken mit den Schülern durchgesprochen und die Rastplätze festgelegt. Eigentlich kann diesmal nichts schiefgehen – denken Sie und freuen sich sogar auf den Tag.

Im unübersichtlichen Waldgelände können Sie unmöglich alle Schüler im Auge behalten, aber schließlich sind die Jungen und Mädchen ja schon 15 Jahre alt und einige gehen diesen Weg nicht zum ersten Mal. Das erste Teilziel, ein Aussichtsturm mit Gastwirtschaft, ist gegen 11.00 Uhr erreicht. Die Schüler trudeln nach und nach ein, steigen auf den Turm und bestellen sich dann in der Wirtschaft etwas zu trinken. Mit Ausnahme von Thomas und Katja sind alle Schüler gut angekommen. Man macht einige Witze über die beiden. Als sie nach einer Stunde immer noch nicht eingetroffen sind, wird ein Suchtrupp gebildet, um nach ihnen zu sehen. Der Trupp kehrt unverrichteter Dinge zurück.

Sie und Ihre Kollegin sind stark beunruhigt. Die gute Laune ist dahin. Die Wanderstrecke muß verkürzt werden. Um 18.10 Uhr ist die Heimfahrt mit der Bundesbahn geplant. Das wissen die beiden auch, und der Bahnhof erscheint Ihnen als letzte Rettung. Doch wer auch hier nicht da ist, sind Thomas und Katja.

Sie fahren zurück und teilen sich die Aufgaben. Sie selbst wollen mit den Eltern telefonieren und die Polizei benachrichtigen, während Ihre Kollegin den Rektor verständigt.

Vergnügt und munter kommen die beiden schließlich mit dem nächsten Zug auf dem Heimatbahnhof an und erklären Eltern, Lehrern und Bahnpolizei, sie hätten sich nur verlaufen. (Vgl. *Klink* 1974, S. 136)
Relevanz: N = 57   MW 3.44   VAR 1.64   STA 1.28

7.19.4 Handlungsmöglichkeiten

zu 7.19.3.1

1. Sie nehmen ihr das Gerät weg und geben es am Ende des Aufenthaltes zurück (5%).
2. Sie sagen: „Gut, die Hit-Parade, aber dann ist Schluß." (11%).
3. Sie fordern die Klasse auf, einen Kreis zu bilden und den Hits zu lauschen (21%).
4. Sie bitten um Aufnahme der Sendung, warten auf einen Regentag oder Abend und hören sich mit den Schülern die Hits an (14%).
5. Sie lassen einen Aufsatz über „Lärmbelästigung" schreiben (2%).
6. Sie fragen die Schülerin, ob Sie den Vögeln Konkurrenz machen möchte (11%).
   oder: . . . (37%).

zu 7.19.3.2

1. Sie sagen zum Herbergsvater: „Peter ist in unserer Theatergruppe, der spielt jeden nach und übt wieder mal." (39%).
2. Sie übergehen ebenfalls die Situation (30%).
3. Sie lassen Peter einen Aufsatz schreiben: „Wie würde ich als Herbergsvater eine Klasse begrüßen?" Und diesen Aufsatz lassen Sie vorlesen (4%).
4. Sie entschuldigen sich beim Herbergsvater für Peters Verhalten und sagen, daß die Schüler sehr müde sind (2%).
5. Sie fordern Peter auf, sich beim Herbergsvater zu entschuldigen (5%).
6. Sie ignorieren das Ereignis, warnen aber am nächsten Tag die Klasse vor dem Herbergsvater (19%).
   oder: . . . (2%).

zu 7.19.3.3

1. Sie versuchen, Franz und den Herbergsvater zu beruhigen indem Sie sagen: „Die Matratze trocknet wieder, für einen Schaden kommen wir auf." (74%).
2. Sie fordern die Schuldigen auf, Franz „trockenzulegen". (7%).
3. Sie ziehen sich lachend zurück und überlassen dem Herbergsvater den Fall (12%).

4. Sie ziehen sich zurück und helfen dem Franz bei der Ausarbeitung eines Racheplans (0%).
5. Sie sprechen mit den Beteiligten darüber, warum sie sich gerade Franz ausgesucht haben (2%).
6. Sie fragen den Herbergsvater, welche Strafe er für angemessen halte (0%).
   oder: . . . (5%).

zu 7.19.3.4

1. Sie schlagen der betreffenden Gruppe vor, sie solle sich selbst mal im Kochen versuchen (24%).
2. Sie kommandieren die nörgelnden Schüler zum Küchendienst ab (9%).
3. Sie erzählen, welchen Entbehrungen Sie in Ihrer Kindheit ausgesetzt gewesen sind und sagen, wie gut es ihnen heute gehen würde (0%).
4. Sie fragen, ob sie zu Hause auch nörgeln dürfen und dann etwas anderes bekommen (6%).
5. Sie sagen: „Wenn ich Euch noch einmal nörgeln höre, fällt das nächste Essen für Euch aus, dann bleibt Ihr auf den Zimmern." (20%).
6. Sie sprechen mit der ganzen Klasse über die Gemeinschaftsverpflegung (15%).
   oder: . . . (26%).

zu 7.19.3.5

1. Sie erlauben den drei Mädchen, ihre Verabredungen einzuhalten (0%).
2. Sie sagen den Mädchen, daß der Termin lange vorher bekannt gewesen sei und sie mit der Klasse feiern müßten (12%).
3. Sie fordern die Mädchen auf, ihre neuen Freunde mitzubringen (11%).
4. Sie machen den Vorschlag, den Abend zu teilen: Bis 21.00 Uhr Gruppenabend, danach bis 23. 00 Uhr Rendezvous (0%).
5. Sie sprechen mit dem Kollegen aus Berlin und arrangieren einen gemeinsamen Abend (21%).
6. Sie machen den Vorschlag, auch noch die Klasse aus dem Ruhrgebiet einzubeziehen, so daß der Abend ganz offen gestaltet wird (54%).
   oder: . . . (2%).

zu 7.19.3.6

1. Sie sprechen in Gegenwart aller Zimmerbewohner mit Klaus über die Beschwerden (44%).
2. Sie verlegen, falls dies möglich und der Herbergsvater einverstanden ist, Klaus auf ein Einzelzimmer. Rückverlegung wird nur in gereinigtem Zustand gestattet (2%).
3. Sie stellen Klaus mit den Kleidern unter die Dusche (5%).
4. Sie schenken ihm im Verlauf eines Gruppenabends Seife, Waschlappen und Handtuch (0%).
5. Sie unterrichten am nächsten Tag über das Thema: „Transpiration und deren Folgen." (0%).
6. Sie veranstalten ein Wettschwimmen, an dem jeder teilnehmen muß (25%).
   oder: . . . (25%).

zu 7.19.3.7

1. Sie sagen dem Herbergsvater, daß Sie am nächsten Tag für eine angemessene Bestrafung sorgen werden, und schicken die Jungen ins Bett (46%).
2. Sie regen am nächsten Tag eine Diskussion über den Sinn von Hausordnungen an (7%).
3. Sie lassen die Schüler die Hausordnung zehnmal abschreiben (0%).
4. Sie nehmen die Schüler in Ihr Zimmer mit und drohen ihnen an, sie im Wiederholungsfall sofort nach Hause zu schicken (13%).
5. Sie beauftragen die Schüler, für den nächsten Gruppenabend ein Rollenspiel vorzubereiten: Thema „Es spukt in der Herberge". (7%).
6. Sie fragen die Schüler, wie sie sich an Ihrer Stelle verhalten und welche Bestrafung sie für angemessen halten würden (13%).
   oder: ... (13%).

zu 7.19.3.8

1. Sie lassen die Mädchen in den Betten und fahren mit den anderen Schülern los (25%).
2. Sie besprechen abends mit den fünf Mädchen das Programm des nächsten Tages (2%).
3. Sie bitten noch vor der Abfahrt die fünf Mädchen, das Programm für den nächsten Tag zu planen (18%).
4. Sie planen eine verlockende Aktivität, z. B. Minigolf-Wettbewerb, und nehmen den nächsten Bus (7%).
5. Sie stellen die fünf Mädchen abends zur Rede (0%).
6. Sie sorgen dafür, daß die fünf Mädchen drei Tage lang bei Tee und Zwieback im Bett zubringen müssen (26%).
   oder: ... (23%).

zu 7.19.3.9

1. Sie bewaffnen die ganze Fußballmannschaft mit Besen, Schaufeln und Handfegern (56%).
2. Sie sagen der Herbergsmutter: „Auf diesen Schmutz kommt es auch nicht mehr an!" (0%).
3. Sie verhandeln mit der anderen Fußballmannschaft und sagen, sie möge Sportgeist entwickeln und helfen (22%).
4. Sie entschuldigen sich bei der Herbergsmutter und greifen selbst zum Besen (0%).
5. Sie versprechen jenen Schülern, die sauber machen, eine Cola (0%).
6. Sie lassen die ganze Klasse zum Fegen antreten (4%).
   oder: ... (19%).

zu 7.19.3.10

1. Sie lassen losen, wer in das Zimmer darf (51%).
2. Sie versuchen, den drei Schülern ein „Leben zu zweit" schmackhaft zu machen (7%).
3. Sie fragen den Herbergsvater, ob die sich schlagenden Schüler das fünfte Zimmer gemeinsam bewohnen dürfen (16%).
4. Sie warten ganz einfach ab, wer bei der Schlägerei siegt (0%).

5. Sie fragen einen der Schüler, wen er im Zimmer haben will (5%).
6. Sie schlagen vor, das fünfte Zimmer im rollierenden System zu belegen, so daß jeder mal drin schlafen muß (12%).
oder: ... (9%).

zu 7.19.3.11

1. Sie sagen den Mädchen mit Nachdruck, daß eine Mutter voll weisungsbefugt sei (68%).
2. Sie fragen, warum es denn ausgerechnet eine Lehrerin sein müsse (9%).
3. Sie sagen: „Streitet ruhig weiter. Wegen mir braucht es kein Essen zu geben." (2%).
4. Sie machen den Vorschlag, gemeinsam einen neuen Küchendienst-Plan zu erstellen (9%).
5. Sie fordern die Mädchen auf, sich zu einigen (4%).
6. Sie hören weg und überlassen den Streit den Frauen (2%).
oder: ... (7%).

zu 7.19.3.12

1. Sie schreiben einen Brief an Uta, in dem Sie sie bitten, mitzukommen, und lassen den Brief von den Schülern freiwillig unterschreiben (16%).
2. Sie führen mit Uta ein schülerzentriertes Einzelgespräch (54%).
3. Sie lassen Uta in der Parallelklasse zurück (2%).
4. Sie bitten Utas Eltern, ihre Tochter zur Mitfahrt zu bewegen (5%).
5. Sie fragen Uta, warum sie Ihnen die Unwahrheit gesagt habe (18%).
6. Sie sagen Uta: „Für mich ist die Sache erledigt. Du fährst mit, ob Du willst oder nicht." (0%).
oder: ... (5%).

zu 7.19.3.13

1. Sie stimmen dem Herbergsvater zu (7%).
2. Sie regen eine Pro-Kontra-Diskussion an: Nachtruhe im Haus mit Rücksicht auf die Gäste unentbehrlich oder entbehrlich (43%).
3. Sie bestrafen die Ruhestörer, indem Sie sie zur Übernahme eines Dienstes verpflichten (9%).
4. Sie wecken die Schüler nachts um drei Uhr, damit sie die Erfahrung machen, wie ruhestörender Lärm wirkt (2%).
5. Sie führen am nächsten Tag eine sehr lange und anstrengende Wanderung durch, damit die Schüler abends ins Bett fallen (15%).
6. Sie nehmen den Schülern für eine Nacht die Kopfkissen weg, damit sie keine Kissenschlacht veranstalten können (2%).
oder: ... (22%).

zu 7.19.3.14

1. Sie stehen auf und lassen ein Donnerwetter los, so daß es alle anderen Gäste auch hören (37%).
2. Sie suchen die Schüler, die sich danebenbenommen haben, der Reihe nach an ihren Plätzen auf und sagen ihnen Ihre Meinung (18%).
3. Sie schicken die flegelhaften Schüler hinaus in den Regen (2%).

4. Sie entschuldigen sich bei der Frau für das ungehörige Verhalten Ihrer Schüler (18%).
5. Sie halten sich ganz zurück, sagen den Schülern aber gründlich Ihre Meinung, sobald Sie das Lokal verlassen haben (4%).
6. Sie konzipieren schon in Gedanken eine Unterrichtseinheit mit dem Thema: „Einmaleins des guten Tons." (2%).
oder: ... (21%).

zu 7.19.3.15

1. Sie schicken die betreffenden Schüler auf eigene Kosten nach Hause (0%).
2. Sie erteilen den Schülern für den nächsten Abend Ausgehverbot (28%).
3. Sie regen ein Gespräch zwischen dem Herbergsvater und den Jugendlichen an, damit diese gemeinsam ein Strafmaß festsetzen (7%).
4. Sie organisieren für den nächsten Abend eine Party, laden die Herbergseltern ein, und die „Nachtfalter" müssen alle Vorbereitungen treffen (19%).
5. Sie erteilen den Schülern für den Rest des Aufenthaltes Ausgehverbot (6%).
6. Sie versuchen, die Angelegenheit zu bagatellisieren, indem Sie den betreffenden Schülern zwar für den Wiederholungsfall eine Bestrafung androhen, den Herbergsvater aber daran erinnern, daß er doch auch mal jung gewesen sei (30%).
oder: ... (11%).

zu 7.19.3.16

1. Sie lassen Kurt in Ruhe weinen, um erst am nächsten Tag mit ihm zu sprechen (39%).
2. Sie beginnen ein belangloses Gespräch und hoffen, daß sich Kurt irgendwann beteiligt (13%).
3. Sie sagen den Mitbewohnern, daß sie sich um ihn kümmern sollen (4%).
4. Sie rufen die Eltern an und fragen sie, ob Kurt öfter mal abends im Bett weint (0%).
5. Sie sagen ihm, daß Sie verstehen, wenn er traurig ist, Sie ihm aber nicht helfen können, solange er schweigt (33%).
6. Sie sagen: „Schau mal Kurt, was ich Dir mitgebracht habe", halten ein paar Bonbons in die Höhe, in der Hoffnung, daß ihn die Neugier aus der Reserve lockt (0%).
oder: ... (11%).

zu 7.19.3.17

1. Sie machen mit der Klasse keinen Ausflug mehr (0%).
2. Sie bitten Thomas und Katja, sich vor der Klasse zu rechtfertigen (35%).
3. Sie freuen sich, daß die beiden nicht vom „bösen Wolf" gefressen worden sind (4%).
4. Sie führen wieder einen Ausflug durch, lassen die beiden aber in der Parallelklasse zurück (11%).

5. Sie führen mit den beiden Einzelgespräche, vergleichen die Berichte, um
   danach weitere Maßnahmen zu ergreifen (40%).
6. Sie bitten die Eltern, die beiden zu bestrafen (0%).
   oder: ... (11%).

7.20 Praktikum und Referendariat

7.20.1 Vorüberlegungen

Viele Praktikanten und Referendare beginnen den betreffenden
Ausbildungsabschnitt mit sehr hohen Erwartungen, möchten emanzi-
patorische Inhalte vermitteln, die Kritikfähigkeit der Schüler erhöhen,
Problembewußtsein wecken, einen demokratischen Lehrstil pflegen
und zum Abbau des Leistungsdrucks und der Schülerängste beitragen.
Die Enttäuschung ist groß, wenn ihre Bemühungen auf Ablehnung
stoßen, die Schüler Arbeitsaufträge ignorieren – also den Praktikant
oder Referendar als Lehrer einfach nicht akzeptieren – oder sich die
ganze Klasse in allgemeiner Disziplinlosigkeit ergeht, wenn der
Mentor für kurze Zeit den Raum verläßt. Häufig kommt es zu
Auseinandersetzungen, Belastungen und Schwierigkeiten mit dem
Mentor, weil Praktikanten oder Referendare in seinen Augen ungepflegt oder unpünktlich zum Unterricht erscheinen, sie nur mit Mühe
zur Übernahme von Unterrichtsstunden zu bewegen sind, mit den
Themenvorschlägen nicht einverstanden sind, sich fachlich und
methodisch unzureichend vorbereiten, Lehr- und Lernmaterial vergessen oder einen fragwürdigen Erziehungsstil praktizieren.
   Nach ersten negativen Erfahrungen mit einem demokratischen Stil
wird oftmals versucht, autoritäre Verhaltensmuster zu realisieren, so
wie man sie in der eigenen Schulzeit kennengelernt hat, oder es
beginnt eine Flucht nach vorn, der Versuch, „zum Ungehorsam zu
erziehen" oder sich anzubiedern. Kein Wunder, daß der Mentor von
solchen Versuchen wenig hält, Experimente dieser Art ablehnt und
manchmal sogar politische Absichten wittert. Besonders konfliktträchtig ist die Phase der Nachbesprechung im Anschluß an eine
Lehrprobe. Sie ist aus der Sicht des Mentors vor allem dann schwierig,
wenn der Praktikant oder Referendar nicht bereit oder in der Lage ist,
sein eigenes Verhalten realistisch einzuschätzen und begründete

Kritik entgegenzunehmen. Aus der Perspektive der Praktikanten und Referendare erscheint der Mentor mitunter zu pedantisch, schulmeisterlich oder allzu großzügig, indem er nicht bereit ist, von seinem Plan abzugehen und andere an der Stoffauswahl zu beteiligen oder den Praktikanten oder Referendaren die Auswahl der Inhalte fast ganz überläßt. Eine interessante Variante ergibt sich, wenn der Mentor jene Inhalte anbietet, die er selbst nicht unterrichten möchte. Einige Mentoren verzichten auf konkrete Hinweise zur fachlichen und methodischen Planung, andere schreiben jeden einzelnen Schritt im Unterricht genau vor, so daß sich die Lehranfänger eingeengt und bevormundet fühlen. Zu Auseinandersetzungen kann es in der Planungsphase kommen, wenn der schriftliche Entwurf nicht den Vorstellungen des Mentors entspricht oder wenn der Mentor unmittelbar vor Unterrichtsbeginn an dem Entwurf Kritik übt, der Praktikant oder Referendar aber keine Möglichkeit mehr sieht, sein Konzept abzuändern. Besonders unbeliebt sind die Versuche des Mentors, in einen laufenden Unterricht einzugreifen, einzelne Schüler zu ermahnen oder dem Lehrenden die Stunde aus der Hand zu nehmen, etwa nach dem Motto: „Nehmen Sie mal Platz, ich zeige Ihnen jetzt, wie gelehrt werden muß." Die Kritik des Mentors wird auch manchmal in Gegenwart der Schüler geäußert, ein Verhalten, welches die Beziehungen erheblich belastet.

Zifreund (1966) hat schon vor Jahren auf die fragwürdige Situation der Nachbesprechung hingewiesen, in der die Rollen eindeutig festgelegt sind. Der Mentor verfügt zumeist über langjährige Erfahrung und hat die „besseren" Argumente, außerdem benotet er die Lehrprobe oder bescheinigt zumindest die erfolgreiche bzw. nicht erfolgreiche Teilnahme am Praktikum. Der Praktikant oder Referendar befindet sich in der eindeutig schwächeren Position. Aufgrund seiner direkten Abhängigkeit versucht er, sich so gut wie möglich dem Geschmack des Mentors anzupassen, um möglichst ungeschoren über die Runden zu kommen. Oft wird in einer solchen Situation auch über Ereignisse gesprochen, die einige Gesprächsteilnehmer gar nicht, unvollständig oder ganz anders beobachtet haben, weil der Unterricht schon drei Stunden zurückliegt, niemand in der Lage ist, sich an alle wichtigen Ereignisse aus vier Unterrichtsstunden zu erinnern. Und deshalb reden Mentoren und Praktikanten bzw. Referendare häufig aneinander vorbei, d. h. der Mentor redet und die Lehranfänger tun so, als würden sie der Kritik folgen können. Sehr oft zieht sich der Mentor aber auch aus der Affäre, indem er vage Werturteile fällt, mit denen der Lehrende wenig anzufangen weiß. Äußerungen wie : „Aus

Ihnen wird nie ein guter Lehrer" – „Machen Sie nur weiter so" – „Mir hat gefallen, wie Sie mit den Schülern umgegangen sind" – „Ich zweifele daran, ob Sie in einer schwierigen Klasse damit durchkommen" – „Sie sollten härter durchgreifen, sich nicht auf der Nase herumtanzen lassen", geben keinerlei Hinweise für eine konkrete Verhaltensänderung. Völlig ratlos sind schließlich die Praktikanten und Referendare, wenn sie fragwürdige Empfehlungen hören wie: „Vergessen Sie mal ruhig alles, was Sie an der Hochschule gelernt haben", oder wenn Schüler diffamiert werden: „Mit dem Jungen ist ohnehin nichts anzufangen, würden Sie die Familie kennen, würden Sie ganz anders denken." Oder es wird die bekannte „Tschibo-Theorie" gebracht: „Alles Kaffeesatz, die guten Schüler sind auf der Realschule oder im Gymnasium, mit diesem Rest brauchen Sie so etwas gar nicht erst zu probieren."

Wir sehen also, Praktikanten, Referendare und Mentoren haben zahlreiche Gelegenheiten, sich in der Lösung von Konflikten zu üben. Zu erwähnen ist allerdings noch der permanente Kleinkrieg, der zwischen Hochschule und Schule, sog. Theoretikern und Praktikern ausgetragen wird. Die Hochschullehrer haben u. a. die Aufgabe, die Studenten auf die Unterrichtspraxis vorzubereiten, nur ist „Praxis" zumeist etwas Geringes, einer Hohen Schule nicht würdig, etwas, das man getrost den Praktikern überlassen kann, und so kommt es zum Hochmut der Theoretiker. Die Einübung in didaktische Handlungskompetenzen (vgl. *Becker/Clemens-Lodde/Köhl* 1980) möchte man getrost den Praktikern überlassen. Die Mentoren werfen ihrerseits den Professoren und Dozenten Praxisferne vor. Demzufolge würden sie Praktikanten und Referendare nicht genügend auf den Unterricht vorbereiten und von diesem ohnehin zu wenig verstehen. So entwikkelt sich der Hochmut der Praktiker. Der Praktiker erwartet vom Theoretiker, daß er sich am Handlungsfeld des Unterrichts orientiert. Der Theoretiker erwartet vom Praktiker, daß dieser theorie- und problembewußt handelt. Da beides – ein hoher theoretischer Anspruch und dessen Umsetzung in Handlungskompetenzen – in einer Person kaum zu verwirklichen ist, haben beide Gruppen bis zu einem gewissen Grad recht, wenn sie der anderen „mangelndes Theoriebewußtsein" oder „Praxisferne" vorwerfen.

Dieser alte Streit und die Schwierigkeit, in ihm zu vermitteln, wäre nicht besonders schwerwiegend, wenn er nicht auf dem Rücken der Praktikanten, Referendare und letztlich auch der Schüler ausgetragen würde. Mängel in der schulpraktischen Ausbildung lassen sich mühelos verdrängen oder abschieben: Entweder wurden die Lehranfänger

an der Hochschule praxisfern vorbereitet oder Mentoren mangelt es
an Theoriebewußtsein. Die Konfliktursachen wurden schon zwischen den Zeilen angesprochen. Sie brauchen deshalb nur noch einmal stichwortartig zusammengestellt werden:

- Hochschullehrer und Mentoren zeigen oftmals ein fragwürdiges Theorie-
bzw. Praxisverständnis.
- Es fehlt den Praktikanten und Referendaren tatsächlich an Planungskompetenz sowie an didaktischer und erzieherischer Handlungskompetenz.
- Praktikanten und Referendare beginnen diesen Ausbildungsabschnitt mit
unrealistischen Erwartungen. Sie wollen zu den Schülern eine Beziehung
aufbauen, was oft schon aus Zeitgründen nicht möglich ist. Sie zeigen
Unsicherheit und Angst vor dem Mentor – was in einer Zeit der „Lehrerschwemme" verständlich ist. Sie stellen hohe Anforderungen an den
Mentor, denen er nicht gewachsen sein kann.
- Mentoren zeigen gegenüber den Praktikanten und Referendaren unrealistische Erwartungen, sind ungeduldig, weil diese nicht sogleich zufriedenstellend unterrichten können, was sie ja schließlich erst lernen sollen.
- In der Kooperation treten Mängel auf. Unterschiedliche Vorstellungen
hinsichtlich der Planung und Durchführung des Unterrichts werden nicht als
mögliche Anregung, sondern als Auseinandersetzung und Schwierigkeit
erlebt. Mentoren und Praktikanten/Referendare sind nicht im Geben und
Entgegennehmen von Feedback geübt, und anstelle eines partnerschaftlichen Umgangs setzen sich hierarchische Verhaltensmuster durch.
- Schüler sind mit einem Unterricht, der von Praktikanten oder Referendaren
gehalten wird, nicht einverstanden, weil dieser zu oft stattfindet, sich die
Schüler wie „Versuchskaninchen" vorkommen, mehrmals schlechte Erfahrungen mit Praktikanten/Referendaren gemacht haben und der Auffassung
sind, sich in diesen Stunden nicht anstrengen zu müssen.

Zu den Problemkreisen 7.1 bis 7.4 ergeben sich direkte Verbindungen. Schließlich ist es für Schüler ausgesprochen reizvoll zu
überprüfen, ob der Praktikant/Referendar Spaß versteht, sich provozieren läßt, wie er auf Regelverstöße, Absprachen und direkte
Angriffe·reagiert. Die wohl engste Beziehung besteht zum Problemkreis der allgemeinen Disziplinlosigkeit (7.5), vor allem dann, wenn
der Mentor das Klassenzimmer verläßt, und die Schüler keine
Sanktionen befürchten. Besondere Schwierigkeiten treten während
der Kleingruppenarbeit auf (7.9), weil der Praktikant/Referendar die
Schüler meist nicht gut genug kennt, um angemessen intervenieren zu
können. Wenn die betreffende Klasse nicht an diese Organisationsform gewöhnt ist, sind zahlreiche Konflikte unvermeidlich. Die
Konstellationen dieses Problemkreises betreffen aber auch häufig die
Kollegen des Mentors (7.21), die Schulleitung (7.22), wenn organisatorische Schwierigkeiten auftreten, die Schulaufsicht sowie die

Hochschule (7.23), sofern sich ein Praktikant/Referendar als unge-
eignet erweist, und manchmal sind auch die Eltern einbezogen (7.24), wenn diese der Meinung sind, daß ihre Kinder zu oft von einem Praktikant oder Referendar unterrichtet werden.

Die erste Leitlinie richtet sich in gleicher Weise an Mentoren, Praktikanten, Referendare, aber auch an Hochschullehrer: *Verbinden Sie Theorie und Praxis, wo immer es geht.* Überbrücken Sie die Kluft, die so oft zwischen Wissenschaftlern und Praktikern zu verzeichnen ist, indem Sie sich einerseits darum bemühen, wissenschaftliche Erkenntnisse so aufzubereiten, daß sie handlungsrelevant werden können, und andererseits bereit sind, theoretische Einsichten auf die Handlungsebene zu übertragen. Da die Probleme im Unterricht zahlreich und oft nur mit Mühe zu bewältigen sind, sollten sich die Forschungsbemühungen auf das Handlungsfeld konzentrieren, um den Lehrern die dringend benötigten Hilfen bieten zu können. Im Hinblick auf die Lehrenden ist es heute kaum noch zu verantworten, wenn Lehrer auf altbewährte Handlungsmuster zurückgreifen, ohne sich um die Ergebnisse der Unterrichtsforschung zu kümmern. Ziel eines jeden Studiums sowie der schulpraktischen Ausbildung sollte ein theoriebewußter Lehrer sein, der für seine berufliche Aufgabe, den Schülern beim Lernen zu helfen, hinreichend qualifiziert ist (vgl. *Becker* 1973).

Streben Sie als Student ein Praktikum zur Berufsfindung an. Dem Autor ist zwar bewußt, daß solche Praktika heute noch nicht existieren, doch sollte jeder Student, der die Absicht hat, Lehrer zu werden, im ersten Studienjahr Gelegenheit zu einem Praktikum haben, das der Berufsfindung dient, d. h. er sollte unter Anleitung und Beratung eines Supervisors Lehrversuche durchführen, diese analysieren und sich die Frage vorlegen, ob er sich den zahlreichen Auseinandersetzungen, Belastungen und Schwierigkeiten gewachsen fühlt. Einer solchen Diagnose und Orientierung könnte sich dann, im Interesse des Studenten und der zu unterrichtenden Schüler, eine erneute Berufsberatung anschließen. Nur so ließe sich vermeiden, daß Studenten nach mehreren Studienjahren scheitern oder erst im Referendariat die resignative Feststellung treffen, daß sie eigentlich doch den falschen Beruf gewählt haben. Der Einwand, manchmal würde sich eine Eignung erst nach vielen Jahren zeigen, muß als Versuch bezeichnet werden, ein fragwürdiges Organisationsmodell zu rechtfertigen.

Üben Sie sich als Praktikant oder Referendar sukzessiv in der Anwendung verschiedener Planungsmodelle, weil Sie nur so langfristig verschiedenen Adressatengruppen gerecht werden können. Gehen Sie von einem Modell aus und erweitern Sie Ihre Planungskompetenz, indem Sie andere Modelle kennen und umsetzen lernen. Die naive Einübung in ein einziges Planungsmodell, wie sie vielerorts praktiziert wird, mag zwar im Interesse derjenigen liegen, die dieses Modell konzipiert haben, doch wird ein solches rezeptologisches Vorgehen einem minimalen Wissenschaftsanspruch nicht gerecht. *Bemühen Sie sich um den Erwerb didaktischer Handlungskompetenzen.* Fähigkeiten wie Gespräche führen, Arbeitsaufträge erteilen, Fragen stellen, Fragehaltungen aufbauen oder Sachverhalte verständlich erklären, lassen sich nicht innerhalb weniger Tage oder Wochen erwerben. Hier bedarf es einer ständigen und jahrelangen Übung, die sich nicht nur auf eine Studien- oder Ausbildungsphase beschränken kann, sondern als gemeinsame Aufgabe von Hochschule, Studienseminar sowie der Institutionen für die Lehrerfort- und -weiterbildung zu sehen ist. Eine Möglichkeit zum Erwerb solcher didaktischer Handlungskompetenzen bieten u. a. *Becker/Clemens-Lodde/Köhl* (1980) und *Eigler* et al. (1975) an.

Bemühen Sie sich um eine Erhöhung Ihrer Konfliktfähigkeit, indem Sie sich ganz konkret im Sinne dieses Studien- und Übungsbuches auf die Auseinandersetzungen, Belastungen und Schwierigkeiten in den einzelnen Problemkreisen vorbereiten, selbsterlebte Konflikte beschreiben, analysieren und nach geeignet erscheinenden Handlungsmöglichkeiten suchen. Auf einer zweiten allgemeineren Ebene sollten Sie sich im Sinne von *Tausch/Tausch* (1979) um den Erwerb allgemeiner erzieherischer Kompetenzen im Umgang mit Schülern bemühen.

Gehen Sie als Praktikant oder Referendar mit einer realistischen Erwartungshaltung in das Praktikum bzw. Referendariat. Da sich die anspruchsvolle Tätigkeit des Lehrens nicht kurzzeitig erlernen läßt, sollten Sie einige Mißerfolgserlebnisse und Enttäuschungen einkalkulieren. Zeigen Sie sich Ihrem Mentor gegenüber tolerant, auch wenn es Ihrer Meinung nach Anzeichen für eine „berufliche Deformation" gibt; denn Sie können schwer abschätzen, wie Sie nach zwanzig Dienstjahren unterrichten werden. Lernen Sie die Namen der Schüler so schnell wie möglich auswendig, damit Sie diese persönlich ansprechen können. Seien Sie nicht enttäuscht, wenn es Ihnen in der kurzen Zeit nicht gelingt, das Vertrauen der Schüler zu gewinnen. Schließlich wissen auch die Schüler um Ihre marginale Rolle.

Überfordern Sie als Mentor Ihre Praktikanten oder Referendare nicht, indem Sie einen Leistungsanspruch stellen, dem die Lehranfänger nicht gerecht werden können. Planen Sie die ersten Stunden gemeinsam, und lassen Sie dann mit zunehmender Planungssicherheit die Planungsprozesse selbständig durchführen. Greifen Sie nach Möglichkeit nicht in den Unterricht ein, auch wenn es manchmal schwerfallen mag. Sprechen Sie aber mit den Schülern vor Beginn des Praktikums darüber, daß Praktikanten und Referendare Anfangsschwierigkeiten haben und es deshalb unfair sei, ihnen das Unterrichten zusätzlich zu erschweren. Die Nachbesprechung sollte der nächsten Leitlinie folgen.

Erklären Sie als Mentor den Praktikanten und Referendaren, welche Form der Nachbesprechung sich bewährt hat:
Es hat sich als sinnvoll erwiesen, wenn zuerst der Lehrende seine Erfahrungen und Beobachtungen mitteilt, was den großen Vorteil hat, daß er die Schwachstellen selbst nennen kann, sie ihm nicht von anderen Personen gesagt werden müssen. Anschließend sollten Mitpraktikanten bzw. Referendare zu Wort kommen und zuletzt der Mentor, sofern dies erforderlich ist.

Verwenden Sie Beschreibungen statt Bewertungen, formulieren Sie so konkret wie möglich, indem Sie genau erklären, was Ihnen gefallen bzw. weniger gut gefallen hat. Geben Sie Hinweise für ein Lehrverhalten in künftigen Lehr-Lernsituationen (vgl. Leitlinien 4 und 5), vermeiden Sie allgemeine Ratschläge und beschränken Sie sich auf wenige bedeutsam erscheinende Aussagen (vgl. *Becker/ Clemens-Lodde/Köhl* 1980, S. 54 ff).

Sagen Sie aber auch den Praktikanten oder Referendaren, daß es darauf ankommt, zunächst einmal ein Feedback entgegenzunehmen, es zu verarbeiten und sich erst danach zu verteidigen.

Relativieren Sie als Mentor den Merkmalsbogen zur Beurteilung des Unterrichts, falls ein solcher zur Anwendung kommen soll. An jeder Hochschule und an jedem Studienseminar existiert ein solcher Evaluationsbogen, der durchaus nützlich sein kann, um wichtige Aspekte des Lehrens und Lernens nicht aus dem Blick zu verlieren (vgl. u. a. Arbeitsgruppe Aumeister 1976, S. 70 ff; *Hörner/Maier/Pfistner* 1978, S. 23 ff u. 38 ff; *Olivero/Brunner* 1973 – Stanford Teacher Compentency Appraisal Guide). Einige Merkmalsdimensionen sind im Hinblick auf bestimmte Stunden kaum relevant, andere bedeutsame Ereignisse können mit einem so grobrastrigen kategorialen System nicht erfaßt werden, so z. B. eine allgemeine Disziplinlosigkeit der Schüler und die Reaktionen des Lehrers in dieser kritischen Situation. Valide Ergebnisse im Sinne von Testgütekriterien lassen sich mit Hilfe solcher Konstrukte nicht erzielen (vgl. *Krumm* 1970).

Anregungen:

Fragen Sie Ihren Mentor, nach welchen Merkmalen Ihre Lehrleistungen beurteilt werden, und bitten Sie ihn, die Beurteilung transparent zu machen.

Bitten Sie Ihren Mentor, bei allgemein gehaltenem Lob oder allgemeiner Kritik, seine Aussagen zu präzisieren.

Nehmen Sie im Praktikum oder Referendariat jede Gelegenheit zum Erwerb didaktischer Handlungskompetenzen wahr, und üben Sie sich in der Wahrnehmung und Analyse der auftretenden Konflikte.

7.20.2 Analysebeispiel

Konfliktbeschreibung auffassen

Distanz-Nähe-Problem

Vor Ihrer Studienzeit waren Sie als Leiter einer Jugendgruppe tätig. Im Jugendkreis pflegten Sie einen freundschaftlich kameradschaftlichen Ton. Einer half dem anderen, jeder stand für den anderen ein, und diese enge Beziehung bewährte sich besonders gut auf Fahrten und Freizeiten.

Sie absolvieren Ihr erstes Blockpraktikum in einer neunten Klasse. Die Schüler sind etwa genau so alt wie die Jugendlichen, die Sie früher in der Gruppe hatten. Also können Sie auf schon gemachte Erfahrungen zurückgreifen. Sie möchten in kurzer Zeit zu jedem einzelnen Schüler Kontakt finden und ein ähnlich nettes, vertrauensvolles Verhältnis aufbauen, wie Sie es in Ihrer Jugendgruppe hatten. Auf keinen Fall wollen Sie den Schülern als Respektsperson gegenübertreten. Sie sehen sich als Lernender unter Lernenden, als Freund unter Freunden, an den man sich jederzeit mit jedem Anliegen wenden kann.

Der Altersabstand zwischen Ihnen und den Schülern ist gering. So schreiben Sie am Beginn der ersten Stunde, die Sie halten, Ihren Vornamen „Hans" an die Tafel. Die Schüler sind verblüfft und fragen, wie sie Sie anreden sollen. „Na, ganz einfach ‚Hans' und ‚Du', denn ich spreche Euch ja auch mit dem Vornamen und mit Du an", antworten Sie arglos.

Die Stunde läuft ganz anders ab, als Sie es sich vorgestellt haben. Sie haben selbst den Eindruck, daß das Thema kaum bearbeitet wurde. Denn immer wieder kichern die Schüler hinter Ihrem Rücken und es heißt: „Hans, kannst Du mir mal helfen?" Oder: „Hans, hast Du heute nachmittag für mich Zeit?" Oder: „Hänschen ist ein dufter Typ, was?" Zwar verabschieden sich die Schüler am Ende der Stunde überschwenglich von ihrem Hans, aber Sie sind doch ziemlich nervös und denken über den Unterschied zwischen einer Jugendgruppe und einer Schulklasse nach.

Betroffenheit einschätzen

N=57   MW 3.00   VAR 1.50   STA 1.22, Randkonflikt 3

Erstverhalten überlegen

Da sich die Schüler verabschiedet haben, können Sie in aller Ruhe über ihr künftiges Verhalten nachdenken.

Methode festlegen B

Nach den Ursachen fragen

Die Schüler wählen diese Formen der Ansprache, weil
– sie von dem Angebot des Lehrenden überrascht worden sind und es als plumpe Vertraulichkeit werten
– ihnen noch nie eine Lehrperson das „Du" angeboten hat, und sie deshalb dieses Angebot für unangemessen halten
– sie sich gar nicht mit dem Lehrenden so weit einlassen möchten, ihnen an einem „Du" gar nichts liegt
– der Lehrende nicht zwischen einer Schulklasse und einer Pfadfindergruppe zu unterscheiden weiß
– der Lehrende voreilig gehandelt hat, d. h. den Schülern das „Du" anbot, obgleich diese ihm noch fremd waren
– er das meist vorherrschende, etwas formelle und rigide Verhältnis zwischen Lehrer und Schüler durchbrechen wollte
– er sich von den anderen Lehrern gerne unterscheiden möchte
– er ganz einfach mal Erfahrungen sammeln wollte: „Mal sehen, was geschieht, wenn ich die Schüler duze?"

Perspektive wechseln

Als *Praktikant* oder Referendar sind Sie wahrscheinlich enttäuscht, daß einige Schüler Ihr Angebot mißverstehen, indem sie sich über Sie lustig machen. Wie aus der Konfliktbeschreibung hervorgeht, sind Sie ziemlich nervös und wahrscheinlich von allen Beteiligten am stärksten beeinträchtigt. Für die Mehrzahl der *Schüler* ist das Ganze ein Spaß, ein Scheinkonflikt, eine willkommene Abwechslung im Schulalltag. Sie freuen sich über Ihre Hilflosigkeit. Vielleicht leiden wenige Schüler mit Ihnen und finden das Verhalten der Mitschüler unpassend. Der *Mentor* wird das Angebot des Praktikanten wahrscheinlich mit Verwunderung registriert haben und die weitere Entwicklung mit Interesse verfolgen.

Handlungsmöglichkeiten suchen

1 den Schülern die eigene Situation darstellen, eine „Ich-Botschaft" senden und bitten, das Angebot anzunehmen
2 das Verhalten der Schüler ignorieren, sich weiterhin duzen lassen

und hoffen, daß die Schüler diese Form des Umgangs bald als natürlich empfinden

3 den Schülern die eigene Situation darstellen, ihnen sagen, daß man diese falsch eingeschätzt habe und das Angebot zurücknehmen werde: „Ab sofort bin ich für Euch Herr/Frau X!"

4 sich beim Mentor Rat holen

5 um eine neue Klasse bitten

6 sich bei den Mitpraktikanten Rat holen

7 so lange gruppendynamische Spiele durchführen, bis alle Schüler das Du als etwas Selbstverständliches empfinden

8 bei einer befreundeten Person (Partner, Lehrer) Rat holen

9 den Schülern die eigene Situation darstellen und sie fragen, wie es nun weitergehen soll

10 das eigene Problem im Deutschunterricht thematisieren, über den Unterschied zwischen dem deutschen „Du" und dem angelsächsischen „You" sprechen

11 mit den Schülern so lange verschiedene Aktivitäten (Feste, Ausflüge u. dgl.) durchführen, bis diese den Praktikant „prima" finden und ihn gerne duzen

12 den Mentor bitten, die nächsten Stunden zu übernehmen, damit ein größerer zeitlicher Abstand geschaffen wird

13 den Mentor bitten, mit den Schülern zu sprechen, ihm aber zuvor die gewünschte Gesprächsrichtung angeben

14 den Mentor auffordern, sich von den Schülern ebenfalls duzen zu lassen

Handlungsmöglichkeiten prüfen

1 + − Situation darstellen erscheint angebracht, die Bitte, das Angebot anzunehmen, unangebracht; 2 − da Ausgang völlig ungewiß; 3 + − der plötzliche Gesinnungswandel sollte den Schülern ausführlich begründet werden; 4 + − warum nicht? 5 − das käme einer Flucht gleich; 6 + − wie 4; 7 − sicher könnten solche Spiele das Gruppenklima verbessern, aber schließlich soll gelehrt und gelernt werden, und der Mentor wäre sicher nicht damit einverstanden; 8 + − wie 4 und 6; 9 + denn die Schüler haben in diesem Fall ein volles Mitspracherecht; 10 − der Konflikt ist da, und er muß aufgearbeitet werden; ein Thematisieren lenkt vom vorhandenen Problem ab; 11 − zu zeitaufwendig und zu teuer, praktisch undurchführbar; 12 − ob nun das Problem am nächsten oder übernächsten Tag aufgegriffen wird, erscheint unerheblich; 13 − ein solches Vorgehen würde den Verlust eigener Autorität nach sich ziehen;

14 – der Mentor würde auf ein solches Ansinnen ungläubig und negativ reagieren.

Handlungsfolge konzipieren

Sofort am nächsten Tag in der nächsten Stunde das Problem offen ansprechen, den Schülern erklären, warum Sie ihnen das „Du" angeboten haben und ihnen sagen, daß Sie die Reaktionen vom Vortag für unangebracht halten.

Anschließend zur Aussprache auffordern, die Schüler fragen, wie es weitergehen soll, ihnen mitteilen, daß Sie mit jeder Lösung einverstanden sind, welche die Zustimmung aller Schüler findet (schließlich geht es wohl kaum, daß man sich nur von einigen Schülern duzen läßt, von anderen nicht). Am Ende der Aussprache eine geheime Abstimmung vornehmen lassen und nach dem Ergebnis verfahren. Sollte sich wider Erwarten eine einstimmige Entscheidung für das „Du" ergeben, und würden die Schüler Sie weiterhin durch anbiedernde Äußerungen provozieren, dann wäre Handlungsmöglichkeit 3 in Betracht zu ziehen.

Oder würden Sie ganz anders handeln?

7.20.3 Konfliktbeschreibungen

Beginnen Sie erst mit der Konfliktanalyse,
nachdem Sie die Kapitel 5 und 6 bearbeitet haben!

7.20.3.1 Ein Praktikant kommt regelmäßig zu spät

Sie sind Lehrer an einer Realschule. Als Mentor haben Sie einmal im Jahr die Aufgabe, vier Wochen lang Studenten in einem Praktikum zu betreuen. Diesmal wurden Ihnen Praktikanten zugeteilt, mit denen Sie sehr zufrieden sind. Sie zeigen sich aufgeschlossen, interessiert, übernehmen gerne Stunden und bereiten sich sorgfältig vor, so daß auch den Schülern der Unterricht Spaß macht.

Mit einem der Praktikanten haben Sie allerdings doch Schwierigkeiten, denn er kommt morgens regelmäßig fünf bis zehn Minuten zu spät, ohne sich zu entschuldigen. Wenn er allerdings die erste Stunde übernommen hat, ist er pünktlich und beginnt beim zweiten Klingelzeichen mit dem Unterricht.

Relevanz: N = 54   MW 1.11   VAR 0.86   STA 0.92

349

7.20.3.2 Wer stellt die Arbeitsmittel zur Verfügung?

Meist freuen sich die Schüler, wenn ihnen der Lehrer ein Arbeitsblatt mitbringt, das ansprechend gestaltet ist, auf ihren besonderen Lernvoraussetzungen aufbaut und den Unterricht abwechslungsreicher gestaltet. Doch kann der Einsatz eines solchen Arbeitsmittels auch überstrapaziert werden.

Einer Ihrer Praktikanten bereitet für jede Unterrichtsstunde mehrere Arbeitsblätter vor. Die Aufgabenstellungen berücksichtigen kaum die Lernvoraussetzungen, so daß die Bearbeitung große Schwierigkeiten bereitet, die Blätter haben oft Testcharakter, werden meist kurz vor dem Klingeln ausgeteilt mit der Aufforderung, die Bearbeitung zu Hause vorzunehmen.

Wenn der Praktikant mit seinen Blättern unterm Arm ins Klassenzimmer kommt, stöhnen einige Schüler schon. Außerdem ist zu befürchten, daß der ohnehin knappe Etat, den die Schule für Vervielfältigungen und Kopien zur Verfügung hat, in kurzer Zeit erschöpft sein wird.

Relevanz: N=57 MW 1.21 VAR 0.74 STA 0.86

7.20.3.3 Ein Mentor schließt einen Schüler vom Unterricht aus

Sie hospitieren in einem vierten Schuljahr. In der Klasse sind 36 Schüler. Die Kinder sind sehr lebhaft, und Ihr Mentor macht manchmal einen ziemlich hilflosen Eindruck. Sie selbst betrachten das Geschehen in der Klasse mit gemischten Gefühlen und denken mit Unbehagen an Ihre eigenen Lehrversuche.

Einer der Schüler, Horst, erscheint intelligent, sprachgewandt, vorlaut und manchmal auch ein bißchen frech. Wenn es ihm zu langweilig wird, tut er sich durch irgendwelche Albernheiten hervor, bringt seine Mitschüler zum Lachen oder hält sie von der Arbeit ab. So auch in unserem Fall:

Der Mentor hat ein Arbeitsblatt ausgeteilt, das von den Schülern allein bearbeitet werden soll. Horst sieht sich das Blatt an und sagt: „Och, schon wieder so ein blödes Arbeitsblatt, das mache ich nicht." Seine Mitschüler lachen, Ihr Mentor bekommt einen roten Kopf. Horst fühlt sich durch das Lachen der Mitschüler ermutigt, möchte provozieren und fügt noch hinzu: „Das ist so langweilig und so käseleicht, richtig blöd." Und die Provokation gelingt, denn der

Mentor sagt: „Geh bitte hinaus und warte auf dem Flur, bis es klingelt. Draußen störst Du wenigstens die anderen nicht." Horst schlendert zur Tür, und seine Mitschüler freuen sich.
Relevanz: N = 57   MW 1.67   VAR 1.55   STA 1.24

7.20.3.4 Lernziel nicht erreicht

Ihr Mentor hält sehr viel von einem „lernzielorientierten Unterricht". Für jede Stunde haben Sie deshalb mehrere Teillernziele zu formulieren; anschließend wird dann überprüft und darüber diskutiert, ob diese Ziele in der vorgesehenen Zeit auch erreicht worden sind.

Sie haben eine Stunde zu halten und beginnen den Unterricht so, wie Sie ihn geplant haben. Doch nach wenigen Minuten stellen Sie fest, daß bei vielen Schülern wesentliche Voraussetzungen fehlen, um das erste Teilziel zu erreichen. Deshalb führen Sie einen kleinen Exkurs durch, eine Wiederholungsphase, die etwa 15 Minuten in Anspruch nimmt. Im weiteren Verlauf der Stunde bringt einer der Schüler einen Beitrag, den Sie für so wichtig und interessant halten, daß Sie ihn aufgreifen und zur Diskussion stellen. Doch diese Diskussion fordert wiederum 10 Minuten der Unterrichtszeit.

Den Schülern hat der Unterricht offensichtlich Spaß gemacht, denn als es zur Pause klingelt und sie das Klassenzimmer verlassen, sprechen einige noch angeregt über das zur Diskussion gestellte Thema. In der folgenden Nachbesprechung stellt Ihr Mentor tadelnd fest: „Sie haben zwar das Lernziel der Stunde angestrebt, aber nicht erreicht."
Relevanz: N = 57   MW 1.79   VAR 1.31   STA 1.15

7.20.3.5 Ausgewählte Lerninhalte

Am ersten Tag Ihres Blockpraktikums gehen Sie gemeinsam mit Ihrer Mentorin und den Mitpraktikanten den Lehrplan durch und überprüfen, welche Themen schon behandelt wurden und welche noch offenstehen. Im Gespräch stellt sich sehr bald heraus, daß die interessanten Themen, die sich gut veranschaulichen lassen und den Schülern erfahrungsgemäß Spaß machen, schon behandelt worden sind, während die sogenannten trockenen Themen noch zur Verfügung stehen. Außerdem sagt Ihnen die Mentorin, daß sie die noch zur Auswahl stehenden Themen weniger gern unterrichten würde: „Ach wissen Sie, das macht mir keinen Spaß, da stelle ich ein solches Thema erst mal zurück und warte auf meine Praktikanten. Und meistens interessiert sich dann auch einer dafür."

Relevanz: N = 57   MW 2.00   VAR 1.11   STA 1.05

7.20.3.6 Methodenstreit

Sie studieren an der Pädagogischen Hochschule das Fach „Englisch", um später an einer Hauptschule Englisch zu unterrichten. Im Blockpraktikum werden Sie einem Mentor zugeteilt, der Ihrer Meinung nach eine eigenartige Methode praktiziert. Der Englischunterricht läuft nämlich meist in deutscher Sprache ab. Neue Vokabeln werden vom Mentor deutschsprachig kommentiert, Anweisungen zum Unterrichtsablauf werden ebenfalls auf Deutsch gegeben. Sie fragen Ihren Mentor, ob er diese Methode für günstig halte und bekommen gesagt: „Mit den Schülern hier ist ohnehin nicht viel anzufangen. Die verstehen ja nicht mal, was man auf Deutsch sagt. Mit einem einsprachigen Unterricht sind die meisten völlig überfordert."

Am nächsten Tag unterrichten Sie – natürlich einsprachig. Das bringt anfangs bei den Schülern etwas Verwirrung mit sich. Einige Redewendungen müssen Sie sehr oft wiederholen oder umschreiben, bis sie von einigen Schülern verstanden werden. Aber nachdem die Schüler erst mal gemerkt haben, daß von Ihnen offensichtlich kein deutsches Wort zu erwarten ist und deutsche Wörter und Sätze ignoriert werden, finden sie schließlich den Unterricht ganz lustig.

Nach dieser Stunde sagt Ihnen der Mentor, er habe den Eindruck, daß zahlreiche Schüler stark überfordert gewesen seien.

Relevanz: N = 57   MW 2.04   VAR 1.46   STA 1.21

7.20.3.7 Unfähig, Kritik entgegenzunehmen

Gemeinsam mit Ihrer Praktikantin sprechen Sie als Mentor über eine zu haltende Geographiestunde. Zum Thema dieser Stunde gibt es in der Lehrmittelsammlung eine gute Schautafel, und so machen Sie den Vorschlag, einfach von dieser Tafel auszugehen.

Die Praktikantin beginnt am nächsten Morgen den Unterricht, indem Sie die Tafel aufhängt, die auf ihr abgebildeten Sachverhalte langatmig erklärt und so einen Lehrvortrag hält, der etwa eine halbe Stunde umfaßt. Nach zwanzig Minuten werden die Schüler sehr unruhig, es folgen Ermahnungen, Drohungen, Strafen. Schließlich hat die Praktikantin mit zahlreichen schwierigen Situationen zu kämpfen, und alle Beteiligten – Schüler, Praktikantin und Mentor – sind froh, als die Stunde endlich rum ist.

In der Nachbesprechung sind Sie bemüht, die Praktikantin in geeigneter Form auf ihr Fehlverhalten aufmerksam zu machen. Doch die Praktikantin sträubt sich und ist keiner Kritik zugänglich. Immer wieder betont sie im Gespräch, daß schließlich Sie selbst die Empfehlung gegeben hätten, von der Schautafel auszugehen.

Relevanz: N = 57   MW 2.30   VAR 0.71   STA 0.84

7.20.3.8 Ein unzureichendes Übungsfeld

Sie studieren die Fächer Mathematik und Physik und haben ein mehrwöchiges Praktikum zu absolvieren. Ihr Mentor ist Klassenlehrer in einer fünften Klasse, so können Sie zwar Mathematik-, nicht aber Physikunterricht erteilen. Statt dessen werden Sie aufgefordert, Deutsch und Geographie zu unterrichten. Ihr Mentor versucht, Ihnen diese Fächer schmackhaft zu machen, indem er sagt: „Wissen Sie, es ist gar nicht so wichtig, was man unterrichtet. Später müssen Sie ohnehin fachfremd unterrichten. Da ist es gut, wenn Sie sich so früh wie möglich auch an andere Fächer gewöhnen."

Einerseits können Sie sich der Argumentation des Mentors nicht ganz verschließen, möchten es auch nicht mit ihm verderben, andererseits befürchten Sie, daß Ihnen aufgrund mangelnder Übung im Fach Physik bei der schulpraktischen Prüfung Nachteile entstehen könnten.

Relevanz: N = 57   MW 2.32   VAR 1.92   STA 1.39

7.20.3.9 Wo ist der Mentor?

Als Student machen Sie in einem vierwöchigen Blockpraktikum eigenartige Erfahrungen. Zu dritt sind Sie einem Mentor zugeteilt, der Ihnen zu Beginn des Praktikums erklärt, was er mit den Schülern in den einzelnen Fächern durchgenommen hat und was sich nun anzuschließen habe. Er fordert Sie auf, Stoff und Stunden unter sich aufzuteilen und den Unterricht am nächsten Tag zu übernehmen. Mit dieser Aufforderung scheint die Mentorentätigkeit beendet zu sein.

Sie unterrichten am nächsten Tag mehrere Stunden. Doch der Mentor erscheint nur sporadisch. Offensichtlich hat er viel wichtigere

Dinge zu tun als seine Praktikanten und Schüler zu beobachten. Eine Analyse der Lehr- und Lernverhaltensweisen findet nicht statt, und von einer Beratung kann gar keine Rede sein. Das geht 14 Tage lang so weiter. Ihr Mentor ist selten oder nie anwesend, während Sie und Ihre Mitpraktikanten munter drauflos unterrichten.
Relevanz: N=57   MW 2.37   VAR 1.92   STA 1.38

7.20.3.10 Ungepflegt

Sie sind seit mehreren Jahren Mentor, haben diese Tätigkeit gerne ausgeübt, sich um einen guten Kontakt zu den Praktikanten bemüht, ihnen geholfen, wo es nur ging, und sich über die Anregungen gefreut, die Sie von ihnen bekommen haben. Doch dieses Mal wird Ihnen ein Student zum Problem.

Für ein Blockpraktikum sind Ihnen drei Praktikanten zugeteilt worden, zwei Damen und ein Herr. Der Praktikant erscheint leider ausgesprochen ungepflegt zum Unterricht. Seine Kleidung ist schmutzig, er verbreitet einen üblen Körper- und Mundgeruch. Sie beobachten, wie Praktikantinnen und Schüler immer wieder versuchen, ihm auszuweichen.

Ihnen ist die Angelegenheit sehr peinlich. Schließlich handelt es sich um einen erwachsenen Menschen, der allein auf solche Dinge achten sollte. Sie überlegen sich, wie Sie ihn mit Aussicht auf Erfolg taktvoll ansprechen und einen geeigneten Hinweis geben können.
Relevanz: N=57   MW 2.40   VAR 2.46   STA 1.57

7.20.3.11 Meisterlehre

Sie werden dem Mentor zugeteilt, dem der Ruf vorausgeht, besonders tüchtig zu sein. Fast jeden Nachmittag wird ein Treffen in der Schule vereinbart mit dem Ziel, die Stunden des nächsten Tages gemeinsam vorzubereiten. Diese Vorbereitung sieht dann allerdings meist so aus: Ihr Mentor hält erst mal einen Kurzvortrag zum betreffenden Lerngebiet, dann formuliert und begründet er Ihnen gegenüber die Lernziele und nennt Ihnen schließlich noch die einzelnen methodischen Schritte mit genauen Zeitangaben, damit Sie nach Möglichkeit das Stundenziel auch erreichen. Auf diese Weise wird der gesamte Unterricht, den Sie zu halten haben, vorstrukturiert. Sie müssen nur noch in die Rolle Ihres „Meisters" schlüpfen und versuchen, das zu realisieren, was er sich ausgedacht hat.
Relevanz: N=57   MW 2.53   VAR 1.33   STA 1.15

7.20.3.12 Ein Mentor unterrichtet nie

Als Praktikant werden Sie einem Mentor zugeteilt, der großen Wert auf die Nachbesprechungen legt. Im Verlauf dieser Besprechungen sagt er immer wieder, wie er dies und jenes ganz anders machen würde. Sie selbst gewinnen den Eindruck, daß Ihr Mentor ein hervorragender Lehrer sein muß, nur haben Sie ihn noch nie unterrichten sehen.

Bei der nächsten Nachbesprechung bitten Sie ihn deshalb, selbst eine Stunde zu übernehmen, aber Ihr Mentor gibt ausweichende Antworten: Es komme ihm darauf an, daß die Praktikanten möglichst viel Gelegenheit zum Unterrichten erhalten, er selbst könne schließlich unterrichten, brauche nicht mehr zu üben. Außerdem halte er es für hochbedenklich, wenn Praktikanten einem Mentor nacheifern würden. Statt dessen müßten sie ihren eigenen Lehrstil finden.

Relevanz: N = 54   MW 2.56   VAR 1.65   STA 1.28

7.20.3.13 Erziehung zum Ungehorsam

Sie sind Mentor und unterrichten in einer achten Hauptschulklasse, die unter den Kollegen als „sehr schwierig" gilt. Mit den beiden Praktikanten, die Ihnen dieses Mal zugeteilt worden sind, kommt es zu zahlreichen kleinen Auseinandersetzungen. Wenn die beiden unterrichten, geht es in der Klasse drunter und drüber. Rufen Sie die Schüler zur Ordnung, dann beschweren sich die Praktikanten, weil Sie in den Unterricht eingegriffen haben. Wenn Sie selbst in Ihren Stunden erzieherische oder disziplinarische Maßnahmen treffen, dann werden diese als „unangemessen" abgelehnt. Die beiden haben viel über alternativen Unterricht gehört und gelesen und möchten nun mal etwas ganz anderes versuchen, die Schüler in Freiheit lernen lassen. Am Montagmorgen gehen Sie zusammen mit einer Schülerin zur Schule. Auf dem Weg berichtet sie von einer „duften Party", die die Klasse am Samstagabend mit „Uwe" und „Rolf" gefeiert hat. Die Schülerin duzt die Praktikanten ganz selbstverständlich.

Der Unterricht soll beginnen, das Thema ist mit einem der beiden Praktikanten abgesprochen worden. Sie nehmen sich einen Stuhl und setzen sich an einen Platz, wo Sie möglichst wenig stören. Doch Sie sind sehr überrascht, als nicht ein biologisches, sondern ein sozialkundliches Thema behandelt werden soll. Die beiden Praktikanten fordern dazu auf, das Thema weiterzudiskutieren, das am Samstag nur kurz angesprochen werden konnte: Erziehung zum Ungehorsam.

Relevanz: N = 57   MW 2.67   VAR 2.48   STA 1.57

7.20.3.14 Ein gut gemeinter Rat

Wenn Sie in einer Klasse mit dem Unterricht beginnen, stehen Sie vor der unmöglichen Aufgabe, das Leistungsvermögen der Schüler einzuschätzen. Die Entscheidung darüber, welche Lernziele angemessen bzw. unangemessen sind, läßt sich nur aufgrund einer genauen Kenntnis der Lernvoraussetzungen treffen, und über gerade diese Kenntnis verfügen Sie als Praktikant nicht. Vorsichtig tasten Sie sich deshalb an die Beantwortung dieser schwierigen Frage heran, hospitieren, lesen im Wochenbuch nach, was durchgenommen worden ist, vergleichen, was im Lehrplan steht, um so Anhaltspunkte zu gewinnen, mit deren Hilfe sich das Anspruchsniveau festlegen läßt.

Sie haben sich auf eine Unterrichtseinheit vorbereitet und stellen die Lernziele im Rahmen einer Vorbesprechung zur Diskussion. Doch Ihr Mentor winkt nur ironisch ab und sagt: ,,Ach wissen Sie, geben Sie sich nicht so viel Mühe, das geht mit denen doch nicht. Das ist doch eine Restklasse, ausgepowert, alles, was noch ein bißchen denken konnte, ist in der Realschule oder im Gymnasium. Mit den Schülern ist nicht viel anzufangen, das ist der Kaffeesatz."

Relevanz: N=57   MW 2.75   VAR 2.69   STA 1.64

7.20.3.15 Ein Praktikant bereitet sich unzureichend vor

Sie haben als Mentor laufend Studenten zu betreuen, die ihr Praktikum absolvieren. Einer der Praktikanten ist zwar sehr eifrig, zeigt sich aber während des Unterrichts immer wieder schlecht informiert, indem er den Schülern Kenntnisse vermittelt, die schlicht falsch sind. Manchmal bekommen die Schüler auch einfach eine falsche Antwort auf ihre Fragen. Einige merken es und widersprechen, andere nehmen die Aussagen für bare Münze und glauben, was der Lehrer sagt.

Sie sprechen den Praktikanten daraufhin an und bitten ihn, sich auf die nächste Stunde fachlich besser vorzubereiten; doch Ihre Bitte hat keinen Erfolg. Wieder werden den Schülern einige Dinge erzählt, die Sie in der darauffolgenden Stunde diplomatisch korrigieren.

Relevanz: N=54   MW 3.20   VAR 1.26   STA 1.12

7.20.3.16 Eine unterschiedliche politische Einstellung

Als Praktikant bereiten Sie sich auf eine Unterrichtseinheit über die Reformationszeit vor. Sie strukturieren die Einheit im Hinblick auf einzelne Unterrichtsstunden und definieren zu diesen Stunden die Ihnen bedeutsam erscheinenden Lernziele.

In einer Vorbesprechung kommt es zwischen Ihnen und dem Mentor zu Meinungsverschiedenheiten. Ihr Mentor nimmt vor allem Anstoß an bestimmten Lernzielen, die Sie in Verbindung mit den Bauernkriegen formuliert haben: Das klinge ihm zu links, sei zu sozialistisch, so werde wahrscheinlich in der DDR unterrichtet, das könne man so nicht bringen . . . Seine Kritik endet mit der Aufforderung, die Ziele so zu formulieren, daß sie in die „derzeitige politische Landschaft" passen.

Relevanz: N = 54   MW 4.15   VAR 1.19   STA 1.09

7.20.3.17 Wer unterrichtet denn eigentlich?

Sie werden einem Mentor zugeteilt, der seine Aufgabe sehr ernst nimmt. Wenn Sie unterrichten, sitzt er mit gezücktem Kugelschreiber da und schreibt eifrig mit. Anschließend können Sie sich vor lauter guten Ratschlägen kaum retten.

In fast jeder zweiten Stunde, die Sie halten, geht sein Engagement mit ihm durch. Dann springt er erregt auf, flüstert einige Ratschläge in Ihr Ohr oder bittet Sie, Platz zu nehmen, damit er selbst die Stunde zu Ende führen kann. Interventionen dieser Art werden Ihnen langsam unerträglich. Und nun überlegen Sie sich, wie Sie sich künftig vor solchen Eingriffen schützen können.

Relevanz: N = 54   MW 4.39   VAR 0.69   STA 0.83

7.20.3.18 Ein Rektor möchte die Verfassungstreue überprüfen

Sie absolvieren Ihr Praktikum in der zweiten Klasse einer Stadtschule. Die Schüler kommen aus einem Neubauviertel und aus unterschiedlichen sozialen Verhältnissen. Einige sind eingeschüchtert, gehemmt und bemüht, den Anordnungen der Lehrerin auf jeden Fall zu folgen; andere sind ausgesprochen lebhaft, nehmen kein Blatt vor den Mund und schießen oft über das Ziel hinaus. Zu dieser Schülergruppe gehört Karl Josef. Wie Ihnen von der Mentorin unter dem Siegel der Verschwiegenheit mitgeteilt wird, kommt Karl Josef aus einer Wohngemeinschaft. Seine Mutter ist ledig und gehört einer K-Gruppe an. Karl Josef hat einen antiautoritären Kindergarten besucht. Es gibt im Unterricht laufend Schwierigkeiten; deshalb sitzt er an einem besonderen Platz und hat einen Tisch für sich allein.

Sie setzen sich neben Karl Josef, arbeiten manchmal mit ihm, unterhalten sich mit dem Jungen in den Pausen und gewinnen den Eindruck, daß Karl Josef zwar wenig angepaßt ist, seine Anpassungsschwierigkeiten aber verstärkt werden, indem er in eine Außenseiterposition hineingedrängt wird. In einer Nachbesprechung reden Sie mit Ihrer Mentorin offen über Ihre Beobachtungen.

Am nächsten Morgen werden Sie in der großen Pause ins Rektorat gebeten. Dort liegt ein vorbereiteter Text zur Unterschrift bereit; der Rektor verlangt von Ihnen, daß Sie durch Unterschrift Ihre Loyalität zur freiheitlich-demokratischen Grundordnung bekunden.

Relevanz: N = 57 MW 4.86 VAR 2.62 STA 1.62

7.20.3.19 „Ohne Erfolg teilgenommen"

Die Beurteilung von Leistungen im Rahmen eines Praktikums gehört sicher zu den schwierigsten Aufgaben eines Mentors, vor allem, weil sich im Hinblick auf ein Schulpraktikum nur mit Mühe Beurteilungskriterien finden lassen, die allgemein akzeptiert werden können. Jedes Praktikumsamt, Studien- oder Ausbildungsseminar entwirft seinen eigenen Beurteilungs- oder Kriterienkatalog, der bei den Mentoren, die damit umgehen sollen, oft nur Ratlosigkeit zurückläßt. Die Beurteilungsunsicherheit wird verständlich, wenn man sich vor Augen hält, daß es keine Theorie über Unterricht gibt, die allgemein akzeptiert werden kann, und daß es allein schon deshalb nicht möglich ist, valide Beurteilungskriterien zu finden.

Ihr Mentor muß Ihnen am Ende des Praktikums bescheinigen, ob Sie das Praktikum mit oder ohne Erfolg absolviert haben. Im Verlauf des Praktikums kam es zwischen Ihnen und dem Mentor zu einigen kleineren Auseinandersetzungen. Es handelte sich vor allem um unterschiedliche Auffassungen hinsichtlich des Lehr- und Erziehungsstils.

Am letzten Praktikumstag erfahren Sie zu Ihrer Überraschung, daß Sie nach Auffassung des Mentors „ohne Erfolg teilgenommen" haben. Eine Begründung dieser Beurteilung erhalten Sie von ihm nicht.

Relevanz: N = 57 MW 5.12 VAR 1.04 STA 1.02

7.20.4 Handlungsmöglichkeiten

zu 7.20.3.1

1. Sie warten eine günstige Gelegenheit zu einem Gespräch ab und sagen ihm, daß er den Schülern ein schlechtes Beispiel bieten würde (19%).
2. Sie bitten ihn, über die Köpfe der Schüler hinweg, sich wenigstens zu entschuldigen (0%).
3. Sie nehmen ihn beiseite und fragen ihn erst einmal, warum er denn fast regelmäßig zu spät komme (56%).
4. Sie sorgen dafür, daß er immer die erste Unterrichtsstunde übernimmt und zwingen ihn so zur Pünktlichkeit (24%).
5. Sie kümmern sich nicht weiter um seine Unpünktlichkeit (24%), schreiben aber eine entsprechende Bemerkung in den Praktikumsbericht (0%).
6. Sie bitten die Mitpraktikanten, dafür zu sorgen, daß ihr Kommilitone pünktlich erscheint (0%).
oder: ... (62%).

zu 7.20.3.2

1. Sie fragen den Praktikant, ob er auch ohne Arbeitsblätter unterrichten könne (5%).
2. Sie sagen den Schülern, daß sie die Arbeitsblätter nicht zu bearbeiten brauchen (0%).
3. Sie beauftragen den Praktikant, eine Unterrichtsstunde ohne Arbeitsblatt zu halten (9%).
4. Sie sagen einfach: „Es steht kein Geld mehr zur Verfügung. Künftig müssen Sie Abzüge oder Fotokopien leider selbst bezahlen." (2%).
5. Sie bereiten gemeinsam mit dem Praktikant eine Unterrichtseinheit vor und demonstrieren den sinnvollen Einsatz eines Arbeitsblattes (75%).
6. Sie sagen dem Praktikant, Sie hätten den Eindruck, er habe Angst, mit den Schülern zu sprechen, und er unterliege deshalb einer Art Zwang, alles schriftlich machen zu wollen (4%).
oder: ... (5%).

zu 7.20.3.3

1. Sie gehen ebenfalls hinaus und unterhalten sich auf dem Flur mit Horst (4%).
2. Sie bitten den Mentor, Horst wieder hereinzuholen und mit ihm arbeiten zu dürfen (5%).
3. Sie fragen den Mentor im Verlauf der Nachbesprechung, warum er Horst keine Zusatzaufgabe gestellt habe (65%).
4. Sie erkundigen sich danach, ob das häufiger geschieht, daß mal jemand „rausfliegt" (9%).
5. Sie fragen den Mentor, ob Sie aus dieser Situation etwas lernen könnten (4%).
6. Sie unternehmen nichts, denken lediglich: „So ist nun mal die Schulwirklichkeit." (5%).
oder: ... (9%).

359

zu 7.20.3.4

1. Sie begründen die Abweichung vom Entwurf (82%).
2. Sie nennen jene Lernziele, die erreicht wurden und nicht im Entwurf stehen (16%).
3. Sie initiieren eine Grundsatzdiskussion über Fähigkeiten wie Flexibilität und Variabilität (2%).
4. Sie weisen ihn lächelnd darauf hin, daß Sie Lernziele erarbeitet haben, die er in seinem Unterricht nicht erreicht habe (0%).
5. Sie diskutieren mit ihm über die Lernziele des Praktikums (0%).
6. Sie verweisen auf zahlreiche Publikationen, in denen ein Unterricht, der sich nicht an den Schülern, sondern an zuvor definierten Lernzielen orientiert, kritisiert wird (0%).
   oder: ... (0%).

zu 7.20.3.5

1. Sie sagen ihr, daß sie dieses Mal Pech habe und Sie sich nicht für die Themen interessieren würden (23%).
2. Sie suchen sich aus dem Angebot noch das Beste heraus (40%).
3. Sie sagen Ihrer Mentorin, daß Sie ihre Einstellung für egoistisch halten würden (14%).
4. Sie bemühen sich beim Praktikumsleiter um eine andere Mentorin (4%).
5. Sie stimmen ihr zu und arbeiten sich in die Themen ein (0%).
6. Sie lächeln nur müde und behalten ihre Gedanken für sich (14%).
   oder: ... (5%).

zu 7.20.3.6

1. Sie unterrichten einsprachig weiter (26%).
2. Sie schließen einen Kompromiß, indem Sie einige Vokabeln auf Deutsch erklären (23%).
3. Sie versuchen, sich der Methode des Mentors anzupassen (0%).
4. Sie initiieren eine Diskussion über Sinn, Zweck und Ziel des Englischunterrichts in der Hauptschule (7%).
5. Sie fragen ihn, ob er überhaupt einsprachig unterrichten könne (2%).
6. Sie äußern die Befürchtung, daß die Schüler auf diese Weise nie Englisch sprechen lernen werden (39%).
   oder: ... (4%).

zu 7.20.3.7

1. Sie sagen der Praktikantin, daß Sie ihr nicht vorgeschlagen hätten, eine halbe Stunde lang pausenlos zu referieren (26%).
2. Sie sprechen über die Möglichkeiten nichtverbaler Gesprächssteuerung (14%).
3. Sie halten möglichst schon am nächsten Tag eine Stunde, in der Sie eine andere Schautafel an den Anfang stellen und die Schüler über den Inhalt sprechen lassen (12%).
4. Sie sprechen über die Notwendigkeit, die Schüler zu aktivieren (7%).
5. Sie bitten die Praktikantin, selbst einige Ursachen zu nennen, die zum Scheitern der Stunde beigetragen haben können. (35%).

6. Sie geben als Mentor kaum noch Anregungen und verzichten künftig auf Vorschläge, die mißverständlich sein könnten (0%).
oder: ... (5%).

zu 7.20.3.8

1. Sie fragen den Rektor der Schule, ob es möglich sei, einige Physikstunden in den Oberklassen zu geben (18%).
2. Sie wenden sich gleich an jenen Lehrer, der Physikunterricht erteilt und bitten ihn, bei ihm hospitieren und lehren zu dürfen (42%).
3. Sie fragen beim Leiter des Praktikums an, ob es für Sie einen geeigneteren Platz gibt (30%).
4. Sie fragen Ihren Mentor, ob er im Ernst glaube, daß Leute, die Fahrrad fahren, auch Auto fahren können (0%).
5. Sie unterrichten in Fächern wie Biologie und Geographie, führen Demonstrationsversuche durch und lassen die Schüler – ähnlich wie im Physikunterricht – experimentieren (4%).
6. Sie unterrichten all das, was von Ihnen erwartet wird (4%).
oder: ... (4%).

zu 7.20.3.9

1. Sie bitten Ihren Mentor, während des Unterrichts anwesend zu sein (16%).
2. Sie bitten ihn, im Klassenzimmer zu bleiben, weil Sie sich der Situation nicht gewachsen fühlen würden (7%).
3. Sie sagen ihm, daß Sie gern seine Meinung über Ihren Unterricht erfahren möchten (63%).
4. Sie erkundigen sich so ganz nebenbei, warum er so selten anwesend ist (5%).
5. Sie beschweren sich beim Rektor über den Mentor (0%).
6. Sie fragen etwas ironisch, ob so „Lernen in Freiheit" aussehe (0%).
oder: ... (9%).

zu 7.20.3.10

1. Sie stecken dem Herrn heimlich Seife und Zahnpasta in seine Tasche (9%).
2. Sie bitten die beiden Damen, den Herrn vorsichtig anzusprechen und ihn auf die „Mängel in der Reinlichkeitserziehung" aufmerksam zu machen (21%).
3. Sie nehmen sich ein paar Schüler zur Seite und fordern sie auf, Dinge, die ihnen nicht gefallen, direkt anzusprechen. Dabei geben Sie ein Beispiel: „Wenn Herr S. einen komischen Geruch verbreitet, dann sagt ihm das einfach." (2%).
4. Sie gehen direkt auf Herrn S. zu und sagen ihm: „Ich habe den Eindruck, daß Sie mehr Sorgfalt auf die Zahnpflege legen könnten. Sie riechen ja ganz übel aus dem Mund. Oder sind Sie etwa krank?" (7%).
5. Sie kümmern sich nicht weiter um den Geruch, weil Sie so etwas nicht für Ihre Aufgabe halten und sind froh, am Ende des Praktikums Herrn S. nicht mehr sehen und riechen zu müssen (16%).

6. Sie bitten Herrn S. eine Unterrichtseinheit über Zahn- und Körperpflege zu halten (35%).
   oder: ... (11%).

zu 7.20.3.11

1. Sie bringen einige Publikationen mit, in denen über „offenen Unterricht" geschrieben wird (2%).
2. Sie halten sich während des Unterrichtens bewußt einmal nicht an das Konzept und provozieren so eine Diskussion (18%).
3. Sie fragen nach einer solchen Vorbesprechung nach vielen Einzelheiten und Kleinigkeiten, um ihn so ad absurdum zu führen (2%).
4. Sie bitten ihn, sich in Ruhe allein vorbereiten zu dürfen (61%).
5. Sie sagen ihm, daß Sie es nicht verantworten könnten, seine kostbare Freizeit in Anspruch zu nehmen, und fordern ihn auf, die Besprechungen im Umfang einzuschränken und sich zu erholen (4%).
6. Sie üben Kritik an dem vom Mentor praktizierten Strukturalismus (7%).
   oder: ... (7%).

zu 7.20.3.12

1. Sie sagen ihm, er möge nicht so selbstlos und zurückhaltend sein (17%).
2. Sie versprechen ihm, nicht alles kritiklos zu übernehmen, was Sie während des Unterrichts an ihm beobachten (9%).
3. Sie erklären ihm, daß „Lehren lernen" eine Form des sozialen Lernens sei, sich aber soziales Lernen auch über das Modellernen vollziehe, Sie also auf sein Modell angewiesen seien (11%).
4. Sie sagen ihm: „Wenn Sie nicht selbst mal eine Stunde halten, dann interessiert mich auch Ihre Kritik nicht mehr, dann werden Sie für mich unglaubwürdig." (9%).
5. Sie verweisen auf andere Mentoren, die alle unterrichten, und daß er für Sie eine Ausnahmeerscheinung sei (31%).
6. Sie sprechen mit Ihrem Praktikumsleiter und fragen, ob Mentoren nicht verpflichtet seien, hin und wieder eine Stunde vorzuführen (19%).
   oder: ... (4%).

zu 7.20.3.13

1. Sie folgen mit Interesse der Diskussion und warten erst mal ab, was für Argumente gebracht werden (63%).
2. Sie bitten den betreffenden Praktikanten, sofort das abgesprochene Thema aus dem Biologieunterricht zu behandeln (4%).
3. Sie bitten die beiden, Platz zu nehmen, und dann unterrichten Sie nach Ihren Vorstellungen (0%).
4. Sie beteiligen sich selbst aktiv an der Diskussion (28%).
5. Sie telefonieren mit dem Leiter des Praktikums, schildern ihm den Fall und bitten ihn um Rat (2%).
6. Sie fordern die beiden Praktikanten auf, sofort das Klassenzimmer zu verlassen mit der Begründung, die Schüler seien Ihnen zu schade, einer solchen Indoktrination ausgesetzt zu werden (0%).
   oder: ... (4%).

zu 7.20.3.14

1. Sie sagen, daß es wahrscheinlich überall „Kaffeesatz" gibt, auch unter den Lehrern (16%).
2. Sie nehmen den Rat kommentarlos entgegen, unterrichten aber so, wie Sie es für richtig halten (68%).
3. Sie fragen ihn, ob er sich für eine Kaffeebohne halten würde (0%).
4. Sie fragen ihn, ob er den letzten Satz im Beisein der Eltern der Schüler wiederholen würde (11%).
5. Sie beschweren sich beim Praktikumsleiter und bitten um Ablösung des Mentors (4%).
6. Sie resignieren und suchen sich einen anderen Beruf (0%).
   oder: . . . (2%).

zu 7.20.3.15

1. Sie bereiten die nächste Stunde mit ihm gemeinsam vor (50%).
2. Sie drohen ihm, das Praktikum nicht zu bescheinigen, wenn er sich weiterhin so unzureichend vorbereiten würde (0%).
3. Sie geben ihm einige gezielte Hinweise zur Vorbereitung, sagen ihm, wo er was nachlesen soll (50%).
4. Sie sprechen mit ihm einige didaktische Modelle durch, damit ihm bewußt wird, wie entscheidend die Lehr- und Lerninhalte für einen guten Unterricht sind (0%).
5. Sie setzen sich mit dem betreffenden Fachdozenten der Hochschule in Verbindung und fragen ihn, was die Studenten eigentlich studieren (0%).
6. Sie zeigen ihm in den Nachbesprechungen weiterhin die Fehler auf, bitten ihn am Ende des Praktikums, noch einmal wiederzukommen, wenn er besser informiert sei (0%).
   oder: . . . (0%).

zu 7.20.3.16

1 Sie begründen die Lernziele ausführlich und sagen, daß Sie seinem Wunsch nicht nachkommen werden (26%).
2. Sie sagen ihm, daß es Ihnen nicht auf die „derzeitige politische Landschaft" ankomme, sondern auf den Versuch, die Schüler geschichtliche Zusammenhänge möglichst wahrheitsgemäß zu lehren (56%).
3. Sie weigern sich einfach, die betreffende Stunde zu halten (2%).
4. Sie bitten ihren Mentor, die Stunde selbst zu übernehmen (13%).
5. Sie stellen ihm zahlreiche Quellentexte zur Verfügung, mit deren Hilfe er sich besser informieren kann (2%).
6. Sie fragen Ihren Mentor, ob er Angst vor dem Verfassungsschutz habe und seine Karriere als Lehrer gefährdet sehe, wenn diese Stunde gehalten werden sollte (2%).
   oder: . . . (0%).

zu 7.20.3.17

1. Sie bitten Ihren Praktikumsleiter, einen Mentorenwechsel zu ermöglichen (13%).

2. Sie setzen sich ebenfalls mit gezücktem Kugelschreiber hin, schreiben mit und geben anschließend viele „gute Ratschläge" (0%).
3. Sie bitten ihn, Platz zu nehmen, damit Sie weiterunterrichten können (2%).
4. Sie planen den Mentor in Ihre Stunden ein – fordern ihn auf, leistungsschwache Schüler individuell zu betreuen oder einer Kleingruppe Lernhilfen zu geben – damit er den Unterricht nicht stören kann (11%).
5. Sie lassen die Schüler darüber diskutieren und abstimmen, wer unterrichten soll (0%).
6. Sie sprechen mit dem Mentor und bitten ihn, zumindest die lästigen Interventionen einzustellen (72%).
   oder: ... (2%).

zu 7.20.3.18

1. Sie unterschreiben und gehen wieder in die Klasse 2a (4%).
2. Sie fragen den Rektor, ob jeder Student so etwas unterschreiben muß (18%).
3. Sie unterschreiben nicht, sondern setzen sich sofort mit dem Praktikumsleiter in Verbindung und erkundigen sich bei ihm nach der Rechtsgrundlage (33%).
4. Sie verlassen kommentarlos das Rektorat und die Schule und setzen sich sofort mit einem Rechtsanwalt in Verbindung (4%).
5. Sie fragen den Rektor nach der Rechtsgrundlage (26%).
6. Sie unterschreiben, fragen aber Ihre Mentorin, ob sie wisse, wie es zu dieser Forderung nach der Unterschrift gekommen sei (7%).
   oder: ... (9%).

zu 7.20.3.19

1. Sie bitten ihn um eine Begründung der Beurteilung (56%).
2. Sie fragen nach den Beurteilungsmerkmalen (18%).
3. Sie akzeptieren die Beurteilung und wiederholen das Praktikum (0%).
4. Sie sprechen mit dem Leiter des Praktikums und fragen diesen, ob das Praktikum ohne Wissen des Mentors nicht doch anerkannt werden könne (5%).
5. Sie sind verärgert darüber, weil Sie während des Praktikums keine Hinweise auf Ihre Leistungen bekommen haben, und sagen das auch dem Mentor (16%).
6. Sie fragen den Mentor, ob er Sie persönlich nicht leiden könne (0%).
   oder: ... (5%).

7.21 Schwierigkeiten mit Kolleginnen

7.21.1 Vorüberlegungen

Auseinandersetzungen, Belastungen und Schwierigkeiten, die sich aus dem Umgang mit den Kollegen ergeben, können eine Lehrerin manchmal mehr anstrengen als der Unterricht selbst. Damit soll nicht gesagt sein, daß es nicht auch Kollegien gibt, die tatsächlich kooperieren, in denen jeder den anderen stützt; doch sieht die Wirklichkeit leider oft anders aus.

Da werden z. B. einem Lehranfänger jene Aufgaben übertragen, die andere nicht übernehmen möchten, er bekommt eine Problemklasse oder eine Klasse, mit einem schulbekannt schwierigen Schüler, oder es wird ihm gar keine eigene Klasse als Klassenlehrer übertragen, mit der Begründung, dies würde ihm die Arbeit erleichtern, obgleich das Gegenteil zutrifft. Im Stundenplan finden sich zahlreiche Hohlstunden, er muß als einziger einmal wöchentlich am Nachmittag unterrichten und wird aufgefordert, in mehreren Fächern fachfremd Unterricht zu erteilen. Auf diese Weise kann der junge Kollege „gleich einmal zeigen, was er während des Studiums gelernt hat." Und während er sich über die Runden quält, versuchen einige Kollegen jeder zusätzlichen Belastung auszuweichen, für die es keine Deputatsermäßigung gibt. Unter „zusätzliche Belastungen" sind Vertretungsstunden zu zählen, die Übernahme der Hofaufsicht, wenn ein Kollege erkrankt ist, die Vorbereitung von Schulfeiern oder anderen Veranstaltungen, die Übernahme zusätzlicher Verwaltungsaufgaben, wenn der Schulleiter um Hilfe bittet.

Ein besonderes Talent, sich solchen Arbeiten zu entziehen, entwickeln manchmal verheiratete Kolleginnen, die Mann und Kind zu versorgen haben. Aufgrund dieser Tatsache beanspruchen sie häufig einen Stundenplan, der auf ihre Belange zugeschnitten ist. Beliebt ist schließlich auch die Methode, zeitweise wegen Krankheit fernzubleiben, was viele Schulleiter veranlaßt, männliche Kollegen den weiblichen vorzuziehen.

Zahlreiche Lehrer fühlen sich alleingelassen, weil innerhalb des Kollegiums kaum der Wunsch nach Zusammenarbeit besteht. So scheitern häufig die Versuche junger Lehrer, gegenseitig Hospitationen zu vereinbaren, sich bei der Lösung von Konflikten Rat zu holen oder Unterrichtsentwürfe auszutauschen; denn fast jeder Kollege zeigt ein „autistisches" Verhalten, ist bestrebt, sich und seine Arbeit abzuschirmen und abzusichern. Für Hospitationen fehlt die Zeit, Konflikte werden geleugnet – denn wer sie hat, erscheint unfähig –, und der Austausch von Vorbereitungen bzw. die gemeinsame Planung scheitert an zahlreichen Widerwärtigkeiten. Für einen Lehrer, der die „offene Schultür" (*Meyer* 1957) und zahlreiche Veröffentlichungen zum Teamteaching kennt, sind diese Erfahrungen enttäuschend. Er setzt seine Bemühungen noch für einige Zeit fort und zieht sich dann ebenfalls resignierend zurück.

Negative Erfahrungen werden auch während der Konferenzen gesammelt, falls der Schulleiter monologisiert, auf neue rechtliche Bestimmungen aufmerksam macht, diese interpretiert und vor allem bestrebt ist, die eigene Person rechtlich abzusichern. Sachfragen und die Frage nach einer gemeinsamen Erziehungskonzeption kommen nur selten zur Sprache. Statt dessen dienen die Konferenzen häufig der Selbstdarstellung einer (oder einiger) Person(en) und gehen an den tatsächlichen Bedürfnissen der Lehrer vorbei.

Auf diesem Hintergrund ist es verständlich, wenn es immer wieder zu Auseinandersetzungen kommt über
- den Lehr- und/oder Erziehungsstil eines Kollegen, indem man z. B. die vertrauliche Information verbreitet, er habe Disziplinschwierigkeiten, könne sich nicht durchsetzen;
- die Zensurengebung, indem es heißt, der Kollege sei zu gutmütig oder zu streng (vgl. Problemkreis 7.10);
- die Nichteinhaltung bestimmter Regeln, die sich an der Schule eingebürgert haben oder in der Schulordnung vor Jahren festgelegt worden sind;
- den didaktischen Wert bestimmter Lehr- und Lernmaterialien, die angeschafft werden sollen, weil z. B. ein Kollege gute Beziehungen zu einem Lehrmittelverlag hat.

So lassen sich bei einigen Lehrern im Laufe ihrer beruflichen Sozialisation einige Stadien beobachten: das Bemühen um Kontaktaufnahme, Resignation, Rückzug auf sich selbst und schließlich Egoismus, der sich in unterschiedlichen Formen äußert und zwar als Fachegoismus, indem man das eigene Fach für das weitaus wichtigste hält, auf eine gute Ausstattung des eigenen Faches mit Lehr- und Lernmitteln dringt, ohne Berücksichtigung der Belastbarkeit den Schülern regelmäßig Hausaufgaben erteilt und sie auch im Unterricht einem verschärften Leistungsdruck aussetzt. Egoismus zeigt sich aber auch in Verbindung mit Fortbildungsveranstaltungen, die im laufenden Schuljahr stattfinden. So gibt es Kollegen, denen es immer wieder

gelingt, einen Platz in einem Kurs zu ergattern, während die zurückbleibenden Kollegen den Unterricht mitversehen dürfen. Zu belasteten Beziehungen kommt es schließlich regelmäßig, wenn z. B. aus dem Kollegium die Stelle eines stellvertretenden Schulleiters zu besetzen ist und mehrere Bewerber da sind, ein Umstand, der zu einer Frontbildung innerhalb des Kollegiums führen kann. Überhaupt gibt es zahlreiche Möglichkeiten der Cliquenbildung:
– Die einen sind in der GEW, die anderen im Philologenverband.
– Eine Gruppe befürwortet die integrierte Gesamtschule, eine andere das traditionelle dreigliedrige Schulsystem.
– Mehrere Naturwissenschaftler schließen sich zusammen und bilden eine Einheitsfront gegen jene Kollegen, die den Sprachunterricht erteilen.
– Ältere Kollegen berufen sich auf ihre Erfahrung, jüngere auf ihre wissenschaftlichen Kenntnisse.

Die Vielzahl der vorstehenden Konfliktkonstellationen macht deutlich, daß funktionalistische Modelle im Hinblick auf ein Lehrerkollegium zum Scheitern verurteilt sein müssen. Auseinandersetzungen, Belastungen und Schwierigkeiten wird es immer geben, doch sollten sie im Interesse der zu unterrichtenden Schüler in Grenzen gehalten werden.

Eine direkte Beziehung zum Problemkreis der allgemeinen Disziplinlosigkeit (7.5) ergibt sich, wenn einem Kollegen nachgesagt wird, er könne keine Disziplin halten, oder wenn es in seinem Unterricht tatsächlich zu massiven Schwierigkeiten kommt. Der Problemkreis Pause und Schulhof (7.7) wird berührt, sofern es um die Frage der Aufsichtsführung geht. Weiterhin soll es Lehrer geben, die nur dann unterrichten können, wenn die Schüler frontal auf den Lehrer ausgerichtet sind; in solchen Fällen stören Gruppentische erheblich (7.9). Kommt es bei einer Notenkonferenz zu divergierenden Auffassungen, ob ein Schüler z. B. versetzt werden soll oder nicht, dann wird der Problemkreis Leistungsmessung (7.10) berührt. Kollegen können weiterhin Schüler durch Hausaufgaben (7.11) überfordern, Lernschwierigkeiten (7.12) erzeugen, Ängste (7.13) auslösen und so zur Schulmüdigkeit (7.14) beitragen. Die wohl engste Beziehung ergibt sich zum Problemkreis 7.22, da die Schulleitung für eine kollegiale Zusammenarbeit mitverantwortlich ist. Schwierigkeiten mit der Schulaufsicht (7.23) können sich ergeben, wenn diese z. B. mit dem Beschluß eines Kollegiums nicht einverstanden ist. Und sofern sich Eltern (7.24) über Kollegen beschweren, ist auch dieser Problemkreis beteiligt.

Fragen wir nach den Ursachen für diese Auseinandersetzungen, Belastungen und Schwierigkeiten, dann müssen wir erst einmal die Feststellung treffen,

daß sich innerhalb eines jeden Kollegiums eine bestimmte Rangordnung ausbildet, und der Junglehrer, der in ein Kollegium eintritt, auf dem untersten Platz zu finden ist. Es dauert geraume Zeit, bis es ihm gelingt, sich einen anderen Rangplatz zu erobern; aber bis dahin ist es verständlich, wenn Kollegen von ihm erwarten, daß er einige Nachteile in Kauf nimmt. Dies ist eigentlich kein berufsspezifisches Problem, sondern findet sich bei anderen Berufsgruppen in ähnlicher Weise.

Die Ursachen dafür, daß sich einige Kollegen jeder zusätzlichen Belastung zu entziehen versuchen, sind breit gestreut. So können persönliche Differenzen mit dem Schulleiter, eine resignative Haltung, ein angegriffener Gesundheitszustand oder die schon erwähnte Doppelbelastung von Kolleginnen ausschlaggebend sein. Eine solche liegt übrigens auch bei Kollegen vor, wenn diese einer Nebentätigkeit nachgehen.

Das Scheitern von Hospitation, Konsultation und Kooperation hat wiederum ein breites Verursachungsspektrum. Häufig sind Lehrer mit ihrem hohen Unterrichtsdeputat, den Unterrichtsvorbereitungen und Korrekturen bis an die Grenze ihrer Leistungsfähigkeit ausgelastet. Sie haben weder Zeit noch Kraft zur Zusammenarbeit, obgleich ihnen diese auch eine Entlastung bringen würde. Der Hauptgrund liegt aber wahrscheinlich in der Angst vor dem Kollegen, der Angst, sich „in die Karten schauen zu lassen", der Angst, sich zu blamieren. Dabei sind Ängste dieser Art weitgehend unbegründet. Auf dem Gebiet des Lehrens und Lernens kann es keine Perfektion geben. Jeder Lehrer wird durch Hospitationen, Konsultationen und verschiedene Formen der Zusammenarbeit profitieren, sofern es ihm gelingt, die Unsicherheit abzulegen und das kleine Wagnis der Kooperation einzugehen. Neben den Faktoren Arbeitsüberlastung, Angst und Unsicherheit spielt die Organisationsstruktur eine erhebliche Rolle, denn diese ist nicht auf Kooperation ausgelegt, sondern auf das Befolgen von Anweisungen innerhalb eines hierarchischen Systems: „Die kollegialen Beziehungen sind durch Anweisungen der oberen und mittleren Instanzen der Schulbehörde vorweggeregelt. Diese Instanzen treffen die Entscheidungen bezüglich der Gestaltung der Schule und transformieren sie in Arbeitsanweisungen für die Lehrer . . ." (*Lange-Garritsen* 1972, S. 48).

Da auch die Schulleiter in die klassisch hierarchische Organisationsstruktur eingegliedert sind, indem sie für die Durchsetzung der zahlreichen Erlasse, Verordnungen und Verfügungen zu sorgen haben, sie außerdem danach beurteilt werden, inwieweit es ihnen gelingt, an ihren Schulen die Umsetzung zu ermöglichen, ist es zumindest verständlich, wenn sie die Konferenzen für die eigene rechtliche Absicherung in Anspruch nehmen.

Die Ursachen für die oftmals recht heftigen Auseinandersetzungen über den Lehr- und/oder Erziehungsstil, die Zensurengebung, über bestimmte Verhaltensregeln sowie über den didaktischen Wert von Lehr- und Lernmaterial liegen häufig in einer mangelnden Professionalisierung; Gespräche dieser Art werden entweder ausgeklammert oder mit starker emotionaler Beteiligung geführt, ohne daß die Beteiligten ihre Auffassung begründen können.

Der Fachegoismus kann Ausdruck einer resignativen Haltung sein, also am

Ende gescheiterter Kooperationsbemühungen stehen, doch führt auch er zur Absicherung der eigenen Position. Der Fachegoist gilt manchmal – aufgrund der „guten" Leistungen, welche die Schüler erbringen – bei der Schulleitung und der Schulaufsicht als tüchtiger Lehrer. Insofern läßt sich Fachegoismus manchmal mit Strebertum gleichsetzen. Dieser Gedanke leitet unmittelbar über zu jenen Konflikten, die aus dem konkurrierenden Verhalten um die Besetzung einer bestimmten Position entstehen. Dazu muß gesagt werden, daß die Gratifikationsmöglichkeiten auch innerhalb des Schulsystems beschränkt sind, Stellenpläne nur wenigen Kollegen den Aufstieg in eine gehobene Besoldungsgruppe ermöglichen. Solange die Möglichkeit einer Gratifikation nur für wenige besteht, wird es auch immer zu Streitigkeiten und Belastungen von Beziehungen kommen. Dies um so mehr, als sich ein eindeutiger Nachweis für die Höherqualifizierung eines Kollegen nur schwer führen läßt.

Die Cliquenbildung innerhalb eines Kollegiums läßt sich oft schon aus dessen Größe erklären. Mit anderen Worten, es ist unmöglich, zu fünfzig Kollegen Kontakte aufzunehmen und mit ihnen zusammenzuarbeiten. So ist es verständlich, wenn sich kleine Gruppen bilden, die ein gemeinsames Merkmal haben, sei es das Fachgebiet, die Parteizugehörigkeit, die Zugehörigkeit zu einem Berufsverband oder auch nur zu einer Altersgruppe. Entscheidend ist, ob diese Kleingruppen intergruppale Konflikte in das Kollegium hineintragen oder das Gesamtkollegium unterstützen.

Aus der Sichtung der Konfliktkonstellationen und des Verursachungsspektrums ergeben sich folgende Leitlinien für die kollegiale Zusammenarbeit:

Treten Sie innerhalb des Kollegiums für eine möglichst gerechte Verteilung der Lasten ein (Hohlstunden, Nachmittagsunterricht, fachfremder Unterricht, Aufsicht, Verwaltungsarbeit . . .). Erleichtern Sie den Lehranfängern und den älteren Kollegen ihre berufliche Tätigkeit, indem Sie im Zweifelsfall zu ihren Gunsten entscheiden. Gleiches sollte für die Inanspruchnahme von Vergünstigungen gelten, z. B. für die Teilnahme an Fortbildungsveranstaltungen während der Schulzeit.

Vereinbaren Sie mit Kollegen Hospitationen auf Gegenseitigkeit. Nur so kann Ihnen eine annähernd realistische Selbsteinschätzung des Lehrverhaltens gelingen, die wiederum eine wesentliche Voraussetzung für eine Verhaltensänderung ist. Bei jedem Menschen besteht eine Diskrepanz zwischen dem wirklichen Bild (Real-Ich) und dem Bild, das er von sich hat (Ideal-Ich). Wenn nun ein Lehrer jahrelang unterrichtet, ohne daß er von Kollegen beobachtet und auf bestimmte Verhaltensweisen aufmerksam gemacht wird, besteht die Gefahr einer unrealistischen Selbsteinschätzung. Er entwickelt ein falsches Bild von seinen Fähigkeiten und Fertigkeiten (vgl. *Fuller/Manning* 1973).

Konsultieren Sie sich gegenseitig, wenn zentrale Konflikte auftreten

369

und zu bewältigen sind. Diese Aufforderung gilt im Hinblick auf einzelne schwierige Schüler und disziplinlose Klassen. Jene Kollegen, die den Problemschüler oder die -klasse kennen, sind meist in der Lage, bedeutsame Beiträge zur Entwicklung von Handlungsfolgen zu leisten.

Kooperieren Sie mit Kollegen, die dasselbe Fach in den Parallelklassen unterrichten. Diese Kollegen werden wahrscheinlich am ehesten einem wechselseitigen Austausch von Unterrichtsentwürfen und Lehrmaterial zustimmen. Auch besteht die Möglichkeit, bestimmte Unterrichtsvorhaben in beiden Klassen durchzuführen (Teamteaching).

Dringen Sie auf Sachdiskussionen in den Konferenzen, d. h. sprechen Sie in erster Linie über Fragen, die alle Schüler und Lehrer betreffen, über grundlegende Erziehungsfragen, wichtige didaktische Entscheidungen und das Schulleben.

Bemühen Sie sich innerhalb des Kollegiums um den Erwerb didaktischer und erzieherischer Handlungskompetenzen, um eine Professionalisierung, die zu einer Intensivierung der fachlichen Beziehungen innerhalb des Kollegiums beiträgt.

Üben Sie sich in Solidarität gegenüber den Schülern, den Eltern und der Schulbürokratie, d. h. konkret: Üben Sie Zurückhaltung, wenn Schüler bei Ihnen Beschwerde über Kollegen führen, denn sie werden wahrscheinlich Gleiches bei Kollegen tun. Verweisen Sie statt dessen auf die Möglichkeit der direkten Aussprache. Nehmen Sie die Beschwerden von Eltern über Kollegen mit gleicher Skepsis entgegen. Versuchen Sie, die eigenen fachegoistischen Neigungen unter Kontrolle zu halten. Sprechen Sie Ihre Kollegen offen an, wenn Sie ausgeprägt egoistische Handlungsmuster beobachten. Verhalten Sie sich gegenüber Ihrem Schulleiter solidarisch, wenn es z. B. zu Auseinandersetzungen mit den Schulbehörden kommt.

Fördern Sie die informellen Kontakte innerhalb des Kollegiums durch gegenseitige Einladungen, gemeinsame Unternehmungen, die Teilnahme an Veranstaltungen, und versuchen Sie, gerade jene Kollegen, einzubeziehen, die Kontaktschwierigkeiten haben.

Anregungen:

Suchen Sie nach weiteren Möglichkeiten zur Intensivierung der fachlichen und sozialen Beziehungen innerhalb eines Kollegiums.

Welche Punkte sollten Ihrer Meinung nach einheitlich durch die Schulbehörden geregelt werden, und welche Entscheidungen sollten in der Hand des Kollegiums liegen?

7.21.2 Analysebeispiel

Konfliktbeschreibung auffassen

Die Aufsichtspflicht wird vernachlässigt

Während der großen Pause tummeln sich etwa tausend Schüler auf einem spiel- und kinderfeindlichen Schulhof. Der Lärm ist für den aufsichtsführenden Lehrer ohrenbetäubend. Im Lehrerzimmer hängt ein Aufsichtsplan. Nach diesem haben jeweils zwei Kollegen – Rektor und Konrektor ausgenommen – während der großen Pause auf dem Schulhof zu sein, während ein dritter dafür verantwortlich ist, daß im Gebäude alles mit rechten Dingen zugeht, die Schüler auch wirklich das Klassenzimmer verlassen und den Hof aufsuchen. Alle sechs Wochen sind Sie gemeinsam mit einem Kollegen für die Hofaufsicht eingeteilt. Wenn Sie an der Reihe sind, bemühen Sie sich, den Unterricht pünktlich zu schließen, damit Sie auch rechtzeitig auf dem Hof sind und Ihrer Pflicht nachkommen können. Nicht so Ihr Kollege; der trinkt erst mal im Lehrerzimmer eine Tasse Kaffee, hält ein Schwätzchen und kommt dann gegen Ende der Pause auf den Hof, um sich davon zu überzeugen, daß Sie Ihrer Aufsichtspflicht nachgekommen sind.

Betroffenheit einschätzen

N = 54 MW 2.00 VAR 1.96 STA 1.40, Randkonflikt 2

Erstverhalten überlegen

In Abwesenheit des Kollegen können Sie in Ruhe eine Handlungsfolge konzipieren.

Methode festlegen B

Nach den Ursachen fragen

Der Kollege vernachlässigt seine Aufsichtspflicht, weil

– er alt und abgearbeitet ist
– er die Art der Hofaufsicht für unsinnig hält und so gegen sie protestieren möchte
– er den Lärm der Schüler nicht ertragen kann
– er allzu gern im Lehrerzimmer bleiben möchte, er z. B. mit einer Kollegin befreundet ist
– sich der Rektor nicht um die ordnungsgemäße Durchführung der Aufsicht kümmert
– Sie nicht den Mut haben, den Kollegen auf sein Verhalten hin offen anzusprechen.

Perspektive wechseln

Als mit der Hofaufsicht betrauter *Lehrer* stört es Sie wahrscheinlich auf die Dauer, daß Ihr Kollege meist erst gegen Pausenende auf dem

371

Schulhof erscheint. Denn Sie müssen allein die Verantwortung übernehmen, brauchen eigentlich ebenfalls eine Atempause und fühlen sich alleingelassen. Nicht so der *Kollege,* der vielleicht sein eigenes Fehlverhalten kaum wahrnimmt. Die Tatsache, daß Sie allein auf dem Schulhof sind, scheint ihn kaum zu berühren. Den *anderen Kollegen* ist die sich abzeichnende Auseinandersetzung gleichgültig. Sie haben keine Aufsicht und sind froh, in Ruhe ihren Kaffee trinken zu können. Für die *Schüler* ist es völlig uninteressant, ob ein oder zwei Lehrer auf dem Hof anwesend sind.

Handlungsmöglichkeiten suchen

1 den Kollegen zur Rede stellen
2 ins Lehrerzimmer gehen, neben ihm Platz nehmen und abwarten
3 ins Lehrerzimmer gehen, neben ihm Platz nehmen und ihn fragen: „Haben wir beide nicht Aufsicht?"
4 den Rektor heimlich bitten, den Kollegen auf den Hof zu schicken
5 einen Kollegen bitten, ihn anzusprechen
6 auf dem Hof einen Kaffeestand eröffnen und ihn damit anlocken
7 falls auf dem Hof etwas vorkommt, die Schüler sofort zu dem Kollegen ins Lehrerzimmer schicken
8 ins Lehrerzimmer gehen, dem Kollegen die volle Tasse aus der Hand nehmen und sagen: „Danke, ich komme gleich nach."

Handlungsmöglichkeiten prüfen

1 + wahrscheinlich führt eine offene Aussprache schon zum Erfolg; 2 − wegen mangelnder Offenheit; 3 + − wenn 1 nicht zum Erfolg führt; 4 − wenig kollegial, kommt in Verbindung mit einer solchen Kleinigkeit nicht in Frage; 5 + − wenn 1 und 3 erfolglos; 6 − ganz orginell, aber unrealistisch; 7 + − wäre als zusätzliche Notmaßnahme in Erwägung zu ziehen; 8 − lustig, aber der Konflikt wird mit Sicherheit durch eine solche Handlung verschärft.

Handlungsfolge konzipieren

Den Kollegen zuerst offen ansprechen, ihm sagen, daß die Verantwortung allein zu groß und die Tätigkeit zu langweilig sei. Sofern das Gespräch nicht zu der erwünschten Verhaltensänderung führt, könnten die Handlungsmöglichkeiten 3, 5 und 7 folgen.

Oder würden Sie ganz anders handeln?

7.21.3 Konfliktbeschreibungen

Beginnen Sie erst mit der Konfliktanalyse,
nachdem Sie die Kapitel 5 und 6 bearbeitet haben!

7.21.3.1 „Können Sie in dieser Klasse denn überhaupt unterrichten?"

An jeder Schule gibt es eine oder mehrere Klassen, die niemand gerne unterrichten möchte. In ihnen befinden sich meist einige „verhaltensgestörte" Schüler, die den Unterricht stören, die Lehrer ärgern, die Mitschüler drangsalieren u. a. m. Im Lehrerzimmer kursieren die tollsten Geschichten, was sich die 8c wieder mal geleistet oder was der Schüler P. angestellt hat.

Man spricht es zwar nicht offen aus, ist sich aber in einem Punkt einig: Im neuen Schuljahr bekommt der neue Kollege – das sind Sie – die 9c.

Ahnungslos nehmen Sie Ihren Dienst auf, doch wundern Sie sich bald über Fragen der Kollegen, denen Sie manchmal einen hämischen Unterton entnehmen können: „Wie kommen Sie denn mit der Klasse zurecht?" „Können Sie in dieser Klasse denn überhaupt unterrichten?" „Was macht denn mein alter Freund, der Jürgen R.?" Von einem jüngeren Kollegen, der Sie ein bißchen bemitleidet, erfahren Sie schließlich, daß Sie die verrufenste Klasse bekommen haben, die niemand übernehmen wollte.

Relevanz: N = 54 MW 1.37 VAR 2.39 STA 1.55

7.21.3.2 Die Sitzordnung ist für den Kollegen ungewohnt

Sie wollen in Ihrem sechsten Schuljahr Kleingruppenarbeit durchführen. Sie sprechen deshalb mit den Schülern über die Vorzüge des Gruppenunterrichts, lassen die Tische umstellen und Gruppen bilden, erteilen einen Arbeitsauftrag, und die Schüler sammeln erste Erfahrungen.

Am nächsten Morgen ist die frontale Sitzordnung wiederhergestellt, denn ein älterer Kollege, der in Ihrer Klasse Unterricht erteilt, besteht auf einer frontalen Sitzordnung und läßt die Tische wieder umstellen. Dieses Spiel wiederholt sich zweimal pro Woche. Den Schülern macht das Spaß, weil immer einige Minuten der Unterrichtszeit verloren gehen.

Relevanz: N = 54 MW 1.48 VAR 1.61 STA 1.27

7.21.3.3 Interessenkollision

Immer wieder flammt im Lehrerzimmer die Diskussion auf, ob geraucht werden darf oder nicht. Die Raucher können in der großen Pause auf ihre Zigarette nicht verzichten, sie ist noch wichtiger als die Tasse Kaffee. Die Nichtraucher fühlen sich nicht wohl, wenn der ganze Raum in blauen Dunst gehüllt wird. Ein Konferenzbeschluß, das Rauchen im Lehrerzimmer einzuschränken, führte zu keinem spürbaren Erfolg. Ein zweiter Konferenzbeschluß, nur in einem bestimmten Teil des Lehrerzimmers zu rauchen und dann möglichst das Fenster zu öffnen, wurde mit überwältigender Mehrheit verabschiedet. Für ein paar Wochen hielten sich die Raucher auch an die Abmachung, aber jetzt ist der alte Zustand – jeder raucht wo und so oft es ihm beliebt – wieder da.
Relevanz: N = 57   MW 1.77   VAR 2.39   STA 1.55

7.21.3.4 Freie Tage müssen genutzt werden

Natürlich ist jedem Lehrer der Grundsatz bekannt, man möge die Schüler an Fest- und Feiertagen nicht belasten. Dennoch gibt es besonders ehrgeizige Kollegen, die glauben, ihre Schüler rund um die Uhr beschäftigen zu müssen. Für sie sind vier freie Tage eine willkommene Gelegenheit, besonders viele Hausaufgaben zu erteilen. Dieser Auffassung ist auch Frau S., die über die Faschingstage ein umfangreiches Pensum aufgibt mit der Begründung, der Freitagnachmittag zähle schließlich noch nicht zu den schulfreien Tagen.
Sie selbst unterrichten als Klassenlehrer in der 9b die Fächer Deutsch, Geschichte und Sozialkunde und sind der Meinung, Ihren Schülern zumindest eine Stunde Arbeitszeit zumuten zu können. Doch als Sie die Aufgabe stellen wollen, bekommen Sie zur Antwort: „Was, Hausaufgaben? Frau S. hat uns schon so viele Aufgaben gegeben. Das werden mindestens fünf Seiten im großen Heft. Wollen Sie mal sehen, was wir aufbekommen haben?"
Relevanz: N = 57   MW 1.82   VAR 1.22   STA 1.10

7.21.3.5 Schüler führen Beschwerde

Sie sind Klassenlehrer der 7a und unterrichten diese Klasse in Deutsch, Englisch, Geschichte und Sozialkunde. Durch die 14 Wochenstunden, die Sie in Ihrer Klasse zubringen, lernen Sie die

Schüler verhältnismäßig gut kennen, und manchmal wenden sich einzelne Schüler auch mit privaten Anliegen an Sie. Der erste Wandertag gibt Gelegenheit zu vielen informellen Gesprächen. Beiläufig fällt der Name einer Kollegin, die in Ihrer Klasse Geographie unterrichtet. Der Name wirkt auf die Wandergruppe wie ein rotes Tuch. Alle Schüler wissen sofort etwas Negatives zu berichten: Sie erteilt viel zu viele Hausaufgaben, einige Schüler werden bevorzugt, andere bekommen überhaupt kein Bein auf den Boden, an ihnen wird immer herumgenörgelt, die Notengebung ist ungerecht . . .
Sie enthalten sich jeder Stellungnahme, hören sich an, was die Schüler zu sagen haben, nur wenn Ihnen der eine oder andere Punkt gar zu unglaubwürdig erscheint, fragen Sie nach, und dann wird sofort von allen Seiten bestätigt, daß es sich um die reine Wahrheit handele. Schließlich wird Ihnen die Art, wie die Schüler über Ihre Kollegin herziehen, peinlich, und Sie lenken das Gespräch auf ein anderes Thema.
Relevanz: N = 54   MW 2.54   VAR 1.76   STA 1.33

7.21.3.6 Ein kleiner Racheakt

Sie haben in Ihrer neunten Klasse eine „Problemschülerin", mit der fast alle Fachlehrer Schwierigkeiten haben. Die Schülerin gilt als „frech", weil sie fortwährend die Lehrer auf Widersprüche aufmerksam macht, Schwächen in deren Argumentation aufzeigt und dann ihre eigene Position kompromißlos verteidigt. Dabei entwickelt sie einen Kohlhaas-Komplex, der die Kollegen manchmal zur Weißglut bringt. Sprechen diese schließlich ein Machtwort und geben ihr zu verstehen, daß sie sich auf diese Weise nicht mehr mit ihr auseinandersetzen wollen, dann ist sie gekränkt und reizt durch ihren impertinenten Gesichtsausdruck.
In den Hauptfächern steht die Schülerin zwischen „befriedigend" und „ausreichend", in den Nebenfächern hat sie sehr unterschiedliche Leistungen aufzuweisen. Offensichtlich spielt in diesen Fächern die persönliche Beziehung zum jeweiligen Lehrer eine große Rolle.
Im Verlauf der Notenkonferenz stellt sich heraus, daß eine Kollegin, die sich laufend bei Ihnen als Klassenlehrer über die Schülerin beschwert hat, ihr eine Sechs (ungenügend) in Biologie geben will. Mit dieser Zensur würde die Schülerin sitzenbleiben, was Sie in keiner Weise für gerechtfertigt halten. Die Kollegin begründet

ihre Entscheidung, indem Sie sagt: „Die Arbeit hat sie nicht mitgeschrieben, im Notenbüchlein steht dreimal eine Sechs, und im übrigen hat sie sich nur damit beschäftigt, den Unterricht zu sabotieren."

Relevanz: N = 57   MW 3.86   VAR 1.05   STA 1.03

7.21.4 Handlungsmöglichkeiten

zu 7.21.3.1

1. Sie kümmern sich nicht um die Anspielungen und Fragen, sondern versuchen, vorurteilsfrei zu unterrichten (81%).
2. Sie informieren sich bei allen Lehrern möglichst eingehend über die Schüler dieser Klasse (6%).
3. Sie sprechen mit dem Rektor und fragen ihn, was er sich bei der Klassenverteilung gedacht habe (0%).
4. Sie sprechen mit den Schülern, sagen ihnen, daß die Klasse unter den Kollegen einen schlechten Ruf habe und fragen, wie es dazugekommen sei (4%).
5. Sie greifen von Anfang an hart durch, lassen die Schüler nie aus den Augen und ahnden jedes Störverhalten und jede Unhöflichkeit mit drakonischen Strafen (4%).
6. Sie sagen den Schülern, daß zwar andere Lehrer eine schlechte Meinung von ihnen haben würden, Sie hingegen einen recht guten Eindruck hätten, und Sie bitten darum, diesen Eindruck nicht zu zerstören (6%).
oder: . . . (0%).

zu 7.21.3.2

1. Sie sprechen mit dem Kollegen und bitten ihn, sich an die neue Sitzordnung zu gewöhnen (63%).
2. Sie machen dem Kollegen einige Vorschläge, welche Themen sich in seinem Unterricht in Kleingruppen erarbeiten lassen (2%).
3. Sie bitten alle Kollegen in der großen Pause zu einem gemütlichen Gespräch mit Kaffee und Kuchen, ordnen aber Tische und Stühle im Lehrerzimmer frontal an (0%).
4. Sie ermutigen die Schüler, der Aufforderung des Kollegen nicht nachzukommen (0%).
5. Sie lassen die Tische für den Kollegen immer wieder umstellen (17%).
6. Sie bemühen sich um einen Kompromiß, indem Sie die Tische in Hufeisenform anordnen lassen (4%).
oder: . . . (15%).

zu 7.21.3.3

1. Wenn die Luft zu dick wird, öffnen Sie demonstrativ das Fenster. Und wenn es draußen sehr kalt ist, ziehen Sie sich Ihren Wintermantel an (11%).

2. Sie setzen das Thema einmal mehr auf die Tagesordnung einer Konferenz (12%).
3. Sie plädieren dafür, daß jeder, der außerhalb der festgelegten Zone mit einer brennenden Zigarette angetroffen wird, eine Mark in die Ausflugskasse zahlen muß (18%).
4. Sie bitten Ihren Rektor, dafür zu sorgen, daß Konferenzbeschlüsse auch eingehalten werden (5%).
5. Sie schlagen – falls räumlich möglich – getrennte Lehrerzimmer vor, ein Zimmer für Raucher und eines für Nichtraucher (39%).
6. Sie fertigen ein Rauchverbotsschild an und hängen es in einem geeigneten Augenblick demonstrativ auf (2%).
   oder: ... (14%).

zu 7.21.3.4

1. Sie kümmern sich nicht um die Proteste der Schüler und geben einfach auf, was Sie sich vorgenommen haben (0%).
2. Sie verzichten darauf, Hausaufgaben zu erteilen (25%).
3. Sie geben nur halb so viel auf (11%).
4. Sie erkundigen sich bei der Kollegin, warum sie so umfangreiche Aufgaben gestellt hat (4%).
5. Sie vergewissern sich erst mal bei den Schülern, ob deren Angaben auch wirklich stimmen (54%).
6. Sie treten mit der Kollegin in Verhandlungen ein, indem Sie mit ihr darüber sprechen, wer wann wieviel aufgibt (0%).
   oder: ... (7%).

zu 7.21.3.5

1. Sie sprechen mit Ihrer Kollegin, nennen die Vorwürfe und fragen nach ihrer Meinung (11%).
2. Sie kümmern sich nicht weiter um die Beschwerden, weil Sie der Auffassung sind, daß sich Schüler mit ihren Lehrern selbst auseinandersetzen sollten (15%).
3. Sie bitten die Schüler, die Vorwürfe in Gegenwart der Kollegin zu wiederholen (4%).
4. Sie fragen Ihre Kollegin beiläufig im Lehrerzimmer, wie sie mit der 7a zurechtkomme (56%).
5. Sie sprechen mit Ihrem Rektor und fragen, was Sie in diesem Fall tun sollen (0%).
6. Sie fragen die Kollegin, was Sie tun würde, wenn sich bei ihr Schüler über einen Lehrer beschweren (7%).
   oder: ... (7%).

zu 7.21.3.6

1. Sie sagen der Kollegin, daß sich dieser Eindruck in keiner Weise mit dem Gesamteindruck deckt, den Sie von ihr haben (46%).
2. Sie bitten die Kollegin, Gnade vor Recht ergehen zu lassen und ihr ein Mangelhaft zu geben, damit sie nicht sitzenbleibt (11%).
3. Sie sagen dem gesamten Kollegium, daß es sich hier offensichtlich um eine

schwere Beziehungsstörung handeln müsse, und bitten die Biologielehrerin, ihr persönliches Verhältnis zu dieser Schülerin zu überprüfen (5%).

4. Sie fordern als Klassenlehrer und Lehrer mehrerer Hauptfächer das Recht, über eine Versetzung bzw. Nichtversetzung entscheiden zu dürfen (4%).

5. Sie bitten Ihre Kollegin, die Zensur zur Diskussion und zur Abstimmung zu stellen, wobei diejenigen Kollegen stimmberechtigt sein sollen, die mit der Schülerin zu tun haben (33%).

6. Sie machen gar nichts, und die Schülerin bleibt sitzen (0%).

oder: . . . (2%).

7.22 Schwierigkeiten mit der Schulleitung

7.22.1 Vorüberlegungen

Im Rahmen dieses Problemkreises werden Auseinandersetzungen, Belastungen und Schwierigkeiten angesprochen, die sich zwischen den Lehrern und der Schulleitung (Schulleiter, stellvertretender Schulleiter) ergeben können. Da die Beziehungen in den einzelnen Bundesländern unterschiedlich geregelt sind und auch nach Schulart differieren, wird der Versuch gemacht, die typischen Konfliktkonstellationen über eine allgemeine Funktionsbeschreibung der Schulleiter zu erfassen. Dabei zeichnen sich vor allem acht Funktionen ab, die im Handlungsfeld von den Funktionsträgern zu integrieren sind, nämlich organisatorische, verwaltungstechnische, kontrollierende, curriculare, beurteilende, betreuende, vermittelnde und erzieherische Funktionen.

Die *organisatorischen* Funktionen beziehen sich u. a. auf die Verteilung der Lehrdeputate und der Lerngruppen auf die einzelnen Lehrer, die Erstellung des Gesamtstundenplans, der Vertretungs- und Aufsichtspläne. *Verwaltungstechnische* Funktionen ergeben sich aus der Verwaltung des Schuletats, dem Führen von Karteien, dem Erstellen statistischer Unterlagen u. a. m. *Kontrollierende* Funktionen beziehen sich auf die tatsächliche Durchführung des Unterrichts, auf die Einhaltung der Zeiten, aber auch der vorgeschriebenen Lehr- und Lerninhalte. Neben diesen kontrollierenden Aufgaben ergeben sich die *curricularen* Aufgaben daraus, bei der Einführung, Entwicklung und Erprobung neuer Curricula mitzuarbeiten und die Lehrer bei dieser Tätigkeit zu beraten. Diese beratende Funktion geht in eine *beurteilende* Funktion über, wenn Schulleiter im Unterricht hospitieren und Gutachten erstellen, die zu einer dienstlichen Beurteilung der

Lehrer herangezogen werden. Neben der beurteilenden steht aber auch eine *betreuende* Funktion, die sich aus der Kenntnis der persönlichen Verhältnisse des Lehrers ergibt, aus der Kenntnis um besondere Belastungen und Schwierigkeiten, die z. B. aufgrund einer Krankheit entstehen können. Schulleiter sollten in der Lage sein – soweit dies möglich ist – in geeigneter Form auf diese Kollegen Rücksicht zu nehmen. Außerdem haben Schulleiter *vermittelnde* Funktionen zu erfüllen und zwar gegenüber der Schulbehörde, wenn es darum geht, gerechtfertigt erscheinende Ansprüche der Schüler und Lehrer durchzusetzen (z. B. Versorgung der Schule mit einer ausreichenden Zahl qualifizierter Lehrer), gegenüber dem Schulträger (z. B. bei dringend erforderlichen Aus- oder Umbaumaßnahmen, Fragen der Ausstattung), und gegenüber den Eltern, wenn sich diese über bestimmte Lehrer beschweren, über deren Unterrichtsmethoden, Erziehungsstil oder über bestimmte Lehr- und Lerninhalte. Zu vermitteln ist auch häufig zwischen einzelnen Schülern oder Lerngruppen einerseits und Lehrern andererseits, wenn eine oder beide Seiten Beschwerde führen. Dieser Punkt leitet zu den *erzieherischen* Funktionen über, welche durch die Schulleitung wahrgenommen werden müssen, zu der besonders schwierigen Aufgabe, beim Auftreten zentraler oder extremer Konflikte konfliktanalytisch vorzugehen und über geeignet erscheinende Handlungsfolgen zur Konfliktlösung zu beraten.

Aus diesen Funktionsbeschreibungen ergeben sich u. a. folgende Konfliktkonstellationen:
– Lehrer fühlen sich benachteiligt, weil sie überwiegend fachfremd unterrichten müssen, oder sie sind nicht bereit, in einem gewissen Umfang fachfremd zu unterrichten.
– Lehrer fühlen sich bei der Aufstellung eines Stunden-, Vertretungs- oder Aufsichtsplans benachteiligt, oder sie sind nicht gewillt, Sachzwänge zu akzeptieren, die sich bei der Aufstellung ergeben.
– Lehrer fühlen sich durch Verwaltungsarbeiten zu stark belastet, oder sie sind nicht bereit und in der Lage, Arbeiten dieser Art schnell und gewissenhaft auszuführen, sofern sie ihnen übertragen werden.
– Lehrer fühlen sich durch die Schulleitung permanent überwacht und kontrolliert, oder sie halten erforderliche Regelungen einfach nicht ein, schicken Schüler früher nach Hause, ohne Rücksprache zu nehmen, beginnen den Unterricht zu spät, halten sich nicht an Lehrpläne u. a. m.

- Lehrer erfahren curricular erhebliche Einschränkungen, bekommen z. B. vorgeschrieben, mit welchem Schulbuch sie zu arbeiten haben (weil dieses nun einmal an der Schule eingeführt ist), machen die Erfahrung, daß sinnvoll erscheinende Innovationen blockiert werden (weil schulrechtliche Bestimmungen fehlen); oder sie verweigern von sich aus die Mitarbeit, weil jede Umstellung schließlich mit Mehrarbeit verbunden ist, sabotieren gewissermaßen an der Basis mögliche Innovationen.
- Lehrer werden von Vertretern der Schulleitung beurteilt, die sie für fachlich inkompetent halten, oder sie sprechen diesen Vertretern von vornherein jegliche Beurteilungskompetenz ab.
- Lehrer machen im persönlichen Umgang mit der Schulleitung die Erfahrung, daß existentiell schwierige Situationen einfach ignoriert werden, eigentlich nur die gewissenhafte Erteilung des Unterrichts zählt. Oder Schulleiter gewinnen den Eindruck, daß Ereignisse aus dem persönlichen Bereich (Schwangerschaft, Geburt, Krankheit, Todesfall, Scheidung) von einigen Lehrern ausgenutzt werden, um sich persönliche Vorteile zu verschaffen, sei es durch häufiges Fehlen, die Terminierung einer nicht dringenden Operation auf die Schulzeit u. a. m.
- Lehrer gewinnen den Eindruck, daß sie der Schulbehörde, dem Schulträger, den Eltern und Schülern gegenüber nicht angemessen vertreten werden, indem die Schulleitung über ihre Köpfe hinweg verhandelt und Entscheidungen trifft, ohne die unmittelbar beteiligten Lehrer gehört zu haben. Oder einzelne Lehrer setzen sich über bestehende Regelungen hinweg, mißachten den Dienstweg, indem sie mit Behörden, Trägern oder Elternvertretern Kontakte aufnehmen, ohne die Schulleitung davon in Kenntnis zu setzen.
- Lehrer erleben die Vertreter der Schulleitung in erzieherischen Fragen als weitgehend inkompetent, indem diese z. B. für die Erteilung bestimmter Schulstrafen plädieren (vgl. *Heck/Tschampa* 1976), ohne die Ursachen des Konflikts in Betracht zu ziehen, ohne die Betroffenen selbst zu hören, ohne einen Perspektivenwechsel vorzunehmen oder ohne das breite Spektrum möglicher Handlungsweisen zu berücksichtigen. Oder die Vertreter der Schulleitung machen ihrerseits die Erfahrung, daß einige Kollegen bedenkenlos von fragwürdigen Disziplinierungsmitteln Gebrauch machen, ihre Schüler aburteilen, ohne nach geeignet erscheinenden erzieherischen Maßnahmen zu suchen (vgl. *Becker/Dietrich/Kaier* 1978, 2. 40 ff.).

Müssen zentrale oder extreme Konflikte gelöst werden, die vom

Lehrer allein nicht bewältigt werden können, dann lassen sich – vom Problemkreis 7.1 abgesehen – Querverbindungen zu allen anderen Problemkreisen herstellen. Besonders intensiv sind die Beziehungen zu jenen Problemkreisen, deren Konflikte nicht innerhalb des Klassenzimmers ausgetragen werden können, so zu den Problemkreisen Pause und Schulhof (7.7), Leistungsmessung (7.10), Schulmüdigkeit (7.14), Sachbeschädigungen (7.18) und Wandertage (7.19). Aus den vermittelnden Funktionen ergeben sich Verbindungen zu den Problemkreisen Kollegen (7.21), Schulaufsicht (7.23) und Eltern (7.24).

Wie die Darstellung der Konfliktkonstellationen zeigt, sind die Auseinandersetzungen, Belastungen und Schwierigkeiten wechselseitig bedingt, d. h. in den meisten Fällen werden die Konfliktursachen nicht nur bei der Schulleitung, sondern auch bei den Lehrern zu finden sein; deshalb sollen zuerst jene Ursachen angesprochen werden, die auf Vertreter der Schulleitung zurückzuführen sind und dann jene, die den Lehrern angelastet werden müssen. Schulleiter verursachen Konflikte, weil sie

– im Schulmanagement ungeübt und unerfahren und nicht bereit oder in der Lage sind, sich die erforderlichen organisatorischen und verwaltungstechnischen Fähigkeiten anzueignen.
– versuchen, alle vorgenannten Funktionen voll zu erfüllen. Dieses Bestreben hat vor allem an größeren Schulen eine permanente Arbeitsüberlastung zur Folge. Der dem Streß unterworfene Leiter wird mit der Zeit nervös, wirkt emotional unausgeglichen und reagiert gereizt. Die Tatsache, daß er allen Funktionen gar nicht gerecht werden kann, hinterläßt bei ihm ein Gefühl der Unzufriedenheit.
– sich auf eine Funktion konzentrieren und die anderen vernachlässigen, z. B. in der Bereitstellung statistischer Unterlagen oder im Bestreben, dafür zu sorgen, daß die Lehrer die schulrechtlichen Bestimmungen einhalten. Die Konzentration auf eine oder wenige Funktionen führt im Kollegium meist zu einem erheblichen Autoritätsverlust, zieht aber auch Konflikte nach sich, weil wesentliche Funktionen nicht wahrgenommen werden.
– gegenüber dem Kollegium einen fragwürdigen Leitungsstil praktizieren. So gibt es z. B. Schulleiter, die ihren jahrzehntelang „bewährten" Lehr- und Erziehungsstil unkritisch auf das Kollegium übertragen, es autoritär leiten oder aber – in Ermangelung einer Alternative – das Kollegium mehr oder weniger sich selbst überlassen und kaum wagen, Mißstände auch offen anzusprechen. Was vielen Schulleitern im Grunde genommen fehlt, sind Kenntnisse auf dem Gebiet der Menschenführung sowie eine Sensibilität für gruppendynamische Prozesse.
– ihre fachdidaktischen Fähigkeiten überschätzen, also glauben, in jedem Fach mitsprechen zu können, oder weil sie sich auf ein Fach konzentrieren und ganz in ihm aufgehen – was dann entsprechend positive Auswirkungen auf die Ausstattung dieses Faches mit Lehr- und Lernmitteln hat.

- Spannungen, die sich aufgrund der vermittelnden Funktionen ergeben, nicht aushalten können. Diese Zwischenstellung und der Versuch, den Anliegen der Lehrer und der Schulbehörden zu entsprechen, kann innerhalb eines Schulsystems, das bis heute nach den Grundsätzen eines hierarchischen Bürokratiemodells geführt wird, auf die Dauer zermürben. Jede Initiative benötigt besonders viel Zeit und Kraft. Tritt ein Schulleiter konsequent für die Interessen seiner Lehrer und Schüler ein, dann macht er sich bei Schulbehörden und Schulträgern unbeliebt, d. h. er handelt gegen seine eigenen Interessen, sofern er selbst innerhalb der Bürokratie aufsteigen möchte (vgl. *Fürstenau* 1967).
- unkritisch mit Schulstrafen (*Heck/Tschampa* 1976) operieren, ohne die Konfliktursachen zu erforschen, die Konflikte zu analysieren und in Kooperation mit den Betroffenen nach Lösungsmöglichkeiten zu suchen. Vielen Schulleitern mangelt diesbezüglich erzieherische Kompetenz.

Da Schulleiter direkt auf das Kollegium angewiesen sind, muß es zu Konflikten kommen, wenn sich Lehrer organisatorischen Aufgaben entziehen, Verwaltungsarbeiten als berufsfremd ablehnen, in Unkenntnis schulrechtlicher Bestimmungen handeln oder diese bewußt umgehen oder gegen sie verstoßen. Konflikte sind aber auch auf Dauer vorprogrammiert, wenn sich die Lehrer eines Kollegiums einen undemokratischen Leitungsstil gefallenlassen, fachegoistische Neigungen des Schulleiters tolerieren, ein durch obrigkeitsstaatliches Denken geprägtes Verhalten des Schulleiters den Schulbehörden gegenüber akzeptieren oder unzureichende Methoden der Konfliktlösung einfach hinnehmen.

Aufgrund vorstehender Überlegungen lassen sich einige Leitlinien für die Leitung von Schulen formulieren:

Erschöpfen Sie sich bei Ihrer Tätigkeit nicht in der Wahrnehmung organisatorischer oder verwaltungstechnischer Aufgaben, weil es für Sie wichtigere Funktionen zu erfüllen gibt.

Konzentrieren Sie sich bei Ihrer Tätigkeit auf entscheidende Funktionen, indem Sie curriculare Fragen sorgfältig bearbeiten lassen, Ihre Lehrer betreuen, zwischen den einzelnen Gruppen vermitteln und die anstehenden Konflikte lösen helfen.

Bemühen Sie sich um Arbeitsentlastung, indem Sie bestimmte Aufgaben an die Lehrer des Kollegiums übertragen, ohne den einzelnen dadurch zu stark zu belasten.

Bemühen Sie sich um konstruktives Verhalten, indem Sie erforderliche Kontrollen unaufdringlich ausüben, den kontrollierten Lehrern offen und möglichst exakt sagen, was Ihnen an ihren Handlungen gefällt bzw. mißfällt (vgl. *Cohn* 1975).

Bemühen Sie sich im Kollegium immer wieder um eine demokratische Basis. Übertragen Sie die Leitung von Konferenzen Ihrem

Stellvertreter oder geeigneten Lehrern. Auf diese Weise haben Sie Gelegenheit, Ihren eigenen Konferenzstil kritisch zu hinterfragen. Scheuen Sie aber nicht davor zurück, selbst Entscheidungen zu fällen, wenn demokratische Beschlußfassungen verhindert oder unterlaufen werden (vgl. *Braune/Bessoth* 1977). Sofern Sie als Schulleiter eine dienstliche Beurteilung zu erstellen haben, sollten Sie in der gleichen Offenheit wie unter dem vorigen Punkt verfahren und die Beurteilungskriterien nennen.

Beziehen Sie bei curricularen Entscheidungen stets die Fachlehrer des Kollegiums ein. Auf diese Weise ersparen Sie sich zahlreiche Auseinandersetzungen. Schließlich sind Sie nicht in der Lage, in allen schulischen Fächern fachkompetente Entscheidungen zu treffen.

Treten Sie für die gerechtfertigten Belange der Schüler und Lehrer ein, auch dann, wenn Sie für Schulbürokratie und Schulträger ein unbequemer Mahner sind. Diese Leitlinie ergibt sich aus einer Art „Fürsorgepflicht", die jeder Schulleiter seinen Schülern und Lehrern gegenüber wahrzunehmen hat.

Zum Schluß eine Leitlinie für die Mitglieder des Kollegiums: *Unterstützten Sie Ihren Schulleiter in der Wahrnehmung der zahlreichen und schwierigen Aufgaben.* Sprechen auch Sie offen an, was Ihnen gefällt bzw. mißfällt, weil nur auf diese Weise eine Verbesserung der Beziehungen erreicht werden kann.

Anregungen:

Diskutieren Sie die Möglichkeit, den Schulleiter für eine begrenzte Zeit aus dem Kreis des Kollegiums zu wählen.

Untersuchen Sie die Frage, ob es sinnvoll wäre, jedes Lehrerkollegium mit seinem Schulleiter geschlossen zur Teilnahme an einer gruppendynamischen Veranstaltung zu verpflichten.

7.22.2 Analysebeispiel

Konfliktbeschreibung auffassen

Hohlstunden

Sie werden aufgrund Ihrer ausgezeichneten Prüfungsergebnisse sofort mit vollem Deputat in den Schuldienst übernommen. Ihr Stundenplan, der Ihnen vom Rektor ausgehändigt wird, weist drei Hohlstunden auf. Anfangs stört Sie das nicht weiter, denn Sie sind der Meinung, diese Stunden recht gut für das Korrigieren von Klassenarbeiten nutzen zu können. Doch der Schulalltag sieht anders aus. Etwa in zwei von drei Hohlstunden pro Woche werden Sie von Ihrem Rektor gebeten, eine Klasse zu beaufsichtigen oder zu unterrichten. Auf diese Weise kommt es indirekt zu einer Deputatserhöhung, und die zu korrigierenden Hefte bleiben liegen. Der Stundenplan, den Sie zu Beginn des nächsten Schuljahres ausgehändigt bekommen, sieht für Sie wiederum drei Hohlstunden vor. Sie betrachten sich die Stecktafel und stellen fest, daß noch fünf Kollegen je eine Hohlstunde, die Mitglieder der Stundenplankommission ausnahmslos keine Hohlstunde in ihren Plänen haben. Sie sind etwas verärgert und überlegen sich, wie Sie eine Planänderung erreichen können.

Betroffenheit einschätzen
N = 54   MW 3.00   VAR 1.89   STA 1.37, Randkonflikt 3

Erstverhalten überlegen
Sofort bei Erhalt des Planes in geeigneter Form bei der Plankommission intervenieren, damit man später nicht sagen kann, Sie seien mit den Hohlstunden einverstanden gewesen. Eine höflich vorgetragene Bitte um Revision ist in diesem Stadium sicher wirkungsvoller als ein lautstarker Protest.

Methode festlegen B

Nach den Ursachen fragen
Ihr Stundenplan weist drei Hohlstunden auf, weil
- Sie einem Mitglied der Stundenplankommission unsympathisch sind
- Sie als nachgiebig bekannt sind und es versäumt haben, schon beim letzten Plan zu protestieren
- es aufgrund der vorhandenen Fächerkombination wirklich schwierig ist, eine gerechtere Verteilung der Hohlstunden vorzunehmen
- sich die Planer gar nicht erst um eine gerechte Verteilung bemüht haben
- es gute Tradition ist, den jungen Kollegen die Hohlstunden aufzubürden
- anderen Kollegen/Kolleginnen die Hohlstunden nicht zugemutet werden können, da sie z. B. Kinder zu versorgen haben
- die Planer wegen der „ausgezeichneten Prüfungsergebnisse" neidisch sind

– sich der Rektor nicht um eine gerechtere Verteilung der Lasten kümmert.

Perspektive wechseln

Als betroffener *Lehrer* fühlen Sie sich ungerecht behandelt und in eine Außenseiterposition gedrängt. Die *Planer* haben vielleicht schon ein etwas schlechtes Gewissen, weil ihnen die ungerechte Verteilung bekannt ist. Allerdings wird es erst dann zu einer Beeinträchtigung kommen, wenn Sie intervenieren, und der Grad der emotionalen Betroffenheit wird von der Art der Intervention abhängig sein. Ganz ähnlich wird es dem *Rektor* gehen. Die *indirekt beteiligten Kollegen* bangen wahrscheinlich um ihre günstigen Pläne (keine Hohlstunde) oder treten für eine gerechtere Verteilung ein (eine Hohlstunde), wobei sie davon ausgehen, daß sie natürlich keine zweite Hohlstunde aufgebürdet bekommen. Insgesamt können Sie kaum damit rechnen, daß sich Kollegen zu ihrem eigenen Nachteil für Ihre Interessen einsetzen.

Handlungsmöglichkeiten suchen

1 die Planer fragen, ob sie die drei Hohlstunden schon bemerkt haben
2 die Planer bitten, den Plan zu revidieren
3 die Planer fragen, warum sie selbst keine Hohlstunden haben
4 den Rektor bitten, eine Planänderung herbeizuführen
5 sich selbst in die Plangestaltung eindenken und Änderungsvorschläge machen
6 mit einem Kollegen, der über entsprechende logische und mathematische Fähigkeiten verfügt, am Plan herumtüfteln und dann Vorschläge unterbreiten
7 ein Computerprogramm zur Plangestaltung einsetzen
8 Kollegen bitten, sich zur freiwilligen Übernahme von Hohlstunden bereitzuerklären
9 selbst in die Stundenplankommission eintreten
10 das eigene Anliegen auf der nächsten Konferenz vortragen
11 sich beim Schulrat beschweren
12 um Versetzung an eine andere Schule bitten
13 den Plan mit den Hohlstunden akzeptieren
14 den Plan akzeptieren, in den Hohlstunden stets das Schulgebäude verlassen
15 den Plan akzeptieren, aber stets – wenn auch unter erschwerten Bedingungen – Hefte korrigieren.

Handlungsmöglichkeiten prüfen

1 — diese ironische Frage kann konfliktverschärfend wirken; 2 +; 3 — wie 1; 4 + — falls die Bitte keinen Erfolg hat; 5 + — sofern Sie dazu in der Lage sind; 6 + falls ein solcher Kollege zur Verfügung steht; 7 — der Aufwand rechtfertigt kaum das Ergebnis – kein Lehrer mehr als eine Hohlstunde – da Sie allein betroffen sind; 8 — wer wird das schon freiwillig tun? 9 + — sofern Sie für eine gerechtere Verteilung der Hohlstunden sorgen, ist der Vorschlag akzeptabel, wenn Sie aber nur egoistisch Ihre eigenen Interessen durchsetzen möchten, sollten Sie auf die Kommissionsarbeit verzichten; 10 + sofern die anderen Handlungen nicht zum Erfolg führen; 11 — Überreaktion; 12 — wie vor; 13 + — wenn alle Bemühungen erfolglos bleiben; 14 + — vgl. 13; 15 + — vgl. 13.

Handlungsfolge konzipieren

Eine Handlungsfolge kann nicht konzipiert werden, ohne die Zielsetzungen zu diskutieren. Bleibt es bei den 3 Hohlstunden, dann bleibt auch der Konflikt als eine Art „Dauerkonflikt" bestehen. Die Reduzierung von 3 auf 2 Hohlstunden wäre ein gerechtfertigter minimaler Anspruch. Auch die Bitte, nicht mehr als eine Hohlstunde zu haben, müßte unter den gegebenen Umständen als gerechtfertigt bezeichnet werden. Unrealistisch wäre hingegen das Ziel, keine Hohlstunde aufgebürdet zu bekommen. Die Stundenplankommission sollte deshalb gebeten werden, die Anzahl der Hohlstunden von 3 auf eine zu verringern. Falls auf diese Bitte keine Reaktion erfolgt, könnte Handlungsmöglichkeit 6 in Betracht gezogen werden. Dabei sollte man allerdings wissen, daß jeder Vorschlag, der unterbreitet wird, einen anderen Kollegen tangiert, da es in den seltensten Fällen gelingen wird, die Hohlstunden ganz zu eliminieren. Ein konstruktiver Vorschlag wäre deshalb aus taktischen Erwägungen mit dem Rektor abzusprechen, damit sich dieser den Vorschlag zu eigen macht und den Kollegen um die Übernahme der betreffenden Hohlstunde bittet; damit wäre auch Handlungsmöglichkeit 4 einbezogen. Wenn alle Bemühungen um eine Planänderung erfolglos bleiben, sollten Sie auf der nächsten Konferenz Ihre Unzufriedenheit offen zum Ausdruck bringen und die Bitte äußern, im nächsten Jahr einen Plan ohne Hohlstunden zu bekommen. In diesem Falle ist es Ihnen auch nicht zu verdenken, wenn Sie die unter 14 und 15 genannten Handlungsmöglichkeiten realisieren.

Oder würden Sie ganz anders handeln?

7.22.3 Konfliktbeschreibungen

Beginnen Sie erst mit der Konfliktanalyse,
nachdem Sie die Kapitel 5 und 6 bearbeitet haben!

7.22.3.1 Der „Big Brother" stört

In Ihrer modernen Schule haben Sie eine Rufanlage, über die Ihr Rektor alle Schüler und Lehrer jederzeit erreichen kann. So perfekt dieses System auch funktioniert, so störend wirken sich die Durchsagen auf den Unterricht aus, vor allem dann, wenn es sich um Nebensächlichkeiten handelt (was fast immer der Fall ist), die Durchsagen wiederholt werden (was bei Ihrem Rektor Gewohnheit geworden ist) und wenn sie noch mit dem Zusatz: „Ende der Durchsage" schließen (was Ihrer Meinung nach völlig überflüssig ist). Jedesmal, wenn der „Große Bruder" spricht, müssen Sie um Ihre Beherrschung kämpfen (vgl. *Klink* 1974, S. 57).
Relevanz: N = 54   MW 1.89   VAR 1.99   STA 1.41

7.22.3.2 Regelungen müssen eingehalten werden

In vielen Schulen gibt es die Regelung, daß der Haupteingang den Lehrern vorbehalten bleibt, während die Schüler grundsätzlich vom Schulhof aus durch den Nebeneingang die Schule zu betreten haben.
Morgens auf dem Schulweg treffen Sie fast immer einige Schüler Ihrer Klasse, mit denen Sie sich unterhalten. Bevor Sie mit den Schülern den Haupteingang erreicht haben, wird das Gespräch abgebrochen, Sie gehen weiter, während die Schüler um die Schule herumlaufen, um diese von hinten zu betreten.
Nach einigen Tagen kommt Ihnen diese künstliche Trennung komisch vor. Sie sind gerade am Haupteingang und an einem interessanten Gesprächspunkt angekommen, da fordern Sie Ihre Schüler spontan auf, mit ihnen durch den Haupteingang die Schule zu betreten. Zufällig werden Sie und die Schüler vom Rektor beobachtet. Im Verlauf der Konferenz vermerkt er mit einem unmißverständlichen Seitenblick: „Und da habe ich noch einen Punkt anzusprechen: Der Haupteingang soll doch weiterhin für die Lehrer da sein. Achten Sie bitte darauf, daß die Schüler den Hofeingang benutzen."
Relevanz: N = 54   MW 1.98   VAR 1.30   STA 1.14

7.22.3.3 „Amoralischer Lebenswandel"

Sie hatten während Ihrer Studienzeit einen netten Kommilitonen kennengelernt, der mit Ihnen zusammen sein Examen ablegte. Sie bemühten sich, nicht allzu weit voneinander eingesetzt zu werden, aber ohne Erfolg. Die Entfernung zwischen den beiden Schulorten beträgt immerhin 165 km. Ihr Freund hat einen alten PKW, mit dem er Sie fast an jedem Wochenende besucht. Er übernachtet auch bei Ihnen und fährt erst am Sonntagabend wieder zurück. In der Urlaubszeit kommt Ihr Bruder bei Ihnen vorbei. Er ist Student und ein paar Jahre älter als Sie. Er befindet sich auf der Durchreise, wollte eigentlich gleich weiterfahren, bleibt aber dann doch über Nacht. Zwei Tage später werden Sie von Ihrem Schulleiter ins Rektorat gebeten. Offensichtlich geht es um etwas besonders Wichtiges, denn er schließt sorgfältig hinter Ihnen die Tür, damit es keine Zuhörer gibt. Dann beginnt er zögernd zu sprechen: „Ja, Frl. S., ich weiß nicht so recht, wie ich es sagen soll, aber die Leute reden über Sie. Sie empfangen so oft Herrenbesuch. Wenn es nur einer wäre, dann ginge es ja noch, aber wenn man den Leuten Glauben schenken darf, dann haben schon verschiedene junge Männer bei Ihnen übernachtet. Wissen Sie, schließlich kennt hier auf dem Lande jeder jeden, da müssen Sie schon auf die Bevölkerung etwas Rücksicht nehmen."
Relevanz: N = 54   MW 2.20   VAR 3.37   STA 1.84

7.22.3.4 „In diesem Jahr ist nichts mehr zu machen"

In den Schulen ist die Ausstattung mit Lehr- und Lernmitteln sehr unterschiedlich. Es gibt reiche Gemeinden, die über die gesetzlich vorgeschriebenen Mindestsätze hinaus ihren Schulen weitere Mittel für besondere Anschaffungen bewilligen können, und arme, die sich auf die Mindestsätze beschränken müssen.

Sie werden an eine Schule versetzt, deren Ausstattung hoffnungslos veraltet ist. Das gilt besonders für das vorhandene Kartenmaterial. Da Sie in mehreren Klassen Geographie erteilen sollen, trifft Sie die verwahrloste Kartensammlung besonders hart.

Sie mustern die Karten kritisch, machen eine Aufstellung, welche Karten Ihrer Meinung nach unbedingt sofort angeschafft werden müssen, und suchen mit dieser Liste Ihren Rektor auf. Nachdem Sie Ihr Anliegen unterbreitet und ausführlich begründet haben, erwidert er bedauernd: „In diesem Jahr ist nichts mehr zu machen, da kaufen

wir einige Geräte für Physik, das ist schon lange mit Herrn S. abgesprochen."
Relevanz: N = 54   MW 2.28   VAR 1.60   STA 1.27

7.22.3.5 Ausgerechnet dieses Lehrbuch

Während Ihres Studiums besuchten Sie ein Seminar zum Thema: „Lehrbücher unter die Lupe genommen. Analyse der Schulbücher im Fach Geschichte." Die Seminarteilnehmer erstellten gegen Ende des Semesters eine Rangreihe. Unter zwölf Lehrbuch-Werken, die analysiert wurden, erhielt das Buch „Persönlichkeiten bestimmen die Geschichte" aus dem Ohnesorg-Verlag die Rangziffer zwölf. Dieses Buch war also nach Meinung fast aller Seminarteilnehmer für den Unterricht nicht geeignet.

Drei Jahre später werden Sie an eine andere Schule versetzt. Ahnungslos fragen Sie den Rektor nach dem an seiner Schule für das Fach Geschichte eingeführten Lehrbuch und bekommen die Antwort, daß es sich genau um dieses Werk handele. Nun fragen Sie, ob eine Umstellung kurzfristig möglich sei, doch da heißt es: „Das ist ganz ausgeschlossen, die Bücher sind alle neu angeschafft worden."
Relevanz: N = 54   MW 2.35   VAR 1.36   STA 1.16

7.22.3.6 Konferenzen

Sie arbeiten mit etwa 50 Kollegen an einer sehr großen Schule. Es dauert manchmal etwas länger, bis Sie neu eintretende Kollegen oder Fachlehrer, die oft nachmittags unterrichten, auch nur namentlich kennen. Die Atmosphäre ist durch Anonymität gekennzeichnet.

Ihr Schulleiter nimmt jede sich bietende Gelegenheit zu einer Konferenz wahr. Konferenzen sind seiner Meinung nach Möglichkeiten, sich innerhalb des Kollegiums besser kennenzulernen; doch wegen der großen Zahl können immer nur wenige sprechen. Die meisten Kollegen sind zum Zuhören verurteilt.

Leider haben Sie außerdem noch den Eindruck, daß Ihr Schulleiter die Konferenzen weitgehend zur Selbstdarstellung mißbraucht, indem er die Tagesordnungspunkte eigenmächtig festlegt, ganze Passagen aus Rundschreiben oder Amtsblättern vorliest und immer nur ängstlich darauf bedacht zu sein scheint, daß alle Erlasse, Verordnungen und Verfügungen auch peinlich genau eingehalten werden. Sie fühlen sich durch die Art der Konferenzen gelangweilt, da die für Sie

wichtigen Probleme aus Zeitmangel fast nie angesprochen werden können.
Relevanz: N = 54   MW 2.46   VAR 2.10   STA 1.45

7.22.3.7 Fachfremder Unterricht

Früher verlangte man von Volksschullehrern, daß sie in der Lage sind, alle Fächer zu erteilen. Die Ausbildung war dieser Forderung entsprechend sehr breit, die Kenntnisse der Absolventen oberflächlich. Seit die Studenten Gelegenheit haben, sich auf zwei Fachgebiete zu konzentrieren, werden zwar während des Studiums in diesen beiden Fächern vertiefte Kenntnisse und Einsichten gewonnen, aber von den anderen Fächern haben sie meist keine Ahnung. Die Nachteile dieses Studienmodells werden dann voll sichtbar, wenn fachfremd unterrichtet werden muß. Sie haben die Fächer Englisch und Geschichte studiert, Ihr erstes Examen abgelegt und das Glück, sofort in den Schuldienst übernommen zu werden. Als Ihnen Ihr Rektor den Stundenplan überreicht, sind Sie überrascht, denn der Plan weist überwiegend die Fächer Deutsch und Kunsterziehung aus. Daneben sollen Sie noch fünf Englisch- und zwei Geschichtsstunden in der eigenen Klasse geben. Sie sprechen Ihren Rektor vorsichtig daraufhin an, bemerken höflich, daß der Plan nicht Ihren Vorstellungen entspricht und bekommen zur Antwort: „Mit Englisch und Geschichte können Sie an unserer Schule nicht viel anfangen, diese Fächer sind nicht gefragt. Frau S. und Herr P. geben seit Jahren Englisch, und ich habe mich auf Geschichte spezialisiert."
Relevanz: N = 54   MW 4.04   VAR 1.36   STA 1.16

7.22.4 Handlungsmöglichkeiten

zu 7.22.3.1

1. Sie „lassen gehörig Dampf ab" und schlagen den Lautsprecher zusammen (0%).
2. Sie gehen sorgfältig mit dem Schraubenzieher zu Werk und lösen die Kontakte (2%).
3. Sie bitten Ihren Rektor, nur wirklich wichtige Durchsagen zu machen, auf Wiederholungen und den Zusatz, „Ende der Durchsage", zu verzichten (50%).
4. Sie wenden sich an einen älteren Kollegen mit der Bitte, beim Rektor vorstellig zu werden (2%).

5. Sie lassen das Thema „Rufanlage" als Tagesordnungspunkt in der nächsten Konferenz diskutieren (41%).
6. Sie bauen heimlich einen Fehler in die Rufanlage ein, betreiben also Sabotage, so daß die gesamte Anlage nicht mehr funktioniert, ziehen sich dabei aber Handschuhe an, damit man Ihnen nichts nachweisen kann (0%).
   oder: . . . (6%).

zu 7.22.3.2

1. Sie nehmen erst einmal die Zurechtweisung entgegen, damit Sie den Vorfall in Ruhe durchdenken können (6%).
2. Sie sagen sofort, daß Sie sich angesprochen fühlen und Sie den Schülern nur ausnahmsweise gestattet hätten, den Haupteingang zu benutzen (9%).
3. Sie regen sofort eine Diskussion über die für Sie fragwürdige Regelung an (54%).
4. Sie machen während einer Konferenz den Vorschlag, bei Schulbeginn auch den Schülern die Benutzung des Haupteingangs zu gestatten (6%).
5. Sie kümmern sich nicht um die Zurechtweisung, sondern gehen mit den Schülern durch das Hauptportal, wann immer Sie es für richtig halten (2%).
6. Sie geben in allen Klassen, in denen Sie unterrichten, heimlich die Parole aus: Ab sofort darf bei Schulbeginn von allen Schülern der Haupteingang benutzt werden (2%).
   oder: . . . (22%).

zu 7.22.3.3

1. Sie sagen ihm, daß nur Ihr Freund bei Ihnen übernachten würde, und der andere junge Mann Ihr Bruder gewesen sei (48%).
2. Sie bitten ihn, er möge die Informanten nennen, damit Sie diese selbst sprechen und zur Rechenschaft ziehen könnten (15%).
3. Sie sagen ihm, daß Sie auf so eine unqualifizierte Anschuldigung nicht antworten würden (15%).
4. Sie erklären ihm, daß auch Lehrerinnen ein Privatleben haben, das die Dorfbevölkerung nichts angehe (17%).
5. Sie beruhigen ihn und sagen: „Ach wissen Sie, die Leute werden sich mit der Zeit schon an mich gewöhnen." (2%).
6. Sie betreiben Ihre Versetzung in eine Großstadt, in der nicht jeder Ihre Handlungsweisen kontrollieren kann (2%).
   oder: . . . (2%).

zu 7.22.3.4

1. Sie lassen sich für das nächste Jahr vormerken (17%).
2. Sie bitten einen Kaufmann der Kleinstadt um eine Spende und versprechen ihm eine Quittung für das Finanzamt (0%).
3. Sie weigern sich Ihrem Rektor gegenüber, unter solchen Bedingungen Geographie zu erteilen (2%).
4. Sie bitten darum, daß man in der nächsten Konferenz über eine Neuverteilung der Mittel diskutiert (41%).

5. Sie schreiben einen Bericht für die Lokalzeitung, in welchem Sie über die katastrophale Ausstattung berichten (4%).
6. Sie bitten den Kollegen, der Physikunterricht erteilt, etwas Geld für wenigstens zwei Landkarten abzuzweigen und auf einige Anschaffungen zu verzichten (31%).
   oder: . . . (6%).

zu 7.22.3.5

1. Sie fragen vorsichtig, wer die Anschaffung dieses Lehrbuchs befürwortet hatte (17%).
2. Sie finden sich mit dem Lehrbuch erst einmal ab, nehmen sich aber vor, es kaum zu verwenden und auf die Einführung eines anderen Lehrbuchs hinzuarbeiten (54%).
3. Sie weigern sich sofort, mit einem derartigen Lehrbuch zu unterrichten (4%).
4. Sie berichten dem Rektor von dem Seminar: „Lehrbücher unter die Lupe genommen", von der negativen Einstufung dieses Lehrbuchs und fragen ihn dann um Rat (11%).
5. Sie bitten den Dozenten, der damals das Seminar geleitet hatte, ein Gutachten im Hinblick auf dieses Lehrbuch zu verfassen (0%).
6. Sie lassen den Punkt „Lehrbuch im Fach Geschichte" auf die Tagesordnung der nächsten Konferenz setzen (9%).
   oder: . . . (6%).

zu 7.22.3.6

1. Sie sprechen sich mit einigen Kollegen ab und versuchen, Einfluß auf die Tagesordnung zu nehmen (65%).
2. Sie bitten Ihren Schulleiter, sich auf kurze Hinweise (Rundschreiben, Amtsblatt) zu beschränken, da die Kollegen ohnehin zum Lesen dieser Lektüre verpflichtet seien (19%).
3. Sie unterbreiten den Vorschlag, die Konferenz in der Großgruppe im Regelfall auf eine Viertelstunde zu beschränken, um dann kleine Interessengruppen zu bilden (9%).
4. Sie drücken sich so oft wie möglich vor der Teilnahme (4%).
5. Sie nehmen sich ein gutes Buch mit und lesen, während Ihr Schulleiter monologisiert (2%).
6. Sie bemühen sich, sobald wie möglich selbst Schulleiter zu werden, um an Ihrer Schule einen neuen Stil praktizieren zu können; deshalb heucheln Sie Interesse (0%).
   oder: . . . (2%).

zu 7.22.3.7

1. Sie sagen Ihrem Rektor, daß Sie eine solche Begründung nicht akzeptieren und ihn um eine Planänderung bitten (72%).
2. Sie akzeptieren erst mal den Plan, arbeiten sich in die beiden anderen Fächer ein und hoffen auf einen besseren Plan im nächsten Schuljahr (2%).
3. Sie telefonieren sofort mit dem zuständigen Schulrat und beschweren sich (2%).

4. Sie bitten den zuständigen Schulrat um Versetzung an eine andere Schule, an der man mit Ihren Fächern mehr anfangen kann (9%).
5. Sie wenden sich an die Gewerkschaft Erziehung und Wissenschaft und fordern vom Junglehrervertreter, daß er für bessere Arbeitsbedingungen sorgen möge (0%).
6. Sie bringen Ihr Anliegen auf der ersten Konferenz zur Sprache und bitten die Kollegen, einige Stunden zu tauschen (9%).
oder: . . . (6%).

7.23 Schwierigkeiten mit der Schulaufsicht

7.23.1 Vorüberlegungen

Wenn im Rahmen dieses Problemkreises von „Schulaufsicht" die Rede ist, dann sind Auseinandersetzungen, Belastungen und Schwierigkeiten gemeint, die sich aus dem Umgang mit vorgesetzten Behörden, der Schulverwaltung und dem Schulträger ergeben. Bei einer Ausdifferenzierung dieses Klassifikationssystems ließe sich der Problemkreis weiter unterteilen. Konfliktkonstellationen ergeben sich z. B., wenn

- Lehrer das staatliche Schulsystem, die Art der Schulaufsicht und die Verbeamtung der Lehrer grundsätzlich in Frage stellen,
- sie mit dem Leistungsdruck und der Art der Benotung nicht einverstanden sind,
- ihnen Lehrpläne oder Richtlinien wenig sinnvoll erscheinen,
- sie sich politisch unter Druck gesetzt fühlen, weil sie z. B. früher einmal einer politischen Gruppierung angehörten, die heute als verfassungsfeindlich eingestuft wird,
- der Unterricht durch schlechte äußere Bedingungen (zu kleine oder fehlende Räume, Lärm, nicht ausreichende Beleuchtung, verpestete Luft) stark beeinträchtigt wird,
- die Lerngruppen zu groß sind, so daß die individuellen Belange einzelner Schüler nicht mehr berücksichtigt werden können,
- Eingaben an die vorgesetzte Behörde übergangen oder „auf Eis gelegt" werden,
- Vorgesetzte mit Eltern Kontakt aufnehmen, ohne die betroffenen Lehrer einzubeziehen,
- bei Schulbesuchen kleinliche Kontrollen ausgeübt oder Beurteilun-

gen geschrieben werden, denen eine ausreichende Begründung fehlt,

– sich Lehrer allein gelassen fühlen, jahrelang unterrichten, ohne daß eine Beratung erfolgt,

– der Vorwurf erhoben wird, die Aufsichtspflicht verletzt zu haben,

– Bitten um eine Versetzung unberücksichtigt bleiben,

– bei Beförderungen sachfremde Kriterien eine Rolle spielen u. a. m.

Von diesem Problemkreis lassen sich Verbindungen zu allen anderen Kreisen herstellen, doch sind die Beziehungen zu den Problemkreisen Kollegen (7.21), Schulleitung (7.22) und Eltern (7.23) besonders intensiv. Weiterhin ergeben sich direkte Verbindungen zur Leistungsmessung (7.10), wenn z. B. Eltern mit einer Benotung nicht einverstanden sind und den Rechtsweg beschreiten. Schließlich sind die Problemkreise stark beteiligt (Landschulheimaufenthalt, 7.19; Sachbeschädigung, 7.18) bei denen die Konflikte nicht innerhalb der Schule gelöst werden können.

Die Ursachen für die Auseinandersetzungen, Belastungen und Schwierigkeiten sind breit gestreut. So treten immer wieder Konflikte auf, weil Lehrer

– die gesellschaftlichen Verhältnisse, das kapitalistische Wirtschaftssystem mit seinem Leistungsanspruch in Frage stellen, dieser Anspruch aber häufig durch vorgesetzte Behörden unkritisch gestellt bzw. weitergegeben wird.

– mit dem öffentlichen Schulsystem nicht einverstanden sind, dasselbe als reformbedürftig betrachten, im In- und Ausland Reformschulen kennengelernt oder von ihnen gehört haben und sich deshalb andere Schulverhältnisse wünschen.

– die Bedingungen, unter denen sie unterrichten müssen, nicht akzeptieren können (Anonymität der Schule, zu große Lerngruppen, erzieherische Schwierigkeiten, äußere Voraussetzungen).

– die hierarchische Struktur der Schulaufsicht als undemokratisch empfinden und ablehnen, erfahren haben, wie der „Dienstweg" fast jede Initiative lähmt, sie monatelang auf eine Antwort warten mußten. „Die Lehrer empfinden die Kommunikation mit der Schulverwaltung und der Schulaufsicht entlang der hierarchischen Stufenleiter als unerfreulich, wenn nicht gar als unwürdig. Sie haben den Eindruck, ‚behandelt' und nicht als gleichwertige Gesprächspartner akzeptiert zu werden" (*Lange-Garritsen* 1972, S. 69).

– sich durch zahlreiche schulrechtliche Bestimmungen in ihrer pädagogischen Handlungsfreiheit stark beeinträchtigt fühlen. „Man überwacht also die Stundenplaneinteilung, die Heftkorrektur, die schriftlichen Vorbereitungen, den Jahresplan und derlei mehr und läßt dadurch nur wenig Raum für die Verantwortung des einzelnen Lehrers und die Gesamtverantwortung der Lehrer einer Schule" (*Ellwein* 1960, S. 200).

– Angst haben, der Aufsichtspflicht nicht zu genügen. „Kaum eine andere Aufgabe wird von den Lehrern in dem Maß als Last empfunden wie diese. Zur Vermeidung von Schülerunfällen gibt es praktisch für jede nur denkbare Situation im schulischen Leben einen Katalog von Bestimmungen . . . Der Sportunterricht, die Schulwanderungen, Klassenfahrten können für jeden Lehrer zum Balanceakt entlang dieser Regeln werden. Die Lehrer scheuen sich zum Teil, Vorhaben, die sie für pädagogisch sinnvoll halten, durchzuführen, weil sie meinen, das Risiko der Aufsichtspflicht nicht übernehmen zu können" (*Lange-Garritsen* 1972, S. 65 f.).

– Angst vor einem Unterrichtsbesuch und einer Beurteilung ihrer Lehrerleistungen haben. Schließlich wissen sie genau, daß von dieser einmaligen, stichprobenartigen Kontrolle ihrer didaktischen und erzieherischen Kompetenzen ihr beruflicher Werdegang abhängig sein kann. Häufig sprechen sie den Vorgesetzten – nicht ganz zu Unrecht – die Beurteilungskompetenz ab. Sie sind verbittert, wenn bei Beförderungen oder Stellenbesetzungen schließlich doch sachfremde Kriterien, wie die Zugehörigkeit zu einer politischen Partei, einem Berufsverband oder einer Religionsgemeinschaft den Ausschlag geben.

– den Eindruck haben, daß gerechtfertigt erscheinende persönliche Belange, wie der Wechsel des Dienstortes oder der Schule, von den Vertretern der Schulaufsicht kaum berücksichtigt werden.

Natürlich ist es sehr schwierig, Leitlinien für den Umgang mit den vorgesetzten Behörden zu entwickeln, wenn man ein hierarchisches System, wie es nun einmal das öffentliche Schulwesen darstellt, teilweise ablehnt. Doch gibt es immerhin für jeden Lehrer einen recht großen Spielraum, innerhalb dessen er sich bewegen kann. Außerdem kann er durch sein Verhalten zur Verfestigung hierarchischer Strukturen beitragen oder innerhalb dieses Systems innovativ wirken:

Setzen Sie sich intensiv mit den schulrechtlichen Bestimmungen auseinander, damit Sie grobe Verstöße vermeiden, in kritischen Situationen die Rechtslage einigermaßen überschauen und entsprechend handeln können. Lassen Sie aber keinesfalls Ihre Handlungen immer nur von rechtlichen Erwägungen bestimmen, denn dann wären spontane und kreative Unternehmungen gar nicht mehr möglich. Die genaue Kenntnis des Schulrechts sollte Sie in Ihren Aktivitäten nicht hemmen, sondern ihnen die Angst vor einem nicht kalkulierbaren Risiko nehmen (vgl. *Holfelder/Bosse* 1977).

Erwerben Sie zentrale fachliche, didaktische und erzieherische Handlungskompetenzen, damit Sie Schulbesuchen gelassener entgegensehen können. Vorgesetzte Behörden werden dann weniger reglementierend eingreifen, wenn deren Vertreter um die Kompetenz der Lehrer wissen. Sie sind sogar indirekt genötigt, wichtige Entscheidungsbefugnisse abzugeben, wenn sich stichhaltig begründen läßt, daß eine allgemeine Regelung gar nicht möglich ist. Je kompetenter die

Lehrer, um so größer wird ihr Entscheidungsspielraum sein (vgl. hierzu *Fürstenau* 1967).

Treten Sie einem Berufsverband und/oder der Gewerkschaft bei. Letztere erteilt ihren Mitgliedern Rechtsauskünfte und bietet Ihnen auch Rechtsschutz, soweit dies möglich ist. Außerdem haben Sie einen Ansprechpartner, wenn es zu Auseinandersetzungen oder Schwierigkeiten mit der Schulaufsicht kommt. Berufsverbände und Gewerkschaft unterstützen darüber hinaus die gerechtfertigten Belange ihrer Mitglieder.

Engagieren Sie sich kommunalpolitisch und versuchen Sie, die Entscheidungen des Schulträgers über die politischen Parteien in Ihrem Sinn zu beeinflussen. Grundlegende Veränderungen werden sich allerdings kurzfristig nicht durchsetzen lassen, denn die Innovationsrate ist innerhalb des bestehenden Schulsystems äußerst gering.

Bemühen Sie sich um Verständnis für die oft sehr schwierige Lage der Schulaufsichtsbeamten innerhalb der Schulhierarchie. Diese haben selbst nur einen sehr geringen Entscheidungsspielraum, müssen sich laufend absichern und zwischen den Lehrern einerseits und den übergeordneten Behörden andererseits vermitteln. Viele Beamte können sich um die persönlichen Belange der ihnen unterstellten Lehrer gar nicht kümmern, weil sie durch die laufenden Arbeiten voll in Anspruch genommen sind. Deshalb erscheint es durchaus legitim, wenn Sie in geeigneter Form persönliche Interessen geltend machen.

Wechseln Sie Ihren Arbeitsplatz, wenn Ihnen die allgemeinen und/oder besonderen schulischen Verhältnisse überhaupt nicht zusagen. Lassen Sie sich an eine andere Schule versetzen, an eine Gesamtschule, Privatschule, oder bewerben Sie sich um eine Tätigkeit an einer Auslandsschule. Auf diese Weise werden Sie Ihre Kritik am bestehenden Schulsystem bestätigt finden oder korrigieren. Den Schülern ist auf Dauer ein zutiefst unzufriedener Lehrer nicht zuzumuten.

Anregungen

Diskutieren Sie über die Beibehaltung bzw. Abschaffung des Beamtenstatus im Hinblick auf den Beruf des Lehrers.

Welche Vor- bzw. Nachteile würde eine Neuorganisation des öffentlichen Schulwesens mit sich bringen, wenn jede öffentliche Schule denselben Freiraum wie eine Privatschule erhalten würde?

7.23.2 Analysebeispiel

Konfliktbeschreibung auffassen

„Man muß immer gleich die Großen fragen"

Dem hierarchischen Aufbau der Schulverwaltung entsprechend sind die Entscheidungsbefugnisse säuberlich abgestuft. Der Klassenlehrer darf seine Schüler für einen Tag vom Unterricht befreien, der Schulleiter für drei Tage und was darüber hinausgeht, hat das Staatliche Schulamt zu entscheiden. Warum der Schulrat eine qualifiziertere Entscheidung als der Klassenlehrer treffen kann, ist zwar nicht ganz einsichtig; aber wenn nun mal eine solche Regelung besteht, kann man sie als Lehrer nicht eigenmächtig unterlaufen. Helga ist 15 Jahre alt. Ihre Versetzung in die neunte Klasse ist stark gefährdet. Sie geben sich alle erdenkliche Mühe, damit das Mädchen die Versetzung und somit auch einen Hauptschulabschluß schafft. Helgas Eltern sind Spätaussiedler, stammen aus Siebenbürgen und sprechen nur gebrochen Deutsch. Eines Tages kommt ihr Vater in die Schule und bittet um drei Wochen Urlaub für seine Tochter. Grund: der Bruder, der ein Auto besitzt, möchte die Heimat aufsuchen, und Helga darf mitfahren. Eine einmalige Gelegenheit.

Sie sprechen mit Herrn F. über die schulischen Leistungen seiner Tochter, fragen, ob der Bruder die Fahrt nicht doch etwas verschieben könne und bitten ihn, sich an das Staatliche Schulamt zu wenden. Herr F. wird noch am Nachmittag desselben Tages beim Schulamt vorstellig und erhält dort sogleich positiven Bescheid. Am nächsten Morgen kommt er in die Schule, berichtet, wie erfolgreich er gewesen sei und endet den Bericht mit den Worten: „Man muß immer gleich die Großen fragen."

Betroffenheit einschätzen

N = 54   MW 1.89   VAR 2.25   STA 1.50, Randkonflikt 2

Erstverhalten überlegen

Sie können den Vater zu seinem Verhandlungsergebnis beglückwünschen, ihm und der Tochter eine gute Reise und gute Erholung wünschen oder ihm zu verstehen geben, daß Sie mit der Entscheidung des Schulrats nicht einverstanden sind. Außerdem haben Sie die Möglichkeit, ihn auf die Verantwortung seiner Tochter gegenüber hinzuweisen. Der eigentliche Konflikt spielt sich weniger zwischen Lehrer und Vater ab, sondern zwischen Lehrer und Schulrat. Im Hinblick auf die vom Schulrat getroffene Entscheidung stehen Sie nicht unter Zeit- und Handlungsdruck, vielmehr können Sie in aller Ruhe eine Handlungsfolge konzipieren.

Methode festlegen B

Nach den Ursachen fragen

Der Schulrat hat ohne Rückfrage den Urlaub gewährt, weil
- er es für überflüssig hält, sich bei dem betreffenden Lehrer zu erkundigen
- er durch die Argumente des Vaters sofort überzeugt worden ist
- er den betreffenden Lehrer und/oder Schulleiter nicht mag
- er selbst aus Siebenbürgen stammt
- er unter Zeitdruck stand und deshalb der Bitte rasch entsprechen wollte, um den Vater wieder loszuwerden.

Perspektive wechseln

Die *Schülerin* freut sich, daß sie nun doch fahren darf. Der *Vater* triumphiert, daß er sich so schnell durchsetzen konnte. Als *Lehrer* fühlen Sie sich übergangen, bevormundet und in gewisser Weise der Lächerlichkeit preisgegeben. Der *Schulrat* handelte offensichtlich etwas gedankenlos und machte von seinem Recht, die Beurlaubung auszusprechen, Gebrauch.

Handlungsmöglichkeiten

1 alles auf sich beruhen lassen und die eigenen Nerven schonen
2 einen Brief schreiben und bitten, künftig Rücksprache zu nehmen
3 den Schulrat bitten, aufgrund der besonderen Situation die Entscheidung zu revidieren
4 den Vater überreden, von der Erlaubnis für seine Tochter keinen Gebrauch zu machen
5 mit der Schülerin sprechen und diese bewegen, von sich aus nicht zu fahren
6 heimlich den Verfassungsschutz informieren, so daß der Bruder des Vaters bei der Reise Schwierigkeiten bekommt
7 den östlichen Geheimdienst informieren
8 für sechs Wochen Hausaufgaben erteilen
9 die Schülerin bitten, Tagebuch zu führen und später über die Reise genau zu berichten
10 sich beim Oberschulamt über den Schulrat beschweren
11 den Schulleiter auffordern, tätig zu werden

Handlungsmöglichkeiten prüfen

1 − auf diese Weise können hierarchische Strukturen niemals gelockert werden; 2 + erscheint sinnvoller als ein Telefonat, weil im Brief die Argumente sorgfältig formuliert werden können, und sich

der Schulrat mit diesem Brief auseinandersetzen muß; 3 + — das sollte der Schulrat aufgrund des Schreibens selbst entscheiden; 4 — das ist dem Vater nicht zuzumuten, wird auch keinen Erfolg haben; 5 — wie 4; 6 — erstaunlicher Einfall, leider in unserer Zeit möglich; 7 — wie 6; 8 — damit würde man dem Mädchen die Freude an der Reise nehmen, und außerdem ist nicht zu erwarten, daß sie in Siebenbürgen die Hausaufgaben gewissenhaft erledigt; 9 + eine gute Möglichkeit, die Schülerin etwas zu aktivieren; 10 — dazu gibt es keinen Grund, denn der Schulrat hat aufgrund seiner Bestimmungen gehandelt; 11 + — er sollte zumindest informiert werden und Stellung nehmen können.

Handlungsfolge konzipieren

Dem Vater zu verstehen geben, daß man selbst mit der Entscheidung im Interesse der Schülerin nicht einverstanden ist. Ein Schreiben an den Schulrat verfassen, in dem ausführlich die Bedenken dargelegt werden und das mit der Bitte schließt, in ähnlich gelagerten Fällen zuvor Rücksprache zu nehmen. Dieses Schreiben mit dem Schulleiter noch einmal durchgehen und formale Mängel oder aggressive Wendungen bereinigen, denn vielleicht hat der Schulrat unter Zeitdruck und lediglich gedankenlos gehandelt. Die Schülerin um einen Bericht anhand von Tagebuchaufzeichnungen bitten.

Oder würden Sie ganz anders handeln?

7.23.3 Konfliktbeschreibungen

Beginnen Sie erst mit der Konfliktanalyse,
nachdem Sie die Kapitel 5 und 6 bearbeitet haben!

7.23.3.1 Wirklichkeitsfremd

Sie erteilen in mehreren Klassen Religionsunterricht. Ihre Schule liegt in einem Problemviertel der Stadt, die Schüler kommen fast ausnahmslos aus sozial schwachem Milieu. Besonders in den oberen Klassen besteht eine Diskrepanz zwischen den Lehrinhalten und der motivationalen Lage der Schüler. Zwar rücken existentielle und auch religiöse Fragestellungen bei den älteren Schülern manchmal in den Vordergrund, aber die Beziehung zu Bibel oder Gesangbuch und somit zum offiziellen Curriculum läßt sich für die Schüler nur mit Mühe herstellen.

Zu Beginn des Schuljahres haben Sie auf der Grundlage des Curriculums einen Verteilungsplan erstellt. Sie und die Schüler arbeiten sich nun mühsam durch die vorgeschriebenen Themen. Doch sind Sie mit dem Unterricht nicht zufrieden. Ihrer Meinung nach müßten andere Themen aus dem Erfahrungsbereich der Schüler vordringlich behandelt werden. Nun überlegen Sie sich, wie sich der Unterricht so gestalten läßt, daß er Ihnen und den Schülern mehr Spaß macht.

Relevanz: N = 54   MW 2.07   VAR 2.15   STA 1.46

7.23.3.2 Lärmbelästigung

Ihre Schule liegt in einer größeren Stadt an einer Hauptverkehrsstraße. Das Stadtbauamt hat dafür gesorgt, daß alle Räume, deren Fenster auf die Straße weisen, mit Lärmschutzscheiben ausgestattet wurden.

In den Übergangszeiten und im Winter lassen Sie während des Unterrichts alle Fenster schließen und bitten die Schüler, die Fenster in den Pausen zu öffnen. Außerdem sorgen Sie für eine mäßige Wärmezufuhr, indem Sie die Heizung entsprechend regulieren.

Dieses System funktioniert leider nicht im Hochsommer, wenn mehrere heiße Tage aufeinander folgen. Schließen Sie die Fenster, dann wird die Luft im Raum bald unerträglich stickig, öffnen Sie die Fenster, dann dringen Verkehrslärm und Abgase ins Klassenzimmer und lassen den Unterricht für Schüler und Lehrer zur Qual werden.

Relevanz: N = 57   MW 2.98   VAR 3.01   STA 1.74

7.23.3.3 Welchen Sinn haben die Noten?

Sie unterrichten in einem vierten Schuljahr. Einer Ihrer Schüler bringt zwar in Mathematik und in Sachkunde zufriedenstellende Leistungen; wenn es aber darum geht, möglichst fehlerfrei zu schreiben, versagt er regelmäßig. In den Diktaten hat er immer über 20 Fehler, und wenn er einen Aufsatz schreibt, müssen Sie oft erst rätseln, was wohl mit dem einen oder anderen Wort gemeint sein könnte.

Nachdem Axel in den ersten drei Diktaten die Note „ungenügend" erhalten hat und Sie gerade für das vierte Diktat 33 Fehler zusam-

mengezählt haben, überlegen Sie sich, ob Sie ein weiteres Mal „ungenügend" unter die Arbeit schreiben sollen.
Relevanz: N = 57   MW 3.16   VAR 1.67   STA 1.29

7.23.3.4 Prüfungslehrprobe

Sie haben am Ende Ihrer schulpraktischen Ausbildung eine Prüfungslehrprobe abzulegen, mit der Sie Ihre Lehrfähigkeit unter Beweis stellen sollen. Sie studieren das Fach Musik. Man teilt Ihnen eine Klasse zu und nennt Ihnen drei Tage zuvor das Thema. Es handelt sich um ein Lied aus der Wandervogelzeit, dem Sie persönlich nicht viel Geschmack abgewinnen können. Aber danach wird in diesem Zusammenhang nicht gefragt. Immerhin steht das Lernziel weitgehend fest: Die Schüler sollen am Ende der Stunde das Lied singen können.
Bei der Vorbereitung geben Sie sich alle erdenkliche Mühe. In der Stunde setzen Sie verschiedene Musikinstrumente ein und veranschaulichen bestimmte Tonfolgen an der Hafttafel. Die Schüler machen zu Ihrem Erstaunen gut mit, offensichtlich finden sie an dem Lied sogar Gefallen. Komisch, denken Sie, was man Schülern so alles beibringen kann.
Nach 40 Minuten haben die Schüler das Lied tatsächlich gelernt. Es wurde mehrmals gesungen, von der ganzen Klasse, als Solo und im Duett. Noch einmal wollen Sie das Lied nicht singen lassen, um einen Übersättigungseffekt zu vermeiden. Deshalb schicken Sie die Schüler kurzentschlossen in die große Pause, mit dem Hinweis, die anderen Schüler, die noch Unterricht haben, nicht zu stören. Einige Schüler summen noch das Lied, während sie das Klassenzimmer verlassen. Sie öffnen die Fenster und blicken in den Schulhof hinab. Einige Schüler sind schon unten und singen das gelernte Lied.
Selbstbewußt wenden Sie sich nun dem Expertengremium zu, das Ihre Lehrprobe zu beurteilen hat. Erstaunt sehen Sie in lauter bedenkliche Gesichter: „Ja, das geht aber nicht. Sie können die Schüler doch nicht fünf Minuten zu früh entlassen!"
Relevanz: N = 54   MW 3.37   VAR 1.22   STA 1.10

7.23.3.5 Lehrermangel

Sie sind Rektor an einer Grund- und Hauptschule in einem ländlichen Gebiet. Das Schulamt liegt 42 km vom Schulort entfernt.

Der für Ihre Schule zuständige Schulrat kommt nur in Ihre Schule, wenn ein junger Kollege seine Dienstprüfung abzulegen hat. Da sonst an Ihrer Schule alles läuft und auch zur Gemeinde und zu den Eltern ein gutes Verhältnis besteht, gibt es auch kaum andere Anlässe für einen Schulbesuch.

Mitten im Schuljahr fällt eine Kollegin wegen eines Autounfalles aus. Sie telefonieren mit Ihrem Schulrat und bitten um eine Vertretungskraft, doch leider erfolglos: Kurzfristig könne nicht mit einem Ersatz gerechnet werden, überhaupt sei alles sehr schwierig, so mitten im Schuljahr. Man möge einen Vertretungsplan erstellen und vor allem bei den musischen Fächern einige Abstriche machen.

Nach 14 Tagen spitzt sich die Lage weiter zu, denn ein älterer Kollege muß sich einer Operation unterziehen, die sich auf Anraten der Ärzte nicht verschieben läßt. Wieder sprechen Sie mit Ihrem Schulrat über die nun verschärfte Situation und bitten um eine Vertretungskraft. Aber auch diesmal werden Sie mit einigen Ratschlägen und beruhigenden Worten bedacht: Schließlich seien in fünf Wochen Ferien, bis dahin müsse man sich behelfen, weiter kürzen und sehen, wie man über die Runden komme.

Relevanz: N = 54   MW 4.00   VAR 1.25   STA 1.12

7.23.3.6 Eine Versetzung ist „aus dienstlichen Gründen" nicht möglich

Seit neun Jahren unterrichten Sie in einem kleinen Dorf, die nächste Kleinstadt liegt 24 km von Ihrem Schulort entfernt, die nächste größere Stadt 55 km. So sind Sie in all den Jahren meist auf Kontakt zu Kolleginnen und Kollegen angewiesen, auf Bücher und Fernsehapparat. Andere Möglichkeiten der Kontaktaufnahme sowie kulturellen Anregungen gibt es praktisch nicht.

Seit einem Jahr bemühen Sie sich nun um eine Versetzung in eine größere Stadt. Eine Stelle wird ausgeschrieben, Sie bewerben sich fristgerecht, ein anderer Bewerber kommt zum Zuge. Ein halbes Jahr später ist wieder eine Planstelle vakant, außerdem stimmt diese Stellenbeschreibung genau mit Ihrer Fächerkombination überein. Doch wieder wird Ihre Bewerbung nicht berücksichtigt, „aus dienstlichen Gründen", wie es in der Mitteilung heißt.

Nun bitten Sie um einen Gesprächstermin, um sich den Passus „aus dienstlichen Gründen" erläutern zu lassen. Ihr Schulrat gibt Ihnen bereitwillig Auskunft: „Es ist sehr schwierig, eine qualifizierte

Lehrkraft zu finden, die ihre Aufgaben übernehmen könnte. Wissen Sie, wenn Sie verheiratet wären und mehrere Kinder hätten, dann wäre das etwas anderes. Aber so, wo Sie ledig und mobil sind, ein Auto haben und hin und wieder mal wegfahren können, ist das für Sie doch nicht so schlimm."

Relevanz: N = 54   MW 4.44   VAR 1.57   STA 1.25

7.23.3.7 Verfassungsfeind?

Als engagierter Student, der die Fächer Geschichte und Sozialkunde studiert, pflegen Sie bewußt zu verschiedenen studentischen Gruppen innerhalb der Hochschule Kontakt, zur katholischen und evangelischen Studentengemeinde, zu einer Selbsterfahrungsgruppe, zum sozialistischen Studentenbund und zum Spartakus-Kollektiv. der MSB – Spartakus scheint Ihnen von allen Gruppen die aktivste zu sein; die Mitglieder kümmern sich umeinander und verfolgen aufmerksam das politische Tagesgeschehen. Oft werden die Diskussionen bis zu jenem Punkt vorangetrieben, an dem Ratlosigkeit vorherrscht, etwa dann, wenn es wieder einmal mehr um die Frage nach dem besten Weg zur Realisierung des Sozialismus geht. In jener Zeit lesen Sie die „Klassiker", um mitsprechen zu können: Marx, Lenin, Mao, aber auch zahlreiche Schriften der Eurokommunisten. Einmal kandidieren Sie sogar für den MSB, gewählt werden Sie allerdings nicht.

Ihre Prüfung am Ende der Studienzeit absolvieren Sie mit der Gesamtnote „gut". Deshalb sind Sie erstaunt, als Ihnen das Oberschulamt mitteilt, man werde vorerst auf Ihre Einstellung verzichten, weil sich Zweifel an Ihrer Verfassungstreue ergeben hätten. Allerdings wolle man Ihnen einen Anhörungstermin einräumen und Gelegenheit geben, diese Zweifel zu beseitigen.

Relevanz: N = 54   MW 5.56   VAR 2.74   STA 1.66

7.23.4 Handlungsmöglichkeiten

zu 7.23.3.1

1. Sie schreiben einen Brief an den Bischof oder den Oberkirchenrat und legen in diesem Brief Ihre Bedenken dar (0%).
2. Sie erarbeiten gemeinsam mit den Schülern einen Themenkatalog und richten sich nach diesem (57%).

3. Sie erarbeiten mit den Schülern einen Themenkatalog und schicken diesen mit der Bitte um Genehmigung an den Vertreter der Kirchenbehörde (15%).
4. Sie unterrichten einfach das, was Sie persönlich für richtig halten (24%).
5. Sie arbeiten sich weiterhin etwas mühsam durch das offizielle Curriculum (0%).
6. Sie schlagen dem für Sie zuständigen Vertreter der Kirchenbehörde eine Änderung des Curriculums vor und bieten Ihre Mitarbeit an (0%).
oder: ... (4%).

zu 7.23.3.2

1. Sie bitten den Rektor, für den Einbau einer Klimaanlage zu sorgen (4%).
2. Sie vereinbaren mit dem Landtagsabgeordneten der Ihnen nahestehenden Partei einen „Lokaltermin" und bitten ihn, für Abhilfe zu sorgen (9%).
3. Sie beraten mit den Kollegen, die ebenfalls betroffen sind, über geeignet erscheinende Maßnahmen (42%).
4. Sie bringen diesen Punkt in einer Sitzung der Schulpflegschaft zur Sprache und bemühen sich, die Eltern zu mobilisieren (26%).
5. Sie initiieren während der heißen Tage heimlich einen Schulstreik (4%).
6. Sie suchen sich und Ihren Schülern ein ruhiges kühles Plätzchen – z. B. im Keller der Schule oder im Stadtpark – und weichen immer dann, wenn es kritisch wird, mit Ihren Klassen dahin aus (11%).
oder: ... (5%).

zu 7.23.3.3

1. Sie schicken den Schüler zum Schulpsychologen und lassen prüfen, ob Legasthenie vorliegt (60%).
2. Sie schreiben ein weiteres Mal „ungenügend" unter die Arbeit (14%).
3. Sie geben zwar diesmal noch die Note „ungenügend", sprechen aber mit dem Schulrat ab, daß Sie künftig auf eine Benotung verzichten (0%).
4. Sie schreiben erst mal unter die Arbeit, was er richtig gemacht hat und geben dann die Fehlerzahl an (16%).
5. Sie streichen alle richtigen Wörter an und geben für diese eine Note (0%).
6. Sie erteilen keine Note, sondern geben ihm die Aufgabe, bis zur nächsten Stunde die ersten drei Sätze zu üben (11%).
oder: ... (0%).

zu 7.23.3.4

1. Sie erwidern nichts, nicken nur, um möglichst ungeschoren davonzukommen (2%).
2. Sie erklären dem Gremium, daß Sie es für wenig sinnvoll erachtet hätten, noch ein anderes Lied singen zu lassen (69%).
3. Sie sagen dem Gremium, daß Sie nicht zum Sklaven der Schulorganisation werden möchten und Sie die 45 Minuten künftig zwar meist, aber nicht immer einhalten würden (6%).
4. Sie erfinden rasch einen glaubwürdige Ausrede, z. B. Sie hätten sich bei einem flüchtigen Blick auf die Uhr geirrt (11%).

5. Sie fragen zurück, ob die Schüler Schaden erleiden würden, wenn sie mal fünf Minuten führer in die Pause gehen (2%).
6. Sie machen den Vorschlag, mit den Schülern über Ihre Handlungsweise zu diskutieren (0%).
   oder: . . . (11%).

zu 7.23.3.5

1. Sie handeln weisungsgemäß und beruhigen die Eltern (9%).
2. Sie fahren zum Schulamt, suchen Ihren Schulrat in der Sprechstunde auf, schildern ihm, wie prekär die Lage an Ihrer Schule ist und daß der Ausfall weiterer Kollegen wegen Überlastung zu befürchten sei (44%).
3. Sie melden sich ebenfalls krank (2%).
4. Sie beschweren sich direkt beim Oberschulamt, weil Sie ja in diesem Fall den Dienstweg nicht einzuhalten brauchen (20%).
5. Sie setzen sich mit dem Bürgermeister und dem Vorsitzenden des Elternbeirats zusammen und regen an, einen Artikel im Lokalteil der Tageszeitung zu bringen: „Lehrermangel in K." (15%).
6. Sie handeln weisungsgemäß, beruhigen die Eltern und machen selbst noch einige unbezahlte Überstunden (7%).
   oder: . . . (2%).

zu 7.23.3.6

1. Sie fragen, ob er es richtig finde, Junggesellen und Autobesitzer zu benachteiligen (54%).
2. Sie bitten ihn, bei der nächsten freiwerdenden Stelle berücksichtigt zu werden (22%).
3. Sie bemühen sich um die Versetzung an eine Privatschule (6%).
4. Sie resignieren und bleiben auf dem Dorf, bis Sie alt und grau sind (0%).
5. Sie sprechen mit Ihrem GEW-Vertreter und bitten ihn, daß die Gewerkschaft Erziehung und Wissenschaft für Sie eintreten möge (11%).
6. Sie gehen eine Scheinehe mit einem Partner ein, der seinen Wohnsitz in einer Ihnen genehmen Stadt hat, um auf diese Weise eine Planstelle zu ergattern (0%).
   oder: . . . (7%).

zu 7.23.3.7

1. Sie nehmen den Termin wahr und sagen einfach alles, was der Anhörungsausschuß hören möchte, nach dem Motto „Hauptsache ich werde eingestellt" (11%).
2. Sie strengen vor dem Arbeitsgericht eine Klage auf Einstellung an (35%).
3. Sie wenden sich an Ihren Landtagsabgeordneten mit der Bitte, Sie in dieser Angelegenheit zu beraten und zu unterstützen (19%).
4. Sie bewerben sich sofort in einem von der Opposition regierten Bundesland (13%).
5. Sie bemühen sich, Ihren „Fall" an die Öffentlichkeit zu bringen, indem Sie sich an Presse, Rundfunk und Fernsehen wenden (4%).
6. Sie wandern aus (0%).
   oder: . . . (19%).

7.24 Schwierigkeiten mit den Eltern

7.24.1 Vorüberlegungen

Der Traum von einer Kooperation zwischen Schule und Elternhaus ist immer noch nicht ausgeträumt, und das ist gut so; denn schließlich liegt es auch im Interesse der Schüler, wenn sich Lehrer und Eltern verstehen. Doch die zahlreichen Schwierigkeiten, die immer wieder auftreten, lassen erkennen, daß der Weg zur Schulgemeinde ein sehr weiter Weg ist, und einige Lehrer und Eltern wohl nie ans Ziel kommen werden (vgl. *Keck* 1979).

Betrachten wir die Eltern in ihrem Verhältnis zur Schule, zum Unterricht und zu den Lehrern, dann lassen sich eifrige, resignative, kritische und uneinsichtige Eltern erkennen. Mit den eifrigen und resignativen kommt es kaum jemals zu einer Auseinandersetzung, das Konfliktpotential bleibt den kritischen und jenen Eltern vorbehalten, die den Lehrern ablehnend gegenüberstehen. Mit dieser Unterscheidung wird nicht der Versuch unternommen, eine Elterntypologie zu schaffen; hier geht es lediglich um eine realistische Einschätzung der Beziehungen zwischen Schule und Elternhaus. Sehen wir uns diese vier Gruppen näher an.

Da gibt es zunächst die eifrigen Eltern, die häufig in die Sprechstunde kommen und keinen Elternabend auslassen. Sie möchten möglichst genau wissen, was in der Schule gelehrt und gelernt wird, damit sie sich um die Hausaufgaben kümmern oder ihre Kinder mit Nachhilfeunterricht stützen können. Diese Eltern bieten sich als Begleitpersonen bei Ausflügen an, enthalten sich jeder Kritik und scheuen Auseinandersetzungen, weil sie Nachteile für ihre Kinder befürchten. Statt dessen erklären sie sich mit allen Maßnahmen der Lehrer einverstanden, solange das eigene Kind zu den besten Schülern der Klasse zählt und „Schulkarriere" macht. Diese opportunistische Einstellung kann sicher nicht gebilligt werden, ist aber verständlich, weil die Eltern nur das Beste für ihre Kinder wollen.

Eine zweite Gruppe verhält sich passiv-resignativ, manchmal auch devot. Es handelt sich um jene Eltern, die nie in die Sprechstunde kommen und an jedem Elternabend fehlen. Diese Eltern haben Hemmungen, von sich aus Kontakte zu den Lehrern aufzunehmen. Kommt doch einmal ein Gespräch zustande, dann werden die Lehrer häufig aufgefordert, die Erziehungsgewalt zu übernehmen – bis hin zur körperlichen Züchtigung. Die Einstellung dieser Gruppe ist durch obrigkeitsstaatliches Denken geprägt. Eigene Schul- und Sozialisationserfahrungen können zu dieser Einstellung und zu diesem Verhalten beigetragen haben; auch gehören diese Eltern zumeist der unteren Sozialschicht an.

Eltern, die es wagen, auch einmal Kritik zu üben, nehmen erfreulicherweise an Zahl zu. Auseinandersetzungen und Schwierigkeiten mit den Eltern sind zwar für die Lehrer sehr unbequem, doch sind sie aus dem konkurrierenden Erziehungsverhältnis, das nun einmal zwischen Schule und Elternhaus besteht, zu erklären und auch notwendig. Besonders häufige Kritikpunkte sind z. B.

- die Notengebung, wenn diese als ungerecht empfunden wird,
- die Hausaufgaben, wobei es um Art und Umfang der Aufgaben geht,
- bestimmte Lehrinhalte, z. B. Mengenlehre oder Sexualkunde,
- bestimmte Methoden, wie die Ganzheitsmethode beim Lesen- und Schreibenlernen,
- erzieherische Maßnahmen, indem Eltern dem Lehrer bestimmte Formen erzieherischer Einflußnahme auf ihr Kind absprechen,
- die politische Einstellung des Lehrers, wenn Eltern die Indoktrination ihres Kindes durch den Lehrer befürchten.

Eine vierte Elterngruppe steht der Schule ablehnend gegenüber. Diese Eltern sind rationaler Argumentation oft nicht zugänglich und werden von den Lehrern häufig als „uneinsichtig" bezeichnet. Sie
- versagen die Mitarbeit bei der Lösung erzieherischer Probleme,
- überfordern die Kinder („Mein Junge muß unbedingt auf das Gymnasium und später die Kanzlei übernehmen"),
- unterfordern begabte und leistungsstarke Kinder („Unsere Tochter braucht nicht auf die höhere Schule, die heiratet ja doch"),
- sehen die Notwendigkeit eines regelmäßigen Schulbesuchs nicht ein („Wir mußten früher auch in der Landwirtschaft helfen, das hat uns auch nichts geschadet").

Nachzutragen ist noch der Hinweis auf eine Elterngruppe, die der Schule ziemlich desinteressiert gegenübersteht, weil sie weder Zeit noch Kraft erübrigen kann, um sich mit schulischen Fragen und Problemen zu befassen. Diese Gruppe nimmt die schulischen Ereignisse im Leben ihrer Kinder kaum zur Kenntnis. Man unterschreibt das Zeugnis, interessiert sich für den Ferientermin, ist aber ansonsten froh, wenn man mit schulischen Dingen nicht behelligt wird.

Von diesem Problemkreis aus ergeben sich Beziehungen zu den Problemkreisen Leistungsmessung, Hausaufgabenproblematik, Lernschwierigkeiten, Schülerängste und Schulmüdigkeit (7.10-7.14), zum

Problemkreis Sexualität (7.15), wenn Eltern z. B. mit dem Sexualkundeunterricht nicht einverstanden sind, zur Eigentumsproblematik und zu den Sachbeschädigungen (7.17; 7.18), sofern Schüler strafbare Handlungen begehen und Eltern für den Schaden aufkommen müssen. Wandertage und der Landschulheimaufenthalt (7.19) sind fast immer konfliktträchtig, denn bei solchen Unternehmungen werden dem Lehrer die erzieherischen Aufgaben weitgehend übertragen, was auch zu Auseinandersetzungen führen kann. Schließlich sind die Problemkreise Kollegen, Schulleitung und Schulaufsicht zu erwähnen (7.21-7.23) die immer dann beteiligt sind, wenn sich z. B. Eltern über einen Lehrer beschweren.

Die Ursachen für diese zahlreichen Auseinandersetzungen, Belastungen und Schwierigkeiten sind systembedingt, weil

– die Eltern Angst haben, ihr Kind könne dem Auslesemechanismus des dreigliedrigen Schulsystems zum Opfer fallen, auf der Schule versagen und an Lebenschancen einbüßen. Ängste dieser Art sind bei ambitionierten Eltern der Mittelschicht sicher vorherrschend; insofern sollten Sie als Lehrer die vorerwähnte egoistische und opportunistische Einstellung vieler Eltern verstehen, wenn auch nicht billigen. Sie ist schließlich Symptom des Bildungssystems unserer Leistungsgesellschaft.
– die Ursachen für ein passiv-resignatives Verhalten einmal gesellschaftlicher Natur sind, einem Untertanengeist entspringen, der in weiten Kreisen unserer Bevölkerung auch heute noch verbreitet ist, aber auch jenem Fatalismus, der häufig bei Angehörigen der Unterschicht beobachtet werden kann (vgl. *Neidhardt* 1975). Zum anderen haben diese Eltern während ihrer eigenen Schulzeit negative Erfahrungen gesammelt, müssen beim Umgang mit dem Lehrer Sprachbarrieren und Sprachhemmungen überwinden, haben das Bewußtsein, bei einer Auseinandersetzung ohnehin den Kürzeren zu ziehen, und haben auch das schulische Scheitern ihres Kindes fast schon eingeplant.
– die kritischen Eltern glauben, in schulischen Dingen mitsprechen zu können, oder sie sind tatsächlich dazu in der Lage, weil sie z. B. selbst Lehrer sind. Nun ist es sicher eine allgemeine Erscheinung, daß sich fast jeder selbstbewußte, um Orientierung bemühte Bürger anmaßt, in schulischen Dingen mitsprechen zu können (denn schließlich ist jeder lange genug in der Schule gewesen); doch gibt es zahlreiche Punkte wie die Zensurengebung, die zu Recht der Kritik unterliegen. Das haben viele Eltern längst durchschaut.
– die Gruppe der uneinsichtigen Eltern häufig ihr Elternrecht mißbraucht; es ist deshalb die Frage zu stellen, ob man den Lehrern und der Institution Schule in bezug auf den Schulbesuch und hinsichtlich der Schullaufbahnentscheidungen ein größeres Mitspracherecht einräumen sollte. Eltern, die den Lehrern und der Schule ganz ablehnend – wenn nicht sogar feindlich – gegenüberstehen, sind sicher selten. Ähnlich wie bei der passiv-resignativen Gruppe sind wahrscheinlich negative Vorerfahrungen mit im Spiel, doch äußert sich die ablehnende Haltung bei ihnen offen, und sie machen aus ihrer Einstellung kein Hehl.

– die Gruppe der desinteressierten Eltern weit verbreitet ist. Viele Eltern unterliegen einem starken Berufsstreß und sind froh, wenn sie sich abends nicht um die Schule der Kinder zu kümmern brauchen.

Die Leitlinien können nur von solchen Lehrern weitgehend realisiert werden, die in der Grundschule unterrichten oder in echter Weise die Funktion eines Klassenlehrers wahrnehmen. Lehrer, die ausschließlich als Fachlehrer in verschiedenen Klassen unterrichten, haben oft Mühe, die Namen ihrer Schüler kennenzulernen, und deshalb erscheint für sie eine Kooperation mit den Eltern illusorisch. *Suchen Sie Kontakt zu jenen Eltern, die nie in die Sprechstunde oder zum Elternabend kommen.* Besuchen Sie diese Eltern nach vorheriger Anmeldung auch zu Hause. Lassen Sie sich zuerst über deren Sorgen und Nöte berichten und lenken Sie später das Gespräch auf den Sohn oder die Tochter. Solche Gespräche können Ihnen Informationen darüber liefern, ob Sie mit der Unterstützung der Eltern rechnen können oder ob der betreffende Schüler bzw. die Schülerin mit erheblichen Schwierigkeiten im häuslichen Bereich zu kämpfen hat. *Nehmen Sie elterliche Kritik erst einmal zur Kenntnis.* Verteidigen Sie sich nicht sofort, beziehen Sie nicht sogleich eine Abwehrhaltung. Lassen Sie statt dessen den Kritikpunkt präzisieren, und bitten Sie die Eltern um konstruktive Vorschläge für ein künftiges Vorgehen. Gegensätzliche Auffassungen der Eltern sollten Sie nicht verunsichern. Bemühen Sie sich bei Elternversammlungen um eine demokratische Beschlußfassung. Entscheiden Sie aber in eigener Kompetenz, wenn dies eindeutig im Interesse der Schüler zu liegen scheint. *Sichern Sie die Zensurengebung soweit wie möglich ab,* indem Sie Ihr Lehrerurteil nicht nur auf eine einzige Leistungsüberprüfung und den Gesamteindruck stützen. Sie sollten jede Zensur sorgfältig begründen können, so daß sie von den Schülern akzeptiert wird. Sind die Schüler mit einer Note einverstanden, kommt es höchst selten zu einem Protest der Eltern. *Beraten Sie Eltern und Schüler hinsichtlich der Schullaufbahn und der Berufswahl.* Als Klassenlehrer haben Sie meist einen recht guten Überblick, was die Leistungsfähigkeit, die Arbeitshaltung sowie die Interessen Ihrer Schüler betrifft. Nehmen Sie die Schüler in Schutz, die aufgrund elterlicher Entscheidung permanent überfordert werden. Sprechen Sie in begründeten Fällen über die drohende Alternative: Ein glückliches Kind, das die Haupt- oder Realschule besucht oder ein unglücklicher Gymnasiast, der erhebliche Lernschwierigkeiten hat und vielleicht sogar einer therapeutischen Betreuung bedarf. Viele ambitionierte Eltern machen ihre Kinder krank!

Haben Sie für Eltern Verständnis, die durch den Beruf stark belastet sind, die abends erschöpft nach Hause kommen und weder bereit noch in der Lage sind, sich mit schulischen Dingen zu befassen. Das gilt vor allem für die Betreuung von Hausaufgaben. Eine freiwillige und aktive Mitarbeit kann bei vielen Eltern einfach nicht vorausgesetzt werden.

Nehmen Sie den Elternabenden den Charakter einer lästigen Pflichtübung, sondern führen Sie statt dessen in einer möglichst zwanglosen und entspannten Atmosphäre mehrere Treffen im Schuljahr durch, in deren Verlauf die Eltern erst einmal über ihre Eindrücke berichten und ihre Fragen stellen. Nehmen Sie nur dann Stellung, wenn Sie direkt angesprochen werden. Halten Sie mit Ihrer Meinung zurück, damit ein echtes Gespräch in Gang kommt, und tragen Sie zu einem späteren Zeitpunkt Ihre eigenen Anliegen vor (vgl. *Anzinger/ Neidinger* 1978).

Beziehen Sie die Eltern in das Schulleben ein, soweit sie es wünschen und dies sinnvoll erscheint. Gelegenheit dazu bieten Klassenfeiern, Schulfeste, Sportveranstaltungen, Ausflüge, Besichtigungen und dergleichen mehr. Auch können Eltern als „Experten" in den Unterricht gebeten werden, sofern sie einen Beruf ausüben, der themenrelevant ist.

Anregungen:

Beraten Sie über weitere Maßnahmen zur Intensivierung der Beziehungen zwischen Schule und Elternhaus.

Diskutieren Sie über mögliche Formen einer didaktischen Mitwirkung der Eltern (vgl. *Wiater* 1979).

7.24.2 Analysebeispiel

Konfliktbeschreibungen auffassen

Es fehlen die Voraussetzungen zur Erledigung der Hausaufgaben

Karl ist Schüler in Ihrer vierten Klasse. Sein Vater ist Hilfsarbeiter, seine Mutter geht putzen, er hat noch drei jüngere Geschwister, auf die er nachmittags aufpassen muß.

Karl hat oft keine oder nur unvollständige Hausaufgaben. Häufig bringt er irgendwelche Ausreden oder „vergißt" sein Heft. Trotz wiederholter Ermahnungen sind die Schulbücher nicht mit Schutzumschlägen versehen, Hefte und Bücher sind schmutzig und voller Fettflecke. Wenn der Junge etwas ordentlicher wäre und mehr arbeiten würde, könnte er Ihrer Meinung nach evtl. in die Realschule gehen, aber so . . . Sie bitten die Eltern, in die Sprechstunde zu kommen – erfolglos. Sie hoffen, die Eltern am Elternabend kennenzulernen – aber Sie hoffen vergebens. Sie möchten telefonieren – doch die Familie hat keinen Anschluß. Sie schreiben einen netten Brief, geben diesen mit nach Hause – keine Reaktion.

An einem Nachmittag haben Sie zufällig in der Straße zu tun, in der Karl wohnt. Kurz entschlossen betreten Sie das Haus, nur um guten Tag zu sagen. Es ist gegen 17.00 Uhr. Karl öffnet die Wohnungstür, die jüngeren Geschwister blicken Sie aus neugierigen Augen an. Karl macht ein erstauntes, aber erfreutes Gesicht und bittet Sie, hereinzukommen. Die Eltern seien zwar nicht da, aber Sie könnten ja warten, sagt er zu Ihnen. In der sehr engen Wohnung herrschen chaotische Zustände. Sie lassen Grüße ausrichten und verabschieden sich mit der Bemerkung, Sie würden ein anderes Mal wiederkommen.

Betroffenheit einschätzen

N = 57   MW 4.95   VAR 2.16   STA 1.47, Zentralkonflikt 5

Erstverhalten überlegen

In diesem Fall stehen Sie nicht unter Zeit- und Handlungsdruck und können in Ruhe eine Handlungsfolge konzipieren.

Methode festlegen C

Nach den Ursachen fragen

Der Schüler hat oft keine oder nur unvollständige Hausaufgaben, weil
– die Eltern zu wenig verdienen und sich keine größere Wohnung leisten können
– die zahlreichen Geschwister in der engen Wohnung den Bruder bei den Hausaufgaben stören
– der Schüler auf seine Geschwister aufpassen muß und deshalb wenig Zeit für die Hausaufgaben hat
– die Mutter mitarbeiten muß und sich nicht um die Kinder kümmern kann
– ihn niemand bei den Hausaufgaben beaufsichtigt und niemand diese kontrolliert
– er lieber spielt, statt Hausaufgaben zu machen.

Perspektive wechseln

Als *Lehrer* sind Sie betroffen, weil der Schüler oft keine oder nur unvollständige Hausaufgaben hat und ihm dadurch evtl. sogar einige schulische Möglichkeiten verbaut werden; außerdem wissen Sie, daß aufgrund des sozialschwachen Milieus eine grundlegende Änderung nicht ohne weiteres erreicht werden kann. Der *Schüler* hat sich vielleicht schon an die Tatsache gewöhnt, daß er oft keine oder nur unvollständige Hausaufgaben vorweisen kann, oder es ist ihm immer wieder peinlich, oder aber er genießt die Aufmerksamkeit und Zuwendung, die ihm regelmäßig zuteil werden. Den *Mitschülern* wird es mehrheitlich ziemlich gleichgültig sein, ob Karl die Hausaufgaben macht. Einige fühlen sich vielleicht „besser", wenn sie die erledigten Hausaufgaben vorzeigen können, andere folgen manchmal seinem Beispiel nach dem Motto: Was der kann, kann ich auch. Die *anderen Lehrer* haben wahrscheinlich mit gleichen Schwierigkeiten zu kämpfen, was überprüft werden müßte. Die *Eltern* wissen vielleicht gar nicht um die Relevanz des Konflikts, und selbst dann würden sie von sich aus kaum Abhilfe schaffen können.

Zielsetzung(en) abklären

Der Schüler soll Zeit und Gelegenheit erhalten, seine Hausaufgaben zu erledigen und zwar kurzfristig häufiger als bisher und mittelfristig regelmäßig. Langfristig ist ein Ausgleich der bestehenden Lerndefizite anzustreben.

Handlungsmöglichkeiten suchen

1 mit den Eltern sprechen
2 nach einem Kindermädchen Ausschau halten
3 auf dem zuständigen Sozialamt vorsprechen
4 für eine Heimeinweisung des Schülers plädieren
5 von den Eltern ein Zeitversprechen geben lassen
6 ihn die Hausaufgaben in der Schule machen lassen
7 ihn auch zu Kollegen in den Unterricht schicken, damit er seine Hausaufgaben regelmäßig und vollständig in der Schule erledigen kann
8 ihn mit nach Hause nehmen und im eigenen Arbeitszimmer die Hausaufgaben machen lassen
9 ihm besondere Lernhilfen geben, damit er auch unter erschwerten Lernbedingungen besser mit den Hausaufgaben zurecht kommt
10 ihn belohnen, wenn er die Hausaufgaben gemacht hat
11 ihn auffordern, jederzeit anzurufen, wenn er nicht weiter weiß
12 mit allen Schülern über die Frage sprechen: Wie erledige ich meine Hausaufgaben?

13 eine Hausaufgabengemeinschaft gründen, welcher der Schüler angehört

14 ihn unter Druck setzen, täglich mit schlechten Noten und Strafarbeiten überhäufen

15 für die Einweisung in einen Hort sorgen

16 für die Finanzierung von Nachhilfestunden sorgen

Handlungsmöglichkeiten prüfen

1 + in geeigneter Form, so daß nicht nur Druck auf den Schüler ausgeübt wird; 2 − kann nicht Aufgabe eines Lehrers sein; 3 + ein Gespräch kann klären helfen, ob die Familie die Möglichkeiten staatlicher Unterstützung ausgeschöpft hat; 4 − unmöglich, lieber keine Hausaufgaben und Hauptschulbesuch als die Einweisung in ein Heim, außerdem gibt es keinen Grund, der eine solche Einweisung rechtfertigen würde; 5 +− wäre denkbar, doch wo sollen die jüngeren Geschwister bleiben? 6 +− ja, sofern er damit einverstanden ist; 7 − hier besteht die Gefahr der Diskriminierung, denn die anderen Schüler kennen ja den Grund seiner Anwesenheit nicht, glauben, er müsse nachsitzen; 8 − auch Sie müssen schließlich Ihre Hausaufgaben in Ruhe erledigen können; 9 +− sofern dies im Einzelfall sinnvoll erscheint; 10 +− es muß nicht gleich eine Belohnung sein, ein anerkennendes Wort ist vielleicht wirksamer; 11 +− das ist ziemlich umständlich, zumal die Familie kein Telefon hat; 12 +− das sollte ohnehin mehrmals im Verlauf eines Schuljahrs geschehen; 13 +− mit der Gründung einer solchen Gemeinschaft ist für den Schüler das Zeit- und Ortsproblem noch nicht gelöst; 14 − erfolglos, die zusätzlichen Strafarbeiten werden den Schüler überfordern; 15 +− sofern ein solcher verfügbar ist, aber wohin mit den jüngeren Geschwistern? 16 +− vgl. 15.

Handlungsfolge konzipieren

Dieser Konflikt kann nicht durch die Initiative des Lehrers gelöst werden. Voraussetzung für die Erreichung der Zielsetzungen ist die Bereitschaft der Eltern und des Schülers zur Mitarbeit sowie der Versuch, die wirtschaftliche Lage der Familie zu verbessern. An dieser Stelle wird die Notwendigkeit der Kooperation mit dem Sozialamt deutlich. Als Maßnahmen kommen in Betracht:

− Ein Gespräch mit den Eltern, in dem noch einmal auf die Notwendigkeit der Hausaufgaben aufmerksam gemacht und die Bitte ausgesprochen wird, alles Mögliche zu tun, um dem Jungen die äußeren Voraussetzungen zu schaffen. Weiterhin sollten andere

Maßnahmen angesprochen werden (Hort, Hausaufgabengemeinschaft, Hausaufgaben in der Schule).
- Ein Gespräch mit dem Schüler, denn ohne seine generelle Bereitschaft, bleibt jede Maßnahme wirkungslos.
- Ein Gespräch mit dem zuständigen Sozialarbeiter, mit der Bitte zu
überprüfen, ob die Familie alle Möglichkeiten staatlicher Hilfen
voll ausgeschöpft und ihre Rechte in Anspruch genommen hat, z. B.
Mietbeihilfe, Lohnsteuerjahresausgleich . . . Auf keinen Fall darf
sich der Sozialarbeiter auf den Lehrer beziehen, weil sonst das
Verhältnis zwischen Schule und Elternhaus empfindlich gestört
werden könnte (‚der hetzt uns die Fürsorge auf den Hals‘).

Oder würden Sie ganz anders handeln?

7.24.3 Konfliktbeschreibungen

Beginnen Sie erst mit der Konfliktanalyse,
nachdem Sie die Kapitel 5 und 6 bearbeitet haben!

7.24.3.1 Papier ist geduldig

Vor Ferienbeginn und im Anschluß an die Ferien sollen die Schüler
möglichst nicht vom Unterricht befreit werden, damit die Lehrer nicht
in stark reduzierten Klassen unterrichten müssen.

Am Elternabend sprechen Sie über diese Bestimmung, doch fehlen
am letzten Tag vor den Ferien 8 Ihrer 26 Schüler, am ersten Schultag
nach den Ferien fehlen 5. Bis auf 3 Schüler bringen alle eine
schriftliche Entschuldigung mit, die 3 entschuldigen sich mündlich und
versprechen, die Entschuldigung für den nächsten Tag. Sie sehen sich
die Entschuldigungen an und beginnen, an deren Glaubwürdigkeit zu
zweifeln. Da steht etwas von starken Kopfschmerzen, Schnupfen,
fiebriger Erkältung, Grippe, Unwohlsein u. a. m. Doch die betreffenden Schüler sehen ausnahmslos gut erholt aus, die meisten sind
braungebrannt.

Als Lehrer denken Sie über die amtlichen Richtlinien, über die
Entschuldigungen und über mögliche Vorgehensweisen nach.
Relevanz: N = 54   MW 1.30   VAR 2.06   STA 1.44

7.24.3.2 Eltern kritisieren das methodische Vorgehen

An der ländlichen Schule, an der Sie unterrichten, wurden die Schulanfänger in den letzten Jahren nach der Buchstabiermethode unterrichtet. Als Sie die erste Klasse übernehmen, führen Sie einen ganzheitlichen Leselehrgang ein.

Am Elternabend, an dem die Eltern Ihrer Erstklässler fast ausnahmslos zugegen sind, wird Kritik an Ihrem methodischen Vorgehen geübt. Die Eltern sprechen abwertend von der „Einführung neuer Methoden" und fragen Sie, ob Sie nicht in der herkömmlichen Weise unterrichten können.

Relevanz: N = 57   MW 2.07   VAR 1.24   STA 1.12

7.24.3.3 An einige Eltern ist nur schwer heranzukommen

Eine der Schülerinnen fehlt häufig, hat die Hausaufgaben fast nie, schreibt ungenügende Klassenarbeiten, und die Versetzung ist gefährdet. Die Eltern dieser Schülerin kennen Sie nicht. Sie bitten das 14jährige Mädchen, ihren Eltern auszurichten, sie möchten – falls möglich – in die nächste Sprechstunde kommen. Am nächsten Tag erhalten Sie die positive Antwort: „Meine Mutter kommt morgen." – Doch wer nicht kommt, ist Frau H. Daraufhin schreiben Sie ein paar nette Zeilen, unter die Einladung tippen Sie: „Zur Kenntnis genommen". Der Brief wird unterschrieben zurückgebracht, aber Herr oder Frau H. kommen wiederum nicht.

Relevanz: N = 57   MW 2.12   VAR 1.07   STA 1.04

7.24.3.4 Wolfgang kommt oft zu spät

Der zwölfjährige Wolfgang hat drei jüngere Geschwister, die alle im schulpflichtigen Alter sind. Seine jüngste Schwester ist vor drei Monaten eingeschult worden.

Wolfgangs Mutter muß mitarbeiten, sonst würde das Geld vorn und hinten nicht reichen. Sie muß früh aus dem Haus und versucht, so gut es geht, für einen pünktlichen und regelmäßigen Schulbesuch der Kinder zu sorgen. Mal hilft eine Nachbarin oder es wird für die Jüngste der Wecker gestellt, damit sie weiß, wann sie in die Schule gehen muß.

Wolfgang ist oft für seine jüngeren Geschwister verantwortlich. Er hilft sich, indem er die Geschwister mit zur Schule nimmt, obgleich der

Unterricht noch lange nicht beginnt. Dann spielen die Geschwister mit anderen Kindern auf dem Schulhof und ertragen den schimpfenden Hausmeister.

Bei Regenwetter oder wenn jemand in der Familie krank ist, kommt Wolfgang zu spät zum Unterricht. Da Sie die Familienverhältnisse genau kennen, fragen Sie Wolfgang gar nicht erst nach dem Grund des Zuspätkommens. Sie möchten nicht, daß er vor seinen Klassenkameraden über private Dinge berichtet oder zu Notlügen greift. Andererseits können Sie das häufige Zuspätkommen auch nicht einfach tolerieren. Der Unterricht wird jedesmal gestört, und die Mitschüler fragen zu Recht, warum Wolfgang zu spät kommen darf.

Relevanz: N = 57   MW 2.33   VAR 1.48   STA 1.21

7.24.3.5 Eltern überschätzen das Leistungsvermögen ihres Kindes

Ein Schüler Ihrer vierten Klasse ist einmal zurückgestellt worden und einmal sitzengeblieben. Obgleich er älter als seine Mitschüler ist, liegt er mit seinen schulischen Leistungen im letzten Drittel der Klasse. Sie kennen den Schüler seit zwei Jahren und glauben, daß er sich für den Besuch des Gymnasiums nicht eignet. Die Probearbeiten fallen auch dementsprechend aus.

Sie bestellen die Eltern dieses Schülers, die beide Rechtsanwälte sind, in Ihre Sprechstunde. Die Mutter kommt auch sofort. Sie unterhalten sich mit ihr über die Leistungen ihres Sohnes und raten zum Besuch der Realschule. Doch die Mutter geht nicht auf Ihren Vorschlag ein und sagt: ,,Der geht auf das Gymnasium, lernt Latein, macht Abitur und studiert Jura. Später übernimmt er unsere Kanzlei – ob Sie das nun hören wollen oder nicht.''

Relevanz: N = 57   MW 2.33   VAR 2.19   STA 1.48

7.24.3.6 Eltern sind selbst Lehrer und wissen alles besser

Sie sind Junglehrer und neu an eine Schule gekommen. Sie haben eine zweite Klasse und bemühen sich, den Unterricht so abwechslungsreich wie möglich zu gestalten. Sie bauen z. B. viele Spiele in den Unterricht ein, machen Gruppenunterricht und lassen die Kinder ab und zu machen, wozu sie gerade Lust haben. Fast allen Kindern scheint diese Art von Unterricht zu gefallen, nur ein kleines Mädchen kommt des öfteren und sagt: „Meine Mutti hat gesagt, das ist nicht richtig", oder: „Meine Mutti findet es nicht gut, daß wir so viel spielen."

Eines Tages erscheint diese Mutter selbst in der Schule und kritisiert massiv Ihr methodisches Vorgehen. Dabei beruft sie sich auf ihre eigene langjährige Erfahrung als Lehrerin.

Relevanz: N = 54   MW 2.46   VAR 2.25   STA 1.50

7.24.3.7 Eltern stören unverhofft den Unterricht

Sie unterrichten gerade in Ihrem sechsten Schuljahr. Es ist ausnahmsweise still, und die Schüler scheinen alle bei der Sache zu sein. Da wird plötzlich die Tür aufgerissen, und es erscheint eine Frau, die Sie nicht kennen. An der Hand führt sie einen Jungen, den Sie als Schüler der Parallelklasse erkennen. Der Junge hat eine blutende Nase, ein verschmiertes Gesicht und weint. Ohne sich vorzustellen oder sich zu entschuldigen, sagt die Frau erregt: „Einer aus dieser Klasse muß es gewesen sein. Zeig' mir, wer es war."

Relevanz: N = 54   MW 2.50   VAR 1.161   STA 1.27

7.24.3.8 Eltern beschweren sich über bestimmte Lerninhalte

Sie sind Biologielehrerin und führen in Absprache mit Ihrem Rektor schon seit mehreren Jahren an Ihrer Schule den Unterricht in Sexualkunde durch. Sie haben mehrere Fortbildungsveranstaltungen besucht, sich entsprechendes Lehr- und Lernmaterial beschafft und sind bemüht, sich auf dem laufenden zu halten.

Da Sie eine nur biologische Aufklärung ablehnen, betonen Sie im Unterricht auch den Beziehungsaspekt und sprechen mit den Schülern über Partnerschaft und Liebe. Im Anschluß daran bringen Sie die biologischen Informationen und behandeln schließlich auch Möglichkeiten der Empfängnisverhütung.

Abends werden Sie vom Vater einer Schülerin angerufen. Er redet pausenlos auf Sie ein und fordert Sie auf, künftig nicht mehr im Unterricht über die Pille zu sprechen. Er meint, das sei schließlich Sache der Eltern, er werde sich beim Schulamt beschweren. Danach legt er auf.

Anmerkung:

Diskutieren Sie jene Richtlinien, die in Ihrem Bundesland für den Sexualkunde-Unterricht verbindlich sind (vgl. *Erber* 1977).

Relevanz: N = 57   MW 2.58   VAR 2.00   STA 1.41

7.24.3.9 *Eltern beschweren sich über Kollegen*

Sechs Wochen nach Beginn des neuen Schuljahres wird für alle Klassen der Schule ein Elternabend anberaumt. Die Klassenlehrer stehen den Eltern bis 21.15 Uhr zur Verfügung, dann kommen jene Lehrer vorbei, die ebenfalls in der Klasse unterrichten, damit die Eltern auch diese kennenlernen.

Sie sind Klassenlehrer der 7b. Die Eltern stellen einige Fragen zu Ihrem Lehr- und Erziehungsstil, zum Stundenplan und zum Jahresausflug, Routinefragen, die Ihnen von früheren Abenden her bekannt sind. Doch dann nimmt das Gespräch eine unvermutete Wendung, wird sehr persönlich und konkret. Die Eltern beschweren sich über einen älteren Kollegen, der in Ihrer Klasse Englisch erteilt. Ihre Versuche, dem Gespräch eine andere Richtung zu geben, mißlingen, und es fallen Äußerungen wie: unter Druck setzen, überfordern, zu viele Hausaufgaben, seltsame und ungerechte Behandlung, Gebrauch von Schimpfwörtern . . .
Relevanz: N = 57   MW 2.60   VAR 1.74   STA 1.32

7.24.3.10 *Eltern beschweren sich über den Umfang der Hausaufgaben*

Für Sie als Lehrer ist es sehr schwierig, den Umfang der Hausaufgaben richtig zu bemessen. Wenn der leistungsstärkste Schüler für seine Aufgaben eine halbe Stunde benötigt, dann braucht der leistungsschwächste etwa drei Stunden.

Sie unterrichten im vierten Schuljahr und sind bemüht, den Umfang der Hausaufgaben auf ein Ihnen sinnvoll erscheinendes Maß zu beschränken. Sie wägen jedesmal ab, ob die Zeit für das Erteilen der Aufgaben, das Besprechen und das Bewältigen der anfallenden Konflikte gerechtfertigt ist oder ob diese Zeit nicht besser zum Lernen im Unterricht verwendet werden sollte. Aufgrund dieser Überlegungen geben Sie Ihren Schülern verhältnismäßig wenig auf.

Am Elternabend beschweren sich einige Eltern über Ihre Hausaufgabenpraxis. Es wird Ihnen vorgehalten, daß die Kinder nicht ausgelastet seien, nicht genügend gefordert würden und deshalb vielleicht den Übergang in das Gymnasium nicht schaffen würden.
Relevanz: N = 57   MW 2.63   VAR 1.38   STA 1.17

7.24.3.11 Eltern verhindern den Übergang zum Gymnasium

Sie führen eine Klasse erst im dritten, dann im vierten Schuljahr. Einer Ihrer Schüler zeigt mit Abstand die besten Leistungen. Sie halten ihn ohne jede Einschränkung für den Besuch des Gymnasiums geeignet. Sie finden Ihre Meinung auch bestätigt, weil dieser Schüler alle Probearbeiten mit der Note „sehr gut" schreibt. Für Sie steht fest: der Junge macht eines Tages Abitur und studiert dann auch.

Doch dabei haben Sie nicht an den Vater, einen Malermeister, gedacht, der ein gutgehendes Geschäft sein eigen nennt und der ganz andere Pläne verfolgt. Als Sie ihn zufällig treffen und auf seinen Sohn zu sprechen kommen, sagt er Ihnen: „Der Junge geht zur Hauptschule, wird Maler und übernimmt das Geschäft. Dann verdient er viel mehr als ein Lehrer."

Relevanz: N = 57   MW 2.80   VAR 1.64   STA 1.28

7.24.3.12 Bestechungsversuch

Einer Ihrer Schüler ist der Sohn des wohlhabenden Fabrikanten S. Letzterer ist stadtbekannt und bekleidet zahlreiche Ämter.

Peter S. zählt zu den leistungsschwachen Schülern der 8a. Seine Versetzung ist gefährdet. Nachdem die Eltern mehrmals sowohl bei Ihnen, als auch bei dem Direktor Ihrer Schule vorstellig geworden waren, kommt Herr S. eines Nachmittags zu Ihnen nach Hause und bittet Sie um ein privates Gespräch. Er appelliert noch einmal an Sie, den Ruf der Familie nicht zu gefährden und alles Mögliche für eine Versetzung zu tun. Eine Woche später wird ein Geschenkkorb mit Delikatessen bei Ihnen abgeliefert. Absender: Familie S.

Relevanz: N = 54   MW 2.91   VAR 2.88   STA 1.70

7.24.3.13 „Sie können meinen Jungen nicht leiden"

In Ihrer dritten Klasse befindet sich ein Schüler, der aus einer anderen Stadt zugezogen ist. Zu Beginn des Schuljahres war dieser Schüler aufgrund seiner Vorkenntnisse ein durchschnittlicher Schüler. Leider hat sich das in der Zwischenzeit geändert. Gegen Schuljahresende ist sogar seine Versetzung gefährdet.

Die Eltern des Schülers kommen in die Sprechstunde und machen Ihnen den Vorwurf, daß Sie ihren Sohn nicht leiden könnten und ihn deshalb auch schlechter beurteilen würden.

Relevanz: N = 54   MW 3.07   VAR 1.54   STA 1.24

7.24.3.14 Eltern kritisieren Ihre politische Einstellung

Sie unterrichten in einem zehnten Realschuljahr Geschichte und Gemeinschaftskunde. Vor der Abschlußprüfung lassen Sie bestimmte Lernbereiche noch einmal wiederholen und geben selbst einen Längsschnitt über die Entwicklung der UdSSR, Rotchinas und der USA. Dabei bleibt es gar nicht aus, daß Sie bestimmte „sozialistische Errungenschaften" hervorheben, z. B. beim Vergleich des vorrevolutionären Rußland mit der heutigen Sowjetunion. Ihre Ausführungen müssen wohl etwas engagiert ausgefallen sein, denn ein Vater Ihrer Schüler beschwert sich bei Ihrem Rektor und behauptet, Sie würden die Schüler politisch einseitig beeinflussen.
Relevanz: N = 57   MW 3.30   VAR 2.00   STA 1.41

7.24.3.15 Eltern kritisieren Ihren Erziehungsstil

Sie unterrichten in einem neunten Hauptschuljahr Geschichte, Sozialkunde und Deutsch. Sie sind bemüht, Ihre Schüler zu kritischen und verantwortungsbewußten Staatsbürgern zu erziehen, und d. h. im Schulalltag, daß Sie jede sich bietende Gelegenheit wahrnehmen, um eine Pro-Kontra-Diskussion zu führen oder eine Diskussion, bei der es darum geht, verschiedene Sichtweisen deutlich werden zu lassen.
Dieser Unterricht bleibt nicht ohne Rückwirkungen auf die Gespräche im Elternhaus. Wenn der Vater eine unbewiesene Behauptung aufstellt, bittet der Sohn um eine Begründung. Und wenn die Mutter einseitig Stellung bezieht, macht die Tochter auf ganz andere Sichtweisen aufmerksam. Die Harmonie einiger Tischgespräche im Elternhaus wird so empfindlich gestört.
Die Rückmeldungen hinsichtlich Ihrer Erziehungs- und Bildungsbemühungen erhalten Sie prompt am Elternabend. Die Beschwerden der Eltern laufen fast alle in eine bestimmte Richtung: die Kinder lernen in der Schule nicht mehr gehorchen, sie widersprechen zu oft. Früher war das anders, da waren die Kinder höflich und gehorsam.
Relevanz: N = 54   MW 3.43   VAR 1.27   STA 1.13

7.24.3.16 Eltern überfordern ihre Kinder

Als Klassenlehrer unterrichten Sie ein viertes Schuljahr. Ekkehard ist einer Ihrer leistungsstarken Schüler. Im dritten Schuljahr zeigte er besonders im Mathematikunterricht sehr gute Leistungen und war seinen Mitschülern immer weit voraus.

In den letzten Wochen und Monaten machte er aber häufig Fehler, deren Zustandekommen Sie sich beim besten Willen nicht erklären können. Der Junge ist sehr aufgeregt, stottert, wenn er an der Tafel etwas vorrechnen soll und versagt manchmal bei den einfachsten Aufgaben. Ekkehards Mutter meldet sich zur Sprechstunde an. Sie ist früher einmal selbst Lehrerin gewesen, nun mit einem Arzt verheiratet und hat viel Zeit, sich um den einzigen Sohn und dessen Hausaufgaben zu kümmern. Die Dame spricht sofort von dem unerklärlichen Leistungsabfall. Im dritten Schuljahr habe ihr Sohn alle Arbeiten „sehr gut" geschrieben, nun sei auf einmal alles anders geworden. Dabei komme es im vierten Schuljahr doch gerade auf gute Leistungen an. Ihre Ausführungen enden: „Nachmittags kümmere ich mich immer um Ekkehards Hausaufgaben, nach dem Abendessen übt mein Mann mit ihm."
Relevanz: N = 57   MW 3.44   VAR 1.43   STA 1.20

7.24.3.17 Eltern versagen ihre Mitarbeit

In Ihrer Klasse ist ein 14jähriger Schüler, der seine Mitschüler häufig tyrannisiert. Er ist stärker als die anderen und erwartet von seinen Klassenkameraden, entsprechend respektiert zu werden. Wer nicht seinen Befehlen folgt, wird verprügelt oder gequält.

Sie haben fast täglich Schwierigkeiten mit dem Jungen. Eltern und Kollegen beschweren sich, Schüler berichten immer wieder über aggressive Handlungen, die manchmal in Brutalität ausarten. Als in einer Lehrerkonferenz allein das Verhalten Ihres „Sorgenkindes" zur Diskussion steht, bitten Sie den Vater zu einem Gespräch. Am Samstagvormittag kommt dieser in Ihre Sprechstunde, hört sich Ihren Bericht an und sagt: „Ach wissen Sie, ich finde das alles gar nicht so schlimm. Mein Junge kann sich doch durchsetzen, ich habe das auch immer gekonnt, so etwas braucht man schließlich im Leben."
Relevanz: N = 57   MW 3.44   VAR 1.36   STA 1.17

7.24.3.18 „Kein Umgang für meinen Sohn"

Sie sind Lehrer in einer vierten Klasse, die Sie in diesem Schuljahr neu zugeteilt bekommen haben. Die Sitzordnung überlassen Sie weitgehend den Schülern. Nur in einigen Fällen bestimmen Sie, wer neben wem sitzt. So sitzt z. B. seit einiger Zeit der stille Marco, ein Italiener, der noch Sprachschwierigkeiten hat, neben Peter, einem aufgeweckten Jungen, der ihm manchmal hilft. Es zeigt sich, daß die beiden gut zusammenarbeiten. Marco fühlt sich von Peter angespornt und macht sichtbare Fortschritte. Auch sonst verstehen sich die beiden ausgezeichnet. Eines Tages steht Peters Mutter vor dem Lehrerzimmer. Der Grund ihres Kommens: Peter sei in letzter Zeit zu viel mit dem Italienerjungen zusammen. Dies sei nicht in ihrem Sinn. Sie wünsche, daß die beiden nicht mehr zusammensitzen. Ein Ausländerkind sei kein Umgang für ihren Sohn.

Relevanz: N = 57   MW 3.56   VAR 1.39   STA 1.18

7.24.3.19 *Eltern halten ihr Kind für schulreif*

Beim Schulreifetest fällt Ihnen ein kleines Mädchen auf, das sich nur unter Schluchzen und Strampeln von seiner Mutter trennt. Während des Tests hat das Mädchen bei bestimmten Aufgaben Schwierigkeiten, sowohl im motorischen als auch im kognitiven Bereich. Der Schularzt hat jedoch gegen eine Einschulung keine Bedenken.

Aufgrund Ihrer langjährigen Erfahrung machen Sie den Vorschlag, das Mädchen zurückzustellen. Doch die Eltern weigern sich beharrlich, das Kind in die Vorschule zu schicken. Deshalb wird es unter Vorbehalt eingeschult.

Wie schon vermutet, stellt sich nach einigen Wochen heraus, daß das Mädchen den Anforderungen der Schule noch nicht gewachsen ist.

Relevanz: N = 54   MW 3.63   VAR 1.75   STA 1.32

7.24.3.20 *Elke muß mithelfen*

Es gibt Eltern, die eine Tankstelle, Gastwirtschaft oder einen Bauernhof besitzen, auf Mithilfe der Kinder angewiesen oder doch vom Wert dieser Hilfe überzeugt sind. Schließlich sollen die Kinder einmal den Betrieb übernehmen, da schadet es nichts, wenn sie frühzeitig alle einschlägigen Arbeiten kennenlernen. – Sie haben als Lehrer eine andere Einstellung, möchten den Kindern neben der

Schule einen Freiraum bewahren, der ihnen die Möglichkeit zum Spielen läßt, zur freien Orientierung und zur selbstgewählten Aktivität.

Elke ist 14 Jahre alt und Schülerin der 8b. Ihre Eltern haben vor zwei Jahren eine Gastwirtschaft gepachtet. Am Freitagabend tagt in dieser Wirtschaft immer der Männergesangverein. Fremdes Personal ist teuer, und so muß Elke zusammen mit ihrer Mutter bedienen, während ihr Vater das Bier ausschenkt. Nach den Proben wird es immer sehr spät. Elke fehlt an drei aufeinander folgenden Sonnabenden, ohne eine Entschuldigung mitzubringen. Am vierten Sonnabend fragen Sie die Mitschüler nach Elke und bekommen die Antwort: ,,Gestern abend war doch Gesangverein, da muß die Elke helfen.'' Sie fragen Elke am Montag wieder einmal nach einer schriftlichen Entschuldigung. Elke antwortet ausweichend, spricht von Kopfschmerzen und schweigt sich dann aus. Eine Entschuldigung bringt sie auch an den folgenden Tagen nicht mit.

Relevanz: N = 54   MW 3.70   VAR 1.31   STA 1.14

7.24.3.21 Eltern sträuben sich gegen den Übergang ihres Kindes in eine Sonderschule

Die meisten Eltern können es kaum fassen, wenn ihnen gesagt wird, daß ihr Kind eine besondere Beschulung benötigt. Die Gründe, die für den Übergang in eine Sonderschule sprechen, werden selten akzeptiert. Statt dessen empfinden Eltern einen solchen Übergang meist als Makel für die ganze Familie.

In Ihrem ersten Schuljahr ist ein Junge mit einem leichten frühkindlichen Hirnschaden. Er wurde von einer termingerechten Einschulung befreit, besuchte ein Jahr lang eine Vorschulklasse, ist aber auch jetzt, im Vergleich zu seinen Mitschülern, den Anforderungen nicht gewachsen. Sie sprechen mit Ihrem Schulrat, der den Schüler durch einen Kollegen aus der Sonderschule noch einmal testen läßt. Dieser Kollege befürwortet den Übergang in eine Sonderschule für Lernbehinderte.

Als Sie mit den Eltern über das Testergebnis sprechen, stoßen Sie auf Ablehnung. Die Aussprache endet mit den Worten: ,,Das kommt überhaupt nicht in Frage. Unser Junge ist nicht dumm, das wissen wir schließlich besser als Sie. Der kommt nicht in eine Dummenschule.''

Relevanz: N = 57   MW 3.74   VAR 2.05   STA 1.43

7.24.3.22 Helmut fehlt fast immer

Helmuts Schulbesuch gleicht einem Würfelspiel, mal ist er da, mal fehlt er wieder; drei Tage Anwesenheit wechseln mit fünf Tagen Abwesenheit. Sie bitten Helmut um schriftliche Entschuldigungen. Erst bringt er einfach keine mit, dann schreibt der 14jährige Junge die Entschuldigungen selbst, und die Mutter unterschreibt offensichtlich alles: Halsschmerzen, Kopfschmerzen, Fieber, Grippe, in bunter Folge. Nach einem Vierteljahr ziehen Sie Bilanz: Von 68 Schultagen hat Helmut 39 Fehltage. Dementsprechend unzureichend sind auch seine schulischen Leistungen.

Mit Helmut haben Sie schon oft gesprochen. Er hat jedesmal versichert, daß er nun pünktlich zur Schule kommen wolle. Aber bei diesem Versprechen ist es dann auch geblieben. Sie bitten die Mutter in Ihre Sprechstunde. Sie kommt nicht. Sie fahren an einem Nachmittag einfach mal vorbei, die Frau ist nicht zu Hause. Der Kollege, der die Klasse vor Ihnen führte, erzählt Ihnen viele unerquickliche Dinge über die Familienverhältnisse und schließt mit der Bemerkung: „Da kann man wenig machen, da muß man nur hoffen, daß der Junge nicht eines Tages auf die schiefe Bahn gerät." Ihr Rektor informiert Sie über die rechtlichen Möglichkeiten, über die Erhebung eines Bußgeldes und über die zwangsweise Vorführung durch die Polizei. Er selbst möchte aber keine Entscheidung fällen.

Relevanz: N = 54   MW 5.06   VAR 0.12   STA 0.96

7.24.3.23 Jürgen wird mißhandelt

Einer Ihrer Schüler im sechsten Schuljahr ist Jürgen, ein sehr stiller, scheuer Junge. Sie beobachten ihn deshalb seit einigen Wochen und versuchen, ihn stärker am Unterricht zu beteiligen. Doch Ihre Bemühungen sind nicht erfolgreich. Im Gegenteil: wenn Sie Jürgen aufrufen, zuckt er ängstlich zusammen, von selbst wagt er sich nie mit einem Beitrag hervor.

Da Sie auch in der Klasse Sport geben, und die Schüler sich nach dem Unterricht duschen, bemerken Sie bei Jürgen einige blutunterlaufene Stellen am Rücken. Sie fragen ihn, woher er das habe, bekommen aber eine ausweichende Antwort: er sei mit dem Fahrrad gestürzt.

Wenige Tage danach hat Jürgen ein blaues Auge. Nach der Ursache befragt, erzählt Jürgen etwas von einer Schlägerei mit Spielkameraden. Nun sind Sie mißtrauisch geworden, fragen einen Schüler, der in

Jürgens Nachbarschaft wohnt und bereitwillig Auskunft gibt: „Ja, wissen Sie das nicht? Der Vater kommt oft betrunken nach Hause, dann kommt die ganze Familie dran, zuerst die Mutter und dann die Kinder, der läßt keinen aus."
Relevanz: N = 57   MW 6.25   VAR 0.87   STA 0.93

7.24.4 Handlungsmöglichkeiten

zu 7.24.3.1

1. Sie kümmern sich nicht weiter um die Angelegenheit, freuen sich, daß drei Tage nach Schulbeginn alle wieder da sind und tun so, als hätten Sie nichts bemerkt (26%).
2. Sie sprechen am nächsten Elternabend noch einmal über diese Bestimmung und bitten die Eltern, auf jeden Fall den wahren Grund zu nennen, weil sonst die vertrauensvolle Zusammenarbeit empfindlich gestört werde (35%).
3. Sie reden mit den Schülern über Ihren Verdacht, betonen aber gleichzeitig, daß er auch unbegründet sein könnte (6%).
4. Sie sagen pauschal zu allen Schülern: „Sagt bitte Euren Eltern, daß sie die Wahrheit schreiben sollen. Wenn eine Entschuldigung nicht der Wahrheit entspricht, sehe ich Euch das sofort an der Nasenspitze an. Einige werden jetzt rot." (6%).
5. Sie erkundigen sich eingehend nach dem Gesundheitszustand jener Schüler, die eine Entschuldigung mitgebracht haben, lassen die Schüler über den Krankheitsverlauf und über die Arztbesuche berichten, sprechen davon, wie blaß sie seien und bedauern, daß sie in den Ferien ein so großes Pech gehabt hätten (6%).
6. Sie bringen die Angelegenheit in der nächsten Lehrerkonferenz zur Sprache, um so ein aufeinander abgestimmtes Vorgehen zu erreichen (17%).
oder: . . . (6%).

zu 7.24.3.2

1. Sie versuchen, den Eltern zu erklären, warum Sie gerade diese Methode gewählt haben (93%).
2. Sie halten einen kleinen Vortrag über die Veränderungen in Schule und Unterricht (0%).
3. Sie weisen darauf hin, daß die Schüler das Lernziel erreichen werden und verwahren sich gegen jede Form der Einmischung (0%).
4. Sie stellen den Eltern Literatur über die Methoden des Erstleseunterrichts zusammen, damit sie sich selbst informieren können (4%).
5. Sie halten einen Elternkurs ab, damit die Eltern auch weiterhin die Möglichkeit haben, ihren Kindern zu helfen (0%).
6. Sie erklären den Eltern, daß Sie die Methode in diesem Stadium nicht mehr wechseln können (4%).
oder: . . . (0%).

zu 7.24.3.3

1. Sie fragen die Schülerin, warum die Eltern nicht kommen konnten (25%).
2. Sie rufen die Eltern an (40%).
3. Sie schicken erneut einen Brief per Post (2%).
4. Sie gehen persönlich bei den Eltern vorbei (21%).
5. Sie laden die Eltern zu sich nach Hause ein (2%).
6. Sie versuchen einmal mehr mit der Schülerin über ihre Schwierigkeiten zu sprechen (9%).
   oder: . . . (2%).

zu 7.24.3.4

1. Sie sprechen in Wolfgangs Abwesenheit mit der Klasse und erklären, warum Sie nichts sagen (49%).
2. Sie sprechen mit Wolfgangs Mutter und bitten sie, dafür zu sorgen, daß Wolfgang pünktlich sein kann (12%).
3. Sie tadeln Wolfgang jedesmal, ohne nach dem Grund zu fragen, nur damit seine Mitschüler zufrieden sind (0%).
4. Sie notieren sich die Minuten, die Wolfgang versäumt; immer, wenn 45 Minuten voll sind, lassen Sie ihn eine Stunde lang nachsitzen (0%).
5. Sie sagen Wolfgang, daß er auch mal seine kleine Schwester mit in den Unterricht bringen kann, wenn es nicht anders geht (30%).
6. Sie telefonieren mit dem Sozialamt und bitten die Mitarbeiter, sich um Wolfgang zu kümmern (0%).
   oder: . . . (9%).

zu 7.24.3.5

1. Sie schlagen der Mutter eine Unterhaltung mit dem Rektor der Schule vor (2%).
2. Sie raten der Mutter, mit dem Wechsel ins Gymnasium bis zum Ende der fünften Klasse zu warten (26%).
3. Sie warnen vor evtl. eintretenden psychischen Schäden (54%).
4. Sie beugen sich dem Willen der Mutter (4%).
5. Sie versuchen, mit dem Vater ins Gespräch zu kommen (9%).
6. Sie empfehlen der Mutter, zu einem berühmten Kinderpsychologen zu gehen (5%).
   oder: . . . (0%).

zu 7.24.3.6

1. Sie sind verunsichert und nehmen sich vor, Ihren Lehrstil zu überdenken (0%).
2. Sie sagen der Mutter, daß Sie sich von niemandem in Ihren Unterricht hineinreden lassen werden (11%).
3. Sie verschieben die Diskussion über dieses Thema auf den nächsten Elternabend (7%).
4. Sie besprechen das Problem mit den anderen Kollegen (2%).
5. Sie fragen die Lehrerin und Mutter, ob Sie bei ihr hospitieren dürfen (2%).

6. Sie versuchen, der Mutter zu erklären, warum Sie so und nicht anders unterrichten (72%).
oder: ... (6%).

zu 7.24.3.7

1. Sie beruhigen die Frau und sprechen mit ihr vor der Tür (35%).
2. Sie bitten die Frau, den Unterricht nicht zu stören und bis zur Pause zu warten (2%).
3. Sie bitten die Frau höflich aber bestimmt, das Zimmer zu verlassen (17%).
4. Sie besprechen sofort die Angelegenheit mit der Klasse, fragen, wer Streit gehabt habe und suchen den Fall zu klären (6%).
5. Sie kümmern sich zunächst einmal intensiv um den Schüler, danach um die aufgeregte Mutter (33%).
6. Sie unterstützen die Frau, um sie vorerst zu beruhigen (0%).
oder: ... (7%).

zu 7.24.3.8

1. Sie berufen eine Elternversammlung ein, in der Sie diesen Punkt zur Sprache bringen (21%).
2. Sie lassen es auf eine Beschwerde ankommen und rechtfertigen sich dann vor Ihrem Schulrat (26%).
3. Sie bitten den Vater, in die Sprechstunde zu kommen (33%).
4. Sie versuchen, den Vater zu beruhigen, indem Sie zurückrufen und ihn beschwichtigen (2%).
5. Sie sagen dem Vater, daß Sexualkunde und speziell Empfängnisverhütung Inhalt des Lehrplans seien (14%).
6. Sie sagen ihm, daß sein Standpunkt veraltet und unverantwortlich sei (2%).
oder: ... (2%).

zu 7.24.3.9

1. Sie sagen den Eltern, daß Sie zu diesen Vorwürfen nicht Stellung beziehen werden, weil Sie nur einseitig informiert seien (30%).
2. Sie bemühen sich, den Kollegen herbeizuholen, damit die Eltern die Vorwürfe ihm gegenüber wiederholen und er dazu Stellung nehmen kann (46%).
3. Sie versprechen den Eltern, mit dem Kollegen in Ruhe über die Vorwürfe zu reden (7%).
4. Sie sagen den Eltern, daß Sie mit dem Kollegen sprechen werden, wenn Sie sich weitere Informationen beschafft haben. Sie sprechen die Schüler am nächsten Tag an und fragen, wie der Unterricht sei und ob es irgendwelche Schwierigkeiten geben würde (5%).
5. Sie leiten die Vorwürfe an den Direktor weiter (0%).
6. Sie fragen die Eltern: „Ich überlege mir gerade, was Sie alles über mich erzählen, wenn ich nicht da bin?" (9%).
oder: ... (4%).

zu 7.24.3.10

1. Sie sprechen mit den Eltern über das Verhältnis zwischen der benötigten Zeit – Erteilen, Durchsprechen, Bewältigen der Konflikte – und dem voraussichtlichen Lernerfolg (58%).
2. Sie sprechen mit den Eltern über den Sinn der Hausaufgaben (16%).
3. Sie schlagen vor, daß die leistungsstarken Schüler, die sich unterfordert fühlen, freiwillig mehr arbeiten sollen (12%).
4. Sie weisen auf den Erholungswert der Freizeit hin (2%).
5. Sie fragen die betreffenden Eltern, ob sie für ihre 10jährigen Kinder die 42-Stunden-Woche einführen wollen (7%).
6. Sie erklären den Eltern, daß Lehrer die Pflicht haben, bestimmte Schüler vor ehrgeizigen Eltern zu schützen (5%).
   oder: . . . (0%).

zu 7.24.3.11

1. Sie geben ihm recht und sagen, daß auch Sie dafür seien, wenn es intelligente Handwerker gäbe (4%).
2. Sie sagen: „Was meinen Sie, was der Junge aus dem Malergeschäft macht, wenn der erst mal Abitur hat." (11%).
3. Sie geben ihm folgenden Rat: „Lassen Sie ihn Chemie studieren und ein paar neue Farben erfinden, dann verdient er mehr als ein Malermeister." (0%).
4. Sie sagen ihm, daß Geld allein nicht glücklich mache und sein Sohn wahrscheinlich unglücklich sein werde (4%).
5. Sie bitten ihn, wenigstens dem Besuch der Realschule zuzustimmen (19%).
6. Sie bitten ihn, den 10jährigen Jungen frei entscheiden zu lassen, welche Schule er besuchen möchte (48%).
   oder: . . . (15%).

zu 7.24.3.12

1. Sie rufen die Familie an und bitten sie, den Korb wieder abzuholen (33%).
2. Sie wenden sich an den Rektor Ihrer Schule und fragen ihn, was Sie mit dem Korb machen sollen (6%).
3. Sie teilen den Inhalt des Korbes mit Ihren Kollegen (2%).
4. Sie laden die Familie S. zum Essen ein und kredenzen ihnen die Delikatessen (0%).
5. Sie bedanken sich freundlich bei Herrn S., erklären ihm aber, daß das Geschenk auf Ihre Entscheidung natürlich keinen Einfluß haben werde (6%).
6. Sie schicken den Korb kommentarlos zurück (41%).
   oder: . . . (13%).

zu 7.24.3.13

1. Sie zeigen den Eltern die Tests, die im Laufe des Jahres geschrieben worden sind, und erläutern Ihr Bewertungssystem (48%).

2. Sie legen den Eltern auch die Arbeiten anderer Schüler zum Vergleich vor (4%).
3. Sie schlagen den Eltern vor, den Schüler von einem anderen Lehrer testen zu lassen (0%).
4. Sie erklären den Eltern, daß sich der Schul- und Ortswechsel negativ auf das Lernverhalten ihres Kindes ausgewirkt haben könnte (7%).
5. Sie zeigen Verständnis für die Schwierigkeiten des Schülers und erklären sich bereit, ihn noch einmal zu prüfen (0%).
6. Sie weisen den Vorwurf der Benachteiligung zurück, weil Sie stets bemüht sind, alle Schüler gleich zu behandeln (41%).
   oder: ... (0%).

zu 7.24.3.14

1. Sie laden den Vater zu einem persönlichen Gespräch ein (33%).
2. Sie gehen zum Rektor und sprechen mit ihm über diese Beschwerde (37%).
3. Sie bringen das Problem, ohne Namen zu nennen, vor die Klasse (9%).
4. Sie nutzen den nächsten Elternabend zur Klärung des Vorwurfs (14%).
5. Sie geben dem Vater die Möglichkeit, den Schülern das Gebiet aus seiner Sicht darzustellen (4%).
6. Sie verabreden sich mit dem Vater zu einem Kneipenbummel (2%).
   oder: ... (2%).

zu 7.24.3.15

1. Sie fragen die Eltern, wohin Gehorsam und Unterwürfigkeit in ihrer eigenen Erziehung geführt hätten (2%).
2. Sie nennen den Eltern einige Lebenssituationen, in denen Kritik- und Diskussionsfähigkeit notwendig sind (52%).
3. Sie argumentieren politisch, indem Sie erklären, daß eine Opposition immer notwendig und von Nutzen ist, und daß unsere Demokratie auf Opposition angewiesen sei (2%).
4. Sie machen die Eltern darauf aufmerksam, daß ihr eigenes Verhalten – nämlich Kritik zu üben – dem Verhalten der Kinder sehr ähnlich sei (41%).
5. Sie versuchen, den Eltern nachzuweisen, daß unterschwellige, nicht geäußerte Proteste schlimme Folgen haben können (0%).
6. Sie sagen, daß Sie von der Richtigkeit Ihres Unterrichts überzeugt seien (4%).
   oder: ... (0%).

zu 7.24.3.16

1. Sie fragen, ob sie sich den Leistungsabfall nicht vielleicht doch selbst erklären können (33%).
2. Sie sprechen die Empfehlung aus, künftig bei den Hausaufgaben gar nicht mehr zu helfen (12%).
3. Sie empfehlen, die Hausaufgaben nur noch zu kontrollieren (18%).
4. Sie rechnen Ekkehards wöchentliche Arbeitsstunden zusammen und sagen dann, daß Sie eine 51-Stunden-Woche für wenig sinnvoll halten (35%).

5. Sie schicken die Frau mit ihrem Sohn zum Schulpsychologen (2%).
6. Sie bitten den Kinderschutzbund, sich um den Jungen zu kümmern (0%).
   oder: ... (0%).

zu 7.24.3.17

1. Sie weisen den Vater auf die Konsequenzen hin, die das Verhalten des Sohnes noch mit sich bringen könnte, z. B. einen Verweis von der Schule (53%).
2. Sie fragen ihn, wie er reagieren würde, wenn sein Sohn häufig von einem Stärkeren verprügelt werden würde (23%).
3. Sie versuchen, ihm zu erklären, daß es auch in der Erwachsenenwelt in erster Linie auf Argumente und nicht auf die Schlagkraft ankomme (12%).
4. Sie fragen ihn, ob er sich auch mit seinen Arbeitskollegen prügeln würde (9%).
5. Sie sagen ihm, daß Sie sich eigentlich Unterstützung von ihm erwartet hätten und nun enttäuscht seien (4%).
6. Sie sagen ihm, daß Sie darüber erfreut sind, endlich mal einen richtigen Mann kennenzulernen, der sich durchsetzen kann, und vereinbaren einen Gesprächstermin außerhalb der Schule (0%).
   oder: ... (0%).

zu 7.24.3.18

1. Sie sagen der Mutter, daß Sie sich die Sitzordnung nicht vorschreiben lassen würden (21%).
2. Sie versuchen, der Mutter zu verdeutlichen, daß es gerade für ein Ausländerkind notwendig sei, in die Gemeinschaft integriert zu werden (53%).
3. Sie diskutieren das Problem mit der ganzen Klasse (0%).
4. Sie richten sich nach dem Wunsch der Mutter und setzen die beiden auseinander (0%).
5. Sie sprechen nur mit den Jungen über die Angelegenheit und bitten die beiden, selbst zu entscheiden, neben wem sie sitzen möchten (4%).
6. Sie beschließen, die Sache beim nächsten Elternabend zur Sprache zu bringen (7%).
   oder: ... (16%).

zu 7.24.3.19

1. Sie bieten den Eltern an, in den Unterricht zu kommen, um dort ihr Kind selbst zu beobachten (22%).
2. Sie legen den Eltern andere Schülerarbeiten zum Vergleich vor (11%).
3. Sie warnen die Eltern vor evtl. entstehenden Schulschäden (31%).
4. Sie gehen zum Rektor und beraten sich mit ihm (20%).
5. Sie weigern sich, die Verantwortung für das Kind zu übernehmen (0%).
6. Sie schlagen einen erneuten Test durch einen Schulpsychologen vor (9%).
   oder: ... (6%).

zu 7.24.3.20

1. Sie gehen auch in die Singstunde und sagen gegen 23.00 Uhr: „Du mußt jetzt schlafen gehen, Elke, damit Du mir morgen in der Schule nicht einschläfst." (6%).
2. Sie sprechen mit den Eltern und bitten sie, für diesen Abend doch eine Bedienung zu engagieren (57%).
3. Sie sagen zu Elke: „Was Du machst, ist mir im Grunde gleichgültig, wichtig ist nur, daß Du in der Schule erscheinst." (0%).
4. Sie zeigen die Eltern kurzentschlossen an (0%).
5. Sie drücken beide Augen zu und tragen Elke als „entschuldigt gefehlt" ein (0%).
6. Sie versuchen, die Eltern von der Bedeutung des Unterrichts zu überzeugen und sagen ihnen außerdem, daß Elke nur noch anderthalb Jahre zur Schule gehen müsse und sie dann helfen könne (31%).
   oder: . . . (6%).

zu 7.24.3.21

1. Sie raten zu einer Wiederholung der ersten Klasse (7%).
2. Sie empfehlen den Eltern, von einem Psychologen ein weiteres Gutachten anfertigen zu lassen (33%).
3. Sie versuchen, den Eltern Absichten, Aufgaben und Vorteile einer Sonderschule begreiflich zu machen (32%).
4. Sie weisen auf mögliche psychische Schäden hin, falls der Junge in der Grundschule bleiben sollte (5%).
5. Sie schicken die Eltern zu Ihrem Kollegen aus dem Sonderschulbereich (5%).
6. Sie schicken die Eltern in eine Sonderschule, damit sie sich an Ort und Stelle informieren können, wie dort gelehrt und gelernt wird (16%).
   oder: . . . (2%).

zu 7.24.3.22

1. Sie bitten den Rektor, dennoch eine Entscheidung zu fällen, da er ja schließlich Rektor sei (7%).
2. Sie fragen Ihren Kollegen, der vor Ihnen Klassenlehrer war, wie er sich verhalten hat und machen es dann ebenso (4%).
3. Sie kümmern sich nicht weiter um den Jungen, sondern sammeln lediglich die selbstgeschriebenen Entschuldigungen (0%).
4. Sie versuchen, Helmut verstärkt am Unterricht zu beteiligen, indem Sie manchmal mit ihm zusammen den Unterricht vorbereiten und ihm zeigen, daß er gebraucht wird (24%).
5. Sie führen mit Helmut ein Einzelgespräch und machen ihn auf die Nachteile aufmerksam, die ihm erwachsen, wenn er keinen Hauptschulabschluß schaffen sollte (44%).
6. Sie empfehlen Ihrem Rektor, hart durchzugreifen und die Polizei einzuschalten (0%).
   oder: . . . (20%).

zu 7.24.3.23

1. Sie sprechen mit Ihrem Rektor über Ihre Beobachtungen und bitten ihn, jene Maßnahmen einzuleiten, die er für angebracht hält (11%).
2. Sie bitten beide Eltern in die Sprechstunde (2%).
3. Sie gehen zusammen mit dem Jungen zu dem Schularzt, lassen eine Diagnose stellen und erstatten dann Anzeige (4%).
4. Sie führen erst einmal ein Gespräch mit Jürgen, um die Aussagen des Klassenkameraden zu überprüfen (56%).
5. Sie telefonieren mit dem zuständigen Sozialarbeiter, vereinbaren einen Termin und lassen sich beraten (25%).
6. Sie laden nur die Mutter zu einem Gespräch ein (2%).
   oder: . . . (2%).

7.25 Offener Problemkreis

7.25.1 Überlegungen

Der Versuch, das berufsfeldtypische Konfliktpotential möglichst lückenlos zu erfassen, muß unvollständig bleiben, schon allein deshalb, weil auch dieses Potential dem gesellschaftlichen und schulischen Wandel unterliegt. Wie schon eingangs erwähnt, wird sich das Konfliktspektrum auf verschiedenen Schulstufen, in verschiedenen Schularten und in unterschiedlichen Einzugsgebieten jeweils anders darstellen. Außerdem wird es niemals möglich sein, jene Auseinandersetzungen, Belastungen und Schwierigkeiten aufzuzeigen, die durch spezifische Persönlichkeitsmerkmale der am Konflikt beteiligten Personen verursacht werden. Dennoch gibt es so etwas wie ein berufsfeldtypisches Konfliktpotential, das sich darstellen und analysieren läßt.

Dieses Buch ist als offene Systematik angelegt, und deshalb sind einige mögliche Problemkreise unberücksichtigt geblieben, so z. B. das aggressive Verhalten von Schülern gegenüber schulfremden Personen, Fragen der Gesundheitserziehung und ein Problemkreis, der sich mit Fehlhandlungen des Lehrers befaßt. Dieser letztgenannte Bereich erscheint im Hinblick auf eine mögliche Darstellung und Analyse besonders interessant. Ein solcher Problemkreis ließe sich inhaltlich nicht näher bestimmen, denn er würde sämtliche Problemkreise betreffen. Bei der Vielzahl der Auseinandersetzungen, Belastungen und Schwierigkeiten kommt es leider immer wieder zu Handlungen, die höchst fragwürdig sind, sobald sie einer genaueren Betrachtung unterzogen werden.

Die Erkenntnis, daß der Lehrer selbst immer wieder Konflikte verursacht, kann zu einer bescheidenen und realistischen Grundhaltung führen, die einer Lösung der Konflikte sicher dienlich ist.

Sofern Sie Lehrer sind und täglich mit Auseinandersetzungen, Belastungen und Schwierigkeiten zu tun haben, sind Sie angesprochen, das hier begonnene Vorhaben weiterzuführen, Konflikte zu beschreiben, zu analysieren und zu lösen.

Literatur

I. Einleitung – Grundlagen

Adorno, Th. W.: Tabus über dem Lehrberuf. Neue Sammlung 5/1965, 6, 487-498

Becker, G. E.: Planung von Unterricht. Weinheim 1987, 2. Aufl.

Becker, G. E.: Durchführung von Unterricht. Weinheim 1988, 3. Aufl.

Becker, G. E.: Auswertung und Beurteilung von Unterricht, Weinheim 1988, 2. Aufl.

Becker, G. E./Kohler, B.: Hausaufgaben kritisch sehen – und die Praxis sinnvoll gestalten. Weinheim 1988

Becker/Clemens-Lodde/Köhl: Unterrichtssituationen. München 1980, 2. Aufl.

Becker/Dietrich/Kaier: Konfliktbewältigung im Unterricht. Bad Heilbrunn 1978, 2. Aufl.

Becker/Huber/Mandl/Wahl: Gestörter Unterricht. Begleitmaterial zum Fernsehkolleg „Schülerprobleme – Lehrerprobleme." DIFF, Tübingen 1979

Becker/Kaier: Studien zur Konfliktbewältigung im Unterricht. Fünf im Rahmen der Lehrerausbildung durchgeführte empirische Begleituntersuchungen im Grobabriß. Unveröffentl. Manuskript. Heidelberg 1977 (beim Autor anzufordern)

Becker/Wahl/Weinert: Mangelnde Mitarbeit. Begleitmaterial zum Fernsehkolleg „Schülerprobleme – Lehrerprobleme." DIFF, Tübingen 1978

Binneberg, K.: Pädagogische Fallstudien. Ein Plädoyer für das Verfahren der Kasuistik in der Pädagogik. Z. f. Päd. 25/1979, 3, 395-402

Boer, Th. de: Stör- und Konfliktsituationen. Versuch einer Klassifizierung. Erziehung und Unterricht 127/1977, 1, 8-11

Brubaker, D. L.: The Teacher as a Decision-Maker. Dubuque 1972

Brück, H.: Die Angst des Lehrers vor seinem Schüler. Reinbek 1978

Cohn, R. C.: Von der Psychoanalyse zur Themenzentrierten Interaktion. Stuttgart 1975

Combe, A.: Kritik der Lehrerrolle. München 1971

Czerwenka, K.: Probleme im Unterricht. München 1979

Dahrendorf, R.: Zu einer Theorie des sozialen Konflikts. In: Zapf, W. (Hrsg.) Theorien des sozialen Wandels. Köln und Berlin 1971, 3. Aufl.

ders.: Pfade aus Utopia. München 1968

Deutsch, M.: Konfliktregelung. Konstruktive und destruktive Prozesse. München 1976

Domke, H.: Lehrer und abweichendes Schülerverhalten. Donauwörth 1975, 2. Aufl.

Dreikurs/Grunwald/Pepper: Schülern gerecht werden. München 1976

Dresel, L.: Zuhören – eine zentrale Lehrkompetenz. Beiträge zu Unterricht und Ausbildung der Z. Krankengymnastik 32/1980, 1, 1-4

Eigler, G. et al.: Grundkurs Lehren und Lernen. Weinheim und Basel 1975, 2. Auflage

Gehrig/Geppert: Lehrerverhalten in Konfliktsituationen. Basel 1975

Gordon, Th.: Lehrer-Schüler-Konferenz. Wie man Konflikte in der Schule löst. Hamburg 1977, 3. Aufl.

Grell, J.: Rezeptfeindschaft – Alibi der Theoretiker. Westermanns Päd. Beiträge 30/1978, 7, 268-271

Günther, K. H.: Pädagogische Kasuistik in der Lehrerausbildung. Z. f. Päd. 15. Beiheft 1978, 165-174

Günther, M.: Disziplinierte Schüler durch Verhaltensmodifikation? Demokratische Erziehung 3/1977, 1, 41-47

Guilford, J. P.: Persönlichkeit. Weinheim 1964

Hanke/Huber/Mandl: Aggressiv und unaufmerksam. München 1978, 2. Aufl.

Havers, N.: Erziehungsschwierigkeiten in der Schule. Weinheim und Basel 1978

Huber/Mandl/Weinert: Schlechte Leistungen. Begleitmaterial zum Fernsehkolleg „Schülerprobleme-Lehrerprobleme". DIFF, Tübingen 1979

Ipfling, H.-J.: Erziehungsschwierigkeiten. Welt der Schule 29/1976, 2, 106-114; 3, 171-176; 4, 243-246; 5, 295-303; 6, 367-374; 30/1977, 1, 53-58

Kaier, E.: Entscheidungstraining – Eine empirische Studie. In: Becker/ Dietrich/Kaier a.a.O.

Keller/Neumann: Kritische Erziehung. Ein Arbeitsprogramm zur Analyse von Einstellungen und Verhaltensweisen im Selbst- und Fremdumgang. Opladen 1971, 2 Bde.

Klink, J.-G.: Klasse H7E. Bad Heilbrunn 1974

Kluge/Kornblum: Unterrichtskonflikte in der Schule. Rheinstetten 1978

Lange-Garritsen, H.: Strukturkonflikte des Lehrberufs. Düsseldorf 1972

Langer/Schulz v. Thun/Tausch: Verständlichkeit. München und Basel 1974

Lindmayer, E.: Lehrer und Schüler beurteilen schulische Konfliktsituationen. Unveröffentl. Diplomarbeit. Heidelberg 1976 (beim Autor anzufordern)

Lohmann/Minsel: Störungen im Schulalltag. München 1978

Mertens, W.: Erziehung zur Konfliktfähigkeit. München 1974

Miltz, R. J.: How to Explain. A Manual for Teachers. Stanford Center for Research and Development in Teaching, Stanford 1972

Neidhardt, W.: Kinder, Lehrer und Konflikte. Vom psychoanalytischen Verstehen zum pädagogischen Handeln. München 1977

Osborn, A. F.: Applied Imagination. Principles and Procedures of Creative Thinking. New York 1953

Pikas, A.: Rationale Konfliktlösung. Heidelberg 1974

Potthoff/Wolf: Pädagogische Konflikte in der Schule. Freiburg 1976, 2. Aufl.

Rauin/Kohler/Becker: „Drum prüfe, wer sich ewig bindet". Ein Berufseignungstest für Lehramtsstudierende. Pädagogik 46/1994/11, 34–39

Redlich/Schley: Kooperative Verhaltensmodifikation im Unterricht. München 1978

Roth, H. (Hrsg.): Begabung und Lernen. Stuttgart 1970, 5. Aufl.

Schultheis, J. R.: Zu einigen Rahmenbedingungen und Verständnishintergründen bei Erziehungsschwierigkeiten. Vierteljahresschrift für Heilpädagogik 47/1978, 4, 338-350

Sehringer, W.: Konfliktanalyse im Unterricht. Stuttgart 1978, 2. Aufl.

Sennewald, H.: Bedürfnisse – Konflikte – Reaktionen. Melsungen o. J.

Literatur

Studiengruppe Lehrer-Dozenten: Entwicklung eines empirisch abgesicherten Verfahrens zur Bestimmung von Inhalten für Fortbildungsveranstaltungen von Lehrern. Pädagogische Hochschule Heidelberg. Heidelberg 1979

Tausch/Tausch: Erziehungspsychologie. Begegnung von Person zu Person. Göttingen 1979, 9. Aufl.

Tornow, H.: Verhaltensauffällige Schüler aus der Sicht des Lehrers. Empirische Untersuchung zum Labeling Ansatz. Weinheim 1978

Vagt, R.: Planspiel Konfliktsimulation und soziales Lernen. Rheinstetten 1978

Willi, H.: Konflikte verstehen, Konflikte lösen, mit Konflikten leben. Schweizer Schule 67/1980, 3, 44-52; 5, 123-128

Zifreund, W.: Training des Lehrverhaltens mit Fernsehaufzeichnungen in Kleingruppen-Seminaren. Beiheft 1 zur Zsch. programmiertes Lernen (pl), Berlin 1966

II. Zum Problemkreis: Unterschiedliche Formen aggressiven Verhaltens

7.1 Noch Spaß oder schon Ernst?
7.2 Provokationen und Regelüberschreitungen
7.3 Absprachen zwischen Schülern
7.4 Angriffe auf den Lehrer
7.6 Aggressives Verhalten zwischen Schülern
7.7 Pause und Schulhof
7.17 Fremdes Eigentum
7.18 Sachbeschädigungen

Bandura, A.: Aggression. Eine sozial-lerntheoretische Analyse. Stuttgart 1979

Becker/Clemens-Lodde/Köhl 1978 (s. I)

Becker/Huber/Mandl/Wahl 1979 (s. I)

Brockhaus-Enzyklopädie. Frankfurt 1969

Fellsches, J.: Disziplin, Konflikt und Gewalt in der Schule. Heidelberg 1978

Foy, B.: Classroom Aggression. Internationale Zsch. f. Erziehungswissenschaft 23/1977, 1, 97-118

Hanke/Huber/Mandl 1978 (s. I)

Heinelt, G.: Umgang mit aggressiven Schülern. Freiburg 1978

Kaiser, H.: Ladendiebstahl, ein Fall moralischer Erziehung. Westermanns Päd. Beiträge 31/1979, 10, 377-380

Karlusch, H.: Autokratischer Führungsstil und Aggression. Erziehung und Unterricht 129/1979, 7, 400-405

Keck/Sandfuchs (Hrsg.): Schulleben konkret. Zur Praxis einer Erziehung durch Erfahrung. Bad Heilbrunn 1979

Klink, J.-G. 1974 (s. I)

Kraft, P.: Der Schulhof – ein Handlungsfeld sozialer Erfahrung für die Schulgemeinde. In: Keck/Sandfuchs (Hrsg.) a.a.O.

Minssen, F.: Die psychosoziale Dimension des Lehrberufs. Gruppendynamik 1/1970, 1, 50-62

Petermann/Petermann: Gruppentraining in der Grundschule zum Abbau von Aggressionen. Zsch. f. Gruppenpädagogik 5/1979, 1, 25-36

Pieper, H.: Schule und Jugendkriminalität. Die Realschule 87/1979, 5, 278-285

Pleger, J.: Aggression und Erziehung. Erziehungsbedingungen und die potentielle Entstehung und/oder Manifestation von Aggressivität bzw. Aggression. Vierteljahresschrift für wissenschaftliche Pädagogik 53/1977, 1, 64-74

Reinert/Zinnecker: Schüler im Schulbetrieb. Reinbek 1978

Richter, H. E.: Lernziel Solidarität. Reinbek 1974

Schneider, H. J.: Fernsehkriminalität und kriminelle Wirklichkeit. Medien und Erziehung 23/1979, 3, 161-167

Sehringer 1978 (s. I)

Specht/Fend: Der „Klassengeist" als Sozialisationsfaktor. Unterrichtswissenschaft 16/1979, 2, 128-142

Stadler, F.: Humanismus und Konkurrenzdenken in der Praxis. Z. f. Gruppenpädagogik 5/1979, 1, 1-12

Stadler, H.: Erklärungsmodelle zur Aggression und ihre Relevanz für die pädagogische Praxis. Die Unterrichtspraxis 8/1975, 2, 9-13

Stascheit, W.: „Wir verdrücken uns auf's Klo." Pause, Pausenhof. betrifft: erziehung 12/1979, 5, 38-42

Ulich, D.: Gruppendynamik in der Schulklasse. München 1971

Vopel/Kirsten: Kommunikation und Kooperation. Ein gruppendynamisches Trainingsprogramm. München 1975, 2. Aufl.

Werbik/Munzert: Kann Aggression handlungstheoretisch erklärt werden? Psychologische Rundschau 29/1978, 3, 195-208

III. Allgemeine Disziplinlosigkeit (7.5)

Becker/Dietrich/Kaiser 1978 I

Clarizio, H. F.: Disziplin in der Klasse. München 1979

Kounin, J. S.: Techniken der Klassenführung. Stuttgart 1976

Schreiner/Sowa: Lehrerverhalten bei Disziplinkonflikten. Die Deutsche Schule 69/1977, 7/8, 436-451

Stoodt, D.: Unterrichtseinheit „Disziplin/Selbstdisziplin" in einer 9. Hauptschulklasse. Der Evangelische Erzieher 29/1977, 3, 210-225

Züghart, E.: Disziplinkonflikte in der Schule. Braunschweig 1970, 4. Aufl.

Ipfling, H.-J. (Hrsg.): Disziplin ohne Zwang. München 1976

IV. Ausländische Mitschüler (7.8)

Akpinar, Ü. et al.: Sozialisationshilfen für Ausländerkinder. betrifft: erziehung 11/1978, 11, 38-45, 48-50

Boecken, G.: Rollenkonflikte ausländischer Arbeiterkinder zwischen Familie und Schule. Neue Praxis 8/1978, 3, 260-269

Dumrese, J.: Unterricht für ausländische Kinder. Westermanns Päd. Beiträge 31/1979, 7, 258-264

Gärtner, H.: Kinder ausländischer Arbeiter in deutschen Schulen. Die Deutsche Schule 69/1977, 10, 580-587

Hamburger, F.: Zur Schulsituation ausländischer Arbeiterkinder unter dem Gesichtspunkt von Integration und Differenzierung. Die Deutsche Schule 69/1977, 10, 567-574

Heiniger, F.: Berufswahlprobleme von Ausländerkindern. Berufsberatung und Berufsbildung 63/1978, 5/6, 125-129

Literatur

Hohmann, M. (Hrsg.): Unterricht mit ausländischen Kindern. Düsseldorf 1978, 2. Auflage

Katsoulis, H.: Bürger zweiter Klasse. Ausländer in der Bundesrepublik, Frankfurt 1978

Lohrenz/Kraus/Sandfuchs: Schulleben und Unterricht mit Kindern ausländischer Arbeitnehmer. In: Keck/Sandfuchs (Hrsg.) (s. II)

Lumpp, G.: Sprachhilfe für ausländische Kinder außerhalb der Institution Schule (Denkendorfer Modell). Lehren und Lernen 5/1979, 7, 11-24

Lutter, W. et al.: Sozialpädagogische und bildungspolitische Maßnahmen für die 2. Ausländergeneration. Neue Praxis 8/1978, 3, 245-259

Malhotra, M. K.: Das Bild vom Gastarbeiterkind bei deutschen Schulkindern. Pädagogische Rundschau 32/1978, 3, 207-232

Mellinghaus, G. et al.: Schwierigkeiten für ausländische Schüler in der sprachlichen und sozialen Eingewöhnung. Lehren und Lernen 5/1979, 1, 66-80

Müller, H. (Hrsg.): Ausländerkinder in deutschen Schulen. Stuttgart 1974

Önder, Z.: Kulturelle Entfremdung. Ausländerkinder/Unterricht. betrifft: erziehung 10/1977, 5, 54-57

Schier, N.: Schulexterne und schulinterne Verursachungsfaktoren für Schulschwierigkeiten ausländischer Kinder an deutschen Schulen. Neue Unterrichtspraxis 11/1978, 5, 263-267

Thiel, W.: Rahmen für ein künftiges Curriculum für ausländische Schüler. Diskussion Deutsch 9/1978, 39, 2-15

Walz, H. D.: Gastarbeiter und Deutsche: Nebeneinander, miteinander, miteinander für andere. Katechetische Blätter 102/1977, 7, 562-571

Willke, I.: Zweisprachiger Unterricht. Bildung und Erziehung 32/1979, 6, 492-506

V. Schwierigkeiten bei der Kleingruppenarbeit (7.9)

Becker, G. E.: Optimierung schulischer Gruppenprozesse durch situatives Lehrtraining. Heidelberg 1973

Becker/Clemens-Lodde/Köhl 1970 (s. I)

Becker/Dietrich/Kaier 1978 (s. I)

Berliner, D. C.: Protocols on Group Process. FWL for Educational Research and Development. San Francisco 1972

Borg, W. R. et al.: The Minicourse. A Microteaching Approach to Teacher Education. London 1970

Bürger, W.: Teamfähigkeit im Gruppenunterricht. Weinheim 1978

Geissler, K. A.: Zur Ideologiekritik gruppenpädagogischer Unterrichtsmethoden. Z. f. Gruppenpädagogik 3/1977, 3, 23-45

Gudjons, H.: Gruppenunterricht. Westermanns Päd. Beiträge 31/1979, 12, 465-471

Meyer, E.: Gruppenunterricht – Grundlegung und Beispiel. Oberursel 1972, 6. Aufl.

ders.: Gruppenarbeit als metakommunikative Lernsituation. Zur Kapitulation vor der Gruppenarbeit. Die Deutsche Schule 69/1977, 7/8, 452-463

Meyer/Forsberg: Einführung in die Praxis der schulischen Gruppenarbeit. Heidelberg 1976, 2. Aufl.

Sader, M.: Psychologie der Gruppe. München 1976

Sjolund, A.: Gruppenpsychologie für Erzieher, Lehrer und Gruppenleiter. Heidelberg 1976, 2. Aufl.

VI. Leistungsbeurteilung (7.10)

Aschersleben, K.: Zensuren und Zeugnisse. In: Aschersleben/Hohmann a.a.O. S. 222 ff

Aschersleben/Hohmann: Handlexikon der Schulpädagogik. Stuttgart 1979 Becker/Dietrich/Kaier 1978 (s. I)

Chemnitz, G.: Emotionale Reaktionen von Schülern während einer Schulstunde mit und ohne Klassenarbeit. Psychologie in Erziehung und Unterricht 26/1979, 3, 170-173

Christmann, H.: Mogeln in der Schule. Braunschweig 1978

ders.: Prüfungsangst bei Jungen und Mädchen und familiäre Erziehungsstile. Ein multipler Erklärungsansatz. Psychologie in Erz. und Unterricht 25/ 1978, 6, 345-351

Fricke, R.: Kriteriumsorientierte Leistungsmessung. Stuttgart 1974

Heller, K. (Hrsg.): Leistungsbeurteilung in der Schule. Heidelberg 1978. 3. Aufl.

Ingenkamp, K. (Hrsg.): Die Fragwürdigkeit der Zensurengebung. Weinheim und Basel 1976, 6. Aufl.

ders.: Sind Zensuren aus verschiedenen Klassen vergleichbar? betrifft: erziehung 2/1969, 3, 12-14

Kunert, K.: Noten: fragwürdig, anachronistisch, notwendig? Zur Problematik der Leistungsfeststellung und -bewertung in der Schule. Pädagogische Welt 31/1977, 6, 323-330

Wendeler, J.: Standardarbeiten. Weinheim und Basel 1974. 6. Aufl.

VII. Hausaufgabenproblematik (7.11)

Becker, G. E.: Situatives Lehrtraining – Verfahren zum Erwerb von Lehrqualifikationen. In: Heyse/Arnhold (Hrsg.) a. a. O.

Derschau, D. v.: Die Problematik von Hausaufgaben. Z. f. Päd. 23/1977, 2, 159-181

ders. (Hrsg.): Hausaufgaben als Lernchance. München 1979

Eigler/Krumm: Zur Problematik der Hausaufgaben. Weinheim 1979

Geißler/Plock: Hausaufgaben – Hausarbeiten. Bad Heilbrunn 1970

Heizer, M.: Hausaufgaben. Vermittlung durch Verfremdung. Neue Unterrichtspraxis 10/1977, 4, 210-215

Herff, E. E.: Hausaufgaben und das Recht des Schülers. Ein Vergleich auf Bundesebene. Recht der Jugend 27/1979, 4, 309-317

Heyse/Arnhold (Hrsg.): Texte zur Schulpsychologie und Bildungsberatung. Braunschweig 1977

Jackson, Ph. W.: Unterricht aus der Sicht des Schülers. In: Strom (Hrsg.) a.a.O.

Miltz, R. J.: How to Explain. A Manual for Teachers. Stanford Center for Research and Development in Teaching. Stanford 1972

Satzke, K.: Argumente für eine Neuorientierung der Hausaufgabenpraxis. Erziehung und Unterricht 124/1974, 5, 247-256

Steinbach, I. et al.: Schulaufgaben in Kleingruppen statt individueller Übungsaufgaben. Z. f. Empirische Päd. 1/1977, 4, 2-11

Strom, R. D. (Hrsg.): Lehrer und Lernprozeß. München 1976. 2 Bde.

Literatur

VIII. Lernschwierigkeiten (7.12)

Angermaier, M. (Hrsg.): Legasthenie. Das neue Konzept der Förderung lese-
und rechtschreibschwacher Kinder in Schule und Elternhaus: Frankfurt
1976

Apel/Schwarzer: Schulschwierigkeiten und pädagogische Interaktion. Bad
Heilbrunn 1978

Becker, G. E.: Situatives Lehrtraining – Verfahren zum Erwerb von Lehrqualifikationen. (s. VII)

Bloom, B. S.: Alle Schüler schaffen es. betrifft: erziehung 3/1970, 11,
15-27

Eigler/Straka: Mastery Learning. Lernerfolg für jeden? München 1978

Heckhausen, H.: Förderung der Lernmotivierung und der intellektuellen
Tüchtigkeiten. In: Roth (Hrsg.) a.a.O.

Heyse/Arnhold (Hrsg.): Texte zur Schulpsychologie und Bildungsberatung.
Braunschweig 1978

Huber/Mandl: Erklärungsansätze für Schulschwierigkeiten. Unterrichtswissenschaft 14/1977, 4, 305-316

Huber/Mandl/Weinert 1979 (s. I)

Ilg/Ames: Auch Ihr Kind kann in der Schule falsch eingestuft sein. In: Strom
(Hrsg.) (s. VII)

Ingenkamp 1969 (s. VI)

Jopt, U.-J.: Warum manche Schüler „faul" sind. Die attributionstheoretische
Vernünftigkeit des schulischen Anstrengungsverzichts. Z. f. Entwicklungspsychologie u. Pädagogische Psychologie. 10/1978, 4, 315-327

Klemenz, J. et al.: Statt Leistungsbeurteilung, Lerndiagnose und Förderarbeit.
Die Deutsche Schule 69/1977, 11, 673-687

Lohmann, Ch.: Lernschwierigkeiten. In: Apel/Schwarzer (Hrsg.) a.a.O.

Lukan/Blöschl: Verhaltenstherapeutisch orientierte Behandlung von Lernschwierigkeiten. Unterrichtswissenschaft 5/1977, 4, 325-332

Mann, I.: Lernprobleme. München 1979

Rollett, B.: Die Diagnose von Lernschwierigkeiten. Unterrichtswissenschaft
14/1977, 4, 317-324

Roth, H. (Hrsg.): Begabung und Lernen. Stuttgart 1968

Schlee, J.: Legasthenieforschung am Ende? München 1976

Schultheis, J. R.: Stottern in historischer und „komplexer" Hinsicht. Vierteljahresschrift für Heilpädagogik 48/1979, 2, 1, 25-138

Schwarzer, R.: Remedialer und adaptiver Unterricht. Didaktische Ansätze zur
Verhinderung und Behebung von Schwierigkeiten beim schulischen Lernen.
Unterrichtswissenschaft 14/1977, 4, 333-345

Seiß, R.: Beratung und Therapie im Raum der Schule. Bad Heilbrunn
1976

Weinert/Zielinski: Lernschwierigkeiten – Schwierigkeiten des Schülers oder
der Schule? Unterrichtswissenschaft 14/1977, 4, 292-304

Zielinski, W.: Lernschwierigkeiten. Stuttgart u. a. 1980

IX. Schülerängste (7.13)

Affemann, R.: Streß auch bei Kindern? Welt des Kindes 56/1978, 1, 50-57

Amzehnhoff, R.: Schulangst. Pädagogische Ansätze zu ihrer Überwindung.
Die Realschule 86/1978, 3, 141-146

Becker, Dietrich Kaier 1978 (s. I)

Birkel/Straub: Zur Abhängigkeit der Leistungserwartung bei Klassenarbeiten von bisherigen Leistungen und den Persönlichkeitsmerkmalen Prüfungsangst, Intelligenz und Geschlecht. Z. f. Empirische Pädagogik. 1/1977, 2, 59.81

Bloom, B. S. 1970 (s. VIII)

Bron, B.: Suizidale Entwicklungen bei jungen Menschen in der heutigen Zeit. Praxis der Kinderpsychologie und Kinderpsychiatrie 27/1978, 1, 15-21

Brück, H. 1978 (s. I)

Eigler/Straka 1978 (s. VIII)

Elbing/Ellgring: Verminderung der Prüfungsangst durch Modellernen im Klassenzimmer. Psychologie in Erziehung und Unterricht 24/1977, 1, 1-10

Esch, K.: Schulanfang ohne Angst. Die Welt des Kindes 57/1979, 5, 391-395

Fahrenberg, B.: Angst bei Schulkindern, Lernhemmung und Verhaltensstörung. Lehren und Lernen 3/1977, 2, 67-74

Faust, E. et al.: Einfluß von Modellverhalten und Leistungsangst auf das Leistungs- und Imitationsverhalten von 9-10jährigen Schulkindern. Z. f. Empirische Pädagogik 3/1979, 4, 285-296

Furtner-Kallmünzer et al.: Schulstreß – eine aktuelle Thematisierung der Schule. Z. f. Päd. 23/1977, 5, 773-784

Haferkamp/Rost: Angst geht zur Grundschule. Die Deutsche Schule 72/1980, 2, 119-134

Helmke, A.: Schulangst in integrierten Gesamtschulen und in traditionellen Schulen. Heyse/Arnhold (Hrsg.) (s. VII)

Heuer, G.: Selbstmord bei Kindern und Jugendlichen. Stuttgart 1979

Höhn, E. 1967 (s. X)

Horn, K.: Angst und Aggression als individuelles und gesellschaftliches Problem. Gegenwartskunde 26/1977, 1, 29-42

Jacobs/Strittmatter: Der schulängstliche Schüler. München 1979

Koch/Wienke: Angst und Schulangst in der Berufsschule. Psychologie in Erz. und Unterricht 25/1978, 139-151

Krope/Viehöfer: Prüfungsangst und Aufgabenkomplexion. Unterrichtswissenschaft 15/1978, 3, 245-256

Meves, Ch.: Schulstreß und die Folgen. Lehren und Lernen 6/1980, 1, 21-28

Meyer, E.: Unterrichtsthema Angst. Wiesbaden 1978

Rost, D. H.: Läßt sich (Schul-)Angst im Klassenzimmer durch Modell- bzw. Bekräftigungslernen reduzieren? Z. f. Empirische Pädagogik 1/1977, 2, 15-39

Schwarzer, R.: Was wird aus ängstlichen Grundschülern? Zsch. f. Entwicklungspsychologie und Päd. Psychologie 11/1979, 3, 261-271

Schwarzer/Royl: Angst und Schulunlust als Sozialisationseffekte verschiedener Schularten. In: Apel/Schwarzer (Hrsg.) a.a.O. VIII

Speichert, H.: Schulangst. Das Eltern-Schüler-Trauma. Ursachen und Auswege. Reinbek beim Hamburg 1977

Walter, H.: Angst bei Schülern. München und Basel 1978

Weidenmann, B. 1978 (s. I)

Literatur

Widdel, H.: Abhängigkeit schulischer Angst. Z. f. Empirische Pädagogik
    1/1977, 2, 2-14
Winkel, R.: Angst in der Schule. Essen 1979

X. Schulmüdigkeit (7.14)
Baacke, D.: Die 13- bis 18jährigen. München 1979. 2. Aufl.
Becker/Clemens-Lodde/Köhl 1980 (s. I)
Bittmann, F.: Gibt es noch „den" schlechten Schüler? Psychologie in Erz.
    und Unterricht 26/1979, 3, 129-139
Boettcher, W. et al.: Lehrer und Schüler machen Unterricht. München
    1976
Engelhardt, M. v.: Probleme der Lernmotivation und Unterrichtsbeteiligung.
    Deutungsmuster und Lösungsversuche der Lehrer. Die Deutsche Schule
    71/1979, 4, 244-254
Heckhausen/Rheinberg: Lernmotivation im Unterricht, erneut betrachtet.
    Unterrichtswissenschaft 17/1980, 1, 7-47
Heiland, H.: Motivieren und Interessieren. Bad Heilbrunn 1979
Herzog, W.: Remotion in der Schule. Psychische und institutionelle Bedingun-
    gen des Schulversagens. Schweizer Schule 65/1978, 3, 56-65
Hildeschmidt, A. et al.: Unregelmäßiger Schulbesuch. Verbreitung, Bedingun-
    gen, Interventionsmöglichkeiten. Weinheim 1979
Hissnauer, W.: Schulschwänzen, Häufigkeit und Ursachen. Eine Literatur-
    analyse. Psychologie in Erz. und Unterricht 26/1979, 6, 354-361
Höhn, E.: Der schlechte Schüler. Sozialpsychologische Untersuchungen über
    das Bild des Schulversagers. München 1967
Ilg/Ames: Auch ihr Kind kann in der Schule falsch eingestuft sein. In: Strom
    (Hrsg.) (s. VII)
Jackson, Ph. W.: Unterricht aus der Sicht des Schülers. In: Strom (Hrsg.) (s.
    VII)
Klink 1974 (s. I)
Langfeldt, H.-P.: Die Schullaufbahn „schlechter" Grundschüler an der
    Hauptschule. Ergebnisse einer sechsjährigen Längsschnittstudie. Sonderpä-
    dagogik 8/1978, 4, 175-182
Müller, U.: Schulversagen, individuelles Schicksal oder gesellschaftlich vermit-
    telte Behinderung? Demokratische Erziehung 4/1978, 1, 55-62
Puls, W. W.: Jugendarbeitslosigkeit. Begriff, Daten, Lösungsvorschläge.
    Gegenwartskunde 26/1977, 4, 441-453
Schulz, W.: Unterrichtsplanung. München 1980. 2. Auflage

XI. Sexualität (7.15)
Adorno, Th. W. 1965 (s. I)
Bittner, G.: Funktionswandel der Sexualität. In: Furian (Hrsg.) a.a.O.
ders.: Psychoanalyse und soziale Erziehung. München 1970, 2. Auflage
Brauburger/Hufen: Bundesverfassungsgericht zur Sexualerziehung in den
    Schulen. Recht der Jugend 26/1978, 5, 378-386
Combe, A. 1971 (s. I)
Erber, M.: Empfängnisverhütung als Inhalt schulischer Sexualerziehung.
    Begründung dieses Themas als Unterrichtsinhalt. Natur-Wissenschaften im
    Unterricht, Biologie 25/1977, 5, 149-151
Furian, M. (Hrsg.): Sexualerziehung kontrovers. Fellbach 1978

Hanke, Huber, Mandel 1978 (s. I)
Kentler, H.: Sexualerziehung. Reinbek 1970
Klink 1974 (s. I)
Kluge, N. (Hrsg.): Sexualunterricht. Beispiele – Erfahrungen – Perspektiven. Bad Heilbrunn 1976
Lee/Gropper: Geschlechtsrolle und schulische Erziehung. Die Deutsche Schule 72/1980, 1, 7-22; 2, 91-108
Lohrenz, H.: Didaktische und pädagogische Kooperation zwischen Lehrern und Eltern in den Lernbereichen Sexualunterricht und Berufsvorbereitung. In: Keck (Hrsg.) (s. XVI)
Piezunka, H.: Normen in der Sexualpädagogik. Allgemeiner Schulanzeiger 8/1974, 4, 167-177
Runkel, G.: Sexualität und Ideologien. Weinheim 1979
Sigusch/Schmidt: Jugendsexualität. Dokumentation einer Untersuchung. Stuttgart 1973
Weidenmann, B. 1978 (s. I)
Weiler, H.: Darf die Schule „aufklären"? Sexualerziehung im Konflikt der Rechtsnormen. Drei „Fälle". Politische Didaktik 5/1979, 2, 4-20
Zitelmann/Carl: Didaktik der Sexualerziehung. Handbuch für das 1.-13. Schuljahr nach den Empfehlungen der KMK. Weinheim 1971

XII. Drogen, Nikotin, Alkohol (7.16)

Bärsch, W.: Jugendliche und Alkohol. Hamburg 1976
Carlhoff, H.-W. (Hrsg.): Drogenkompendium für Lehrer und Eltern. Heidelberg 1980
Christiane F.: Wir Kinder vom Bahnof Zoo. O. O., o. J.
Engler, K.: Schweigerechte und Informationspflichten des Lehrers, am Beispiel von Drogenproblemen in der Schule betrachtet. Recht der Jugend 27/1979, 1, 62-72; 2, 130-140
Feuerlein, W.: Alkoholismus – Mißbrauch und Abhängigkeit. Eine Einführung für Ärzte, Psychologen und Sozialpädagogen. Stuttgart 1975
Keilholz/Ladewig: Die Abhängigkeit von Drogen. München 1973
Kury/Patzschke: Zur Ätiologie des Drogenkonsums Jugendlicher. Praxis der Kinderpsychologie und Kinderpsychiatrie 28/1979, 5, 176-187
Malcherek, R.: Unterrichtsinhalt Drogen und Suchtmittel. Praxis der Naturwissenschaften, Teil 2: Biologie 28/1979, 5, 135-137
Mehls/Zeumer: Zum Problem der Drogenabhängigkeit bei Jugendlichen und Möglichkeiten ihrer Überwindung. Unveröffentl. Diplomarbeit. Heidelberg 1977 (beim Autor anzufordern)
Reuband, K.-H.: Devianz, Problemdefinition und institutionelle Reaktion. Ergebnis einer Trendanalyse zum exzessiven Alkoholkonsum Jugendlicher. Kölner Z. f. Soziologie und Sozialpsychologie 31/1979, 1, 56-78
ders.: Drogengebrauch und soziale Merkmale von Fixern in der Bundesrepublik. Neue Praxis 9/1979, 1, 85-108
Schenk, J.: Drogenkonsum und Drogenabhängigkeit bei Jugendlichen. Ulm 1976
Schmidbauer/Scheidt: Handbuch der Rauschdrogen. Frankfurt 1976
Siegert, M. T.: Zum Selbstkonzept opiatabhängiger Jugendlicher. Neue Praxis 9/1979, 2, 163-176

Literatur

Stahl, C.: Motivation und Daseinsthematik bei drogenabhängigen Jugendlichen. Praxis der Kinderpsychologie und Kinderpsychiatrie 23/1974, 8, 299-303

Vontobel, J.: „Zum Ausflippen . . ." Das Drogenproblem, eine Herausforderung für unsere Schule. Schweizerische Lehrerzeitung 125/1980, 6/7, 211-221

Waldmann, H. et al.: Vier Stadien in der Entwicklung der Drogenabhängigkeit bei Jugendlichen. Deutsche Medizinische Wochenschrift 98/1973

Waldmann: S. 327-331

Wormser, R. (Hrsg.): Drogen, Erfahrungen und Erkenntnis. Selbstzeugnisse, Dokumente, Analysen. Neuwied 1973

XIII. Wandertage und Landschulheimaufenthalt (7.19)

Klink, J.-G. 1974 (s. I)

Krüger, J.: Mit Schülern unterwegs. Theorie und Praxis des Schulwanderns. Blätter für die Lehrerfortbildung 31/1979, 7/8, 364-370

Menze, F.: Landschulheimaufenthalt. Alp-Traum eines Lehrers. betrifft: erziehung 12/1979, 4, 42-50

Verband Deutscher Schullandheime e. V. (Hrsg.): Pädagogik im Schullandheim. Handbuch. (Zu beziehen über den VDS e. V. Fahrenort 76, Hamburg 53)

XIV. Praktikum und Referendariat (7.20)

Baumann, J.: Die Funktion der Praktika in der wissenschaftlichen Lehrerbildung. Westermanns Päd. Beiträge 31/1979, 9, 340-342

Becker, G. E.: Zur erforderlichen Neurorientierung des erziehungswissenschaftlichen Studiums an den Aufgaben des Lehrers im Unterricht. Unterrichtswissenschaft 10/1973, 2/3, 121-127

Becker/Clemens-Lodde/Köhl 1980 (s. I)

Davidson/Jenchen: Das Praktikum. München 1980

Eigler, G. et al. 1975 (s. I)

Feldmann, K.: Das Problem der Zielsetzung im Schulpraktikum. Neue Unterrichtspraxis 13/1980, 2, 81-89

ders.: Das Schulpraktikum, ein komplexes Problemfeld. Die Deutsche Schule 70/1978, 5, 275-288

Fitzner, K. D.: Der Praxisschock der Junglehrer. Probleme der Trennung von Theorie und Praxis im Schulpraktikum. Neue Unterrichtspraxis 12/1979, 2, 64-72

Fuller/Manning: Selfconfrontation Reviewed: A Conceptualization for Video Playback in Teacher Education. Review of Educational Research 43/1973, 469-528

Hörner/Maier/Pfistner: Beurteilung von Unterricht. Grundlagen, empirische Befunde, Folgerungen für die Praxis. Rheinstetten 1978

Hollunder, R.: Beurteilungskriterien für Studienreferendare. Die Höhere Schule 30/1977, 8, 310-314

Hummerich, A.: Praxiserfahrung und Studieneffizienz. Das Schulpraktikum im Urteil von PH-Studenten. Neue Unterrichtspraxis 10/1977, 5, 277-283

Krumm, V. 1970 (s. XV)

Olivero/Brunner: Microteaching. München 1973

Plock, H.: Zur gegenwärtigen Situation der 2. Phase. Westermanns Päd. Beiträge 31/1979, 9, 334-339

Tausch/Tausch 1979 (s. I)

Thessel, M.: Praxisschock ohne Resignation. Unsere Erfahrungen. Politische Didaktik 5/1979, 3, 1-9

Zifreund 1966 (s. I)

XV. Schwierigkeiten mit Kolleginnen, der Schulleitung und der Schulaufsicht (7.21–7.23)

Becker/Dietrich/Kaier 1978 (s. I)

Braune/Bessoth: Konferenzen in der Schule. Braunschweig 1977

Clevinghaus, B.: Fernkurs „Schulmanagement" („Harzburger Modell") Modell oder Moder? Recht der Jugend 26/1978, 6, 456-465

Cohn, R. 1975 (s. I)

Ellwein, Th.: Was geschieht in der Volksschule? Berlin 1960

Fellsches, J.: Bürokratische Schule als Verhängnis? Päd. Rundschau 32/1978, 5, 388-403

Flossdorf, B.: Berufsverbote nützen dem bundesdeutschen Kapitalismus nicht. Päd. extra 6/1978, 5, 25-34

Fürstenau, P.: Neuere Entwicklungen der Bürokratieforschung und das Schulwesen. Neue Sammlung 7/1967, 6, 511-525

Fuller/Manning 1973 (s. XIV)

Heck/Tschampa: Konfliktregelung in der Schule. Weinheim und Basel 1976

Holfelder/Bosse: Schulgesetz für Baden-Württemberg. Handkommentar mit Nebenbestimmungen. Stuttgart, München, Hannover 1977, 3. Aufl.

Karcher, W.: Grenzen des Managements in der Schule. Neue Unterrichtspraxis 11/1978, 1, 4-9

Krommweh, B.: Bildungs-Betriebslehre und Schulmanagement. Schul- und Unterrichts-Organisation 5/1978, 2, 6-12

Krumm, V.: Die Prüfung der Lehrbefähigung. Probleme der Messung komplexer Leistungen. betrifft: erziehung 3/1970, 2, 22-28

Lange-Garritsen, H. 1972 (s. I)

Lee/Schurian: Anonyme versus nichtanonyme Beurteilung von Lehramtskandidaten. Psychologie in Erz. und Unterricht 24/1977, 1, 28-36

Meyer, E.: Offene Schultür. Zeitnahe Unterrichtsarbeit. Worms 1957

Rossmann, E.: Trotz neuer Grundsätze in Bonn. Praxis der Berufsverbote geht weiter. Demokratische Erziehung 5/1979, 2, 123-125

Selzle, E.: Die Verantwortung des Schulleiters nach den Bestimmungen der Schulordnung. Welt der Schule 30/1977, 6, 351-356

XVI. Schwierigkeiten mit den Eltern (7.24)

Anzinger/Neidinger: Elternarbeit. Entspannte Atmosphäre. betrifft: erziehung 11/1978, 3, 72-75

Funkkolleg-Beratung in der Erziehung. Hrsg. von W. Hornstein et al. Frankfurt 1975, 2 Bde.

Literatur

Innerhofer, P.: Das Münchner Trainingsmodell. Berlin, Heidelberg, New York 1977

Keck, R. W. (Hrsg.): Kooperation Elternhaus – Schule. Bad Heilbrunn 1979

Lohrenz, H.: Didaktische und pädagogische Kooperation zwischen Lehrern und Eltern in den Lernbereichen Sexualerziehung und Berufsvorbereitung. In: Keck (Hrsg.) a.a.O.

Neidhardt, F.: Die Familie in Deutschland. Opladen 1975, 4. Aufl.

Nibbe, G.: Elternarbeit in der Schule. Die Deutsche Schule 70/1978, 6, 345-354

Pacharzina, K.: Das Urteil des Bundesverfassungsgerichts zum Sexualkundeunterricht. Die Deutsche Schule 71/1979, 4, 229-236

Stark, G. et al. (Hrsg.): Beraten in der Schule? Analysen – Methoden – Strategien. Braunschweig 1977

Stark-von der Haar, E.: Mehr als 300 000 Kinder arbeiten in der Bundesrepublik. Demokratische Erziehung 5/1979, 3, 254-264

Ziegenspeck, J.: Elternhaus und Schule. Braunschweig 1978

Liste der Konfliktbeschreibungen

Liste der Konfliktbeschreibungen

Sachverzeichnis

Hurrelmann · Rixius · Schirp u.a.

Gewalt
in der Schule

Ursachen Vorbeugung Intervention

BELTZ
Taschenbuch

Gewalt fordert uns heraus

Gewalt, in welcher Form und gegen wen auch immer gerichtet, fordert uns alle heraus: zum Hinsehen, Hinhören und Handeln. Aber leicht fällt es nicht, besonnen und beherzt zu reagieren. Konkret und alltagsnah beschreiben die Autoren die Ursachen von Gewalt unter Kindern und Jugendlichen, wie Menschen darauf reagieren und wie sie die Konflikte – innerhalb und außerhalb der Schule – wirkungsvoll bearbeiten können. Besonderes Augenmerk richten sie dabei auf den Aspekt der Vorbeugung, das heißt auf die Frage, wie wir Gewalt durch Veränderungen des Schulalltags und der Gestaltung der Lebenswelt Heranwachsender zuvorkommen können.

Klaus Hurrelmann / Norbert Rixius /
Heinz Schirp u.a.
Gewalt in der Schule
Ursachen – Vorbeugung – Intervention
Beltz Taschenbuch 50, 253 Seiten
ISBN 3 407 22050 2

BELTZ
Taschenbuch